"How art produces art"

D1524304

Münsteraner Monographien zur englischen Literatur

Münster Monographs on English Literature

Herausgegeben von / edited by
Bernfried Nugel und Hermann Josef Real

Bd./Vol. 23

PETER LANG

Frankfurt am Main · Berlin · Bern · Bruxelles · New York · Oxford · Wien

Astrid Krake

"How art produces art"

Samuel Richardsons *Clarissa*
im Spiegel ihrer deutschen Übersetzungen

PETER LANG
Europäischer Verlag der Wissenschaften

Die Deutsche Bibliothek - CIP-Einheitsaufnahme

Krake, Astrid:

"How art produces art" : Samuel Richardsons "Clarissa" im
Spiegel ihrer deutschen Übersetzungen / Astrid Krake. -
Frankfurt am Main ; Berlin ; Bern ; Bruxelles ; New York ;
Oxford ; Wien : Lang, 2000
  (Münsteraner Monographien zur englischen Literatur ;
  Bd. 23)
  Zugl.: Münster (Westfalen), Univ., Diss., 1999
  ISBN 3-631-36432-6

Gedruckt auf alterungsbeständigem,
säurefreiem Papier.

D 6
ISSN 0934-0300
ISBN 3-631-36432-6
© Peter Lang GmbH
Europäischer Verlag der Wissenschaften
Frankfurt am Main 2000
Alle Rechte vorbehalten.

Die Reihe *Münsteraner Monographien zur englischen Literatur / Münster Monographs on English Literature* umfaßt Arbeiten zur englischen Literatur von den Anfängen bis zur Gegenwart. Willkommen sind uns auch Untersuchungen zur Literaturtheorie, Werkanalysen, Arbeiten zur literarischen Tradition, zu den Zusammenhängen zwischen Literatur und Literaturbetrachtung, zur Ideengeschichte und zur Wissenschaftsgeschichte. Ebenso gehören Arbeiten mit komparatistischem und interdisziplinärem Ansatz in unser Programm.

Die Reihe bietet sich an für die Veröffentlichung von Dissertationen, Habilitationsschriften und anderen Monographien in deutscher oder englischer Sprache. Für die formale Gestaltung verweisen wir auf das *MLA Handbook for Writers of Research Papers,* 2nd ed. (New York, 1984). Auf Wunsch wird ein besonderes *style sheet* zugesandt. Über alle weiteren Fragen geben wir gern Auskunft.

Herausgegeben von
Prof. Dr. Bernfried Nugel
Prof. Dr. Hermann Josef Real

Englisches Seminar
Westfälische Wilhelms-Universität Münster
Johannisstraße 12-20

48143 Münster

V

Vorwort

Die vorliegende Arbeit wurde im Sommersemester 1999 von der Philosophischen Fakultät der Westfälischen Wilhelms-Universität Münster als Dissertation angenommen. Nach Abschluß des Manuskripts im Januar 1999 erschienene Forschungsliteratur konnte nicht mehr berücksichtigt werden.

Mein Dank gilt allen, die das Zustandekommen dieser Untersuchung auf vielfältige Weise unterstützt haben, an erster Stelle meinem Lehrer, Herrn Professor Dr. Hermann Josef Real, Münster, der mich zur Abfassung ermutigte und die Entstehung mit viel Geduld, konstruktiver Kritik und seinem unermüdlichen Rotstift begleitete. Ohne seine Veranstaltungen zur Buchwissenschaft und unsere zahlreichen Gespräche hätte die Arbeit heute einen anderen Schwerpunkt. Herr Professor Dr. Wolfgang F. Bender, Münster, machte mich mit englisch-deutschen Literaturbeziehungen bekannt und übernahm freundlicherweise das Korreferat. Die Herausgeber der *Münsteraner Monographien zur englischen Literatur*, Herr Professor Dr. Bernfried Nugel und Herr Prof. Dr. Hermann Josef Real, waren so freundlich, die Arbeit in diese Reihe aufzunehmen.

Herrn Professor Dr. Bernhard Fabian, Münster, gilt mein Dank für die großzügige Bereitstellung umfangreichen bibliographischen Materials des Institutum Erasmianum; Frau Dr. Marie-Luise Spieckermann, Münster, gab mir wertvolle Hinweise nicht nur zur Quellenforschung. Zahlreichen Gesprächen mit Herrn Professor Dr. Angus Ross, Brighton, und Herrn Dr. Tom Keymer, Cambridge, verdanke ich unschätzbare Einsichten in die Gebiete der Richardson-Edition und -Rezeption.

Allen Mitarbeitern der Universitäts- und Landesbibliothek Münster, des Institutum Erasmianum und des Englischen Seminars Münster, der Niedersächsischen Staats- und Universitätsbibliothek Göttingen, der Georg-August-Bibliothek Wolfenbüttel, der Universitätsbibliothek Augsburg, der Universitätsbibliothek München, der Bayerischen Staatsbibliothek, der *British Library* sowie des *Victoria & Albert Museums* sei herzlich gedankt für ihre Bereitschaft, das umfangreiche Material schnell zur Verfügung zu stellen. Herr Dr. Oliver Pickering gewährte mir ebenfalls unbürokratisch Einblick in die Bestände der *Brotherton Collection*, Leeds.

Der Verlag Vandenhoeck & Ruprecht, Göttingen, verschaffte mir Zugang zu Archivmaterial und erteilte mir eine Zitiererlaubnis.

Dank gebührt ferner der Westfälischen Wilhelms-Universität für die Gewährung eines Druckkostenzuschusses sowie dem Verein der Freunde und Förderer der Westfälischen Wilhelms-Universität für seine großzügige Unterstützung bei den Reisekosten.

VI

Dem Team des Ehrenpreis Instituts für Swift Studien sei Dank für die praktische und moralische Unterstützung in den letzten Jahren. Allen Freunden und Bekannten danke ich für stets offene Ohren und die Geduld, mit der sie meine ständige Zeitnot ertrugen. Herr Dr. Torsten Büch half bei der technischen Ausstattung aus, Herr Dr. Matthias Morgenroth und Frau Britta Susanne Saffran lasen Teile des Manuskripts. Frau Susanne Brandt M.A. bin ich für ihr kritisches Auge und viele wertvolle Anregungen bei der Korrektur der verschiedenen Manuskriptfassungen zu großem Dank verpflichtet. Frau Dipl.-Wirtsch.-Inform. Daniela Brinker half mir mit ebensoviel Zeit und Geduld, unerklärbare Computerprobleme zu bewältigen, und trug wesentlich zum endgültigen Gesicht der Arbeit bei.

Meinen Eltern und meiner Familie schulde ich großen Dank für all ihre Geduld und Unterstützung während der Abfassung der Arbeit.

Last but not least I should like to thank Steve for all he did and did not do for the sake of *Clarissa*.

München, im Januar 2000

Astrid Krake

INHALT

1 Englisch-deutsche Literatur- und Kulturbeziehungen im siebzehnten und achtzehnten Jahrhundert

1.1 England als kulturelle und wissenschaftliche Metropole des siebzehnten Jahrhunderts

Ähnlich wie das Deutsche Reich im Dreißigjährigen Krieg war England zu Beginn des siebzehnten Jahrhunderts Schauplatz heftiger politischer Kämpfe. Aus den Auseinandersetzungen zwischen Krone und Parlament im englischen Bürgerkrieg (1639-1650) ging das Land trotz innerer Spannungen gestärkt genug hervor, um sich nach der Restauration der Stuarts sowie nach den Kriegen gegen Spanien, Frankreich und die Niederlande auf seine Rolle als angehende Weltmacht zu konzentrieren. Eine erneute Periode innerer Spannungen wurde 1689 nach der *Glorious Revolution* durch die Ernennung Wilhelms III von Oranien zum englischen König beendet und die Thronfolge im britischen Königshaus durch die *Bill of Rights* noch im gleichen Jahr auf die protestantischen Stuarts beschränkt. Nach dem Tode Wilhelms und seiner Frau Maria, einer Tochter des Stuartkönigs Jakob II, wurde dessen zweite Tochter Anna im Jahr 1702 Königin. Da die Kinder Königin Annas ihre Mutter nicht überlebten und erneute Schwierigkeiten mit der Thronfolge vorauszusehen waren, suchte das britische Parlament bereits frühzeitig eine Lösung für die Erbfolge und bestimmte die nächsten protestantischen Verwandten im Hause Braunschweig-Lüneburg zur Thronfolge: Sophie von Hannover, eine Enkelin Jakobs I und Gattin des Kurfürsten Georg Ludwig von Braunschweig-Lüneburg, wurde noch von Wilhelm III im *Act of Settlement* (1701) als Thronerbin eingesetzt. Nach ihrem Tod im Jahre 1713 trat ihr Sohn Georg im Jahr 1714 als Georg I das Erbe an und siedelte nach London über. Durch diese Personalunion – künftig sollte der englische König gleichzeitig das Amt des Kurfürsten von Hannover bekleiden – entwickelten sich enge Verbindungen zwischen dem Kurfürstentum und dem englischen Königshaus, die 1764 durch die Heirat zwischen dem Erbprinzen des Hauses Braunschweig-Wolfenbüttel und der Tochter des Prinzen von Wales weiter verstärkt wurden.

Bereits vor diesen Entwicklungen jedoch hatte das Inselreich begonnen, innerhalb der europäischen Mächte eine Sonderstellung einzunehmen. Besonders im Bereich der sich entwickelnden Naturwissenschaften hatte England nach 1660 eine Vorreiterrolle inne, und daher ist die Entwicklung der modernen Naturwissenschaften auch eng mit den Namen englischer Philosophen und Forscher dieses Jahrhunderts verbunden. So überwand etwa Francis Bacon (1561-1626), der Wegbereiter der induktiv-empirischen Naturwissenschaften, das noch auf der Scholastik beruhende Wissenschaftsverständnis seiner Zeit und ermöglichte durch die Betonung von Beobachtung und Experiment zeitgenössischen Wissenschaftlern grundlegend neue Einsichten in Vorgänge der Natur. Das Interesse dieser neuen Methode galt universalem Erkenntnisgewinn, für den weiterführende Kommunikation und Kooperation mit anderen Wissenschaftlern konstitutiv wurden. In der Astronomie beschäftigte sich Newton mit der Bewegung von Himmelskörpern und konnte diese 1687 in seiner Schrift *Philosophiae Naturalis Principia Mathematica* erklären. Die 1704 erschienenen *Opticks* enthielten Newtons Untersuchungen zur Zerlegung des Lichtes in Spektralfarben, die jedermann durch die Beobachtung eines Regenbogens nachvollziehen konnte. Naturwissenschaft wurde etwas Konkretes, exakt Nachvollziehbares; in ihren Ergebnissen verlor der Zufall seine Bedeutung, und jedem einzelnen schien die Möglichkeit eingeräumt, eigenständig zu experimentieren und seine Beobachtungen aufzuzeichnen.

In der zeitgenössischen Medizin waren Erkenntnisgewinn und Fortschritt ebenfalls groß. Der Arzt, Anatom und Physiologe William Harvey (1578-1657) arbeitete ab 1610 an seinen Untersuchungen zur Blutzirkulation bei Tieren, die er 1628 als *The Motions of the Heart and Blood in Animals* veröffentlichte. Vermutlich hat sich Harveys Patient Bacon mit ihm über seine Gedanken zur Ablösung des *a priori*-Urteils zugunsten von Experiment und Beobachtung ausgetauscht. Harvey war seit 1607 *Fellow of the Royal College of Physicians*, der 1518 gegründeten medizinischen Ausbildungsstätte; dadurch konnte er in seinen Vorlesungen Studenten mit seinen Ideen vertraut machen. Neben Harvey beschäftigte sich Thomas Willis (1621-1675) mit der Struktur des Nervensystems, Thomas Sydenham (1624-1689) führte die Diagnose mittels Beobachtung und Untersuchung am Krankenbett ein und übertrug damit das Baconsche Prinzip auf die Medizin, Richard Lower (1631-1691) gelangen Experimente zur Bluttransfusion bei Tieren.

Der Chemiker und Physiker Robert Boyle (1627-1691) experimentierte mit Wärme und Licht und ließ dabei die alchemistische Tradition hinter sich. Im Jahr 1665 veröffentlichte Robert Hooke (1635-1703) seine *Micrographia*, in denen er über Verbesserungen am Mikroskop berichtete. Der Mathematiker, Physiker und Astronom Edmond Halley (1656-1742), ab 1720 königlicher Astronom in Greenwich, schuf im Jahr 1688 eine erste meteorologische Generalkarte, auf deren Grundlage er die Bahnelemente von 24 Kometen genauer untersuchen und bestimmen konnte. Diese Liste naturwissenschaftlicher Entdeckungen und Experimente ließe sich beliebig fortsetzen und legt Zeugnis ab für den das Jahrhundert prägenden ungebremsten Forscherdrang und den Glauben an Wissenschaft und Fortschritt.

Auch im Bereich der Philosophie und Staatstheorie gelangte man zu richtungsweisenden neuen Modellen. Thomas Hobbes (1588-1679), Bacons zeitweiliger Sekretär, entwickelte auf "wissenschaftlich"-mechanistischer Grundlage seine Staats- und Gesellschaftslehre. Sie charakterisiert den Naturzustand als Kampf aller gegen alle und erlaubt die Sicherung von Frieden und Eigentum in einem Staat nur durch freiwilligen Rechtsverzicht aller Bürger zugunsten des Souveräns.[1] Die Hobbessche Auffassung vom Gesellschaftsvertrag sollte entscheidend auf die Französische Revolution einwirken. John Locke (1632-1704) erklärt dagegen in den *Two Treatises of Government* (1690) Gleichheit, Freiheit sowie das Recht auf die Unverletzlichkeit der Person und des Eigentums zu obersten Rechtsgütern. In seinem *Essay concerning Human Understanding* (1690) betont Locke die Bedeutung der Erfahrung für das menschliche Wissen. Mit diesen Entwürfen übte Locke entscheidenden Einfluß aus auf die amerikanische Unabhängigkeitserklärung, den französischen Verfassungsentwurf aus dem Jahr 1791 sowie den allgemeinen Demokratiebegriff bis in die Moderne.

Ausdruck der Aufbruchstimmung jener Zeit ist die 1660 im Londoner Gresham College gegründete Vereinigung führender Wissenschaftler, die *Society of London for Improving Natural Knowledge*.[2] Im Jahre 1662 wurde diese Gesellschaft mit königlichem Schutzbrief ausgestattet und galt als *Royal Society* bald weit über die Landesgrenzen hinaus als Inbegriff moderner Wissenschaft. Bei der Gründung der *Royal Society* kam dem Pfälzer Theodor Haack eine bedeutende Funktion zu.[3] Wissenschaftler aus weiten Teilen Europas schrieben dem deutschstämmigen Sekretär Henry Oldenburg,[4] sowohl um über eigene Forschungen zu berichten als auch um Erkundigungen über Ergebnisse ihrer Kollegen einzuholen. Trotz geographischer Distanz rückten die Gelehrten Englands und des Kontinents durch diesen Austausch näher zusammen und eröffneten sich auf diese Weise die Möglichkeit zur Kooperation. Aus der umfangreichen, mehrsprachigen Korrespondenz Oldenburgs mit führenden Wissenschaftlern des Jahrhunderts erwuchs die Idee, den fachlichen Diskurs mit Hilfe einer Zeitschrift einem breiteren Gelehrtenpublikum zugänglich zu machen. Ab 1665 veröffentlichte die *Royal Society* deshalb ihre *Philosophical Transactions*, die für die

---

1 Der vollständige Titel des 1651 erschienenen Werkes lautet *Leviathan: or, The Matter, Forme and Power of a Commonwealth Ecclesiasticall and Civil.*
2 Zur Geschichte der *Royal Society* vgl. Thomas Sprat, *The History of the Royal Society of London, For the Improving of Natural Knowledge*, eds Jackson I. Cope and Harold Whitmore (St Louis, MO, 1959 [1667]).
3 Zur Person Haacks vgl. Pamela R. Barnett, *Theodore Haak, F. R. S. (1605-1690): The First German Translator of Paradise Lost* (The Hague, 1962).
4 Zur Person Oldenburgs und zu seinem Briefwechsel mit berühmten Persönlichkeiten seiner Zeit vgl. Andreas Selling, *Deutsche Gelehrten-Reisen nach England, 1660-1714* (Frankfurt/M., 1990), pp. 56-77.

4

Verbreitung neuer Erkenntnisse sorgten. Durch die Entstehung dieser Zeitschrift als Publikationsorgan für eigene Ideen sowie den Austausch von Forschungsergebnissen gewann die länderübergreifende Kooperation mit dem Ziel größeren Erkenntnisgewinns an Bedeutung.

Die Person Oldenburgs machte es für deutsche Wissenschaftler und Gelehrte besonders attraktiv, mit der "Königlichen Gesellschaft" in Kontakt zu treten, und so war das deutsche Echo zu Oldenburgs Lebzeiten besonders groß. Für viele bedeutende wie unbedeutende Wissenschaftler des siebzehnten Jahrhunderts gehörte eine Englandreise als Abschluß ihrer Studien zur *Peregrinatio academica*, zur akademischen Bildungsreise. Die *Royal Society* war dabei von primärem Interesse, und so wurde der Besuch einer ihrer Sitzungen schon bald fester Bestandteil des Programms. Unter den Mitgliedern der *Royal Society* befanden sich zwischen 1660 und 1714 nicht weniger als zwanzig Deutsche und ein Schweizer,[5] darunter der Danziger Astronom Johann Helvetius, der 1664 aufgenommen wurde und bald unter anderem mit Oldenburg und Halley in intensivem Briefkontakt stand. Darüber hinaus gehörten neben dem Philosophen Christian Wolff auch Ferdinand Albrecht, Herzog von Braunschweig-Lüneburg-Bayern, und der 1673 aufgenommene Leibniz zum Kreise der Erwählten. Leibniz pflegte überhaupt die intensivsten Kontakte zur *Royal Society* und erhielt dort auch Einblick in die Arbeiten Newtons.[6]

1.2   Die Ausbreitung der Anglophilie im achtzehnten Jahrhundert

1.2.1 Die Rolle Voltaires für das Englandbild in Deutschland

Außer den deutschen Englandreisenden kommt Voltaire eine bedeutende Rolle bei der Verbreitung von Kenntnissen über England zu; es ist vor allem seiner Popularität im Deutschland des achtzehnten Jahrhunderts zu verdanken, daß das Inselreich zur Norm in vielen Lebensbereichen wurde. Voltaire kam im Jahre 1726 nach England und hielt sich dort ungefähr zwei Jahre lang auf.[7] Noch in

---

5   Vgl. Selling, *Deutsche Gelehrten-Reisen*, p. 379. Zur Geschichte der *Royal Society* und ihrer Mitglieder vgl. auch Michael Hunter, *The Royal Society and its Fellows, 1660-1700: The Morphology of an Early Scientific Institution* (Chalfont St Giles, 1982).
6   Vgl. Selling, *Deutsche Gelehrten-Reisen*, p. 89.
7   Die Angaben über Voltaires Ankunft und Abreise sind ungenau, da er sich in seiner Korrespondenz zu diesem Thema nicht äußert. Foulet geht aufgrund einer Untersuchung der in Voltaires Briefwechsel enthaltenen Hinweise davon aus, daß dieser zwischen dem 12. und 15. August 1726 von Calais aus nach England aufbrach und das Land Anfang August 1728 wieder verließ. Vgl. Lucien Foulet, "Le voyage de Voltaire en Angleterre," *RHLF*,

Frankreich war Voltaire mit dem englischen Kaufmann Everard Falkener bekannt geworden, der den französischen Philosophen auf seinem Besitz in Wardsworth bei London aufnahm. Als in seiner Heimat bekannte Persönlichkeit und vom englischen Gesandten in Frankreich, Horatio Walpole, mit Empfehlungsschreiben ausgestattet, erhielt Voltaire raschen Zugang zu politischen und literarischen Kreisen. Englische Freunde, die er in Paris kennengelernt hatte, und hier besonders Henry St John, Viscount Bolingbroke taten ein Weiteres. So wurde Voltaire von Premierminister Robert Walpole empfangen, machte die Bekanntschaft der königlichen Familie, der Herzogin von Marlborough und des Herzogs von Newcastle, war Gast beim Grafen von Petersborough und lernte unter anderem Swift, Thomson und Young kennen.

Während seines Aufenthalts verbesserte Voltaire seine Sprachkenntnisse. Gegen Ende des Jahres 1726 verfaßte er bereits einen Teil seiner Korrespondenz auf Englisch. Die Länge seines Aufenthalts sowie seine Sprachkompetenz ermöglichten ihm vertiefte Einsicht in englische Lebensverhältnisse, Politik und Literatur. Er las Milton und Shakespeare, war betroffen sowohl von Popes körperlichen Gebrechen als auch von der Brillanz seiner Dichtung, interessierte sich aber ebenso für die Studien Newtons und die Vorgänge innerhalb der *Royal Society*. Voltaires Eindrücke von Land und Leuten sind in den *Lettres philosophiques ou lettres écrites de Londres sur les Anglais* aus dem Jahre 1734 festgehalten. Bereits sechs Jahre früher hatte Voltaire unter dem Titel *Letters concerning the English Nation* eine mit der französischen Fassung nicht identische englische Version herausgebracht. In seinen Beschreibungen stellte Voltaire das weithin unbekannte Land einer breiten Öffentlichkeit vor.

Nach seiner Rückkehr nach Frankreich schickte Voltaire im Jahr 1733 eine englische und eine französische Druckvorlage nach London, wo die *Lettres philosophiques* ein Jahr später veröffentlicht wurden. Zusätzlich zur Londoner Ausgabe kam dort eine weitere, mit Basel als Druckort versehene französische Ausgabe heraus. Diese diente der mit Blick auf die deutsche Leserschaft hergestellten Frankfurter Ausgabe von 1735 als Vorlage. Das literarisch gebildete Deutschland lernte das Inselreich vorab in dieser französischsprachigen Fassung kennen und wurde folglich von dem Franzosen Voltaire über die Vorsprünge

13 (1906), 1-15. Voltaires Aufenthalt in England umfaßt demnach zwei Jahre. Zu Voltaires Englandaufenthalten vgl. auch Archibald Ballantyne, *Voltaire's Visit to England, 1726-1729* (Genève, 1970 [1893]); André Michel Rousseau, "L'Angleterre et Voltaire, 1718-1789," *SVEC*, 145 (1976); Ahmad Gunny, "Voltaire and English Literature," *SVEC*, 177 (1979) und René Pomeau, "Les saisons anglaises de Voltaire: l'exil, le voyage, le témoignage," *Der "curieuse Passagier": deutsche Englandreisende des achtzehnten Jahrhunderts als Vermittler kultureller und technologischer Anregungen* (Heidelberg, 1983), pp. 15-26.

6

Englands in Regierung und Wissenschaft, Erziehung und Medizin belehrt. Voltaires Ziel war in erster Linie die Verbesserung der Lebensumstände unter Berücksichtigung von Erfahrungen mit dem englischen Modell.

Darüber hinaus gewährt der französische Dichter und Philosoph seinen Lesern einen Einblick in die Literatur seines Gastlandes. Er zeigt sich besonders angetan von Swift, den er im zweiundzwanzigsten Brief als englischen Rabelais preist.[8] Voltaires Aufenthalt fällt in die Publikationszeit von *Gulliver's Travels*, das Eindruck auf ihn macht und das er zur Übersetzung ins Französische vorschlägt.[9] Neben Swift finden Prior,[10] Butlers *Hudibras*, Pope als hervorragender Dichter allgemein und Autor des *Lockenraubs* im besonderen sowie Rochester Erwähnung. Im Bereich des Dramas lobt Voltaire Wycherley und Congreve, die im Vergleich zu Molière Intrige und Spannung in ihre Stücke eingebaut hätten und daher höher einzuschätzen seien als dieser. Shakespeare, der "Corneille der Engländer," wird als Schöpfer des Theaters präsentiert.[11]

Insgesamt versucht der Literaturkritiker Voltaire jedoch, die englische Literatur mit den Vorschriften der französischen Regelpoetik zu erfassen und zu beurteilen: Um seinem an französischer Literatur geschulten Publikum den Nachvollzug seiner Eindrücke zu ermöglichen, vergleicht Voltaire englische Dichter mit französischen Pendants.

1.2.2 Beat Ludwig von Muralts *Lettres sur les Anglois*

Einige Jahre vor Voltaire hatte der Berner Patrizier Beat Ludwig von Muralt mit einer Reisebeschreibung das Interesse der literarischen Welt erregt und dabei das Augenmerk auf England gelenkt. Von Muralt war schon im Jahr 1694 über Holland nach England gereist und hatte sich dort hauptsächlich in London aufgehalten. Seine Briefe aus England an einen ungenannten Freund wurden jedoch erst 31 Jahre später unter dem Titel *Lettres sur les Anglois et les François* von Freunden herausgegeben.[12] Der Erfolg dieser Ausgabe war gewaltig, die *Lettres*

---

[8] Vgl. Voltaire, "Vingt-deuxième lettre," *Lettres philosophiques*, ed. Gustave Lanson, 2 vols (Paris, 1964), II, 135.

[9] Vgl. Voltaire, "Vingt-deuxième lettre," *Lettres philosophiques*, ed. Lanson, II, 142.

[10] "Je voulois vous parler de Mr Prior, un des plus aimables poëtes d'Angleterre, que vous avez vû à Paris plénipotentiaire & Envoïé extraordinaire en 1712" (Voltaire, "Vingt-deuxième lettre," *Lettres philosophiques*, ed. Lanson, II, 133-34).

[11] Vgl. Voltaire, "Dix-neuvième lettre," *Lettres philosophiques*, ed. Lanson, II, 105; 108.

[12] B[eat] L[udwig] de Muralt, *Lettres sur les Anglois et les François et sur les voiages (1728)*. Der Reisebericht wurde 1933 in Paris neu herausgegeben, dieser wiederum 1974 in Bern erneut aufgelegt. Der Titel der Berner Auflage lautet: Beat Ludwig de Muralt,

durchliefen bis 1755 sechs Auflagen. Ein Jahr nach dem Erscheinen der *editio princeps* kam eine Übersetzung ins Englische unter dem Titel *Letters Describing the Character and Customs of the English and French Nations* heraus. Eine deutsche Übersetzung der *Lettres* erschien 1761 als *Des Herrn von Muralt Briefe* in Weimar. Tatsächlich erregte die kleine Briefsammlung so großes Aufsehen in vielen Ländern Europas, daß sie "zu den gefeierten Erscheinungen des Tages gehörte," "den Gesprächsstoff der litterarischen Pariser Salons bildete," und von "allen Zeitschriften Frankreichs und Deutschlands eingehend besprochen wurde."[13] Der Autor beschränkte sich in seiner Reise auf die Erkundung Londons und beschrieb neben Attraktionen wie dem Hahnenkampf oder Kaffeehäusern und Sehenswürdigkeiten wie Westminster und der Börse vor allem die Eigenheiten der Menschen. Der Freiheitsgedanke, wie ihn auch Voltaire thematisiert und wie er im Verlauf des Jahrhunderts zum festen Bestandteil kontinentaler Reisebeschreibungen avancieren sollte, findet bei Muralt ebenfalls Erwähnung.

Die Darstellung der Vergnügungen, zu denen auch die Literatur zu zählen ist, nimmt einen großen Teil der Beschreibung Muralts ein. Rochester wird als der englische Dichter mit dem größten *esprit* beschrieben, Ben Jonson als wichtigster Vertreter der Komödiendichtung vorgestellt, und Shakespeare gilt ihm als einer der besten älteren Dichter. Der Komödie steht Muralt eher kritisch gegenüber:

> La Comédie est une des Sources de la Corruption de Londres: C'est où les Femmes apprennent à ne se pas effraier d'une Intrigue, & même à la bien conduire; c'est où generalement la Jeunesse se familiarise avec le Vice, qui est toûjours représenté comme une chose indifferente, & jamais comme Vice ... Je sçai bien que la Comédie doit être un Tableau de la Vie, & que toutes ces choses peuvent y être representées; mais je sçai aussi que la Peinture des Mœurs a cet avantage ... doit n'être que médiocrement habile, ou n'avoir que de l'indifference pour la Vertu.[14]

Für Muralt ist die Darstellung des Lasters auf der Bühne ein Grund für die Sittenlosigkeit der Bevölkerung insgesamt; eine kritische Präsentation gesellschaftlicher Umstände auf der Bühne scheint ihm weder möglich noch erreicht zu sein. In dieser Einschätzung spiegelt sich die von französischen Idealen geprägte Auffassung von den Aufgaben des Theaters und der Literatur allgemein, die in England weniger an Regeln gebunden und daher für den Kontinentaleuropäer schwerer zu klassifizieren war. Wie aus dieser Beurteilung folgt, zeigen die

---

Lettres sur les Anglois et les François et sur les voiages, ed. Charles Gould (Genève, 1974).

13 Otto von Greyerz, "Einleitung," Beat Ludwig von Murault, *Lettres sur les Anglois et les François (1725)*, ed. Otto von Greyerz (Bern, 1897), p. iv.

14 "Lettre Seconde," Muralt, *Lettres*, ed. Gould, p. 117.

Muralt verfügbaren Bewertungskriterien keine Wirkung, so daß ihm lediglich der Rückgriff auf die moralische Verdammung der Komödie als Ursache allen gesellschaftlichen Übels bleibt. Die Freiheit der Briten mache auch vor der Literatur nicht halt.

Neben *esprit* und Freiheit als herausragende englische Eigenschaften verweist Muralt auf den *bon sens*, den gesunden Menschenverstand, der ein auf Reflexion beruhendes Urteil ermögliche und ein Grund für die hervorragenden englischen Leistungen im Bereich der Wissenschaften sei.[15] Mit diesen Einschätzungen gelingt dem Schweizer nicht nur eine attraktive Darstellung der englischen Gesellschaft und ihrer Lebensumstände am Ende des siebzehnten Jahrhunderts, sondern vor allem die Präsentation einer der literarischen Öffentlichkeit bis dahin weithin unbekannten Nation. Die das achtzehnte Jahrhundert prägenden Schlagwörter "Freiheit," "Individualität" und "gesunder Menschenverstand" werden in seine Darstellung einbezogen und kritisch reflektiert.

Im Gegensatz zur späteren, eher schwärmerischen Anglophilie lädt Muralts Porträt also auch zur kritischen Beschäftigung mit England ein und weckt so das Interesse an einer Nation, die das bis dahin "ideale" französische Vorbild in einer Vielzahl von Bereichen in den Schatten stellt. Die *Lettres sur les Anglois et les François* leisten damit einen nicht zu unterschätzenden Beitrag im "Umschwung in der öffentlichen Meinung Europas, im Verlauf dessen England für längere Zeit an Ansehen und Einfluss gewann, was Frankreich verlor."[16] Muralts Briefe verdienen eine besondere Erwähnung, da sie den literarischen und geschmacklichen Boden für Voltaires detailliertere, kenntnisreichere Studie bereiteten und diesem vermutlich die Idee zu seinem Unterfangen lieferten.[17]

---

[15] Vgl. "Lettre Quatrième," Muralt, *Lettres*, ed. Gould, pp.142-43.

[16] "Einleitung," Muralt, *Lettres*, ed. von Greyerz, p. xviii.

[17] Mit César de Saussure bereiste ein weiterer Schweizer Anfang des achtzehnten Jahrhunderts das Inselreich. Der zwanzigjährige de Saussure verließ seine Heimatstadt Lausanne im Frühjahr 1725 und bereiste elf Jahre lang die Welt. Saussures Reise am Rhein entlang über Holland nach England findet sich in seinen Reisebeschreibungen ausführlich beschrieben. Saussure zeigte besonderes Interesse für Land und Leute und beschrieb Institutionen wie die *Penny Post* oder das Londoner Gresham College, den späteren Sitz der *Royal Society*. Öffentliche Ereignisse wie etwa die zahlreichen Hinrichtungen lenkten seine Aufmerksamkeit auf sich und wurden mit einem Blick für Details beschrieben, der dem damaligen ebenso wie dem heutigen Leser Einblick in die Sozialgeschichte Englands gewährt. Seine Reiseeindrücke zirkulierten im Freundeskreis und wurden bald in Bern, Lausanne und Genf mit Interesse gelesen. Zu seinen bewundernden Lesern zählte auch Voltaire, der 1755 Einsicht in sie erhielt. Vgl. César de Saussure, *A Foreign View of England in the Reign of George I & George II: The Letters of Monsieur César de Saussure to his Family*, ed. Madame van Muyden (London, 1902).

1.3 Deutsche Englandreisende im achtzehnten Jahrhundert

Galten Englandreisen im siebzehnten Jahrhundert vor allem Forschungszwecken und fanden sich unter den Reisenden vor allem Wissenschaftler oder Studenten, die nach Beendigung ihrer Studien an der Heimatuniversität durch die *Peregrinatio academica* für einen angemessenen Abschluß sorgen wollten, so nahm im Verlauf des achtzehnten Jahrhunderts die Anzahl deutscher Reisender nach England allgemein zu. Anfangs fanden vor allem Reisende aus Norddeutschland den Weg auf die Insel; in der zweiten Hälfte des Jahrhunderts kamen zunehmend Besucher aus den südlichen Fürstentümern hinzu. Die Motivation der einzelnen "Touristen" war genauso unterschiedlich wie die Reisenden selbst. Es ist wichtig, diese variierenden Voraussetzungen nicht aus dem Blickfeld zu verlieren. Die Person der Reisenden und ihre Herkunft, die gesellschaftliche Stellung und ihre Beweggründe beeinflussen stets die Art der Berichterstattung und hier besonders die Auswahl der für erwähnenswert erachteten Einzelheiten. Notiert wird vorwiegend das Bemerkenswerte und das Andere. Dabei spielt die Herkunft des Reisenden eine Rolle bei seiner Beurteilung "typisch englischer" Eigenheiten und läßt ihn etwa in seinem eigenen Heimatkreis Unbekanntes als englisches Charakteristikum einstufen und somit zu einer irreführenden Einschätzung gelangen. Die Ansichten deutscher Reisender über englische Institutionen und Lebensgewohnheiten werfen jedoch auch ein Licht auf die Sozialgeschichte des Inselreichs und können als Korrektiv zur englischen Schilderung der sozialen Lebens herangezogen werden.

Die Reiseberichte lassen sich grob vier Zeitspannen zurechnen: Berichten Reisender der ersten Periode (ca. 1696-1763), zu denen die Uffenbachs und Hallers zählen, folgten bis 1780 im Rahmen der erhöhten Popularität Englands unter anderem Schilderungen von Archenholz und Lichtenberg. Den Höhepunkt der Anglophilie in Deutschland bildeten die achtziger Jahre (1780-1787), in denen unter anderem Karl Philipp Moritz (1782), Sophie von La Roche (1785) und Freiherr von Stein (1786) das Land bereisten. Nach der kurzen Periode kritikloser Schwärmerei meldeten sich zwischen 1787 und 1800 mit Wendeborn und Forster kritische Beobachter zu Wort, deren Ziel es war, das glorifizierende Bild zu korrigieren und der Realität näherzubringen.[18]

---

18 Vgl. W. D. Robson-Scott, *German Travellers in England, 1400-1800* (Oxford, 1953).

10

1.4 Die Autoren der Reiseberichte

Zu den bedeutendsten weil ergiebigsten Reiseberichten zählt derjenige Zacharias Conrad von Uffenbachs (1683-1734). Uffenbach entstammte einer Frankfurter Patrizierfamilie, studierte in Straßburg und Halle und bekleidete das Amt des Schöffen und Ratsherrn seiner Heimatstadt. In dieser Position war er zehn Jahre lang Kollege von Johann Wolfgang Textor, Goethes Großvater, und wird von Goethe im zweiten Band von *Dichtung und Wahrheit*[19] erwähnt. In Begleitung seines Bruders verließ Uffenbach im November des Jahres 1709 Frankfurt und reiste über Holland nach England, wo er sich von Juni bis November 1710 aufhielt. Die meiste Zeit verbrachte er in London, Oxford und Cambridge. Seine *Merkwürdige[n] Reisen durch Niedersachsen Holland und Engelland*[20] sind Zeugnis einer Reise, die vor allem durch Uffenbachs Bibliophilie initiiert worden war und daher in buch- und bibliotheksgeschichtlicher Hinsicht von erheblicher Bedeutung ist.[21] Uffenbachs Aufzeichnungen bestehen überwiegend aus Beschreibungen alter Handschriften und *Codices*, da sie als Gedächtnisstütze für den eigenen Gebrauch und nicht als zu veröffentlichende Aufzeichnungen gedacht waren. Sein bibliophiles Interesse, das dem Erwerb neuer Bücher galt, ließ seine Bibliothek während der Englandreise um mehr als 4.000 Bände wachsen. Obwohl detaillierte Beschreibungen englischer Bibliotheken in diesem Bericht überwiegen, sind die Beobachtungen zu Land und Leuten ebenfalls aufschlußreich. Um die Sprache zu erlernen, ging er häufig ins Theater,[22] so daß sein Bericht überdies einen Eindruck von der Londoner Theaterwelt des frühen achtzehnten Jahrhunderts vermittelt.

Uffenbach nimmt innerhalb der Reisenden insofern eine Sonderstellung ein, als er seine Reise im voraus genau geplant hatte und an jedem Ort wußte, was ihn dort interessieren würde. Über Jahre hinaus war er ein begeisterter Leser von Reisebeschreibungen gewesen:

> Aus diesem Schatze hat er fast unzählige Reisebeschreibungen entlehnet. Was er nun in denselben durch ganz Europa sehens= und merkwürdig fand, das zeichnete er bey müßigen Stunden auf, und trug solches in sechs zimlich dicke Bände auf eine solche Art

---

[19] Vgl. Johann Wolfgang Goethe, *Dichtung und Wahrheit, I*, Gedenkausgabe der Werke, Briefe und Gespräche, ed. Ernst Beutler, 24 vols (Zürich, 1950), X, 85.
[20] Zacharias Conrad von Uffenbach, *Merkwürdige Reisen durch Niedersachsen Holland und Engelland*, 3 vols (Ulm, 1753-1754).
[21] Vgl. Bernhard Fabian, "Englisch als neue Fremdsprache des 18. Jahrhunderts," *Mehrsprachigkeit in der deutschen Aufklärung*, ed. Dieter Kimpel (Hamburg, 1985), pp. 178-96.
[22] Vgl. John Alexander Kelly, *German Visitors to English Theatres in the Eighteenth Century* (Princeton, NJ, 1936), pp. 10-12.

ein, damit er alles leichthin finden könnte, was an jedem Ort ihm auf seinen künftigen Reisen zu beobachten und zu erkundigen würdig schien.[23]

Mit diesen Bänden ausgerüstet, machte Uffenbach sich auf die Reise und stellte somit sicher, keine sehenswerte Bibliothek und Buchausgabe zu verpassen.

Der spätere Göttinger Professor für Anatomie, Medizin, Botanik und Chirurgie Albrecht von Haller bereiste England im Jahre 1727 nach Beendigung seines Medizinstudiums in Tübingen und Leyden. Die Reise erfolgte im Anschluß an Hallers Promotion zum Doktor der Medizin in Leyden und galt der Information über Behandlungsmethoden in englischen Krankenhäusern. Daher finden sich überwiegend Krankengeschichten und Sektionsbefunde, aber auch Anmerkungen zu den politischen und gesellschaftlichen Zuständen der Länder, die er bereiste. Haller hatte wegen seiner mangelnden Englischkenntnisse Probleme, sich zu verständigen, und war sich dieses Mangels bewußt:

> Hier sahe ich, wie schlimm eß ist, ohne die Spraache zu können, durch ein Land zu reisen und wie wenig man sich hier aufs Franzö{si}sche verlaßen kan, maßen der gemeine Mann gar keines, der Gelehrte aber selten, und junge Leute bißweilen, allemal aber sehr schlecht sprechen. So daß ein deß Englischen Unerfahrner tausendmal mehr Verdruß und weniger Nuzen von seiner Reise hat als einer, der sich außzudrücken weiß.[24]

Dieses Problem teilte Haller mit dem Großteil der frühen Reisenden; erst im Zuge der späteren Anglophilie sollten deutsche Besucher des Landes in der Lage sein, sich ohne die Dienste eines Dolmetschers zu verständigen.

Mit Georg Christoph Lichtenberg bereiste ein weiterer Göttinger Professor England. Die kurze Reise des Jahres 1770 wurde durch einen fünfzehnmonatigen Aufenthalt auf Einladung Georgs III in den Jahren 1774-1775 ergänzt. Während des zweiten Aufenthalts hatte Lichtenberg beinahe täglich Kontakt zum Königspaar.[25] Obwohl man sich von einem Aufklärer wie Lichtenberg eine fundierte politisch-philosophische Studie Englands erhofft, finden sich im Gesamtwerk lediglich verstreute Berichte: Die Briefe an seinen Freund Boie erschienen 1776 und 1778 in der Zeitschrift *Deutsches Museum* und beschäftigen sich vornehmlich mit dem Theater.[26] Sie setzen ein erstaunliches Maß an Detailwissen auf seiten des Lesers voraus und veranschaulichen auf diese Weise, wie tief Kenntnisse über England zu diesem Zeitpunkt bereits im Bewußtsein der literarischen Öffentlichkeit verankert gewesen zu sein scheinen. Weitere Informationen über Land und Leute, die königliche Familie und die Politik der Zeit finden

---

23 Uffenbach, "Vorbericht," *Merkwürdige Reisen*, I, xlii.
24 Albrecht von Haller, *Albrecht Hallers Tagebücher seiner Reisen nach Deutschland, Holland und England, 1723-1727*, ed. Erich Hintzsche (Bern, Stuttgart, Wien, 1971), p. 87.
25 Vgl. Robson-Scott, *German Travellers*, pp. 145-48.
26 Vgl. Kelly, *Theatres*, pp. 42-50.

sich in den *Sudelbüchern* E und F, den Briefen aus England und den Hogarth-Erläuterungen.[27] Lichtenberg hatte keine Probleme mit der Verständigung. Mit dem König unterhielt er sich zum Teil auf deutsch, aber er beherrschte die englische Sprache so gut, daß ihm der berühmte Schauspieler Garrick bei ihrer ersten Begegnung das Kompliment machte, er spreche Englisch wie ein Muttersprachler.[28]

Carl Philipp Moritz schrieb seine Reiseeindrücke in den *Reisen eines Deutschen in England im Jahr 1782* nieder.[29] Geprägt durch eine unkonventionelle Reise zu Fuß, die dazu führte, daß er überall als Bettler oder Landstreicher angesehen wurde, sammelte Moritz vor allem Eindrücke der Landschaft außerhalb Londons und sah sich mit Problemen konfrontiert, die sich aus seinem Verstoß gegen die Reisekonventionen des Landes ergaben. Moritz liefert einen Bericht, in dem die Naturbeschreibung im Vordergrund steht.[30]

Gebhard Friedrich August Wendeborns *Beyträge zur Kentniß Grosbritanniens vom Jahr 1779*, die anonym von Georg Forster herausgegeben wurden,[31] stellen eine der gründlichsten und kenntnisreichsten Studien Englands im achtzehnten Jahrhundert dar und wurden zur wichtigsten Informationsquelle späterer Reisender.[32] Wendeborn distanziert sich von unreflektierter Schwärmerei und liefert seinen Lesern detaillierte Kenntnisse sowohl über das Land als auch über dessen Bewohner und ihre Eigenschaften, die er in mehr als 25 Jahren Arbeit als Pastor einer deutschen Gemeinde in London erwerben konnte. Im Gegensatz zu vielen früheren Reiseberichten führt Wendeborn Eigenheiten der Engländer nicht nur an, sondern er versucht auch, Erklärungen dafür zu finden.

Ein Beispiel für ausgeprägte Anglophilie liefert Sophie von La Roche. Wenn auch ihr Name heutigen Lesern zumeist unbekannt ist, zählte sie doch zu den gefeierten Persönlichkeiten ihres Jahrhunderts und war mit vielen bedeutenden Literaten bekannt. Sie schrieb Romane, war Herausgeberin einer moralischen Wochenschrift für junge Mädchen und stellte in ihren Werken Tugend und tugendhaftes Benehmen als Ziel jeder Erziehung dar. Obwohl sie Großbritannien erst im Herbst 1785 aus eigener Anschauung kennenlernte, hatte La

---

27 Zu Lichtenbergs London-Aufenthalten vgl. auch Wolfgang Promies, "Lichtenbergs London," *Rom – Paris – London: Erfahrung und Selbsterfahrung deutscher Schriftsteller und Künstler in den fremden Metropolen*, ed. Conrad Wiedemann (Stuttgart, 1988), pp. 560-70.
28 Vgl. Georg Christoph Lichtenberg, "An Johann Christian Dieterich, 18.10.1775," *Schriften und Briefe*, ed. Wolfgang Promies, 5 vols (München, 1985), IV, 255.
29 Carl Philipp Moritz, *Reisen eines Deutschen in England im Jahre 1782*, ed. Otto zur Linde (Berlin, 1903).
30 Vgl. Robson-Scott, *German Travellers*, pp. 170-75; Kelly, *Theatres*, pp. 83-86.
31 Vgl. Fabian, "Fremdsprache," p. 189.
32 Vgl. Robson-Scott, *German Travellers*, pp. 163-67.

Roche das Land bereits für einige ihrer Romane als Schauplatz gewählt und suchte nunmehr all das zu finden, was sie mit dem Land ihrer Vorstellung verband. La Roche war gut auf die Reise vorbereitet, reiste mit einer schwärmerischen Erwartungshaltung und bezeichnete sich als einen "Schwamm von der Gesellschaft ..., der alles in sich saugen wird."[33] Als bekannte Schriftstellerin und mit Empfehlungsschreiben von Freunden ausgestattet, hatte sie keine Mühe, innerhalb der kurzen Reisezeit die unterschiedlichsten Menschen kennenzulernen. Ihre Ausführungen spiegeln gründliche Kenntnisse britischer Geschichte; über die Anfänge unter den Angeln und Sachsen weiß sie ebenso zu berichten wie über Maria Stuart. Erklärungen, jeweils an passender Stelle der Beschreibung hinzugefügt, verdeutlichen La Roches Vertrautheit mit anderen Wissensgebieten wie Malerei und Landwirtschaft. Ihr *Tagebuch einer Reise durch Holland und England*[34] war als unterhaltsame, aber auch didaktische Unterweisung für ihre Töchter gedacht, eine Absicht, die sich in einem oftmals belehrenden Stil äußert.

Georg Forsters Urteil über England kommt besondere Bedeutung zu, war England doch seine zweite Heimat. Forster sprach Englisch wie ein Engländer, Mißverständnisse aufgrund von Verständigungsproblemen sind bei ihm daher auszuschließen. Seine *Ansichten vom Niederrhein, von Brabant, Flandern, Holland, England und Frankreich im April, Mai und Junius 1790*[35] geben detaillierte Eindrücke der Reise durch die kontinentaleuropäischen Länder wieder; die Beschreibung Englands blieb indes aufgrund seines frühzeitigen Todes fragmentarisch und erschien postum als edierte Sammlung von Tagebucheinträgen und Notizen. Forsters Beschreibung ist eine Mischung aus kritischen und lobenden Tönen, die jedoch auch dort, wo sie positiv ausfallen, nie von der weit verbreiteten Anglophilie eingefärbt sind. Sein ambivalentes Verhältnis zum Land läßt sich vor allem dadurch erklären, daß er mit Menschen und Lebensverhältnissen zu vertraut war, um eine neutrale Position zu beziehen.

Johann Wilhelm von Archenholz bereiste England mehrfach, nachdem er sich mit Ende des Siebenjährigen Krieges aus der Armee Friedrichs des Großen zurückgezogen hatte. Eine Sammlung von Essays, unter dem Titel *England und Italien*[36] veröffentlicht und Wieland gewidmet, wurde erweitert und über einen Zeitraum von elf Jahren unter seinem Namen als *Annalen der Brittischen Ge-*

---

33 Sophie von La Roche, "Brief an Sarasin vom 20. Juli 1785," *Ich bin mehr Herz als Kopf – ein Lebensbild in Briefen*, ed. Michael Maurer (Stuttgart, 1983), p. 282.

34 Sophie von La Roche, *Tagebuch einer Reise durch Holland und England von der Verfasserin von Rosaliens Briefen* (Offenbach, 1788).

35 Georg Forster, *Ansichten vom Niederrhein, von Brabant, Flandern, Holland, England und Frankreich im April, Mai und Junius 1790*, 3 vols (Berlin, 1791-1794).

36 Johann Wilhelm von Archenholz, *England und Italien*, 2 vols (Leipzig, 1785).

schichte[37] herausgegeben. Damit endete Archenholzens Auseinandersetzung mit Großbritannien jedoch nicht: Er verfaßte eine Biographie Elisabeths I und machte in seiner politischen Zeitschrift *Minerva* von 1792 bis 1809 außer Frankreich vornehmlich England zum Thema.[38] In seiner Begeisterung für das Land bleibt Archenholz oberflächlicher als Wendeborn, seine Berichte sind jedoch in einem leicht lesbaren, anekdotenreichen Stil verfaßt und von großer Bedeutung für die Ausbreitung der Anglophilie in Deutschland.

1.5 Die Intensivierung englisch-deutscher Beziehungen

Die Geschichte der deutschen Reiseberichte macht deutlich, daß seit den ersten Dekaden des achtzehnten Jahrhunderts das Interesse an England und englischer Kultur und Lebensart in weiten Kreisen der deutschen Gesellschaft sprunghaft anstieg, um in der zweiten Hälfte des Jahrhunderts in eine allumfassende Anglophilie zu münden.[39] Die wachsende Bedeutung des Inselreichs ging einher mit dem zunehmenden Bedeutungsverlust Frankreichs, das bis dahin als Ideal gegolten hatte. Die Begeisterung für England erfaßte weite Teile der deutschen Bevölkerung und erstreckte sich auf die unterschiedlichsten Lebensbereiche:

> Man denke an den Übergang vom französischen Barockgarten zum englischen Landschaftsgarten, an die Ablösung der klassizistischen, französischen Dramentheorie durch eine neue, 'natürliche', für die Shakespeare maßgebend war, oder an die Bezugnahme auf das englische Modell einer Repräsentativverfassung und eingeschränkten Monarchie, oder an die zunehmend empirische Ausrichtung der Philosophie und Weltanschauung und die damit verbundene Abkehr von metaphysischen Systemen, oder an die Rationalisierung der Landwirtschaft hausväterlicher Prägung zur ländlichen Güterproduktion, oder an die Industrialisierung des Manufakturwesens nach englischem Vorbild und unter dem englischen Konkurrenzdruck.[40]

---

37 Johann Wilhelm von Archenholz, *Annalen der Brittischen Geschichte des Jahrs 1788 [usw.]. Als eine Fortsetzung des Werks England und Italien*, vol. 1 (Braunschweig, [1789]), vols 2 und 3 (Hamburg, 1790), vols 4 und 5 (Wien, 1791), vol. 6 (Mannheim, 1792), vol. 7 (Wien, 1793), vol. 8 (Mannheim, 1793), vols 9 und 10 (Mannheim, 1794), vol. 11 (Hamburg, 1795), vol. 12 (Tübingen, 1795), vol. 13 (Tübingen, 1796), vols 14 und 15 (Tübingen, 1797), vols 16 and 17 (Tübingen, 1798), vols 18 und 19 (Tübingen, 1799), vol. 20 (Tübingen, 1800).

38 Vgl. Robson-Scott, *German Travellers*, pp. 145-48.

39 Trotz der historischen Ungenauigkeit der Begriffe "Deutschland" und "England" soll im folgenden aus Gründen der Lesbarkeit auf eine weitere Differenzierung verzichtet werden. Auf das Heilige Römische Reich Deutscher Nation wird als "Deutschland" oder "Deutsches Reich" verwiesen.

40 Michael Maurer, *Aufklärung und Anglophilie in Deutschland* (Göttingen und Zürich, 1987), p. 15.

15

Aus geographischen, politischen und religiösen Gründen verbreitete sich die Anglophilie uneinheitlich im Reichsgebiet; insgesamt weist sie ein Nord-Süd-Gefälle auf. Norddeutschland war mit seinen Handelszentren und Hansestädten wie Hamburg und Bremen bereits früh durch wirtschaftliche Beziehungen mit dem Inselreich in Kontakt gekommen. Die engen dynastischen Beziehungen zwischen dem englischen Königsthron und dem Kurfürstentum Braunschweig-Lüneburg wurden seit der Thronbesteigung Georgs I im Jahr 1714 noch intensiver.

Die vorwiegend protestantische Bevölkerung Norddeutschlands zeigte sich besonders empfänglich für aufklärerisches Gedankengut. Aufgrund der Emanzipation des englischen Bürgertums mit ihrem Ideal der Freiheit wurde England zum Vorbild für deutsche Freiheitsbestrebungen vor allem in den freien Reichs- und Hansestädten, fand aber auch nach und nach Anhänger in geistigen Zentren wie Braunschweig und Göttingen mit seiner im Jahr 1737 vom britischen König gegründeten Universität. Danach fanden Reisende verstärkt den Weg ins Inselreich, um sich vor Ort einen Einblick in das vielgepriesene britische System zu verschaffen. Englandreisen im achtzehnten Jahrhundert erhielten zunehmend den Charakter der Bildungs- und Kavaliersreisen im Stil der *grand tour* junger Adelssöhne nach Frankreich und Italien.[41] Neben der Metropole London mitsamt ihrem kulturellen Angebot und den dort zu gewinnenden literarischen, politischen und ökonomischen Einsichten galt das Interesse vor allem den Universitätsstädten Oxford und Cambridge.[42]

1.6   Zentren der Anglophilie

1.6.1 Hamburg

Hamburg als "Tor nach England" fiel bei der Vermittlung von Kenntnissen über Land und Leute eine Schlüsselrolle zu. Die auf wirtschaftliche Prosperität gegründete Unabhängigkeit der Hansestadt ermöglichte ihren Einwohnern eine ungewöhnlich ausgeprägte soziokulturelle Vielfalt. Aus dem Siebenjährigen Krieg ging die Stadt aufgrund ihrer Neutralitätspolitik wirtschaftlich weniger geschä-

---

41 Eine Auswahl deutscher Reiseberichte des achtzehnten Jahrhunderts liegt in Michael Maurers Sammlung *O Britannia, von deiner Freiheit einen Hut voll: deutsche Reiseberichte des 18. Jahrhunderts* (München, 1992) vor. Maurer bezieht neben Berichten von Lichtenberg, Wendeborn, Archenholz und La Roche auch Zeugnisse heute fast in Vergessenheit geratener Reisender ein.
42 Vgl. etwa Maurer, *O Britannia.*

digt hervor als andere Städte und entwickelte sich neben ihrer Stellung als größte[43] und jüngste deutsche Reichsstadt zum größten und bedeutendsten Hafen- und Handelszentrum.[44]

Englischer Einfluß machte sich auch im Pressewesen der Hansestadt bemerkbar: Die ersten moralischen Wochenschriften nach dem Vorbild der von Addison und Steele betreuten *Tatler* und *Spectator* lagen im *Vernünftler* (1713-1714) und im *Patriot* (1724-1726) vor. Der *Vernünftler* wurde vom Musiker und englischen Gesandtschaftssekretär Johann Mattheson (1681-1764) herausgegeben und enthielt zahlreiche Beiträge aus englischen Zeitschriften; die Wirkung des einflußreichen *Patrioten* reichte über die Grenzen der Hansestadt hinaus. Im Jahre 1724 wurde mit der "Patriotischen Gesellschaft" die erste bürgerliche Sozietät gegründet; nach der Entstehung der Freimaurerloge "Absalom" im Jahr 1737 verbreitete sich die aus England kommende Freimaurerei von Hamburg aus im Reichsgebiet.[45] Aufgrund der guten Handelsbeziehungen ließen sich britische Kaufleute in Hamburg nieder und pflegten neben wirtschaftlichen auch kulturelle Kontakte zur Bevölkerung. Der Verleger Johann Joachim Bode machte sich um die Übertragung und Verbreitung englischer Werke ins Deutsche verdient, Mattheson bemühte sich zusätzlich zur Herausgabe des *Vernünftlers* um die Übersetzung englischer Werke, darunter Defoes *Moll Flanders* und Richardsons *Pamela*. Friedrich von Hagedorn (1708-1754), der von 1727 bis 1731 als Privatsekretär des dänischen Gesandten in London gearbeitet hatte und nach seiner Rückkehr 1733 zum Sekretär des *English Court* ernannt wurde, pflegte intensive Briefwechsel im gesamten deutschen Reichsgebiet und tauschte sich nicht zuletzt mit den "Schweizern," Bodmer und Breitinger, über englische Literatur aus.[46] Seine Mitarbeit am *Patrioten* ermöglichte ihm frühe Einsicht in die neuesten Veröffentlichungen auf dem nationalen und internationalen Buchmarkt. Hagedorns Freund Barthold Heinrich Brockes (1680-1747) verschaffte mit seinen Übersetzungen des *Essay on Man*[47] und James Thomsons

---

[43] So hatte Hamburg um 1787 bereits 100.000 Einwohner und war größer als Köln und Frankfurt am Main zusammen. Vgl. Franklin Kopitzsch, *Grundzüge einer Sozialgeschichte der Aufklärung in Hamburg und Altona*, 2 vols (Hamburg, 1982), I, 140. Vgl. für diesen Abschnitt auch Maurer, *Anglophilie*, pp. 41-44.
[44] Vgl. Kopitzsch, *Grundzüge einer Sozialgeschichte*, I, 140.
[45] Vgl. Kopitzsch, *Grundzüge einer Sozialgeschichte*, I, 313 sowie Maurer, *Anglophilie*, p. 43.
[46] Für Hagedorns Briefwechsel vgl. Friedrich von Hagedorn, *Briefe*, ed. Horst Gronemeyer, 2 vols (Berlin und New York, 1997).
[47] Der Titel der deutschen Übersetzung lautet: *Hrn. B(arthold) H(einrich) Brockes aus dem Engl. übersetzter Versuch vom Menschen des Herrn Alexander Pope nebst verschiedenen andern Übersetzungen und einigen Gedichten* (Hamburg, 1740).

Seasons[48] dem deutschen Publikum Zugang zur zeitgenössischen englischen
Literatur.

Die Hamburger Handelsakademie des Kommerzienrats Wurmb wurde
durch Johann Georg Büsch (1728-1800), Professor für Mathematik, Journalist
und Leiter der Akademie, in den Rang einer international anerkannten Bildungs-
anstalt erhoben. Als erste ihrer Art in ganz Europa zog sie auch aus dem Inselreich Schüler an. Der Erfolg dieser Institution ist nicht zuletzt der Person ihres
Leiters zuzuschreiben: Büsch kannte England aus eigener Anschauung und erwies sich in eigenen Publikationen als Kenner der englischen Wirtschaft.[49]

1.6.2 Göttingen und Braunschweig

Außer Hamburg trug die junge Universität Göttingen viel zur Verbreitung aufklärerischen Gedankenguts bei. Im Jahre 1737 nahm sie ihre Arbeit auf und
avancierte rasch zu einem Zentrum wissenschaftlichen Austauschs mit dem Inselreich, durch das sich besonders englische Studenten angezogen fühlten. Sowohl der deutsche Kaiser als auch der englische König Georg II fühlten sich berufen, die Georgia Augusta mit Privilegien auszustatten. Als Universitätsgründer
machte Georg II konkrete Versprechungen:

> Vornehmlich aber haben Wir Sorge getragen, wollen auch ferner, und Unsere Nach-
> kommen sollen daran seyn, daß zu denen vier so genandten Haupt-Facultäten jederzeit
> berühmte und solche Männer, von deren Geschicklichkeit man versichert sey, und dane-
> ben zu Erlernung aller übrigen der studirenden Jugend anständigen, nützlichen, im ge-
> meinen menschlichen Leben vorkommenden und ihren Gebrauch habenden Disciplinen,
> Wissenschafften, Künste und Sprachen, ... insonderheit Stallmeistere oder Bereitere,
> Fecht- Tanz- und Engelländische, Französisch und Italienische Sprach-Meistere beruf-
> fen und bestellet werden.[50]

Wichtig schien dem englischen Monarchen die Vermittlung von Sprachkennt-
nissen in praktischer Absicht: Ziel war nicht länger ausschließlich die Vermitt-

---

48 Der Titel der Übersetzung lautet: *Herrn B. H. Brockes ... aus dem Englischen übersetzte*
    Jahres-Zeiten des Herrn Thomson. Zum Anhange des Irdischen Vergnügens in Gott. Mit
    Kupfern (Hamburg, 1745).
49 Vgl. Maurer, *Anglophilie*, p. 44.
50 Aus: *Chur-Braunschweigisch-Lüneburgische Landes-Ordnungen und Gesetze Erster Theil*
    worinnen enthalten Caput primum von Kirchen- Clöster- Universitäts- Schul- Ehe und an-
    deren Geistlichen Sachen. Zum Gebrauche der Fürstenthümer, Graff- und Herrschaften
    Calenburgischen Theils (Göttingen, 1739), pp. 713-15; zitiert nach Thomas Ellwein, *Die*
    deutsche Universität: vom Mittelalter bis zur Gegenwart (Königstein, 1985), p. 68. Zur
    Geschichte der Universität Göttingen vgl. Götz von Selle, *Die Georg-August-Universität*
    zu Göttingen, 1737-1937 (Göttingen, 1937).

lung "klassischer" Sprachen, sondern auch der Kenntnisgewinn in "lebenden" Sprachen, mit denen Studenten während ihrer Ausbildungsjahre auf Auslandsreisen konfrontiert werden konnten. Die Göttinger Studenten sollten, so lautet das Argument, nicht nur besser ausgebildet werden und auf dem neuesten wissenschaftlichen Stand sein, wenn sie die Georgia Augusta verließen, sondern auch für ihr weiteres nicht-akademisches Leben gerüstet sein. Sprachlehrer wie der Engländer John Tomson[51] sorgten dafür, daß diese Ziele realisiert wurden.

Professoren mit internationalem Ruf wie Johann David Michaelis, Georg Christoph Lichtenberg, August Ludwig Schlözer und vor allem der polyhistorische Albrecht von Haller verstärkten die Attraktivität Göttingens. Die Universitätsbibliothek, bei deren Ausbau und Ausstattung mit englischsprachigen Werken sich die guten persönlichen Verbindungen zum englischen Königshaus als äußerst hilfreich erwiesen, wurde zu einer Forschungsinstitution mit einem Schwerpunkt auf britischen Publikationen.[52] Diplomatische Beziehungen taten ein übriges, um Veröffentlichungen möglichst rasch und unbürokratisch anschaffen zu können. Vermutlich begannen die Bücherlieferungen aus England im Jahr 1740. Acht Jahre später verging bereits kaum ein Monat ohne Importe aus Holland oder England.[53] So kam dem in London ansässigen Legationsrat Best in den sechziger und siebziger Jahren "praktisch die Funktion eines Außenbeamten der Bibliothek"[54] zu. Best stand in engem Kontakt zu Londoner Buchhändlern, informierte den Universitätsbibliothekar Heyne in einem extensiven Briefwechsel über Neuerscheinungen und leitete dessen Bestellungen weiter.[55]

---

51 Tomson war Englischlehrer an der Universität Göttingen und veröffentlichte zu Unterrichtszwecken eine Anthologie englischer Literatur mit dem Titel *English Miscellanies*, die bald zum beliebten Unterrichtswerk avancierte. Vgl. hierzu Fabian, "Fremdsprache," p. 184 sowie zur Person Tomsons Thomas Finkenstaedt, "Auf der Suche nach dem Göttinger Ordinarius des Englischen, John Tompson (1696-1768)," *Fremdsprachenunterricht, 1500-1800*, ed. Konrad Schröder (Wiesbaden, 1992), pp. 57-74. Die Schreibweise seines Namens variiert in den Quellen.

52 Vgl. Bernhard Fabian, "Göttingen als Forschungsbibliothek im achtzehnten Jahrhundert: Plädoyer für eine neue Bibliotheksgeschichte," *Öffentliche und private Bibliotheken im 17. und 18. Jahrhundert: Raritätenkammern, Forschungsinstrumente oder Bildungsstätten?* ed. Paul Raabe (Bremen und Wolfenbüttel, 1977), pp. 209-39. Zur Sammlung englischer Bücher und ihrer Anschaffungspraxis im achtzehnten Jahrhundert vgl. Bernhard Fabian, "An Eighteenth-Century Research Collection: English Books at Göttingen University Library," *The Library*, 6th s., I, no 3 (1979), 209-24.

53 Vgl. Fabian, "An Eighteenth-Century Research Collection," p. 212. Fabian bezieht sich auf schriftliche Äußerungen eines Zeitzeugen.

54 Fabian, "Göttingen als Forschungsbibliothek," pp. 217-18.

55 Der erhaltene Briefwechsel befindet sich in den Archiven der Niedersächsischen Staats- und Universitätsbibliothek Göttingen. Für eine genauere Darstellung vgl. Fabian, "Göttingen als Forschungsbibliothek," pp. 216-18. Beispiele für den Inhalt und Umfang der Lieferungen aus England liefert Fabian, "An Eighteenth-Century Research Collection," pp. 212-14.

19

Die durch die äußeren Umstände, aber auch durch Englandliebhaber wie
Michaelis und Lichtenberg sowie durch englische Studenten ausgelöste Anglophilie, die bald sogar in eine Anglomanie umschlug, fand im gesamten norddeut-
schen Reichsgebiet Verbreitung.

Nicht zuletzt durch die Heirat des Erbprinzen Ferdinand von Braunschweig
mit der Tochter des Prinzen von Wales im Jahre 1764 wurden die Verbindungen
zum Inselreich intensiviert. Unter dem Einfluß des Hofpredigers und Prinzen-
erziehers Johann Friedrich Wilhelm Jerusalem (1709-1789) erfolgte 1745 die
Stiftung des "Collegium Carolinum," einer Bildungsinstitution nach englischem
Vorbild. Neben dem College- und Tutorensystem übernahm das Collegium
Carolinum als eines der obersten Erziehungsziele die Geschmacksbildung vom
Inselreich und verbreitete englisches Gedankengut unter der jungen Generation.
Jerusalems auf englische Einflüsse zurückgehende Erziehungsideale stießen be-
sonders bei Johann Arnold Ebert (1723-1795) und Eschenburg auf fruchtbaren
Boden. Ebert unterrichtete unter anderem Englisch und wurde 1753 zum ordent-
lichen Professor ernannt. Den größten Einfluß auf seine Zeitgenossen nahm er
aber durch Übersetzungen aus dem Englischen. Eberts Übertragung der *Night
Thoughts*[56] machte das Werk zu einem Ereignis und seinen Autor Edward
Young zum Fürsprecher einer ganzen Generation. Sein Kollege Johann Joachim
Eschenburg (1743-1820) unterrichtete ausländische Studenten in Deutsch und
machte sich mit seiner Prosaübertragung der Werke Shakespeares (1775-1777)[57]
einen Namen. Die Aufgeschlossenheit von Bevölkerung und Hof sowie das auch
Schüler fremder Nationen anziehende Collegium Carolinum mit seinen weltoffe-
nen Professoren ließen Braunschweig in der zweiten Hälfte des Jahrhunderts
zu einem wichtigen Zentrum anglo-germanischen Kulturaustausches werden.

---

[56] Der deutsche Titel lautet: *Dr. Eduard Young's Klagen oder Nachtgedanken über Leben,
Tod und Unsterblichkeit*, 5 vols (Braunschweig, 1760-1771).
[57] Die Übersetzung war von Wieland begonnen worden, Eschenburg übertrug die fehlenden
Schauspiele.

2 Das Lesepublikum

Das achtzehnte Jahrhundert gilt als das Jahrhundert des Lesens. Veränderungen auf dem Buchmarkt,[1] der Siegeszug des Romans und die dadurch bedingte Verdrängung der bis dahin dominanten Erbauungsliteratur, nicht zuletzt durch den Einfluß fremdsprachiger Werke in deutscher Übersetzung, aber auch buchsoziologische Entwicklungen wie die Einrichtung von Lesegesellschaften,[2] Lesekabinetten[3] und Leihbibliotheken[4] leisteten dazu ihren Beitrag. Meßkataloge der bedeutenden Buchmessen in Leipzig und Frankfurt sowie Sortimentskataloge einzelner Buchhändler zeichnen ein eindrucksvolles Bild der literarischen Landschaft, dokumentieren den rapiden Wechsel im Kaufverhalten der lesenden Bevölkerung und liefern wertvolles Quellenmaterial für die Untersuchung des jeweils vorherrschenden literarischen Geschmacks.[5] Soziale Veränderungen wie das Vordringen des Buches in ländliche Bereiche, die Entwicklung des Lesens von einer dem Adel vorbehaltenen Tätigkeit zum gesellschaftlichen Phänomen sowie die Rolle der Frau als Leserin vor allem der neuen Gattung Roman führten vom intensiven Lesen *eines* Buches – meist handelte es sich hierbei um die Bibel, Andachts- oder Volksbücher sowie Hauskalender – zum extensiven

---

1   Im letzten Drittel des Jahrhunderts stieg die Buchproduktion in deutscher Sprache rapide an, während gleichzeitig der Niedergang des Lateinischen und der über Jahrhunderte vorherrschenden lateinischen Lektüre zu verzeichnen ist. In diesem Zusammenhang sind die Meßkataloge von großer Aussagekraft. Vgl. hier vor allem Bernhard Fabian, "Die Meßkataloge des achtzehnten Jahrhunderts," *Buch und Buchhandel in Europa im achtzehnten Jahrhundert. Fünftes Wolfenbütteler Symposium, 1. bis 3. November 1977*, eds Giles Barber und Bernhard Fabian (Hamburg, 1977), pp. 321-42.
2   Vgl. Otto Dann, "Lesegesellschaften im 18. Jahrhundert: ein Forschungsbericht," *Internationales Archiv für Sozialgeschichte der deutschen Literatur*, 14, no 2 (1989), 45-58; Marlies Prüsener, "Lesegesellschaften im 18. Jahrhundert: ein Beitrag zur Lesegeschichte," *Börsenblatt für den Deutschen Buchhandel*, 28 (1972), 189-301 (Der Beitrag findet sich auch abgedruckt in *AGB*, 13 (1972), cols 369-594, zitiert wird aus dem Artikel des *Börsenblatts*); Thomas Sirges, *Lesen in Marburg, 1758-1848: eine Studie zur Bedeutung von Lesegesellschaften und Leihbibliotheken* (Marburg, 1991).
3   Zur Enwicklung der Lesekabinette vgl. etwa Prüsener, "Lesegesellschaften," pp. 199-210 sowie Richard van Dülmen, *Die Gesellschaft der Aufklärer: zur bürgerlichen Emanzipation und aufklärerischen Kultur in Deutschland* (Frankfurt/M., 1986).
4   Die ausführlichste Darstellung des Leihbibliothekswesens liefert Alberto Martino, *Die deutsche Leihbibliothek: Geschichte einer literarischen Institution (1756-1914). Mit einem zusammen mit Georg Jäger erstellten Verzeichnis der erhaltenen Leihbibliothekskataloge* (Wiesbaden, 1990).
5   Vgl. zu diesem Themenkomplex Fabian, "Meßkataloge" sowie Ernst Weber, "Sortimentskataloge des 18. Jahrhunderts als literatur- und buchhandelsgeschichtliche Quellen," *Bücherkataloge als buchgeschichtliche Quellen in der frühen Neuzeit*, ed. Reinhard Wittmann (Wiesbaden, 1985), pp. 209-58.

Lesen.[6] Viele Zeitgenossen reagierten mit moralischen Bedenken und verunglimpften die Entwicklung[7] als "Lesewut" oder "Vielleserey."[8] So urteilte etwa Wieland gegen Ende des Jahrhunderts im *Teutschen Merkur*:

> Wo ehemahls kaum in den höchsten Classen hier und da einige Damen waren, die etwas Gedrucktes, ausser ihrem Gebetbuche und dem gemeinen Hauscalender, kannten, und sich in müßigen Stunden etwa mit *Herkules* und *Herkuliscus*, der *römischen Octavia* und Lohensteins *Arminius* – und in der Folge mit der *Asiatischen Banise*, Neukirchs *Telemach* und andern allgemein beliebten Büchern ihrer Zeit unterhielten, – da ist jezt das Lesen auch unter der Mittelklasse, und bis nahe an diejenige, die gar nicht lesen gelernt haben, allgemeines Bedürfniß geworden; und gegen Ein Frauenzimmer, welches vor fünfzig Jahre ein zu ihrer Zeit geschäztes Buch laß, sind jezt (um nicht zu viel zu sagen) hundert, zumahl in kleinern Städten und auf dem Lande, wo es an den Zerstreuungen der großen Städte fehlt – die Alles lesen, was ihnen vor die Hände kömmt und einige Unterhaltung ohne große Bemühung des Geistes verspricht.[9]

Kritiker zogen vor allem mit moralischen Bedenken gegen extensives Leseverhalten zu Felde und sahen in letzter Konsequenz und abhängig von ihrer politischen Couleur gesellschaftliche Ruhe und Ordnung ebenso gefährdet wie eine Neigung zum Eskapismus gegeben:

> Die *extensive* Lektüre macht süchtig, physisch und psychisch krank, entfremdet die Leser der Wirklichkeit und der Erfahrungswelt durch eine abnorme Anregung der Einbildungskraft, steigert die Empfindsamkeit bis zum Pathologischen, fördert die Hypochondrie und die Asozialität, gefährdet die Ständegesellschaft und das *ganze Haus*, zerrüttet die wirtschaftlichen und die affektiven Grundlagen der Familie und verdrängt schließlich die religiösen und ethischen Werte.[10]

---

6 Vgl. Erich Schön, *Der Verlust der Sinnlichkeit oder die Verwandlungen des Lesers: Mentalitätswandel um 1800* (Stuttgart, 1987), pp. 99-122; 237-41; Georg Jäger, "Historische Leserforschung," *Die Erforschung der Buch- und Bibliotheksgeschichte in Deutschland*, eds Werner Arnold, Wolfgang Dittrich und Bernhard Zeller (Wiesbaden, 1987), pp. 485-507.

7 Zur Kritik an der Lesesucht vgl. Georg Jäger, *Empfindsamkeit und Roman: Wortgeschichte, Theorie und Kritik im 18. und frühen 19. Jahrhundert* (Stuttgart und Berlin, 1969), pp. 57-64 sowie Rudolf Schenda, *Volk ohne Buch: Studien zur Sozialgeschichte der populären Lesestoffe, 1770-1910*, 3rd ed. (Frankfurt/M., 1988), pp. 53-66; 87-88.

8 Der Begriff wurde von Friedrich Burchard [sic] Beneken, einem kritischen Beobachter des achtzehnten Jahrhunderts, in seiner Schrift *Weltklugheit und Lebensgenuß: oder praktische Beyträge zur Philosophie des Lebens*, 3rd ed. (Hannover, 1806), I, 248-49 geprägt. Zitiert nach Martino, *Leihbibliothek*, p. 10. Zur "Leserevolution" im achtzehnten Jahrhundert vgl. vor allem Rolf Engelsing, "Die Perioden der Lesergeschichte in der Neuzeit," *Zur Sozialgeschichte deutscher Mittel- und Unterschichten*, 2nd ed. (Göttingen, 1978 [1973]), pp. 121-54.

9 W[ieland], "Historischer Calender für Damen für das Jahr 1791. von Friedrich Schiller. Leipzig bey G. J. Göschen," *Der neue Teutsche Merkur*, I. Quartal (1791), 201-2.

10 Martino, *Leihbibliothek*, pp. 14-18.

Ob die vielfach geäußerten Sorgen der Wirklichkeit entsprachen, läßt sich heute nicht mehr eindeutig bestimmen. Schätzungen zufolge betrug der Anteil der des Lesens Mächtigen innerhalb mitteleuropäischer Gesellschaften um 1770 im Höchstfall 15 Prozent, dreißig Jahre später lag er bei 25 Prozent.[11] Der Kreis der regelmäßig Lesenden war noch geringer, da nicht jeder einzelne aus dieser Gruppe tatsächlich zur Lektüre griff.

Tagebuchnotizen, Nachlässe von Privatpersonen und öffentlichen Bibliotheken, Kataloge und Ausleihbücher von Bibliotheken liefern zwar Einsichten in die Lesegewohnheiten einzelner, stellen aber keineswegs eine Grundlage für allgemeine Aussagen dar. Der Charakter der Aufzeichnung bestimmt ihren Aussagewert: So sind Stellungnahmen von Einzelpersonen aussagekräftiger als Bibliothekskataloge, da sie Zeugnis von der tatsächlichen Lektüre eines Werkes ablegen und vielfach Leseeindrücke spiegeln. Bibliothekskataloge dokumentieren zwar die Bestände einzelner Bibliotheken, enthalten aber keine Hinweise auf die Popularität der vorhandenen Bücher. Aufschlußreicher sind hingegen Ausleihbücher, da deren Aufzeichnungen neben der Beliebtheit eines Werkes in vielen Fällen auch die Namen tatsächlicher Nutzer dokumentieren.[12] Ob der ausgeliehene Band gelesen oder ungenutzt zurückgegeben wurde, bleibt jedoch auch dann eine unbeantwortbare Frage.

2.1 Leihbibliotheken

Das Aufkommen von Leihbibliotheken als Reaktion auf die steigende Lesefreudigkeit eines über ein höheres Maß an Freizeit verfügenden Publikums stellt einen wesentlichen Faktor für die schichtenübergreifende Bildung dar. Die Emanzipation des Bürgertums im achtzehnten Jahrhundert vollzog sich durch ein zunehmendes Maß an Bildung, die nicht zuletzt mit Hilfe von Leihbibliotheken erlangt werden konnte.[13]

---

11 Schenda, *Volk ohne Buch*, p. 444.
Die Situation in England stellt sich etwas positiver dar. Einer Untersuchung zufolge lag der Anteil des Lesens und Schreibens unkundiger Männer bei ungefähr 40 Prozent, während er für die weibliche Bevölkerung bei ungefähr 60 Prozent lag. (Vgl. David Cressy, *Literacy and the Social Order: Reading and Writing in Tudor and Stuart England* [Cambridge, 1980], p. 177).
12 Vgl. etwa die Auswertung der Ausleihbücher der Herzog-August-Bibliothek Wolfenbüttel: Mechthild Raabe (ed.), *Leser und Lektüre im 18. Jahrhundert: die Ausleihbücher der Herzog-August-Bibliothek Wolfenbüttel 1714-1799*, 4 vols (München, 1989).
13 Vgl. Jürgen Habermas, *Strukturwandel der Öffentlichkeit* (Frankfurt/M., 1996 [1961]). Zum Leihbibliothekswesen im Deutschen Reich liegen eine Anzahl Einzeluntersuchungen

Leihbibliotheken werden in Europa seit dem späten siebzehnten Jahrhundert verzeichnet und entwickelten sich "aus dem alten Brauch einiger Buchhändler, Bücher zur Lektüre auszuleihen."[14] In Deutschland entstanden die ersten Leihbibliotheken in Kassel und Hanau während der fünfziger und sechziger Jahre des Jahrhunderts, für Marburg gibt es einen ersten Nachweis für das Jahr 1781.

Daneben geben Subskriptionslisten und Kataloge dieser Bibliotheken wichtige Hinweise auf die Zusammensetzung des Lesepublikums. So ist der Kundenkreis der Leihbibliotheken vornehmlich, aber nicht ausschließlich, akademischen oder adeligen Kreisen angehörig. Ärzte, Theologen, Lehrer, Gelehrte, Professoren, Offiziere, Kaufleute, Apotheker, Buchhändler und Studenten stellen den größten Teil des Kundenkreises, Adlige sind dagegen in der Minderheit.[15] Die Bedeutung der Institution für die Entwicklung einer literarischen Öffentlichkeit und nicht zuletzt für die Bildung des einzelnen ist nicht gering zu schätzen:

> Auf viele, die in einem späteren Lebensabschnitt durch hervorragende Leistungen in der Literatur, in den Wissenschaften oder auch in der Politik hervorgetreten sind, haben die Leihbibliotheken in der Jugend eine unwiderstehliche Anziehungskraft ausgeübt ... Der prominenteste Lesekunde der Marburger Leihbibliotheken aber war wohl der Jurastudent, spätere Germanist und Märchensammler Jacob Grimm.[16]

Die ausführlich dokumentierten Ausleihbücher der Herzog-August-Bibliothek stellen besonders umfangreiches Quellenmaterial für das achtzehnte Jahrhundert zur Verfügung. Im Zeitraum von 1714-1799 sind 1.648 Leser nachgewiesen, die 21.848 Bücher entliehen. Die statistische Auswertung des Lesepublikums ergibt:

> 86,7% der Leser waren Männer (1429), 13,3% Frauen (219). Dem Adel gehörten 427 (25,9%) Leser an, dem Bürgertum 1.221 (74,1%). Der Adel stellte doppelt so viel Leserinnen (86 = 20,1%) wie das Bürgertum (133 = 10,9%). Die Akademiker unter den Lesern waren 639 (38,9%), die Nichtakademiker 1.009 (61,2%) ... 324 (19,7%) Leser (bzw. Leserinnen, da alle Frauen der Berufs- und Standesgruppe der Ehemänner oder der Väter zugerechnet worden sind, wenn sie ermittelt werden konnte) waren höhere, 77 (4,7%) mittlere Beamte; 53 (3,2%) Bedienstete am Hof; 191 (11,6%) Offiziere, 14 In-

---

vor, die kürzlich um eine umfassende Darstellung ergänzt wurden. Vgl. etwa Martino, *Leihbibliothek*; Sirges, *Lesen in Marburg*; ders., *Die Bedeutung der Leihbibliothek für die Lesekultur in Hessen-Kassel, 1753-1866* (Tübingen, 1994); Raabe, *Leser und Lektüre*. Eine umfassende Darstellung und Kritik liefert Alberto Martino, *Lektüre und Leser in Norddeutschland im 18. Jahrhundert: zu der Veröffentlichung der Ausleihbücher der Herzog-August-Bibliothek Wolfenbüttel* (Amsterdam und Atlanta, 1993). Zur Situation in Hamburg vgl. Hermann Colshorn, "Alte Leihbibliotheken Hamburgs," *Börsenblatt für den Deutschen Buchhandel*, 15 (1959), 383-84.

14 Martino, *Leihbibliothek*, p. 61.
15 Vgl. Martino, *Leihbibliothek*, pp. 48-49; Sirges, *Lesen in Marburg*, pp. 317-29.
16 Sirges, *Lesen in Marburg*, p. 263.

genieuroffiziere und Techniker (= 0,8%), 12 (0,7%) Soldaten; 85 (5,2%) Geistliche.
Eine starke Lesergruppe (238 = 22,6%) bildeten die Lehr- (Informatoren: 36 = 2,2%,
Professoren: 85 = 5,2%, Lehrer: 53 = 3,2%, Privatgelehrte: 13 = 0,8%) und die Heilbe-
rufe (Mediziner: 31 = 1,9%, Apotheker: 20 = 1,2%). Kaufleute (53 = 3,2%), Handwerker (48 = 2,9%), Künstler und Musiker (48 = 2,9%) und Dienstboten (11 = 0,7%) stellten dagegen kleinere Lesergruppen dar. [17]

Für die weibliche Leserschaft liefern die Ausleihbücher nur ungenaue Angaben,
da Frauen unter Namen und Beruf ihrer Ehemänner geführt wurden. Die starke
Präsenz der Nichtakademiker fällt ebenso ins Auge wie der hohe Anteil des
Bürgertums. Die Größe der Lesergruppe aus Lehr- und Heilberufen ergibt sich
aus deren auf neue Erkenntnisse und Publikationen angewiesenen Tätigkeit. Der
Anteil der Dienstboten überrascht und illustriert auf anschauliche Weise den
Wandel der Öffentlichkeit durch die Ausbreitung der Lesefähigkeit.

Die Verteilung der Ausleihen auf Fach- und Interessensgebiete liefert wertvolle Informationen zur Entwicklung der Lesewut im Deutschen Reich. So
wurde Belletristik überwiegend in den sechziger und siebziger Jahren entliehen
und erfreute sich bei Höheren und Mittleren Beamten mit 533 respektive 209
Ausleihen größter Beliebtheit; Adel und Hofgesellschaft verzeichnen mit 43 und
106 Titeln einen vergleichsweise geringen Anteil.[18] Diese Zahlen untermauern
die zunehmende Bedeutung des Bürgertums für die Ausbildung eines literarischen Marktes. Die Analyse der entliehenen Bücher nach Sprachen veranschaulicht die Vorherrschaft des Deutschen, Lateinischen und Französischen. Zwar
waren auch italienische, spanische, niederländische und englische Bücher vorhanden, doch fanden diese eine vergleichsweise kleine Leserschaft in den höheren, gebildeten Schichten.[19] Ob das geringe Interesse mit mangelnden Fremd-
sprachenkenntnissen oder der Menge und Qualität der vorhandenen Literatur zu
begründen ist, läßt sich heute nicht mehr zweifelsfrei entscheiden. Schwierigkeiten bei der Beschaffung ausländischer Originalwerke dürften aber eine Erklärung für die geringe Präsenz sein. Die Verteilung der Ausleihe ausländischer
Titel auf die Stände ergibt ein aussagekräftiges Bild:

Hofgesellschaft (Deutsche Bücher: 356, Engl.: 1, Franz.: 246, Niederl.: 2, Italien.: 31,
Latein.: 56), Adel (Deutsche Bücher: 42, Engl.: 2, Franz.: 57, Niederl.: 1, Italien.: 32,
Latein.: 7, Span.: 1), Höhere Beamte (Deutsche Bücher: 2.547, Engl.: 24, Franz.: 1.332,
Niederl.: 21, Italien.: 189, Latein.: 2.505, Span.: 15).[20]

---

17 Martino, *Lektüre und Leser in Norddeutschland*, pp. 5-6. Vgl. Raabe, *Leser und Lektüre*,
   II, 625.
18 Vgl. Martino, *Lektüre und Leser in Norddeutschland*, p. 7; Raabe, *Leser und Lektüre*, II,
   630-34.
19 Vgl. Martino, *Lektüre und Leser in Norddeutschland*, p. 8; Raabe, *Leser und Lektüre*, II,
   654.
20 Martino, *Lektüre und Leser in Norddeutschland*, p. 8. Vgl. Raabe, *Leser und Lektüre*, II,
   54.

26

Neben deutschen Titeln waren französische Bücher immer noch die gefragtesten Werke. Während Adel und Hofgesellschaft überwiegend Interesse für französische Werke zeigten, erwies sich das Bürgertum im Hinblick auf moderne fremdsprachliche Literatur als aufgeschlossener. Trotz dieser Entwicklung ist das Publikum jedoch immer noch vorwiegend frankophil. Diese Tendenz spiegelt sich in der Liste der populärsten Autoren:

> Die am meisten gelesenen Autoren waren: Anton Ulrich von Braunschweig-Wolfenbüttel (227 Entl.), Cicero (169 Entl.), E. W. Happel (122 Entl.), L. Holberg (115 Entl.), Ovid (95 Entl.), C. Rollin (91 Entl.), M. de Scudéry (90 Entl.), A. L. v. Imhof (84 Entl.), J. L. Rost (82 Entl.), G. de Coste de La Calprenède (79 Entl.), Livius (78 Entl.), J. Siebmacher (76 Entl.), Marivaux (76 Entl.), M. Mérian – M. Zeiller (75 Entl.), Vergil (73 Entl.), A. F. Prévost d'Exiles (73 Entl.) Cervantes (71 Entl.), A. H. Bucholtz (49 Entl.), P. J. Rethmeyer (63 Entl.), D. Defoe (59 Entl.), Chr. F. Gellert (58 Entl.), J. D. Koehler (52 Entl.), Voltaire (49 Entl.), B. H. Brockes (49 Entl.), K. F. Wernich (48 Entl.), A. R. Lesage (48 Entl.), A. J. Rösel von Rosenhof (46 Entl.), Homer (46 Entl.).[21]

Was für die Herzog-August-Bibliothek gilt, trifft in ähnlicher Form auch auf andere öffentliche Bibliotheken der Zeit zu. Im Laufe der achtziger Jahre des Jahrhunderts verbreiteten sich die Leihbibliotheken in kleineren Städten und auf dem Land, um die Jahrhundertwende besaß fast jede Stadt eine oder mehrere öffentliche Bibliotheken.[22] Diese verstanden sich überwiegend als kommerzielle Unternehmen mit dem Ziel, einen möglichst großen Kundenkreis für sich zu gewinnen. Auch wenn ein Großteil der Bibliotheken aus diesem Grund über ein vorwiegend der Trivialliteratur zuzurechnendes Repertoir verfügte,[23] gilt dies

---

21 Martino, *Lektüre und Leser in Norddeutschland*, p. 10. Vgl. die ausführliche Darstellung von Raabe, *Leser und Lektüre*, III.
22 Eine ausführliche Dokumentation findet sich in Martino, *Leihbibliothek*, pp. 61-106.
23 Wegen seiner anschaulichen Darstellung sei an dieser Stelle der vielzitierte Brief Heinrich von Kleists an Wilhelmine von Zenge vom 14. September 1800 angeführt. Kleist schreibt ihr über die geistige Verfasssung in Würzburg:
"Nirgends kann man den Grad der Cultur einer Stadt und überhaupt den Geist ihres herrschenden Geschmacks schneller und doch zugleich richtiger kennenlernen, als – in den Lesebibliotheken.
Höre was ich darin fand, und ich werde Dir ferner nichts mehr über den Ton von Wirzburg zu sagen brauchen.
'Wir wünschen ein Paar gute Bücher zu haben' – Hier steht die Sammlung zu Befehl – 'Etwa von Wieland' – Ich zweifle fast – 'Oder von Schiller, Göthe' – Die mögten [sic] hier schwerlich zu finden sein – 'Wie? Sind alle diese Bücher vergriffen? Wird hier so stark gelesen?' – Das eben nicht – 'Wer liest denn hier eigentlich am meisten?' – Iuristen, Kaufleute und verheirathete Damen. – 'Und die unverheiratheten?' – Sie dürfen keine fordern. – 'Und die Studenten?' – Wir haben Befehl ihnen keine zu geben. – 'Aber sagen Sie uns, wenn so wenig gelesen wird, wo in aller Welt sind denn die Schriften Wielands, Göthes, Schillers?' – Halten zu Gnaden, diese Schriften werden hier gar nicht gelesen. – 'Also Sie haben sie gar nicht in der Bibliothek?' – Wir dürfen nicht. – 'Was stehn denn also eigent-

nicht allgemein: Viele Leihbibliotheken entsprachen in ihrem Angebot dem Typus einer gelehrten Bibliothek und boten ihren Kunden enzyklopädisches Wissen. Neben Journalen, historischen Büchern und Reisebeschreibungen standen der Naturgeschichte, Politik und Geographie zuzurechnende Schriften zur Ausleihe bereit. In Städten mit mehr als einer Bibliothek zeigte sich schon bald die Tendenz zur Spezialisierung auf einen Kundenkreis. Die Analyse der Bestandskataloge aus den Jahren 1756-1814 zeigt, daß

> sich die Bestände der Leihbibliotheken normalerweise aus Belletristik und aus allen Sparten der Gelehrsamkeit – auch der entlegensten – zusammensetzten ... Es fällt allerdings auf, daß Unterhaltungsschriften und Romane auch in enzyklopädisch aufgebauten Leihbibliotheken ... die stärkste Einzelabteilung bilden. Dennoch wird man behaupten können, daß die allgemeinbildende Leihbibliothek die typische Erscheinungsform des hier betrachteten Zeitraums war ... Erst in der Restaurationszeit wird die wissenschaftliche und fachliche Literatur von der Belletristik verdrängt.[24]

Bestandskataloge dieses Bibliothekstyps geben also aufschlußreiche Hinweise für die historische Leserforschung.

Wenn der überwiegende Teil ausleihbarer Bücher auch aus deutschen Titeln bestand, so überrascht der prozentuale Anteil fremdsprachiger Werke: "Die Verbreitung der ausländischen Literatur in der Originalsprache hatte die Leihbibliothek von Anfang an gefördert. Schon in den ältesten uns bekannten Leihbibliothekskatalogen ist ausländische Literatur in der Originalsprache vertreten."[25] Abhängig von der geographischen Lage der betroffenen Städte und dem Interesse des Publikums variierte die Anzahl fremdsprachiger Bände und der vorhandenen Fremdsprachen. So fand das interessierte Publikum etwa in der Züricher *Hofmeisterischen Lees Bibliothek* am Ende der siebziger Jahre 474 französische und 31 italienische Bände, der Prozentanteil fremdsprachiger Werke betrug 31,56 Prozent.[26] Etwa zum selben Zeitpunkt fanden die Leipziger Bürger in J. C. Seilers Leihbibliothek lediglich 6,81 Prozent französische und 1,96 Prozent englische Titel.[27]

---

lich für Bücher hier an diesen Wänden?' – Rittergeschichten, lauter Rittergeschichten, rechts die Rittergeschichten *mit* Gespenstern, links *ohne* Gespenster, nach Belieben. – 'So, so.'" (Zitiert nach Prüsener, "Lesegesellschaften," pp. 264n-65n.)
24 Martino, *Leihbibliothek*, p. 133.
25 Martino, *Leihbibliothek*, p. 699.
26 Vgl. Martino, *Leihbibliothek*, p. 699.
27 Vgl. Martino, *Leihbibliothek*, pp. 699-700.

28

2.2 Lesegesellschaften und Lesekabinette

Lesegesellschaften leisteten einen unschätzbaren Beitrag für die Verbreitung von Zeitungen und Zeitschriften, aber auch beliebter Unterhaltungslektüre und "Höhenkammliteratur" innerhalb der Gesellschaft.[28] Ihre Vorläufer waren die Sprachgesellschaften des siebzehnten Jahrhunderts, deren Ziel in der Pflege und Verbreitung der deutschen Sprache als Medium in Alltag und Literatur lag. Lesegesellschaften gingen aus den Deutschen Gesellschaften hervor, "die als gelehrt-literarische Sozietäten eine entwicklungsgeschichtliche Vorstufe ... bildeten und diesen in vielerlei Hinsicht Vorbild und Wegbereiter waren."[29] Die Deutsche Gesellschaft Leipzig etwa, 1677 gegründet und ab 1726 von Gottsched geführt und beeinflußt, sah ihre Aufgabe in der Förderung des Hochdeutschen als Gesellschaftssprache und veröffentlichte zu diesem Zweck eine Moralische Wochenschrift mit dem Titel *Der Patriot*. In einer Auflage von 400 bis schließlich 6.000 Exemplaren erreichte sie Schätzungen zufolge schon in der Anfangszeit einen Kreis von 1200 bis 1500 Lesern und nahm somit bis zur Einstellung der Veröffentlichung im Jahre 1726 Einfluß auf das literarische Leben der Zeit.[30]

Das primär aus Kostengründen geborene Konzept, gemeinsam Zeitschriften zu abonnieren und sich auf diese Weise mehrere Subskriptionen zu leisten, wurde bald auf Bücher ausgeweitet. Seit der Jahrhundertmitte begannen sich Lesegesellschaften zu etablieren, die "als privatrechtlicher Zusammenschluß von Personen mit dem Ziel, Bücher und Periodika gemeinsam zu erwerben und zu benutzen,"[31] ihren Mitgliedern Lesestoff zur Verfügung stellten. Aus den von Haus zu Haus getragenen abonnierten Periodika und Büchern dieser Lesezirkel entstanden durch Lagerung einmal erworbener Schriften die ersten Bibliotheken; Lesegesellschaften mit eigens angemieteten Räumen für Bibliothek samt

---

28 Zur Struktur und Bedeutung von Lesegesellschaften und –kabinetten vgl. exemplarisch Dann, "Lesegesellschaften im 18. Jahrhundert," Sirges, *Lesen in Marburg*; van Dülmen, *Die Gesellschaft der Aufklärer*; Prüsener, "Lesegesellschaften;" Helmuth Kiesel und Paul Münch, *Gesellschaft und Literatur im 18. Jahrhundert: Voraussetzungen und Entstehung des literarischen Marktes in Deutschland* (München, 1977), pp. 154-79; Wolfgang von Ungern-Sternberg, "Schriftsteller und literarischer Markt," *Hansers Sozialgeschichte der deutschen Literatur vom 16. Jahrhundert bis zur Gegenwart*, III, Teil 1, ed. Rolf Grimminger (München und Wien, 1980), pp. 133-85.
29 Sirges, *Lesen in Marburg*, p. 19.
30 Vgl. van Dülmen, *Die Gesellschaft der Aufklärer*, p. 45.
31 Otto Dann, "Die deutsche Aufklärung und ihre Lektüre: Bibliotheken und Lesegesellschaften des 18. Jahrhunderts," *Buch und Sammler: private und öffentliche Bibliotheken im 18. Jahrhundert. Colloquium der Arbeitsstelle 18. Jahrhundert Gesamthochschule Wuppertal, Universität Münster. Düsseldorf vom 26.-28. September 1977* (Heidelberg, 1979) p. 189.

Leseraum sowie "Sprechsälen" zum Austausch über das Gelesene entwickelten sich zusehends im letzten Drittel des Jahrhunderts.[32] Diese "Lesekabinette" stellten einen kommunikativen Rahmen für die ansonsten stille Lektüre her. Von den siebziger Jahren an nahmen die Lesegesellschaften an Zahl ständig zu, gegen Ende des Jahrhunderts existierten über 430 Einzelgesellschaften im Deutschen Reich.[33]

Wie in den meisten gesellschaftlichen Bereichen ist auch für die Verteilung von Lesegesellschaften außer der Differenzierung von Stadt und Land eine geographische Unterscheidung vonnöten: So konnte etwa die Stadt Bremen für das Jahr 1791 die Rekordzahl von 36 Lesegesellschaften verzeichnen, in Neustrelitz existierten 1793 acht, "in Lübeck und Meißen 1795 und 1799 sechs bis acht, in Oldenburg und Frankfurt an der Oder 1778 und 1785 vier, in Speyer 1790 drei, je zwei in Wittenberg (1787), Wien (1799) und Merseburg (1803)."[34] Im Jahr 1785 hieß es im *Journal von und für Deutschland*: "Lesegesellschaften sind in unserem Zeitalter so allgemein, daß man wohl nicht sehr viele, nur einigermassen beträchtliche Städte in dem aufgeklärten Deutschland findet, wo dergleichen nicht bereits errichtet seyn sollten."[35] Als gesellige Vereinigungen nahmen Lesegesellschaften den Charakter von Clubs mit Mitgliederzahlen zwischen einem Dutzend und mehreren hundert Lesern an. Die Auswahl des Bestands richtete sich nach dem Lesegeschmack der Mitglieder; die Sozietäten verstanden sich als "sozialisierte Unterhaltungs- und Bildungsbibliotheken"[36] und standen somit im Gegensatz zu öffentlichen, am gelehrten Interesse ausgerichteten Büchereien. Die Anschaffung neuer Bücher geschah durch Mehrheitsbeschluß, bezahlt wurde die Lektüre aus den Jahresbeiträgen der Mitglieder. Die erhaltenen Kataloge einzelner Lesegesellschaften spiegeln daher mehr als Ausleihbücher öffentlicher Bibliotheken den Publikumsgeschmack. Angeschafft wurden neben Nachschlagewerken, Handbüchern und Atlanten vor allem allgemeinwissenschaftliche Zeitschriften wie Archenholzens politisch-historische *Minerva* oder Schlözers *Staatsanzeigen*, Nicolais *Allgemeine Deutsche Bibliothek* oder die Jenaer *Allgemeine Literatur Zeitung*.[37] Nichtwissenschaftliche Publikationen machen mit circa 20 Prozent einen geringen Anteil der Bestände aus,[38] Romane

32 Vgl. van Dülmen, *Die Gesellschaft der Aufklärer*, pp. 82-90. Zu Lesegesellschaften allgemein vgl. Prüsener, "Lesegesellschaften."
33 Vgl. Prüsener, "Lesegesellschaften," p. 192.
34 Rolf Engelsing, *Der Bürger als Leser: Lesergeschichte in Deutschland, 1500-1800* (Stuttgart, 1974), p. 225.
35 *Journal von und für Deutschland*, 6. Stück (1785), 543.
36 Engelsing, *Der Bürger als Leser*, p. 220.
37 Vgl. Prüsener, "Lesegesellschaften," pp. 217-22; 244-51.
38 Vgl. Prüsener, "Lesegesellschaften," pp. 217-22.

30

hatten einen schweren Stand und sorgten bei ihrer Anschaffung oft für Diskussionen. Erst ab 1794, nachdem der Höhepunkt des politischen Interesses überschritten war, gewann auch die schöne Literatur in den Zusammenschlüssen an Bedeutung.

Abhängig von ihrem Mitgliederkreis entstanden drei Haupttypen von Lesegesellschaften. Während einige überwiegend Ritter- und Räuberromane anschafften, existierten vor allem in den Handelszentren Zirkel, in denen sich für fremdländische Literatur und Publizistik Aufgeschlossene trafen. Sozietäten mit überwiegend gebildeten Ständen zuzurechnenden Mitgliedern verzeichneten zu einem hohen Prozentanteil Reisebeschreibungen und anspruchsvolle Zeitschriften wie Wielands *Teutschen Merkur* oder das von Boie und Dohm herausgegebene *Deutsche Museum*, aber auch Gedichte und Romane mit dem Schwerpunkt auf vergnüglicher Belehrung.[39] Gerade dieser Typus ist für die Verbreitung moralisch-didaktischer Unterweisung in der Nachfolge Richardsons von Bedeutung.

Der überwiegende Teil der Gesellschaften war vom Grundsatz her demokratisch: Bewerber wurden ohne Ansicht ihres Standes oder ihrer Profession aufgenommen. Die Sozietäten fungierten somit nicht zuletzt als "Schmelztiegel" der – gehobenen – gesellschaftlichen Schichten und stellen eine der frühesten Formen gleichberechtigter Begegnung dar.[40]

2.3 Lesezirkel

Bevor sich das stille Lesen als Rezeptionsart durchsetzte, war Lesen auch ein gesellschaftliches Ereignis, zu dessen Zweck man sich zusammenfand und gegenseitig vorlas. Wie Leihbibliotheken und Lesegesellschaften gab es im siebzehnten Jahrhundert bereits vereinzelte Lesezirkel, deren Zweck in der Vergünstigung der Lektüre periodischer Schriften durch ein Gemeinschaftsabonnement lag. Auf diese Weise konnte ein einzelner Haushalt für einen relativ geringen Betrag eine Anzahl von Zeitschriften und Zeitungen rezipieren: "Allemal 5 Häuser lesen ein Blatt in Kompagnie, die schicken es sich nacheinander nach der Reihe, und dafür zahlt jedes Haus alle Vierteljahre 11 Pfennige, und wer es zu-

---

[39] Vgl. Engelsing, *Der Bürger als Leser*, pp. 236-39.
[40] Der überwiegende Teil der Mitglieder gehörte dem gehobenen Bürgertum und hier besonders den Beamten und Intelligenzberufen an, Adlige waren vergleichsweise wenig vertreten. Vgl. Dann, "Die deutsche Aufklärung," p. 191; Prüsener, "Lesegesellschaften," pp. 196-98.

letzt kriegt, der behält es und bezahlt dafür einen Pfennig mehr"[41] heißt es in einer Beschreibung aus dem Jahr 1787. Wenn die genaue Anzahl derartiger Lesezirkel auch nicht mehr festzustellen ist, so sind für den Zeitraum zwischen 1760 und 1800 rund 430 Neugründungen nachgewiesen, deren überwiegender Teil in den achtziger und neunziger Jahren entstand. Wie in anderen Bereichen übernahm auch hier Norddeutschland eine Vorreiterrolle. Zahlenmäßig überwogen Lesezirkel gegenüber Lesegesellschaften, da sie die Kosten für Bibliotheks- oder Gesellschaftsräume einsparen und ihren Beitrag daher überwiegend für die Anschaffung neuer Lektüre aufwenden konnten.[42] Vereinzelt schafften Lesezirkel belletristische Werke an, ihr Schwerpunkt lag jedoch auf der Verbreitung der Journale. Der zumeist bürgerliche Adressatenkreis erhielt durch die extensive Lektüre von Journalen unterschiedlicher Ausrichtung nicht zuletzt ausführlich Nachricht von Neuerscheinungen auf dem Buchmarkt und hier besonders in der Belletristik, so daß auf diese Weise Interesse für einzelne Werke geschürt wurde.

2.4 Die Leser englischer Lektüre

Aussagen über die Leser englischsprachiger Werke haben aufgrund des geringen zur Verfügung stehenden Materials oftmals nur den Charakter von Hypothesen. In Briefen, literarischen und nichtliterarischen Werken oder sonstigen Aufzeichnungen finden sich zwar vereinzelt Hinweise auf die Lektüre einzelner Personen, ohne daß das dadurch gewonnene Bild jedoch Allgemeingültigkeit hätte. Wie auch heute ist für das achtzehnte Jahrhundert ein gravierender Unterschied zwischen der Leseerfahrung literarischer Eliten und der anderer Bevölkerungsschichten anzunehmen:

> Practically, nothing is known about the reception of English writers by the German reading public at large ... According to modern estimates, no more than about 10 percent of the population over the age of six could read in the earlier and middle part of the century, at best 15 about 1770, and 25 around 1800.[43]

Für die zweite Hälfte des achtzehnten Jahrhunderts ist also eine niedrige Alphabetisierungsrate anzusetzen. Obendrein bedeutet Lesefähigkeit nicht zwangsläu-

---

41 Zitiert nach Kiesel und Münch, *Gesellschaft und Literatur*, p. 175.
42 Vgl. hierzu Kiesel und Münch, *Gesellschaft und Literatur*, pp. 175-77.
43 Bernhard Fabian, "English Books and their Eighteenth-Century German Readers," *The Widening Circle: Essays on the Circulation of Literature in Eighteenth-Century Europe*, ed. Paul J. Korshin (Philadelphia, PA, 1976), p. 166.

fig auch tatsächliche Lektüre von Büchern geschweige denn Lektüre fremdsprachlicher Werke.

Trotz dieser Schwierigkeiten lassen sich vorsichtige Aussagen über historische Leser und/oder Leserschichten machen.[44] Für diesen Zweck sind Subskriptionslisten einzelner Werke von hohem Wert.[45] Ein derartiges Verzeichnis findet
sich etwa im ersten Band von Archenholzens *Annalen der Brittischen Geschichte*, eine Tatsache, die für die hier zugrundeliegende Fragestellung von besonderer Bedeutung ist, da man bei den Subskribenten Aufgeschlossenheit für
England voraussetzen kann. Die so detaillierte wie umfangreiche Liste enthält
neben den mehr als 180 Namen in den meisten Fällen Angaben zu Beruf und
Wohnort der Subskribenten. Ihre systematische Erfassung veranschaulicht die
Verbreitung der *Annalen* im gesamten deutschsprachigen Raum: Hamburg,
Danzig und Wien sind genauso vertreten wie Dortmund und viele kleinere
Städte. Anhand der Berufsangaben lassen sich im Hinblick auf die soziale Stel-
lung Leser unterschiedlicher Schichten ausmachen: Adlige und Angehörige des
Bürgertums sowie Beamte und Kaufleute sind vertreten. Im Gegensatz zu Sub-
skribentenlisten belletristischer Werke fehlen hingegen die Namen von
Frauen.[46]

Neben allgemein orientierten Sozietäten entstanden vor allem in den sechziger und siebziger Jahren spezielle englische Gesellschaften, die sich ausschließlich der englischen Literatur widmeten:

---

[44] Vgl. dazu auch exemplarisch Fabian, "Books," pp. 165-75; Habermas, *Strukturwandel der
Öffentlichkeit*; Wolfgang Martens, *Die Botschaft der Tugend: Die Aufklärung im Spiegel
der deutschen Moralischen Wochenschriften* (Stuttgart, 1968) sowie "Leserezepte für
Frauenzimmer und die Frauenzimmerbibliotheken der deutschen Moralischen Wochenschrif-
ten," *AGB*, 15 (1975), cols 1143-1199; *Leser und Lesen im 18. Jahrhundert*, ed. Rainer
Gruenter (Heidelberg, 1977); Wolfgang Martens, "Formen bürgerlichen Lesens im Spiegel
der deutschen Moralischen Wochenschriften," *Lesegesellschaften und bürgerliche Eman-
zipation*, ed. Otto Dann (München, 1981), pp. 55-70; Schön, *Der Verlust der Sinnlichkeit*.
Zu Fragen der Alphabetisierung im Deutschen Reich vgl. exemplarisch die Arbeiten von
Rolf Engelsing, *Analphabetentum und Lektüre: zur Sozialgeschichte des Lesens in
Deutschland zwischen feudaler und industrieller Gesellschaft* (Stuttgart, 1973); *Der Bür-
ger als Leser* sowie *Zur Sozialgeschichte deutscher Mittel- und Unterschichten*, 2nd ed.
(Göttingen, 1978).

[45] Zu Subskriptionslisten und deren Aussagekraft vgl. Reinhard Wittmann, "Subskribenten-
und Pränumerentenverzeichnisse als Quellen zur Lesergeschichte," *Buchmarkt und Lektüre im 18. und 19. Jahrhundert: Beiträge zum literarischen Leben, 1750-1880* (Tübingen,
1982), pp. 46-68.

[46] Fabian weist am Beispiel der Subskriptionsliste von Sternes *Tristram Shandy* nach, daß
der überwiegende Teil des Lesepublikums belletristischer Lektüre weiblich war. Vgl.
"Books," p. 167.

In Göttingen gründete Bürger mit seinen Freunden um 1770 eine Shakespeare-Gesellschaft, deren Zweck es war, Shakespeare im Original zu lesen. Man durfte dort nur englisch sprechen, und nur in Shakespeareschen Wendungen.[47]

Ein Vorläufer dieses Kreises findet sich in der 1750 ins Leben gerufenen Stralsunder Lesegesellschaft, einem "Privatverein zum Studium der englischen Sprache und Literatur."[48] Die Subskriptionsliste der Archenholzschen *Annalen* führt eine Anzahl von Lesegesellschaften im ganzen Reichsgebiet auf. Interesse für England war vorhanden, und die Anschaffung von Berichten über das Inselreich machte dieses einem breiteren Publikum zugänglich. Obwohl eine solche Subskriptionsliste keine verallgemeinernden Aussagen über das Lesepublikum gestattet, so läßt sich bei aller Vorsicht eine starke Präsenz von Bürgertum und Gelehrten konstatieren.

Ein Blick in Ausleihbücher wie die der Wolfenbütteler Bibliothek gibt Auskunft über die Aufnahme fremdsprachiger Lektüre beim Lesepublikum: mittlere Beamte, Soldaten, Informatoren, Ingenieure, Apotheker, Handwerker, Dienstboten sowie Männer und Frauen ohne Berufsangabe entliehen keine englischen Bücher,[49] die Anzahl englischer Bücher betrug bei Professoren 16, bei Lehrern sechs, bei Gelehrten zwei, bei Medizinern eines, bei Offizieren sieben, bei Künstlern eines, bei Schülern drei und bei Studenten neun. Höhere Beamte entliehen mit 24 die meisten englischen Werke.[50] Der Gelehrtenstand Wolfenbüttels orientierte sich demnach überwiegend an klassischen Sprachen, während sich Professoren und die Nachfolgegeneration junger Schüler und Studenten dem Englischen gegenüber aufgeschlossener zeigte. Dennoch war die Nachfrage nach englischen Originalwerken gering: "Mit 434 überwiegen die italienischen Bücher deutlich den englischen (83), den niederländischen (50) und den spanischen (40) gegenüber."[51] Interesse an englischer Literatur ist also im höfisch geprägten Wolfenbüttel nur wenig vorhanden und beschränkt sich zudem auf eine begrenzte Textauswahl:

> Das Interesse für die englische Literatur war sehr bescheiden und die wenigen Autoren, die rezipiert wurden, wurden zum größten Teil in französischen oder deutschen Übersetzungen gelesen. So wurden der *Robinson Crusoe* (57 Entl.) und die *Moll Flanders* (2 Entl.) von Defoe immer in Übersetzungen und kein einziges Mal in der Originalsprache

---

47 Eva Maria Inbar, "Zum Englischstudium im Deutschland des XVIII. Jahrhunderts," *Arcadia*, 15 (1980), 24.

48 Van Dülmen, *Die Gesellschaft der Aufklärer*, p. 165.

49 Vgl. Martino, *Lektüre und Leser in Norddeutschland*, p. 8; Raabe, *Leser und Lektüre*, II, 654.

50 Vgl. Martino, *Lektüre und Leser in Norddeutschland*, p. 8; Raabe, *Leser und Lektüre*, II, 654.

51 Martino, *Lektüre und Leser in Norddeutschland*, pp. 8-9. Vgl. Raabe, *Leser und Lektüre*, II, 644; 659; 667.

gelesen. Richardsons *Pamela* wurde siebenmal und immer in der gleichen französischen Übertragung von François-Alexandre Aubert de la Chesnaye des Bois entliehen, die häufig irrtümlicherweise Prévost zugeschrieben wird. Auch Eliza Haywoods *History of Betsy Thoughtless* und *The Memoirs of Signor Gaudentio di Lucca* von Simon Berington wurden nur in einer französischen Übersetzung gelesen (7 Entl.). [52]

Englische Bücher wurden in Wolfenbüttel von einem exklusiven Kreis rezipiert. Im untersuchten Zeitraum entliehen 49 Leser 53 Bücher in englischer Sprache,[53] darunter Friedrich Nicolai mit Ashmoles *The Institution, Laws and Ceremonies of the Order of the Garter* am 25. Mai 1782 sowie Johann Joachim Eschenburg, der am 21. Februar 1793 Drydens *Comedies, Tragedies and Operas* entlieh.[54] An diesen Zahlen zeigt sich das geringe Verlangen selbst dieses Leserkreises nach extensiver Lektüre in der Fremdsprache, wenn auch Eschenburg als Ausnahme einzustufen ist, insofern er sich vermutlich Literatur von Freunden und Kollegen entlieh und als Übersetzer eine fremdsprachliche Bibliothek sein Eigen genannt haben wird.

Eine Ausnahme bilden Youngs populäre *Night Thoughts*, die in einer bilingualen Ausgabe mit Eberts deutscher Prosafassung in Wolfenbüttel vorhanden waren. Die *Night Thoughts* wurden zwischen 1763 und 1783 nicht weniger als siebenunddreißigmal entliehen und spiegeln das wandelnde Leseverhalten des Wolfenbütteler Publikums:

> Ungefähr in den ersten Jahren, in denen die Entleihung der doppelsprachigen Ausgabe der *Nachtgedanken* erfolgte, begann sich ein wenn auch sehr beschränktes Interesse für die Literatur in der englischen Sprache abzuzeichnen. Es handelt sich aber um keine dauerhafte Erscheinung. In den 80er Jahren hört das Interesse für englische Literatur in der Originalsprache auf und erst ab 1790 werden englischsprachige Bücher wieder entliehen.[55]

Für Richardsons Romane ist bei aller Vorsicht von Aufgeschlossenheit innerhalb des (Bildungs-)Bürgertums auszugehen und, wie das Beispiel Wolfenbüttel veranschaulicht hat, steigendes Interesse in der späten Hälfte des Jahrhunderts zu vermuten.

---

[52] Martino, *Lektüre und Leser in Norddeutschland*, p. 211.
[53] Vgl. Martino, *Lektüre und Leser in Norddeutschland*, pp. 215-26.
[54] Vgl. Martino, *Lektüre und Leser in Norddeutschland*, pp. 213-14; Raabe, *Leser und Lektüre*, I, 105; 319.
[55] Martino, *Lektüre und Leser in Norddeutschland*, p. 213. Vgl. Raabe, *Leser und Lektüre*, II, 659.

3   Die Rezeption englischer Literatur in Deutschland

3.1   Möglichkeiten des Spracherwerbs

Das achtzehnte Jahrhundert ist in Deutschland durch eine kulturelle Umorientie-
rung geprägt: England löste Frankreich in seiner normenbildenden Funktion ab
und wurde nach 1750 Gegenstand einer geradezu schrankenlosen Anglophilie,
die die verschiedensten Lebensbereiche, darunter Politik und Ökonomie, Garten-
bau, Philosophie und Literatur umfaßte.[1] Außer Latein hatte bis dahin Französisch als *lingua franca* unter den Gelehrten und bei Hofe als Verständigungsmedium gegolten; Englisch war zu Beginn des achtzehnten Jahrhunderts nur wenigen geläufig. Die Situation änderte sich jedoch bis 1750 nachhaltig zugunsten
einer Dominanz der englischen Sprache:

> In dem mehrsprachigen Raum, den Deutschland praktisch während der ganzen Epoche
> darstellt, war das Englische nicht eine Sprache unter anderen. Es war für das 18. Jahr-
> hundert eine neue Fremdsprache, besser: die neue Fremdsprache, deren Aufkommen
> das geistige Klima im deutschen Sprachgebiet wesentlich mitbestimmte und über weite
> Bereiche sogar nachhaltig veränderte.[2]

Der kulturelle Vorsprung des Inselreichs zog die Notwendigkeit aktiver wie passiver Sprachkompetenz nach sich: Die Führungsposition Englands nicht nur in
den Naturwissenschaften legte es Wissenschaftlern nahe, Abhandlungen nach
Möglichkeit im Original zur Kenntnis zu nehmen, Literaten wie Kritikern und
Lesern war daran gelegen, englische Literatur in der Fremdsprache zu rezipieren, und Reisende, die das Inselreich zunehmend im Rahmen einer nordwärts
gerichteten *grand tour* besuchten, konnten sich durch Sprachkenntnisse den
Aufenthalt erleichtern. Da in den Schulen überwiegend Latein und Griechisch,
selten Französisch unterrichtet wurde und der Großteil der Lernenden Erwachsene waren, sahen sich Interessenten zumeist gezwungen, auf Privatunterricht
und Selbststudium auszuweichen.[3] Goethes Familie konnte sich einen Sprach-

1   Dieses Kapitel beruft sich auf Bernhard Fabian, "The Beginnings of English Language
    Publishing in Germany in the Eighteenth Century," *Books and Society in History*, ed.
    Kenneth E. Carpenter (New York and London, 1983), pp. 115-43 und "Fremdsprache,"
    pp. 178-96 sowie *The English Book in Eighteenth-Century Germany* (London, 1992) und
    "Books," pp. 119-96. Vgl. darüber hinaus Mary Bell und Lawrence Marsden Price,
    English Literature in Germany in the Eighteenth Century (Berkeley, CA, 1953); Horst
    Oppel, *Englisch-deutsche Literaturbeziehungen, I: von den Anfängen bis zum Ausgang des
    18. Jahrhunderts*, 2 vols (Berlin, 1971); Gerhard Kaiser, *Aufklärung, Empfindsamkeit,
    Sturm und Drang* (München, 1976); Michael Maurer, *Aufklärung und Anglophilie*.
2   Fabian, "Fremdsprache," p. 178.
3   Vgl. hierzu Inbar, "Englischstudium," p. 16 sowie James Boyd, *Goethe's Knowledge of
    English Literature* (Oxford, 1932), p. ix.

lehrer leisten, der sie innerhalb von vier Wochen mit den Grundlagen der Sprache vertraut machte, so daß sie selbständig weiterlernen konnte.[4] Fehlte dem Lernwilligen der Lehrer, so blieb ihm nur der Selbstunterricht, eine weit verbreitete Praxis.[5] Noch der Theologe Wendeborn, Verfasser mehrerer Werke über Großbritannien, legt dem Leser im letzten Kapitel seiner *Beyträge zur Kentniß Grosbritanniens vom Jahre 1779*[6] diese Methode des Sprachstudiums ans Herz:

> Aus guten englischen Schriftstellern, z. E. dem Zuschauer ins deutsche übersetzen, und alsdenn das englische auf die Seite legen, und aus dem deutschen wieder ins englische übersetzen, hat mir große Dienste geleistet.[7]

Man lernte also vielfach durch Beschäftigung mit dem Originalwerk und schlug unbekannte Vokabeln nach.[8] Dieses mühsame Unterfangen, das sich zum Teil an "klassischen," die Sprache des achtzehnten Jahrhunderts nicht spiegelnden Werken wie denen Miltons oder Shakespeares orientierte,[9] verdeutlicht die hohe Motivation der Lernenden.

Autodidakten bedienten sich zweisprachiger Ausgaben wie etwa Popes *Essay on Man*,[10] in denen sie Ausgangs- und Zielsprache auf einen Blick erfassen konnten. Neben englischen Grammatiken[11] gab es Aussprachehilfen und

---

4   "Damit es uns Kindern aber ja nicht an dem Allerlei des Lebens und Lernens fehlen möchte, so mußte sich ... ein englischer Sprachmeister melden, welcher sich anheischig machte, innerhalb vier Wochen einen jeden, der nicht ganz roh in Sprachen sei, die englische zu lehren und ihn so weit zu bringen, daß er sich mit einigem Fleiß weiter helfen könne;" Goethe, *Dichtung und Wahrheit I*, Gedenkausgabe, ed. Beutler, XX, 137.

5   Vgl. Fabian, "Fremdsprache," p. 189.

6   [Gebhard Friedrich Wendeborn], *Beyträge zur Kentniß Grosbritanniens vom Jahr 1779. Aus der Handschrift eines Unbekannten herausgegeben von Georg Forster* (Lemgo, 1780).

7   [Wendeborn], *Beyträge*, p. 334. Der "Zuschauer" ist Addisons und Steeles *Spectator* (1711-1712).
Innerhalb der Zitate aus den Originalquellen wird die damals übliche Schreibweise der Umlaute durch die heutige ersetzt, Orthographie und Interpunktion bleiben erhalten.

8   Wörterbücher waren seltener als Grammatiken; bekannt sind vor allem Christian Ludwig, *A Dictionary English and German and French* (Leipzig, 1706), 1791 in vierter Auflage erschienen; Nathan Bailey, *A Complet [sic] English and German and German-English Dictionary* (Leipzig und Züllichau, 1736), 1801 in zehnter Auflage publiziert; Theodor Arnold, *A Complet [sic] Vocabulary, English and German* (Leipzig, 1757), 1790 in vierter Auflage herausgegeben. Für weitere Titel vgl. R. C. Alston, *A Bibliography of the English Language from the Invention of Printing to the Year 1800, 1: English Grammars and Dictionaries* (Leeds, 1965) sowie *A Bibliography of the English Language from the Invention of Printing to the Year 1800, II: Polyglot Dictionaries and Grammars* (Leeds, 1967).

9   Herder lernte mit Hamann Englisch durch die Lektüre von *Paradise Lost*. Vgl. Inbar, "Englischstudium," p. 17.

10 Vgl. Fabian, "English-Language Publishing," p. 121.

11 Die bekanntesten Grammatiken waren Theodor Arnold, *New English Grammar* (Hannover, 1718), bis zum Jahre 1800 in zehnter Auflage erschienen; Johann Elia Greiffenhahn, *Wohleingerichtete englische Grammatica literatorum* (Jena, 1706), von der es im acht-

Sammlungen englischer Textbeispiele, mit denen der Sprachschüler üben konnte. Das berühmteste Beispiel einer solchen Anthologie ist die 1737 von John Tomson, dem ersten englischen Lektor an der Göttinger Universität, der aufgrund seiner Verdienste zum Ordinarius ernannt wurde,[12] für Unterrichts-zwecke zusammengestellte Sammlung von Ausschnitten englischer Original-werke mit dem Titel *English Miscellanies*, die außer als Lehrwerk für beinahe 30 Jahre auch im literarischen Bereich kanonbildende Funktion hatte:[13] Tomson integrierte Autoren von Milton bis Young ebenso wie Artikel aus Moralischen Wochenschriften oder politisch-philosophischen Traktaten und lieferte damit einen repräsentativen Querschnitt durch das Geistesleben des Inselreichs.

Wer Zeit und Geld hatte, lernte die Sprache durch einen längeren Aufent-halt im Land, um durch den Kontakt mit Muttersprachlern besseren Zugang zur korrekten Aussprache, Grammatik und Idiomatik zu erhalten. Wendeborn lernte dort Englisch; der anglophile Archenholz, Hamann sowie Hagedorn und Möser eigneten sich bei ihren Reisen durch England Sprachkenntnisse an, Lichten-berg[14] und Boie begannen ihre Reisen bereits mit guter Sprachkompetenz, die sie im Kontakt mit den Einheimischen verbesserten.[15]

Regionale Unterschiede sind für die Ausbreitung der Sprache ebenfalls von Bedeutung. In Norddeutschland mit Hamburg als internationalem Handelszen-trum war Englisch in der ersten Hälfte des Jahrhunderts weiter verbreitet als in den südlichen Regionen. Weitere Zentren des Englischen waren Zürich und das Königreich Hannover, das seit 1714 durch Personalunion dynastisch mit Eng-land vereinigt war. Die neu gegründete Universität Göttingen, an der Tomson tätig war, trug ab 1737 viel zur Gestaltung der englisch-deutschen Beziehungen bei und war mit ihrer herausragenden Sammlung englischsprachiger Werke das

zehnten Jahrhundert vier Auflagen gab, und Johann Königs *Compleat English Guide for High-Germans ... Ein vollkommener Englischer Wegweiser für Hoch-Teutsche* (London, 1706). Das Werk war so beliebt, daß spätere Auflagen in Leipzig gedruckt wurden und es bis 1795 elf Auflagen erlebte. Ein weiterer bekannter Titel war M. Christian Ludwigs *Gründliche Anleitung zur englischen Sprache* (Leipzig, 1717).
12 Zu Tomsons vgl. Thomas Finkenstaedt, "Auf der Suche nach dem Göttinger Ordinarius des Englischen, John Tompson," *Fremdsprachenunterricht*, ed. Schröder, pp. 57-74.
13 Fabian, "Fremdsprache," p. 184. Das Werk erschien erstmals 1746 und durchlief bis zum Jahr 1766 vier überarbeitete Auflagen.
14 Vgl. Finkenstaedt, "Auf der Suche nach dem Göttinger Ordinarius des Englischen, John Tompson," *Fremdsprachenunterricht*, ed. Schröder, pp. 57-74. Finkenstaedt weist darauf hin, daß Lichtenberg seit 1767 "als Hofmeister englischer (adeliger) Studenten im Hause Tompsons und seiner Verwandten lebte" (p. 65), so daß die Vermutung nahe liegt, daß Lichtenberg bei diesem Englischunterricht erhalten hat. Da Lichtenberg sich nicht näher hierzu äußert, muß es bei der Vermutung bleiben.
15 Inbar, "Englischstudium," p. 21.

bedeutendste Zentrum für englische Literatur im Deutschen Reich.[16] Dennoch
dauerte es etwa dreißig Jahre, bis der Verdrängungsprozeß, durch den das Englische die französische Sprache ablöste, abgeschlossen war. Erst in den achtziger
Jahren merkt Archenholz zur Verbreitung des Englischen an:

> In den Circeln der deutschen feinen Welt, bey den Schönen, bei den Stutzern, ja bey
> ganzen Ständen, bey Gelehrten, Künstlern, Kaufleuten und Soldaten fängt die Englische
> Sprache an die Französische zu verdrängen, ja selbst die Hofleute fangen an Englisch zu
> lernen, um sich von ihren Livreedienern, die auch Französisch reden, auszuzeichnen.[17]

3.2 Englischsprachige Literatur in deutscher Übersetzung

Die Rezeption englischsprachiger Literatur im Deutschland des achtzehnten
Jahrhunderts erfolgte auf fünf Weisen: Leser konnten ein Werk in einer Direkt-
übertragung vom Englischen ins Deutsche, in einer Übersetzung in eine Drittsprache wie Latein oder Französisch, in einer Übersetzung aus der Drittsprache
ins Deutsche oder in der Originalsprache zur Kenntnis nehmen.[18] Weiterhin
zogen Übersetzer aufgrund ihrer eigenen sprachlichen Defizite an manchen
Stellen zusätzlich zum Originaltext eine Übersetzung in eine ihnen geläufigere
Drittsprache hinzu, ein Verfahren, das zu "eklektischen Übersetzungen"[19] führte.

Die Rezeptionsweise änderte sich mit der Zunahme englischer Sprachkenntnisse und gliedert sich im wesentlichen in drei Phasen: Bis zur Mitte des
Jahrhunderts wurde englische Literatur vorwiegend in französischer Übersetzung bekannt, die entweder direkt aus Frankreich oder von in Holland lebenden
Hugenotten übersetzt nach Deutschland gelangte.[20] Deutsche Übersetzer verfügten bis um das Jahr 1740 häufig nur über mangelhafte englische Sprachkenntnisse, so daß sie für ihre Arbeit bereits vorhandene französische Überset-

---

16 Vgl. Fabian, "Fremdsprache," p. 182.
17 Archenholz, *England und Italien*, p. 335.
18 Mit dieser Frage beschäftigen sich Price und Price in *English Literature in Germany* sowie
    Lawrence Marsden Price in *The Publication of English Humaniora in Germany in the
    Eighteenth Century* (Berkeley, CA, 1955).
19 Der Begriff wurde von Jürgen von Stackelberg geprägt. Vgl. Jürgen von Stackelberg,
    "Eklektisches Übersetzen I: erläutert am Beispiel einer italienischen Übersetzung von
    Salomon Geßners *Idyllen*," *Die literarische Übersetzung. Fallstudien zu ihrer Kulturge-
    schichte*, ed. Brigitte Schultze (Berlin, 1987), pp. 53-62.
20 Vgl. Marce Blassneck, *Frankreich als Vermittler englisch-deutscher Einflüsse im 17. und
    18. Jahrhundert* (Leipzig, 1934); Lawrence Marsden Price, "Holland as a Mediator of
    English-German Influence in the 18th Century," *MLQ*, 11 (1941), 115-22.

zungen konsultierten, also entweder aus dem Französischen ins Deutsche über-
setzten oder eklektisch vorgingen.
Nach 1740 setzte sich die Direktübersetzung durch, um in der zweiten
Hälfte des Jahrhunderts zur Regel zu werden:

> Leaving aside possible intermediate stages ... one can say that direct translations
> constitute the largest part of the texts of British authorship that were at the disposal of
> the German reader. If an author was made available in another way, for example in a
> translation into French or Latin, this translation was frequently, but by no means
> invariably, in addition to the translation into German.[21]

Nicht zuletzt durch den Mangel an kompetenten Übersetzern war die Direktübersetzung mit Problemen verbunden. So bemerkt Nicolai im *Sebaldus
Nothanker* noch in der späten zweiten Hälfte des Jahrhunderts: "Ein Übersetzer
aus dem Englischen ist vornehmer als ein Übersetzer aus dem Französischen,
weil er seltener ist."[22]
Die Übersetzungstätigkeit stößt häufig auf weitere Schwierigkeiten. Da
jede Übersetzung immer auch eine Interpretation des Textes darstellt und viel
Fingerspitzengefühl bei der Auswahl des passenden Ausdrucks verlangt, variiert
die Nähe zum Original. So merkt Johann David Michaelis, der erste deutsche
Übersetzer von Richardsons *Clarissa*, zu seiner Vorgehensweise an:

> [Der Übersetzer] hat die Freyheit gebraucht, die Worte im deutschen so zu setzen, wie
> sie seiner Meinung nach in dieser Sprache am besten lauteten. Insonderheit hat er oft die
> allzulangen und im deutschen unangenehmen *Periodos* der Engländer in mehrere kurtze
> getheilt: auch bisweilen doch selten einen Spaß, der im Englischen und nicht im deut-
> schen lebhaft oder gewöhnlich ist, mit einem andern vertauscht, der sich im deutschen
> besser schickte.[23]

Die Übersetzung zweiter Hand aus dem Französischen oder Lateinischen ins
Deutsche birgt weitere Fehlerquellen, handelt es sich doch um die Arbeit zweier
Übersetzer. Im Einzelfall hängt die Übertragung des nachfolgenden Übersetzers
von der Qualität der Arbeit seines Vorgängers ab, so daß sich der Grad der Abweichung vom Original hierdurch erhöhen kann. Eine weitere Schwierigkeit ergibt sich durch die Orientierung französischer Übersetzer vornehmlich am
klassizistischen Ideal und daraus resultierende bedeutungsverändernde Eingriffe
in die Vorlage.[24] Für französische Übersetzungen der Romane Richardsons und

21 Fabian, "Books ," p. 121.
22 Friedrich Nicolai, *Sebaldus Nothanker*, ed. Bernd Witte (Stuttgart, 1991), p. 73.
23 Michaelis, "Vorrede des Übersetzers," [Samuel Richardson], *Clarissa, Die Geschichte
   eines vornehmen Frauenzimmers* (Göttingen, 1748), I, n.p.
24 Graeber weist dies am Beispiel der *Pamela*-Übersetzung nach. Vgl. Wilhelm Graeber, *Der
   englische Roman in Frankreich, 1741-1763: Übersetzungsgeschichte als Beitrag zur französischen Literaturgeschichte* (Heidelberg, 1995), pp. 46-70.

40

Fieldings etwa "leisten die Verfasser sich den Luxus zahlreicher Abschwei-
fungen, vor allem in Gestalt von Leseranreden, moralischen Belehrungen
usw."[25] Die Methode des eklektischen Übersetzens verlangt für die Rekonstruktion des Übersetzungsvorgangs genauen Textvergleich, um die Quellen des
Übersetzers nachzuweisen und Gründe für Veränderungen gegenüber dem Original angeben zu können.[26]

Da der überwiegende Teil der lesenden Bevölkerung gegen Mitte des Jahrhunderts des Englischen noch nicht mächtig genug war, um die Werke im Original zu lesen, blieb nur die Lektüre in französischen oder lateinischen Übersetzungen. Wenn man bedenkt, daß ein wesentlich größerer Anteil des Lesepublikums mit einer dieser Sprachen vertraut war und besonders die gebildeten
Schichten bei Hofe sich weiterhin am französischen Ideal orientierten, so verwundert es nicht, überwiegend Übersetzungen in der Drittsprache zu finden.[27]

Innerhalb der in Deutschland verfügbaren englischen Texte sind drei Ausgaben zu unterscheiden: bilinguale Ausgaben waren ebenso auf dem Markt vertreten wie englische Originalausgaben und Nachdrucke. Englische Originalausgaben waren gegenüber den Nachdrucken für den Durchschnittsleser oftmals
unerschwinglich. Sie wurden häufig über Holland importiert;[28] erst ab 1787 gab
es in Hamburg die erste englische Buchhandlung, die bei der Befriedigung der
gestiegenen Nachfrage große Dienste leistete.[29] Die größte und am weitesten
gefächerte Gruppe englischsprachiger Bücher bestand jedoch aus preiswerteren
Nachdrucken. Im Bereich der schönen Literatur konnten Leser die wichtigsten
zeitgenössischen Autoren erwerben: unter anderem waren Addison, Fielding,
Gay, Goldsmith, Johnson, Lady Mary Wortley Montague, "Ossian," Pope, Prior,
Richardson, Sterne, Swift, Thomson und Young mit ihren Werken vertreten.[30]

---

25 Jürgen von Stackelberg, "Blüte und Niedergang der 'Belles Infidèles,'" *Die literarische Übersetzung: Stand und Perspektiven ihrer Erforschung*, ed. Harald Kittel (Berlin, 1988), p. 19.
26 Zu Vorgehensweisen und Problemen des eklektischen Übersetzens vgl. von Stackelberg,
"Eklektisches Übersetzen I."
27 Auch unter marktwirtschaftlichen Gesichtspunkten waren französische Übersetzungen für
Verleger interessanter, fanden diese Bücher doch in weiten Teilen Europas Abnehmer.
28 Vgl. Fabian, "Englisch als Fremdsprache," p. 186; Price, "Holland as Mediator," pp. 118-19.
29 Vgl. Bernhard Fabian, "Die erste englische Buchhandlung auf dem Kontinent," *Festschrift
für Rainer Gruenter*, ed. Bernhard Fabian (Heidelberg, 1988), pp. 122-44. Die Buchhandlung wurde im Jahr 1788 vom gebürtigen Londoner William Remnant eröffnet und scheint
eine Kombination von Buchhandlung und Antiquariat gewesen zu sein. Wie Fabian herausstellt, konnte Remnant bei seinem Unternehmen auf die Unterstützung des anglophilen,
in Hamburg ansässigen Johann Wilhelm von Archenholz zählen. Die Buchhandlung, zu
der sich bald eine Leihbücherei gesellte, scheint bis in die erste Dekade des neunzehnten
Jahrhunderts bestanden zu haben. Ob sie nach Remnants Tod im Jahr 1810 weitergeführt
wurde, ist bislang nicht erwiesen.
30 Vgl. Fabian, "Books," p. 122.

4 Übersetzen im achtzehnten Jahrhundert: ein Überblick

4.1 Übersetzungsarten

Die herausragende Rolle Frankreichs als Vermittler bei der Rezeption englischer Literatur in Deutschland verdient eine genauere Betrachtung. Die französischen Übersetzungen englischer Werke machten die schöne Literatur zu Beginn des Jahrhunderts einem deutschen Lesepublikum zugänglich und lösten somit einen Prozeß aus, in dessen Verlauf die französische Literatur ihre Rolle als Vorbild an die englische Literatur abtrat.

Dieser Wandel verlief nicht einheitlich im ganzen deutschsprachigen Gebiet, sondern wurde vor allem in den Zentren englischer Rezeption vorangetrieben:

> Für die Vermittlerrolle Frankreichs, für seine sprachliche und kulturelle Vorherrschaft in Deutschland brachte das 17. Jahrhundert den Auftakt. Gegen 1705 setzte die Inanspruchnahme französischer Ausgaben in vollem Maße ein und erreichte 1719 bis 1727 fast im ganzen protestantischen Deutschland und in der Schweiz ihren Höhepunkt. In Zürich schon bald aufgegeben, seit den 20er Jahren in Hamburg, seit etwa 1740 auch in Leipzig bekämpft, hielt sich die Abhängigkeit von französischen Vorlagen bis gegen 1758 ...; die wenigen nach 1758 erschienenen Ausgaben aus französischem Text konnten als Ausnahme bezeichnet werden.[1]

Den französischen Ausgaben kommt also eine nicht zu unterschätzende Bedeutung für die Rezeption englischer Literatur in Deutschland zu. Erst in den sechziger Jahren des Jahrhunderts verliert die Übersetzung zweiter Hand an Bedeutung, und dies auch nur im Bereich fiktionaler Texte.[2] Expositorische Texte werden noch bis zum Jahre 1800 zum überwiegenden Teil aus dem Französischen übersetzt.[3]

Gerade die ersten Übersetzungen englischer Werke waren noch stark von der französischen Vorlage abhängig. Die Debatte um die Legitimität des Rückgriffs auf französische Übersetzungen bei der Übertragung ins Deutsche führte

---

1 Blassneck, *Frankreich als Vermittler*, p. 151.
2 Vgl. Wilhelm Graeber und Geneviève Roche, *Englische Literatur des 17. und 18. Jahrhunderts in französischer Übersetzung und deutscher Weiterübersetzung: eine kommentierte Bibliographie*, ed. Jürgen von Stackelberg (Tübingen, 1988).
3 Vgl. Geneviève Roche, "The Persistence of French Mediation in Nonfiction Prose," *Interculturality and the Historical Study of Literary Translations*, eds Harald Kittel und Armin Paul Frank (Berlin, 1991), pp. 17-24. Roche begründet das Vorherrschen eklektischer Übersetzungen in zwei Drittel der analysierten Quellen aus dem Zeitraum von 1750 bis 1800 mit dem Hinweis auf klassizistische Konzepte wie Ordnung und Klarheit, die dem englischen Original eine Struktur unterlegen und durch diesen häufig in hohem Maß textverändernden Eingriff in das Original die Rezeption vereinfachen. Fußnoten, Kommentare, Einfügungen, Kapiteleinteilungen und Unterteilungen sind nur einige Mittel zu diesem Zweck (vgl. p. 20).

42

auf seiten der deutschen Übersetzer zu unterschiedlichen Graden der Ablehnung. Um die Mitte des Jahrhunderts gaben Übersetzer wie Friedrich Wilhelm Zachariae ihren Rekurs auf die französische Übersetzung offen zu. Die geringe Achtung, die der Roman in Deutschland genoß,[4] machte eine textnahe Übersetzung offenbar nicht notwendig. Streichungen und textverändernde Eingriffe zugunsten der Lesbarkeit, die der französischen Vorgehensweise im Fall der *belles infidèles* entsprachen, werden gar nicht erst geleugnet, sondern im Gegenteil als besonders "leserfreundlich" propagiert. Die Gründe für die Entstehung der *belles infidèles* liegen im französischen Übersetzungsverständnis, wie es sich seit der Übersetzung antiker Autoren in der Renaissance entwickelt hatte. Die Übersetzer des achtzehnten Jahrhunderts legten großen Wert darauf, das fremde Werk eigenen literarischen Gepflogenheiten anzupassen und "einzubürgern," so daß man der Übersetzung ihre ausländische Herkunft nicht mehr als Makel anrechnen konnte. Hierbei war neben Klarheit *le bon goût* oberstes Gebot.[5]

Eklektische Übersetzungen wiederum lassen eine andere Vorgehensweise erkennen. Der Übersetzer kritisiert die Arbeitsweise seiner französischen Kollegen im Vorwort und distanziert sich von ihr; der Blick in die deutsche Übersetzung verrät jedoch häufig den Rückgriff sowohl auf eine englische als auch auf eine französische Vorlage. Theorie und Praxis liegen in diesen Fällen weit auseinander.[6]

Eklektisches Übersetzen liegt etwa im Fall einer frühen *Pamela*-Übersetzung vor:

> Even Richardson's fame on the continent is partly due to French mediation. Jacob Schwarz notes in his German *Pamela* ...: "Man hat die französische Übersetzung dabei zu Rathe gezogen" though without "departing unnecessarily" from the original. Comparison of the texts, however, scarcely reveals any trace of the English edition, the admitted "consultation" of the French translation, in fact, consisted of an almost exclusive use of it.[7]

Indirekte Übersetzungen geben des öfteren ein englisches Original als Quelle vor und versuchen dadurch, von der Übersetzung anhand einer französischen

---

4   Romane wurden häufig mit Romanzen gleichgesetzt. So urteilte etwa Haller in seiner Rezension *Clarissas*: "Es ist sonst die genaueste Wahrscheinlichkeit beobachtet, und nicht das geringste Wesen in den Begebenheiten eingemischt" (*Göttingische Gelehrte Anzeigen*, 35. Stück [28.3.1748], 275).
5   Vgl. von Stackelberg, "Einleitung," Graeber und Roche, *Englische Literatur*, pp. 11-14.
6   Für eine detaillierte Untersuchung dieses Phänomens am Beispiel von Swifts *A Tale of a Tub* siehe Wilhelm Graeber, "Eklektisches Übersetzen II: Georg Christian Wolfs 'Mährgen von der Tonne' zwischen englischem Original und Van Effens französischer Übersetzung," *Die literarische Übersetzung*, ed. Schultze, pp. 63-80.
7   Wilhelm Graeber, "German Translators of English Fiction and Their French Mediators," *Interculturality*, eds Kittel und Frank, p. 20.

Vorlage abzulenken. Über die Gründe für ein solches Verfahren ist wenig bekannt. So scheint möglich, daß der jeweilige Übersetzer sich Vorteile für den
Verkauf seines Werkes versprach, da die Bezeichnung "aus dem Englischen
übersetzt" im fortschreitenden Jahrhundert zunehmend ausreichte, um das Interesse einer breiten, anglophilen Leserschaft zu wecken. Die Übersetzung zweiter
Hand scheint demnach qualitativ als minderwertiger eingestuft worden zu sein.
   Die Vertreter der wortgetreuen Übersetzung lehnen den Rückgriff auf französische Vorlagen jedoch rigoros ab. Die bekannteste Protagonistin dieser
Richtung, Luise Adelgunde Victorie Gottsched (1713-1762), für ihre Zeitgenossen die "Gottschedin," findet im Vorwort ihrer Übersetzung von Popes *Rape of
the Lock* harte Worte für ihre französischen Kollegen:

> Ich wußte nämlich schon damals, was mich nach diesem eine beständige Erfahrung täg-
> lich mehr gelehrt hat, daß nicht ungetreueres und abweichenderes zu finden sey, als die
> Übersetzungen der Franzosen. Es sey nun, daß eine gewisse natürliche Leichtsinnigkeit
> dieses Volkes, oder ein inneres hochmüthiges Vorurtheil, nach welchem es denket, ein
> Schriftsteller müsse sich nothwendig unter seinen Händen verschönern, es möge auch
> mit ihm machen, was es wolle, hieran Schuld sey. [8]

Der allgemein den Franzosen unterstellten "natürlichen Leichtsinnigkeit" und
ästhetischen Überheblichkeit lastet sie eine Teilschuld an der übersetzerischen
Verzerrung an. Der Gottschedin kam ihr anfängliches Vertrauen in die französische Fassung teuer zu stehen, mußte sie doch bei Erhalt des schwierig zu be-
schaffenden englischen Textes feststellen, wie groß die Unterschiede von Original und französischer Übersetzung waren:

> Wie sehr reueten mich meine Zeit und Mühe, als ich sah, wie weit wir von dieses
> großen Dichters Feuer, Scharfsinnigkeit, kurzen nachdrücklichen Satiren, und endlich
> poetischen Beschreibungen, entfernet waren! Das war nichts minder als Popens Locken-
> raub! und man muß ein Franzose seyn, das heißt, den Schutz aller Vorurtheile der Deut-
> schen, von der Vortrefflichkeit dieses Volkes, genießen, wenn man mit einer solchen
> Arbeit nicht ausgezischet werden soll. Und gleichwohl hat er das Herz gehabt, in der
> Vorrede zu sagen: seine Übersetzung folge genau dem Buchstaben; er habe nichts abge-
> kürzt noch hinzugesetzt, und wenn er ja abwiche, so geschähe es nur in Kleinigkeiten. [9]

8   Luise Adelgunde Victorie Gottsched, trans., "Vorrede der Übersetzerinn," *Herrn Alexander Popens
    Lockenraub: ein scherzhaftes Heldengedicht. Aus dem Englischen in Deutsche Verse gesetzt [...]*
    (Leipzig, 1744), p. vii. Ähnlich urteilt J. Heinrich Waser unter seinem Pseudonym von Breitenfels
    anläßlich seiner Übersetzung von Swifts *Gulliver's Travels* über französische und deutsche
    Vorgänger: Von einer französischen Übersetzung, so Waser, "haben wir bisher eine **deutsche**
    Übersetzung gehabt, wo die gewöhnlichen Fehler **französischer** Übersezungen noch mit einer nicht
    geringen Anzahl solcher vermehret worden, die aus Mangel einer genugsamen Kenntnis der
    französischen Sprache entstanden;" J. Heinrich Waser, trans., "Schreiben des Herrn von Breitenfels
    an Herrn ***," Jonathan Swift, *Des Capitain Lemuel Gullivers Reisen*, Satyrische und ernsthafte
    Schriften, 8 vols (Hamburg und Leipzig, 1756-1766) V, sigs x2r-x8v.
9   L. A. V. Gottsched, trans.,"Vorrede der Übersetzerinn," *Lockenraub*, pp. viii-ix.

44

Läßt man die Emotionalität der Darstellung unberücksichtigt, so zeigt sich das für indirekte Übersetzungen übliche Bild: Original und Übersetzung stimmen kaum noch überein, jede weitere Übertragung vergrößert die Distanz zum Original weiter. Das frankophobe Urteil gibt ein anschauliches Zeugnis für die immer noch geltende, von der Gottschedin widerwillig konstatierte Vorbildfunktion des Französischen in den vierziger Jahren des Jahrhunderts ab.

Treue zum Original gewann in der zweiten Hälfte des Jahrhunderts an Bedeutung.[10] Die gestiegenen Anforderungen an die übersetzerische Leistung kommen in einer Bespechung aus dem Jahre 1792 zum Ausdruck, in der der Rezensent die bis dahin erschienenen *Clarissa*-Übersetzungen miteinander vergleicht und an Kritik nicht spart. Über die erste, (zum Teil) von Michaelis besorgte Übersetzung von 1748-1753 urteilt er beispielsweise:

> So ist das Werk, das nächst dem Zuschauer, in der englischen Sprache das zweite Werk von vollkommen classischer Zierlichkeit war, in dieser Übersetzung sehr verunstaltet worden. Gerade das Matte und das Steife, das der Übersetzer in der Vorrede vermieden zu haben vorgiebt, ist der herrschende Ton in der Übersetzung.[11]

Das hier vorgegebene historische Bewußtsein täuscht nicht über das "hochmütige Vorurtheil" gegenüber der eigenen Sprachvergangenheit hinweg. Als Gründe für die verunstaltete Übersetzung gibt der Rezensent an:

> Platitüden, Weitschweifigkeit, und Wäßrichkeit ... findet man hier in reichlicher Maaße, und dies war kein Wundre, da unsre Prosa damals noch zu wenig ausgebildet, und der gute Geschmack in unsrer Sprache noch nicht so fixiert war, daß der Übersetzer ... auch im Stande gewesen wäre, so getreu überzutragen.[12]

Die Kriterien für die Übersetzungsleistung beschränken sich damit nicht länger auf inhaltliche Fehlerfreiheit, sondern umfassen nunmehr auch die stilistischen Eigenheiten der Vorlagen.

---

10 Etwas später entwickelte sich auch in Deutschland eine Übersetzungstheorie, die etwa von Humboldt, Herder, Goethe, Schlegel, Tieck und Schleiermacher praktisch umgesetzt wurde. Für nähere Erläuterungen zu diesem Thema siehe Andreas Poltermann, "Die Erfindung des Originals: zur Geschichte der Übersetzungskonzeptionen in Deutschland im 18. Jahrhundert," *Die literarische Übersetzung*, ed. Schultze, pp. 14-52.
11 [Christian Heinrich Schmid], "Über die verschiednen Verdeutschungen von Richardson's Klarisse," *Journal von und für Deutschland*, 9 (1792), 16.
12 [Schmid], "Über die verschiednen Verdeutschungen," p. 16.

4.2 Die Bearbeitung des Originals: Streichungen und Anmerkungen

Außer Überlegungen eher theoretischer Natur, die sich auf die Praxis des Übersetzens auswirken, fallen Texteingriffe anderer Art ins Auge. Viele Arbeiten zeichnen sich durch einen scheinbar im Dienst des Originals stehenden freien Umgang mit der Vorlage aus. So finden sich häufig Anmerkungen des Übersetzers, in denen dem Lesepublikum Erklärungshilfen an die Hand gegeben werden. Diese mögen zwar, etwa für fremde Sitten und Lebensweisen, eine nützliche Beigabe im Dienst des Originals sein, doch neigen manche Übersetzer dazu, Anmerkungen als Schaufenster der eigenen Belesenheit zu dekorieren und exzessive Querverweise einzuarbeiten.[13] Zwar überfrachtet Eschenburg seine Shakespeare-Ausgabe nicht mit einem solchen Anmerkungsapparat, doch sieht auch er es als unerläßlich an, dem deutschen Leser einige Erläuterungen mitzugeben:

> Zur Erläuterung sehr vieler Stellen des Dichters, die oft selbst für Engländer dunkel sind, und folglich für Deutsche es doppelt seyn müssen, fand ich den Zusatz erklärender Anmerkungen, aber auch dabey eine gewisse zweckmäßige Kürze und Auswahl, nothwendig. In dieser Absicht zog ich die besten Ausleger und Erklärer Shakespeares zu Rathe, und sammelte aus denselben die wichtigsten Anmerkungen, denen ich selbst einige wenige zugefügt habe.[14]

Ein solches Verfahren scheint für das Verständnis des Originals wünschenswert, zumal Eschenburg sich auf die Erschließung von Leerstellen beschränkt und dem Rezipienten somit eine Lesehilfe für die Texterschließung bietet.[15]

Neben Anmerkungen des jeweiligen Übersetzers finden sich von Vorgängern, ausländischen "Kollegen" oder vom Originalautor übernommene Notate zum Text. Ein Beispiel für diese Praxis liegt in Wielands Übernahme der Anmerkungen Warburtons in seiner Shakespeare-Übersetzung vor.[16] Das Anmer-

---

13 Ein wenn auch gemäßigtes Beispiel ist die im Textvergleich vorgestellte *Clarissa*-Übersetzung durch Ludwig Theobul Kosegarten.

14 Johann Joachim Eschenburg, "Vorbericht zu der ersten Auflage," William Shakespeare, *Schauspiele. Von Joh[ann] Joach[im] Eschenburg [und Christoph Martin Wieland übers.]*, 2nd ed., 22 vols (Straßburg, 1778-83). Zitiert nach Helmut Knufmann, "Das deutsche Übersetzungswesen des 18. Jahrhunderts im Spiegel von Übersetzer- und Herausgebervorreden," *Börsenblatt für den Deutschen Buchhandel*, 23 (1967), 2698.

15 Dieses Mittel hatte bereits Eschenburgs Vorgänger Wieland angewendet, der es jedoch nicht bei nützlich-erläuternden Anmerkungen in Übersetzungen beließ, sondern selbst bei der Herausgabe der von ihm betreuten *Geschichte des Fräuleins von Sternheim* (1771) seiner Cousine Sophie von la Roche meinte, nicht auf Anmerkungen verzichten zu können.

16 Zu Fragen des Wielandschen Shakespeare vgl. etwa Ernst Stadler, *Wielands Shakespeare* (Straßburg, 1910); Klaus Peter Steiger, *Die Geschichte der Shakespeare-Rezeption* (Stuttgart, 1987) und Kiösti Itkonen, *Die Shakespeare-Übersetzung Wielands (1762-1766): ein Beitrag zur Erforschung englisch-deutscher Lehnbeziehungen* (Jyväskylä, 1971).

kungswesen kam in vielen Fällen einer Manie gleich, so daß sich viele Übersetzer unter Rechtfertigungsdruck sahen, wenn sie nicht im Trend lagen.[17]
Streichungen scheinen im deutschen Übersetzungsbetrieb ebenfalls an der
Tagesordnung gewesen zu sein, sind aber anders motiviert als die Auslassungen
französischer Produktionen. Die Auslassung vermeintlich entbehrlicher Stellen
einer Vorlage trifft vor allem anstößige Darstellungen und Digressionen des
Autors, ist "es doch höchstes Gebot vieler um die Gunst des Publikums bemüh-
ter Verdeutscher, dieses nicht zu langweilen oder mit Dingen zu behelligen, die
sie, als Deutsche, nicht ansprechen."[18] Entgegen der Praxis französischer Übersetzungen werden Streichungen in deutschen Übertragungen anscheinend aus
anderen Gründen vorgenommen. Die Zensur des Übersetzers trifft zwar auch
anstößige Darstellungen, wird aber im Dienst des Originals vorgenommen in der
Absicht, die Verbreitung des Autors im deutschsprachigen Raum zu fördern.
Französische Übersetzungen nahmen Auslassungen vor, um das Original nach
den Geboten der *bienséance* den eigenen Konventionen der normativen Poetik
anzupassen. Der Unterschied liegt demnach im Ermessensspielraum des jeweiligen Übersetzers, der für den nach eigenem Empfinden urteilenden "Verdeutscher" größer ist als für seinen französischen Kollegen, dem im Rahmen seiner
ästhetischen Normen nur wenig Freiraum blieb. So sind viele Anmerkungen zu
Auslassungen in deutschen Texten denn auch persönlich gefärbt. Wieland etwa
bemerkt angesichts einer Auslassung in *King Lear*:

> Der Narr sagt hier etwas so elendes, daß der Übersezer sich nicht überwinden kann, es
> herzusezen. Der Leser darf versichert seyn, daß man nicht verliehrt, wenn schon zuwei-
> len Einfälle weggelassen werden, deren Absicht bloß war, die Grundsuppe des Londner-
> Pöbels zu König Jacobs Zeiten lachen zu machen.[19]

Ob Wieland recht hatte, die Funktion der gestrichenen Verse lediglich im *comic
relief*, der befreienden Komik, zu suchen, sei dahingestellt. In diesem Zusammenhang bedeutender ist die Individualisierung seiner Äußerung, die die Auslassung auf die eigene Person zurückbezieht und den Grad seiner Einflußnahme
auf den Originaltext offenlegt.
In anderen Fällen ist schlichte "Inkompetenz" der Übersetzer Anlaß für
Auslassungen. Besonders die Übertragung von Lyrik stellt eine Herausforderung
dar, weil neben fremdsprachlicher Kompetenz poetisches Talent gefragt ist, das
befähigt, den kreativen Schaffensprozeß eines fremdsprachlichen Dichters nach-
zuvollziehen und in die eigene Sprache zu übertragen. Solche Fähigkeiten kön-

---

17 Vgl. Knufmann, "Übersetzungswesen," p. 2698.
18 Knufmann, "Übersetzungswesen," p. 2696.
19 Christoph Martin Wieland, *Das Leben und der Tod des Königs Lear*, Wielands gesammelte
   Schriften, ed. Ernst Stadler, 3 vols (Berlin, 1909-1911), I, 134.

nen den wenigsten Übersetzern zugesprochen, geschweige denn von ihnen erwartet werden; selbst ein Dichter wie Wieland kapitulierte vor dieser Aufgabe. So läßt er das Lied des Narren im ersten Akt von *King Lear* aus und begründet sein Vorgehen in dieser Anmerkung:

> Der Übersezer bekennt, daß er sich ausser Stand sieht, diese, so wie künftig, noch manche andre Lieder von gleicher Art zu übersezen; denn mit dem Reim verliehren sie alles. Er hat sie inzwischen hierher sezen wollen, damit andre, wenn sie Lust haben, mit mehrerm Erfolg, sich daran versuchen können.[20]

Statt der Übersetzung liefert Wieland die Verse Shakespeares und überläßt dem Leser die Entscheidung, wie er mit ihnen verfahren will. Der Übersetzer stellt sich somit völlig in den Dienst des Textes. Nicht alle Auslassungen sind demnach Demonstrationen eigenmächtigen Handelns.

4.3 Die Frage nach den Übersetzern

Außer den Schwierigkeiten bei der Quellenfrage bereitet die Ermittlung des Übersetzers oftmals Probleme oder ist gar nicht möglich. Offensichtlich korrelierte die Bereitschaft, als Übersetzer aus dem Dunkel der Anonymität herauszutreten, mit dem literarischen Genre: Während Übersetzer nichtfiktionaler Texte sich nicht scheuten, ihre Arbeit mit dem eigenen Namen zu versehen, veranlaßte das niedrige Ansehen des Romans in Kombination mit dem geringen Prestige der Tätigkeit einige Übersetzer fiktionaler Werke dazu, ihre Identität zu verbergen.[21]

Auch über die Fremdsprachenkenntnisse der Übersetzer und ihre Arbeitsweise läßt sich in den meisten Fällen nur mutmaßen. Vermutlich war bei vielen die Begeisterung größer als die Kenntnis der fremden Sprache. So ging etwa Wieland mit dürftigen Hilfsmitteln ausgestattet an die Übersetzungsarbeit seines Shakespeares.[22] Er hatte Englisch während seines Aufenthalts bei Bodmer durch

---

20 Wieland, *König Lear*, ed. Stadler, I, 108-9.
21 Vgl. Roche, "Persistence," p. 19.
22 Eine Untersuchung der Wielandschen Übersetzung beschreibt dessen Grundvoraussetzungen für die Arbeit wie folgt: "Als Wieland im Frühjahr 1761, unter dem anfeuernden Eindruck eines Theatererfolges, sich entschloß, den Deutschen eine Übersetzung des größten englischen Dramatikers zu schenken, brachte er zu so großem Werke nicht viel mehr als einen hohen, aber ein wenig unbestimmten Enthusiasmus für Shakespeare und eine noch recht allgemein gehaltene Vorstellung von den Pflichten und Aufgaben eines guten Übersetzers mit, deren Tauglichkeit noch nie im Feuer eigener Erfahrung erprobt worden war" (Stadler, *Wielands Shakespeare*, p. 20). Es ist davon auszugehen, daß die hier beschriebene "Qualifikation" des Übersetzers auch auf andere Personen seines Jahrhunderts zutrifft.

48

die Lektüre der englischen Bücher in Bodmers Bibliothek gelernt und besaß
Rowes *Some Accounts of the Life and Writings of William Shakespeare*, dazu
Boyers *Dictionaire royal françois et anglois* in der Auflage von 1756 sowie ein
kleines Glossar Shakespearescher Wörter und Phrasen als einzige Hilfsmittel für
sein Unterfangen.[23]

Während zu Ende des Jahrhunderts der Bedarf an Lehrveranstaltungen im
Fach Englisch an den Hochschulen zum überwiegenden Teil gedeckt werden
konnte,[24] sah das Bild um 1740 in dieser Hinsicht noch wenig vielversprechend
aus. Zwar hatten sich durch die zunehmenden Englandreisen die Kontakte zu
Muttersprachlern erhöht – manche Übersetzer werden auf diese Weise die Sprache gelernt haben – doch fehlte die Möglichkeit institutionalisierten Spracherwerbs zu diesem Zeitpunkt noch nahezu völlig.[25] Trotz der wenigen gesicherten
Kenntnisse läßt sich anhand der Übersetzervorreden des achtzehnten Jahrhunderts eine Übersetzertypologie aufstellen.[26] Sie unterscheidet für Fassungen aus
dem Englischen gelehrte Übersetzer, Sprachpädagogen, Amateure und "Sonn-
tagsübersetzer" sowie professionelle Übersetzer.

Dem Typus des gelehrten Übersetzers sind etwa die Gottschedin sowie
Gelehrte wie Johann Arnold Ebert (1723-1795)[27] und Johann Joachim Eschenburg (1743-1820) zuzurechnen. Ebert machte sich mit seiner Übertragung der
Youngschen *Night Thoughts* einen Namen. Er galt als einer der besten Kenner
des Englischen in seiner Zeit und wurde in Zweifelsfällen als Autorität zu Rate
gezogen. Sein Kollege Eschenburg, der ebenfalls in Braunschweig tätig war,
wurde vor allem durch die Fortsetzung der Wielandschen Shakespeare-Übersetzung bekannt.

Sprachpädagogen war an der Verbreitung des Englischen als Fremdsprache
gelegen. Sie agierten vorwiegend als Herausgeber mehrsprachiger Ausgaben
und verbanden mit der Publikation den Wunsch, die fremde Sprache im Deutschen Reich heimisch werden zu lassen.

---

[23] Vgl. Itkonen, *Die Shakespeare-Übersetzung Wielands*, p. 13. Itkonen weist darauf hin, daß Wieland
möglicherweise auch auf Dodds *The Beauties of Shakespeare* (1752), später auch Johnsons
Dictionary of the English Language, eine frühere Shakespeare-Ausgabe von Theobald sowie einige
in La Places *Le Théâtre anglois* enthaltene Dramen des Dichters zurückgreifen konnte (p. 13).

[24] Vgl. Konrad Schröder, *Die Entwicklung des Englischunterrichts an den deutschsprachigen
Universitäten bis zum Jahre 1850* (Ratingen, 1969), pp. 22-28.

[25] Zu den mit dem Übersetzen verbundenen Problemen siehe Marie Luise Spieckermann, "Übersetzer
und Übersetzertätigkeit im Bereich des Englischen in Deutschland im 18. Jahrhundert,"
Fremdsprachenunterricht, ed. Konrad Schröder, pp. 191-203.

[26] Vgl. Knufmann, "Übersetzungswesen," pp. 2676-2716.

[27] Zur Biographie vgl. *Deutsches Biographisches Archiv*, ed. Bernhard Fabian (München, 1982), *s.v.*,
zu Ebert als Übersetzer vgl. Fabian, *The English Book*, p. 81.

Daneben scheint es vielen Liebhabern ausländischer Werke Freude gemacht zu haben, sich in der freien Zeit mit der Übersetzung ihrer Lieblingsauto-
ren zu beschäftigen. Was ursprünglich privates Vergnügen war, wurde danach
oft durch Zuspruch von Freunden zur Veröffentlichung freigegeben. Diesem
Typus ist Michael Denis zuzurechnen. Hauptberuflich an der Wiener Hofbibliothek tätig, erlangte er mit seiner in mehreren Auflagen erschienenen
"Ossian-" Übersetzung Berühmtheit.

Der professionelle Übersetzer schließlich fand gegen Ende des Jahrhunderts immer weitere Verbreitung, als die steigende Nachfrage die Verleger dazu
veranlaßte, zunehmend Auftragsarbeiten zu vergeben. Wilhelm Christhelf
Sigfried Mylius, der Prototyp des Professionellen, hatte bis zum dreißigsten Le-
bensjahr mit Molière, Le Sage, Fontenelle und Friedrich dem Großen bereits
eine Anzahl berühmter Autoren ins Deutsche übertragen und war im Gegensatz
zu vielen seiner Kollegen ein Meister seines Fachs.

Übersetzer als Produzenten von gedruckten Werken sind auf die Gunst
ihrer Verleger angewiesen. So überrascht es nicht, daß die Zentren des Buchdrucks gleichzeitig Zentren der Übersetzungskunst waren. Zu den wichtigsten
Verlagsorten der Epoche zählten Leipzig als Veranstaltungsort der Buchmesse
und Heimat des Verlegers Reich,[28] Hamburg mit dem Verlagshaus Weidmann,
Berlin als Publikationsort Nicolais sowie Frankfurt und seine Buchmesse. Im
Laufe des Jahrhunderts nahm die Bedeutung Frankfurts als Messestadt zugunsten von Leipzig ab, das nun endgültig zum Zentrum der Buchdruckerkunst
avancierte. So verzeichnete die Stadt im Jahr 1754 allein 24 registrierte Buch-
händler, unter ihnen Große, Gleditsch, Dyck, Weidmann, Wendler, Lankisch,
Jacobi, Fritsch und vor allem Reich. Leipziger Verleger hatten "alle begehrten
Titel in ihrem Verlag."[29]

Das unter anderem auch durch die Verlagerung der Handelswege entstandene Nord-Süd-Gefälle im Buchhändler- und Buchdruckerwesen übertrug sich
auch auf die Übersetzer, ihre Wohnorte und die Qualität ihrer Arbeit. So bemerkte der in Leipzig ansässige Gellius in seinen *Anmerkungen zum Gebrauche
deutscher Kunstrichter* im Jahr 1762:

> Ich will hier ein Merkmaal angeben, an dem man die guten Übersetzungen auf den er-
> sten Blick, gleich feinen Tüchern am Gefühle, kennen kann. Leipzig, Berlin, Hamburg,
> Halle liefern extrafeine Werke von dieser Art. Dort athmet der Übersetzer die reinste

---

28 Zu Reichs Bedeutung für die Buchhändler seiner Zeit und seinen nachhaltigen Einfluß auf den
    Buchhandel vgl. Hazel Rosenstrauch, *Buchhandelsmanufaktur und Aufklärung: die Reformen des
    Buchhändlers und Verlegers Ph. E. Reich (1717-1787)* (Frankfurt/M., 1986).
29 Hazel Rosenstrauch, "Leipzig als 'Centralplatz' des deutschen Buchhandels," *Zentren der
    Aufklärung, III: Leipzig*, Aufklärung und Bürgerlichkeit, ed. Wolfgang Martens (Heidelberg, 1990),
    p. 106.

Luft, welche die Geister freyer, und die Hand flüchtiger macht. Über Wien hingegen, Frankfurt, Nürnberg, Augsburg, Ingolstadt, Ulm hängt noch ein Himmel voller Dünste; wiewohl die guten Leute mitten im Nebel den hellsten Sonnenstrahl zu erblicken glauben.[30]

Sieht man vom Lokalpatriotismus des Verfassers ab, so enthält seine Aussage neben wichtigen Informationen zur geographischen Konzentration des Übersetzergewerbes eine aussagekräftige Bildhaftigkeit. Wie die Qualität eines Stoff an der Fühlprobe, so ist die Güte von Übersetzungen am Publikationsort abzulesen. Wie bei anderen Gütern stehen sich im Übersetzungswesen laut Gellius teure Qualitätsprodukte und schnell produzierte Massenware gegenüber. Ein Grund für dieses Qualitätsgefälle von Übersetzungen lag in verlegerischen Vorgaben. Die Buchmessen in Frankfurt und Leipzig als das Geschäftsjahr bestimmende Fixpunkte bedeuteten Zeitdruck für die Übersetzer, wollte man die neue Publikation rechtzeitig zur Messe und vor der Konkurrenz auf den Markt bringen. So stand in vielen Fällen die Quantität auf Kosten der Qualität im Vordergrund – ein Umstand, der sich als leitmotivische Klage durch viele Übersetzervorreden der Zeit zieht.

Durch die Popularität der in Leipzig gedruckten Bücher wurden die dort ansässigen Verleger in besonderem Maße vom Nachdruck beliebter Autoren betroffen. Schutz gegen diese Praktiken boten Privilegien der Landesherren. Sie waren schwierig zu erlangen und gewährten häufig nur auf dem Papier eine Absicherung, besaßen sie doch etwa in den österreichischen Erblanden keine Gültigkeit.[31] Viele Landesfürsten forderten ihre Buchdrucker ausdrücklich zum Nachdruck auf, um die Lage im eigenen Land zu verbessern.[32] In der zweiten

---

[30] Johann Gottfried Gellius, "An das Publicum," *Anmerkungen zum Gebrauche deutscher Kunstrichter. Nebst einigen Wahrheiten (s.l.,* 1762), pp. 55-56.

[31] Vgl. von Ungern-Sternberg, "Schriftsteller und literarischer Markt," p. 151.

[32] So berichtet Wittmann von einem Gespräch zwischen Kaiserin Maria Theresia und dem Wiener "Nachdruckerfürsten" J. T. Trattner, in dessen Verlauf sie gesagt haben soll: "Unterdessen aber, lieber Trattner, sagen Wir ihm, daß es unser Staatsprinzip sei, Bücher hervorbringen zu lassen, es ist fast gar nichts da, es muß viel gedruckt werden. Er muß Nachdrucke unternehmen, bis Originalwerke zustande kommen. Drucke er nach;" zitiert nach Reinhard Wittmann, *Geschichte des deutschen Buchhandels: ein Überblick* (München, 1991), p. 121. Zu Voraussetzungen und Problemen des Nachdrucks vgl. etwa Reinhard Wittmann, "Der gerechtfertigte Nachdrucker? Nachdruck und literarisches Leben im 18. Jahrhundert," *Buchmarkt und Lektüre im 18. und 19. Jahrhundert: Beiträge zum literarischen Leben, 1750-1880* (Tübingen, 1982), pp. 69-92. Wittmanns Artikel wird durch eine Liste deutscher Nachdrucker der Jahre 1750-1800 abgerundet.

Zu Trattners Nachdruckpraxis – er beschäftigte zwischenzeitlich über 200 Mitarbeiter und besaß 37 Pressen – vgl. Ursula Giese, "Johann Thomas Edler von Trattner: seine Bedeutung als Buchdrucker, Buchhändler und Herausgeber," *AGB,* 3 (1961), cols 1013-1454. Ein süddeutscher "Kollege" Trattners war der in Karlsruhe ansässige Christian Gottlieb Schmieder. Seine ab 1774 gedruckte "Sammlung der besten deutschen prosaischen Schriftsteller und Dichter" sorgte immer wieder für Auseinandersetzungen mit bekannten Druckhäusern wie etwa Weidmanns Erben und

Hälfte des Jahrhunderts erschienen rund zwei Drittel aller deutschen Romane in Leipzig, darunter Wieland und Gellert, aber auch eine Anzahl richtungsweisender Übersetzungen, derer sich besonders der Verlag Weidmann, später Weidmanns Erben & Reich, annahm. Es ist keine Übertreibung zu behaupten, daß etwa "Wieland, Ch. F. Weiße und Sulzer und vor allem die einflußreichen Übersetzungen Richardsons, Shaftesburys, Rousseaus oder Adam Smith' ohne Weidmanns Erben & Reich nicht oder erst sehr viel später bekannt geworden wären."33

Viele kleine und größere Verlage vorab in Wien und Karlsruhe waren bestrebt, am Erfolg der Leipziger Verleger teilzuhaben, und betrieben daher ein extensives Nachdruckwesen. Bis zur Mitte des Jahrhunderts wurde der Nachdruck als "Kavaliersdelikt" angesehen. Es gab keine Möglichkeiten, wirksam gegen diese Praxis einzuschreiten, und besonders ein Verleger wie Reich war stark vom nicht lizenzierten Nachdruck betroffen.34 Wenn diese preiswerteren Ausgaben dem Verleger auch geschadet haben, so leisteten sie dennoch einen unschätzbaren Beitrag für die Verbreitung von Literatur in Kreisen eines aufgeschlossenen, vorwiegend bürgerlichen Publikums, das an preisgünstigen, wenig aufwendigen Ausgaben seinen Wissensdurst und Unterhaltungsdrang stillen und am gesellschaftlich-literarischen Leben teilnehmen konnte.

4.4 Das Verhältnis zum Verfasser

Die Übersetzung eines fremdsprachlichen Werks setzt den Übersetzer in eine Mittlerrolle zwischen dem Autor, dessen sozio-kultureller Tradition und dem Werk sowie dem eigenen Lesepublikum mit seinem kulturhistorischen Hintergrund und Erwartungshorizont. Da der zugrunde liegende Text oftmals überset-

---

Reich in Leipzig. Vgl. Bernd Breitenbruch, "Der Karlsruher Buchhändler Christian Gottlieb Schmieder und der Nachdruck in Südwestdeutschland im letzten Viertel des 18. Jahrhunderts," *AGB*, 9 (1967), cols 643-731.

33 Rosenstrauch, "Leipzig als 'Centralplatz'," p. 119.

34 Richardsons *Grandison* etwa war im Jahr 1754 in deutscher Übersetzung bei Reich publiziert worden und erfreute sich großer Beliebtheit. Reich selbst hatte sich um den Zuschlag für die Übersetzung bemüht und zu diesem Zweck Richardson kontaktiert. Aus London bekam Reich ein Exemplar des *Grandison*, das er dann dem Schriftsteller Gellert für die Übersetzungsarbeit zur Verfügung stellte. Vgl. Reichs Brief an Richardson vom 10. Mai 1754, *The Correspondence of Samuel Richardson*, ed. Anna Laetitia Barbauld, 6 vols (New York, 1966 [1804]), V, 297-98. Richardson berichtete Lady Bradshaigh in einem Brief vom 19. November 1757 über Reichs Vorhaben und dessen Pläne, Richardsons Korrespondenz zu publizieren, und überarbeitete die Briefe, bevor er sie den Korrespondenzpartnern zur Zustimmung vorlegte. Vgl. *Selected Letters of Samuel Richardson*, ed. John Carroll (Oxford, 1964), pp. 336-39.

52

zungstechnisch schwierige Passagen enthält und viele Einzelheiten der Interpretation des Übersetzers obliegen, scheint es naheliegend, daß dieser als vermutlich erster intensiver Leser seiner Nation das Bedürfnis verspürt, sich mit
dem Verfasser – soweit es sich um einen zeitgenössischen Autor handelt – über
Problemfälle auszutauschen.

Doch die Realität sah offensichtlich anders aus. Der Übersetzer Gellius
illustriert seine Meinung zur Frage nach der Verfasserkonsultation anhand eines
Beispiels aus der *Nouvelle Héloïse*, das ihm Schwierigkeiten bereitete: "Jene
Stelle nutzt keinem Deutschen. Ich selbst verstand sie nicht, und mußte sie nur
gewagt ausdrücken. Um sie zu berichtigen, sollte ich wohl mit einem Rousseau
oder Rameau in Briefwechsel treten?"[35] Die Empörung angesichts der Vorstellung ist offensichtlich, der Gedanke für Gellius abwegig. Tatsächlich scheint für
den überwiegenden Teil der Übersetzer der Originalautor mit der Veröffentlichung jegliche Funktion für Textbearbeitung und Textverständnis verloren zu
haben. Gellius steht mit seiner Auffassung nicht allein: Es gibt nur wenige Hinweise auf Kontakte zwischen Übersetzern und Autoren. So stand etwa Ebert in
Kontakt mit Richard Glover, dessen *Leonidas*-Epos (1737) er elf Jahre nach der
Erstveröffentlichung in deutscher Übersetzung veröffentlichte,[36] und führte auch
einen kurzen Briefwechsel mit Edward Young.[37] Eberts Übersetzung ließ
Youngs *Night Thoughts* zu einem europäischen Ereignis werden, sein Bemühen
um Kontakt zu Young erweist sich als aufschlußreich für sein Selbstverständnis
als Übersetzer.

Christlob Mylius (1722-1754) stellt insofern eine Ausnahme dar, als sich
der Deutsche um Kontakt zu Hogarth bemühte, dessen *Analysis of Beauty* aus
dem Jahre 1753 er ins Deutsche übertrug. Mylius konsultierte Hogarth bei der
Übertragung einiger Fachbegriffe, stieß hierbei indes auf Schwierigkeiten:
"Hogarth, according to Mylius, knew as little German as he knew Russian, but
they succeeded in solving the problems caused by a number of technical
terms."[38] Wie in diesem Fall sind Verständigungsschwierigkeiten wahrscheinlich der häufigste Grund für die geringen Kontakte zwischen Übersetzern und
Autoren.

Mit wenigen Ausnahmen verzichteten auch die deutschen und französischen Übersetzer Richardsons auf den persönlichen Kontakt. So erhielt Richard-

[35] Gellius, "An das Publicum," pp. 21-22.
[36] Zuerst veröffentlicht in *Sammlung Vermischter Schriften von den Verfassern der Bremischen neuen Beyträge zum Vergnügen des Verstandes und des Witzes* (1748). Die Übersetzung erlebte bis in die siebziger Jahre des Jahrhunderts vier Auflagen.
[37] Vgl. Bernhard Fabian, "The Correspondence between Edward Young and Johann Arnold Ebert," *Wolfenbütteler Beiträge*, 3 (1978), 129-31 sowie Fabian, *The English Book*, pp. 81-82.
[38] Fabian, *The English Book*, p. 99.

son zwar ein Exemplar der deutschen *Clarissa* durch Haller,[39] scheint aber keine
darüber hinausgehende Verbindung zu Michaelis oder Haller gepflegt zu haben.
Haller ersuchte Richardson später um das Manuskript oder die Bögen des ersten
Drucks von *Sir Charles Grandison*, um die Übersetzung veranlassen zu können.
Sein Vorstoß blieb jedoch erfolglos, da Richardson den englischen Text zu
diesem Zeitpunkt noch nicht vollständig publiziert hatte und einen Raubdruck
sowie die Veröffentlichung der Übersetzung vor der des Originals verhindern
wollte.[40] Sein holländischer Übersetzer Johannes Stinstra hingegen suchte den
Briefwechsel mit dem Autor[41] und konsultierte ihn zu einigen Problemfällen wie
der Feuerszene. Dieser Korrespondenz verdankt die Nachwelt Richardsons einzige schriftliche Äußerungen zu seiner Biographie,[42] die einen zwar eingeschränkten, aber nützlichen Einblick in Erziehung, Ausbildung und Arbeitsweise
geben. Richardson zeigte sich erstaunt über das geringe Interesse der Übersetzer,
mit ihm in Kontakt zu treten, und bemerkte gegenüber J. B. de Freval, einem
Franzosen, der sich vergeblich um die Übersetzung *Clarissas* bemüht hatte:

> I should be glad to know in what forwardness the French edition is; and if my additions,
> &c. will be of service to it. When a writer is living, methinks it is pity he should not be
> consulted whether he has any assistances or alterations to contribute, for the translator's
> own sake.[43]

---

39 Vgl. "Richardson to Stinstra June 2, 1753," *The Richardson-Stinstra Correspondence and Stinstra's
Prefaces to "Clarissa"*, ed. William C. Slattery (Carbondale and Edwardsville, 1969), p. 21.
40 Vgl. Richardsons Äußerungen gegenüber Stinstra vom 2. Juni 1753: "Dr. Hollar [sic], and [Prévost],
have both sent to me, to request the Shts. of my new Piece as they are printed, for them to translate,
into French and German: But not being determined, Whether I shall publish in Parts or all together, I
cannot oblige them, because, in the latter Case, they would have an Opportunity to come out in Parts,
before I could publish the whole" (*Richardson-Stinstra Correspondence*, ed. Slattery, p. 22).
41 Dieser Umstand war auch John Nichols bekannt, und so schreibt er in seinen *Biographical and
Literary Anecdotes* zu den *Clarissa*-Übersetzungen: "His *Clarissa* was translated into Dutch by the
Rev. Mr. Stinstra, author of 'A Pastoral Letter against Fanaticism,' translated into English by Mr.
Rimius. With this learned foreigner Mr. *Richardson* afterwards carried on a correspondence (Mr.
Stinstra writing in *Latin*, which was interpreted to Mr. *Richardson* by some of his literary friends)"
(John Nichols, *Biographical and Literary Anecdotes of William Bowyer, Printer, F.S.A., and of
Many of his Learned Friends. Containing an Incidental View of the Progress and Advancement of
Literature in this Kingdom from the Beginnings of the Present Century to the End of the Year
MDCCLXXVII* [London, 1782], p. 306n.). Der Hinweis auf Latein als Korrespondenzsprache zeigt,
in welchem Maß Stinstra, der des Englischen anscheinend mächtig genug war, um *Clarissa* zu
übertragen, dem Typ des Gelehrten entsprochen zu haben scheint. Wie viele Generationen Gelehrter
vor ihm bediente er sich für seine Korrespondenz wie selbstverständlich des Lateinischen und trennte
die Sprache der Literatur von der Wissenschaftssprache.
42 Vgl. "Richardson to Stinstra 2 June, 1753," *Richardson-Stinstra Correspondence*, ed. Slattery, pp.
24-32.
43 "Richardson to J. B. de Freval 21 Jan. 1751," *Selected Letters*, ed. Carroll, p. 174 sowie
Correspondence, ed. Barbauld, V, 272.

54

Trotz aller Zurückhaltung während des Übersetzungsprozesses schien den Übersetzern aber nach Abschluß der Arbeit am Urteil des Autors oder zumindest an
dessen Kenntnisnahme gelegen gewesen zu sein. Richardson berichtete Lady
Bradshaigh in einem Brief aus dem Jahr 1753:

> My vanity, however, has been raised by a present sent me of a translation of Clarissa, in
> the German language, in eight volumes, from the celebrated Dr. Haller, Vice-Chancellor
> of the University of Göttingen; and by two volumes neatly printed, of the same, in
> Dutch, by an eminent hand, M. Stinstra, of Haarlingen, in Friesland, who is going on
> with the translation, two volumes at a time; also by a present of the same work, in
> twelve thin volumes in French, translated by the Abbé Prévost, author of the Dean of
> Colerain, and other pieces.[44]

Im Fall der ersten französischen *Pamela*-Übertragung scheint ein Kontakt zum
Übersetzer vorgelegen zu haben. Die Übersetzung erschien unter dem Titel
Pamela, ou la vertu recompensée: traduit de l'anglois[45] in zwei Bänden mit
Londoner Impressum, von denen der erste von dem bekannten Londoner
Drucker William Bowyer angefertigt wurde:

> The French translation of it was undertaken by the consent of Mr. *Richardson*, who
> furnished the translator with several corrections. It was in two volumes, 12mo, of which
> only the first was printed by Mr Bowyer.[46]

Vermutlich handelt es sich bei dem anonymen französischen Übersetzer um
einen in London lebenden Franzosen, dem Richardson so einige zusätzliche
Szenen zukommen lassen konnte, die in der englischen Fassung erst in der sechsten Auflage, einer Oktavausgabe vom Mai des Jahres 1742, eingearbeitet sind.
Offenkundig scheint Richardson an einer Übersetzung der aktuellsten Textfassung gelegen gewesen zu sein. Über die Person des Übersetzers, die Umstände
ihrer Begegnung sowie den Grad der Mitarbeit des Autors ist nichts bekannt.
Der *British Library Catalogue* nennt den Abbé Prévost als Übersetzer des Werkes; gelegentlich wird der Name François A. Aubert de la Chesnaye du Bois angeführt, ohne daß jedoch Beweise für den einen oder anderen vorlägen.[47]

---

[44] *Selected Letters*, ed. Carroll, p. 223. Ebenfalls abgedruckt in *Correspondence*, ed. Barbauld, VI, 243-
44. Zur Beteiligung Hallers und Michaelis' vgl. Alan D. McKillop, *Samuel Richardson: Printer and
Novelist* (Chapel Hill, 1936), p. 252.
[45] (Londres, 1741).
[46] Nichols, *Biographical and Literary Anecdotes*, p. 306n.
[47] Gegen Prévost spricht nicht zuletzt Richardsons Stellungnahme zum Kontakt mit seinen
Übersetzern. Vgl. hierzu Frank Howard Wilcox, *Prévost's Translations of Richardson's Novels*
(Berkeley and London, 1927), pp. 351-57, der gegen eine Autorschaft des Abbé argumentiert.

4.5 Theorie und Praxis des Übersetzens im achtzehnten Jahrhundert

> Wir sehnen uns nach Offenbarung,
> Die nirgends würd'ger und schöner brennt
> Als in dem Neuen Testament.
> Mich drängt's, den Grundtext aufzuschlagen,
> Mit redlichem Gefühl einmal
> Das heilige Original
> In mein geliebtes Deutsch zu übertragen.
> Geschrieben steht: "Im Anfang war das *Wort!*"
> Hier stock ich schon! Wer hilft mir weiter fort?
> Ich kann das *Wort* so hoch unmöglich schätzen,
> Ich muß es anders übersetzen,
> Wenn ich vom Geiste recht erleuchtet bin.
> Geschrieben steht: Im Anfang war der *Sinn*.
> Bedenke wohl die erste Zeile,
> Daß deine Feder sich nicht übereile!
> Ist es der *Sinn*, der alles wirkt und schafft?
> Es sollte stehn: Im Anfang war die *Kraft!*
> Doch, auch indem ich dieses niederschreibe,
> Schon warnt mich was, daß ich dabei nicht bleibe.
> Mir hilft der Geist! Auf einmal seh ich Rat
> Und schreibe getrost: Im Anfang war die *Tat!*
> (Goethe, *Faust I*, 1217-37)

Die Geschichte der europäischen Nationalliteraturen ist entscheidend durch den Einfluß wegweisender Übersetzungsleistungen geprägt. Luthers Bibelübersetzung, Amyots Plutarch-Übertragung, Drydens und Popes Virgil- und Homer-Bearbeitungen sowie Bodmers Version von Miltons *Paradise Lost* sind nur wenige von vielen herausragenden Beispielen. Die Übersetzung fremdsprachlicher Werke dient nicht zuletzt der Aneignung und Auseinandersetzung mit Ideen und Vorstellungen anderer Epochen und Nationen. Im Laufe der Geschichte bildete sich ein Kern von Autoren und Werken heraus, die man mehrfacher Übersetzung wert erachtete. Besonders antike Autoren traten in verschiedenen Jahrhunderten in unterschiedlicher "Kleidung" vor ihr Publikum. Hierin manifestiert sich nicht so sehr sprachlich-evolutionärer Fortschritt als vielmehr das Bedürfnis, einer veränderten (hermeneutischen) Lesart auch in der Übersetzung Ausdruck zu verschaffen.

Übersetzungen unterliegen dem Wandel der Zeit und des Geschmacks und sind notwendig weniger dauerhaft als das Original. Der Reiz, den ein Autor in unterschiedlichen Epochen ausübt, sowie der Umgang seines Übersetzers mit der Vorlage legen indirekt Zeugnis ab für zeitgenössische Auffassungen vom Wesen der Literatur und ihrer Übersetzungen: "Wirkliche Übersetzungen zielen auf Wiedergabe des Sinnes, der nicht im übersetzbaren Wort und Ausdruck,

sondern im Zusammenhang des ganzen, in Ton und Stil begründet liegt."[48] Was
dem heutigen Leser übersetzter Literatur jedoch als selbstverständlich erscheint,
ist aus einer langen theoretischen Beschäftigung mit Übersetzungen und ihren
Funktionen hervorgegangen, die – von wenigen Ausnahmen abgesehen – im
Deutschen Reich in der zweiten Hälfte des achtzehnten Jahrhunderts einsetzte
und bis heute andauert:

> [D]as achtzehnte Jahrhundert erst hat neue Grundsätze und Möglichkeiten der Überset-
> zung entwickelt, die wir als Folge eines neuen historischen und kritischen Bewußtseins
> verstehen müssen. Das kritische Bewußtsein hat Lessing, den Sinn für das, was histo-
> risch angemessen ist, hat Herder geschärft, dessen Saat in den großen Übersetzungslei-
> stungen der romantischen Jahrzehnte erst aufgehen sollte. Nicht nur daß und was, son-
> dern auch *wie* übersetzt werden sollte, wird fortan zum Problem.[49]

Aus diesem Grund ist es angebracht, für Verständnis und Beurteilung einer historischen Übersetzungsleistung die Beschäftigung mit verschiedenen Übersetzungskonzeptionen (Interlinearversion, Nachbildung/*Imitatio*, Paraphrase oder
Metaphrase), den spezifischen Voraussetzungen und Hilfsmitteln des Übersetzers (Sprachkompetenz, Struktur von Original- und Zielsprache, Textvorlagen,[50]
Wörterbücher, Grammatiken) sowie den Rahmenbedingungen der Tätigkeit
(Selbstverständnis des Übersetzers, Arbeits- und Entstehungsbedingungen, Re-

---

48 Ralph-Rainer Wuthenow, *Das fremde Kunstwerk: Aspekte der literarischen Übersetzung*
(Göttingen, 1969), p. 13. Wuthenow stellt die Entwicklung im Publikumsgeschmack, das
Selbstverständnis des Übersetzers und die hinter der Übertragung stehenden Leitideen an
Shakespeares 18. Sonnet dar. Er vergleicht Übertragungen von Gottlob Regis, dem ersten deutschen
Übersetzer, über Stefan George bis zu Karl Kraus (pp. 19-28).

49 Wuthenow, *Das fremde Kunstwerk*, p. 39.

50 Die Übertragung von Lyrik und Dramen läßt die Frage nach dem Erhalt der Form aufkommen. So
entschied sich Bodmer bei seiner Übersetzung von *Paradise Lost* für die Prosafassung, während sein
Vorgänger, Ernst Gottlieb von Berge, für seine Fassung die Lyrikübertragung wählte. Vgl. hierzu
Alois Brandl, "Zur ersten Verdeutschung von Miltons 'Verlohrenem Paradies'," *Anglia*, 1 (1878),
460-63; Leopold Magon, "Die drei ersten deutschen Versuche einer Übersetzung von Miltons
'Paradise Lost'," *Gedenkschrift für Ferdinand Josef Schneider (1879-1954)*, ed. Karl Bischoff
(Weimar, 1956), pp. 39-82 und Wolfgang F. Bender, "Johann Jacob Bodmer und Johann Miltons
'Verlohrnes Paradies'," *Schiller-Jahrbuch*, 11 (1967), pp. 225-67.
  Wielands Shakespeare-Übersetzung etwa ändert die Vorlage in eine Prosafassung um, und auch
Lessing bevorzugt die Prosaform für seine Übersetzungen englischer und französischer Dramen. Er
ist sich der Konsequenzen seiner Vorgehensweise bewußt und reflektiert in der *Hamburgischen
Dramaturgie* darüber: "Gute Verse indeß in gute Prosa übersetzen, erfodert etwas mehr, als
Genauigkeit; ich möchte wohl sagen, etwas anders. Allzu pünktliche Treue macht jede
Übersetzung steif, weil unmöglich alles, was in der einen Sprache natürlich ist, es auch in der andern
seyn kann. Aber eine Übersetzung aus Versen macht sie zugleich wäßrig und schielend. Denn wo ist
der glückliche Versificateur, der nie das Sylbenmaaß, nie den Reim, hier etwas mehr oder weniger,
dort etwas stärker oder schwächer, früher oder später, sagen liesse, als er es, frey von diesem
Zwange, würde gesagt haben?" (Gotthold Ephraim Lessing, *Hamburgische Dramaturgie*, viii;
Sämtliche Werke, eds Karl Lachmann und Franz Muncker, 17 vols (Berlin und New York, 1979
[1886-1924]), IX, 214-15).

zeption) vorauszuschicken. Da deutsche Übersetzungen des achtzehnten Jahrhunderts bekanntlich in vielfacher Weise von ihren französischen Vorgängern
beeinflußt waren, ja diese sogar als Vorlage nutzten, bedarf die Situation in
Frankreich der Berücksichtigung.

4.5.1 Übersetzen in Frankreich: "Man eroberte damals, wenn man übersetzte"[51]

Mit dem Übergang zum achtzehnten Jahrhundert verlagerte sich das Interesse
des französischen Lesepublikums für antike Autoren zugunsten des Inselreichs.
Frankreich begann, im großen Stil englische Literatur zu rezipieren.[52] Die
Gründe für diese Rezeption englischer Literatur in Frankreich sind zahlreich. So
residierten nach der *Glorious Revolution* Wilhelm von Oraniens im Jahre 1688
die vertriebenen Stuarts in Frankreich und zogen manche ihrer Anhänger mit
sich ins Exil. Durch sie wurde das französische Interesse an der Kultur ihres
Heimatlandes geweckt. Darüber hinaus brach eine steigende Anzahl Franzosen
zu Englandreisen ähnlich der *Grand Tour* in umgekehrter Richtung auf, um
Land und Leute in eigener Anschauung kennenzulernen. Zu den bekanntesten
Englandreisenden zählen neben Montesquieu, den Abbés Prévost und Dubos
auch Rousseau und Voltaire, der mit seinen *Letters concerning the English
Nation* der Anglophilie in Deutschland den Weg bereiten half.[53] Schließlich erregte in Frankreich, wie auch im deutschen Sprachgebiet, die englische Mode
der moralischen Wochenschriften großes Interesse und fand in Frankreich zahlreiche Nachahmer. Marivaux brachte mit dem *Spectateur français* das schon
vom Titel her augenfälligste Imitat englischer Wochenschriften heraus, Prévosts
Le Pour et le Contre (1733-1740) oder Le Clercs *Bibliothèque universelle et
historique* (1686-1738) sind nur wenige der zahllosen Beispiele aus den ersten
Dekaden des Jahrhunderts.

Daneben reagierte der literarische Markt bald mit Übersetzungen englischsprachiger Literatur. Bei den Übertragungen stießen die Übersetzer jedoch
auf Schwierigkeiten, da sich die neuen Versionen von denen antiker Werke unterschieden. Es war weniger die Sprache, sondern vielmehr Form und Gehalt,
die sich den Gesetzen der eigenen normativen Poetik entgegenstellten und

51 Friedrich Nietzsche, "Die fröhliche Wissenschaft," *Nietzsches Werke: kritische Gesamtausgabe*, eds
   Giorgio Colli und Mazzino Montinari (Berlin, 1973), 5. Abteilung, vol. 2, 115.
52 Vgl. Graeber und Roche, *Englische Literatur*; Graeber, *Der englische Roman in Frankreich* sowie
   Charles Alfred Emanuel Rochedieu, *Bibliography of French Translations of English Works, 1700-
   1800* (Chicago, IL, 1948).
53 Vgl. die Darstellung in Kapitel 1.2 dieser Arbeit.

Grundsatzentscheidungen erforderten. So griffen die Übersetzer in den Text ein und veränderten gemäß eigener Regeln:

> [D]a sie meinten, nur eine Übersetzung, die dem Geschmack des Lesers entgegenkomme, werde gelesen, glaubten sie durchaus auch im Sinn der Autoren zu handeln, die sie übersetzten, wenn sie sie verschönten, erklärten, modernisierten und mit allen erdenklichen Mitteln im eigenen Lande heimisch zu machen versuchten.[54]

Ziel der "neuen" Übersetzungen war also nicht, den Leser mit unbekannten Ideen und Vorstellungsweisen fremder Nationen, die sich ja auch in literarischen Formen manifestierten, bekanntzumachen und ihm dadurch Möglichkeiten zur kritischen Auseinandersetzung mit eigenen Standpunkten einzuräumen.[55] Das anfänglich zumeist höfische Publikum war am Erhalt des *status quo* interessiert und suchte vorab nach Bestätigung eigener Auffassungen und Anschauungen. So entstanden die *belles infidèles*, jene "schönen ungetreuen" Übersetzungen, die häufig nur noch wenig mit ihren Vorlagen gemeinsam hatten, sich aber durch elegante Sprachführung und dem französischen Geschmack angepaßte Inhalte auszeichneten und oftmals großer Beliebtheit erfreuten. Die Geschichte englischer Übersetzungen ins Französische ist nicht zuletzt eine Geschichte der *belles infidèles*. Selbst Übersetzer wie Voltaire griffen bewußt in die Vorlage ein. Über seine *Hamlet*-Übersetzung äußerte er sich wie folgt: "Ne croyez pas que j'aie rendu ici l'anglais mot pour mot; malheur aux faiseurs de traductions littérales, qui, en traduisant chaque parole, énervent le sens. C'est bien lè qu'on peut dire que la lettre tue, et que l'esprit vivifie."[56] Überdies pflegten französische Übersetzer eine "explikative Übersetzweise."[57] Durch sie schwillt das Textkorpus in vielen Fällen um hohe Prozentanteile an; Übersetzungen mit dem doppelten Umfang des Originals waren keine Seltenheit. Chateaubriand und die französischen Romantiker sollten die Andersartigkeit fremder Kulturen als erhaltenswertes Merkmal erkennen und sich gegen die *belles infidèles* aussprechen. Treue zum Original wird ihnen ein zunehmend wichtiger Wert, auch wenn sie den Verzicht auf sprachliche Eleganz zur Konsequenz hat.[58]

---

[54] Jürgen von Stackelberg, *Literarische Rezeptionsformen: Übersetzung – Supplement – Parodie* (Frankfurt/M., 1972), p. 11.

[55] Der Gedanke, daß literarische Form durch kulturelle Identität und Geschichte bedingt ist, war ja auch noch neu und wurde erst durch Herder ausgearbeitet.

[56] Zitiert nach Werner Krauss, "Zur Theorie und Praxis des Übersetzens im Frankreich und Deutschland des 18. Jahrhunderts," *Weimarer Beiträge*, 32, no 2 (1977), 11.

[57] Graeber, "Eklektisches Übersetzen II," p. 70. Um das Textverständnis auf seiten des Lesers sicherzustellen, wird ihm die Deutung mitgeliefert.

[58] Vgl. Krauss, "Zur Theorie und Praxis des Übersetzens," p. 12.

4.5.2 Übersetzen in Deutschland: von der "schönen Ungetreuen" zur "halbverschleierten Schönen"[59]

Die Übersetzungskunst hatte in Deutschland von jeher einen anderen Stellenwert als in Frankreich. Seit Luthers Bibelübersetzung, die den Grundstein für die Entwicklung einer überregionalen Schriftsprache gelegt hatte,[60] war ein Bewußtsein für den Beitrag geweckt, den Übersetzungen bei der Ausbildung des Deutschen zu leisten imstande waren. In diesem Sinne äußerten sich etwa Opitz im *Buch von der teutschen Poeterey* (1624)[61] und Leibniz in seinen "Unvorgreifflichen Gedanken, betreffend die Ausübung und Verbesserung der Teutschen Sprache."[62] Noch Friedrich der Große bezeichnete in seiner Schrift "De la littérature Allemande" aus dem Jahr 1780 die Übersetzung als geeignetes Mittel, die deutsche Sprache zu verbessern und ihr Glanz zu verleihen. Übersetzen gilt also vorab der Schulung des sprachlichen Bewußtseins, der Präzisierung eigener Ideen im Deutschen. So verwundert es nicht, daß die Zahl gerade der von Dichtern angefertigten Übersetzungen von jeher groß war und dies bis in die heutige Zeit bleibt.[63]

Das achtzehnte Jahrhundert in Deutschland gilt zurecht als "Zeitalter der Übersetzungen."[64] Innerhalb dieses Zeitraums gab es kaum einen Autor, der sich nicht an der Übersetzung zumindest eines Werkes versucht hätte. So übertrug Lessing Diderot und Richardson, Bode machte sich als Übersetzer von Montaigne, Sterne und Smollett einen Namen und prägte mit dem (auf einen

---

59 "Übersetzer sind als geschäftige Kuppler anzusehen, die uns eine halbverschleierte Schöne als höchst liebenswürdig anpreisen: sie erregen eine unwiderstehliche Neigung nach dem Original" (Goethe, *Maximen und Reflexionen*, Gedenkausgabe, ed. Beutler, IX, 531).

60 So bemerkt etwa Goethe in einem Brief an A. O. Blumenthal vom 28. Mai 1819: "Und so sind denn die Deutschen erst ein Volk durch Luthern geworden" (Goethe, *Gedenkausgabe*, ed. Beutler, XXI, 333). Ähnlich äußert sich Herder in der dritten Sammlung seiner *Fragmente*. Luther, so Herder, sei es, "der die deutsche Sprache, einen schlafenden Riesen, aufgewecket und losgebunden;" er habe "die scholastische Wortkrämerei, wie jene Wechselertische, verschüttet" und "durch seine Reformation eine ganze Nation zum Denken und Gefühl erhoben;" Johann Gottfried Herder, *Über die neuere deutsche Literatur, Fragmente* (Berlin und Weimar, 1985), p. 212.

61 Ed. Richard Alewyn (Tübingen, 1963), pp. 14; 54.

62 "Der rechte Probierstein des Überflusses oder Mangels einer Sprache findet sich beim Übersetzen guter Bücher aus anderen Sprachen. Dann da zeiget sich, was fehlet, oder was vorhanden;" J. G. Leibniz, "Unvorgreiffliche Gedanken, betreffend die Ausübung und Verbesserung der Teutschen Sprache," *Wissenschaftliche Beihefte* ... 4. Reihe, no 30 (Berlin, 1908), pp. 328-29. Zitiert nach Winfried Sdun, *Probleme und Theorien des Übersetzens in Deutschland vom 18. bis zum 20. Jahrhundert* (München, 1967), p. 21.

63 Die Liste berühmter Namen ist lang und enthält neben Opitz, Lessing, Schlegel, Wieland, Goethe, Schiller, Humboldt, Freiligrath, Hofmannsthal, George, Celan, Enzensberger, Kraus und Ingeborg Bachmann berühmte Persönlichkeiten jedes Zeitalters und jeder literarischen Couleur.

64 Vgl. hierzu Wuthenow, *Das fremde Kunstwerk*, pp. 15-16; Bernhard Zeller (ed.), *Weltliteratur – Die Lust am Übersetzen im Jahrhundert Goethes* (Marbach, 1982).

Vorschlag Lessings zurückgehenden) Titel *Yoriks empfindsame Reise durch Frankreich und Italien* (1768-1769) ein Schlagwort der Epoche. Bodmer übertrug außer Butlers *Hudibras* (1737)[65] auch Miltons *Paradise Lost* (1732)[66] und Popes *Dunciad* (1747)[67] und nutzte die *Dummkopfiade* in der Fehde mit Gottsched für seine Zwecke. Im Zuge ihrer Übersetzertätigkeit übertrugen Gottsched und seine Frau unter anderem Batteux[68] und Fontenelle[69] sowie Pierre Bayles *Dictionnaire historique et critique*, das als vierbändiges *Historisch-kritisches Wörterbuch, mit einer Vorrede und verschiedenen Anmerkungen, sonderlich bei anstößigen Stellen* ... von 1741 bis 1744 bei Breitkopf in Leipzig publiziert wurde. Den Höhepunkt der Übersetzungtätigkeit stellte das deutsche Ringen um Shakespeare dar, der von Wieland, Eschenburg und Schiller übertragen wurde.

Die Aufklärung entwickelte erstmals ein Bewußtsein für die Probleme des Übersetzens und stellte theoretische Überlegungen zu Wesen, Idealen und Zielen der Übersetzung an. Breitingers *Critische Dichtkunst* aus dem Jahr 1740 enthält im Abschnitt "Von der Kunst der Übersetzung" dazu ausführliche Überlegungen, die den Bewußtseinsstand zu Beginn des Jahrhunderts verdeutlichen helfen und für frühe Übertragungen von Bedeutung sind. Breitinger schreibt zur Aufgabe des Übersetzers:

> Von einem Übersetzer wird erfodert, daß er eben dieselben Begriffe und Gedancken, die er in einem trefflichen Muster vor sich findet, in eben solcher Ordnung, Verbindung, Zusammenhange, und mit gleich so starckem Nachdrucke, mit andern gleichgültigen bey einem Volck angenommenen, gebräuchlichen und bekannten Zeichen ausdrücke, so daß die Vorstellung der Gedancken unter beyderley Zeichen einen gleichen Eindruck auf das Gemüthe des Lesers mache. Die Übersetzung ist ein Conterfey, das desto mehr Lob verdienet, je ähnlicher es ist. Darum muß ein Übersetzer sich selber das harte Gesetz vorschreiben, daß er niemahls die Freyheit nehmen wolle, von der Grundschrift, weder in Ansehung der Gedancken, noch in der Form und Art derselben, abzuweichen. Diese müssen in einem gleichen Grade des Lichtes und der Stärcke unverändert bleiben, und nur die Zeichen derselben mit gleich viel geltenden verwechselt werden.[70]

Die von Breitinger in dieser Darlegung geforderte Treue zum Original rückt im Laufe des Jahrhunderts immer weiter in den Vordergrund. Seine auf den ersten Blick modern wirkenden Ausführungen bergen jedoch eine Schwierigkeit: Brei-

---

[65] *Versuch einer Deutschen Übersetzung von Samuel Butlers Hudibras, Einem Satyrischen Gedichte wider die Schwermer und Independenten, zur Zeit Carls des Ersten* (1737).

[66] *Johann Miltons Verlust des Paradieses: ein Helden-Gedicht*, 2 vols (Zürich, 1732).

[67] *Alexander Popens Dunciad mit Historischen Noten und einem Schreiben des Übersetzers an die Obotriten* (Zürich, 1747).

[68] So etwa Charles Batteux, *Auszug aus des Herrn Latteux [sic] Schönen Künsten* (Leipzig, 1754).

[69] Bernard L. de Fontenelle, *Auserlesene Schriften* (Leipzig, 1751).

[70] Johann Jacob Breitinger, *Critische Dichtkunst*, ed. Wolfgang Bender, 2 vols (Stuttgart, 1966 [1740]), II, 138-39.

tinger beschreibt Originaltreue als ein "Conterfey," bei dem es dem Übersetzer nicht gestattet sei, "weder in Ansehung der Gedanken noch in der Form und Art derselben" von der Vorlage abzuweichen. Er fordert also eine (seiner Auffassung nach realisierbare) Entsprechung von Original und Übertragung. Breitingers Forderungen beweisen eine mechanische Auffassung von Sprache: Sprachliche Systeme entsprechen sich ihm zufolge auf allen Beschreibungsebenen in jedem Fall und sind daher ohne Einschränkungen der Bedeutung austauschbar.[71] Breitinger attestiert jeder Sprache einen "eigentlichen und gantz besondern Character,"[72] geht von einem in der Sprache reflektierten Nationalcharakter aus und merkt zur Rolle des Übersetzers an, seine Aufgabe bestehe darin, diesen "ohne Verminderung des Nachdruckes und der Schönheit"[73] zu übertragen.

Als versierter Übersetzer nahm Lessing zur Problematik des Übersetzens ebenfalls Stellung. In seinen "Briefen, die neueste Litteratur betreffend" etwa fordert er im Gegensatz zu Breitinger nicht Treue zum Original, sondern schöpferischen Nachvollzug des Originals durch den Übersetzer und gibt diesen folgerichtig als einen zweiten Schöpfer aus.[74] Daß literarische Texte bei jeder Übertragung einem Wandlungsprozeß unterliegen, ja in einigen sprachlichen Bereichen vom Original abweichen *müssen*, wird schließlich in Herders und Klopstocks Ausführungen deutlich. Beide plädieren für Orientierung an der Vorlage, setzen aber andere Schwerpunkte. Klopstock erkennt das Problem der wörtlichen Übersetzung und fordert daher: "Treu dem *Geiste* des Originals: Was man in Ansehung des Buchstabens von ihr [der Übersetzung] fordern kann, wird allein durch die Ähnlichkeit der Sprachen bestimmt."[75] Für Klopstock gibt es Unterschiede in der sprachlichen Verwandtschaft, die den Schwierigkeitsgrad einer Übertragung bestimmen. Buchstabengetreues Übersetzen ist für ihn nur ein erster Schritt zur wahren, den "*Geiste* des Originals" einschließenden Wiedergabe. Daher entspricht eine *angemessene* neue Fassung dem Sinn ihrer Vorlage. Um diesen zu erfassen, hat sich der Übersetzer vorab auf die Suche nach der Intention von Text und Autor zu begeben. Das Bewußtsein für sprachliche Phänomene setzt laut Klopstock jedoch nicht nur Kompetenz in der fremden Sprache, sondern auch eine intensive Auseinandersetzung mit der Muttersprache voraus.

---

71 Vgl. die Ausführungen Sduns, *Probleme des Übersetzens*, pp. 19-25.
72 Breitinger, *Critische Dichtkunst*, ed. Bender, II, 143.
73 Breitinger, *Critische Dichtkunst*, ed. Bender, II, 143.
74 Gotthold Ephraim Lessing, "332. Brief vom 27. Juni 1765," *Briefe, die neueste Literatur betreffend*, Sämtliche Werke, eds Lachmann und Muncker, VIII, 280.
75 Gottlieb Heinrich Klopstock, *Sämtliche Werke*, ed. Düntzer (Leipzig, 1823), XIII, 55-56; zitiert nach Sdun, *Probleme des Übersetzens*, p. 25.

Herder entwickelt diese Ideen weiter und stellt noch höhere Anforderungen an einen Übersetzer. In den *Fragmenten* fordert er nichts geringeres als den "kongenialen" Übersetzer:

> Homer, Äschylus, Sophokles schufen einer Sprache, die noch keine ausgebildete Prose hatte, ihre Schönheiten an; ihr Übersetzer pflanze diese Schönheiten in eine Sprache, die auch selbst im Silbenmaß ... Prose bleibt, daß sie sowenig als möglich verlieren. Jene kleideten Gedanken in Worte und Empfindungen in Bilder; der Übersetzer muß selbst ein schöpferisches Genie sein, wenn er hier seinem Original und seiner Sprache ein Gnüge tun will.[76]

Die Übertragung von Weltliteratur verlangt nach Herder einen gleich begabten Übersetzer, damit sie in der Fremdsprache eine vergleichbare Wirung entfalten kann. Die Treue des Übersetzers zum Original liegt in der Freiheit, dieses kreativ in die Zielsprache zu übertragen. Hier genügt Breitingers Ideal der Wiedergabe einzelner Worte nicht mehr, gefragt sind vielmehr den Sinn erhaltende *Äquivalente* unter Verzicht auf wörtliche Übertragung. Das von Herder geforderte Genie, "antinormativ," "antitraditionell" und "antiautoritär"[77] wie es ist, wird hier paradoxerweise als (sekundärer) Übersetzer reklamiert, der seine Muttersprache durch den Verzicht auf Normen und Traditionen mit neuen Ideen bekanntmachen und diese durch die Eingliederung von fremdem Kulturgut bereichert.[78] Laut Herder sind die kreativen Begabungen von Autor und Übersetzer gleichwertig. Übersetzen ist keine zweitrangige, imitierende Kunst, sondern stellt durch Nachempfinden und Hineinversetzen in die Ideen und Vorstellungen eines anderen Kulturkreises und häufig einer anderen Epoche höchste Anforderungen an den, der sie ausübt. Der Übersetzer schafft durch seine Übertragung Natur; Übersetzen ist ein Vorgang des "Naturschaffens."

Trotz dieser Forderungen bleibt das Wissen um die unumgängliche Differenz zwischen Original und Übersetzung vorhanden. So betont August Wilhelm Schlegel:

---

[76] Herder, *Fragmente*, pp. 47-48.

[77] Bernhard Fabian, "Genie," *Historisches Wörterbuch der Philosophie*, ed. Joachim Ritter (Darmstadt, 1974), III, cols 282-86.

[78] Herder sind die Unterschiede in der Übersetzungspraxis der Deutschen und Franzosen bewußt, und er zeigt anhand der Homer-Übersetzung in beiden Ländern die Gründe für die unterschiedliche Entwicklung auf: "Die Franzosen, zu stolz auf ihren Nationalgeschmack, nähern demselben alles, statt sich dem Geschmack einer andern Zeit zu bequemen. Homer muß als *Besiegter* nach Frankreich kommen, sich nach ihrer Mode kleiden, um ihr Auge nicht zu ärgern: sich seinen ehrwürdigen Bart und alte einfältige Tracht abnehmen lassen; französische Sitten soll er an sich nehmen, und wo seine bäurische Hoheit noch hervorblickt, da verlacht man ihn als einen Barbaren. – Wir armen *Deutschen* hingegen, noch ohne Publikum beinahe und ohne Vaterland, noch ohne Tyrannen eines Nationalgeschmacks, wollen ihn sehen, wie er ist. Und die beste Übersetzung kann dies bei Homer nicht erreichen, wenn nicht Anmerkungen und Erläuterungen in hohem kritischen Geist dazu kommen" (Herder, *Fragmente*, p. 114).

Es versteht sich, daß ... die vortrefflichste Übersetzung nur Annäherung in unbestimmbaren Graden seyn kann; denn sonst müßte mit völlig verschiedenen Werkzeugen und Mitteln ganz dasselbe geleistet werden, was genau genommen unmöglich ist.[79]

Die Entscheidung für eine Übersetzungsart ist ebenso eine Frage der Vorliebe des Übersetzers wie seiner Intention. Goethe faßt die gegensätzlichen Auffassungen in seiner Rede "Zu brüderlichem Andenken Wielands" zusammen:

Es gibt zwei Übersetzungsmaximen: die eine verlangt, daß der Autor einer fremden Nation zu uns herüber gebracht werde, dergestalt, daß wir ihn als den Unsrigen ansehen können; die andere hingegen macht an uns die Forderung, daß wir uns zu dem Fremden hinüber begeben und uns in seine Zustände, seine Sprachweise, seine Eigenheiten finden sollen.[80]

Wie an diesen Beispielen deutlich wird, variieren die Meinungen über Ziel und Praxis einer Übersetzung während des achtzehnten Jahrhunderts und beginnen erst gegen Ende des Jahrhunderts, sich dem heutigen Verständnis anzunähern. Übersetzen, so wird deutlich, bedeutet immer eine Entscheidung zwischen den Polen des historischen und kulturellen Respekts vor der Einzigartigkeit eines Werkes und der Bemühung ihres Erhalts sowie der Einbürgerung des fremden Autors in die Zielsprache unter Aufgabe ihrer Andersartigkeit. Im achtzehnten Jahrhundert werden beide Praktiken gleichzeitig angewendet und beeinflussen die Aufnahme der Übersetzungen erheblich.

4.6 Hilfsmittel:

4.6.1 Grammatiken

Anders als in den meisten europäischen Nationen hatte das zersplitterte Deutsche Reich auch im achtzehnten Jahrhundert kein geistiges und kulturelles Zentrum. Die Gelehrtensprache war Latein, an den Höfen bediente man sich des Französischen, die deutsche Muttersprache war als Literatursprache (noch) verpönt, und so verwundert nicht, daß die ersten englischen Sprachlehren sich der Gelehrtensprache und ihrem Käuferkreis anpaßten und auf Latein verfaßt wurden. Die erste Grammatik der englischen Sprache erschien im Jahre 1665 unter dem Titel *Grammatica Anglica* mit Straßburger Impressum;[81] John Wallis ver-

---

79 August Wilhelm Schlegel, *Vorlesungen über Schöne Litteratur und Kunst, zweiter Teil, Geschichte der Klassischen Literatur* ed. Bernhard Seuffert (Nendeln, 1968 [1884]), p. 12.
80 Goethe, "Zu brüderlichem Andenken Wielands," *Gedenkausgabe*, ed. Beutler, XII, 705.
81 Tellaeus, *Grammatica Anglica ... Argentinae, typis Carolinis, sumpt. authoris* (Straßburg, 1665). Vgl. Alston, *Bibliography*, II, nos 344-46.

öffentlichte die ersten beiden Auflagen seiner beliebten *Grammatica Linguae Anglicanae* zwar in England, ließ die dritte Auflage aber in Hamburg drucken.[82] Lateinisch abgefaßten Grammatiken folgten am Ende des siebzehnten Jahrhunderts erste deutsch-englische Werke wie Johann David Scheibners *Upright Guide for the Instruction of the English Tongue*.[83] Grammatiken des Englischen aus dem achtzehnten Jahrhundert sind vor allem mit dem Namen Johann König, der auch unter dem anglisierten Namen John King veröffentlichte, und Theodor Arnold verbunden. Königs *A Compleat Guide for High-Germans* erschien im Jahre 1706 zum ersten Mal[84] und erlebte bis zum Ende des Jahrhunderts nicht weniger als elf Auflagen. Die ersten Auflagen wurden noch in London gedruckt, später gab König den Druck in Leipzig in Auftrag. Dieser Wechsel des Druckortes ist Indikator für die Popularität seines Werkes im deutschsprachigen Raum, konnten so doch die Kosten für den Import eingespart und die Wahrscheinlichkeit von Raubdrucken verringert werden.[85]

Außer Königs *Guide* war Arnolds noch am lateinischen Modell orientierte *Grammatica Anglicana Concentrata: oder, Kurzgefaßte englische Grammatik*,[86] die am Ende des Jahrhunderts in der neunten Auflage erschien, vermutlich die bekannteste deutsche Grammatik. Sie beschränkt sich nicht auf Erklärungen grammatischer Phänomene, sondern enthält auch ein nach Sachgruppen gegliedertes deutsch-englisches Wörterbuch, eine Sammlung von Redensarten, englische Sprichwörter sowie "einige gemeine freundschaftliche Gespräche Englisch und Deutsch." Hinter dieser Überschrift verbergen sich kleine Alltagsszenen, die, in zwei Kolumnen gedruckt, Original und Übersetzung auf einen Blick überschauen lassen und direkte Textvergleiche ermöglichen. Abgerundet wird die Sammlung durch eine Auswahl englischer "Pleasant and facetious stories," "Dialogues of the Dead" und "Moral Fables." Der Lernende wurde also nicht nur über grammatische Eigenheiten der englischen Sprache unterrichtet, sondern ihm lag ein viele Bereiche umfassendes Nachschlagewerk vor, mit dessen Hilfe

---

82 (Hamburgi, 1672). Vgl. Alston, *Bibliography*, I, no 16.
83 *The Upright Guide for the Instruction of the English Tongue, Comprehending the Whole Ground and Rules of this Gentle Language* (Ienae, 1688). Vgl. auch Alston, *Bibliography*, II, no 349.
84 (London, 1706). Vgl. hierzu auch Otto Driedger, *Johann Königs (John King's) deutsch-englische Grammatiken und ihre späteren Bearbeitungen, 1706-1802: Versuch einer historischen Behandlung* (Marburg, 1907). Vgl. auch Alston, *Bibliography*, II, nos 359-73.
85 Weitere beliebte Titel waren M. Christian Ludwigs *Gründliche Anleitung zur englischen Sprache* (Leipzig, 1717) sowie seine *Rudimenta zur englischen Sprache, für die Incipienten* (Leipzig, 1726, eine überarbeitete Fassung erschien im Jahre 1772).
86 Der vollständige, barock anmutende Titel lautet: *Grammatica Anglicana Concentrata: oder, Kurzgefaßte Englische Grammatik, worinnen die richtige Pronunciation, und alle zur Erlernung dieser Sprache unumgängliche nöthigen Grundsätze aufs deutlichste und leichteste abgehandelt sind. Verbessert von M. Johann Bartholomäus Rogler*, 9th ed. (Leipzig und Züllichau, 1797).

er sich die Sprache und ihre Eigentümlichkeiten erschließen konnte – angesichts der Schwierigkeit, englische Literatur zu erwerben, eine vorausblickende Ergänzung.

Ein informativer Einblick in die Lernmethoden der Zeit wird dem Leser in einem insgesamt vier Seiten umfassenden Gespräch "Zwischen einem Deutschen, der Englisch lernet, und seinem Sprachmeister" gewährt. Der "Sprachmeister" erläutert seine Methode wie folgt:

The Méthod I take with new Begínners is this. Háving réad the Rules of the Pronunciàtion before them in their Hèaring, and gone through the Parts of Speech, I let not rèad them themselves for a whole Month or longer, but rèad myself a Pássage or a short Chápter more than one Time in their Hearing, then I explain it, and shew them the Rùles of Gràmmar, repèating at the same Time all the Parts of Speech occúring, with them, observing whether they know them by Heart or no. When I percèive they are able to pronòunce and expound tólerably well themselves a Pássage or a Chapter, then I let them translate it into *Gérman*, first Word for Word, and then into the proper and pure Gérman Idiom, and out of that agàin (laying the Book aside) into *English*, where I chuse to rèad with them éither *Rapin de Thòyras* new *History of England*, by Quéstion and Answer, or some other histórical Mátter, as the *Craftsman*; the *Spectàtor*; *Mr. Littleton's* Létters from a Moor at *Lóndon* to his Friend at *Tunis*; *Mr. de Voltaire's* Létters concerning the 'English Nation; *Mr. Búrnets* Létters of *Switzerland*; *Mr. Pòpe's* Létters on some of *Mr. Swifts* Works. [87]

Als zusätzliche Quellen für die Lernenden nennt der Verfasser im weiteren Verlauf außer dem *Spectator* und *Tatler* Fielding, Pope, Swift und Bentley sowie "*Richardson's* Grandison und Clarissa."[88] Der Student lernte also im achtzehnten Jahrhundert, so wird bei Arnold deutlich, nicht mehr anhand von "Klassikern" wie Shakespeare oder Milton, der Schwerpunkt lag nunmehr auf "moderner" Literatur, bei der der Anteil moralisch-didaktischer Lektüre auffällt. Gleichzeitig wird deutlich, daß das Ziel des Spracherwerbs weniger "kommunikative Kompetenz" im modernen Verständnis war, sondern schriftsprachlicher "Höhenkamm." Es kam offenbar weniger darauf an, die Fremdsprache sprechen zu können, es kam darauf an, sie lesen zu lernen.

4.6.2 Wörterbücher

Die englischen Wörterbücher des achtzehnten Jahrhunderts liefern einen eindrucksvollen Beweis für die Allgegenwart des Französischen im deutschen

---

[87] Arnold, "Zwischen einem Deutschen, der Englisch lernet, und seinem Sprachmeister," *Grammatica Anglicana*, p. 204. Die Akzente zeigen die Betonung des Wortes an.
[88] Arnold, "Zwischen einem Deutschen, der Englisch lernet," p. 204.

66

Sprachgebiet und illustrieren, gegen welche Konkurrenz sich die neue Fremdsprache durchzusetzen hatte. Auch hier erwies sich Theodor Arnold als Vorrei-
ter. Er ergänzte seine Grammatik durch *A Complet Vocabulary, English and
German*[89] und rundete es später durch einige Wörterbücher wie etwa das *Vollständige deutsch-englische Wörterbuch*[90] ab. Nathan Bailey trat ebenfalls durch
die Veröffentlichung eines deutsch-englischen Wörterbuchs im deutschsprachigen Raum hervor: *A Complet English and German and German-English
Dictionary* durchlief vom Erscheinen im Jahre 1736 bis zum Beginn des neunzehnten Jahrhunderts zehn Auflagen.[91] Neben Baileys Werk zählt Christian
Ludwigs *Dictionary English, German and French*[92] zu den bekanntesten Wör-
terbüchern der Zeit. Im Jahre 1706 zum ersten Male aufgelegt, erlangte es bald
große Beliebtheit und erlebte bis 1790 vier Auflagen.

Der Einfluß des Französischen zeigt sich vor allem im Aufbau dieses Wörterbuchs. Die Worterklärungen unter jedem Lemma finden sich in allen drei
Sprachen, so daß dem Benutzer neben der deutschen Erklärung auch die französische Erläuterung zur Verfügung steht. Das geringe Ansehen des Deutschen als
Literatursprache könnte nicht anschaulicher verdeutlicht werden. Die Worterklärungen geben in manchen Fällen Zeugnis ab von den Schwierigkeiten der noch
jungen deutschen Literatursprache. So findet sich unter dem Lemma "Miss" folgende Definition: "ein junges Fräulein; eine metze, ein mensch, das einer hält,
une jeune demoiselle; courtisane; maitresse entretenue."[93] Ein Blick auf für
Richardson bedeutsame Worteinträge läßt deutlich werden, welche Hilfe die
Konsultation eines Wörterbuchs seinen Übersetzern liefern konnte. So findet
sich für *lady* "*eine princeßin von geblüte; eine dame, vornehme weibs=person,
fräulein, adeliche jungfrau (die frau oder tochter einer person von qualität);*"[94]
tutor wird erläutert als "ein praeceptor, privat=lehrmeister, hofmeister; ein ab-
sonderlicher professor in einem collegio auf einer universität; ein vormund,
vogt,"[95] und unter *esquire* liest man "*der titel eines gemeinen edelmannes, oder*

[89] (Leipzig, 1757).
[90] *A Compleat Vocabulary, English and German, oder: Vollständig kleines Wörterbuch, Englisch und Deutsch* (Leipzig, 1757).
[91] (Leipzig und Züllichau, 1736). Arnold bearbeitete Baileys Wörterbuch, das unter seinem Namen als *A Compleat Dictionary English and German* erschien und wiederum als *A Compleat Dictionary .....: Verbessert von Jo. Barth. Rogler* (Züllichau, 1784) überarbeitet wurde.
[92] Der vollständige Titel lautet: *A Dictionary English, German and French, Containing not only The English Word in their Alphabetical Order, Together with their Several Significations; but also their Proper Accent, Phrases, Figurative Speeches, Idioms, and Proverbs, Taken from the best New English Dictionaries*, 2nd ed., carefully revised, corrected and considerably augmented (Leipzig and Francfurt, 1736).
[93] Ludwig, *Dictionary, s.v.*
[94] Ludwig, *Dictionary, s.v.*
[95] Ludwig, *Dictionary, s.v.*

auch etlicher vornehmen beamten, ob sie schon nicht von adel sind, écuyer."[96]
Geographische Bezeichnungen wie *square* werden ebenfalls durch eine Umschreibung erläutert: *"ein offener viereckichter platz in einer stadt."*[97] Besondere
Schwierigkeiten bereiteten dem Verfasser, wie auch später den Richardson-
Übersetzern, onomatopoetische Worte wie *pit-a-pat.* Unter "pit-a-pat, pit-to-pat,
pintle-pantle, pintledy-pantledy" liest man: "sind erdichtete worte, das ge-
schwünde hertzklopfen auszusprechen, wenn es von einer heftigen ge-
müths=bewegung beweget worden," "how my heart went pit-a-pat" ist übersetzt
als "ich zittere vor Furcht, mein hertze klopfft."[98]

Die Kenntnis dieser Hilfsmittel stellt die Übersetzungsleistungen des achtzehnten Jahrhunderts in ein anderes Licht, veranschaulichen sie doch die hohe
Abhängigkeit des einzelnen von eigener Sprachkenntnis und eigenem Sprachgefühl und geben sie wichtige Hinweise auf die für eine Beurteilung zu beach-
tenden Voraussetzungen.

---

[96] Ludwig, *Dictionary, s.v.*
[97] Ludwig, *Dictionary, s.v.*
[98] Ludwig, *Dictionary, s.v.*

5 Die Transmissionsgeschichte *Clarissas* im achtzehnten Jahrhundert

Die Geschichte der deutschen Literatur im achtzehnten Jahrhundert ist nicht zuletzt auch die Geschichte englischer Literatur in deutscher Sprache. Für eine angemessene Beurteilung der deutschen Literatur dieses Zeitalters dürfen die vielfachen Einflüsse englischer Autoren auf ihre deutschsprachigen Pendants daher nicht vernachlässigt werden. Die Materialfülle der Transmissions- und Rezeptionsgeschichte erfordert die Reduktion anglo-kontinentaler Kulturbeziehungen auf Fallstudien. Es erscheint deshalb begründet, sich die Besonderheiten dieses Forschungszweigs an Samuel Richardson (1689-1761) als einem Schriftsteller zu vergegenwärtigen, der nicht nur als bedeutender Autor des achtzehnten Jahrhunderts gilt, sondern erwiesenermaßen auch ein kontinentaleuropäisches Ereignis war.[1] Schließlich ist auch angesichts der Tatsache, daß Richardson – ob zurecht oder unrecht, sei dahingestellt – durch die Veröffentlichungen von *Pamela* (1741),[2] *Clarissa* (1747-1748)[3] und *Sir Charles Grandison* (1753-1754)[4] als "Vater des Briefromans" gilt, ein erkenntnisleitendes Interesse vorhanden, läßt sich doch ein formativer Einfluß für die Genese und Entwicklungsgeschichte des deutschen Briefromans eines Gellert, Goethe, Hermes, Musäus, Wieland oder einer La Roche in der zweiten Hälfte des achtzehnten Jahrhunderts nicht von der Hand weisen.

---

1 Vgl. exemplarisch die Darstellungen von Wilhelm Graeber, *Der englische Roman in Frankreich, 1741-1763: Übersetzungsgeschichte als Beitrag zur französischen Literaturgeschichte* (Heidelberg, 1995), pp. 46-49; 68-70; 174-82; 223-25 sowie T. C. Duncan Eaves and Ben D. Kimpel, *Samuel Richardson: A Biography* (Oxford, 1971), pp. 119-53; 285-321; 401-18.

2 [Samuel Richardson], *Pamela: or, Virtue rewarded. In a Series of Familiar Letters from a Beautiful Young Damsel to her Parents. Now first Published in Order to Cultivate the Principles of Virtue and Religion in the Minds of the Youth of both Sexes*, 2 vols (London, 1741 [1740]).

3 [Samuel Richardson], *Clarissa: or, The History of a Young Lady, Comprehending the Most Important Concerns of Private Life, and Particularly Shewing the Distresses that May Attend the Misconduct both of Parents and of Children, in Relation to Marriage. Published by the Editor of Pamela*, 7 vols (London, 1748 [1747-48]). Vgl. William Merritt Sale, *Samuel Richardson: a Biographical Record of his Literaray Career with Historical Notes* (New Haven, CT, 1936), pp. 45-51. Die Auflage ist unter dem Titel *Clarissa: or, The History of a Young Lady*, ed. Angus Ross (Harmondsworth, Middlesex, 1985) zugänglich. Im Textvergleich wird der Kurztitel "Ross" mit anschließender Seitenzahl verwendet.

4 [Samuel Richardson], *The History of Sir Charles Grandison: In a Series of Letters Published from the Originals by the Editor of Pamela and Clarissa*, 7 vols (London, 1754 [1753-1754]).

70

5.1 *Clarissa*-Auflagen in England

Clarissa, Richardsons zweiter Roman, wurde zu Lebzeiten des Autors in vier Auflagen veröffentlicht, in denen er seiner bereits bei *Pamela* zu verzeichnenden Neigung nachging, das Textkorpus ständig zu revidieren.[5] Erste Streichungen und Überarbeitungen fanden bereits vor Abschluß der Veröffentlichung der *editio princeps* statt und wurden teilweise in spätere Auflagen inkorporiert. Die erste Auflage wurde in drei Teillieferungen publiziert. Obwohl als Erscheinungsjahr 1748 angegeben ist, erschienen die ersten zwei Bände bereits am 1. Dezember 1747. Knapp fünf Monate später, am 28. April 1748, folgten die Bände III und IV, am 6. Dezember des gleichen Jahres erschienen die Bände V bis VII.[6] *Clarissa* lag dem Lesepublikum demnach innerhalb eines Jahres vollständig vor, und es verwundert nicht, wenn der Autor die noch nicht im Druck befindlichen Bände in dieser Zeit überarbeitete und mögliche Kritik an bereits veröffentlichten Bänden in die Revision einbezog. Ein halbes Jahr nach der abgeschlossenen Publikation folgte am 15. Juni 1749 eine zweite Auflage[7], die jedoch nur die ersten vier Bände umfaßte. Die Gründe dafür sind umstritten:

> By the time Richardson was preparing his third installment (Vols. V-VII) for printing in December 1748, almost a year after the first two volumes had appeared, he realized he would soon need a new edition. For this reason he printed enough copies of the third installment to accompany a new printing of Volumes I-IV.[8]

Dieser Darstellung widerspricht eine auf den Einnahmenotizen des Buchhändlers Rivington basierende Untersuchung:

> To put it bluntly, the final instalment was not printed with the purpose of preparing for the second edition; the second edition was printed with the purpose of getting rid of the final instalment ... To conclude the bibliographical aspect of this argument: the second edition of *Clarissa* now appears as quite clearly and designedly a small interim edition,

---

5 Aufgrund des Textumfangs finden sich zu *Clarissa* eine Anzahl von Einzelstudien zur Editions- und Textgeschichte: Sale, *Samuel Richardson*; M[ark] Kinkead-Weekes, "*Clarissa* Restored?" *RES*, 10 (1959), 156-71; Frederick W. Hilles, "The Plan of *Clarissa*," *PQ*, 45 (1966), 236-48; T. C. Duncan Eaves und Ben D. Kimpel, "The Composition of *Clarissa* and its Revisions before Publication," *PMLA*, 83 (1968), 416-28; John Carroll, "Richardson at Work: Revisions, Allusions, and Quotations in *Clarissa*," *Studies in the Eighteenth Century, II*, ed. R. F. Brissenden (Canberra, 1973), pp. 53-71; Shirley Van Marter, "Richardson's Revisions of *Clarissa* in the Second Edition," *Studies in Bibliography*, 26 (1973), 107-32; Shirley Van Marter, "Richardson's Revisions of *Clarissa* in the Third and Fourth Editions," *Studies in Bibliography*, 28 (1975), 119-52; Margaret Anne Doody und Florian Stuber, "*Clarissa* Censored," *MLS*, 18 (1988), 74-88 sowie Tom Keymer, "Clarissa's Death, *Clarissa's* Sale, and the Text of the Second Edition," *RES*, 45 (1994), 389-96.
6 Für die genauen bibliographischen Angaben vgl. Fußnote 3 dieses Kapitels.
7 *Clarissa: or, The History of a Young Lady*, The Second Edition, etc. (London, 1749). Vgl. Sale, *Samuel Richardson*, pp. 45-51.
8 Van Marter, "Revisions in the Second Edition," p. 110.

printed to mop up unsold copies of the final instalment ... It explains why Vols. V-VII of the second edition inappropriately retain their title-pages of 1748 – an anomaly that so meticulous a printer easily could and doubtless would have changed had he originally printed the copies in question with the second edition in mind, but one he could not change without great trouble and expense when he later discovered that he had to find unexpectedly a new home for surplus copies that were already assembled and sewn.[9]

Die zweite Auflage der Bände I-IV ist für die Editionsgeschichte von Bedeutung: Band IV endet mit Clarissas Flucht nach Hampstead Heath und Lovelaces Plänen, sie zurückzuholen. Eine Überarbeitung gerade dieser Bände zu einem so frühen Zeitpunkt (die Publikation des gesamten Romans war gerade abgeschlossen) legt die Vermutung nahe, daß Richardson seine Figuren überarbeiten wollte, um die Beweggründe der Flucht aus dem Elternhaus stärker herauszuarbeiten, da von der Sympathie des Lesers für einen solchen Schritt die Akzeptanz Clarissas als tugendhaftes Vorbild abhängt. Eine dritte Auflage im Duodezformat erschien 1751[10] zugleich mit einer luxuriösen, als vierte Auflage bezeichneten Oktavauflage, die textidentisch ist.[11] Acht Jahre später folgte mit der vierten Duodezauflage[12] die letzte zu Richardsons Lebzeiten publizierte. Die extensive Umgestaltung des Textkorpus' hatte zu diesem Zeitpunkt zur Erweiterung des Romans um einen Band geführt.

Die Bearbeitung von *Clarissa* folgt in vielen Fällen ähnlichen Kriterien wie die des *Pamela*-Textes. Im Vergleich zur *editio princeps* enthält die Auflage von 1751 mehr als 200 zusätzliche Seiten sowie eine hohe Anzahl an Wort- und Sinnvarianten sowie Emendationen. Ein Blick auf die Transmissionsgeschichte des Romans zeigt, wie diese Erweiterung entstand.

9 Keymer, "Clarissa's Death," pp. 393-94.
10 *Clarissa: or, The History of a Young Lady ... The Third Edition. In Which Many Passages and some Letters are Restored from the Original Manuscripts. And to which is Added, An Ample Collection of Such of the Moral and Instructive Sentiments ... Contained in the History, as are Presumed to Be of General Use and Service* (London, 1751). Vgl. Sale, *Samuel Richardson*, pp. 55-58. Die Auflage ist heutigen Leserinnen und Lesern unter dem Titel *Clarissa: or, The History of a Young Lady: Comprehending the Most Important Concerns of Private Life*, ed. Florian Stuber, 8 vols (New York, 1990 [1751]) zugänglich. Zitiert wird im folgenden aus der von Stuber betreuten Auflage unter dem Kurztitel "Stuber" mit anschließender Band- und Seitenangabe.
11 *Clarissa: or, The History of a Young Lady*, The Fourth Edition, 7 vols (London, 1751). Vgl. Sale, *Samuel Richardson*, pp. 58-61.
12 *Clarissa: or, The History of a Young Lady*, The Fourth Edition, 8 vols (London, 1759) (Sale, *Samuel Richardson*, pp. 61-63).

72

5.1.1 Erste Auflage

Richardson lag die moralisch-didaktische Botschaft seines Romans am Herzen, und er war sich der Bedeutsamkeit der Porträtierung von Clarissa und Lovelace für diesen Zweck bewußt. Manuskriptfassungen seines Romans zirkulierten im Freundeskreis, und Edward Young, Colley Cibber, Peggy Cheyne, die Tochter des berühmten Arztes George Cheyne, Sarah Westcombe und besonders Aaron Hill und Lady Bradshaigh wurden nicht müde, die verschiedenen Entwürfe zu lesen, zu kommentieren und Verbesserungsvorschläge zu unterbreiten. Der Beginn der Arbeiten an *Clarissa* läßt sich nicht mit Sicherheit bestimmen, Hinweise in Richardsons Korrespondenz legen aber den Schluß nahe, daß erste Fassungen einzelner Briefe bereits in den frühen vierziger Jahren entstanden:

> For *Clarissa*, most of the revision took place before the publication of the first edition ... [W]e are inclined to think ... that the ending had already been written by June 1744 ... It was at least approaching the heroine's death by late 1745, when Young and Cibber suggested additions connected with her final determination. By the end of that year Richardson was pruning and writing a thoroughgoing revision, and it seems ... almost certain that the first version of the novel was finished no later than 1745. In the spring of 1746 both Hill and Young thought that it must be ready for publication. Richardson could well have written his first draft during the two years before the summer of 1744, when he had no other literary work on hand ...
>
> From late 1744 on, he was constantly revising and consulting. There were at least two extensive revisions, one before January 1746 ... and one between that time and the first publication. He was still revising during the summer of 1748, before the last volumes were published.[13]

Zu den wichtigsten Änderungen vor der Erstveröffentlichung zählt der Verzicht auf die ausführliche Darstellung von Lovelaces Plan, Anna Howe, ihre Mutter und Dienerin während deren Reise zur Isle of Wight in seinen Gewahrsam zu bringen und zu vergewaltigen.[14] Der Verzicht auf die Vergewaltigungsszene geht wahrscheinlich auf Sarah Westcombes Rat aus dem Jahr 1746 oder 1747 zurück.[15] Richardson ersetzte die Textstelle durch eine erläuternde Fußnote des vermeintlichen Herausgebers, die auf den nicht ausgeführten Plan verweist und die Streichung begründet.

---

13 Eaves and Kimpel, "The Composition of *Clarissa*," p. 427.
14 Vgl. Eaves and Kimpel, "The Composition of *Clarissa*," p. 422.
15 Die genaue Begründung findet sich in Eaves and Kimpel, "The Composition of *Clarissa*," p. 422.

5.1.2 Zweite Auflage

Richardson überarbeitete den Text der Bände I bis IV vor der erneuten Veröffentlichung gründlich: Allein im ersten Band finden sich mehr als 1000 Änderungen. Diese Zahl enthält neben Akzidenzien wenigstens eine Wort- und Sinnvariante pro Seite, so daß der Text eine substantielle Revision erfährt. Zwei Quellen geben Auskunft über die vorgenommenen Änderungen und ihre Kategorisierung: Es handelt sich hierbei zum einen um ein handschriftliches Memorandum, in dem die wichtigsten Varianten eingetragen und nach ihrem Bedeutungsgrad klassifiziert sind und das sich heute in der *Forster Collection* des Victoria and Albert Museums befindet,[16] zum anderen um die gleichzeitig mit der dritten Auflage veröffentlichten *Letters and Passages Restored from the Original Manuscripts of the History of Clarissa* aus dem Jahre 1751. Auch wenn nicht alle Änderungen enthalten sind, erhält man einen Einblick in Richardsons Arbeitsweise, die sich wandelnde Autorintention und seine Beweggründe für einzelne Varianten.[17]

Kleinere Eingriffe umfassen Korrekturen in der Grammatik ("were" wird zu "was" und umgekehrt, das Partizip Perfekt wird in vielen Fällen verändert, Adverbien wie "sure" werden zu "surely"),[18] das Ausschreiben von Zahlen, Änderungen der Syntax zum Zweck der höheren Leserfreundlichkeit ("more undelightful" wird zu "and of consequence less pleasing," "for my mind's sake" wird zu "for me")[19] sowie den Austausch von Verben und idiomatischen Ausdrücken, um den Stil anzuheben. Richardsons Prosa zeichnet sich in der ersten Auflage noch durch ein hohes Maß an Wortschöpfungen aus,[20] die zum Teil durch Kursivierung einzelner Silben graphisch betont werden. So finden sich beispielsweise zusammengesetzte Adjektive ("un-busy," "un-shy"), Partizipialkonstruktionen ("struggled-away cheek") oder feminine Formen eines Substantivs (etwa

---

16 Forster MS XV, 2, fols 43-44.
17 Eine Kollation des Textes zeigt, daß es sich bei diesen Aufzeichnungen um eine Auswahl handelt; neben den im Memorandum angezeigten 102 Änderungen finden sich über 271 weitere: "Many of the larger revisions (like most of the small ones ...) are essentially stylistic. They range in quality, as do all of Richardson's changes, but often they clearly improve the text. Some changes transform minor passages into vivid images by adding tiny new details that further animate even sentences that were already good" (Van Marter, "Revisions in the Second Edition," p. 128).
18 Vgl. Van Marter, "Revisions in the Second Edition," p. 111.
19 Vgl. Van Marter, "Revisions in the Second Edition," p. 112.
20 Vgl. W. R. Keast, "The Two *Clarissas* in Johnson's *Dictionary*," *Studies in Philology*, 54 (1957), 429-39. Eine Analyse der *Clarissa*-Übersetzungen sollte gerade auf diesen Bereich besonderes Augenmerk legen, da Wortschöpfungen eine Schwierigkeit für jeden Übersetzer darstellen und daher als Indikatoren seiner sprachlichen Kompetenz erachtet werden können. Die Zurücknahme der Neologismen in der zweiten Auflage bietet eine Argumentationsbasis für die Beantwortung der Frage nach einem dem Übersetzer vorliegenden Textgrundlage.

74

"survivress," "rivalress" und "varletesses"). Die meisten dieser experimentellen Neuschöpfungen werden in der zweiten Auflage durch konventionelle, maskuline Formen ersetzt oder in ein Kompositum aus Adjektiv und Substantiv verwandelt. So findet sich "struggled-away cheek" als "averted cheek;" Clarissas Bruder James stürmt nach einer Unterhaltung nicht länger mit rotem, sondern mit glühendem Gesicht aus dem Zimmer seiner Schwester ("a face as red as scarlet;" "a glowing face"). Auch Clarissas Wortwahl für das bevorstehende Gespräch mit Solmes wird von "extorted interview" zu "apprehended interview" gedämpft. Sie redet mit ihm über "the subject of marriage" statt über "the shocking subject of marriage." Auf diese Weise wird die umgangssprachliche Diktion der *editio princeps* zugunsten einer gewählteren Ausdrucksweise verändert. Betonungen durch Kursivierung einzelner Wortteile und Bindestriche fallen ebenfalls fort, aus "un-*question*-able" und "unper-*suade*-able" werden die bekannten Formen. Der Wegfall impliziert einen Verzicht auf die Intensivierung der Aussage; die ursprünglich durch Kursivierung verdeutlichte emotionale Beteiligung der Figur läßt sich lediglich erahnen.

Richardson hatte auch in diesem Roman Schwierigkeiten bei der Beachtung des sozialen Dekorums und war daher zur Überarbeitung der Figurenanrede gezwungen. So wurde aus Lovelaces "uncle" "Lord M." oder "his Lordship," seine Tanten werden statt als "Aunt Lawrance" und "his aunt Sadlier" künftig als "Lady Betty," "Lady Betty Lawrance," "Lady Sarah" oder "Lady Sarah Sadleir" bezeichnet. Anna Howe spricht über ihren Verehrer nicht mehr nur als "Hickman," sondern als "Mr Hickman." In die gleiche Kategorie fällt eine weitere Änderung gegenüber der Erstauflage: Statt ihre Eltern liebevoll mit "mamma" und "papa" anzureden, benutzt Clarissa nun die neutraleren Ausdrücke "Mother" und "Father."[21] Die Figur Clarissas verliert durch diesen Wechsel nicht nur einen Teil ihrer Überzeugungskraft als liebende Tochter und unschuldiges Opfer ihrer Eltern, sondern auch an kindlicher Liebenswürdigkeit.

Als Angehöriger des Landadels steht Clarissa der in der ersten Auflage benutzte Titel "lady" nicht zu, und daher ersetzte Richardson ihn durch "woman," "sweet creature," "fair-one" oder "person." In zunehmendem Maß wurden Fußnoten des fiktiven Herausgebers eingefügt. In der zweiten Auflage setzte Richardson achtzehn weitere Fußnoten ein, die das Lesepublikum ausdrücklich auf Lovelaces raffiniertes Ränkespiel hinweisen. Richardson sah in solchen explikatorischen Fußnoten also ein Mittel, die Leser zur gewünschten Interpretation seiner Hauptfiguren, zur Betonung von Clarissas Tugendhaftigkeit und Lovelaces verdorbenem Charakter, zu führen:

---

21 Vgl. Van Marter, "Revisions in the Second Edition," pp. 112; 118.

Most of them serve to blacken Lovelace or to defend the heroine's delicacy. Their various uses of the omniscient point of view set them off as a distinctive, easily identifiable group of changes, and their aesthetic value for this novel has been the subject of controversy.[22]

Auch Anna Howe wird mittels der Revision verstärkt eingesetzt, um das Verhalten der Familie Harlowe kritisch zu kommentieren. Als Außenstehende versorgt sie das Lesepublikum mit Zusatzinformationen über die Figuren und dient ebenfalls der Interpretationslenkung. Anna vermutet in Clarissas Gefühlen Lovelace gegenüber Liebe, nachdem ihr Clarissa in ihren Briefen Hinweise geliefert hat. Hierdurch wirkt Richardson Unterstellungen von eigennützigem, untugendhaftem Verhalten Clarissas oder gar einer Mitschuld an ihrem Schicksal entgegen:

> Richardson did succeed in purifying his heroine of certain vexing weaknesses, and this enhances her character. But he also gave her further opportunities for moralizing and chiding ... The finer distinctions introduced to harden Mrs. Harlowe against Clarissa solidify the family's opposition, completing the heroine's domestic isolation in Books I and II, with consequences that operate indirectly throughout the rest of the novel, especially during its denouement, when she is utterly alone.[23]

Richardsons Bearbeitung unterstreicht letztlich sein Bemühen um einen "eindeutig interpretierbaren" Text. In diesem Licht sind alle seine Revisionen zu sehen. Richardson ließ sich dabei nicht allein durch den Rat von Außenstehenden leiten, sondern bemühte sich auch um die Ausbesserung für ihn "typischer" Fehler. Daß ein so umfangreiches Unternehmen wie die mehrfache Revision *Clarissas* nicht in jedem Einzelfall als erfolgreich gelten kann, resultiert aus der Schwierigkeit des Unterfangens:

> Richardson's changes taken as a whole are not uniformly successful, but they do reveal, as his novel does too, both his considerable strengths and his particular weaknesses as an artist ... For better or worse, all his changes in 1749 represent his conscious and deliberate intentions as a craftsman. Indeed, they mark another important stage in a persistent practice of revising that began many years earlier ... In other words, as a serious independent artist Richardson made certain decisions that not only transcended particular audiences and times but particular works as well.[24]

Durch die Publikation der *Letters and Passages Restored*,[25] die Revisionen der zweiten und dritten Auflage, bei denen es sich zum Teil um vor der *editio*

---

22 Van Marter, "Revisions in the Second Edition," p. 119.
23 Van Marter, "Revisions in the Second Edition," p. 131.
24 Van Marter, "Revisions in the Second Edition," p. 130.
25 *Letters and Passages Restored from the Original Manuscripts of the History of Clarissa. To which is subjoined, A Collection of such of the Moral and Instructive Sentiments ... Contained in the History, as are Presumed to be of General Use and Service ... Published for the Sake of Doing Justice to the Purchasers of the First Two Editions of that Work* (London, 1751) (Sale, *Samuel Richardson*, pp. 63-64).

princeps bereits getilgte und jetzt erneut eingefügte Passagen handelt, sollten Käufer der ersten beiden Auflagen Gelegenheit erhalten, sich über die zusätzlichen Szenen informieren und bei den zahlreichen Gesprächen über den Roman mitreden zu können. Gleichzeitig unterstreicht diese Praxis Richardsons Bestreben um eine "eindeutige" moralische Botschaft.[26]

5.1.3 Dritte Auflage

Die dritte Auflage erfuhr die umfangreichsten Änderungen: Der Text wurde um nicht weniger als 200 Seiten und mehrere Ergänzungen erweitert und führte zur Publikation als nunmehr achtbändige Auflage. Im Bereich der geringfügigen Varianten werden die Tendenzen der vorangegangenen Revision fortgesetzt:

> There are, for example, 38 more changes of "mamma" – "papa" to "Mother" – "Father"; class distinctions are again observed with more precision by shifting 8 instances of "gentleman" and 55 instances of "lady" to "man" and "woman" or to neutral terms such as "friend," "person," etc. ..., and 5 expletives are softened in expressions like "Good God" to "Good Heaven."[27]

Weiterhin schrieb Richardson Passagen der indirekten in direkte Rede um und ersetzte vor allem Neologismen im Bereich der Adjektive (so wird beispielsweise aus "solemn wou'd-seem-wise doctors" "of solemn and parading Doctors," "the poor dying, wise-too-late Belton" wird zu "the poor dying Belton"[28]). Außer den in *Letters and Passages Restored* verzeichneten Textänderungen existiert ein weiteres Hilfsmittel zur Identifikation hinzugefügter Stellen:

> The second indication employs a device he worked out to flag "restored" passages visually in the margin of each page affected in the third edition. He announced his plans to use this device in a letter to David Graham, dated May 3, 1750: "I intend to restore a few Letters, and not a few Passages in different Places of the Work long as it already is ... and shall distinguish the Additions by turn'd *Full Points*, as we call them, or Dots, in the Manner of turn'd Commas." ... With his dotting technique he identifies 168 items, including all of the 127 gathered in the supplementary volume. Both records are least useful in indicating deletions; they do note some of the most significant passages that are reworked, but their greatest value is in identifying the major additions to the novel.[29]

---

26 Aus dieser Praxis ergibt sich ein Problem für die Frage nach der Intention: "If the changes are proved to be, with relatively few exceptions, the direct result of the misinterpretations of an uncritical audience, the definition of 'intention' becomes less simple. Which represents Richardson's real intention: the novel he wrote expecting an audience capable of appreciating it, or the revision for one he found careless, superficial, sentimental?" (Kinkead-Weekes, "*Clarissa* Restored?" p. 170).

27 Van Marter, "Revisions in the Third and Fourth Editions," pp. 141-42.

28 Van Marter, "Revisions in the Third and Fourth Editions," p. 143.

29 Van Marter, "Revisions in the Third and Fourth Editions," p. 121.

Hinweise wie diese erleichtern zwar die Identifikation von Zusätzen erheblich, machen Kollationen jedoch nicht überflüssig. Die so identifizierten 168 Varianten sind nur ein Teil der insgesamt 375 Varianten der zweiten und 364 der dritten Auflage.[30] Wie die Überarbeitung zur zweiten Auflage verdeutlicht, bereiteten die Bände III und IV Richardson die größten Schwierigkeiten. Um die beiden Hauptfiguren überzeugend darzustellen, revidierte er für diese Auflage Textstellen, die Zweifel an Clarissas tadellosem Charakter aufkommen lassen konnten. Nicht weniger als 67 größere Revisionen werden vorgenommen, um Clarissa vom Vorwurf fehlerhaften Verhaltens freizusprechen, 20 dieser Eingriffe sind neue Textstellen. Zu den bereits vorgenommenen Änderungen, die Lovelace Charakter einschwärzen, werden Szenen hinzugefügt, in denen dieser Ränke schmiedet, seine (kriminellen) Vorhaben darlegt und Rache an der Familie Harlowe als Hauptmotiv für sein Verhalten nennt: So läßt Lovelace seiner Phantasie nun freien Lauf und arbeitet Pläne aus, die Familie Howe auf deren Weg zur Isle of Wight zu überfallen und zu vergewaltigen (Stuber, IV, 252-61).

Auch die Erweiterungen in späteren Bänden sind erheblich. Im fünften Band findet sich ein imaginärer Dialog zwischen Lovelaces personifizierter Liebe und seinem Gewissen (Stuber, V, 235-38). Die Liebe verliert zugunsten des Gewissens, das sich weigert, für Clarissa einzutreten, und dadurch den Weg in die Katastrophe bereiten hilft. Neben Annas Rolle wird die Belfords als *reformed rake*, als moralisches Gewissen, der sich unter Clarissas Einfluß zum Guten bekehrt, ausgebaut. Zwei Briefe von Elias Brand an John Walton sowie an Lovelace (Stuber, VII, 380-98) sind aus dem Manuskript ergänzt.[31] Ein Kommentar zur verbotenen, aber üblichen Praxis des Duellierens ist der Zusammenfassung beigefügt (Stuber, VIII, 276).[32] Neu sind auch die Namen für Mrs Smiths Dienerin, die statt Sarah nun Katherine heißt, und die Änderung von "Mulciber" in "Lucifer."[33] Lovelaces Sterbeszene erhält die Ergänzung "as if he had seen some frightful Spectre" (Stuber, VIII, 248-49); Clarissa vermacht Anna Howe und Mr Hickman in ihrem Testament jeweils 25 statt 15 Guineen für den Kauf von Trauerringen (Ross, p. 1416; Stuber, VIII, 104).

Insgesamt setzt die dritte Auflage die in der zweiten begonnenen Verbesserungen fort und entwickelt besonders die Beziehung zwischen Clarissa und Lovelace innerhalb der ersten vier Bände.

---

30 Vgl. Van Marter, "Revisions in the Third and Fourth Editions," p. 121.
31 Vgl. die Fußnote VII, 189 der ersten Auflage.
32 Das Thema, das Richardson hier lediglich am Rande erwähnt, erfährt in *Sir Charles Grandison* eine extensive Behandlung.
33 Van Marter, "Revisions in the Third and Fourth Editions," p. 141.

Der überwiegende Teil der Revisionsarbeit war mit dem Erscheinen der
dritten Auflage abgeschlossen. In einem Brief an seinen holländischen Übersetzer, Johannes Stinstra, vom 26. November 1755 bemerkt Richardson:

> I have also given my last Hand to Clarissa and Grandison; which, however, vary little
> from ye last Edition of these Works: But I was willing to amuse myself between whiles,
> while I attended Workmen in their Building for me New Printing Offices ... rather than
> to begin a new Work in the Writing Way.[34]

Folglich waren die Änderungen für die vierte Auflage von 1759 nicht mehr um-
fangreich. Ihre Paginierung entspricht der dritten und vierten Auflage, Varianten
sind vor allem auf Druckgepflogenheiten des achtzehnten Jahrhunderts zurückzuführen, und im gesamten Text finden sich lediglich fünf größere Varianten
von Bedeutung. Bei mindestens einer dieser Abweichungen handelt es sich um
einen Druckfehler:

> The error is in the date of Lovelace's letter XXVI to Belford, shown as "Sat., Aug. 23"
> in the fourth edition, when it should be "Sat., Aug. 5," the date that is found in all earlier
> editions, and which can be reconstructed from the contents of the first paragraph of that
> letter.[35]

Die Frage nach dem Grad der qualitativen Verbesserung jeder einzelnen Textänderung ist für diese Darstellung nicht erheblich. Für die deutschen Übersetzungen des achtzehnten Jahrhunderts ist lediglich die Bestimmung der englischen Vorlage von Belang. Die dinstinktiven Merkmale der einzelnen Auflagen
liefern Entscheidungshilfen für die Antwort auf diese Frage.[36]

---

34 "Richardson to Stinstra, Nov. 26, 1775," *The Richardson-Stinstra Correspondence and Stinstra's Prefaces to Clarissa*, ed. William C. Slattery (Carbondale and Edwardsville, 1969), pp. 97-98.

35 Van Marter, "Revisions in the Third and Fourth Editions," p. 145.

36 Moderne *Clarissa*-Ausgaben liegen zumeist in gekürzter Form und ohne eindeutig nachweisbare Textgrundlage vor. Die 1930 veröffentlichte *Shakespeare Head*-Ausgabe basiert auf der Auflage von 1751 und gilt aus nicht einsichtigen Gründen als Standardversion, wird inzwischen aber nicht mehr aufgelegt. Die vierbändige *Everyman*-Ausgabe aus dem Jahre 1932 und die gekürzte *Modern Library*-Ausgabe von 1950 basieren auf einer nicht genau spezifizierten Version der dritten Auflage. Eine gekürzte Textfassung liegt in der von George Sherburn besorgten Ausgabe der *Riverside Series* von 1962 vor und wird besonders an amerikanischen Universitäten als Textgrundlage angegeben. Wie eine Untersuchung des Textes ergeben hat, sind die vielen enthaltenen Fehler und eine Reihe von Nachlässigkeiten des Herausgebers jedoch nicht dazu geeignet, einen adäquaten Eindruck vom Original zu erhalten: "Sherburn's abridgment is ... essentially untrue to Richardson's novel, and should no longer continue to masquerade as *Clarissa* in the canon of English literature" (Doody and Stuber, "Clarissa Censored," p. 74). Eine weitere gekürzte Textfassung liegt in Philip Stevicks Version für die *Rineheart Press* vor. Die Ausgabe wurde im Jahre 1971 veröffentlicht und basiert auf dem Text der ersten Auflage. Dem modernen Lesepublikum stehen die erste und dritte Auflage in Neuauflagen zur Verfügung. Angus Ross betreute die 1985 bei Penguin erschienene Veröffentlichung der *editio princeps* von 1747-48; im Rahmen des *Clarissa Projects* liegt der Text der dritten Auflage als achtbändiger Faksimiledruck ediert von Florian Stuber vor. So ist einem modernen Leser die Möglichkeit gegeben, beide Textfassungen zur Kenntnis zu nehmen; es existiert jedoch keine

5.2 *Clarissa* in Frankreich

5.2.1 Abbé Prévost, *Lettres Angloises ou Histoire de Miss Clarissa Harlove* (1751-1752)

Die erste französische Übersetzung *Clarissas* erschien in den Jahren 1751 und 1752 unter dem Titel *Lettres angloises ou Histoire de Miss Clarissa Harlove* in fünf Bänden in Dresden.[37] Der Übersetzer war der Abbé Prévost (1697-1763), aufgrund seiner Londoner Jahre ein Kenner der englischen Sprache und Literatur und selbst Verfasser von Romanen. Diese Übertragung war nicht die erste eingehende Beschäftigung mit englischer Literatur: Prévost betätigte sich über viele Jahre als Herausgeber einer französischsprachigen Zeitschrift mit dem Namen *Le Pour et le Contre*, in der er sich ausführlich dem Alltagsleben der Briten sowie der Literatur der Insel widmete. Dryden und Addison, Steele, Pope und vor allem Glovers *Leonidas* fanden seine Zustimmung; im Bereich des Dramas machte er sich als Übersetzer von Drydens *All for Love*, Steeles *Conscious Lovers* und Lillos *London Merchant* einen Namen, übertrug aber auch Drydens *Alexander's Feast* und Popes *On the Art of Sinking in Poetry*. Als Übersetzer unterscheidet Prévost sich fundamental von den deutschen Übersetzern.[38] So schreibt er bereits im Vorwort:

> Par le droit suprême de tout écrivain qui cherche à plaire dans sa langue naturelle, j'ai changé ou supprimé ce que je n'ai pas jugé conforme à cette vue ... Je me suis fait un devoir de conserver, aux caractères et aux usages, leur teinture nationale. Les droits d'un traducteur ne vont pas jusqu'à transformer la substance d'un livre, en lui pretant un nouveau langage. D'ailleurs, quel besoin? L'air étranger n'est pas une mauvaise recommandation en France. (Prévost, I, 8)

---

historisch-kritische Ausgabe des Romans. Ein solches Unternehmen scheitert neben dem Textumfang ebenso an der Frage nach Richardsons wechselnder, also nicht genau bestimmbarer "Intention."
37 (Dresde, 1751-1752). Zitiert wird nach: *Lettres angloises, ou Histoire de Miss Clarisse Harlove*, 14 vols (Paris, 1777). Hinweise auf die Übersetzung finden sich unter dem Kurztitel "Prévost" mit anschließender Band- und Seitenangabe.
38 Genaue Darstellungen zu Prévost als Übersetzer finden sich bei François Jost, "L'Abbé Prévost traducteur de Richardson," *Revue des langues vivantes*, 39 (1973), 346-59. Zu Untersuchungen der *Clarissa*-Übersetzung vgl. Henry Harrisse, *L'Abbé Prévost: Histoire de sa vie et de ses œuvres* (Paris, 1896); Frank Howard Wilcox, "Prévost's Translations;" Henri Roddier, "L'Abbé Prévost et le problème de la traduction au XVIIIe siècle," *Les coutants internationaux de l'art Français* (Paris, 1956), pp. 173-81; Graeber, *Der englische Roman in Frankreich*, pp. 152-82 sowie Thomas O. Beebee, *"Clarissa" on the Continent: Translation and Seduction* (University Park and London, 1990). Zur Rezeption der Übersetzung vgl. Bernard Facteau, *Les romans de Richardson sur la scène française* (Paris, 1927), zu Richardsons Wissen um sie vgl. Eaves und Kimpel, *Samuel Richardson*, pp. 318-20.

Prévost scheut sich also nicht, Kürzungen und Streichungen vorzunehmen; in einigen Fällen schreibt er sogar ganze Textpassagen neu, um sie dem Geschmack des französischen Lesepublikums anzupassen.[39]

Eine solche Vorgehensweise ist aber nicht allein typisch für den Abbé, sondern kennzeichnet die Arbeitsweise französischer Übersetzer des achtzehnten Jahrhunderts allgemein. Ihre Gründe sind in der noch herrschenden legislativen Poetik zu suchen, die genaue Vorgaben zu Sprache und Gehalt eines literarischen Werkes machte:

> What was expected of a translation was not a scrupulously faithful rendering of the sense of his original, but an adaptation which should bring his production into conformity with French standards of decency and order.[40]

Wie Prévost diese Normen in seiner Übertragung umsetzt, läßt sich anhand weniger ausgewählter Beispiele zeigen.

• Streichungen

Die Kürzungen in Prévosts Übersetzung verringern den Roman um ein Zehntel. Prévost streicht Passagen einzelner Briefe und läßt manche sogar aus, so daß sich statt der 528 Briefe der englischen Erstauflage in der französischen Fassung lediglich 371 wiederfinden. Die Auslassungen betreffen vor allem Nachrichten von Randfiguren und den Briefwechsel zwischen Lovelace und Belford. Die Anzahl der Korrespondenten wird von 71 auf 35 mehr als halbiert.[41] Belfords Anteil schrumpft von 67 auf 34 Briefe, Lovelace schreibt statt 163 in der französischen Fassung nur 128. Durch diese Kürzungen geht Belfords graduelle Wandlung zum Fürsprecher Clarissas verloren, und Lovelaces Pläne werden nicht mehr in jener minutiösen Detailfülle entfaltet wie im Original. Die Differenziertheit der Darstellung, die wesentlich zum Effekt des "psychologischen Realismus" beiträgt, bleibt dem französischen Leser somit vorenthalten.

Der Grund für die Streichung der Briefe von Randfiguren liegt im sozialen Dekorum: Da Richardson bei der Figurenzeichnung auf das geschriebene Wort angewiesen war, charakterisierte er die Bediensteten durch ihre Ausdrucksweise; läßt er einen ungebildeten, des Lesens und Schreibens kaum mächtigen Dienstboten zu Wort kommen, so sind dessen Briefe ein Abbild mündlicher Ausdrucksweise. Einfügungen wie die Mitteilungen von Will Summers an Lovelace (Ross, p. 758) oder die Briefe des Spitzels Leman (Ross, pp. 385-86;

---

39 Wilcox, "Prévost's Translations," p. 347.
40 Vgl. Wilcox, "Prévost's Translations," p. 350.
41 Die folgende Darstellung beruht auf der Untersuchung Josts. Für genauere Angaben vgl. Jost, "Prévost traducteur de Richardson," p. 351.

494-95) tragen zur Erheiterung bei und sorgen für "komische Erleichterung" (*comic relief*) innerhalb des spannungsreichen Geschehens. Ein solches Verfahren ist mit den Normen der französischen Regelpoetik unvereinbar. Das von ihr vorgeschriebene *genus sublime* erlaubt keine "niederen" Charaktere und Sprechweisen innerhalb einer tragischen Handlung.

• **Stilistische Unterschiede**

Solmes' Brief an Clarissa (Ross, p. 250), mit dem er sich erstmals dem Leser exponiert, zeichnet sich durch ungeschliffene, fehlerhafte Sprache aus und dient als Indikator für seine Untauglichkeit als Ehemann einer so begabten und gebildeten jungen Frau wie Clarissa. Prévost behält dieses Beispiel aufgrund seiner Bedeutung für den weiteren Handlungsverlauf bei und überträgt mit Hilfe korrespondierender Fehler ins Französische (Prévost, III, 109-10). Der erste Brief von Joseph Leman an seinen Herrn dagegen wird zwar übersetzt, durchläuft jedoch eine Anzahl von Änderungen, die in einer Anmerkung des Übersetzers begründet werden:

> L'auteur, s'attachant à garder les caractères, pousse ici la fidélité jusqu'à donner cette lettre avec des fautes de langage et d'orthographe, qui sont ordinaires dans la condition de Leman. Mais le goût de notre nation n'admet point de si grossières peintures. Il suffira de conserver ici un style et des traits de simplicité qui puissent faire connaître un valet. (Prévost, V, 84)

In einem weiteren Fall läßt Prévost Lemans Brief aus und liefert stattdessen eine Zusammenfassung (Prévost, VI, 199-202). Wills Brief an Lovelace, in dem er von Clarissas Auffinden berichtet (Ross, p. 758), findet sich aufgrund seiner Bedeutung übersetzt, ist aber sprachlich überarbeitet. Am Ende der gereinigten Version findet sich die Anmerkung: "Le style de cette lettre est fort grossier dans l'originale; l'imitation serait choquante en français" (Prévost, X, 113). Es ist also erneut "der gute Geschmack unserer Nation," der als Gradmesser fremder Texte herzuhalten hat und eine originalgetreue Wiedergabe verhindert.

Ein Charakteristikum *Clarissas* ist die minutiöse Darstellung aller Ereignisse sowie der seelischen Befindlichkeit der Figuren. In diesem Bereich sind die zahlreichen Metaphern und Wortschöpfungen anzusiedeln, deren Zweck neben der Figurenzeichnung nicht zuletzt im Abbild des psychischen Zustands im Augenblick des Schreibens liegt. Sprache avanciert hier zum Spiegel der Seele. Lovelaces extravagante Metaphorik veranschaulicht diese Praxis besonders eindrucksvoll. Als er sich am Ziel seiner Träume angekommen wähnt, glaubt er in seiner Hochstimmung über die vermeintliche Eroberung Clarissas, mit dem Hut

82

an die Sterne zu stoßen. Diese Darstellung erfährt bei Prévost eine gründliche Überarbeitung. Im Original heißt es:

> I look *down* upon everybody now. Last night I was still more extravagant. I took off my hat, as I walked, to see if the lace was not scorched, supposing it had brushed down a star; and before I put it on again, in mere wantonness and heart's ease, I was for buffeting the moon. (Ross, p. 402)

Prévost überträgt die Stelle wie folgt:

> Je laisse tomber mes regards sur les autres hommes, du haut de ma grandeur et d'un air de supériorité sensible; ma vanité approche de l'extravagance. (Prévost, V, 138)

Die Übertragung hat nur noch wenig Ähnlichkeit mit dem Original und erfüllt ihre Funktion, Lovelaces Gefühlen Ausdruck zu geben, nur unzureichend. Sie erinnert vielmehr an einen Erzählerbericht und läßt die Spontaneität des *writing to the moment* vermissen.

Daneben sind außergewöhnliche Bildfelder wie etwa Lovelaces Kampf mit seinem Gewissen (Ross, p. 848; Prévost, XI, 105) ebensowenig übersetzt wie die *mad papers*, jene von Clarissa unter dem Eindruck ihrer Vergewaltigung geschriebenen, ungeordneten Darstellungen ihres zeitweilig verwirrten Verstandes (Ross, pp. 890-94). Clarissas unmittelbar danach entstandener anklagender Brief an ihren Vergewaltiger fällt ebenfalls der Kürzung zum Opfer. Der Grund dafür liegt erneut in der Lehre vom Dekorum, nach der alle Szenen als unschicklich galten, die Leser oder Zuschauer emotional aufwühlten. Das innovative Element der Romane Richardsons – sein unkonventioneller Umgang mit Sprache und sein präziser, naturnaher Ausdruck von Gefühlen – geht dabei verloren:

> [T]he direction in which he [Prévost] makes his changes is away from English unrestraint toward the French ideal of decency and order ... And the passages which Prévost omits are those on which Richardson spent most care, those in which he depicted grief and affliction most touchingly.[42]

Angesichts solcher Prinzipien verwundert es nicht, wenn auch Clarissas eindringlicher Bericht über ihre Vergewaltigung selbst (Ross, pp. 998-1011) der Streichung zum Opfer fällt. Prévost gibt als Grund für seine Vorgehensweise an:

> Ce détail qui est fort long dans les trois lettres ne diffère de ce qu'on a déjà lu dans celles de M. Lovelace, que par quelques circonstances qui n'ajoutent rien à la partie historique, et par la peinture des sentiments de Miss Clarisse. (Prévost, XII, 56-57)

Prévost hat recht, wenn er auf das identische Thema der Darstellungen hinweist. Seine Argumentation, die Schilderung durch Lovelace und Clarissa sei doppelt und eine daher entbehrlich, überzeugt jedoch nicht. Clarissas ausführlicher, von

---

42 Wilcox, "Prévost's Translations," p. 374.

Seelenqualen durchsetzter Bericht kann kaum mit Lovelaces kurzer, gefühlsarmer Darstellung verglichen, geschweige denn durch sie ersetzt werden. Hier geht das wichtigste Kennzeichen des Briefromans, die Multiperspektive, an entscheidender Stelle verloren.

- **"Explizite" Darstellungen**

Ein Beispiel für Texteingriffe bei "expliziten" Darstellungen ist die Feuerszene, deren erotische Anspielungen ausgelassen werden. Im Original heißt es:

> Oh Jack! how her sweet bosom, as I clasped her to mine, heaved and panted! I could even distinguish her dear heart flutter, flutter, flutter against mine; and for a few minutes, I feared she would go into fits ... I love her more than ever!–And well I may!– Never saw I such polished ivory as her arms and shoulders seemed to be; never touched I velvet so soft as her skin. Then such an elegance! Oh, Belford, she is all perfection! (Ross, pp. 723; 727)

Aus Lovelaces Bericht an Belford macht Prévost:

> Ah! Belford! quels charmes dans le mouvement de son sein, tandis que ... je la tenais serrée contre le mien! Je distinguais jusqu'aux battements de son cœur; et pendant quelques minutes, j'ai continué d'appréhender pour elle une attaque de convulsions ... Je l'aime plus éperdument que jamais. Eh! comment pourrais-je m'en défendre? cette aventure m'a fait découvrir mille nouveaux sujets d'extravagance et d'idolatrie. Ah! Belford, Clarisse est un composé de toutes les perfections. (Prévost, IX, 61, 72)

Lovelaces sorgsame Beschreibung einzelner Körpermerkmale seiner Angebeteten ist durch ein allgemeines Lob ihrer Schönheit ersetzt, so daß der französische Leser in stärkerem Maß auf seine Vorstellungskraft angewiesen ist.

Im Fall des jungen Mädchens Rosebud zeigt Lovelace sentimentale Züge, wenn er Belford bittet, sich nicht an ihr zu vergehen. Auch wenn seine Motive vorab in der Aufrechterhaltung seines guten Rufs in der Nachbarschaft der Harlowes liegen, so wirkt sein Appell doch gefühlsselig:

> O Jack! spare thou therefore ... my Rosebud!–Let the rule I never departed from but it cost me a long regret be observed to my Rosebud!–Never to ruin a poor girl whose simplicity and innocence was all she had to trust to; and whose fortunes were too low to save her from the rude contempts of worse minds than her own; such a one will only pine in secret; and at last, perhaps, in order to refuge herself from slanderous tongues and virulence be induced to tempt some guilty stream, or seek her end in the knee-encircling garter that, peradventure, was the first attempt of abandoned Love. No defiances will my Rosebud breathe; no *self*-dependent, *thee*-doubting watchfulness ... will she assume. Unsuspicious of her danger, the lamb's throat will hardly shun thy knife!– Oh be not thou the butcher of my lambkin! (Ross, p. 162)

84

Die französische Fassung behält die extensive Metaphorik nicht bei und kürzt die Stelle insgesamt. Auf diese Weise wirkt der Appell einfacher und verliert an Eindringlichkeit:

> Belford! je te le répète, épargne mon Bouton de Rose. Observe, avec elle, une règle que je n'ai jamais violée sans qu'il m'en ait coûté de longs regrets; c'est de ne pas ruiner une pauvre fille, qui n'a d'autre support que sa simplicité et son innocence. Ainsi point d'attaques, point de ruses, pas même d'agaceries. La gorge d'un agneau sans défiance ne se détourne pas pour éviter le couteau. Belford! garde-tou d'être le boucher de mon agneau. (Prévost, I, 192)

Durch die unmotivierte Einführung der Lamm-Metapher erscheint der Passus wenig koordiniert und metaphorisch überfrachtet.

• **Die Todesszenen**

Die Darstellung der Todesszenen zeigt Richardsons moralisch-didaktische Orientierung besonders beispielhaft. Belton und Mrs Sinclair, beide bis zu ihrem Ende nicht bußwillige Sünder, sterben einen langsamen, grauenvollen Tod. Prévost hält diese Schilderungen aus Gründen des Geschmacks erneut für unzumutbar und läßt daher beider Todeskampf unübersetzt. Eine Anmerkung zu Sinclairs Tod verdeutlicht seine Einwände:

> Ce tableau est purement anglais, c'est-à-dire revêtu de couleurs si fortes, et malheureusement si contraires au goût de notre nation, que tous mes adoucissements ne le rendrait pas supportable en français. Il suffit d'ajouter que l'*infâme* et le *terrible* composent le fonds de cette étrange peinture. (Prévost, XIV, 58)

Clarissas Tod ist hingegen bis auf wenige Details übersetzt (Prévost, XIV, 7-12) und wird als Musterbeispiel eines christlichen Todes am Ende eines von christlichen Grundsätzen geprägten, tugendhaften Lebens herausgestellt. Da es sich hier um eine von Gewalt und abstoßenden Szenen freie Schilderung handelt, steht dieses Verfahren im Einklang mit Prévosts Grundsätzen.

Trotz allen Bemühens um *bon goût* erfuhr Prévosts Bearbeitung zum Teil vernichtende Kritik. Die französischen Normen stießen nicht überall auf Billigung, und so urteilte Lady Bradshaigh nach ihrer Lektüre des französischen Textes:

> I shall not forgive the French translator, for his omissions. The death of Belton is one of the finest descriptions, and one of the most useful, though shocking, pictures, that can be exhibited, in my poor opinion ... He has found out that moral instructions, warning, etc., were principally in your thoughts; yet thinks that you should have preferred your

story to everything; spoke like a Frenchman, all shew and parade. The exemplary, the useful, the solid, are too weighty for a Frenchman's brain.[43]

In dieser Einschätzung zeigen sich die grundsätzlichen Unterschiede im Literaturverständnis beider Nationen. Die massive Moralisierung der Romane Richardsons, die sich letztlich auch in seinen das sprachliche und soziale Dekorum sprengenden, Normen verletzenden Mitteln als im Dienst der moralischen Konstitution des Individuums stehend verstand, wurde in dieser Funktionalität von Prévost nicht erkannt oder nicht gewürdigt.[44] Obwohl Prévosts *Clarissa* ein Publikumserfolg wurde, mehrten sich in den sechziger Jahren vor allem nach Diderots *Eloge*,[45] in der er Richardsons literarische Leistungen preist und ihn mit Homer gleichsetzt, kritische Stimmen.[46] Im Anschluß an ihre Veröffentlichung im *Journal étranger* wurde die *Eloge* als Pamphlet gedruckt (Paris, 1762) und erschien gemeinsam mit einigen zusätzlich übersetzten Briefen in weiteren Auflagen der Prévost-Übersetzung.[47] Einen Gesamteindruck vermittelte jedoch erst die vollständige Übertragung in den achtziger Jahren des Jahrhunderts.

5.2.2 Pierre P. Le Tourneur, *Clarisse Harlowe* (1785-1786)

Die zweite, vollständige Übersetzung *Clarissas* ins Französische erfolgte durch Pierre P. Le Tourneur (1736-1788)[48] und erschien als zehnbändige Ausgabe zusammen mit den Illustrationen des berühmten Kupferstechers Chodowiecki in den Jahren 1785-1786 zugleich in Genf und Paris. Damit lag sie nur wenige Jahre vor dem Publikationsdatum der deutschen Übersetzungen durch Kosegarten und Schmid. Während der überwiegende Teil literarischer Übersetzungen zu Beginn und bis zur Mitte des Jahrhunderts noch anonym veröffentlicht wurde,

---

43 *Correspondence*, ed. Barbauld, VI, 233.
44 So wird die erste französische *Clarissa*-Übersetzung häufig als Nachbildung oder Bearbeitung eingestuft. Vgl. Beebee, *"Clarissa" on the Continent*, p. 59 sowie Jost, "Prévost traducteur de Richardson," p. 357. Graeber verweist auf die "übersetzungshistorisch aufschlußreiche Konstellation, daß hier ein französischer Erfolgsautor einen englischen übersetzt" (Graeber, *Der englische Roman in Frankreich*, p. 177).
45 [Denis Diderot], "Eloge de Richardson," *Journal étranger*, 8 (1762), 5-38. Die *Eloge* entstand als Reaktion auf die Nachricht vom Tod Richardsons im Jahr 1761.
46 Vgl. Graeber, *Der englische Roman in Frankreich*, pp. 178-82.
47 Die Briefe wurden als Supplementband der Prévost-Übertragung beigefügt. Wie die Titel der französischen Auflagen zeigen, sahen die Verleger die Übersetzung, die neu übertragenen Briefe und die *Eloge* als Einheit an. Vgl. etwa: *Lettres angloises, ou histoire de Miss Clarisse Harlove: nouvelle édition, augmentée de l'éloge de Richardson, des lettres posthumes & du testament de Clarisse*, 13 vols (Paris, 1766).
48 Zur Biographie Le Tourneurs vgl. "Tourneur, (Pierre Le)," J. Fr. Michaud, *Biographie universelle ancienne et moderne* (Graz, 1970 [1854]), XLII, 51-52.

86

steht dieser Übersetzer mit seinem Namen für seine Leistung ein.[49] Zum Zeit-punkt der *Clarissa*-Übersetzung war Le Tourneur kein Unbekannter mehr. Der Sekretär Ludwigs XVIII und königlicher Zensor[50] hatte sich bereits mit Über-setzungen von Youngs *Night Thoughts*,[51] Macphersons *Ossian*[52] sowie einer zwanzigbändigen Shakespeare-Übertragung[53] hervorgetan. Ein Blick auf die französische Übertragung der *Night Thougths* weist auch Le Tourneur als in der Tradition seines Heimatlandes stehenden Übersetzer aus, der seine Aufgabe vor allem in der Bearbeitung des Originals mit dem Ziel einer Adaptation an franzö-sische literarische Konventionen sah:

> Il a fallu toute l'énergie de Le Tourneur pour arriver à donner une version méthodique des *Nuits* d'Young, composant ainsi, comme dit Barère, "un ouvrage français avec des pensées anglaises." Après un premier essai où il suivait l'ordre de l'original, il s'est tellement découragé qu'il a fini par le traiter "comme un archtitecte ferait l'amas des matériaux d'un édifice, taillés et tout prêts à placer, mais entassés au hasard dans huit ou

---

49 Der vollständige Titel des Romans lautet *Clarisse Harlowe. Traduction nouvelle et seule complète, par M- le Tourneur. Faite sur l'édition originale revue par Richardson; ornée de figures du célèbre Chodowiecki, de Berlin. Dédée & presentée a Monsiuer, Frère du Roi*, 10 vols (Genève and Paris, 1785-86). Der Untersuchung liegt das Exemplar der Universitätsbibliothek Augsburg zugrunde. Im folgenden wird der Kurztitel "Le Tourneur" verwendet.
     Der Druck zeigt nur wenige Auffälligkeiten. Statt der englischen Zeitangabe "night" wird durchgängig "soir" verwendet. Brief 27 des ersten Bandes liest statt "Thu. night" "Jeudi matin" (Le Tourneur, I, 298), Brief 32 wird statt "Tue." "Mercredi" (Le Tourneur, I, "373"). Die Briefe der er-sten beiden Bände werden durchgängig numeriert, ab Band III beginnt die Zählung mit jedem Band neu. Brief 28 des vierten Bandes (Ross, p. 542) wird statt "Mon. morn." nun bereits am Sonntag ge-schrieben (Le Tourneur, IV, 245). Der zweite Brief des sechsten Bands enthält statt der Zeitangabe "past 2 o'clock" die Angabe "à deux heures du matin" (Le Tourneur, VI, 17). Brief 337 der Ross-Ausgabe fehlt die Zeitangabe (Le Tourneur, VII, 540), Brief 343 hat statt "Thu. afternoon" "Jeudi au soir" (Le Tourneur, VIII, 50). Eine weitere Änderung des Wochentages findet man in Brief 379 der Ross-Ausgabe. In Le Tourneurs Übersetzung ist der Brief nicht mehr am Sonntag, sondern am Samstag geschrieben (Le Tourneur,VIII, 305). Für Brief 415, der im Original keine Tagesangabe enthält, setzt der Übersetzer "Dimanche, 20 Août" an (Le Tourneur, VIII, 466). Zwei Briefe später ergänzt er die Zeitangabe "à sept heures du matin" (Le Tourneur, VIII, 499), der folgende Brief hat die neue Angabe "Mardi, avant midi" (Le Tourneur, VIII, 503). Im vorletzten Band liegen wenige Abweichungen vor, die vor allem die Tageszeit betreffen. Lovelaces Brief vom 28. August wird statt "Mon. noon" jetzt "aprés-midi" verfaßt (Le Tourneur, IX, 127), Anna Howes Brief vom 29. August enthält die neue Angabe "Mardi au soir" (Le Tourneur, IX, 271). Wenige Briefe vor der Nachricht vom Tod Clarissas ergänzt Le Tourneur Belfords Bericht um die Tageszeit ("à 11 heures," Le Tourneur, IX, 454). Der Tod selbst wird um einen Tag vorverlegt: Clarissa stirbt bereits am 6. Sep-tember (vgl. Le Tourneur, IX, 450). Die Unterscheidung zwischen *old style* und *new style* des letzten Bandes ist beibehalten und wird in einer Fußnote als bei Protestanten übliche Datierung erläutert ("Date en vieux & nouveau style en usage chez les Protestants;" Le Tourneur, X, 356).
50 "Tourneur," p. 52.
51 *Nuits et œuvres diverses*, 4 vols (1769-1770).
52 *Ossian, fils de Fingal, poésies galliques, traduit sur l'anglais de Macpherson*, 2 vols (1777).
53 *Théâtre de Shakespeare 1783*, 20 vols (1776-1783).

neuf places différents et mêles dans les décombres." Il a cru devoir former vingt-quatre nuits des neuf de l'original.[54]

Diese Bereitschaft zur Umstellung findet in der *Clarissa*-Übersetzung erneut Anwendung. In seinem Vorwort erläutert Le Tourneur nicht nur ausführlich die Gründe für eine zweite Übertragung des Romans ins Französische, sondern auch die Unterschiede zwischen seiner und Prévosts Fassung sowie die eigenen leitenden Prinzipien:

> CLARISSE, le chef d'œuvre des romans anglais, & devenu le premier des nôtres, n'a pas besoin d'éloges. C'est un ouvrage immortel, dont la réputation & l'intérêt ne peuvent périr, parce qu'ils sont fondés sur une profonde connoissance du cœur humain. Des hommes célèbres ont rendu à son auteur l'hommage public de leur admiration, tout lecteur honnête & sensible lui païe chaque jour & à tout âge, dans ses larmes de plaisir & d'attendrissement, un tribut honorable & sincère, qui ne s'épuise jamais ... Il est temps de réparer cette longue injure, & de donner à cette aimable & intéressante production du génie, un extérieur plus décent & plus noble ... Le nom de roman est indigne de ce livre: "Je voudrois," a dit M. Diderot, "qu'on en trouvât un autre pour les ouvrages de Richardson, qui élèvent l'ésprit, qui touchent l'ame, qui respirent partout l'amour du bien.[55]

Le Tourneur betont vor allem die psychologische Glaubwürdigkeit des Erzählten, die intime Kenntnisse des menschlichen Herzens zu erkennen verrate ("profonde connaisssance du cœur humain"). Die Handlung spreche den Leser emotional an und lasse ihn mit den Figuren leiden ("ses larmes de plaisir & d'attendrissement"); Richardsons Roman sei daher mit anderen Maßstäben zu messen als eine beliebte Romanze.

Über die Übersetzung seines Vorgängers Prévost äußert sich Le Tourneur überwiegend kritisch:

> [O]n a vu avec étonnement les suppressions si gratuites du premier traducteur. On se flatte de renouveler dans cette édition la même surprise, & de faire couler de nouvelles larmes sur le tombeau de Clarisse; lorsqu'on verra reparoître tout ce qui étoit laissé dans un injurieux abandon. Ces lacunes sont moins fréquentes dans le premier volume; mais dans les suivans & surtout les derniers, c'est une vraie mutilation de l'ouvrage.(*)
>
> (*) Dès le premier volume il y a des dix pages entières de supprimées, & on jugera si elles le méritoient. Dans les autres des 20 & 30 pages de suite; & le tout monte à des volumes entiers. On marquera le commencement de ces restitutions par un pied-de-mouche entre deux parenthèses (¶); & la fin par la même figure renversé (b), qui ne dépareront point la typographie.[56]

---

54 Constance B. West, "La théorie de la traduction au XVIIIᵉ siècle," *Revue de la littérature comparée*, 12 (1932), 339.
55 Le Tourneur, "Prospectus," Le Tourneur, I, vii-viii.
56 Le Tourneur, "Prospectus," Le Tourneur, I, ix-x. Da die invertierte Absatzmarke typographisch nicht wiedergegeben werden kann, ist sie hier durch "b" ersetzt.

88

Detaillierte Bemerkungen wie diese zu Auslassungen und Fehlern der Prévost-Übersetzung setzen ein intensives Studium des Originals und der französischen Übertragung voraus. Zwar zeigt sich Le Tourneur mit dem Supplementband zur Prévost-Ausgabe vertraut, weiß aber auch um dessen Schwächen.[57] Le Tourneur entschloß sich aus diesem Grunde, seiner Übersetzung Hinweise auf Auslassungen der ersten Übertragung beizugeben und das Lesepublikum durch Markierungen beständig auf Auslassungen des Abbé hinzuweisen. Bei der erneuten Romanlektüre konnte der Rezipient somit ohne eigenes mühevolles Nachschlagen feststellen, inwieweit sich die Versionen unterschieden und welche Konsequenzen die Auslassungen auf die Deutung des Romans hatten.

Das neue Unternehmen erfüllt somit andere Kriterien als die meisten französischen Übersetzungen des achtzehnten Jahrhunderts. Wie sehr das der Fall ist, erweist sich nicht nur an der Tatsache, daß ihr Autor die Vorarbeiten der eigenen Sprache kennt, sondern auch daran, daß er um die Unterschiede weiß:

> [L]'ouvrage entier qu'on propose ici, est moins une révision légère & superficielle de l'ancienne Clarisse, qu'une traduction nouvelle, où l'original a été suivi pas à pas, travaillée sur une édition revue par l'auteur & bien différente (*) de celle que l'abbé Prévost a rencontrée.[58]

In der Fußnote merkt Le Tourneur an: "Il y a plus de 300 pages de différence entre les deux éditions anglaises."[59] Der Hinweis auf den gesteigerten Textumfang legt also eine dritte oder spätere Auflage als Übersetzungsgrundlage nahe. Diese Annahme bestätigt ein erster Blick auf den Text. Le Tourneurs Übersetzung enthält die Korrespondenz zwischen Anna Howes Mutter und Hickman (Le Tourneur, II, 297-306), die beiden Briefe von Elias Brand (Le Tourneur, IX, 379-411), einen ab der dritten englischen Auflage enthaltenen zusätzlichen Brief Clarissas an Anna (Le Tourneur, III, 444-52) sowie ein von Lovelace an Belford adressiertes Schreiben (Le Tourneur, V, 241-58). Wie in der dritten englischen Auflage findet sich am Ende jedes Bandes eine Zusammenfassung der einzelnen Briefe. Zusätzlich fügt der Übersetzer Fußnoten ein, in denen er auf das Ende des jeweiligen englischen Bands verweist. Der Textvergleich[60] bestätigt diesen

---

57 "Le volume de supplément, ajouté à l'ancienne édition de Clarisse, avec l'éloge de Richardson par M. Diderot, a été donné par M. Perisse du Luc, d'après un manuscrit d'un ami de M. l'abbé Pernetti, qui le lui avoit remis pour en disposer & en ête l'éditeur" ("Prospectus," Le Tourneur, I, ixn.).
58 Le Tourneur, "Prospectus," Le Tourneur, I, xi.
59 Le Tourneur, "Prospectus," Le Tourneur, I, xin.
60 Da die Beschreibung der französischen Übertragung dazu dient, Aussagen über einen möglichen Rückgriff deutscher Übersetzer auf die französischen Fassungen zu treffen, beschränkt sich die Darstellung innerhalb dieses Kapitels auf wenige Beispiele. Fragen wie die Textgrundlage für einzelne Beispiele und Interpretationen der zitierten Textausschnitte werden detailliert im Vergleich der deutschen Übertragungen behandelt. Die Übersetzung Le Tourneurs wurde anhand der dort ausgeführten Beipiele überprüft; an dieser Stelle sollen lediglich Tendenzen aufgezeigt werden. Sofern nicht an-

anhand der äußeren Merkmale gewonnenen Eindruck: Le Tourneur erweist sich als getreuer Übersetzer seiner Vorlage, er läßt keinen Brief aus und bemüht sich im Gegensatz zu seinem Vorgänger Prévost um eine das Original spiegelnde französische Fassung, die die englischen Merkmale des Romans bewahrt.

• **Personennamen und Ortsbezeichnungen**

Das Personenverzeichnis des Originals wird übernommen und verzeichnet als "noms de principaux personages" (Le Tourneur, I, 3-4) außer den Namen eine knappe Charakterisierung der jeweiligen Figur. Hierbei handelt es sich allerdings um eine gekürzte Fassung, in der in vielen Fällen lediglich die Verwandtschaftsgrade der Figuren angegeben sind. So liest man etwa zu "Miss Clarisse Harlowe:" "jeune Lady d'une grande beauté & d'un rare mérite" (Le Tourneur, I, 3). Die englische Ausgabe hingegen verzeichnet: "[A] young lady of great delicacy, mistress of all the accomplishments, natural and acquired, that adorn the sex, having the strictest notions of filial duty" (Ross, p. 37). Die ausführlichste Vorstellung erfährt Anna Howe. Zu ihr liest man: "Le compagne, & la plus intime amie de Clarisse, avec laquelle elle a un commence de lettres" (Le Tourneur, I, 3). Adressierungen wie "Miss Hervey" (Le Tourneur, II, 424), "ma tante Harvey" (Le Tourneur, I, 153), "mon oncle Harlove" (Le Tourneur, II, 159) zeigen Tendenzen der ersten englischen Auflage. Ihre Familie redet Clarissa häufig in der Koseform "Clary" (Le Tourneur, I, 176; 193) an. Obwohl die meisten Figurennamen in der englischen Schreibweise erhalten bleiben und abweichend lediglich die Anrede "Madame" gewählt wird, findet sich in der Orthographie des Namens "M. Wierley" (etwa Le Tourneur, IX, 118) eine die Aussprache erleichternde Abweichung.

Ortsnamen werden überwiegend beibehalten oder vorsichtig verändert. Der Wohnsitz der Familie Harlowe erscheint eingebürgert als "Château d'Harlowe" (etwa Le Tourneur, I, 12), so daß dem Leser bereits mit dieser Bezeichnung der Status der Familie vor Augen geführt wird. Ortsbezeichnungen in London wie etwa das Kaffeehaus in Brief 48 sind ins Französische übersetzt und mit einer explikativen Fußnote versehen. So heißt es zum "Cocotier:" "Fameux café de Londres, où les honnêtes gens se rassemblent" (Le Tourneur, I, 93). Ähnlich verfährt Le Tourneur mit realen Ortsnamen wie St Albans und erläutert in der Fußnote: "St. Albans est une petite ville à sept lieues au nord de Londres" (Le Tourneur, III, 115n.). Fußnoten dieser Art finden sich etwa zu "Strand" (Le

---

ders angegeben, ist von einer grundsätzlichen Übereinstimmung des französischen Textes mit der englischen Vorlage auszugehen. Abweichungen der ersten und dritten englischen Auflage werden angeführt; bei identischem Text ist aus Gründen der Überprüfbarkeit die Ross-Ausgabe angegeben.

Tourneur, IV, 269n.), "Pallmall" (Le Tourneur, V, 470n.) und "à la barrière d'Holborn" (Le Tourneur, V, 501n.). Der Übersetzer bemüht sich demnach um die Beibehaltung der für die englische Fassung typischen Merkmale, ist also an der Illusion englischer Gegebenheiten interessiert.

- **Anredepronomina**

Lovelace und seine Freunde verbindet eine Freundschaft, die nichts ungesagt läßt, sich unbeschönigte Wahrheiten aber nicht übelnimmt, solange sie durch die vertraute Anrede "thou" geäußert werden. Le Tourneur behält die Markierung bei und übersetzt Lovelaces ersten Brief an Belford wie folgt:

> C'est en vain que tu (*) me presses, toi & tes camerades de retourner à la ville, tant que cette fière beauté me tiendra dans l'incertitude où je suis.
>
> (*) L'auteur remarque que ces Messieurs affectoient souvent de s'écrire en ce qu'ils nommoient style Romain (c'est-a-dire le *tu* & le *toi*) & qu'ils etoient convenus de prendre en bonne part toutes sortes de libertés mutuelles dès qu'elles feroient dans ce style. Il se trouve souvent dans leurs lettres des citations des meilleurs poëtes anglois. (Le Tourneur, I, 352-53)

Die auch im Französischen vorhandene Unterscheidung zwischen "du" und "Sie" erleichtert die Übertragung des Stilmittels. Le Tourneur übernimmt die Fußnote des Originals und zeigt deren Herkunft durch die Formulierung "l'auteur remarque" an. Dieser Zusatz erhöht die Distanz zum Original und läßt den Übersetzer als Mittler zwischen Autor und Lesepublikum durchscheinen.

- **Drucktechnische Besonderheiten**

Bereits beim oberflächlichen Blick auf den Roman fallen drucktechnische Besonderheiten ins Auge, die in Richardsons Doppelfunktion als Autor und Drukker begründet liegen. Als Drucker seiner eigenen Romane war Richardson in der Lage, sich auch das Druckbild interpretatorisch zunutze zu machen. Beispiele für diese Praxis finden sich in vielen in Versform eingefügten Zitaten aus klassischer und zeitgenössischer Literatur sowie in den *mad papers*. Das zehnte Blatt enthält Clarissas Bearbeitungen einer Anzahl Zitate von Dichtern wie Dryden oder Shakespeare, die Zeugnis ablegen für ihre Verzweiflung angesichts ihrer Vergewaltigung. Richardson setzt das Blatt mit Hilfe des Druckbilds optisch ab; es wirkt wie eine schnell hingeschriebene Notiz, auf deren Rändern ergänzende Bemerkungen eingefügt sind:

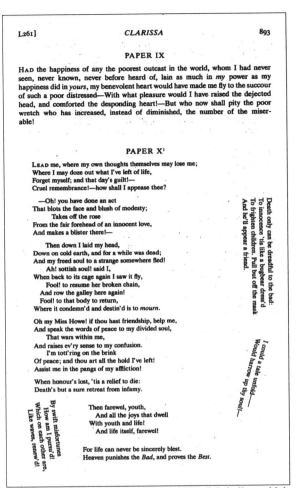

(Ross, p. 893. Faksimile, verkleinert)

Le Tourneur behält die intertextuellen Referenzen bei und verweist in Fußnoten auf die jeweilige Herkunft des Zitats. So findet sich etwa zu einem in Fließtext gedruckten (Prosa-)Zitat aus Shakespeares *Troilus and Cressida* in der begleitenden Fußnote eine genaue Angabe zu Akt und Szene.[61] Die *mad papers* finden sich zwar vollständig übersetzt, graphisch aber nicht hervorgehoben. Dies führt zum Verlust eines charakteristischen Merkmals des Romans:

---

61 Vgl. Le Tourneur, V, 259 und 259n.

Neuvième feuille.

Hélas ! si le bonheur d'une fille la plus malheureuse & la plus abandonnée qu'il y eût au
monde, que je n'eusse jamais vue, jamais con-
nue, dont je n'eusse jamais entendu parler aupa-
ravant, eût dépendu de mon pouvoir, comme
le mien dépendoit du vôtre, mon cœur bien-
faisant m'auroit fait voler au secours de cette
créature affligée. — Avec quel plaisir j'aurois
relevé sa tête languissante, & ranimé son cœur
défaillant ! — Mais qui aura pitié maintenant
d'une pauvre malheureuse, qui grossit le nombre des infortunées, au lieu de le diminuer ?

Dixième feuille.

En vers tantôt blancs, tantôt rimés.

O raison ! achève de t'égarer : laisse-moi me perdre
dans mes propres pensées !
Puissé-je ensevelir dans un assoupissement léthargique
ce qui me reste de jours !
Puissé-je m'oublier moi-même, & le crime de cette
fatale journée !
Cruel souvenir — Comment pourrai-je appaiser tes tour-
mens !
Oh ! vous avez commis une action
Qui bannit la pudeur & la beauté du visage de l'innocence;
Une action qui flétrit la rose
Dont brilloit le front de l'amour vertueux,
Et laisse une tache impure à sa place.

Ma tête succombant dans la poussière
Se posa sur le dur & froid pavé, & je restai morte un
moment.
Mon ame affranchie de ses liens s'enfuit dans un espace
étrange !

Ah l'insensée ! me dis-je,
Quand je la sentis revenir dans sa prison.
L'insensée ! de reprendre encore sa chaine qui étoit
brisée,
Et de se ratracher au joug d'une vie de peine & de
douleur.
L'insensée ! de rentrer dans ce corps
Où sa destinée la condamne à gémir sans cesse !

O ma chère Miss Howe : si tu es mon amie, secoure-
moi :
Dis des paroles de paix à mon ame agitée,
A mon ame déchirée par une guerre intestine
Qui soulève tous mes sens pour m'accabler de confusion.
Je me sens chanceler sur le bord du précipice ;
Pour me sauver il ne me reste que toi où ma main puisse
s'attacher !
Secoure-moi.... dans les transes de mon affliction.
Quand l'honneur est perdu, c'est un soulagement
de mourir.
La mort est un sûr asyle contre l'infamie.

Adieu jeunesse ;
Adieu tous les plaisirs
De la jeunesse & de la vie.
Adieu la vie elle-même !

La vie ne peut jamais donner de vrai bonheur.
Le ciel y punit le méchant & y éprouve l'homme de
bien.

Gg iv

La mort n'est terrible que pour les pervers.
L'innocence n'y voit qu'un vain épouvantail
Bon pour effrayer des enfans : arrachez-lui son masque
hideux
Elle ne vous offrira plus que le visage d'une amie.

Je pourrois vous raconter une histoire....
Qui vous déchireroit l'ame.....

Avec quelle rapidité
Les malheurs me poursuivent !
Ils se succèdent l'un l'autre
Et se renouvellent comme les flots.

✝

Après tout, Belford, je me suis hasardé
à jeter un coup-d'œil rapide sur ces feuilles
transcrites par Dorcas, & je vois qu'il y a de
la raison dans quelques-unes, quel-
que extravagance qu'il y ait dans les autres. Je
vois que sa mémoire, qui la sert si bien dans
ces jets poétiques, est loin d'être affoiblie ; cela
me fait espérer qu'elle ne tardera pas à recou-
vrer toutes les facultés de son intelligence : &
quoique ce soit moi qui souffrirai de leur retour,
je n'hésiterai pas à le souhaiter.
Mais dans la lettre qu'elle m'a écrite, il y a
encore plus d'extravagance. Quoique j'aie été
que j'en étois trop affecté pour pouvoir te la
transcrire, cependant, après t'avoir commu-
niqué les feuilles volantes que j'enferme ici,
je crois que je puis aussi y joindre une copie

de cette lettre. Dorcas va donc la transcrire
ici : car moi, je n'en ai pas la force. Sa lecture
m'a dix fois plus touché que ne pourroient
faire les reproches d'une personne qui jouiroit
de sa raison.

A MONSIEUR LOVELACE.

Mon intention n'étoit pas de vous écrire jamais
une ligne. Je voudrois ne pas vous revoir, si
je pouvois l'éviter. — Ah ! plût au ciel que je
ne vous eusse jamais vu !
Mais dites-moi la vérité ; il est vrai que Miss
Howe soit réellement malade ? qu'elle soit en
danger ? Son mal ne viendroit-il pas du poison ?
& ne sauriez-vous point qui le lui a donné.
Vous savez mieux que personne ce que vous,
ou Madame Sinclair, ou quelque autre, je ne
saurois dire qui, avez fait à ma pauvre tête ; mais
je ne reviendrai jamais ce que j'étois ; ma tête
est perdue ; toute ma cervelle s'est dissipée ; je
crois, à force de pleurs ; car je ne saurois plus
pleurer. A la vérité, j'en ai versé ma bonne
part : ainsi peu m'importe !
Mais, bon Lovelace, ne lâchez plus Mde.
Sinclair contre moi. Jamais je ne lui ai fait de
mal. Elle m'épouvante tant quand je la vois !
Depuis ce jour..... quel jour étoit-ce ? je ne sau-

(Le Tourneur, VI, 470-73. Faksimile, verkleinert)

- **Problemfälle**

Neben drucktechnischen Heraushebungen bedient sich Richardson einer Anzahl von Neologismen und ungewöhnlichen Komposita, um Figuren zu individualisieren. Auch hier stellt er Lovelace als den kreativsten Briefeschreiber vor. Diese stellen einen Übersetzer um so mehr vor große Schwierigkeiten, als sie bereits im Englischen so ungewöhnlich waren, daß manche von ihnen Richardsons späteren Bearbeitungen zum Opfer fielen. Le Tourneur stellte sich der Herausforderung und bemühte sich um äquivalente Wiedergabe im Französischen. In den meisten Fällen entschied er sich für die Umschreibung als Mittel zur Erhaltung des Inhalts unter Verzicht auf die sprachliche Form. So macht er etwa aus Richardsons "my brother and sister Mr *Solmes*'d him, and *sir*'d him up with high favour" (Ross, p. 61) "Pendant ce tems-là, mon frère & ma sœur s'épuissoient en civilités: (¶) c'étoit sans cesse *M. Solmes, mon honoré Monsieur*, à chaque mot. (b)" (Le Tourneur, I, 83) Die Auslassungszeichen ("¶," "b") zeigen Prévosts Streichung an.

Kombinationen von Adjektiven oder Verben mit Substantiven zu einem neuen Kompositum sind häufig zu finden: "*try-to-blush* manner" (Ross, p. 806), "united in one common *compare-note* cause" (Ross, p. 817) und "un-*man*" (Ross, p. 146) sind nur einige wenige Beispiele. Richardsons "*try-to-blush* manner" wird zu "en hausant des épaules d'un air d'embarras; & cherchant à rougir" (Le Tourneur, VI, 177), während "un-*man*" sich als "souffrir des insultes dont la seule idée me trouble le sang" (Le Tourneur, I, 366) übersetzt findet.

Clarissas Versuch, Mrs Sinclairs Haus zu verlassen, wird mit der Nachricht "[n]o coach to be got, *for love or money*" (Ross, p. 882) zum Scheitern verurteilt. Le Tourneur übersetzt idiomatisch korrekt (aus der dritten oder späteren englischen Auflage[62]): "[o]n ne trouve plus de carosse, ni pour or, ni pour argent" (Le Tourneur, VI, 438).

Das wichtigste Merkmal der Gattung Briefroman ist das Diktum vom *writing to the moment*. Lovelace erläutert das Verfahren in seiner Korrespondenz mit Belford. So beendet er einen Brief mit den Worten: "I have time for a few lines preparative to what is to happen in an hour or two; and I love to write to the moment–" (Ross, p. 721). Le Tourneur übersetzt: "J'ai le temps de t'écrire quelques lignes pour te préparer à ce qui doit arriver dans une heure ou deux, & je me plais à écrire jusqu'à l'instant décisif" (Le Tourneur, V, 439). Wie die französische Fassung dieser gattungskonstitutionell wichtigen Stelle zeigt, hat der Übersetzer die Bedeutung des Ausdrucks entweder nicht erfaßt oder nicht übertragen können. "Jusqu'à l'instant décisif" impliziert den temporalen Schreib-

---

62 "WILL is this moment returned. – No coach to be got, either *for love or money*" (Stuber, V, 289).

94

prozeß bis zum Zeitpunkt einer neuen Handlung, nicht das Stilmittel des Schreibens wie im Moment des Erlebens. Das zweite Beispiel, "I know thou likest this lively *present-tense* manner" (Ross, p. 882), findet in "[j]'aime cette manière vive de peindre les choses au temps présent, & je fais que tu l'aimes aussi" (Le Tourneur, VI, 438) dagegen eine angemessene Entsprechung.

Clarissas Briefe bezeugen durchweg ihre Aufrichtigkeit und Tugendhaftigkeit. Dennoch sieht sie sich in einem Fall genötigt, einen mehrdeutigen Brief zu schreiben, um Lovelace zu beruhigen und ihn von Besuchen abzuhalten, damit ihr genügend Zeit zur Vorbereitung auf den Tod bleibt. Sie verwirklicht ihre Absicht durch ambivalente Begriffe wie "my father's house," "poor penitent" oder "got thither and received." Clarissa vertröstet Lovelace zugleich mit der Aussicht, er könne sie beizeiten besuchen, solange er sich die Möglichkeit nicht selbst verschließe ("You may, in time, possibly, see me at my father's, at least, if it be not your own fault;" Ross, p. 1233).

Die französische Fassung reproduziert die Mehrdeutigkeit erfolgreich:

MONSIEUR,
J'AI d'heureuses nouvelles à vous communiquer. Je me dispose à partir sans délai pour la maison de mon père. On me fait espérer qu'il recevera sa pauvre pénitente avec toute la bonté paternelle qui lui est propre. Imaginez quelle est ma joie d'être assurée d'obtenir une parfaite réconciliation, par l'entremise d'un cher ami que j'ai toujours aimé & honoré. Je suis si occupée de mes préparatifs pour un voyage si joyeux & si désiré, qu'ayant quelques affaires de la dernière importance à regler avant mon départ, je ne puis donner un moment à d'autres soins. Ainsi, Monsieur, ne me causez pas de trouble ou d'interruption, je vous le demande en grâce. Un temps viendra où vous pourrez peut-être me voir chez mon père, du moins si vous n'y mettez point d'obstacles par votre faute. Je vous promets un plus long lettre, lorsque j'y serai arrivée, & qu'on m'aura fait la grâce de m'y recevoir.
Jusqu'à cet heureux jour, je suis votre très-humble, &c.
Cl. HARLOWE
(Le Tourneur, IX, 11-12)

Daneben nutzt Richardson die geschlechtsspezifische Verwendung einzelner Phrasen zur Charakterisierung seines Libertins. So mokiert sich Lovelace in einem Brief an Belford über das frauenspezifische Register und bemerkt:

These women think that all the business of the world must stand still for their *figaries* (a good female word, Jack!) ... After all, methinks I want these *tostications* (thou seest how women, and women's words, fill my mind) to be over. (Ross, p. 818)

Le Touneur greift diese Mimikry des Originals auf und übersetzt wie folgt: "Ces femmes s'imaginent que toutes les affaires de l'univers doivent rester là pour leurs *quintes*, (bonne expression femelle, Belford!)" (Le Tourneur, VI, 219). Aus dem zweiten Beispielsatz wird: "passer par ces *balotages* (tu vois, Belford, comme j'ai la tête remplie des femmes, & de leurs expressions)" (Le Tourneur,

VI, 219). Die Kursivierung der beiden Nomina des femininen Registers entspricht der Vorgehensweise des Originals und lenkt die Aufmerksamkeit auf sie.
Ausdrückliche Hinweise auf die Herkunft der Wörter unterstreichen den intendierten Effekt.

• **Stilistische Unterschiede**

Stilistische Differenzierungen, wie Richardson sie zur Figurencharakterisierung
von Unterschichtsprechern oder als Zeichen mangelnder Bildung einsetzt, bereiteten Le Tourneur naturgemäß Schwierigkeiten. Offenbar konnte er sich nicht
entschließen, dieses für die französische Literatur ungewöhnliche Mittel durchgängig einzusetzen. Für den Brief des Bediensteten Will Summers an seinen
Herrn Lovelace merkt der Übersetzer daher an: "L'orthographe de cette lettre est
grossièrement défectueuse: l'imitation seroit choquante & illisible en françois"
(Le Tourneur, VI, 19n.).
      Joseph Lemans Brief erfährt demgegenüber eine andere Behandlung. Dem
abgedruckten Brief ist eine Fußnote vorgeschaltet, in der es heißt:

> L'auteur s'attachant à garder les charactères, pousse ici la fidélité jusqu'à donner cette
> lettre avec les fautes de langage & d'orthographe, qui sont ordinaires dans la condition
> de Leman. M. l'Abbé Prévost observe que le goût de notre nation n'admet point de si
> grossières peintures. Son observation me paroît juste; mais j'ai tâché de conserver plus
> qu'il n'a fait, le style & le caractère du valet; & je n'ai eu pour cela autre chose à faire,
> que de suivre de plus près l'original. (Le Tourneur, III, 165n.)

Will man dieser Aussage glauben, stellt Le Tourneur Originaltreue über die Ge-
schmacksnormen der literarischen Tradition seines Vaterlandes. Er scheint die
Bedeutung des jeweiligen stilistischen Mittels für das Gesamtverständnis im
Einzelfall abgewogen und sich nach diesem Kriterium für oder gegen seine Beibehaltung entschieden zu haben.
      Diese Beobachtung trifft auch auf den Solmes-Brief zu. Solmes umständ-
lich-devotes Schreiben an seine prospektive Braut charakterisiert ihn als reichen,
aber ungebildeten Vertreter des Geldadels, der unter anderen Voraussetzungen
nie als angemessene Partie in Betracht gekommen wäre, ist er doch Clarissa moralisch wie geistig unterlegen. Da das Selbstporträt wichtig ist, um Clarissas
Abneigung ihm gegenüber richtig einzuschätzen und die dadurch ausgelösten
Ereignisse im Sinn des Autors zu beurteilen, übersetzt Le Tourneur diesen Brief
in seiner ganzen Fehlerhaftigkeit. Um sich gegen Unterstellungen abzusichern,
fügt er jedoch folgende Fußnote an: "(*) Il n'est pas besoin d'avertir que c'est
l'orthographe & le style de M. Solmes" (Le Tourneur, II, 212).

- **Metaphorik, stilistische Auffälligkeiten**

Richardsons unkonventioneller Umgang mit Sprache trägt wesentlich zur Charakterzeichnung einzelner Figuren bei. Er bedient sich vor allem für Lovelace häufig ungewöhnlicher Metaphern, um dessen Hochstimmung Ausdruck zu verleihen. So vergleicht sich Lovelace voller Stolz auf seine Intrigen mit der Größe eines Elefanten (Ross, p. 473). Le Tourneur erweist sich auch hier seiner Vorlage treu:

> Conviens que ton ami est un homme incomparable pour l'intrigue. (¶) Range-toi, que je m'enfle de l'orgueil! j'ai déjà la grosseur d'un éléphant: & j'ai dix fois plus d'intelligence! & plus de puissance aussi! dis, ne me vois-tu pas toucher les astres de ma tête? Que le ciel ait pitié de toi! que je te vois petit, pauvre & chétive créature! (b) Ne t'étonne pas que je te méprise sincèrement; on ne peut avoir de soi-même une opinion si exaltée, sans mépriser à proportion tout le reste du genre humain. (Le Tourneur, III, 497)

Aus Richardsons "let me swell" wird unter Hinzufügung des Grundes für Lovelaces "Aufblasen" "[r]ange-toi, que je m'enfle de l'orgueil." Im zweiten Bild weicht Le Tourneur von seiner Vorlage ab. Statt "Have I not reason to snuff the moon with my proboscis?" übersetzt der Franzose "ne me vois-tu pas toucher les astres de ma tête?" Statt des Mondes werden hier die Sterne bemüht, die Metaphorik des vorherigen Beispiels ist beibehalten. Die Auslassungszeichen weisen auf das Fehlen der Passage in der Prévost-Übersetzung hin und verdeutlichen erneut Le Tourneurs Bemühen, sich den sprachlichen Anforderungen des Romans nicht zu verschließen.

- **Onomatopöie**

Wie im Fall der Metaphorik findet sich der überwiegende Teil der Beispiele für Onomatopöie in Lovelaces Briefen. Le Tourneur zeigt sich auch in dieser Beziehung seiner Vorlage verbunden. So läßt sich Lovelace hochmütig von seinen Freunden als Herr und Meister salutieren: "Stand by, varlets–Tanta-ra-ra-ra!– Veil your bonnets, and confess your master!" (Ross, p. 539) Die französische Übersetzung behält das Bild bei: "Voilà une foible esquisse de mon plan. Rangez-vous, esprits subalternes – ta ra, ra-ra-ra – Otez vos bonnets & saluez Lovelace pour votre maître!" (Le Tourneur, IV, 235) Dazu zwei weitere Beispiele: Gegen Ende eines nächtlichen Briefs überfällt Lovelace plötzliche Müdigkeit, die ihn zum Abschluß des Geschriebenen drängt. Er wünscht sich gute Nacht und befiehlt seiner Schreibfeder nach Art der Bühnenanweisungen im Theater, zu verschwinden und ihn schlafen zu lassen (Ross, p. 691). Le Tourneur übernimmt das Bild, verzichtet aber auf die Übertragung der onomatopoetischen Elemente: "Bonne nuit, Lovelace. Je doute qu'il soit grand jour lorsque je m'éveillerai. (Il exprime ici un bâillement.) Malediction sur ce bâillement! ... – Quoi? Encore un bâillement! Adieu, ma plume. Je dors" (Le Tourneur, V, 335). Im Gegensatz zum Original wird lediglich in der Parenthese auf Lovelaces Müdigkeit verwiesen.

Lovelace bedient sich in einer Szene ironisch des üblicherweise von Clarissa verwendeten Ausdrucks "How my heart then went *pit-a-pat*" (Ross, p. 792). Diese Textstelle lautet von der dritten englischen Auflage an: "How my heart then went pit-a-pat- to speak in the female dialect! (Stuber, V, 119) An diesem Beispiel läßt sich die Textgrundlage der Übersetzung bestimmen, überträgt Le Tourner unter Beibehaltung der Lautmalerei doch: "Comme mon cœur fait tic-tac! pour m'exprimer dans le dialecte féminin" (Le Tourneur, VI, 130).

• **Tiermetaphorik, "explizite" Darstellungen**

Le Tourneur übersetzt auch die zahlreichen Gleichsetzungen Clarissas und Mrs Sinclairs mit Tieren.[63] Ähnlich entscheidet er sich im Fall "expliziter" Darstellungen, die in französischen Übersetzungen häufig Streichungen zum Opfer fielen. Die erste "anstößige" Beschreibung findet sich bei Lovelace, als er Belford von seinen Phantasievorstellungen von einer Mutter Clarissa berichtet, die seine – unehelich geborenen – Zwillingsjungen stillt und ihn reuevoll um Heirat bittet (Ross, p. 706). Die Bildlichkeit der dritten englischen Auflage ist gegenüber der ersten Fassung gedämpft und enthält zusätzlich eine explikative Fußnote (Stuber, IV, 334). Le Touneur übersetzt die Textstelle trotz ihrer unterschwelligen Erotik und behält die Fußnote bei.[64]

---

63 Vgl. für Clarissa etwa Le Tourneur, IV, 301-2, für Mrs Sinclair Le Tourneur, VI, 490.

64 "Que je périsse, Belford, si je ne préférois au plus brilliant diadême du monde, le plaisir de voir deux petits Lovelaces pendans de chaque côté au sein de ma charmante, pour entirer leur première subsistance; à condition néan moins, & pour des raisons physiques, (*) que ce pieux office ne durât pas plus de quinze jours. Je me représente cette belle, la plus belle des femmes, remplissant ce doux devoir, & ces yeux expressifs se baissant alternativement tantôt sur l'un, tantôt sur l'autre, avec un soupir de tendresse maternelle; élevant ensuite ses regards sur mes yeux enchantés, & m'exprimant son ardent désir, pour ses petits innocens, pour elle-même, que je daigne légitimer les fruits de notre amour, & condescendre à me charger de la chaîne conjugale.

* (¶) On a donné ces raisons dans Pamela, Tome IV, Lettre VI. Elles méritent l'attention des père & mère, ainsi que la lettre entière, qui renferme une discussion entre M. B. & sa Pamela sur l'importante question: *si les mères doivent être les nourrices de leurs enfants?* [b]" (Le Tourneur, V, 387-88)

Für die Schilderung der Feuerszene gelten ähnliche Prinzipien: Der Übersetzer hält am Bild der in Nachtbekleidung vor dem angeblichen Feuer fliehenden Clarissa (Ross, p. 723; Stuber, IV, 366-67; Le Tourneur, V, 445-46) fest.[65]

* **Prostitution: erotische Beschreibung als Abschreckung**

Die Darstellung Mrs Sinclairs und ihrer "Nymphen" dient hier der Läuterung durch Abschreckung, durch "Schocktherapie." Aus diesem Grund sieht sich Belford zu einer minutiösen Schilderung der Szene in Mrs Sinclairs Privaträumen genötigt. Die Sterbeszene ist durch das animalische Äußere der Bordellbesitzerin und das abstoßende Erscheinungsbild der sie umgebenden Prostituierten gekennzeichnet (Ross, p. 1387-88; Stuber, VIII, 50-52). Die französische Fassung scheut auch in diesem Fall die wörtliche Übersetzung nicht und steht in ihrer drastischen Bildlichkeit nicht hinter dem Original zurück:

[Q]uand j'arrivai, elle crioit, juroit & possoit des hurlements plus semblables à ceux d'une bête féroce qu'à la voix d'une femme ... [M]a chère Mde. Sinclair, lui dit-elle, ne criez pas si fort; ce ne sont pas là les cris d'une femme; voici M. Belford que je vous amème; vous ne ferez enfuir d'effroir, si vous meuglez de cette force.

Il n'y avait pas moins que huit de ses malheureuses filles qui environnoient son lit lorsque j'entrai. Elles avoient à leur tête Polly Horton, une de ses associées en chef. Sally, qui est l'autre, & qui venoit d'entrer, & *Mde.* Carter, (car elles sont toutes *Madame* l'une pour l'autre) complétoient le nombre de dix. Toutes étoient dans un déshabillé révoltant, sans laces & sans nœuds ... Les sept autres avoient l'air de ne faire que de se lever, sortant peut-être des bras de leurs galans attitrés & de leurs orgies nocturnes; trois ou quatre d'entr'elles avec des visages où la sueur avoit coulé, & bigarrés de ford qui enlevé par places découvroit une peau grossière & flétrie ... Quelques-unes étoient plâtrées de poudre & d'essences, l'essence dominant ... Dès que j'entrai, aussitôt comme saisies d'un même mouvement, je les vis fourrant des deux mains leurs boucles de cheveux pendantes sous leurs coëffes, bonnets ronds, baigneuses, dont il n'y en avoit pas une qui ne fût de travers. Toutes étoient en pantoufles, quelques-unes sans bas, n'ayant toutes qu'un jupon de dessous, & leurs robes faites pour couvrir de vastes paniers, pendantes malproprement & ridiculement traînantes derrière les talons. Elle les avoient passées à la hâte dès qu'elles m'entendirent monter l'escalier. La moitié des sept, décharnées, les épaules voutées, les lèvres pâles, & toutes les jointures brisées, paroissoient, à l'âge peut-être dix-neuf ou vingt ans, des femmes de trente-quatre à quarante, usées & enlaidies par la débauche.

Je te fais une peinture détaillée de l'état où ces créatures ont paru à mes yeux lorsque je suis entré dans l'appartement, parce que je crois que tu n'en as jamais jamais vu une, encore moins un groupe de plusieurs à-la-fois si peu préparées à recevoir visite ... Si tu

---

65 "En me précipitant à la porte de sa chambre, mes yeux ont vu la plus belle de toutes les femmes, appuyée sur le bras de Dorcas, ... n'ayant sur elle qu'un petit jupon, son sein charmant à demi découvert, & les pieds nuds glissés dans ses mules. – ... Ah! Belford! quels charmes dans les mouvemens de son sein palpitant, pendant que je la tenois serrée contre le mien! Je distinguois son cœur qui battoit, battoit, battoit contre le mien; & durant quelques minutes, j'ai continué d'appréhender pour elle une attaque de convulsions" (Le Tourneur, V, 445-46).

avois été à ma place, je pense que tu aurois éprouvé autant d'aversion pour une fille débauchée qu'en inspirent les *Yahoos* de Swift (*), ou les harpies de Virgile, souillant les tables des Troyens, ames & corps, tout étoit impur & dégoûtant." (Le Tourneur, X, 35-38)

Wie Ausdrücke wie "des visages où la sueur avoit coulé," "une peau grossière & flétrie" oder "les épaules voutées, les lèvres pâles" belegen, scheut Le Tourneur auch vor abstoßenden Schilderungen nicht zurück. Der Eindruck verstärkt sich bei einem Blick auf die Kleidung. "[S]ans laces & sans nœuds," "sans bas, n'ayant toutes qu'un jupon de dessous" präsentieren sich die Prostituierten dem unerwarteten Besucher und entwerfen vor den Augen Belfords ein Entsetzen stiftendes Horrorkabinett.

Der Übersetzer war sich potentieller Proteste durchaus bewußt und erläuterte seine Beweggründe deshalb in zwei Fußnoten. Tatsächlich erhält die Szene im Bordell als einzige zwei explikative Fußnoten, die daher als Indikatoren für die Brisanz des Geschilderten anzusehen sind. Im ersten Fall sichert sich Le Tourneur durch einen Zeitungsbericht aus dem *Journal Anglais* ab, der ihm die Notwendigkeit der Darstellung begründen hilft:

(*) (¶) Richardson a peint tout l'extérieur de la scène, & les actrices d'un lieu de prostitution: & qui-conque a lu la déscription de la toilette d'une dame par Swift, jegera cette peinture que fait ici Belford plus naturelle, plus décente & plus justifiée par le but moral. On peut sans crainte l'offrir aux yeux les plus chastes. Ne craignez pas que l'on remporte de cette description aucun goût, aucun attrait pour le vice & la débauche. On sort de la chambre de la Sinclair avec le même sentiment qu'exprime Belford: on sent le plaisir & la douceur d'être vertueux, comme Belford sentit avec transport l'avantage de respirer un air frais au sortir de ce sejour de contagion physique & morale. (*Journal Anglais*, 1 *Janvier* 1778) (Le Tourneur, X, 35-38)

Die erste Anmerkung mischt Teile der englischen Fußnote samt Verweis auf Swifts "The Lady's Dressing-Room" mit der Erklärung durch den Autor des Artikels. Dieser betont ausdrücklich die Notwendigkeit der Porträtierung und weist jede Auslegung als Zeichen von Unmoral ausdrücklich zurück: "On peut sans crainte l'offrir aux yeux les plus chastes" lautet sein Urteil. Für den Rezensenten besteht das Ziel der Darstellung sowohl in der Abschreckung als auch in der Vertiefung tugendhaften Benehmens. Didaxe und Schock, so will es der Übersetzer verstanden wissen, schließen einander nicht aus.

Darüber hinaus übt Le Tourneur in der zweiten Fußnote unter Zuhilfenahme eines weiteren dem *Journal Anglais* entnommenen Artikels Kritik an seinem Vorgänger Prévost:

L'abbé Prévôt a supprimé ce morceau terrible & moral tout à-la-fois, parce qu'il a craint de nous épouvanter avec les cris de cette malheureuse que le remords fait encore plus souffrir que la gangrène. Mais il y a dans ses omissions plus de timidité que de goût, & ce seroit etrangement rétrécir la carrière des arts, que d'effacer d'un ouvrage toutes les scènes terribles, sous prétexte que les détails en sont trop affligeans, & d'une expression qui nous attendrit moins qu'elle ne nous attriste & nous choque. (*Journal Anglais*, 15 Juillet 1776) (Le Tourneur, X, 38n.)

Für Le Tourneur entbehren Prévosts Streichungen demnach jeglicher Grundlage. Ausdrücklich läßt er den Hinweis auf die behauptete Verletzung des guten Geschmacks nicht gelten, hält ihn gar für vorgeschoben, um die eigene Furchtsamkeit zu kaschieren ("plus de timidité que de goût").

Die Kritik am Abbé mündet in eine allgemeine Kritik der französischen Übersetzungspraxis. Le Tourneur fährt fort:

> Dans la plupart des traductions qu'on fait en France des ouvrages anglais, on se donne généralement trop de liberté. Les mutilations que l'on s'est permises, défigurent presque toutes leurs compositions. Le seul défaut qu'on ait reproché à Richardson, & qu'on lui reproche moins à présent, est que l'action ne se précipite pas assez vite au gré de notre impatience, vers l'événement. Mais on doit sentir que c'est de tous ces accessoires que dépend le grand effet que produit la lecture de Clarisse. Et si l'auteur a tous les mérites à la fois, il en est un surtout qui le caractérise, c'est une vérité, que sur tout le même effet que produiroit un événement réel qui se passeroit sous nos yeux. (*Journal Anglais*, 15 *Juillet* 1776) (Le Tourneur, X, 38n.)

Die Diktion indiziert den Grad der Kritik. Begriffe wie "mutilations" und "défigurer" können in ihrer Schärfe kaum übertroffen werden. Weder kennt das französische Publikum die wahre *Clarissa* noch einen anderen englischen Roman richtig. Der Vorwurf an die französische Übersetzungspraxis wiegt schwer und trifft nicht zuletzt den Abbé Prévost, verlangt andererseits aber auch eine gebieterische Neuübersetzung im Stil Le Tourneurs.

• **"The Rape of the Howes"**

Lovelaces Verkommenheit manifestiert sich ein weiteres Mal in seinem minutiös ausgemalten Plan, sich bei Anna Howe und ihrer Mutter für das Einmischen in seine Vorhaben zu rächen. Lovelace entwirft das Bild einer Entführung der Reisegesellschaft um die Howes auf ihrem Weg zur Isle of Wight, deren Höhepunkt die Vergewaltigung von Mutter und Tochter sein soll.

Der Plan wird in der *editio princeps* in einer Bemerkung erwähnt, aber mit dem Hinweis auf seine Unerheblichkeit für den Handlungsverlauf ausgelassen (Ross, p. 671). Die detaillierte Schilderung findet sich ab der dritten Auflage (Stuber, IV, 252-61). Le Tourneur gibt die Pläne in aller Ausführlichkeit wieder (Le Tourneur, V, 241-58), so daß man wiederum auf ein Exemplar der dritten oder einer späteren Auflage als Übersetzungsgrundlage schließen kann.

● **Fußnoten**

Le Tourneur übernimmt den überwiegenden Teil der Originalfußnoten und fügt eine Anzahl vor allem erläuternder Anmerkungen hinzu. Hierbei handelt es sich zumeist um Erläuterungen zu englischen Ortsnamen wie "St. Albans" (Le Tourneur, III, 115n.), Straßen wie "Strand" ("Rue de Londres," Le Tourneur, IV, 269n.), Kaffeehäusern wie "Cocotier" ("Fameux café de Londres, où les honnêtes gens rassemblent;" Le Tourneur, II, 93n.) und Wirtshäusern wie "aux armes du Roi, dans Pallmall" ("Nom d'un auberge & d'une rue de Londres;" Le Tourneur, V, 470n.). Auch einige Personennamen werden erklärt. So ist etwa "Nancy" erläutert als "[d]iminutif du nom Anne" (Le Tourneur, I, 110n.).

Le Tourneurs Übersetzung enthält die explikative Fußnote zu Lovelaces Namen. Der Libertin rechnet fest mit seiner baldigen Hochzeit und bemerkt im Hinblick auf seine Angebetete: "Je ne pense à personne, à rien au monde, qu'à la divine Clarisse Harlowe ... mais compte que je lui en ferai prendre un autre [nom], (¶) & ce sera celui (*) de l'amour même." In der Fußnote liest man: "(*) Le nom de Lovelace, qui signifie *lien d'amour*" (Le Tourneur, I, 359 und 359n.). Le Tourneur übersetzt also den Namen vollständig und gibt seinem Lesepublikum eine willkommene Interpretationshilfe an die Hand. Ob er sich der doppelten Bedeutung bewußt war und die zweite Lesart nicht für erwähnenswert hielt, ist nicht mehr zu entscheiden.

Manche Eigenheiten des Inselreichs werden ebenfalls erläutert. So hält der Übersetzer etwa Institutionen wie Bedlam ("Hôpital des fous;" Le Tourneur, VI, 358n.) oder religiöse Gruppen wie die Puritaner ("Secte de Calvinistes rigides;" Le Tourneur, II, 95n.) für erklärungsbedürftig. Eine lange Fußnote enthält Informationen zur englischen Rechtslage in bezug auf die Rechte und Pflichten von Eltern und Kindern und liefert somit wesentliche Fakten für die Beurteilung der Situation im Hause Harlowe (Le Tourneur, III, 82n.).

In manchen Fällen setzt Le Tourneur Fußnoten als Kommunikationsmittel mit seinem Publikum ein. So erläutert er etwa den Namen des englischen Schriftstellers Norris, den Lovelace fälschlicherweise für eine reale Person hält: "On se rappelle que c'est le nom d'un livre envoyé par Miss Howe à son amie, & que Lovelace a pris pour le nom de quelque rival, de quelque agent inconnue, qui traverse ses desseins" (Le Tourneur, V, 333n.). Der Hinweis ist weder in der ersten noch in späteren englischen Auflagen enthalten[66] und unterstreicht Le Tourneurs Bemühen um die Verständlichkeit seiner Übersetzung. Für einen Brief des Bediensteten Leman mit seiner unorthodoxen Orthographie hatte er bereits zu diesem Mittel gegriffen (Le Tourneur, III, 165n.).

---

[66] Vgl. Ross, p. 691; Stuber, IV, 303.

102

Da Le Tourneur von einem überwiegend weiblichen und damit der klassischen Bildung fernstehenden Lesepublikum auszugehen scheint, bemüht er sich um die Erläuterung antiken Bildungsguts. So setzt er angesichts des von Lovelace verwendeten Virgil-Zitats *debellare superbos* eine Fußnote ein und liefert dessen Übersetzung ("*Dompter les rebelles*, vers de Virgile;" Le Tourneur, I, 420n.). Ähnlich verfährt er für den Ausdruck "mes redoutables Myrmidons," die als "[s]oldats d'Achille" angegeben werden (Le Tourneur, III, 277n.)

Le Tourneurs Übersetzung zeichnet sich durch stetes Bemühen um einen leserfreundlichen Text aus, der Hürden für das Verständnis im Vorfeld auszuräumen gedenkt. Fußnoten leisten dem Übersetzer hierbei gute Dienste. Die Kombination aus dem Original übernommener und für die französische Fassung hinzugefügter Fußnoten sorgt für ein optimales Leseerlebnis.

• **Die Todesszenen**

Lovelace und Belton sterben den Tod unbekehrter Sünder. Le Tourneur übersetzt in beiden Fällen ohne Auslassungen[67] und hält sich selbst bei der Schilderung von Mrs Sinclairs Todesqualen an die Vorlage (Ross, p. 1388; Stuber, VIII, 52-53):

> Son accident ne l'avoit point amaigrie; il me sembla même qu'elle en avoit acquis un embonpoint encore plus monstrueux, peut-être parce que la rage & ses emportements enfloient tous ses muscles, & grossissoient encore ses traits grossiers. Voyez-la donc remplissant de son corps la largueur de son lit en désordre, ses gros bras levés en l'air, ses larges mains violemment jointes ensemble, ses yeux de bœuf d'un rouge enflammé, comme ceux d'une salamandre; sa chevelure grise, à laquelle le vice n'avoit rien laissé de vénérable, sous une vieille cornette à demi-sortie de sa tête, toute mêlée & tombant sur ses oreilles, & son cou charnu; ses lèvres livides, desséchées & agitées de spasmes, son large menton remué par des mouvements convulsifs, sa grande bouche, qui sous son front en contraction & à demi-caché dans des rides affreuses, fendoit, pour ainsi dire, son visage en deux parties; sa langue épaisse hideusement roulante dans sa bouche, haletant, soufflant comme pour retrouver la respiration; & dans ses alternatifs efforts, son énorme sein bigarré de mille couleurs, tantôt s'élevant jusqu'à son menton, & tantôt s'affaissant jusqu'à disparoître de la vue. (Le Tourneur, X, 40)

Wie im Original hat die Sterbende "yeux de bœuf d'un rouge ... comme ceux d'une salamandre." Ihr Körper befindet sich bereits im Zerfall: mit "sa longe épaisse hideusement roulante dans sa bouche" und "son énorme sein bigarré de

---

67 "Il est maintenant à son dernier soupier. – Le râle dans la gorge! des convulsions presqu'à chaque minute. Dans quelle horreur est tout son être! Ses yeux sont obscurs comme une glace ternie; ils ne roulent plus dans l'igarement! ils sont immobiles & fixes; son visage est en contraction & défiguré; ses joues pendantes, ses sourcils droits & hérissés, son front sillonné de rides, & sa face paroît avoir le double de sa longueur! ... [C]omment se fait-il que son lit tremble & s'agite sous lui, comme le berceau d'un enfant?" (Le Tourneur, IX, 42-43)

mille couleurs" werden einige der Auflösungserscheinungen angesprochen. Unterstrichen wird dieser Eindruck durch die grauen Haare und bleichen Lippen. Wer Mrs Sinclair auf dem Sterbebett erlebt hat und anschließend bedenkenlos weiter sündigt, so die Botschaft, dem steht ein vergleichbares Schicksal bevor, da offensichtlich keine Läuterung durch Abschreckung bewirkt wurde.

Als Abbild tugendhaften Verhaltens stirbt Clarissa den Tod einer Heiligen. Sie sieht ihrem Tod nicht nur gefaßt entgegen, sondern kann ihn sogar freudig akzeptieren. Ihre Qualen werden als gering und schlimmer für die Umstehenden als für sie selbst dargestellt (Ross, pp. 1361-62; Stuber, VIII, 5-7).

Le Tourneurs Version lautet:

> Enfin, prononçant d'une voix éteinte: que Dieu vous bénisse! – vous bénisse – tous! Et maintenant, (levant pour la dernière fois ses mains presqu'inanimées,) viens, viens, ô mon Dieu! – Jesus!
> C'est avec ses mots, dont elle n'a pu prononcer le dernier qu'à demi, qu'elle a expiré. – Un sourire, une douce & céleste sérénité, qui s'est en ce moment répandue sur son visage, sembloient manifester que son bonheur éternel avoit déjà commencé. (Le Tourneur, IX, 473-74)

Der französische Text unterscheidet sich nur unwesentlich vom Original. Die dreifache Segnung der Anwesenden und der letzte Appell an Jesus entsprechen der englischen Fassung, ebenso die Diktion. Clarissa, so wird deutlich, ist die Aufnahme in den Zustand höchster Glückseligkeit und somit eine Entschädigung für die auf Erden erlittenen Qualen gewiß. Im Gegensatz zur Vorlage ist hier keine optische Hervorhebung durch Kapitälchen, Fett- oder Kursivdruck vorgenommen worden.

Lovelaces Tod im Duell mit Colonel Morden enthält bei Le Tourneur eine Besonderheit. Der Bericht über die Umstände seines Ablebens behauptet in der ersten englischen Textfassung, daß das Gespräch zwischen dem Sterbenden und seinem Mörder in französischer Sprache geführt wurde ("When the colonel took leave of him, Mr Lovelace said in French, You have well revenged the dear creature;" Ross, p. 1487). Dieser Hinweis wurde in der dritten Auflage gestrichen (Stuber, VIII, 248). Le Tourneurs Version des Todes lautet:

> Lorsqu'il fut prêt à partir, M. Lovelace lui dit: *vous avez bien vengé ma chère Clarisse!* J'en conviens, repondit le Colonel dans la même langue; & peut-être regretterai-je que vous m'ayiez appelé à cette œuvre, lorsque je restois incertain si je devois obéir ou désobéir à ce cher ange." (Le Tourneur, X, 391)

Die Kursivierungen dienen als augenfälliger Hinweis auf die direkte Rede in der fremden Sprache. Da Le Tourneur ins Französische übersetzt, muß er die Anmerkung des Originals ändern und erreicht dies durch die Kombination von kursivierter Figurenrede und dem Hinweis "dans la même langue."

Der Tod selbst weist stärkere christliche Anklänge auf als im englischen Original. Lovelaces letzte Minuten werden wie folgt wiedergegeben:

> Les yeux levés encore, & les deux mains étendues: ces mots furent suivis de quelque apparence de prières, prononcées d'une voix intérieure, qui ne laissoit rien entendre de distinct. Enfin j'entendis clairement ces trois mots, qui furent les derniers: *Reçois cette expiation*. Alors sa tête s'étant enforcée dans son oreiller, il expira vers dix heurs & demie. (Le Tourneur, X, 393)

Die bewußt ambivalenten Äußerungen des sterbenden Lovelace sind hier christlich interpretiert. Lovelace scheint zu beten und spricht als letztes eine Bitte um göttliche Vergebung aus, die deutlich christlicher geprägt ist ("*Reçois cette expiation*") als das unbestimmte englische "let this expiate."

Die französische Übersetzung durch Pierre Le Tourneur wird ihrer Vorlage gerecht und übertrifft ihre Vorgängerin aus den fünfziger Jahren des Jahrhunderts auf allen Beschreibungsebenen hinsichtlich Genauigkeit, Idiomatik, Umfang und Struktur. Besonders hervorzuheben ist die Originaltreue bei erotischen und potentiell anstößigen Szenen wie der Bordellszene, der Vergewaltigung und den Todesdarstellungen einer Sinclair und eines Belton.

Le Tourneur steht dem Text neutral gegenüber und versucht, ihn so "englisch" wie möglich zu erhalten. In ihrer Originaltreue ist die Übersetzung Le Tourneurs eine ungewöhnliche, lobenswerte Variante innerhalb der französischen Übertragungen des achtzehnten Jahrhunderts. Daher ist einer Einschätzung wie dieser nur zuzustimmen: "La traduction plus complète de *Clarisse Harlowe*, par Le Tourneur en 1785, prolongea cet engouement et rappela au souvenir les beautés d'un livre qui était par ses longueurs voué à oubli."[68]

---

[68] Facteau, *Les romans de Richardson*, p. 67.

6   Die deutschen *Clarissa*-Übersetzungen des achtzehnten Jahrhunderts

Die Übersetzungsgeschichte *Clarissas* ist in bezug auf die Rezeption in Deutschland von besonderem Interesse: Entgegen der gängigen Praxis wurde in diesem Fall die erste deutsche Übersetzung vor der Übertragung ins Französische angefertigt, so daß für diese auf eine Kollation mit den französischen Texten verzichtet werden kann. *Clarissa: die Geschichte eines vornehmen Frauenzimmers, von demjenigen herausgegeben, welcher die Geschichte der Pamela geliefert hat: und nunmehr aus dem Englischen in das Deutsche übersetzt*[1] erschien bereits 1748-49 als siebenbändige Ausgabe beim angesehenen Universitätsbuchhändler und -drucker Abram Vandenhoeck in Göttingen. Da die letzten Bände des englischen Originals im Dezember 1748 erschienen und erst ein Jahr zuvor mit der Publikation begonnen worden war, scheint der deutsche Übersetzer das Werk für innovativ genug gehalten zu haben, um es dem deutschen Publikum sofort zugänglich zu machen. Ein Nachdruck dieser Übersetzung erschien ein Jahr später mit Frankfurter und Leipziger Impressum.[2] Die *Letters and Passages Restored to Clarissa*, Richardsons Supplementband, wurde in den *Göttinger Gelehrten Anzeigen* im Jahr 1751 angekündigt und als achter Band der bereits vorgenommenen Übersetzung zwei Jahre später auf den Markt gebracht.[3] Zwanzig Jahre vergingen, bevor der Roman wiederum publiziert wurde: Vandenhoecks Witwe brachte 1768-70 in einer achtbändigen Oktavausgabe die bekannte Übersetzung erneut auf den Markt.[4]

Die späten achtziger Jahre sahen in *Albertine: Richardsons Clarissen nachgebildet und zu einem lehrreichen Lesebuch für deutsche Mädchen bestimmt*[5] eine Bearbeitung des Romans für die deutsche literarische Öffentlichkeit. Die Handlung wurde nach Deutschland verlegt, der Umfang des fünfzehn Alphabete umfassenden Originals auf fünf Alphabete gekürzt, und die englischen Namen durch deutsche ersetzt. So heißt Clarissa nun "Albertine von Seelhorst" und soll den ihr ungeliebten "Baron von Loyer" heiraten; aus Anna Howe wird "Friederike von Pannewitz," und Lovelace erhält den Namen "Graf Winterfeld."[6] Die

---

1   *Clarissa: die Geschichte eines vornehmen Frauenzimmers*, 8 vols (Göttingen, 1748-53).

2   8 vols (Frankfurt und Leipzig, 1748-49). Möglicherweise handelt es sich hierbei um einen fiktiven Druckort, da "Franckfurt und Leipzig" als beliebte Druckorte bei Nachdrucken aus dem süddeutschen Raum angegeben wurden. Vgl. Breitenbruch, "Schmied," col. 650.

3   Angeführt in Helen Sard Hughes, "The Middle-Class Reader and the English Novels," *JEGP*, 25 (1926), 326-78.

4   *Die Geschichte der Clarissa, eines vornehmen Frauenzimmers*, 8 vols (Göttingen: verlegts Abram Vandenhoecks seel. Wittwe, 1768-70).

5   5 vols (Berlin, 1788-89).

6   Vgl. auch die Rezension in der *Allgemeinen deutschen Bibliothek*, 88 (1789), 162-68.

106

Darstellung wendet sich an das weibliche Publikum; der Roman wird in einer Rezension als "Magazin praktischer Lebensregeln für das weibliche Geschlecht" bezeichnet, das "ganz und unabgekürzt in jeder Frauenzimmer-Bibliothek zu stehen werth" sei.[7]

Als Reaktion auf diesen Roman machte es sich Ludwig Theobul Kosegarten zur Aufgabe, das Original neu zu übertragen. Die ersten drei Bände erschienen im Jahre 1790, der vierte Band im Jahre 1791, die folgenden drei Bände wurden ein Jahr später auf den Markt gebracht, und im Jahre 1793 wurde die Publikation mit der Veröffentlichung des achten Bandes vervollständigt.[8] Eine weitere Übersetzung in 16 Bänden wurde in den Jahren 1790-91 in Mannheim veröffentlicht.[9]

Abgerundet wurde die Beschäftigung mit Clarissas Schicksal durch die vom Dichter Johann Peter Uz (1720-1796) übersetzte im Roman angeführte *Ode an die Weisheit* der Dichterin Elizabeth Carter, die als zweisprachige Ausgabe mitsamt der Noten erschien,[10] sowie durch eine Veröffentlichung von Chodowieckis Kupferblättern zu *Clarissa*.[11]

Ein Artikel im *Journal von und für Deutschland* aus dem Jahr 1792 rekonstruiert die Geschichte der deutschen *Clarissa*-Übersetzungen und liefert eine Anzahl interner Details über die Vorgehensweise vor allem bei der Entstehung der Mannheimer Fassung.[12] Der außergewöhnliche Kenntnisreichtum verwundert nicht, ist der Verfasser des anonym publizierten Artikels doch einer der Übersetzer der Mannheimer *Klarissa*, Christian Heinrich Schmid.[13] Schmid nennt als Grund für die Neuübersetzungen vor allem die als nicht mehr zeitgemäß bewertete Sprache der Göttinger Übertragung.

Neben den deutschen Übersetzungen fallen zwei Veröffentlichungen im deutschen Sprachgebiet ins Auge. Es handelt sich hierbei um eine verkürzte eng-

---

7 Anon., "Rezension *Albertine*," *Allgemeine deutsche Bibliothek*, 88 (1789), 163.
8 *Clarissa. Neuverdeutscht und Ihro Majestät der Königin von Grossbritannien zugeeignet von Theobul Kosegarten*, 8 vols (Leipzig, 1790-93).
9 *Klarissa, oder die Geschichte eines jungen Frauenzimmers, aus dem Englischen des Herrn Richardson, Verfassers der Pamela, und des Sir Karl Grandison, neu übersetzt*, 16 vols (Mannheim, 1790-91).
10 *Ode an die Weisheit. Aus dem Englischen der Clarissa. Übersetzt von J. P. Uz. Nebst dem Englischen Grundtext und der Musik* (Berlin, 1757).
11 *Clarissens Schicksale dargestellt in vier und zwanzig Kupferblättern von Daniel Chodowiecki. Mit Erläuterungen des deutschen Übersetzers*, ed. Ludwig Theobul Kosegarten (Leipzig, 1796).
12 [Schmid], "Über die verschiednen Verdeutschungen," pp.16-35.
13 Vgl. Karl Goedeke, *Grundrisz zur Geschichte der deutschen Literatur: aus den Quellen*, 3rd ed., 14 vols (Dresden, 1844-1959), VI, 576. Obwohl die Orthographie dieses Namens in den Quellen des achtzehnten Jahrhunderts variiert, wird hier durchgängig die Schreibweise "Schmid" verwendet.

lische, in der Reihe *The Novelist* veröffentlichte Ausgabe[14] sowie die fünfbän-
dige, von Abbé Prévost vorgenommene französische Übersetzung *Clarissas* mit
dem Titel *Lettres angloises, ou histoire de Miss Clarissa Harlove* aus dem Jahr
1751 mit Dresdener Impressum.[15]

6.1 Zur Person der Übersetzer:

6.1.1 Johann David Michaelis

6.1.1.1 Biographie

Der Übersetzer der ersten vier *Clarissa*-Bände ist der weithin anerkannte Göttinger Orientalist und Theologe Johann David Michaelis (1717-1791)[16], der zu sei-

---

14 *The History of Clarissa Harlowe: Abridged from the Works of Samuel Richardson, Esq,*
The Novelist: or, A Choice Selection of the Best Novels, II, Containing Joseph Andrews,
and Clarissa Harlowe, ed. H. Emmert (Göttingen, 1793).

15 (Dresde: George Conrad Walther, 1751-1752).

16 Es ist nicht erwiesen, ob Michaelis der Übersetzer aller *Clarissa*-Bände ist oder ob er nur
die ersten vier übertragen hat. Romanübersetzungen waren im achtzehnten Jahrhundert
nicht erwähnenswert, und so äußert sich Michaelis in seiner Autobiographie auch nicht zu
dieser Arbeit. Die Zuordnung findet jedoch im Schriftenverzeichnis im (nicht von
Michaelis stammenden) Anhang der *Lebensbeschreibung* statt, in dem zu lesen ist: "Clarissa, die ersten vier Theile aus dem Englischen übersetzt. Göttingen 1748-49. 8. (complet
8 Theile);" Johann David Michaelis, *Lebensbeschreibung von ihm selbst abgefaßt, mit
Anmerkungen von Hassencamp. Nebst Bemerkungen über dessen litterarischen Character
von Eichhorn, Schulz- und dem Elogium von Heyne. Mit dem Brustbilde des Seligen und
einem vollständigen Verzeichnisse seiner Schriften herausgegeben von Hassencamp*
(Rinteln und Leipzig, 1793), p. 296. Vgl. auch *Journal von und für Deutschland*, 8 (1791),
947-53. Im Artikel zu Michaelis in der *Allgemeinen deutschen Biographie* wird *Clarissa*
nicht erwähnt, das *Lexikon der vom Jahre 1750 bis 1800 verstorbenen teutschen Schriftsteller* enthält den Hinweis auf die ersten vier Teile (Vgl. *Allgemeine deutsche Biographie*,
56 vols (Berlin, 1967-71 [1875-1912]) IX, 142 sowie Johann Georg Meusel, *Lexikon der
vom Jahre 1750 bis 1800 verstorbenen teutschen Schriftsteller*, 15 vols [Leipzig, 1802-
16], IX, 46-54). Ähnlich urteilt Goedeke, *Grundrisz*, IV, 221. Der Hinweis im Anhang
seiner Autobiographie bezieht sich lediglich auf die ersten vier Bände. Allerdings mutet es
fragwürdig an, daß der Theologe Michaelis, der sich während der späten vierziger Jahre
mit Fragen der Ehe und der Moralphilosophie beschäftigte, seine Tätigkeit auf die ersten
Bände beschränkt und die ihm thematisch besonders nahestehenden Bände einem
Kollegen überlassen haben sollte. Aufgrund der ungesicherten Lage wird für die Bände V-
VII statt Michaelis der neutrale Ausdruck "der Übersetzer" verwendet. Textnachweise
finden sich aus Gründen der Übersichtlichkeit unter dem Kurztitel "Michaelis" mit
anschließender Angabe der Band- und Seitenzahl.

108

nen Lebzeiten sehr zum Ruf der noch jungen Universität Göttingen beitrug.[17] Wie hoch die Zeitgenossen den Wissenschaftler schätzten, läßt sich an Hassencamps Vorrede zur Michaelisschen Autobiographie ablesen. Hassencamp schreibt unter Hinweis auf die in erster Auflage bereits vergriffene Johnson-Biographie Boswells über Michaelis: "Und doch ist Johnson das noch nicht für England gewesen, was Michaelis für Deutschland, ja für ganz Europa war."[18] Die Würdigung preist Michaelis nicht nur als Universalgelehrten, sondern auch als Wissenschaftler, der über Kontakte in zahlreiche Länder verfügte. Michaelis war Mitglied einer großen Zahl königlicher Gesellschaften, darunter seit 1789 der *Royal Society.* Überdies entwarf er gemeinsam mit Albrecht von Haller für die neu zu gründende Göttinger Societät der Wissenschaften die Statuten und wurde 1751 deren Sekretär. Am Titel seiner Autobiographie, *Johann David Michaelis, ehemahligen Professors der Philosophie zu Göttingen, Königl. Großbrit. und Churbraunschweig= Lüneburgischen geheimen Justizrathes, Ritters des Königl. Schwedischen Nordstern= Ordens x x Lebensbeschreibung von ihm selbst abgefaßt,* läßt sich seine gesellschaftliche und akademische Stellung am besten ablesen.

Als ältestem Sohn des Theologen und Orientalisten Christian Benedikt Michaelis (1680-1764) und Großneffen des Theologen und Bibelforschers Johann Heinrich Michaelis (1668-1738) war Johann David das Interesse für seinen Forschungsbereich "in die Wiege gelegt." Bereits in seiner Kindheit erhielt er Privatunterricht bei einer stattlichen Reihe von Theologen. Trotz dieser frühen Heranführung an die Theologie entschied sich der junge Michaelis bei seinem Studienantritt an der Heimatuniversität Halle im Jahre 1733 jedoch zunächst für die medizinische Fakultät. Nebenbei besuchte er historische und mathematische Vorlesungen, bevor er – wahrscheinlich auf Wunsch des Vaters – zur Theologie und Orientalistik wechselte. Dieses Studium beendete er im Jahre 1739. Nach einer kurzen Anstellung an der Universität Halle verbrachte Michaelis das Jahr 1741 in England. In seiner Autobiographie äußert er sich zum Zweck dieses

---

Clarissa war nicht das einzige von Michaelis aus dem Englischen übertragene Werk; im *Lexikon*-Artikel wird auf die Übersetzung von *Agamemnon, ein Trauerspiel* (Göttingen, 1750) hingewiesen.

[17] Für die folgenden Angaben vgl. Meusel, *Lexikon,* IX, 46-54. Informationen zur Person und zum Werk finden sich in Herbert, "Michaelis: Johann David," *ADB,* XXI, 685-91; "Michaelis (Johann David)," Meusel, *Lexikon,* IX, 144-54; Ida Hakemeyer, *Das Michaelis-Haus zu Göttingen* (Göttingen, 1947), überdies von der gleichen Autorin *Three Early Internationalists of Göttingen University Town: Johann David Michaelis, Caroline, Dorothea Schlözer* (Göttingen, 1956); Rudolf Smend, "Festrede im Namen der Georg-Augustus-Universität zur akademischen Preisverleihung am VIII. Juni MDCCCXCVIII: Johann David Michaelis" (Göttingen, 1898).

[18] Hassencamp, "Vorrede," Michaelis, *Lebensbeschreibung,* p. viii.

Aufenthaltes: "Ich reiste, wie Deutsche häufig zu reisen pflegen, ohne End-
zweck." Letztlich verfolgte die Reise, so fuhr Michaelis fort, "hauptsächlich nur
den [Zweck], daß ich die Sprache fast so gut als Muttersprache sprechen lernte
... Doch geschahe dieß nicht in London, denn da sind zu viele Deutsche, sondern
in Oxford, wo ich einen Monat lang blieb, und blos unter Engländern war."[19]

Vielleicht liegt der entscheidende Vorteil des Unternehmens sogar in der
"Systemlosigkeit" der Reise, sich nämlich offen für alle Eindrücke zeigen und
die unterschiedlichsten Impressionen mit nach Hause nehmen zu können, nicht
zuletzt auch den Wortschatz in größerer Breite zu erweitern, als dies sonst der
Fall gewesen wäre.[20] Michaelis verbrachte seine Zeit in London vor allem in
Hofnähe, da er dem deutschen Hofprediger Ziegenhagen zeitweilig als Gehilfe
zur Seite stand und diesen für mehrere Monate vertreten durfte, als Ziegenhagen
erkrankte. Durch diese Umstände verlängerte sich der Besuch in England. Der
Englandaufenthalt war jedoch nicht nur in sprachlicher, sondern auch in theolo-
gischer Hinsicht von Bedeutung, insofern Michelis sich dort mit dem Latitudina-
rismus, jener im siebzehnten Jahrhundert entstandenen und durch Toleranz gegenüber anderen Konfessionen sowie den Erkenntnissen der modernen Wissenschaft geprägten Richtung der anglikanischen Kirche, auseinandersetzen
konnte.[21]

Im Anschluß an die Rückkehr nach Deutschland im September 1742 und
einer erneuten kurzzeitigen Anstellung an der Universität Halle wechselte
Michaelis im Jahr 1745 nach Göttingen. Dort wurde er ein Jahr später zum au-
ßerordentlichen und 1750 zum ordentlichen Professor der Philosophie ernannt:

> Michaelis legte Wert darauf, nicht der theologischen Fakultät anzugehören, er wollte
> Professor der Philosophie sein. So hat er auch seine Hauptarbeit, die kritische Untersu-
> chung des alttestamentlichen Textes, nicht als Theologe, sondern als Philologe betrieben
> ... Für Michaelis ... ergab sich, daß er durch diese neue, fast anthropologisch zu nen-
> nende Methode den Gegenstand seiner Forschung in die Natur des Menschen hinein-
> stellte.[22]

In dieser Aussage liegt ein möglicher Grund für die Übernahme der Übersetzungstätigkeit im Fall von *Clarissa*. Michaelis blieb der Georgia Augusta fast
ein halbes Jahrhundert treu und wurde bis zu seiner Emeritierung im Jahre 1791
einer ihrer berühmtesten Lehrer. Im Laufe der Jahre wurde er zum Direktor der
Göttinger Societät, des Philologischen Seminars sowie der Universitätsbiblio-

---

19 Michaelis, *Lebensbeschreibung*, pp. 28-29.
20 Vgl. hierzu Hakemeyer, *Das Michaelis-Haus*, p. 6.
21 Vgl. Smend, "Festrede: Michaelis," p. 5 und Michaelis, *Lebensbeschreibung*, p. 27. Zum
    Latitudinarismus vgl. Martin Battestin, *The Moral Basis of Fielding's Art: A Study of
    "Joseph Andrews"* (Middletown, CT, 1959).
22 Götz von Selle, *Universität Göttingen: Wesen und Geschichte* (Göttingen, 1953), p. 46.

thek ernannt und wirkte zudem als Herausgeber der *Göttingischen Gelehrten Anzeigen*, einer der einflußreichsten Zeitschriften und Rezensionsorgane des Jahrhunderts. Michaelis scheint die besondere Gabe besessen zu haben, seinen Studenten überragendes Wissen in fesselnder Weise zugänglich zu machen:

> Seine Wirksamkeit auf dem Katheder war ... eine höchst bedeutende: er war – wie einer seiner Schüler bezeugt – 'einer der vollkommensten Docenten, die je, solange Universitäten sind und sein werden, gelebt haben.' Im natürlichsten Conversationston, in fließender und hinreißender Sprache, durch eine außerordentliche Zungenfertigkeit, ein lebhaftes Mienen- und Geberdenspiel, durch eine unerschöpfliche Mannigfaltigkeit von Wendungen, Bildern und Vorstellungsarten, freilich auch durch Abschweifungen, Anspielungen, Witzeleien und derbe Späße wußte er sein immer zahlreiches Auditorium anzuregen, zu fesseln und zu unterhalten. Seine Vorlesungen waren ... eine wahre Erholung, da er seine Zuhörer mit großer Leichtigkeit zu einer Übersicht über das Ganze zu führen und dem Wesentlichen seines Vortrags eine Fülle von interessanten Nebenbetrachtungen einzuweben wußte.[23]

Bei solch überragender sprachlicher und rhetorischer Begabung ist es nicht überraschend, daß Michaelis denkbar gute Voraussetzungen für die Übersetzung von *Clarissa* mitbrachte.

Die Göttinger Jahre waren indes nicht nur für seine wissenschaftliche, sondern auch für die private Entwicklung prägend. Michaelis schreibt:

> Die ersten Jahre meines Aufenthaltes waren mir nicht angenehm, doch bekam ich bald einen sehr warmen Freund, den ich gar nicht suchte, und von dem mir noch dazu einige andere frühere göttingische Freunde, die mit ihm aber sehr gespannet waren, äusserst widrige Begriffe beygebracht hatten; der hingegen wirklich mich suchte, und nachher einen grossen, mir vortheilhaften Einfluß in das Schicksal meines Lebens gehabt hat: den sel. Haller.[24]

Albrecht von Haller (1708-1777), Mediziner, Botaniker, Dichter und Universalgelehrter, wie Michaelis Mitglied zahlreicher königlicher Gesellschaften in ganz Europa, seit 1736 Professor der Arzneikunde, Anatomie und Botanik in Göttingen, seit 1746 alleiniger Herausgeber und – auch nach seiner Rückkehr in die Schweizerische Heimat – unermüdlicher Hauptrezensent der *Göttingischen Gelehrten Anzeigen*, war einer der berühmtesten Männer seiner Zeit. Durch seine vertiefenden Studien an europäischen Universitäten sorgte Haller für eine den neuesten Kenntnissen entsprechende Ausbildung seiner Studenten. Zu diesem Zweck ließ er ein anatomisches Theater, eine Hebammenschule sowie einen botanischen Garten einrichten. In den siebzehn Jahren seines Wirkens in Göttingen gab er nicht weniger als 86 Schriften zur Anatomie, Botanik und Medizin her-

---

23 Herbert, "Michaelis: Johann David," *ADB*, XXI, 686.
24 Michaelis, *Lebensbeschreibung*, p. 41.

aus: "Es kann gar kein Zweifel sein, daß Albrecht Haller in erster Linie den internationalen Ruhm der Georgia Augusta begründet hat."25

Die Anfänge der Freundschaft zwischen Haller und Michaelis liegen in den späten vierziger Jahren und damit in einer Zeit, als Michaelis an seiner *Clarissa-* Übersetzung arbeitete:

> Haller persuaded Michaelis to translate the novel (or at least part of it), and both obviously persuaded Abram Vandenhoeck, Göttingen's university printer, to take on the book ... It appeared with the Vandenhoeck imprint, and it was among the first English novels to be brought out by a well-respected German publisher. This no doubt helped to establish the novel in Germany as serious literature.26

Vermutlich jedoch nahm Michaelis seine Arbeit nicht nur in Angriff, weil er sich Haller freundschaftlich verbunden fühlte, sondern auch, weil er Richardsons Werke schätzte und vom Vorteil eines solchen Unterfangens für das deutsche Publikum überzeugt war. Bereits 1746 hatte er sich die Figur Pamelas in seiner *Allerunterthänigste[n] Bittschrift an Seine Königliche Majestät in Preussen, um Anlegung einer Universität für das schöne Geschlecht* zunutze gemacht.27 Die *Bittschrift* ist mit "Göttingen, den 27. Februar 1747" gezeichnet und entstand demnach kurze Zeit vor der Veröffentlichung *Clarissas* im Jahr 1748. Michaelis entwirft darin das Bild einer Universität für Frauen, gibt Lernziele an und schlägt ideale Kandidatinnen für die Lehre vor. So nennt er etwa die "Gottschedin," Louise Adelgunde Victorie Gottsched, die sich mit ihrer Übersetzung von Popes *Lockenraub* einen Namen gemacht hatte, und die "Löberin," Tochter des Superintendenten in Altenburg, "die das sechste Buch der Äneis in deutsche Verse" übersetzt und hierbei "auch den kleinsten Theil selbiger Übersetzung im Druck mitgetheilet"28 hatte. Pamela kommt indes eine Sonderstellung zu, da Michaelis das tugendhafte Verhalten der Titelheldin als Ideal einer jeden Studentin in Göttingen ausgab. Will man Michaelis' Bittschrift nicht ausschließlich als Fürstenlob bewerten, hat die preußische Prinzgemahlin Sophia Pamelas Vorbild bereits übertroffen. Zeigt Richardson dem Leser die jugendliche Pamela sowie die junge Ehefrau und Mutter, so ist Sophia das Musterbeispiel für Pamela als erwachsene Frau:

---

25 von Selle, *Universität Göttingen*, pp. 20-21.
26 Bernhard Fabian, *The English Book in Eighteenth-Century Germany* (London, 1992), pp. 84-85.
27 Die Bittschrift wurde ein Jahr später anonym veröffentlicht. Vgl. Hakemeyer, *Das Michaelis-Haus*, p. 7.
28 Michaelis, *Bittschrifft*, p. 17.

Wer aber? wer regiert die Wunder=schöne Heerde?
Wer faßt mit kluger Hand den güldnen Hirten=Stab?
Zeigt sich nicht dort in purpurnem Talar
Die zweyte P a m e l a? = = mit tugendhaften Blicken,
Die Schaam und Ehrfurcht niederdrücken,
Beschaut sie der Gesetze Buch,
Das auf dem heiligen Altar
In ein von unsrer Hand gesticktes Tuch
Von banger Demuth eingewickelt liegt.

Die Weisheit selbst, der P r e u s s e n K ö n i g i n,
Schrieb dieses weise Buch. Ihr Königlicher Sinn,
Der Gunst und Irrthum längst besieget,
Erfüllte es mit ewigen Gesetzen,
Die würdig sind, daß wir
Der schöne Inhalt in Porphyr
und (litt' es die Natur) in harten Demant ätzen.
Sie ists, die diesen Musen=Sitz regiert.
Sie ists, von welcher er mit stolz den Namen führt.

Die Regeln, welche uns S o p h i a vorgeschrieben,
Lehrt eine P a m e l a uns in der Jugend üben.
Ihr Auge, das sich nicht von diesem Buch entfernt,
Daraus man ächte Weisheit lernt,
Beurtheilt unser Thun nach diesem Probe=Stein.
Ihr Blick, der Ernst und Liebe klüglich menget,
Befiehlt ein Abdruck dieser Schrifft zu seyn:
Und welcher Fluß sich nicht zum Tugend=Tempel dränget,
Die wird dem schnöden Laster zum Verdruß
Von unsern reinen Zunfft=Genossen
Durch den nie widerrufnen Schluß
Der ersten Obrigkeit auf ewig ausgeschlossen.[29]

Michaelis macht sich also eine literarische Figur zunutze, um eigenen Ideen
Überzeugungskraft zu verleihen. Eine solche Vorgehensweise läßt darauf schließen, daß *Pamela* sieben Jahre nach der englischen Erstausgabe im Deutschen
Reich so bekannt war, daß der Name keiner weiteren Erläuterung bedurfte und
als Ideal nachahmenswerten Verhaltens stand. Gleichzeitig läßt die Verwendung
dieser Romangestalt den Rückschluß zu, daß Michaelis nicht erst im Falle *Clarissas* mit Richardson in Berührung kam. Es ist denkbar, daß er *Pamela* bereits
1741 während seines Englandaufenthaltes gelesen hat. In keinem Fall konnte er
in dieser Zeit den ungewöhnlichen Erfolg des Werkes nicht zur Kenntnis nehmen und wußte daher um Richardsons Popularität und didaktischen Wert für
eine breite Öffentlichkeit. Auch wenn bisher keine brieflichen Zeugnisse vorlie-
gen, darf man daher vermuten, daß Michaelis – ähnlich wie bereits der *Pamela-*

---

[29] Michaelis, *Bittschrifft*, pp. 20-21.

Übersetzer Johann Mattheson vor ihm – durch seine Übersetzertätigkeit in erster Linie auf die Publikation eines moralisch-didaktischen Romans mit Öffentlichkeitswirkung zielte. Michaelis machte sich aber weniger als Übersetzer, sondern vor allem als Theologe einen Namen. Er wandte sich Fragen der Ethik zu, veröffentlichte etwa Abhandlungen über die Mosaischen Ehegesetze sowie Mosaisches Recht und publizierte im Jahr 1748 *Gedanken über die offenbarte Lehre von der Genugthuung Christi*,[30] eine Thematik, die bekanntlich auch in *Clarissa* erörtert wird und die die Vermutung unterstreicht, Michaelis habe in der Übersetzung des Romans vor allem eine Möglichkeit gesehen, sein Publikum moralisch zu unterweisen. Daneben tat er sich als Übersetzer und Kommentator der Bibel hervor. Seine *Deutsche Übersetzung des Alten Testaments mit Anmerkungen für Ungelehrte* erschien 1769-83 in Göttingen und Gotha, sieben Jahre später schloß sich eine kommentierte Übersetzung des Neuen Testaments an.

Neben seiner Übersetzertätigkeit interessierte sich Michaelis auch für lexikalische Studien. Hier hat ihm die Abhandlung *Über den Einfluss der Meinungen in die Sprache und die Sprache in die Meinungen* von 1759[31] zu europäischer Berühmtheit verholfen. Noch im Erscheinungsjahr ins Englische übertragen, wurde sie ein Jahr später auch ins Französische übersetzt und in dieser Fassung Friedrich II bekannt, der Michaelis am Ende des Siebenjährigen Krieges vergeblich nach Preußen zu holen suchte. Die Abhandlung wurde von der Berliner Akademie ausgezeichnet. Michaelis betreute die englische Fassung selbst, überarbeitete das Manuskript und stattete es mit Supplementen aus. Im Vorwort äußerte er sich unter anderem über sein Verhältnis zur englischen Sprache:

> I never found it impossible, or even very difficult to translate English pieces into German, or to concentrate the substance of them in extracts, abridging the thoughts, yet preserving all their perspicuity, and this without borrowing a single foreign word.[32]

An diesem Passus zeigt sich das Selbstbewußtsein des Übersetzers in bezug auf die Qualität seiner Tätigkeit. Michaelis betont, ausschließlich auf deutsche Be-

---

30 Der vollständige Titel lautet *Gedanken über die offenbarte Lehre von der Genugthuung Christi, als einer höchst vernünftigen und der Weisheit und Güte Gottes gemässen Lehre* (Frankfurt und Leipzig, 1748). Vier Jahre später veröffentlichte Michaelis *Gedanken über die Lehre der heiligen Schrift von der Sünde, als eine der Vernunft gemässen Lehre* (Hamburg, 1752).
31 (Berlin, 1759).
32 Johann David Michaelis, *A Dissertation on the Influence of Opinions on Language and of Language on Opinions, Which Gained the Prussian Royal Academy's Prize on that Subject: Containing Many Curious Particulars in Philology, Natural History, and the Scriptual Phraseology. Together with an Enquiry into the Advantages and Practicability of an Universal Learned Language* (London, 1759).

114

griffe zurückzugreifen und den Inhalt dennoch vollständig zu erhalten. Die Tatsache jedoch, daß der Preußenkönig ein Werk seines Landsmanns nicht in deutscher Sprache, sondern in französischer Übersetzung las, zeigt die Relativität der Übersetzungsleistung für den deutschen Leserkreis und macht einmal mehr deutlich, mit welchen Vorbehalten deutschsprachige Literatur der Zeit zu kämpfen hatte.

6.1.1.2 Die *Clarissa*-Übersetzung

Die *Clarissa*-Übersetzung aus der Feder von Michaelis war die erste kontinentale Übersetzung dieses Romans. *Clarissa, Die Geschichte eines vornehmen Frauenzimmers, von demjenigen herausgegeben, welcher die Geschichte der Pamela geliefert hat: und nunmehr aus dem Englischen in das Deutsche übersetzt* erschien von 1748-1753 in acht Bänden bei Abram Vandenhoeck in Göttingen und war "Mit Königl-Pohln. und Churf. Sächs. allergnädigsten Privilegio" ausgestattet. Die Bände I und II tragen das Publikationsdatum 1748, die folgenden zwei wurden 1749 veröffentlicht, die Bände V und VI folgten im Jahr 1750, und der als "siebenter und letzter Theil" betitelte Band erschien ein Jahr später. Besonders die *Göttingischen Gelehrten Anzeigen*, aber auch weitere Zeitschriften wie die *Jenaischen gelehrten Zeitungen*, zeigten Interesse am Fortgang der Übersetzung und berichteten ihrem Publikum über den jeweils aktuellen Stand der Veröffentlichung. Bereits vor der Publikation der ersten Bände hieß es in den *Göttingischen Gelehrten Anzeigen*:

> Die Bücher, die in ihrer Art einen Vorzug haben, verdienen unserem Bedünken nach allemahl eine Stelle in einer gelehrten Zeitung, wann schon der Vorwurf derselben nicht unmittelbar in die Wissenschaften einschlägt. Wir tragen daher kein Bedenken einen neuen vermuthlichen Roman zu berühren, der in London ... im vorigen Jahre herauszukommen angefangen. Die zwey ersten Theile sind für den Buchh. Richardson auf 312. und 310 Duodezseiten abgedrukt, und zwey andre sollen nachfolgen.[33]

Der Roman wurde wohlwollend beurteilt, obwohl dem Rezensenten, Albrecht von Haller,[34] bereits die Schwierigkeit der Gattung Briefroman für die Textpräsentation bewußt ist. So schreibt er entschuldigend:

[33] *Göttingische Gelehrte Anzeigen*, 35. Stück (28. März 1748), 274. Seit 1739 erschienen die *Göttingischen Zeitungen von Gelehrten Sachen*, die ab 1753 unter dem Titel *Göttingische Anzeigen von gelehrten Sachen unter der Aufsicht der Königlichen Gesellschaft der Wissenschaften* publiziert wurden. Da die Zeitschriften unter dem Namen "Göttingische Gelehrte Anzeigen" bekannt sind, wird in der folgenden Darstellung dieser Titel verwendet.
[34] Zu Hallers Beiträgen in den *Göttingischen Gelehrten Anzeigen* vgl. *Hallers Literaturkritik*, ed. Karl S. Guthke (Tübingen, 1970).

Es bleibt ... eben der Vorwurf gegen die Clarissa, den man wieder die Pamela gemacht, wie nemlich bey einer beständigen Aufsicht ihrer Verfolger das Frauenzimmer das Herz gehabt, und die Zeit gefunden, so viele, und so lange Briefe zu schreiben. Doch der Verfasser hat kein ander Mittel gewußt, die vielen besondern kleinen Begebenheiten und Unterredungen lebhaft und umständlich abzuschildern, welches freylich ganz unwahrscheinlich wäre, wann sie nicht unmittelbar zu Papier gebracht würden ... Es ist sonst die genaueste Wahrscheinlichkeit beobachtet, und nicht das geringste Romanenhafte Wesen in den Begebenheiten eingemischt. Dieses angenehme Buch wird hier von Personen, die der Englischen Sprache vollkommen mächtig sind, übersezt, und in Vandenhoeks Verlag auf die nächste Messe an Tag kommen.[35]

Bereits vor der Veröffentlichung wies Haller auf die Wahrscheinlichkeit der Handlung hin, um den Vorwurf der Fiktion und des schlechten Einflusses auf das Publikum zu entkräften. Der Verweis auf die hervorragenden Übersetzer des Werks rundet das Bemühen um die Abgrenzung von Romanzen ab.[36] Die Publikation wurde mit Interesse verfolgt und kommentiert. So hieß es am 13. März 1749: "Der dritte Theil der übersetzten Clarissa ist bey Vandenhoeck neulich fertigworden, ... und die Englische Urkunde ist uns nunmehr volständig in sieben Bänden zu Handen gekommen."[37] Einige Monate später liest man:

Der vierte Theil der Clarissa, die von der gleichen beliebten Hand übersezt, und auf Ostern herausgekommen ist, beläuft sich auf 398 S. und die übrigen drey werden mit nächstem nachfolgen. Sonst ist in Engelland eine neue Auflage dieses vortreflichen Buches fertig worden, worinn man eine Tabelle findet, auf welcher unter gewissen allgemeinen Titeln alle die merkwürdigen Sittenlehren und Lebensregeln angezeigt sind ... Diese Tabelle wird bey dem letzten Theil der Deutschen Übersetzung gleichfalls anzutreffen sein.[38]

Kurze Zeit später verkündete der Rezensent die bevorstehende Beendigung des Projekts und spekulierte über mögliche Gründe für die ausbleibende französische Übertragung.[39] Im November desselben Jahres wurde die Publikation der

---

35 *Göttingische Gelehrte Anzeigen*, 35. Stück (28. März 1748), 274-75.
36 Ähnlich urteilten auch die *Jenaische gelehrten Zeitungen*. Dort heißt es: "Indessen können wir doch nunmehr ... auch eine übersetzte Pamela lesen, eben sowohl als ihre Nachfolgerin, Clarissa. Von dieser lezteren liefert uns der UniversitätsBuchdrucker in Göttingen, Abram Vandenhöck zwey Theile unter dem Titel: Clarissa, die Geschichte eines vornehmen Frauenzimmers, von demjenigen herausgegeben, welcher die Geschichte der Pamela geliefert hat: und nunmehr aus dem Englischen in das Deutsche übersetzt. 1748. 8. Mit Königl. Pohln. und Churs. Sächsl. allergnädigst. Privilegio. Wir sind bis ietzo mit dem Ubersetzer [sic] darinnen nicht einig, daß die Clarissa der Geschichte der Pamela vorzuziehen seyn ... Was die Ubersetzung [sic] betrifft: so scheinet sie sehr wohl gerathen zu seyn; weil der Verfasser beyder Sprachen mächtig gewesen ist;" *Jenaische gelehrte Zeitungen*, 1, 16. Stück (26. Februar 1749), 127-28.
37 *Göttingische Gelehrte Anzeigen*, 26. Stück (13. März 1749), 201.
38 *Göttingische Gelehrte Anzeigen*, 72. Stück (11. Juni 1749), 570.
39 "Von der übersezten Clarissa ist diese Ostermesse der fünfte Theil auf 878. und der sechste auf 838 S. abgedrukt worden. Dieser und der lezte Theil (der auf die nächste Messe

116

ersten englischen Auflage abgeschlossen.[40] Die *Letters and Passages Restored*, Richardsons Supplementband für Käufer der ersten beiden *Clarissa*-Auflagen, die hierin die zahlreichen Änderungen der zweiten und vor allem der dritten Auflage zur Kenntnis nehmen konnten, erschien im Jahre 1753 als "achter Theil welcher die Zusätze enthält."[41] Der Übersetzer des letzten Bandes sieht es als notwendig an, sein Publikum auf diese Besonderheit aufmerksam zu machen; in seiner "Vorrede" heißt es:

> Gegenwärtiger achter Theil der Geschichte der Clarissa liefert die Zusätze und Verbesserungen, welche in der dritten und vierten Ausgabe dieses vortreflichen Werks hinzugekommen sind. Es erschienen dieselben in Engelland nach einander, nach dem unsre Übersetzung, die man aus der ersten Ausgabe verfertiget, schon vollendet war. ("Vorrede des Übersetzers," Michaelis, VIII, n.p.)

Michaelis muß demnach unmittelbaren Zugriff auf das englische Original gehabt haben: sein Vorwort zum ersten Band stammt vom 20. September 1748. Zu diesem Zeitpunkt lagen die englischen Bände I und II vom Dezember 1747 sowie die Bände III und IV vom April 1748 vor. Wenn Michaelis bis zur Michaelismesse des Jahres 1748 auch erst zwei Bände seiner Übersetzung fertiggestellt hatte, so scheint er doch mit dem gesamten bis dahin veröffentlichten Geschehen vertraut gewesen zu sein, nimmt er doch hierzu etwa im Hinblick auf Spekulationen um einen tragischen Ausgang des Werkes im Vorwort bereits Stellung. Michaelis kokettiert mit der Neugier seiner Leserinnen und Leser und gibt sich gespielt unsicher in der Vorgehensweise:

---

nachfolgen wird,) sind lebhafter und stärker an Gedanken, Ausdruck und Mahlerey als die vier ersten. Das der Clarissa begegnete und für ein so himmlisches Frauenzimmer fast alzu demüthigende Unglück ist vielleicht die Ursache, worum in Frankreich ein sonst so ausnehmendes Buch noch keinen Eingang gefunden hat;" *Göttingische Gelehrte Anzeigen*, 77. Stück (30. Juli 1750), 610.

40 "Der siebende und lezte Theil der Clarissa ist auf der Herbstmesse herausgekommen, und hiermit ist dieses angenehme und nüzliche Werk zu Ende gebracht worden. Er ist 908 S. stark;" *Göttingische Gelehrte Anzeigen*, 113. Stück (9. November 1750), 898. Ähnlich berichten die *Jenaischen gelehrten Zeitungen*, 3, 9. Stück (30. Januar 1751), 79: "Vandenhoeks Witwe hat geliefert: Clarissa, die Geschichte eines vornehmen Frauenzimmers, aus dem englischen übersetzt, siebender und lezter Theil, 8. 2Alph. 11. Bog."

41 *Jenaische gelehrte Zeitungen*, 89. Stück (15. November 1752), 708: "Bey Vandenhoecks Witwe ist nun auch der 8te Theil der teutschen Übersetzung der so beliebten Clarisse auf 1.Alph. in 8. abgedruckt zum Vorschein gekommen. Es ist dieser Theil zwar keine Fortsetzung der Geschichte der Clarissa, als welche, bekanntermasen in dem siebenden Theile mit ihrem Tode beschlossen worden. Allein er ist deswegen dennoch merkwürdig, da er uns Zusätze zu allen den vorigen Theilen vorlegt, welche in der dritten und vierten Ausgabe der englischen Auflage befindlich, und auch zum Vortheil derer, die die erste besitzen, in Engelland besonders gedruckt sind."

Ich weiß nicht, ob ich dem Leser den Gefallen thun und von ihrem Inhalt etwas melden soll? Oder ob es besser ist, ihn in einer angenehmen Ungewißheit zu lassen, die hernach durch Lesung dieser unerwarteten Zufälle desto mehr vergnügt werden wird? ("Vorrede des Übersetzers," Michaelis, I, n.p.)

Um seinen Lesern jedoch die Wartezeit bis zum Erscheinen der Bände III und IV an Ostern des Jahres 1750 zu erleichtern, entschließt sich Michaelis zu einer kurzen Vorabzusammenfassung der Handlung[42], um abschließend zu spekulieren:

Der fünfte und sechste Theil hat das Licht noch nicht gesehen ... Vielleicht findet man in dem sieben und dreißigsten Briefe des zweyten Theils eine Ahndung von dem fürchterlichen Ende dieses Trauer=Spiels. ("Vorrede des Übersetzers," Michaelis, I, n.p.)

Weitere Hinweise auf den unmittelbar nach Veröffentlichung des englischen Originals gefaßten Plan, sich an eine Übersetzung zu wagen, finden sich in Vandenhoecks Vorankündigung der ersten beiden Bände aus dem Jahre 1748. Dort heißt es unter anderem:

Vandenhoeck läßt iezo druken, und wird auf die Leipziger Messe liefern: Die Geschichte der Fräulein Clarissa Harlowe, aus dem Englischen übersetzt 2 Theile. Es ist dieses Buch, so im Englischen 40 Bogen in 8° beträgt, von eben demjenigen verfertiget, welcher durch Herausgebung der Pamela sich um das Vergnügen und Tugend des Frauenzimmers so viel verdient gemacht hat, und einen so allgemeinen Beifall erhalten.[43]

Nach einer Zusammenfassung der Handlung der beiden ersten Teile liest man:

So viel man aus den beyden in Engelland herausgekommenen Theilen siehet (denn der dritte der die Lösung des Knotens enthält, ist noch nicht unter der Preße, und wird daher den Leser einige Zeitlang in einer angenehmen Ungewißheit laßen) hat Lovelace in den meisten Stüken den Character des B. in der Pamela .... Übrigen Character sind meistentheils neu und vergnügend und lehrreich, so daß ächte Kenner dieses werkgen der Pamela fast haben vorziehen wollen, und Vandenhoeck dazu vermocht, es in das Deutsche übersetzen zu laßen.[44]

Diese Bemerkungen veranschaulichen das Interesse, auf das *Clarissa* in Kennerkreisen zu stoßen versprach, und sind ein eindrucksvolles Zeugnis für die unmittelbare Rezeption in Göttingen. Schon wenige Monate nach der Publikation der

---

42 "Doch nein! ich will den Fluch nicht auf mich laden, mit dem mich die ungesättigte Neugier zwischen hier und Ostern verwünschen könnte;" "Die Vorrede des Übersetzers," Michaelis, I, n.p.

43 Das Original befindet sich in den Archiven des Verlagshauses Vandenhoeck & Ruprecht, Göttingen. Abdruck mit freundlicher Genehmigung des Verlags. Vgl. auch Wilhelm Ruprecht, *Väter und Söhne: zwei Jahrhunderte Buchhändler in einer deutschen Universitätsstadt* (Göttingen, 1935), p. 48n3.

44 Vgl. Fußnote 40.

118

ersten Originalbände gilt *Clarissa* als *Pamela* überlegen: Prädikate wie "lehrreich," "neu" und "vergnügend" lassen eine Übersetzung naheliegend erscheinen. Der Plan zur Veröffentlichung lag also bereits im April 1748 vor, die Bände
I und II hätten zur Ostermesse erscheinen sollen. Zwar hatte Vandenhoeck die
Publikation übernommen, den Druck jedoch, wie an der Formulierung "läßt iezo
druken" abzulesen ist, an eine Druckerei[45] abgegeben. Michaelis war mit der
Übersetzung beauftragt.[46] Wie der erhaltene Vertrag zwischen Vandenhoeck
und Michaelis über die Übersetzung des zweiten Bandes verdeutlicht, erhielt der
Übersetzer genaue Vorgaben für seine Arbeit. Da die Vertragsmodalitäten Einblick in die Vorgehensweise während der Übertragung geben, sind sie hier in
voller Länge wiedergegeben:

> Da Herr Abram Vandenhoek den Herren Professor Johan David Michaelis angespro-
> chen den zweyten Theil der Geschichte Clarissa Harlowe aus dem Englischen in das
> Deutsche zu übersezen; lezterer auch dieses zu thun versprochen: so ist heute dato des-
> halb folgender Contract zwischen ihnen verabredet und geschloßen worden. Es ver-
> spricht Herr Van den Hoeck dem Herrn Prof. Michaelis,
>
> 1) für ieden Bogen, den das Buch im Englischen beträgt, den Bogen zu acht Blättern
> netto gerechnet, obgleich das Format in 12° ist! zwey Reichs=Thaler in baarem Gelde
> richtig zu bezahlen; und folglich für den ganzen zweyten Theil dieses Buches, der aus
> 19 1/2 Bogen nach dieser Art zu rechnen bestehet in allen 39 Rthl. schreibe neun und
> dreißig Reichs Thaler baar zu entrichten.
>
> 2) Von diesem Gelde hat Herr Vandenhoek zum voraus zehen Reichs=Thaler bereits
> gezahlet, und entrichtet das übrige bey Übergebung des lezten Theils des Mssor. Erst
> denn der Herr Professor Michaelis berechtiget ist, sogleich nach vollbrachter Arbeit die-
> ses honorarium zu fordern, die leztern zwey Bogen, das Ende seines Mssor. gestalten
> Sachen noch auch bis auf dießen Abtrag zu behalten.
>
> Über dieses giebt 3) Herr Vandenhoeck dem Herren Professor Michaelis zwey vollstän-
> dige Exemplaria des ersten und zweyten Theil dieses Buchs in der deutschen Überset-
> zung annoch über das accordirte honorarium ohnentgeltlich drein.
>
> 4) Hingegen verspricht der Herr Professor Michaelis dem Herren Vandenhoek mit
> dem Mssor. nicht aufzuhalten, sondern seine Sachen so einzurichten, daß er alle Wo-
> chen wenigstens zwey Bogen (den Bogen zu acht Blättern gerechnet) und das Ende sei-
> nes Mssor. den Dienstag nach Ostern abliefern könne. Es liefert demnach gedachter
> Herr Prof. Michaelis
> den 7ten Mart. von pag. 1-32

---

45 Ruprecht, *Väter und Söhne*, p. 48 nennt als Quelle einen Brief Gesners an Mosheim sowie
Gesners *Promemoria* aus dem Jahre 1749.
46 Die genauen Umstände der Übersetzung sind nur unzureichend rekonstruierbar, da alle
Beteiligten dem Kreis der Georgia Augusta entstammen und außer dem Vertrag zwischen
Michaelis und Vandenhoeck – soweit bisher bekannt – keine schriftlichen Zeugnisse vorhanden sind. So findet sich im Michaelis-Nachlaß der Niedersächsischen Staats- und Universitäsbibliothek Göttingen lediglich ein Brief an die Witwe Vandenhoeck aus dem Jahr
1770, Briefe an und von Haller sind nicht enthalten.

den 14. Mart. von pag. 33-64.
den 21 Mart. von pag. 65-96
den 28 Mart. von pag. 97.-128
den 4 Apr. von pag. 129-160
den 11. Apr. von pag. 161-192
den 18 Apr. von pag. 193.-224
den 27 Apr. von pag. 225. bis zu Ende

Kan er mit der Übersezung (wie er hoffe) noch geschwinder fertig werden, so wird der Herr Vandenhoek sich lieb seyn laßen, und nicht dagegen seyn, wenn er ihm auch den Abschluß der Übersezung einige Wochen früher überliefert, hingegen auch die Bezahlung nach geschehener Lieferung sogleich verlanget und suchet.

Daß dieses also abgeredet und völlig geschloßen, auch einieder den Contract auf seiner Seite aufrichtig und sonder Gefährde zu erfüllen gesinnet sey, bekennen beyde durch ihres Handeigenern Unterschrift.

Geschehen Göttingen: den 5 Mart. 1748.
Johann David Michaelis.[47]

Zwischen Dezember 1747, der Erstveröffentlichung der Bände I und II, und März des folgenden Jahres fand also zumindest ein Exemplar der bis dahin erschienenen englischen *Clarissa* nicht nur den Weg nach Göttingen,[48] sondern wurde dort von mehreren Personen gelesen und der Übersetzung für wert erachtet. Dem Vertragsdatum zufolge faßte man den Plan zur Übersetzung noch vor dem Erscheinen der Bände III und IV. Hier wird auf eindrucksvolle Weise deutlich, wie eng die Beziehungen Göttingens zum Inselreich waren, mit welcher Sorgfalt man in Göttingen literarische Neuerscheinungen registrierte und wie unmittelbar man gemessen an den Maßstäben des achtzehnten Jahrhunderts auf englische Entwicklungen zu reagieren bereit war. Selbst wenn der ehrgeizige Plan scheiterte, den zweiten Band innerhalb von sieben Wochen zu übersetzen, kann man Michaelis für seine Schnelligkeit bei dieser "Nebentätigkeit" nur bewundern.

Der erste Satz des Vertrages veranschaulicht die Rolle des Verlegers in diesem Unternehmen. So scheint Vandenhoeck der aktive Part zugefallen zu sein und er sich um Michaelis als Übersetzer bemüht zu haben. Die Formulierung "Da Herr Abram Vandenhoek den Herrn Professor Johan David Michaelis angesprochen" legt die Vermutung nahe, daß verlegerische Interessen eine wenn

---

47 Das Original des Vertrags befindet sich im Besitz des Verlags Vandenhoeck & Ruprecht, Göttingen. Abdruck mit freundlicher Genehmigung des Verlags.

48 Über den Weg dieses englischen Originals nach Göttingen läßt sich lediglich spekulieren. Wie bereits dargestellt, gab es mehrere Möglichkeiten, an englische Bücher zu gelangen. Das *Clarissa*-Exemplar könnte auf dem Handelsweg über Holland oder Hamburg nach Deutschland gelangt sein. Da Haller anscheinend den Auslöser für die Übersetzung gegeben hat, könnte er von englischen Freunden mit einer Ausgabe und der Empfehlung, den Roman zur Kenntnis zu nehmen, bedacht worden sein. Michaelis könnte Hallers eigenes Exemplar benutzt oder sich auf ähnlichem Wege ein Arbeitsexemplar beschafft haben.

nicht ausschließliche, so doch entscheidende Rolle für die Publikation gespielt haben. Das akademische Interesse der Herren Michaelis und Haller galt anscheinend als zweitrangig. Das Honorar für eine Übersetzung dieser Länge durch einen qualifizierten, sprachkundigen Mann wie Michaelis betrug 39 Reichstaler. Vergleicht man diese Summe mit dem durchschnittlichen Jahreseinkommen Göttinger Bürger – knapp 20 Jahre später, um 1765, erhielt beispielsweise der erste Bürgermeister rund 700 Reichstaler jährlich, ein Senator 300 bis 500 Reichstaler, und ein Tagelöhner oder Handlanger bei regelmäßiger Beschäftigung bis etwa 60 Reichstaler ohne Verpflegung[49] –, so läßt sich die Höhe des Honorars besser bewerten. Michaelis ist demnach für die Schnelligkeit seiner Arbeit entsprechend entlohnt worden.

Michaelis verweist in seinem Vorwort vom September 1748 ausdrücklich auf seine unabgeschlossene Übersetzungstätigkeit und mutmaßt zur Fortsetzung seiner Vorlage in England:

> Vermuthlich werden diese Theile schon jetzt in England in der Presse seyn: und wo dieses ist, liefert der Verleger die Übersetzung des dritten und vierten Theils auf Ostern 1749, den fünften und sechsten Theil auf Michaelis.
> ("Vorrede des Übersetzers," Michaelis, I, n.p.)

Darüber hinaus ist die "Vorrede des Übersetzers" auch in anderer Hinsicht von Belang. Michaelis nimmt zu seinem Projekt ebenso Stellung, wie er Auskunft über die Entstehungsgeschichte des Romans erteilt. Er begründet die Wahl des Textes, erläutert Vandenhoecks Gründe für die Veröffentlichung, gibt Auskunft über die Kriterien seiner Arbeit und vergleicht *Pamela* und *Clarissa* im Hinblick auf die Wahrscheinlichkeit der Handlung.[50]

Zur Begründung der Textwahl sowie Vandenhoecks Rechtfertigung für die Publikation heißt es:

> Es sind die Geschichte der Clarissa dem Verleger dieser deutschen Übersetzung, so bald sie in England heraus kamen, von solchen Männern angepriesen und ihm angeraten worden eine deutsche Übersetzung davon zu besorgen, auf deren Urtheil er sich völlig verlassen konnte, und deren Nahmen, wenn es nöthig wäre sie bekannt zu machen, ihm und der von ihm herausgegebenen Übersetzung an statt einer Schutz=Schrifft dienen könnten.
> Der eine unter denen, dessen Rath er folgete, zog die **Clarissa** der mit so vielem Beyfall aufgenommenen **Pamela** vor: und weil dieser Mann von dem größesten und besten Theil Deutschlandes für den größesten Kunstrichter unserer Zeit in den schönen Wis-

---

49 Vgl. Hans-Jürgen Gerhard, "Geld und Geldwert im 18. Jahrhundert," *Göttingen im 18. Jahrhundert: Eine Stadt verändert ihr Gesicht: Texte und Materialien zur Ausstellung im Städtischen Museum und im Stadtarchiv Göttingen, 26. April- 30. August 1987* (Göttingen, 1987), p. 29.

50 Wie die meisten Übersetzer zeichnet Michaelis das Vorwort nicht namentlich, jedoch erleichtern einige Hinweise im Text seine Identifikation.

senschafften angesehen wird; und diejenigen Stücke, die er bisher (obgleich sparsam)
zum Vergnügen und Besserung der Deutschen herausgegeben hat, von Dichtern sowohl
als von andern Lesern bey nahe für **canonisch** angesehen sind; und über das in den
Schriften und Urtheilen dieses Mannes die strengsten Grund=Sätze der Tugend und
der Religion herrschen: so konnte der Verleger nicht anders als vergnügt seyn, daß ihm
dieses Buch zuerst in die Hände gefallen wäre; und er sahe sich sogleich nach einem
Übersetzer um, von dem er hoffen könnte, daß er das Englische genugsam verstünde,
ein so schweres Buch zu übersetzen, und daß er nicht eine allzu matte und steiffe deutsche Schreib=Art den Leser des Vergnügens berauben würde, das er bey einer Schrift
dieser Art mit dem grössesten Rechte fordern kann.
("Vorrede des Übersetzers," Michaelis, I, n.p.)

Beachtenswert scheint der Hinweis auf die Anzahl berühmter und gelehrter Fürsprecher des Werkes, die auf seine Veröffentlichung drängten: als Universitätsbuchhändler und -drucker scheint Vandenhoeck der Publikation eines Romans
gegenüber anfänglich skeptisch gewesen zu sein, so daß er sich hinter
"Kunstrichtern" versteckt und diesen die Rechtfertigung des Unternehmens
überläßt. Hinter dem besonders herausgestellten Ratgeber läßt sich Albrecht von
Haller vermuten, der mit seinen *Göttingischen Gelehrten Anzeigen* die europäische Bücherwelt kritisch beobachtete.

Zur "Wahl" des Übersetzers läßt Vandenhoeck des weiteren ausführen:

Es wird nicht nöthig seyn ausführlicher zu melden, daß sich der Verleger in Ausfindung
eines solchen Übersetzers Mühe gegeben, und des Raths desjenigen Mannes dabey insonderheit bedient hat, der ihm die Clarissa als Meisterstück eines wohl geschriebenen
Englischen Buches angepriesen hatte. Derselbige den er endlich ersucht hat, die Übersetzung des gantzen Buchs zu übernehmen, hat sich selbst eine geraume Zeit in England
aufgehalten, und hoffet deswegen, daß sich der Leser auf seine Übersetzung werde verlassen können. ("Vorrede des Übersetzers," Michaelis, I, n.p.)

Vandenhoeck scheint jedoch Mühe gehabt zu haben, den Auserwählten zu über-
reden, wird Michaelis doch nicht müde zu betonen, daß er seine Arbeit nicht aus
Freude am Übersetzen, sondern ausschließlich aus "Dienst an der Menschheit"
übernommen habe:

Er würde auch, da er mit anderer Arbeit überhäuft ist, und nebst einigen eigenen
Schriften die er unter der Feder hat, alle Tage mehrere Stunden zu Vorlesungen auf der
hiesigen Universität anwendet, diese Übersetzung nicht übernommen haben ... wenn er
nicht in der Übersetzung dieses Buches der Welt einen wahrhaften Dienst zu leisten geglaubt hätte. ("Vorrede des Übersetzers," Michaelis, I, n.p.)

Ob diese Darstellung der Wahrheit entspricht oder als "Topos affektierter Be-
scheidenheit" zu gelten hat, ist heute nicht mehr zu entscheiden. Festzuhalten an
diesen Aussagen bleibt vor allem die Beschreibung, mit der sowohl Verleger als
auch Übersetzer die eigene Rolle bei der Veröffentlichung *Clarissas* begleiten.
Der Hinweis auf die vielfältigen Verpflichtungen, die sein Amt an der Georgia

122

Augusta mit sich bringe, dient wohl Michaelis auch dazu, Autorität und Sachverstand gegenüber dem Leser zu begründen. Die Übersetzung von *Clarissa*, so hat es den Anschein, war für Michaelis eine Gelegenheitsarbeit, zu deren Übernahme ihn Pflichtgefühl und sprachliche Kompetenz "zwangen."

Allein vom Umfang des Textes her läßt sich vermuten, daß die Übersetzung nur wenig ausgelassen hat. Präsentiert sich *Clarissa* bereits im Englischen als höchst umfangreiches Werk, so steht die deutsche Übersetzung der englischen Seitenzahl in nichts nach: Band I bis III der Duodezausgabe haben zwischen 398 und 566 Seiten, die folgenden drei Bände aus den Jahren 1750 und 1751 enthalten durchschnittlich 754 Seiten. Der Textvergleich bestätigt diese Annahme: Die deutsche Übersetzung enthält alle Briefe der englischen Version; die ersten drei Bände enden jeweils nach Brief 45, 93 und 173[51] und demnach an den gleichen Stellen wie das englische Original. Die Bände IV und V des Originals sind in der deutschen Übersetzung an einer anderen Stelle getrennt (nach Brief 218 statt nach Brief 231 wie im Original), enthalten gemeinsam jedoch den Textumfang der Vorlage. Ein Grund hierfür könnte im Umfang der Bände liegen. Die Bände VI und VII entsprechen erneut den englischen Vorlagen: Band VI endet nach Brief 418, während der siebte Band zusätzlich zum Romantext das von Kaiser Franz an Vandenhoeck verliehene zehnjährige Druckprivileg vom 11. Februar 1749 enthält.[52]

Die Zusätze des achten Bandes sind ein Zeichen für Richardsons unermüdlichen Eifer, seinen Roman in den Dienst der Didaxe zu stellen. Die Frage, ob Michaelis oder seinem Nachfolger letztlich eigene didaktische Motive ebenso wichtig waren wie die moralische Botschaft des englischen Originals und daher als Beweggrund für die originalgetreue Übertragung anzunehmen sind, läßt sich heute nicht mehr beantworten. Eine derartige Annahme unterstreicht jedoch nur die bereits im Original vorherrschende Tendenz.

---

51 Die Zählung entspricht derjenigen der Ross-Ausgabe.
52 Die Popularität der Übersetzung führte zur Publikation eines Raubdrucks, gegen den Vandenhoeck einzuschreiten versuchte. Vgl. den Hinweis der *Göttingischen Gelehrten Anzeigen* vom 13. März 1749.

6.1.1.3 Besonderheiten der Übersetzung

Michaelis nennt im Vorwort einige aufschlußreiche Kriterien seiner Arbeitsweise.[53] So merkt er etwa an:

> [Der Übersetzer] hat gesucht, die verschiedene Schreib=Art, die die Briefe der verschiedenen Personen unterscheidet, nachzuahmen: z.E. die losen Beschreibungen, welche die Fräulein Howe zu machen pflegt; die gezwungen=witzige Schreib=Art des Jacob Harlowe, u. s. f. Eine wörtliche Übersetzung ist bey Büchern unangenehm, die vergnügen sollen: er hat daher die Freyheit gebraucht, die Worte im deutschen so zu setzen, wie sie seiner Meinung nach in dieser Sprache am besten lauteten. Insonderheit hat er oft die allzulangen und im deutschen unangenehmen Periodos der Engländer in mehrere kurze getheilt: auch bisweilen selten einen Spaß, der im Englischen und nicht im Deutschen lebhaft oder gewöhnlich ist, mit einem andern vertauscht, der sich im Deutschen besser schickte. ("Vorrede des Übersetzers," Michaelis, I, n.p.)

Änderungen wie das Aufbrechen geschachtelter Syntax oder der Ersatz eines englischen Witzes durch ein deutsches Äquivalent sind relativ "harmlose" und durchaus legitimierbare Eingriffe, ihre Funktion liegt im besseren Verständnis des Originals und nicht etwa in einer verdeckten Manipulation oder gar Zensur. Michaelis ist offenkundig daran interessiert, seine Übersetzungsarbeit in den Dienst des Originals zu stellen, das, was sich ihm als Intention erschließt, zu er-

---

[53] Bevor Eigenheiten der Übersetzung aufgezeigt werden, soll auf bibliographische Besonderheiten der Auflage hingewiesen werden. Brief I, 40 (Michaelis, I, 445-65) ist mit "Brieff" überschrieben. Dem Exemplar der Niedersächsischen Staats- und Universitätsbibliothek Göttingen fehlen in Band II die Seiten 101-2 sowie 111-12, so daß das Ende des elften respektive der Beginn des zwölften Briefes (Ross, pp. 237-44) nicht mehr festzustellen ist. Weiterhin fehlen die Seiten 471-72. Anna Howes Brief vom 30. März (Ross, p. 286) ist im Original mit der Zeitangabe "Fri noon, Mar. 31" versehen, die Übersetzung hat "Freitags Abends" (Michaelis, II, 253). Innerhalb Clarissas Brief an Anna vom 6. April (Ross, pp. 332-36) ist eine Seitenzahl nicht korrekt. Im dritten Band findet sich ebenfalls ein falsches Datum: Clarissas Brief vom 20. April (Ross, p. 497) ist mit 12. statt 20. April datiert (Michaelis, III, 366). Auch Band IV enthält ein falsches Datum: Brief 10 (Michaelis, IV, 55) ist mit 4. statt 14. Mai überschrieben. Im sechsten Brief des sechsten Bandes (Michaelis, VI, 27; Ross, p. 977) entfällt das Datum in der Übersetzung. Belfords Schreiben an Lovelace vom 21. Juli (Ross, p. 1100) ist statt "Fri. noon" mit "Freitags, Abends" (Michaelis, VI, 433) überschrieben. Elf Briefe weiter liest man statt "Sun., July 23" (Ross, p. 1114) "Sonnabends, den 23ten Juli" (Michaelis, VI, 479). Einen weiteren Fehler enthält der vorletzte Brief des Bandes: Im Original mit "Tue., Aug. 22" (Ross, p. 1218) überschrieben, wird in der Übersetzung aus Dienstag ein Donnerstag (Michaelis, VI, 820). Der siebte Band verzeichnet zwei weitere Unterschiede in der Datierung: Belfords Brief vom 5. September (Ross, p. 1341) wird im Original um sechs Uhr in der Frühe geschrieben. In der deutschen Fassung beginnt Belford den Brief bereits eine Stunde eher, "um fünfe" (Michaelis, VII, 391). Anna Howes Brief an Belford vom 30. September (Ross, p. 1453) enthält in der deutschen Fassung kein Datum (Michaelis, VII, 763). Diese Besonderheiten können für die Beantwortung der Frage nach der Druckgeschichte des Werkes hilfreiche Hinweise geben.

124

halten und zu diesem Zweck notwendige Textänderungen oder -ergänzungen vorzunehmen. Hier zeigt sich eine Vorgehensweise, deren Ziel, dem Original treu zu bleiben, dem Theologen Michaelis aus seinen Bibelstudien geläufig und die auch in seiner Bibelübersetzung anzuwenden er entschlossen war.

6.1.2 Ludwig Theobul Kosegarten

6.1.2.1 Biographie

Eine der beiden weiteren *Clarissa*-Übersetzungen des achtzehnten Jahrhunderts wurde zu Beginn der neunziger Jahre von Ludwig Theobul Kosegarten (1758-1818)[54] vorgenommen und unter dem Titel *Clarissa. Neuverdeutscht und Ihro Majestät der Königin von Grosbrittannien zugeeignet von Ludwig Theobul Kosegarten* in den Jahren 1790-1793 als achtbändige Ausgabe in der Leipziger Gräffschen Buchhandlung gedruckt.[55]

Im Jahre 1758 als dritter Sohn des ersten Predigers in Grevismühlen im Mecklenburgischen Land geboren, hatte Kosegarten keine unmittelbare Beziehung zu England und zur englischen Sprache. Seine frühe Kindheit wurde durch den Tod der Mutter im Jahre 1762 überschattet. Gemeinsam mit seinen Brüdern erhielt Kosegarten Unterricht durch einen Privatlehrer. Von Zeit zu Zeit übernahm der Vater selbst den Unterricht und unterwies seine Kinder vor allem in der Theologie. Im Alter von 16 Jahren verfügte Kosegarten über gute Kenntnisse in Griechisch, Lateinisch und Hebräisch. Offenbar gehörten auch moderne Sprachen zum Unterrichtsprogramm: "Auch mit den vorzüglichsten neueren Sprachen, besonders der Französischen und Englischen, war Gotthard vertraut, so wie mit den Anfangsgründen der Logik und Metaphysik."[56] Kosegarten ging bei seiner Lektüre den Gepflogenheiten der Zeit entsprechend vor und exzer-

---

54 Informationen zur Person Kosegartens finden sich in Johann Gottfried Ludwig Kosegarten, *(Ludwig Theobul) Kosegartens Leben*, Ludwig Theobul Kosegarten, *Dichtungen*, 5th ed., 12 vols (Greifswald, 1824-1827), XII. Erscheinungen einzelner Werke sind verzeichnet in *Deutsches Biographisches Archiv*, ed. Bernhard Fabian (München, 1982), *s.v.* sowie in *ADB*, XVI, 744-51. Vgl. auch Goedeke, *Grundrisz*, V, 445.

55 Die Meßkataloge der Zeit verzeichnen Kosegartens Übersetzung, da sie ein Druckprivileg besitzt. Vgl. für die ersten drei Bände etwa die Meßkataloge zur Michelismesse 1789, p. 295; zur Ostermesse 1790, p. 27 und zur Michaelismesse desselben Jahres, p. 217 (*Codex nundinarius Germaniae literatae bisecularis der Meß - Jahrbücher des Deutschen Buchhandels: Fortsetzung die Jahre 1766 bis einschließlich 1846 umfassend. Mit einem Vorwort von Gustav Schwetschke. Halle, 1877*). Kosegartens Übersetzung wird in der folgenden Darstellung mit dem Kurztitel "Kosegarten" versehen.

56 J. G. L. Kosegarten, *Kosegartens Leben*, Dichtungen, XII, 12-13.

pierte aus gelesenen Büchern, um leichteren Zugriff auf das darin Enthaltene zu haben. Wenngleich er auch wissenschaftliche Abhandlungen las, galt sein Augenmerk vorwiegend der schönen Literatur: "Besonders zogen ihn die Werke der schönen Litteratur an. Er erhielt von der befreundeten Familie Reussen manche englische, Grandison, Pamela, Tom Jones, Humphry Clinker."[57] Dieser Bemerkung seines Biographen läßt sich nicht entnehmen, ob es sich bei Kosegartens Lektüre um die Originalfassungen der Romane oder um deutsche oder französische Übersetzungen handelte. Neben Fielding und Smollett war Kosegarten auch Richardson von Jugend an vertraut, so daß der Entschluß zur Übersetzung der *Clarissa* nicht unmotiviert erfolgt sein wird.

Im Jahr 1775 begann Kosegarten sein Studium der Theologie an der Universität Greifswald im vom Pietismus freien schwedischen Pommern. Im September 1777 war er jedoch aus finanziellen Gründen gezwungen, seine Studien abzubrechen und eine Hauslehrerstelle auf Rügen anzunehmen. In diesem Jahr erschien auch eine erste, anonym veröffentlichte Gedichtsammlung mit dem Titel *Melancholien*. Ein Jahr später wechselte Kosegarten in eine andere Familie und blieb weitere eineinhalb Jahre auf Rügen. In dieser Zeit entdeckte er seine Liebe für Shakespeare, den er höher schätzte als die französischen Tragiker. Auf Wanderungen durch die Natur las er "den ganzen Eschenburgischen Shakespeare mit Begierde durch."[58] Neben Shakespeare liebte Kosegarten Homer und übersetzte in diesen Jahren die ersten zwölf Gesänge der *Odyssee*. Im Jahre 1781 konnte er sein Studium doch noch mit dem theologischen Examen in Greifswald abschließen und kehrte am Ende des Jahres nach Rügen zurück.

Erste Übersetzungen aus dem Englischen sind für das Jahr 1783 verzeichnet: Kosegarten übertrug Thomsons *Seasons*,[59] Miltons *Hymne an den Morgen*[60] sowie Goldsmiths *Römische Geschichte*[61] ins Deutsche. Es sollte jedoch nicht bei diesen Übertragungen bleiben. Wie sein Biograph berichtet, schlug die seit früher Jugend spürbare Begeisterung für die englische Literatur erneut durch, und Kosegarten machte sich an sein bisher ehrgeizigstes Projekt, Richardsons *Clarissa*: "Als eine Vorarbeit zur Übersetzung derselben verfaßte er die Übersetzung des: Freudenzöglings, von Herrn Pratt. Leipzig 1791."[62] Das fertige Werk "erschien hierauf in acht Bänden, Leipzig 1790-93."[63]

57 J. G. L. Kosegarten, *Kosegartens Leben*, Dichtungen, XII, 14.
58 J. G. L. Kosegarten, *Kosegartens Leben*, Dichtungen, XII, 63.
59 Vgl. J. G. L. Kosegarten, *Kosegartens Leben*, Dichtungen, XII, 70.
60 Vgl. J. G. L. Kosegarten, *Kosegartens Leben*, Dichtungen, XII, 70.
61 *Geschichte der Römer, von Erbauung der Stadt Rom bis auf den Untergang des abendländischen Kaiserthums; aus dem Englischen nach der sechsten Ausgabe übersetzt und mit einer Geschichte des oströmischen Kaiserthums ergänzt*, 3 vols (Leipzig, 1791-95).
62 J. G. L. Kosegarten, *Kosegartens Leben*, Dichtungen, XII, 105.
63 J. G. L. Kosegarten, *Kosegartens Leben*, Dichtungen, XII, 105.

6.1.2.2 Die *Clarissa*-Übersetzung

Auf den ersten Blick mag es überraschen, daß die Anzahl der *Clarissa*-Ausgaben und -Übersetzungen am Ende des Jahrhunderts um eine weitere erhöht wurde. Wenigstens scheint Kosegarten solches verspürt zu haben, und er liefert daher in der mit "Wollgast am Verkündigungstage 1790" datierten "Vorrede des Verdeutschers" eine detaillierte Erklärung. Dieses Vorwort erlaubt in vieler Hinsicht interessante Einblicke in seine Arbeitsweise und Arbeitsbedingungen, gibt Auskunft über die Gründe für die Textauswahl und zeichnet ein buntes Porträt der *Clarissa*-Rezeption im Deutschland des ausgehenden achtzehnten Jahrhunderts. Aus diesen Gründen ist es ratsam, es in seinen zentralen Einzelheiten vorzustellen:

Vorrede des Verdeutschers

Meinem Versprechen zufolge, liefr' ich hier die beiden ersten Bände der **Clarisse.** Die Fortsetzung wird folgen, so schnell als meine Zeit und Lage mir das erlauben werden. Hier will ich über die Verfahrungsregeln, die ich bei Übernehmung dieser Arbeit mir entwarf, eins und anders bemerken.
Richardson ist gar nicht so schwer zu verstehn. Aber er ist auch gar nicht leicht zu übersetzen. Seine Diktion ist grade nicht immer die bequemste. Seine Formeln sind etwas breit. Seine Übergänge bisweilen etwas schleppend. Seine Prose streift immer haarscharf an die Grenzlinie des Platten hin, ohne sie doch jemalen zu überschreiten. Seine oft seitenlangen Perioden sind zu Zeiten etwas ungefüglich. Sie sind hauptsächlich dann, wenn er sich in Betrachtungen verliert, so lang ausgesponnen, so verwirrend in einander geschlungen, mit Einschiebseln über Einschiebsel so durchwürkt, daß er seinen Übersetzer zur Verzweiflung bringen möchte, daß man ihn zerhacken, herumwerfen, das unterste zu oberst, das hinterste zu vorderst kehren, ja nicht selten seiner Einkleidung durchaus entsagen, und in Übertragung seines Gedankens sich seinem eignen Genius überlassen muß. Dies alles hab' ich dann überall, wo es nöthig war, ohne Bedenken gethan, und hoffe, daß es wider die versprochne Treue meiner Übersetzung kein Einwurf seyn werde.
Den Schreibarten der drei Hauptpersonen des Werks hab' ich ihre verschiednen Farben sorgsam zu erhalten gesucht: **Clarissen** ihre simple Eleganz, **Annen Howe** ihre Sorglosigkeit, **Lovelacen** seine schimmernde Politur. Sollten alle drei ihre Farbengebung zuweilen überladen, sollte die betrachtende Clarissa zuweilen pedant, die muthwillige Anne zuweilen gern witzig, der klassische Lovelace zuweilen preziös werden, so ist die Schuld nicht mein; sie ist Richardsons – oder richtiger, der Natur!
Ein großer Theil des Werks ist Dialog. In dessen Nachbildung hab' ich einem gewissen gespitzten und geschrobnen Geschmack, der seit den Zeiten der *Skizzen* und *Alzibiades* unter uns herrschend geworden, und den wahren natürlichen Gesprächston dermaßen verdrängt hat, daß ein *Iflandscher* oder *Anton=Wallscher* Dialog wahre Meteore sind, möglichst vermieden. Todfeind aller Steifheit und Gezwungenheit, hab' ich den meinigen so leicht und sorglos hingeworfen, daß ich fast in das andre Extrem, in *Vernachlässigung* hinübergestreift zu seyn fürchte – Zu glücklich noch, wenn man dieser Nachlässigkeit nur nicht das ansehn kann, was sie vollends unerträglich machen würde, daß sie nämlich keinesweges Bequemlichkeit, sondern wirklich gesucht ist. (Kosegarten, I, i-iv)

Diesen Bemerkungen zufolge handelte es sich bei Kosegartens *Clarissa*-Übersetzung vermutlich um ein Auftragswerk ("bei Übernehmung dieser Arbeit"), das, wie Kosegarten zu beteuern nicht müde wird, trotz vieler zusätzlicher Verpflichtungen entstand und dessen Vollendung daher langsamer als erwünscht vonstatten ging. Wie für Michaelis lagen auch für Kosegarten die Schwierigkeiten der Übersetzungsarbeit vor allem im teilweise verschachtelten Satzbau des Originals und in der sprachlichen Ausgestaltung der Prosa. Dieser Umstand schien ihm die Rechtfertigung zur Umgestaltung der Vorlage nach eigenem Gutdünken zu liefern. Wie Kosegarten ausführt, war er entschlossen, nicht nur die Richardsonsche Syntax umzuschreiben ("daß man ihn zerhacken, herumwerfen, das unterste zu oberst, das hinterste zu vorderst kehren"), sondern sogar ganze Textpassagen unter Beibehaltung der inhaltlichen Aussage neuzugestalten ("in Übertragung seines Gedankens sich seinem eignen Genius überlassen"). Inwieweit Kosegarten diesem selbstbestimmten Standard gerecht wird, wird der Blick auf die Übersetzung zeigen.

Kosegarten war sich jedoch bewußt, daß eine derartige Vorgehensweise nicht nur auf Zustimmung treffen würde, und bemüht sich deshalb um Verständnis auf seiten der Leserschaft. Für ihn stellt das Resultat seiner Arbeit grundsätzlich keinen Verstoß gegen die Forderung nach Originaltreue dar. Durch den Hinweis auf mögliche Einwände gegen seine übersetzerischen Freiheiten der Vorlage gegenüber demonstriert Kosegarten einerseits Problembewußtsein in dieser Frage und veranschaulicht andererseits, in welchem Maß das Ideal der Originaltreue in die Übersetzungspraxis der neunziger Jahre Eingang gefunden hat. Das angekündigte Bemühen um den Erhalt des individuellen Schreibstils läßt erwarten, daß eine zentrale Komponente der Gattung Briefroman in der Übersetzung ihren Ausdruck findet. Die Inkonsistenzen im charakteristischen Stil werden zur funktionalen Methode lebendiger Darstellung erhoben und auf Richardson als Autor zurückgeführt: Da es sich um die Darstellung menschlicher Figuren handele, liege laut Kosegarten auch ein gelegentliches Abweichen vom charakteristischen Stil einer Figur in der menschlichen Natur begründet. Hier zeigt sich allen übersetzerischen Freiheiten zum Trotz Kosegartens Bemühen, die Illusion von der Authentizität der Handlung und ihrer Figuren zu erhalten.

In seiner Doppelfunktion als Poet und Übersetzer beansprucht Kosegarten andere Kriterien für seine Arbeit als ein "gewöhnlicher" Übersetzer. Ihm liegen Dialogisierung und Dialogführung besonders am Herzen, und so nutzt er die Gelegenheit zu einer allgemeinen Kritik an den deutschen literarischen Verhältnissen. "Leicht" und "sorglos" nennt er als Qualitätsmerkmale seines Dialogs, Eigenschaften, die er offenbar als Antonyme von "Steifheit" und "Gezwungenheit"

128

versteht, als Markenzeichen des "wahren natürlichen Gesprächestons." Hinter dieser Formulierung läßt sich also der Versuch vermuten, den fiktiven Dialog so zu gestalten, wie ein realer Dialog sich entfaltet haben könnte.

Nach diesen ersten Bemerkungen zum eigenen Vorgehen in der Übersetzungsarbeit erläutert Kosegarten einige Kennzeichen des Briefromans:

> Richardson, dem es gar sehr darum zu thun ist, von jedem seiner Leser ganz gefaßt, umfaßt, durchschaut und durchdrungen zu werden, hat den eben nicht herkömmlichen Gebrauch, den Zuschauer mit hinter die Koulissen sehn zu lassen, ihm sein Maschienenspiel ganz blank und baar hinzustellen, und die verborgnen Triebfedern der Handlungen oft viel zu früh aufzudecken. In sofern dies in den Text und die Geschichte selbst eingewebt ist, hab' ich es nicht ändern dürfen. Aber zu einer Anzahl Anmerkungen hat es ihn verleitet, worin er seinen Leser zu Erklärung dieses oder jenes Phänomens sorgfältig auf das Vorige zurückweist, oder ihm das Folgende verfrühet.(*) Diese Anmerkungen hab' ich alle weggelassen. Den aufmerksamen Leser verdrießen sie. Und dem Bequemen braucht man's grade nicht noch bequemer zu machen. (Kosegarten, I, v-vi)

Kosegarten spielt hier auf Überschneidungen einzelner Berichte über Ereignisse, wie sie aus der Multiperspektive resultieren, sowie auf Vor- und Rückblenden innerhalb der Anmerkungen des fiktiven Herausgebers an.[64] Er scheint von ihrer Notwendigkeit für die literarische Gestaltung aber nicht überzeugt zu sein und steht dieser Praxis eher skeptisch gegenüber. Anmerkungen sind seiner Meinung nach Erleichterung für den "bequemen" Leser. Durch den Verzicht auf den Anmerkungsapparat greift Kosegarten in die gattungskonstituierenden Komponenten des Romans ein und erreicht das Gegenteil dessen, was Richardson bezweckte: intendierte Leserlenkung wird als leserfeindliche Vereinfachung fehlgedeutet. Die Wortwahl ("verleitet") veranschaulicht Kosegartens Mißdeutung dieser Komponente.

An dieser Stelle fügt der "Verdeutscher" unter Hinweis auf den deutschen Schriftsteller Johann Timotheus Hermes (1738-1821) eine eigene Anmerkung zu "verfrühet" ein und verbindet diese mit generalisierenden Überlegungen zur Verwendung von Fremdwörtern:

> Ein Wort, das ich unserm Hermes abborge, und das wohl so gut ist, als das ausländische *antizipiren* – Möchten doch überhaupt so manche von diesem Schriftsteller aus verwandten Sprachen, vorzüglich aus dem energischen Holländischen entlehnte, und gemeiniglich eben so glücklich als analogisch umgebildete Wörter in Umlauf kommen, und ihr Bürgerrecht gewinnen. Für die Sprache wär' es baarer Gewinn. Denn diese, die markigste und kräftigste, ist zugleich die ärmste und ungelenkste aller Zungen Europens, und ich weiß am besten, wie mir zu Muthe war, wenn ich auf so glückliche Wörter stieß, als *qualify, alternative, countenance, interest, plotter,* ja selbst so gäng und gebe, als *sober, discret, manner, spirit* und hundert ähnliche, dann in allen Schachten der

---

64 Besonders in den späteren Auflagen seines Romans griff Richardson verstärkt zu diesem Kommentierungsmittel, um seine didaktische Botschaft besser herauszuarbeiten. Vgl. etwa Ross, pp. 686; 710; 1077.

Sprache nach einem gleichgeltenden erschöpfenden Ausdruck grub, keinen fand, und gleichwohl mir weder *Exotizism* noch *Neologism* erlauben, vielweniger zur verhaßten Umschreibung meine Zuflucht nehmen wollte. Ich denke aber, ich dispensire mich künftig von diesem lästrigen *Purism*, und folge Hermes Beispiel. Und wahrlich, wenn ein so sprachgewaltiger Schriftsteller, wie dieser, keine grammattische Autorität haben soll, so müssen wir allem, was litterarische Autorität heißt, gänzlich entsagen. (Kosegarten, I, vin.)

Hermes, Prediger in Breslau und unter anderem Autor des fünfbändigen Romans *Sophiens Reise von Memel nach Sachsen* (1769-1773), ist in seiner Darstellungsweise der moralisch-didaktischen Richardson-Schule zuzurechnen und zog sich dadurch den Hohn und Spott der *Xenien*-Dichter zu. Kosegarten aber gilt Hermes als "sprachgewaltiger Schriftsteller" und "grammattische Autorität," die er sich zum Beispiel setzen möchte. Die Romane des Breslauers zeichnen sich, so Kosegarten, durch die Verwendung fremdsprachlicher Entlehnungen und durch Analogieschluß umgebildeter Wörter aus. Hermes griff in vielen Fällen auf Exotismen, Neologismen und Umschreibungen zurück und benutzte Verfahren, die Kosegarten bisher für die eigene Praxis ausgeschlossen hatte. Es ist daher zu vermuten, daß Kosegarten mit seiner Arbeit dieselbe Zielgruppe anzusprechen versucht wie die Romane eines Hermes oder einer La Roche.

Der sentimentale Stil war nicht überall auf Billigung gestoßen, und Kosegarten war sich dieser Tatsache durchaus bewußt. So fährt er fort:

Seine Vorrede = = Jedoch genug der Rechtfertigungen! Einem billigen lieberalen Leser gegen über, bedurft' es auch der gegebenen nicht. Ich muß aber gestehen, daß ich nachgrade besorge, es gebe der billigen liberalen Leser eben nicht unendlich viele. Ich Armer wenigstens bin, wegen dieser ganz unschuldigen, keine Seele gefährdenden Unternehmung, auf so mannigfaltige Weise, theils öffentlich angeschnarcht, theils heimlich genekt und gezupft worden, daß, so lächerlich auch jene Schnarcher, und so verächtlich auch diese Schleicher mir sind, ich doch wohl Ursache habe, diese meine liebe Clarissa nicht ohne eine Art von *gehelmten Prolog* in die Welt zu schicken; wohl wissend, wie emsig jene Leutlein mir auf den Dienst passen, und welch ein unwürdiges Halloh= und Hurrah= Geschrei sie sich erlauben werden, falls sie innerhalb meiner Schranken mich stolpern oder stürzen sehn.
Eben dieser Leutlein halber, erklär' ich denn auch hiermit feierlichst, was sonst ebenfalls keiner Erklärung bedürfte, daß ich diese meine Übersetzung keinesweges für unverbesserlich oder unübertrefflich halte; daß ich vielmehr selbst am besten weiß, wie eigensinnig sich mir hier das rechte Wort, dort die treffendste Phrase, dort die gefälligste Wendung versagt habe, und wie es zuweilen allen meinen Stellungen und Herumwerfungen nicht gelingen wollen, einer Periode diejenige Gewandheit zu geben, die ich ihr wünschte. Minerve und die Musen sind einem nicht zu allen Zeiten hold. Immer die Schäferstunde abzuwarten, ist bei einem Werk, wie dieses, nicht möglich. Isolirt leb' ich. Keinen, den ich in meiner *ultima Thule* befragen könnte, hab' ich. Unsre Wörterbücher sind die leidigsten Tröster auf Gottes Erdboden. Und wer, der nicht der *Scharffschütz Phöbos Apollo* selber ist, oder wenigstens seine *nimmerirrenden Pfeile* erbte, vermag sich eines nimmerfehlenden, immer haarscharf treffenden Takts zu rühmen? (Kosegarten, I, vii-x)

Kosegartens Rechtfertigungsdrang zeigt sich hier noch deutlicher. Er beklagt sich heftig über die Arbeitsbedingungen in der isolierten Lage Wollgasts auf Rügen und das Fehlen guter Wörterbücher für ein Unterfangen wie die Übersetzung eines Romans vom Umfang *Clarissas*. Ob ihm bessere Wörterbücher die Arbeit erleichtert hätten, ist angesichts der zahlreichen Neologismen im Original fraglich. So fühlt sich der Übersetzer von der begonnenen Arbeit in mancher Hinsicht denn auch überfordert und bemerkt abschließend:

> Sey dem, wie ihm wolle – so wie mit den folgenden Theilen das Interesse dieses Werkes wächst, so wird auch meine Liebe in Bearbeitung desselben wachsen, ich werde der ursprünglichen, und meiner eignen Sprache, immer mächtiger werden, ich werde die mir gegebenen Winke sorgfältigst nutzen, ich werde also meine Nachbildung derjenigen Vollendung immer näher bringen, die ein Werk so sehr verdient, das zu den vollendetsten des menschlichen Geistes gehört; ein Werk, das unsre Lesewelt heilen würde, wofern sie noch heilbar wäre; das im Strom der Zeiten triumphirend oben bleiben wird, wenn die tausend und aber tausend Lesereien, die es itzt bei Seite drängen, vorlängstens rettungslos versanken; ein Werk, das mit der Darstellung unwiderstehlichstem Zauber die allerreinste Sittlichkeit empfiehlt, das einzige Werk dieser Art vielleicht, das auch von dem zartern Geschlecht und Alter nicht nur durchaus ohne Schaden, sondern auch unmöglich ohne heilsame Erschütterung, ohne Verwünschung des Lasters, und ohne eine Erwärmung für Unschuld, Tugend und Religion gelesen werden kann; ein Werk endlich, das alle Ruhe des Alterthums athmet, das den festen Tritt der *Ilias* und des *Othello* schreitet, das mit der Natur und dem Menschenherzen gleich ewig seyn, und das seinen Verfasser, wenn der Schwung verrollender Jahrhunderte erst alle Nebel des Neides und der Eifersucht um ihn hinweggehaucht haben wird, den Heroen und wohlthätigen Genien der Menschheit nothwendig beigesellen muß. (Kosegarten, I, xi-xii)

Kosegarten charakterisiert *Clarissa* als ein Werk, "das zu den vollendetsten des menschlichen Geistes gehört." Der Roman stehe mit Homers *Ilias* und Shakespeares *Othello* auf einer Stufe, seine Unsterblichkeit sei damit garantiert. Als "Frauenzimmerlektüre" und Ratgeber in Fragen des Anstands und der Sitte sei *Clarissa* für jedes Alter gleichermaßen geeignet. Der moralisch-didaktische Anspruch Richardsons spiegelt sich auch im Hinweis auf die "heilsame Erschütterung" der Leser, die daraus resultierende "Verwünschung des Lasters" sowie die "Erwärmung für Unschuld, Tugend und Religion" wider. Kosegartens Koda, die auf die Identität mit Natur und Menschenherz verweist, bedeutet höchstes Lob und erinnert an Goethes Bemerkung zu Sophie von La Roches *Geschichte des Fräuleins von Sternheim* (1771), das Buch sei kein Roman, sondern eine "Menschenseele."[65]

---

65 Vgl. die Rezension des Romans von Merck in den *Frankfurter gelehrten Anzeigen* vom 14. Februar 1772 mit ihrem allgemein Goethe zugeschriebenen Einschub: "Allein alle die Herren irren sich, wenn sie glauben, sie beurtheilen ein Buch – es ist eine *Menschenseele*;"

6.1.2.3 Besonderheiten der Übersetzung

Kosegarten widmet seine Übersetzung der englischen Prinzgemahlin Sophie Charlotte, einer geborenen Herzogin von Mecklenburg. Auf die Dedikation folgt ein Widmungsgedicht, in dem der Übersetzer neben den Vorzügen Großbritanniens, das er als Land mit dem "schimmervollsten Thron" im Westen bezeichnet und dessen Lob im Ausruf "Seht, Hüttenruh umweht den Thron der Britten!" gipfelt, Sophie Charlottes Tugenden preist und sie mit denen der Titelfigur gleichsetzt: Sie sei die "treflichste von des Jahrhunderts Frauen" und besitze ein "großgesinntes, menschlichschönes Herz" voll "Mitgefühl für Menschen=wohl und =schmerz." Angesichts derartiger Vorzüge scheint es nur natürlich, wenn Kosegarten ihr seine Übersetzung ans Herz legt:

> So bitt' ich nun bei **Deinen** Mutterauen,
> Bei **Deines** Mirow dichtbebuschten Höh'n,
> Bei seiner Haine feierlichem Grauen,
> Bei seinen schilfbekränzten Spiegelsee'n –
> Wollst tröstend auf die Blöde niederschauen,
> Die, **Deine** Huld, **Du Hohe**, zu erflehn,
> **Dir** zitternd nahet – – Zittre nicht,
>   **Clarisse!**
> Umflicht getrost der hohen Huldin Füsse!
>
> Ich weiß, du Schüchterne, die kleine Bitte
> Beschämt **Sie** nicht, reicht lächelnd dir die Hand,
> Vernimmt in **Ihrer** Königstöchter Mitte
> Die Prüfungen, die deine Kraft bestand,
> Die Kämpfe, welche deine Tugend stritte,
> Die Siege, die dein Heldenglaub' erwand – –
> Und irr' ich, oder seh' ich Thränen schimmern,
> Des Frühroths Perlen in Violen flimmern? –

Abgesehen von den Originalfußnoten hat Kosegarten alle Briefe der englischen Auflage übersetzt, jedoch eine dritte oder spätere englische Auflage als Textgrundlage gewählt. Im ersten Band findet sich ein nicht in früheren Auflagen enthaltener, mit "drei und vierzigster Brief" überschriebener Brief Clarissas an Anna Howe vom 21. März (Kosegarten, I, 510-23). Im zweiten Band ist der Briefwechsel zwischen Herrn Hickmann und Frau Howe eingefügt (einundzwanzigster und zweiundzwanzigster Brief, Kosegarten, II, 224-32), so daß auf eine dritte oder spätere englische Auflage als Textgrundlage zu schließen ist.[66]

---

zitiert nach Sophie von La Roche, *Geschichte des Fräuleins von Sternheim*, ed. Barbara Becker-Cantarino (Stuttgart, 1983), p. 367.

[66] Die Zählung der Briefe erfolgt pro Band; Band I erschien im Jahre 1790 und umfaßt die ersten 45 Briefe. Der zweite Band endet mit Joseph Lemans Brief an Lovelace vom 9. April (Brief 51). Kosegarten verzichtet in einigen Fällen auf die Datierung des Originals

Die Ausgabe zeigt ein schlichtes Druckbild und setzt in einigen Fällen statt der Kursivierung des Originals Fettdruck ein, um bedeutende Textstellen optisch herauszuheben oder eine interpretationslenkende Emphase vorzunehmen. Die *mad papers* sind in ähnlicher Weise gesetzt wie das Original (Kosegarten, V, 540-50), die zahlreichen Zitate aus Lyrik und Drama der Zeit sowie andere intertextuelle Verweise sind graphisch abgesetzt. Auch wenn der Druck in Fraktur die graphischen Möglichkeiten weiter einschränkt als die in Großbritannien benutzte Antiqua, vermag Kosegarten doch einen Teil der optischen Charakteristika für seine Ausgabe zu übernehmen. So setzt er Dialoge wie etwa Lovelaces "Verhör" durch seine Verwandtschaft (Kosegarten, VI, 365-406) oder das Gespräch zwischen Mutter und Tochter Howe (Kosegarten, IV, 265-95) nach den Konventionen des Dramas.[67] Ebenso finden sich die "Hände," mit denen Lovelace Belford im Brief von Anna Howe an die vermeintliche Laetitia Beaumont vom 7. Juni (Ross. pp. 743-52; Stuber, V, 30-46; Kosegarten, V, 49-66) auf für ihn besonders ärgerliche Stellen hinweist, als Mittel zur optischen Emphase. Kustoden werden nicht benutzt.

---

[67] (vgl. Kosegarten, I, Briefe 4, 12, 20 und 21; II, Briefe 3, 4, 32). Weiterhin finden sich einige Abweichungen von der Originaldatierung, so beispielsweise im zehnten Brief des ersten Bandes, der statt mit dem 27. Februar "am 29sten Febr." überschrieben ist (Kosegarten, I, 88). Brief 41 weist eine ähnliche Abweichung auf; statt "Tue, Mar. 21" liest man "Dienstags den 27sten März" (Kosegarten, I, 472). In diesem Fall handelt es sich wahrscheinlich um einen Druckfehler, da die weitere Datierung fortlaufend ist. Im zweiten Band schreiben Clarissa und Anna Howe ihre Briefe vom 4. und 30. März nicht "Fri. night" beziehungsweise "Thu. night," sondern "Abends" (Kosegarten, II, 76; II, 260). Abweichungen dieser Art lagen bereits bei Michaelis vor.
Brief 17 des zweiten Bandes enthält zusätzlich zum Original, in dem die Tageszeit genannt wird, das Datum ("Dienstag Morgens den 28sten März", Kosegarten, II, 171). Anna Howes Brief vom 6. April ist in der Übersetzung mit "9. April" überschrieben (Kosegarten, II, 406) und folgt damit der Lesart der dritten englischen Auflage (Stuber, II, 238).
Band III enthält neben einem ausgelassenen Datum (Kosegarten, III, 186-90) ein neu hinzugefügtes: Brief 12 ist nun mit "Donnerstag, den 13 April" überschrieben (Kosegarten, III, 128). Abweichungen im Bereich der Tageszeit treten in diesem Band nur einmal auf (Brief 11 hat statt "night" erneut "Abends"; vgl. Kosegarten, III, 118). Im sechsten Band findet sich im Vergleich mit der Erstausgabe ein zusätzlicher Brief von Clarissa an Anna Howes Mutter (Kosegarten, VI, 195-98). Der folgende Band substituiert in einem Fall "night" mit "Abends" (Kosegarten, VII, 226) und weist einen der wenigen Druckfehler im Bereich der Paginierung auf: statt Seite 334 findet man die Seitenzahl "344," dann folgt herkömmliche Zählweise.
Der letzte Band enthält eine Anzahl an Änderungen der Tageszeit von "Nacht" in "Abend" (Kosegarten, VIII, 281; 320; 332; 503; 512). Ein Brief von Lovelace an Belton ist umdatiert: Statt "Paris, Oct. 16-27" liest man nun "den 18.-22. Okt." (Kosegarten, VIII, 576). Die Angabe des Datums im *old style* und *new style* ist beibehalten. Zwei im Vergleich mit der Erstausgabe zusätzliche Briefe von Elias Brand an "Herrn Joh. Wolton" und "Herrn Joh. Harlowe, Esq." (Kosegarten, VIII, 77-111) sind ebenfalls eingefügt.
67 Vgl. auch Kosegarten, V, 119: "Zweiter Akt."

Am Ende des vierten Bandes, der mit der Feuerszene schließt, hatte der Setzer anscheinend zu wenig Papier zur Verfügung, um den Brief im selben Druckbild zu Ende setzen zu können. Aus diesem Grunde findet man die Seiten 639-46 engzeilig und in einer wesentlich kleineren Type gesetzt.

6.1.3 Christian Heinrich Schmid

Die neunziger Jahre des Jahrhunderts erlebten einen erstaunlichen Höhepunkt in der Geschichte der deutschen Richardson-Übersetzungen: Kosegartens Überset-zung bekam Konkurrenz in Gestalt einer sechzehnbändigen Übertragung mit dem Titel *Klarissa, oder die Geschichte eines jungen Frauenzimmers. Aus dem Englischen des Herrn Richardson, Verfasser der Pamela und des Sir Karl Grandison neu übersetzt*. Die Übersetzung wurde 1790-91 mit Mannheimer – sowie im Fall der Bände I und II Wiener – Impressum gedruckt, ohne daß je-doch Angaben zu Verleger[68] oder Übersetzer gemacht wurden. Sie nennt kein Privileg, es fehlt eine erläuternde Vorrede, und auch Rezensionen und Biblio-graphien der Zeit erweisen sich in diesen Fragen als wenig ergiebig.

Eine bereits aus dem Jahr 1781 stammende Vorankündigung samt Sub-skriptionseinladung auf dem Umschlag der *Rheinischen Beiträge zur Gelehr-samkeit* weist erstmals auf das geplante Übersetzungsprojekt hin und nennt einige Gründe für dessen Durchführung. Dort heißt es:

> Zur Ehre unserer Zeiten gereicht es, daß man die Übersezungen vortrefflicher ausländi-scher Originale, die dem Werth derselben nicht angemessen waren, zur Vergessenheit verdamt, und sie mit bessern vertauscht hat. Auch selbst diejenigen, denen nur ausländi-sche Produkte gefallen, sind jezt, da Frankreich und England an vortrefflichen Origina-len ärmer zu werden scheinen, genöthiget, in die vorigen Zeiten zurück zu gehen, und nehmen daher nur Dollmetschungen älterer Werke mit Dank auf. Mit theatralischen Stücken ward der Anfang einer solchen Palingenesie gemacht; hierauf sind die Romane gefolgt ... Daß aber doch die erstere und moralischere Lektüre nicht ganz vernachlässigt werde, beweist das, was mit den besten Wochenschriften der Engländer geschehen ist ... Vielleicht blieben nun auch die ernsten und lehrreichen Romane der Engländer nicht ohne Liebhaber, wenn man sie neu übersezte, vornämlich die von dem unsterblichen

---

68 Angaben zum Verleger der Ausgabe sind weder im oben genannten Artikel "Über die ver-schiednen Verdeutschungen" p. 21, noch in Georg Christoph Hamberger und Johann Georg Meusel, *Das gelehrte Teutschland, oder: Lexikon der jetzlebenden teutschen Schriftsteller*, 5th ed., 23 vols (Hildesheim, 1965-66 [1796-1803]), VII, 192 oder *Lexikon deutscher Dichter und Prosaisten*, ed. Karl Heinrich Jördens, 5 vols (Hildesheim und New York, 1970 [1806]), IV, 571, enthalten. Goedecke nennt Christian Heinrich Schmid als Übersetzer der *Klarissa*. Vgl. Goedeke, *Grundrisz*, VI, 576. Zur Mannheimer *Klarissa* vgl. Ursula Hartwieg, "Nachdruck oder Aufklärung? Die Verbreitung englischer Literatur durch den Verlag Anton von Kleins am Ende des 18. Jahrhunderts," *Archiv für Geschichte des Buchwesens*, 50 (1998), 107-15.

134

Richardson, dem Meister der Gattung. Und doch hat man diese bisher ganz vernachlässigt, der einzige Grandison wird immer wieder neu (aber leider immer wieder immer in der schwäbischen Übersezung) gedruckt. Die andere beide Romane dieses Namens sind wirklich nur dem Namen nach noch unter uns bekannt. Vielleicht verlor das Publikum wegen der Menge von Nachahmungen Geschmack an seiner Manier, aber da doch auch diese Nachahmungen nicht mehr so häufig sind, so hätte das Publikum vielleicht jetzt gerade Laune, den Meister selbst wieder zu hören. An der deutschen Übersezung der Klarisse (diesem Meisterstücke des Richardson nach jedermanns Geständnis) hatte der grose Haller Antheil; aber nicht alle Dichter schreiben gute Prosa, und unsere Prosa war 1748 überhaupt noch zu wenig gebildet. Die andern Männer, von denen die bisherige Übersezung der Klarisse herrühret, sind mit andern Geschäften zu sehr überhäuft, als daß sie daran denken könten, dieselbe nach dem neuern Geschmacke umzuarbeiten. Wir hoffen daher, den Freunden angenehmer und nüzlicher Lektüre eine willkommene Nachricht zu geben, wann wir ihnen ankündigen, daß Klarisse ganz neu unmittelbar aus dem Original übersezt werden soll, und daß sich der Übersezer alle Mühe geben will, theils der Eleganz des Britten keinen Abbruch zu thun, theils seiner Übersezung vor der ehemaligen alle Vorzüge zu geben, die das Jahr 1781 vor dem Jahr 1748 voraus hat. Der Bogen wird zu 1 und ½ Kr. auf Subscription gegeben. Man subscribirt in allen Städten Deutschlands bei den Hern Collekteurs der Herausgeber der ausländischen schönen Geister. Mannheim den 1ten Nov. 1781.[69]

Die Darstellung ist aus mehreren Gründen von Belang. In der Übersetzungsgeschichte des Romans in Deutschland werden für die Göttinger *Clarissa* neben Haller "die andern Männer, von denen die bisherige Übersezung der Klarisse herrühret," genannt. Die Pluralform legt die Vermutung nahe, es könnte mehr als eine weitere Person an dieser Übersetzung beteiligt gewesen sein, und greift hiermit Formulierungen der *Göttingischen Gelehrten Anzeigen* aus den vierziger Jahren auf. Da die Ankündigung jedoch weder Namen nennt noch *Clarissa* in anderen Versionen als der von Michaelis und seinem Nachfolger produzierten Arbeit vorliegt, führt der Hinweis nicht weiter. Die Darstellung ist insofern korrekt, als Michaelis 1781 noch als Professor in Göttingen tätig und mit der Übersetzung des Alten Testaments beschäftigt war. Es ist daher zu vermuten, daß er weder Zeit noch Muße für eine erneute *Clarissa*-Revision hatte. Bezogen auf Haller ist die Formulierung nicht eindeutig. Es bleibt unklar, worin Hallers "Antheil" an der Göttinger *Clarissa*-Übersetzung bestand und ob er gar an der Übertragung beteiligt war. Ähnlich wie die spätere Darstellung im *Journal von und für Deutschland* kritisiert bereits diese Darstellung die vermeintlich schlechte sprachliche Wiedergabe des englischen Originals. Unter Verweis auf die historischen Entwicklungen der deutschen Sprache seit den vierziger Jahren des Jahrhunderts ("alle Vorzüge ..., die das Jahr 1781 vor dem Jahr 1748 voraus hat") begründet die Ankündigung das Desiderat einer Neuübersetzung mit der Notwendigkeit, *Clarissa* "nach dem neuen Geschmack umzuarbeiten."

---

[69] *Rheinische Beiträge zur Gelehrsamkeit*, 11 (1781), unpag. Verlegereinband. Vgl. auch Hartwieg, "Nachdruck oder Aufklärung?" pp. 107-15.

Neben der Unzulänglichkeit der Göttinger Übersetzung führt die Subskriptionseinladung als Grund für das geplante Unternehmen Qualitätsschwankungen in der literarischen Produktion des Auslands ("jetzt, da Frankreich und England an vortrefflichen Originalen ärmer zu werden scheinen") sowie Veränderungen im Publikumsgeschmack an: Nach einer Welle unreflektierter Anglo- und Frankophilie interessiere sich das Lesepublikum wieder für Übersetzungen von "modernen Klassikern," von denen "*Don Quixote*," "*Gilblas*" und "*Tom Jones*" namentlich aufgeführt werden. Der Kanon "komischer Romane" umfaßt mit Cervantes, Lesage und Fielding immer noch die am häufigsten genannten Autoren des Jahrhunderts.[70] Im Gegensatz dazu werden die moralischen Wochenschriften als "moralischere Lektüre" und Richardsons Romane als "ernste und lehrreiche Romane" eingeordnet. Der Anspruch auf *prodesse et delectare*, die Forderung nach einer pragmatischen Funktion von Literatur, wird demnach immer noch erhoben, wenngleich moralische Erbauung nunmehr als wertvoller gilt. Es ist also nur konsequent, wenn Richardson, dem "Meister der Gattung," Priorität in der Reihe geplanter Neuübersetzungen eingeräumt wird. Treue zum Original, so versichert der Verfasser, solle hierbei das Leitprinzip sein.

Die Ankündigung ist mit "Professor Klein" unterzeichnet. Hierbei handelt es sich um den Mannheimer Buchdrucker und Professor Anton von Klein, der seit 1778 eine Anthologie mit dem Titel "Sammlung der Werke ausländischer schöner Geister" veröffentlichte. Shakespeare in Eschenburgs Übersetzung, Eberts Übertragung der Werke Youngs oder Bodmers Milton-Übersetzung waren in dieser Reihe vertreten. Ihre Übersetzungen "wurden von dem Mannheimer Edelknabenprofessor Gabriel Eckert überarbeitet, der dann auch noch nicht übersetzte Schriften ins Deutsche übertrug und hinzufügte. Einige Übersetzungen wurden eigens für die Mannheimer Sammlung veranstaltet."[71] Aufgrund der in vielen Fällen erneuten Publikation dieser Werke stand Klein bei seinen Zeitgenossen im Ruf eines Nachdruckers.[72]

---

70 Vgl. etwa die Untersuchungen von Sirges, Raabe und Martino zur Leserforschung.
71 Breitenbruch, "Schmieder," col. 648.
72 Vgl. Breitenbruch, "Schmieder," col. 648. Bereits für das Jahr 1779 hatte er die Publikation einer französischsprachigen Anthologie mit dem Titel "Choix des Philosophes François, et des meilleurs ouvrages de leurs critiques et apologistes" angekündigt und war daraufhin vom Karlsruher Drucker Christian Gottlieb Schmieder verklagt worden. Zum Buchdruck in Mannheim siehe auch Wilhelm Bergdolt, "Mannheimer Verleger," *Badische Heimat*, 14 (1927), 174-80. Auch in neueren Untersuchungen wird der Vorwurf des Nachdrucks nicht vollständig entkräftet. So heißt es etwa: "Insofar as Klein made use of existing translations the series must be grouped with the piracies; insofar as it was a serious attempt to bring together, for the German reader, some standard authors of English literature, it should perhaps be seen as one of the numerous encyclopedic efforts of the period;" Fabian, "Books," p. 135.

136

Die angekündigte Übersetzung konnte in den frühen achtziger Jahren jedoch nicht in die Tat umgesetzt werden. Wenn auf den ersten Blick auch überrascht, daß es weitere neun Jahre dauerte, bis das angekündigte Unternehmen im
Druck erschien, so liefert der Artikel im *Journal von und für Deutschland* eine
überzeugende Antwort auf diese Frage:

> Allein es fanden sich zu wenig Subscribenten; der Verleger der alten Übersetzung, der
> davon noch Exemplare vorräthig hatte, legte dem Unternehmen Hindernisse in den
> Weg; der Ungenannte wollte sich zu einer Abkürzung des Originals, die man von ihm
> verlangte, nicht entschließen, und so unterblieb die ganze Sache.[73]

In der Frage der wortgetreuen Übersetzung standen sich Verleger- und Überset-
zerinteressen unvereinbar gegenüber und führten zur vorübergehenden Einstellung des Projekts. Der Plan zur Neuübersetzung muß wenige Jahre später zumindest teilweise realisiert worden sein. Entgegen der Ankündigung, wortgetreu
zu übersetzen, entschloß man sich aber nun doch zur Kürzung des Textes.

Auch wenn die Mannheimer *Klarissa* mit fast zehnjähriger Verspätung publiziert wurde, hatte der interessierte Leser bereits 1785 die Gelegenheit, eine
Probeübersetzung in Reichards *Bibliothek der Romane* zur Kenntnis zu nehmen.[74] Es handelt sich hierbei um den siebten Brief des dritten Bands, "Clarissa
an Anna Howe. Dienstag Abends und Nachts." Ein Jahr später kündigt eine Anzeige im *Pfalzbaierischen Museum* "Richardsons Klarisse, ganz neu aus dem
Englischen übersezt"[75] an, 1788 heißt es, "Richardson Klarisse, in 6 Bänden,
eine neue Übersetzung" sei "unter der Preße."[76] Tatsächlich dauerte es zwei weitere Jahre bis zur Veröffentlichung der sechzehnbändigen Ausgabe.

Neben diesen verlegerischen Gründen spielte der anglophile Archenholz
eine nicht unerhebliche Rolle bei der Verwirklichung einer neuen Übersetzung.
Seine Reiseberichte in *England und Italien* schürten das Interesse an englischer
Lebensart in Deutschland in ungewöhnlicher Weise, und so wurde seine Zeitschrift zum Verbreitungsorgan für britische Landeskunde und Mentalitätsge-
schichte. Bei dieser Gelegenheit nennt Archenholz in einer Ausgabe aus dem
Jahr 1787 unter der Überschrift "Lebensart der Engländer" *Clarissa* indirekt
einer Neuübersetzung wert. Archenholz vergleicht Richardson mit dem ihn gegen Ende des Jahrhunderts an Popularität übertreffenden Fielding und schreibt
über dessen *Tom Jones*, er sei

> gar nicht mit dem Meisterwerke, der Clarissa, zu vergleichen ..., daß [sic] man großen-
> theils nur durch höchst elende deutsche und französische Übersetzungen kennt. Wer nur

---

73 [Schmid], "Über die verschiednen Verdeutschungen," pp. 18-19.
74 Vgl. [Schmid],"Über die verschiednen Verdeutschungen," p. 19.
75 *Pfalzbaierisches Museum*, 3 (1785-6), unpag., 1. Heft, Verlegereinband.
76 *Pfalzbaierisches Museum*, 4 (1786-87), Sig.)(4v.

diese gelesen oder durchgesehen, und das Original, wegen der Seltenheit in Deutschland, nie in die Hände bekommen hat, der kann sich keinen Begriff von diesem außeror-
dentlichen Produkte des menschlichen Geistes machen.[77]

Die scharfe Kritik an den deutschen und französischen Übersetzungen durch
Michaelis, Prévost und Le Tourneur läßt eine erneute Übertragung dieses "Mei-
sterwerkes" als Desiderat erscheinen und unterstützt somit die Bestrebungen des
Mannheimer Verlegers.

6.1.3.1 Biographie

Aufgrund der verwickelten Übersetzungs- und Publikationsgeschichte dieser
Ausgabe ist die Frage nach dem Übersetzer schwierig zu beantworten. Der ungewöhnlich gut auch über Interna informierte Rezensent des Artikels im *Journal
von und für Deutschland* spricht von der nicht zu Ende geführten Arbeit eines
"Ungenannten" aus dem Jahr 1781, dessen Bestreben in wortgetreuer Übertragung gelegen habe. Der Probeauszug des ersten erneuten Übertragungsversuchs
in der *Bibliothek der Romane* stellt zwei Übersetzungsversionen gegenüber, so
daß man von mindestens zwei Übersetzern auszugehen hat. Die sechzehnbän-
dige Ausgabe aus den Jahren 1790-1791 wurde ebenfalls von zwei Personen
verfaßt:

> Die Arbeit des erstern geht vom Anfang an bis S. 232 des dritten Bandes, alles von da
> an bis zum Ende ist von dem andern übersetzt. Der Erste hat hie und da angekürzt, hier
> und da einen unbedeutenden Brief, oder einige Reden geringerer Personen ... weggelas-
> sen. Der andre aber hat sich der möglichsten Treue befleissigt, und gar nichts übergan-
> gen.[78]

Vermutlich führte der Übersetzerwechsel im dritten Band zur Verzögerung der
geplanten Publikation, machte doch das Bestreben des Übersetzers um eine
wörtliche Wiedergabe seine Arbeit ungleich langwieriger. Über die Beweggründe des Verlags zur Abweichung vom ursprünglichen Plan enthält der Artikel keine Angaben. Der Autor besitzt zwar detaillierte Inneneinsicht in die Entstehungsbedingungen und Begleitumstände der Mannheimer Ausgabe, nennt
aber keine Namen. Frühe Nachschlagewerke führen Christian Heinrich Schmid
(1746-1800) als Übersetzer für die Bände III, 232-XVI, während der Übersetzer

---

77 Archenholz, *England und Italien* (1787), III, 64. Siehe auch [Schmid], "Über die verschiednen Verdeutschungen," p. 19.

78 [Schmid], "Über die verschiednen Verdeutschungen," p. 22. Der Hinweis findet sich auch
in Hamberger und Meusel, *Das gelehrte Teutschland*, VII, 190 und scheint aus dem Artikel "Über die verschiednen Verdeutschungen" übernommen worden zu sein. Für die genauen Umstände der Publikation vgl. Hartwieg, "Nachdruck oder Aufklärung?"
pp. 107-115.

138

des ersten Teils (I-III, 231) in keiner der bekannten zeitgenössischen Bibliographien oder Rezensionen genannt wird.[79] Der Mannheimer Professor Eckert bearbeitete die in der Reihe publizierten deutschen Übersetzungen der Werke.[80] Möglicherweise unternahm dieser auch den ersten Übertragungsversuch; Evidenz in dieser Frage liegt jedoch bisher nicht vor.

Die biographischen Nachschlagewerke des späten achtzehnten und frühen neunzehnten Jahrhunderts bestätigen Christian Heinrich Schmid als einen der *Clarissa*-Übersetzer.[81] Schmid wurde 1746 als ältestes Kind des Kurfürstlich Sächsischen Bergkommissionsrats und Bergvoigts in Thüringen, Johann Christian Schmid (1715-1788) und dessen Frau Christiane Friederike, geb. Wappenhentsch (?-1759) geboren. Wie sein Bruder Karl Ferdinand, der als Professor der Moral und Politik in Wittenberg lehrte, entschied sich Christian Heinrich für die akademische Laufbahn. Die Grundlagen für eine gute Ausbildung wurden bereits im Elternhaus gelegt. So schreibt Schmid in seiner Autobiographie:

> Nachdem mich mein Vater selbst im Lesen unterrichtet, ward ich vom vierten Jahre an nach einander durch sieben Hauptlehrer gebildet und unterwiesen, bey deren Unterhaltung mein Vater keine Kosten scheute, wobei noch Schreibmeister, Tanzmeister und Französin ausserordentlich gehalten wurden.[82]

Schmid begann seine akademische Laufbahn im Jahr 1762 an der Universität Leipzig:

> Hier hörete er in den Philosophischen Wissenschaften, Geschichte, Alterthümer, Critik, Mathematik, und in der Rechtsgelahrtheit die berühmtesten Lehrer, dabey erlernete er

---

79 Vgl. Hamberger und Meusel, *Das gelehrte Teutschland*, VII, 192; Jördens, *Lexikon*, IV, 571; Meusel, *Lexikon der vom Jahr 1750 bis 1800 verstorbenen teutschen Schriftsteller*, XII, 252; Goedeke, *Grundrisz*, VII, 2, 716; Price, *The Publication of English Literature in Germany in the Eighteenth Century*, p. 189.

80 Breitenbruch, "Schmieder," col. 648.

81 So finden sich Artikel zu Schmids Biographie in Christoph Weidlich, *Biographische Nachrichten von jetztlebenden Rechtsgelehrten in Deutschland*, IV (1785); Hamberger und Meusel, *Das gelehrte Teutschland*, VII, Hamberger und Meusel, *Das gelehrte Teutschland*, X, 183 sowie Zusätze in XV (1806); Samuel Baur, *Allgemeines historisches Handwörterbuch* (1803), und Friedrich Carl Gottlob Hirsching, *Historisch-literarisches Handbuch*, XI, 1 (1808). Alle Artikel sind abgedruckt in *Deutsches Biographisches Archiv*, ed. Fabian, *s.v.* Vgl. auch Goedeke, *Grundrisz*, VI, 576.

82 Schmids Autobiographie wurde abgedruckt in Johann Philip Moser (ed.), *Sammlung von Bildnissen gelehrter Männer und Künstler, nebst kurzen Biographien derselben*, 2 vols (Nürnberg, 1796), II, no 2. Das Zitat ist übernommen aus dem biographischen Abriß in Hamberger und Meusel, *Das gelehrte Teutschland*, Deutsches Biographisches Archiv, ed. Fabian, *s.v.*, dem die Autobiographie in Abschnitten zugrundeliegt.

die Französische, Englische und Italiänische Sprache. Im Jahr 1766. ward er zu Leipzig Magister, und machte sich durch verschiedene in die schönen Wissenschaften gehöriger Schriften bekannt.[83]

Während Schmids Französischkenntnisse zu dieser Zeit bereits ausgeprägt gewesen zu sein scheinen ("Dabey ließ ich mich in der französischen und italienischen Sprache unterrichten, und suchte mich in der französischen zu vervollkommnen"[84]), wurde er mit der englischen Sprache vermutlich erst während des Studiums vertraut. In keinem Fall dürfte Schmid England aus eigener Anschauung gekannt haben; Hinweise auf Auslandsaufenthalte, wie etwa bei Michaelis, finden sich nicht.

Seit der Studienzeit in Leipzig verband Schmid eine Freundschaft mit dem Dichter Johann Benjamin Michaelis (1746-1772), dessen Lebenslauf er verfaßte,[85] und mit Heinrich Christian Boie (1744-1806), dem Herausgeber des *Göttinger Musenalmanachs* und von 1778 bis 1781 alleinigem Herausgeber des *Deutschen Museums.* Überdies studierte Schmid bei Gellert die "schönen Wissenschaften" und bekam durch diese unterschiedlichen Einflüsse früh Zugang zu Fragen der Produktion und Bewertung von Literatur.

Nach seinem Magistertitel wurde Schmid 1768 Kandidat der Rechte und wechselte nach Erfurt, wo er zu Beginn des folgenden Jahres zum Doktor der Rechte promoviert wurde. Schmid blieb danach für weitere zwei Jahre in Erfurt. In dieser Zeit arbeitete er mit Kollegen wie Wieland, Friedrich Justus Riedel (1742-1785) und Meusel zusammen. Im Jahre 1771 wechselte er als Professor der Poesie und Beredsamkeit nach Giessen, "weil es scheinet, daß er jederzeit vor diese Wissenschaften mehr Neigung, als für die Rechtsgelahrtheit gehabt."[86]

Die Liste seiner Veröffentlichungen umfaßt außer juristischen Abhandlungen wie *Prog. de Jurisconsulto aesthetico* [87] vor allem Arbeiten zur Situation des zeitgenössischen deutschen Theaters wie etwa *Über die Fortschritte der dramatischen Dichtkunst in Teutschland seit Gottsched* [88] oder der Literatur allgemein, so *Über die Wahl der Büchertitel, ein Beytrag zur Charakteristik der neuesten teutschen Litteratur.*[89] Die Zahl der Übersetzungen aus dem Französischen, Italienischen und Englischen ist indes besonders beeindruckend. Schmid

83 "Schmid (Christian Heinrich)," in Christoph Weidlich, *Biographische Nachrichten,* IV, zitiert nach *Deutsches Biographisches Archiv,* ed. Fabian, *s.v.*
84 Baur, *Handwörterbuch.* Zitiert nach *Deutsches Biographisches Archiv,* ed. Fabian, *s.v.*
85 *Joh. Benj. Michaelis Leben* (Frankfurt/M., 1775).
86 Weidlich, *Biographische Nachrichten,* IV. Zitiert nach *Deutsches Biographisches Archiv,* ed. Fabian, *s.v.*
87 (Giessen, 1773).
88 (Leipzig, 1783).
89 (Leipzig, St. 12).

überträgt auffallend viele Theaterstücke ins Deutsche. Zu den Übertragungen aus dem Englischen gehören etwa [Sir Richard] *Steele's Lustspiele*[90] oder Crowns nahezu vergessener *Sir Phantast, oder: es kann nicht seyn,*[91] aber auch Bearbeitungen englischer Vorlagen wie etwa *Das stumme Mädchen; ein Lustspiel nach dem Englischen des Johnson, fürs teutsche Theater eingerichtet.*[92] Schmid wendet sich daneben dichtungstheoretischen Schriften zu und übersetzt *J. Aikin über die Anwendung der Naturhistorie auf die Dichtkunst, aus d. Engl.*[93]

Im Jahre 1785 wurde Schmid zum Fürstlich Hessen-Darmstädtischen Regierungsrat berufen; zwei Jahre später ernannte ihn die Universität zum zweiten Universitätsbibliothekar, ab 1790 schließlich zum alleinigen Bibliothekar.

Sind die genauen Umstände der Mannheimer *Klarissa* auch nicht mehr zu rekonstruieren, so lassen die biographischen Informationen dennoch eine Reihe Querverbindungen erkennen, die die Frage nach der Genese erhellen könnten. Das Studium bei Gellert und die gemeinsame Arbeit mit Wieland, der an der französischen Übersetzung von *Pamela* Französisch gelernt hatte und dessen ehemalige Verlobte, Sophie von La Roche, sich mit ihrer *Geschichte des Fräuleins von Sternheim* als glühende Richardson-Verehrerin einen Namen machte, können Schmid früh mit Richardsons Werken bekannt gemacht oder zumindest Interesse für sie geweckt haben. Zudem schrieb Schmid von 1787 bis zum Erscheinungsjahr der *Klarissa* 1791 für Archenholz' Zeitschrift *Literatur= und Völkerkunde.* Der anglophile Archenholz war einer der bekanntesten Englandkenner jener Zeit. Es ist denkbar, daß Archenholz Schmid die Idee zur Übersetzung nahelegte.

Ein weiterer, kaum als Zufall einzuordnender Hinweis ist Schmids Tätigkeit für Reichards *Theater=Journal* in den achtziger Jahren des Jahrhunderts, also zur Zeit des ersten Probeabdrucks der neuen *Clarissa*-Übertragung in dessen *Bibliothek der Romane.* Wenn Schmid nicht der Übersetzer des Probeauszugs ist, könnte er sich hier mit dem Mannheimer *Clarissa*-Projekt vertraut gemacht haben und möglicherweise zur ungekürzten Übertragung angeregt worden sein.

---

90 (Leipzig, 1767).
91 (Bremen, 1767).
92 (Erlangen, 1781).
93 (Leipzig, 1779).

6.1.3.2 Die Besonderheiten der *Clarissa*-Übersetzung

Die sechzehn Bände der Mannheimer *Klarissa* enthalten jeweils zwischen 300 und 400 Seiten. Der Verlag scheint sich demnach für eine leserfreundliche Ausgabe entschieden zu haben, wird der Text durch die Unterteilung in kleinere Einheiten doch einfacher handhabbar und überschaubarer.[94] Brief 62 ist statt

---

[94] Besonders im Bereich der Paginierung finden sich eine Anzahl von Druckfehlern: Band I hat auf Seite 48 erneut die Seitenzahl "47" und gibt Seite 57 als "27" an, hat für Seite 119 die Seitenzahl "116" und verzeichnet Seite 284 als "184." Die Oktavausgabe variiert in einem Fall auch in der Blattzählung. Seite 27 hat statt der Zählung "C3" "CC," ohne daß eine textliche Veränderung vorliegt. Im zweiten Band finden sich für zwei Briefe doppelte Angaben. Hierbei handelt es sich um offensichtliche Fehler bei der Drucklegung: Der 58. und 59. Brief der Ross-Ausgabe werden als 60. und 61. Brief überschrieben, die sich anschließenden beiden Briefe werden korrekt als 60. und 61. Brief gezählt (Schmid, II, 196, 205, 215 und 223). Brief 50 endet statt auf Seite 142 auf Seite "144," der letzte Brief dieses Bandes umfaßt die Seiten 301-"203."
Im dritten Band liegt eine große Anzahl an Fehlern vor. So ist die Seite 146 lediglich mit "46" überschrieben, Seite 215 trägt die Seitenzahl "181," Seite 245 ist als "201" überschrieben, statt der Seitenzahl 257 liest man "259," die "5" der Seite 265 ist um einige Milimeter nach oben verrutscht, statt 268 liest man "28," statt 288 "88", die Seiten 293 und Seite 297 sind jeweils als "29" bezeichnet. Diese Liste setzt sich in den weiteren Bänden fort: In Band V liest man statt 239 "932", Band VII hat statt Seite 8 die Seitenangabe "9" und für 38 "28," für 60 "06," 145 findet sich als "14," statt 196 liest man "194," 229 ist als "149" ausgegeben, und statt 291 liest man "245." In Band IV finden sich drei fehlerhafte Seitenangaben: Seite 64 ist mit "46" überschrieben, Seite 257 hat nur "57," und statt Seite 349 liest man "346."
Band IX führt Seite 255 als "155," Band X enthält erneut eine große Anzahl falscher Paginierungen. So ist ab Seite 157 die Seitenzählung wie folgt: 157, "160," "161," "162," 161, 162, 163, "166," 165, dann wird korrekt numeriert. Seite 257 ist mit "261" überschrieben, ab Seite 318 treten erneut Unregelmäßigkeiten auf. Die Paginierung lautet hier "318, 271, 320, 321, 322, 324, 320, 321, 322, 323, 326" und wird von "326" an wieder korrekt angegeben. Band XII hat statt der Seiten 40-41 "50-51," führt Seite 49 ebenfalls als "50" und verzeichnet die Seite 313 als "513." Der folgende Band zeigt wieder eine Anzahl an Unregelmäßigkeiten auf. Die Seiten 136-40 haben folgende Paginierung: "135, 336, 337, 338, 339, 140," statt Seite 242 findet man erneut "241."
In Band XIV der Göttinger Ausgabe fehlen die Seiten 10/11, 14/15 und 26/27, statt 56 heißt es "65," Seite 213 ist fälschlicherweise mit "113" überschrieben, die Paginierung der Seiten 236-240 lautet 236, "277," "278," "279," "280," 240. Statt der Seitenangabe 254 liest man "265." Ab Seite 422 weisen die letzten Seiten dieses Bandes ebenfalls eine falsche Paginierung auf und lauten 422, "421," "422"- "430."
Band XV hat statt Seite 36 "63" und statt 103 "104", um mit Seite 104 fortzufahren, Seite 156 ist mit "256" überschrieben, Seite 228 ist als "128" gegeben, statt 232 liest man "129," statt Seite 233 "323." Seite 248 trägt die Paginierung "148," Seite 266 ist mit "120" überschrieben, und statt Seite 371 findet sich "361." Im letzten Band ist die Seite 42 als "24" gegeben, Seite 61 als "62" bezeichnet; statt 104 liest man erneut "103," auf Seite 149 finden sich lediglich die ersten zwei Ziffern, und ab Seite 186 wird die Paginierung unregelmäßig. Die Numerierung lautet "186, 287, 288, 189, 190, 191, 92, 193, 192, 193, 194." Seite 239 ist mit "241" überschrieben, Seite 243 trägt die Seitenzahl "143."

"Dienstag" mit "Donnerstag" überschrieben (Schmid, II, 235). Bedingt durch die graphische Nähe von *Tuesday* zu *Thursday* ist diese Verwechslung ein häufig auftretender Fehler.[95] Die Übersetzer setzen in einigen Fällen statt Samstag Sonntag und umgekehrt,[96] und in der Bezeichnung der Tageszeiten finden sich immer wieder Abweichungen.[97] Die Datierung variiert ebenfalls in einigen Fällen: So trägt Brief 18 (Schmid, I, 163-67) etwa als Datum statt des 4. März den 24. März,[98] Brief 37 des zweiten Bandes übernimmt das falsche Datum der dritten englischen Auflage und ist statt am 9. bereits am 6. April verfaßt (Schmid, III, 1-9 sowie Stuber, II, 238), Brief 98 ist ebenfalls um einige Tage vordatiert und nicht mehr am 12., sondern am 7. April verfaßt (Schmid, II, 250-96; Stuber, II, 34 hat das korrekte Datum), der folgende Brief trägt statt "11.-12. April" das wahrscheinlich auf einen Druckfehler zurückgehende Datum "1.-12. April" (Schmid, III, "29"-303).[99] Ähnliches ist bei Angaben der Uhrzeit zu beobachten.[100] Insgesamt zeichnet sich diese Übersetzung durch einen freieren Umgang mit Datierungen aus; in vielen Fällen werden Datum und/oder Überschrift ausgelassen.[101]

Wie der Übersetzerwechsel mutmaßen läßt, scheint sich im Verlauf der Arbeit eine Absichtsänderung eingestellt zu haben. Dies läßt sich nicht nur im Text, sondern auch in der Organisation der Ausgabe feststellen. So sind die

---

[95] Weitere Belege sind Schmid, II, 279-89; III, 44-47; IV, 276-86 und VII, 130-52.

[96] Beispielsweise Schmid, VII, "149"-79 und XIII, 214-33.

[97] So hat Brief 72 der Ross-Ausgabe beispielsweise statt "Fri. Noon" "Freitags nachmittags" (Schmid, III, 6-8), und Brief 107 verwendet statt "night" die Tageszeit "Abends" (Schmid, III, 83-96). Diese Veränderungen finden sich durchgehend.

[98] Dieser Fehler ist nicht aus der dritten englischen Auflage übernommen. Vgl. Stuber, I, 120.

[99] Die Liste läßt sich um einige Angaben ergänzen. Brief 146 der Ross-Ausgabe hat als Datum "23. April." In der Übersetzung wird daraus der "21. April" (Schmid, V, 161-63). Zwei Briefe Clarissas an Anna Howe sind um eine Woche vordatiert und statt am 11. am 18. April (Schmid, XIII, 349-54) verfaßt sowie mit "7.9." statt "2.9." überschrieben (Schmid, XV, 27-43).

[100] In einem Brief ist die Uhrzeit geändert: Lovelaces Brief an Belford vom 3. August wird im Original um sechs Uhr begonnen, in der deutschen Übersetzung liest man "3 Uhr" (Schmid, XIII, 258). Ein weiterer Brief an Belford trägt die Angabe "Sat.-Sun.-Mon.," woraus "Samstag früh, und Montags" wird (Schmid, IV, 267). In den meisten der hier aufgezählten Fälle handelt es sich wahrscheinlich um Unachtsamkeiten auf seiten des Drukkers oder des Übersetzers; ob die Vorausdatierung des Briefs um eine Woche mit Absicht geschah, läßt sich nicht eindeutig entscheiden. Im Anschluß an Brief 65 der Ross-Ausgabe folgen die eingefügten zwei Briefe von Mr Hickmann an Mrs Howe vom 29.3. und deren Antwortschreiben vom folgenden Tag (Schmid, II, 170-73 bzw. 273-78). Der Übersetzer scheint zumindest in einzelnen Bänden dem Text der dritten oder späteren englischen Auflage zu folgen.

[101] Vgl. beispielsweise Schmid, I, Briefe 3-4; 6; 20-21; Schmid, III, Briefe 2-5; Schmid, V, Briefe 9; 14; 17; Schmid, XII, Brief 14; Schmid, XIII, Briefe 44; 46; 48.

Briefe des ersten und zweiten Bandes durchnumeriert; Band II beginnt mit dem 34. Brief und zählt bis Brief 71 durch. Der erste Brief des dritten Bands wird mit Brief 1 statt Brief 72 überschrieben, der letzte Brief des dritten Bands (Lovelace an Belford vom 11.-12. April) nach acht Seiten abgebrochen und auf den ersten zehn Seiten des vierten Bandes vervollständigt. Daraus wiederum resultiert für diesen Band eine Vervollständigung des letzten Briefs (Clarissa an Anna Howe vom 20. April) auf den ersten Seiten des fünften Bands.

Während der erste Übersetzer es als seine Aufgabe angesehen zu haben scheint, das Textkorpus leserfreundlicher zu gestalten und deshalb umfangreiche Kürzungen vornahm, war sein Nachfolger bestrebt, dem Original wortgetreu zu folgen. Der Wechsel erfolgte im dritten Band im Anschluß an die Schilderung der Flucht Clarissas aus dem Elternhaus (Schmid, III, 232). Diese Textpassage verdeutlicht nicht nur die auffälligen Kürzungen des ersten Übersetzers auf anschauliche Weise, sie illustriert darüber hinaus die unterschiedlichen Auffassungen von den Aufgaben und Rechten eines Übersetzers im Hinblick auf Textänderungen. Im Original gestaltet Richardson die Flucht und die sie erschwerenden Umstände durch einen lebhaften Sprachduktus. Dort heißt es:

> Oh Lord!–help, help, cried the fool, all amaze and confusion, frighted beyond the power of controlling.
>
> Now behind me, now before me, now on this side, now on that, turned I my affrighted face in the same moment; expecting a furious brother here, armed servants there, an enraged sister screaming and a father armed with terror in his countenance, more dreadful than even the drawn sword which I saw or those I apprehended. I ran as fast as he, yet knew not that I ran; my fears at the same time that they took all power of thinking from me adding wings to my feet: my fears, which probably would not have suffered me to know what course to take, had I not had him to urge and draw me after him: especially as I beheld a man, who must have come out of the garden door, keeping us in his eye, running backward and forward, beckoning and calling out to others, whom I supposed *he* saw, although the turning of the wall hindered *me* from seeing them; and whom I imagined to be my brother, my father and their servants. (Ross, p. 380)

Richardson zieht an dieser für die Interpretation des weiteren Geschehens bedeutenden Stelle die Register seines Könnens. Seine Fluchtszene besteht aus zwei sorgfältig gegliederten Hypotaxen. Das Stakkato der Syntax, vermittelt durch Isokola, durch Anaphern und Epiphern, von Alliterationen gar nicht erst zu reden, lassen das Geschehen schneller wirken und setzen den gehetzten Eindruck der Titelheldin ins Bild, Aufzählungen unterstreichen diesen Effekt. Adjektive sorgen für die lebendige Ausgestaltung der Situation, die Leserinnen und Leser wie unmittelbar am Fluchtversuch teilhaben läßt.

Im Gegensatz zur englischen Vorlage verläuft die Flucht in der Übersetzung weitaus weniger spektakulär. Dort heißt es:

Hilf Himmel! – war alles, was die arme Betrogene in ihrer Verwirrung hervorbringen konnte. In der fürchterlichsten Bestürzung lief ich, was ich konnte, hinter ihm her; sie gab meinen Füßen Flügel, zu gleicher Zeit, daß sie mich aller Besinnung beraubte – noch mehr, da ich eine männliche Figur erblickte, die zum Thor herauskam, uns im Auge behielt, bald vorwärts gegen und, bald rückwärts lief, wie wenn sie andern, hinter der Mauer, Zeichen gäbe, riefe, winkte.– (Schmid, III, 229-30)

Bereits auf den ersten Blick werden die Konsequenzen der Kürzungen auf die Wirkung des Textes deutlich. Der Übersetzer macht aus der Akkumulation von Nomina und Hypotaxen "all amaze and confusion, frighted beyond the power of controlling" im Deutschen "in ihrer Verwirrung" und gibt damit ein Element der Originalfassung auf. Diese Tendenz setzt sich in der weiteren Darstellung fort: Der zweite Satz fällt der Kürzung ganz zum Opfer, und enthält dadurch dem deutschen Lesepublikum die anschauliche Schilderung der sich gegen Clarissa verschwörenden Familiengemeinschaft der Harlowes vor. Die gehetzte junge Frau, die bereits von ihrer Familie isoliert ist und nun auch noch von Vater, Bruder und Schwester zum gejagten Freiwild erklärt wird, erblickt in der Übersetzung lediglich eine männliche Figur, die Unbekannten hinter der Mauer Zeichen gibt. Darüber hinaus befindet sich die englische Clarissa ihren Verfolgern gegenüber im Nachteil, insofern sie nicht weiß, wer ihre Jäger sind und in welcher Anzahl diese ihr folgen, da die Mauer des elterlichen Anwesens die scheinbar zahlreichen Personen verdeckt. Die Kursivierung im Original sucht diese schwierige Situation auf eindrucksvolle Weise zu unterstreichen, indem sie das Augenmerk auf die Pronomina "he" und "me" lenkt. Der deutsche Text bemüht sich zwar um Spannungsaufbau mittels zahlreicher Verben, doch ist das Ergebnis eine Darstellung, die dem Vergleich mit dem Original bei weitem nicht standhält.

Wie schon bei Kosegartens Übersetzung ist auch bei dieser Übertragung ein freierer Umgang mit den drucktechnischen Besonderheiten des Originals zu verzeichnen. Der bewußte Einsatz von Fettdruck zur Hervorhebung wichtiger Textstellen wird in dieser Übersetzung nicht mehr als typographisches Mittel verwendet. In manchen Fällen greift der Text auf den Sperrdruck einzelner Wörter zurück, um die Aufmerksamkeit des Publikums zu gewinnen. Indem der Text überdies eigene Schwerpunkte in der visuellen Leserführung setzt, entfernt er sich von der Intention der Originalausgabe. Am deutlichsten wird diese Vorgehensweise im Fall der *mad papers* (Schmid, X, 101-13), die im Fließtext hintereinander gedruckt sind und somit erstmals in der Geschichte der deutschen *Clarissa*-Übersetzungen des Jahrhunderts ihr charakteristisches Merkmal verlieren.

Der Umgang mit den intertextuellen Verweisen des Originals ist hingegen auffällig. Zitate werden nicht länger graphisch abgesetzt oder in Versform gedruckt, sondern als Fließtext in das Textkorpus eingearbeitet. Dadurch sind sie nicht mehr als Verszitate zu erkennen. Lovelaces Zitat aus Shakespeares *Troilus und Cressida* ist nur ein Beispiel für dieses Vorgehen. Die Mannheimer Übersetzung lautet:

> Von nun an, o du wachsame Schöne, sey wohl auf deiner Huth! Denn ich will dich nicht da, noch da, noch da tödten! Sondern, bey dem Gürtel, der Venus Gewand umgiebt, aller Orten, an allen Gliedern deines Leibes will ich dich tödten! Du, weisester Belford, verzeihe mir diese Ruhmredigkeit. Ihre Wachsamkeit entlockt Thorheit meinen Lippen, aber ich will mich bestreben, die Thaten den Worten gleich zu machen, oder ich will nie
> – Nun stelle Dir vor, als wenn Du mir ins Wort fielest, um meinen Ungestüm zu mäßigen, wie Ajax dem Achilles:
> Erhitze dich nicht, Vetter! – und spare diese Drohungen, bis Zufall oder Vorsatz dich dahinbringen! (Schmid, VII, 211)

Diese Version kürzt das Zitat nicht an "expliziter" Stelle, setzt es in Prosa um und deutet seine Herkunft lediglich durch den vorhergehenden Hinweis im Fließtext an.

6.2 Die Versionen im Vergleich

6.2.1 Drucktechnische Besonderheiten

• **Michaelis**

Richardson hebt wichtige Aussagen durch Kursivierungen und Versalien hervor. Da das deutsche Druckbild aufgrund der üblichen Verwendung von Fraktur Kursivierungen nicht zuläßt, markieren Übersetzer und Drucker zentrale Textpassagen durch Fettdruck. Dadurch springen aussagekräftige Stellen dem Lesepublikum schon beim Durchblättern der Bände ins Auge. Diese Technik findet häufig Gebrauch und dient der Interpretationslenkung. Als Verleger und Drucker seiner Romane war Richardson jederzeit in der Lage, alle drucktechnischen Mittel einzusetzen, die er für angemessen hielt. Diese Situation hat er zu seinem Vorteil zu nutzen gewußt, und so findet sich in seinen Romanen eine große Anzahl typographisch aufwendiger Mittel, die Textaussagen markieren und hervorheben, untermauern und Aufmerksamkeit erregen. Nicht nur werden unterschiedliche Schrifttypen eingesetzt, auch Kursivierungen dienen Richardson zur graphischen Heraushebung zentraler Stellen und liefern wertvolle Hinweise vor allem für die Richardson so wichtige moralisch-didaktische Interpretationslenkung. Vermutlich hat Richardson, der während der Entstehungsgeschichte seines Romans jede Formulierung peinlich genau überdachte und gegebenenfalls auch überarbeitete, auch die Drucklegung beaufsichtigt.

Durch die Verwendung unterschiedlicher Schriften in den englischen und deutschen Druckhäusern der Zeit konnte Michaelis solche Lesehinweise nicht übernehmen, bemühte sich jedoch um Ersatz: So wurden in der deutschen *Clarissa*-Ausgabe an den entsprechenden Stellen etwa unterschiedliche Schriftgrößen derselben Schriftart benutzt, so daß auch die deutsche Textstelle die Aufmerksamkeit ihres Leserkreises erregte. Ein Beispiel für diese Praxis bietet die Unterredung zwischen Clarissa und ihrem Bruder, in der James Harlowe seiner Schwester jeglichen Briefverkehr untersagt:

> Wie kan ich es ihnen schreiben? Und ich muß es doch thun! Ich soll einen gantzen Monath, oder bis ich von neuen Erlaubniß erhalten habe, mit niemanden ausser dem Hause Briefe wechseln. Mein Bruder kündigte mir dieses mit einem rechten Amts-Gesichte an, nachdem Frau **Hervey** meine Antwort überbracht hatte ...
> Ich fragte: **darf ich denn auch nicht an Fräulein Howe schreiben?**
> **Nein / gnädige Fräulein /** sagte er spöttisch, **auch nicht einmahl an Fräulein Howe. Denn sie haben ja selbst gestanden / daß Lovelace der Liebling von der Fräulein Howe sey.** (Michaelis, I, 75-76, Fettdruck im Original)

Noch auffälliger ist Richardsons typographische Experimentierfreudigkeit im Fall der *mad papers*, jener nach Clarissas Vergewaltigung geschriebenen Notizen, die ihre zeitweilige geistige Verwirrung zum Ausdruck bringen und die Schwere der Tat verdeutlichen. Die *mad papers* (Ross, pp. 890-93) sind nicht nur vollständig übersetzt, sondern auch auf eine dem englischen Original entsprechende Weise auf dem Papier angeordnet (Michaelis, V, 617-27):

(Michaelis, V, 625-26. Faksimile, verkleinert)

Die deutsche Übersetzung hat also keine Mühen gescheut, ihrer Vorlage gerecht zu werden.

Richardsons Romane zeichnen sich durch einen hohen Grad intertextueller Verweise und ihren experimentellen Umgang mit literarischen Genres und deren Konventionen aus. Er mischt häufig Elemente des Romans mit denen anderer Gattungen und setzt beispielsweise Dialoge typographisch wie Theaterstücke. So enthält etwa das Gespräch zwischen Anna Howe und ihrer Mutter, in dem Mrs Howe ihre Tochter über Anthony Harlowes Heiratsantrag in Kenntnis setzt, wie bei Bühnenanweisungen zu Beginn jeder neuen Aussage den Hinweis auf

148

die Sprecherin (Ross, pp. 1028-40; Michaelis, IV, 172-86). In einem Brief an Belford weist Lovelace auf Auslassungen hin, die er beim Vorlesen des Briefes vorgenommen hat, und zeigt diese durch am Rand eingesetzte Hände an (Ross, pp. 743-51). Michaelis übernimmt zwar die Konvention des Originals (Michaelis V, 135-62), ersetzt die Hände aber durch weniger aufwendige Sternchen und paßt die Verweise im Text an.[102]

Michaelis und sein Nachfolger übersetzen jeden Brief des Originals. Eine Ausnahme stellt Elizabeth Carters "Ode an die Weisheit"[103] dar (Michaelis II, 80), mit der Clarissa einen Brief endet und ihre seelische Verfassung durch sie zum Ausdruck bringt: Michaelis übersetzt den Inhalt des Briefes, der mit Bemerkungen zu Clarissas Bearbeitung der "Ode" endet:

> Ich lege die Ode so wohl, als meine Nachahmung derselben bey. Die Sache, davon sie handelt, ist wichtig: meine Umstände sind betrübt und ich hoffe, daß mein Anhang zu der Ode nicht gantz verwerflich ist. (Michaelis, II, 80)

Im Anschluß daran fügt er eine Fußnote ein:

> Hier folgt im Englischen die Ode an die Weisheit, nebst deren Anhang. Weil der Übersetzer kein Poete ist, so wied [sic] sie hier ausgelassen. Wenn er einen Freund finden kan, der sie so übersetzt, daß sie ihr Original nicht verunehret, so soll sie am Ende dieses Theils als eine Beylage folgen. (Michaelis, II, 80n)

Michaelis gibt also seine sprachlichen Grenzen offen zu und stellt sich somit vollständig in den Dienst des Textes. Sein Eingeständnis macht ihn als Übersetzer glaubwürdig. Wenn er übersetzt, so suggeriert seine Anmerkung, so tut er dies in sprachlicher, doch nicht in poetischer Kompetenz.

Als Alternative hätte Michaelis den englischen Originaltext abdrucken lassen können. Diese Möglichkeit wurde jedoch erst gegen Ende des Jahrhunderts gängige Praxis, zu einem Zeitpunkt also, da die Kenntnisse des Englischen weiter verbreitet waren als noch um die Jahrhundertmitte. Im Fall der "Ode an die Weisheit" ist der Verzicht darauf also vermutlich Indikator für die als noch unzureichend eingestuften Englischkenntnisse des Lesepublikums in den vierziger Jahren des Jahrhunderts.

---

[102] "Du wirst diesen verfluchten Brief durch und durch am Rande mit kleinen Sternchen bemahlt sehen. Ich habe sie hingesetzt, diejenigen Stellen zu bezeichnen, welche mir ein Gelübde mich zu rächen abgedrungen haben, oder Aufmerksamkeit verdienen" (Michaelis, V, 135).

[103] Vgl. Eaves und Kimpel, *Samuel Richardson*, pp. 213-14. Richardson hatte die Ode ohne Einwilligung ihrer Verfasserin abgedruckt und entschuldigte sich später bei dieser mit dem Hinweis, seine Suche nach der Dichterin der anonym an ihn weitergeleiteten Ode sei erfolglos geblieben.

Das Vorwort läßt indes eine weitere Interpretation zu: Michaelis bricht hier eine Lanze für die literarischen Fähigkeiten des weiblichen Geschlechts und betont, daß viele Frauen den Männern in ihren Schreibfähigkeiten ebenbürtig seien. Im Gegensatz zu Behauptungen vieler seiner Zeitgenossen, Frauen seien literarisch weniger begabt,[104] schreibt er:

> Der Übersetzer ist hierin so sehr verschiedener Meinung, daß er sich nicht unterstanden hat, die Ode zu übersetzen, die im zweyten Theil Bl. 80. mangelt, weil sie nach dem Zeugnis des Englischen Schriftstellers **von einem Frauenzimmer verfertiget ist / und dem gantzen Geschlecht zur Ehre gereicht.**
> ("Vorrede des Übersetzers," Michelis, I, n.p.)

Die Ode ist also auch aus Respekt vor der Leistung der Poetin nicht übersetzt. Michaelis, so vermittelt die Darstellung, wagt sich bewußt nicht an das von einer Frau verfaßte Gedicht, weil er fürchtet, den poetischen Fähigkeiten der Dichterin nicht gerecht zu werden. Der Göttinger Wissenschaftler zeigt mithin ein für seine Zeit ungewöhnlich ausgeprägtes Feingefühl im Umgang mit weiblicher Literaturproduktion.[105]

- **Kosegarten**

Richardson verzichtet in den Überarbeitungen zu den verschiedenen Auflagen nicht auf typographische Mittel zur Verdeutlichung seiner "Intention." Daher erfahren die *mad papers* keine Änderungen:

[104] Vgl. etwa Barbara Becker-Cantarino, *Der lange Weg zur Mündigkeit: Frauen und Literatur in Deutschland von 1500 bis 1800* (Stuttgart, 1987). Auch Wieland glaubte noch, die *Geschichte des Fräuleins von Sternheim* mit einem erläuternden Vorwort und explikativen Fußnoten ausstatten zu müssen, und lobt an der La Roche unter anderem "die naive Schönheit ihre Geistes, die Reinigkeit, die unbegrenzte Güte ihres Herzens." La Roche, *Sternheim*, ed. Becker-Cantarino, p. 16.
[105] Angesichts derartiger Überlegungen verwundert es nur wenig, daß seine Tochter Caroline eine für eine Frau des achtzehnten Jahrhunderts ungewöhnlich umfassende Erziehung genoß, ein Studium absolvierte und während ihrer Ehe mit A. W. Schlegel an der von Schlegel und Tieck besorgten Shakespeare-Übersetzung aktiv beteiligt war.

(Stuber, V, 308. Faksimile, verkleinert)

Kosegarten bemüht sich ebenfalls um die Beibehaltung drucktechnischer Besonderheiten des Originals. So übernimmt er die aufwendige Technik der *mad papers*:

(Kosegarten, V, 549-50. Faksimile, verkleinert)

Wie Michaelis erkennt Kosegarten die Bedeutung der typographischen Mittel und versucht, äquivalente Entsprechungen zu finden. So verwendet auch er zur Heraushebung interpretatorisch bedeutsamer Passagen Fettdruck statt der Kursivierung des Originals und greift zusätzlich auf größere Schrifttypen zurück, um einzelne Wörter optisch herauszuheben.

Auffällige Merkmale hat Kosegarten anscheinend als notwendig eingeschätzt. So finden sich etwa die Hände (Kosegarten, V, 49-66) als Marginalien eingefügt, die "Theaterkonvention" des "Verhörs" durch Lovelaces Verwandte ist ebenfalls erhalten (Kosegarten, VI, 365-406).

Anders als Michaelis scheut sich Kosegarten nicht, die "Ode an die Weisheit" zu übertragen, wenngleich er sich für ein anderes Versmaß entscheidet. Er beläßt es dabei nicht, sondern kommentiert Clarissas Bemerkungen zur Musikwahl in einer Fußnote:

Clarissens Musik paßt zu meiner Übersetzung nicht. Das Notenblatt des Originals ist hier also weggeblieben, und wenn meine deutschen Leserinnen das Lied zu singen Lust haben, so können sie es nach der Komposition von: *Dir folgen meine Thränen* etc. oder,

Ach Schwester, die du sicher, oder, *Ich seh durch Thränenbäche* etc. oder irgend einer andern der unzähligen Tonsetzungen dieses Silbenmaaßes, die ihnen etwa die liebste ist, singen. (Kosegarten, II, 81-82)

Kosegarten wendet sich hier ausdrücklich an seine Leserinnen, er scheint also einen weiblichen Leserkreis vorauszusetzen, ein Indiz dafür, in welchem Umfang der Roman des achtzehnten Jahrhunderts von Autoren und Lesern gleichermaßen als "Frauenzimmerlektüre" angesehen wurde. Umso mehr erstaunt es, daß Kosegarten zwar den Hinweis auf Elizabeth Carter übersetzt,[106] Informationen zur Person aber als unnötig erachtet.

Die austauschbare Melodie dient als Indikator für das eingängige Versmaß, das das Singen erleichtern soll. Die ersten Strophen der Ode lauten:

Der braune Abend schattet,
Die Fluren athmen Ruh.
Der müden Schöpfung sinken
Die schweren Wimper zu.
In seiner Efeugrotte,
Im alten Thurm erwacht,
Und schwingt den leisen Fittig,
Dein Vogel, Mitternacht!

  Dein Vogel, holde Pallas,
Ruft durch die Nacht: *Komm mit!*
Komm mit! durch Forst und Koppel,
Durch Sturm und Schlag. *Komm mit*!
Sein schaudervolles Rufen
Dringt feirlich in mein Ohr
Und flügelt mich, o Weisheit,
zu deinem Sitz empor!
....

  Von deinem Glanz erleuchtet,
Von deinem Licht erhellt,
Durchschau ich alle Nebel
Der nicht'gen Schattenwelt.
Nur Tugend, seh' ich, Tugend
Erlabt das schwüle Herz.
Was Menschen Wollust wähnen
Ist nur verhüllter Schmerz. (Kosegarten, II, 82-87)

---

[106] "Ich gedachte an die schöne Ode an die Weisheit, die unserm Geschlechte und ihrer Verfasserin so viel Ehre macht. Ich versuchte, die drei letzten Strofen in Musik zu setzen" (Kosegarten, I, 81).

• **Schmid**

Im Gegensatz zu Michaelis und Kosegarten ist die Mannheimer Ausgabe weniger darauf bedacht, die typographischen Merkmale des Originals beizubehalten. Das einheitlich gestaltete Druckbild weist graphische Mittel wie Fettdruck oder größere Typen nur an wenigen Stellen auf. Weniger aufwendige Satztechniken wie der Rückgriff auf Theaterkonventionen bei der Wiedergabe von Dialogen finden hingegen Verwendung, da sie nicht zuletzt eine Umgestaltung des Textes vermeiden helfen.[107]

So sind die *mad papers* in drucktechnisch konventioneller Form wiedergegeben:

110 ▬▬

te ich alles übrige, was meine Seele liebte und wünschte, von Deiner Besßrung! — Ich kannte keine auffallenden Probe Deiner Boßheit, als nur durch das Gerücht. Du schienest eben so offenherzig, als edelmüthig zu seyn. Offenherzigkeit und Edelmuth zogen mich immer an sich. Jede, die diesen Schein zu behaupten wußten, beurtheilte ich in Ansehung des Herzens nach dem meinigen, und alle Eigenschaften, die ich in ihnen zu finden wünschte, war ich geneigt, bey ihnen zu finden, und, wenn ich sie fand, so glaubte ich, sie wären von selbst auf diesem Boden entsproßen.

Ferner glaubte ich meine Sicherheit in meinem Stand, Rang, und Ruf zu finden. In keiner dieser Rücksichten war ich unwürdig, die Nichte des Lord M. und seiner beiden edlen Schwestern zu seyn. Deine Betheurungen, Deine Angelobungen. — Doch, ach! Du hast eine barbarische und niederträchtige Kabale gegen die Ehre gespielt, die Du hättest beschützen sollen. Und nun hast Du aus mir — was ist elendes, das Du nicht aus mir gemacht hast.

In-

▬▬ 111

Indeßen, Gott kennt mein Herz, ich hatte keine strafbaten Absichten! — Ich ehrte die die Tugend — Ich haßte das Laster! Aber ich wußte nicht, daß Du das Laster selbst wärest!

Neuntes Papier.

Hätte die Glückseeligkeit irgend eines armen Auswürflings in der Welt, den ich nie gesehn, nie gekannt, von dem ich vorher nie gehört hätte, eben so sehr in meiner Gewalt gestanden, als meine Glückseeligkeit in der Deinigen stand, so würde mein wohlthätiges Herz mich angetrieben haben, einer solchen armen unglücklichen Person zu Hülfe zu eilen! — Mit welchem Vergnügen würde ich das gesenkte Haupt aufgerichtet, und das muthlose Herz getröstet haben! — Aber wer wird nun mit der armen Elenden Mitleid haben, die die Zahl der Unglücklichen vermehrt hat, statt sie zu vermindern?

Zehntes Papier.

Führe mich hin, wo mich meine eignen Gedanken verlassen, wo das, was ich noch von Leben

(Schmid, X, 110-11. Faksimile, verkleinert)

---

107 Vgl. beispielsweise das Gespräch zwischen Anna Howe und ihrer Mutter (Schmid, VII, 15-33) und Lovelaces Verhör durch seine Familienangehörigen (Schmid, XII, Brief 12-26 und "55"-49). Da es sich in diesen Fällen um leicht realisierbare Texteigenheiten handelt, besitzen sie nur bedingte Aussagekraft für die Originaltreue des gesamten Werks, leisten aber dennoch ihren Beitrag zum Gesamteindruck.

112

Leben übrig habe, in Betäubung übergeht,
wo ich mich selbst und das Verbrechen jenes
Tags vergesse! — Grausame Erinnerung! —
wie soll ich dich unterdrücken!

O Du hast eine That gethan, die das
Gesicht und die Röthe der Sittsamkeit befleckt,
die die Rose von der schönen Stirne einer un-
schuldig Liebenden nimmt, und eine Blatter
drauf hervorbringt.

Dann legte ich mein Haupt nieder, nieder auf die kalte Erde, und war eine Zeit
lang todt, und meine befreite Seele flog, ich
weiß selbst nicht, wohin! O, thörichte Seele, sagte ich, als ich sie wieder in ihren Ker-
ker zurückeilen sah, Thörinn, daß du wieder
die zerbrochnen Fesseln annimmst, und hier
wieder an die Galeerenarbeit gehn willst!
Thörinn, daß du wieder in den Körper zurück-
kehrst, wo du verdammt und bestimmt bist, zu
trauern.

Ach, meine Miß Howe, wenn Sie noch
Freundschaft für mich haben, so helfen Sie
mir, und sprechen Sie Worte des Friedens
für meine getheilte Seele, die mit sich selbst
in mir kämpft, und jedes Gefühl zu meiner
Be-

13

eschämung rege macht. Ich schwanke an
dem Rande des Friedens, und du bist alles,
woran ich mich noch halten kann! Stehe mir
bey in meinen Trübsaalen!

Wenn die Ehre verloren ist, dann ist es
Trost, zu sterben! Nur der Tod ist eine siche-
re Zuflucht vor Schande.

So lebe dann wohl, Jugend, und alle
ihr Freuden, die ihr mit Jugend und Leben
verbunden seyd! Und du Leben selbst, lebe
wohl! Denn das Leben kann nie wahrhaft
glücklich seyn. Der Himmel straft die Bösen, und prüfet die Guten.

Durch schnell folgendes Unglück, wie
werd' ich verfolget. Eines erneuet sich auf
das andre, wie eine Welle auf die andre!

Tod kann nur dem Bösen schrecklich seyn.
Für die Unschuld ist er gleich einem Popanz,
den man ausstaffirt hat, um Kinder zu schrecken. Man ziehe seine Maske an, und man
wird einen Freund darunter erblicken.

Ich könnte eine Erzählung auseinander
setzen — sie würde deine Seele empören!

Klarissa X. B.   H   Bey

(Schmid, X, 112-"13." Faksimile, verkleinert)

Der Leser kann somit zwar den Inhalt der Schreiben rezipieren, wird aber nicht eigens auf die geistige Verwirrung Clarissas gestoßen. Die Mannheimer Ausgabe überläßt somit dem Leser die "Auffüllung" des Geschehens und zwingt ihn zur intensiven Mitarbeit an der Interpretation.

Die Tendenz, Originaltreue mit möglichst geringem Aufwand zu erzielen, ist auch bei der Nicht-Verwendung der Hände zu verzeichnen. Die Ausgabe verwendet stattdessen die einfache Buchstabenkombination "NB". Der erläuternde Text wird der Konvention angepaßt.[108]

Carters "Ode an die Weisheit" wird auch in dieser Ausgabe ausgelassen und ihr Wegfall in einer Fußnote begründet:

---

[108] "Du wirst an dem Rande dieses verdammten Briefs eine Menge *NB*. finden. Ich habe sie daran geschrieben, um die Stellen zu bezeichnen, die zur Rache auffodern, oder Aufmerksamkeit heischen! Schicke mir ihn augenblicklich wieder, wenn Du ihn gelesen hast" (Schmid, VIII, 169).

Ich verweise meine Leser auf die meisterhafte Übertragung dieser Ode in unsre Mutter-sprache, womit Uz an der Spizze des fünftes Buchs seiner lyrischen Gedichte, uns be-schenkt hat. Die drey lezten Strophen bey Uz, wovon hier die Rede seyn muß, fehlen in meiner Englischen Ausgabe. (Schmid, II, 173)

Uzens Leistung stellt demnach auch für diesen Übersetzer einen nicht zu über-bietenden Standard dar.[109]

In einem weiteren Fall ändert der Mannheimer Übersetzer eine Jahreszahl und verlegt das Datum des als *South Sea Bubble* bekannt gewordenen Aktien-skandals von 1720 um fünfzig Jahre:

Habe ich nicht gesagt, die menschliche Natur sey ein Schelm? – Und weiß ich es nicht? Um ein auffallenderes Beispiel zu geben, wie viele stolze Parlamentsglieder ließen sich im Jahre 1770 verleiten, durch Beiträge oder Unterzeichnungen für die Süd-See-Actien einen Entwurf zu begünstigen, der mit dem Verderben der Nation schwanger gieng, die dennoch denjenigen würden von sich gestosen haben, der sich erkühnt hätte, ihnen die Summe, deren unsichern Gewinnst sie von den Actien hoften, doppelt anzubieten! (Schmid, IX, 110-11)

Es ist nicht eindeutig zu sagen, ob es sich bei der Rückdatierung um 50 Jahre um einen Druckfehler oder eine bewußte Manipulation handelt, um größere zeitliche Aktualität zu suggerieren, ein Druckfehler scheint jedoch wahrscheinlich.[110]

6.2.2 Personennamen und Ortsbezeichnungen

• **Michaelis**

Im Personenverzeichnis der Göttinger Übersetzung sind die Vornamen teilweise eingedeutscht: aus James, John und Anthony Harlowe werden "Jacob, Johann und Anton." Lediglich ein Name fällt aus dem Rahmen: Zu "Sinclair," dem Na-men der Bordellbesitzerin in London,[111] liest man im deutschen Personenver-zeichnis: "der falsche Name eines Mannes in London, der in seinem Hause jun-gen Herren vor Geld unanständige Freyheiten verstattete." Ähnliches findet sich bereits im Vorwort. Michaelis teilt seinen Lesern im Rahmen einer Inhaltsan-gabe der Bände I-IV mit: "[Lovelace] bringt es endlich so weit, daß [Clarissa] sich nach London begiebt: und er miethet sie in das Haus des angeblichen Sin-clair ein" (Michaelis, I, n.p.). Demnach scheint es sich nicht um einen Druck-

---

[109] J. P. Uz, *Ode an die Weisheit: aus dem Englischen der Clarissa. Nebst dem Englischen Grundtext und der Musik* (Berlin, 1757).
[110] Kosegarten behält die Jahreszahl des Originals bei, so daß man mit großer Sicherheit von einem Druckfehler ausgehen kann.
[111] Vgl. Ross, p. 38.

fehler zu handeln. Es ist unklar, was Michaelis dazu veranlaßt hat, aus Mrs Sinclair einen Mann zu machen. Immerhin scheinen er und sein möglicher Nachfolger ihre Meinung in diesem Punkt geändert zu haben; im Text tritt Sinclair als Frau auf.[112]

Sowohl Mrs Sinclair als auch Lovelace sind Träger sprechender Namen. Lovelace, der Prototyp des Libertins, behält seinen in der Tradition der Restaurationskomödie stehenden sprechenden Namen bei,[113] ohne daß dieser für das deutsche Lesepublikum vollständig erläutert wird. In einer Fußnote findet sich lediglich ein Hinweis auf die Bedeutung des Namens. Anläßlich eines Wortspiels im Originals bemerkt Michaelis: "Liebe heißt im Englischen Love, welches der Anfang des Namens Lovelace ist" (Michaelis, I, 331n.), übernimmt also Richardsons Hinweis des Originals teilweise (Ross, p. 144n.) und erläutert für die deutschen Leser die Komposition des Namens, ohne ihnen die volle Bedeutung des zusammengesetzten Namens darzulegen. Durch diese Entscheidung verzichtet Michaelis – bewußt oder unbewußt – auf einen hilfreichen Interpretationshinweis.

Anna Howes Verehrer erhält seinen ursprünglichen Namen Hickman und wird nicht wie in der Vorankündigung als "Flickmann" geführt. Bezeichnungen wie "Miss," "Mrs" und "Mr" sind durch "Fräulein," "Frau" und "Herr" ersetzt, Lord M. behält seinen Titel. Die Übersetzung von "lady" ist "(die) Fräulein."

Michaelis folgt im Fall von Lovelaces Tante, die in der ersten Auflage "aunt Lawrance" genannt und deren Name in der dritten englischen Auflage zu "Lawrence" geändert wird, durchgängig der englischen Schreibweise und behält auch Doktor Lewins Namen in der Originalschreibweise bei. Die Beibehaltung englischer Namen im deutschen Text hat in einigen Fällen jedoch einen Nebeneffekt, der die Interpretation beeinflußt: Colonel Mordens Name legt im Deutschen die Konnotationen "Mord" oder "[er]morden" nahe. Der Colonel wird zu Clarissas Rächer und somit zum "Mörder" an Lovelace. In diesem Fall erhöht

[112] Vgl. etwa Michaelis, VII, 540.

[113] Beispiele für sprechende Namen sind etwa Sir John und Lady Brute, Constant, Heartfree und Lady Fancifull aus Vanbrughs *The Provok'd Wife* (1697) oder Loveless, Lord Foppington, Tom Fashion und Worthy aus *The Relapse* (1696). Vanbrugh übernahm den Namen 'Loveless' aus Cibbers *Love's Last Shift* (1696). Cibber bedient sich ebenfalls sprechender Namen und führt Figuren wie Sir Charles Easy in *The Careless Husband* (1704) ein. Wycherley benutzt in *The Country Wife* (1675) Namen wie Horner, Alithea und Sparkish, Farquhar läßt in *The Beaux Stratagem* (1707) Sullen, Freeman und Lady Bountiful auftreten, Congreve hat Mirabell und Millamant in seinem Repertoir (*The Way of the World*, 1700). Zur Aussagekraft von Namen in *Clarissa* vgl. Ian Watt, "The Naming of Characters in Defoe, Richardson and Fielding," *RES*, 25 (1949), 322-38.

also die Beibehaltung der Originalnamen (unbeabsichtigt) deren Aussagewert in der Fremdsprache.[114]

Ortsbezeichnungen werden zum überwiegenden Teil übernommen. So finden sich in der deutschen *Clarissa* Highgate, Muzzle=Hill, Upper Flask, Kentish=Town (Ross, p. 675; Michaelis, IV, 320). Dabei spiegelt die Bezeichnung "Muzzle=Hill" für die Schreibart "Muswell Hill" die angesichts der in vielen Fällen verwirrenden Diskrepanz zwischen englischer Orthographie und Phonetik. "Harlowe Place" wird mit "Harlowe Burg" (etwa Michaelis, I, 385) übersetzt und verändert damit die mit dem Begriff verbundenen Konnotationen. Der deutsche Leser assoziiert mit "Burg" Vorstellungen wie "uneinnehmbar," "festungsartig gesichert" und erwartet in ihr Bewohner aus adligen Kreisen. Dies trifft für "Harlowe Place" nicht zu.

* **Kosegarten**

Kosegarten und den Übersetzern der Mannheimer *Klarissa* standen theoretisch die bis 1790 erschienenen sechs englischen Textfassungen zur Verfügung. Aus diesem Grund ist es notwendig, Änderungen innerhalb der Auflagen, wie sie in besonderem Maße in der dritten englischen Auflage anzutreffen sind, vergleichend heranzuziehen.[115] Darüber hinaus können die von Prévost besorgte französische Fassung aus den Jahren 1751-52 sowie Le Tourneurs erste Gesamtübertragung ins Französische aus den achtziger Jahren des Jahrhunderts ebenfalls konsultiert worden sein. Da sowohl Kosegarten als auch die Mannheimer Übersetzer jedoch jeden Brief übersetzen, ist zunächst von einer direkten Übertragung ohne Rückgriff auf Prévost auszugehen.

Kosegarten übernimmt das Personenverzeichnis des Originals nicht, behält die englischen Namen jedoch in leicht eingedeutschter Form bei. So finden sich Jakob, Johann und Anthony Harlowe (vgl. Kosegarten, I, 59). Clarissas Kosenamen sind "Clare" (vgl. Kosegarten, I, 175; I, 196) und "Klärchen" (Kosegarten, I, 57; I, 173). Ihre Schwester wird als "Bella" (etwa Kosegarten, I, 58; 316) sowie auch "Arabella" (vgl. Kosegarten, I, 316) geführt. Im Fall von Mrs Hervey und ihrer Tochter Dorothy ist die Schreibweise uneinheitlich: es findet

[114] Vgl. Beebee, *Clarissa on the Continent*, pp. 39; 44.

[115] In vielen Fällen bezieht sich die Änderung auf Eingriffe in die Orthographie wie die Verwendung von Großbuchstaben bei Substantiven oder den verstärkten Einsatz von Interpunktion. Intentionslenkende Mittel wie Kursivierungen bedeutungsrelevanter Wörter oder Satzteile finden sich ebenfalls gehäuft. Wenn die Änderungen lediglich diesen Bereich umfassen, wird die Form der dritten Auflage in einer Fußnote angefügt, handelt es sich um textliche Änderungen, so wird im Fließtext zitiert. Die Zitate folgen dem Text der von Stuber edierten dritten Auflage.

158

sich sowohl "Tante Hervey" (vgl. Kosegarten, I, 15; 58; 73) als auch "Tante Hervei" und "Frau Hervei" (so beispielsweise Kosegarten, I, 437; 511; 523; II, 318; III, 205; III, 438) und als Koseform für Dorothea "Dorchen Hervei" (Kosegarten, II, 143; 519). Die junge Frau wird häufig auch als "Cousine Dorchen" bezeichnet (vgl. Kosegarten, II, 341; 342). Lovelaces Verwandte werden als "Lady Sara Sadleir" (Kosegarten, I, 407; V, 365) und "Lady Betty" (Kosegarten, I, 413) geführt. "Lady Betty Lawrance" (Kosegarten, I, 108) oder "Elisabeth Lawrance" (Kosegarten, V, 185) ist ebenso zu finden wie die Schreibweise "Lady Betty Laurence" (Kosegarten, I, 46) beziehungsweise Lady Elisabeth / Lady Betty Lawrence" (Kosegarten, V, 214; 217; 220; 225; 388; 510; 610). Weiterhin findet sich "deine Cousine Montague" (Kosegarten, V, 610). Aufgrund ihrer Inkonsistenz läßt diese uneinheitliche Schreibart keine adäquate Beurteilung der Textgrundlage zu.

Lord M. behält seinen Namen (vgl. Kosegarten, I, 273), Clarissas Dienstmagd Hannah Burton heißt bei Kosegarten "Lise Barnsen" (vgl. etwa Kosegarten, II, 338; III, 190).III, 190).

Im Text finden sich häufig Bezeichnungen wie "meine Tante Hervey" (Kosegarten, I, 15; 58) und "mein Onkle Harlowe" (Kosegarten, I, 59). Diese Hinweise lassen auf ein Exemplar der ersten Auflage schließen, da vor allem diese Art der Referenz Richardsons Bearbeitungen zum Opfer fällt. Der Name Dr Lewens findet sich durchgängig in der nach der dritten Auflage vorherrschenden Schreibweise (Kosegarten, II, 289;II, 289; VII, 437), Belford wird als "Hans," gelegentlich auch als "Hänschen" adressiert (vgl. Kosegarten, I, 327; 340).

Lovelaces Name wird beibehalten, die explikatorische Fußnote zur Wortbedeutung "Love-less, lieblos" findet sich ebenfalls,[116] verweist aber lediglich auf die Allusion. Vermutlich war die englische Sprache bereits so verbreitet, daß Kosegarten auf weitere Erläuterungen verzichten zu können meinte oder aber die Anspielung als nicht erwähnenswert einschätzte.

Eine Besonderheit der Kosegarten-Übersetzung ist ihr Umgang mit Frauennamen. So benutzt Kosegarten besonders im Zusammenhang mit den Frauen der Familie Harlowe in der Briefüberschrift den Adelstitel und macht daraus etwa "Frau von Harlowe an Frau von Howe" (Kosegarten, VI, 669), "Frau Annabella von Howe" (Kosegarten, IV, 292), "Frau von Hervey" (Kosegarten, VIII, 289). Lovelaces Briefe an seine vermeintliche Gattin weisen ebenfalls diese Praxis auf (etwa Kosegarten, V, 12; 15; VI, 120).

Ortsnamen sind zum Teil leicht eingedeutscht, in den meisten Fällen wird das Original beibehalten. Der Familiensitz der Familie Harlowe lautet "Har-

116 "Ich will ihr den Namen der Liebe*) geben. *) Lovelace" (Kosegarten, I, 328).

loweburg" (vgl. etwa Kosegarten, II, 17). Desgleichen behält die Übersetzung Londoner Straßennamen bei. So trifft Lovelace seine Freunde in einem Kaffeehaus in "Palmall" (Kosegarten, II, 24). Weiterhin werden "Norfolkstreet," "Cecilstreet," "Doverstreet" (alles Kosegarten, III, 318) und "Edgware" (Kosegarten, IV, 12), das auch als "Edgeware" (Kosegarten, II, 549) zu finden ist, aufgeführt; mit "Hamstead, Heigate, Muswellhill" und "Kentishtown" (Kosegarten, IV, 466) zeigt sich eine Tendenz zum Erhalt der englischen Schreibweise, die in manchen Fällen jedoch durch eine behutsam veränderte phonetische Schreibweise ersetzt wird. Phonetische Schreibweise kommt in "Hannoversquäre," "Sohosquäre," "Goldensquäre," "Grosvenorsquäre" (Kosegarten, III, 322) als Aussprachehilfe zum Einsatz.

- **Schmid**

Die "Nahmen der vornehmsten Personen" der Mannheimer *Klarissa* sind dem ersten Brief vorangestellt. Der Übersetzer behält die englischen Vornamen zum überwiegenden Teil bei und weicht lediglich in einigen Fällen von dieser Vorgabe ab. Das Personenverzeichnis führt die Familie Harlowe als "James Harlowe Esq.," "Mrs. Harlowe," "James" und "Arabella" sowie "Klarissa Harlowe" und mischt Richardsons Liste, die zu jeder Figur eine kurze Charakteristik enthält, mit einer bloßen Aufzählung der Namen unter Hinweis auf ihren Verwandtschaftsgrad untereinander. So findet sich etwa zu Klarissa der Zusatz "ein junges Frauenzimmer von grosser Schönheit und Tugend," das Original dagegen ist ausführlicher.[117] Der wichtige Hinweis auf Clarissas Pflichtbewußtsein den Eltern gegenüber fehlt in der deutschen Fassung. Lovelace wird lediglich als Clarissas "Anbeter" vorgestellt, und zu Miß Howe liest man: "Die innigste Freundin, Gespielin Klarissens, die immer Briefe mit ihr wechselt." Es bleibt dem Leser überlassen, Anna durch ihre Briefe als lebhafte, leidenschaftliche junge Frau kennenzulernen. Über Mrs Sinclair heißt es: "[D]er vorgebliche Namen einer Frau, die ein Privatbordell hält." Hier hält sich der Übersetzer an die Vorgaben des Originals und beschönigt die Angaben ebensowenig wie im Fall von Dorcas, die er aus dem Kreis der Bediensteten herausnimmt und als "eine listige Magd in dem schlechten Hause" kennzeichnet. Der Übersetzer bedient sich demnach einer Mischung aus Richardsons die Interpretation lenkender und einer dem Leser ein größeres Maß an interpretatorischer Freiheiten einräumender Lesart.

Das Personenverzeichnis führt "Lady Betty Lawrance" und "Dr. Lewen," folgt also im ersten Fall der Schreibweise der ersten beiden englischen Aufla-

---

117 "A young lady of great delicacy, mistress of all the accomplishments, natural and acquired, that adorn the sex, having the strictest notions of filial duty" (Ross, p. 37).

gen, im zweiten Fall aber der ab der dritten Auflage vorherrschenden Orthographie. Die Schreibweise ist im Text nicht durchgängig eingehalten. So wird im zweiten Band von "Lady Lawrence" berichtet (Schmid, II, 239), später findet sich dies erneut wieder (etwa "Lady Elisabeth Lawrence," Schmid, V, 284; "Meine Tante Lawrence," Schmid, VII, 162). In manchen Fällen beziehen sich die Figuren auf "Lady Betty" und "Lady Sarah" (etwa Schmid, XIV, 328). Dr. Lewen ist ebenfalls in beiden Schreibweisen vertreten (vgl. etwa "Dr. Lewen," Schmid, XIII, 276; XIV, 177; XIV, 204n). Die Orthographie von "Ihr Onkel Hervey" (Schmid, XIV, 214) entspricht den Konventionen der ersten Auflage.

Lovelace erscheint gelegentlich als "Lowelace" (vgl. Schmid, XII, 122 und öfter), während Belfords englischer Vorname John von der die französische Phonetik spiegelnden Schreibweise "Shak" (etwa Schmid, IV, 1) über "Jakob" (etwa Schmid, VIII, 90) und "John" (etwa Schmid, XV, 206) variiert, wobei "Jakob" und "Shak" als Äquivalent zum englischen "Jack" gewählt sein könnten. Es ist allerdings auch denkbar, daß der Übersetzer mit den deutschen Entsprechungen nicht vertraut war. Eine interessante Spielart der wechselnden Anredeformen findet sich im fünfzehnten Band: Brief 24 vom 7. September ist mit "Mr. Mowbray an Mr. John Belford" überschrieben, die Anrede lautet jedoch "Lieber Jakob" (Schmid, XV, 206).

Die Übersetzung behält die englischen Anreden nicht durchgängig bei. So schreibt etwa "Herr Wyerley an Miß Klarisse Harlowe" (Schmid, XIV, 241), eine Fußnote verweist auf "Herr[n] Norris" (Schmid, XIV, 85n). Für die direkte Anrede einer Figur verwendet der Übersetzer vorwiegend deutsche Konventionen ("Frau Sinclair;" "Herr Lovelace;" Schmid, X, 70), im Verweis auf Dritte sind englische Anredeformen nicht unüblich (etwa "Die arme, arme Lady!" Schmid, X, 78).

Ortsnamen werden zum überwiegenden Teil in der Originalschreibweise beibehalten und nur in Ausnahmefällen mit erläuternden Fußnoten bedacht. Der Familiensitz der Harlowes wird sowohl als "Harlowe-Place" (etwa Schmid, I, 35) als auch als "Harloweburg" (beispielsweise Schmid, IV, 199) bezeichnet, Straßennamen wie "Doverstraße," "Cäcilienstraße," "Bedforstraße" [sic], "Surryhügel," (Schmid, IV, 292-93), "Fleet-Straße" sowie "Lincolln's-Inn-Kapelle" (Schmid, XIII, 129) erfahren eine behutsame phonetische Eindeutschung. Die Orthographie von "Coventgarden" (vgl. Schmid, IV, 292) variiert und findet sich in einigen Fällen als "Kovent-Garden" (etwa Schmid, XIII, 129) oder als "Koventgarden" (vgl. Schmid, XIV, 265: "Koventgardenkirche"). Andere Ortsbezeichnungen wie "High-gate," "Muzzle-Hill," "Kentish-Town" oder "Hampstrad [sic]" werden kommentarlos übernommen (Schmid, VIII, 158).

6.2.3 Anredepronomina

• **Michaelis**

Die Form des Briefromans lenkt das Augenmerk des Lesers unter anderem auf Anredeformen. Diese geben Hinweise auf das Verhältnis der Figuren untereinander und besitzen Aussagekraft für die Deutung der Figurenkonstellationen. Dem englischen Sprecher stehen zwei Arten von Anredepronomina zur Verfügung: *Thou* als Ausdruck freundschaftlicher Verbundenheit und/oder Zuneigung sowie als Anrede gegenüber gesellschaftlich niedrigerer Personen ist markiert; *you* wird in allen anderen Fällen benutzt und enthält keine Markierung. In der englischen *Clarissa* herrscht die förmliche Anrede *you* sowohl innerhalb der kalten Familiengemeinschaft der Harlowes als auch zwischen Clarissa und Anna Howe vor. Die Beziehung zwischen Clarissa und Lovelace ist durch wechselnde Anredepronomina als ambivalent ausgewiesen. Die Verwendung von *you* ist die Norm; in manchen Fällen wird jedoch zur Unterstreichung der Affekte die markierte Form gewählt. Eine Übertragung ins Deutsche stellt den Übersetzer nicht vor Schwierigkeiten, da diese Unterschiede in ähnlicher Weise wiedergegeben werden können. Als Lösung ist die Übertragung auf deutsche Konventionen unter Verzicht auf die Bedeutungsvarianten der markierten Form denkbar.

Nach Feuerszene und Vergewaltigung erscheint Clarissa als zeitweilig geistig verwirrt, um die verheerenden Folgen dieser Vergehen auf ihren Geistes- und Gemütszustand darzustellen. Im Anschluß an die *mad papers* findet sich ein Brief an Lovelace, innerhalb dessen Clarissa kurzzeitig die Anrede variiert. Im Original beginnt sie den Brief mit der Anrede *you* und wechselt im Moment der größten inneren Erregung das Register:

> Oh Lovelace, you are Satan himself; or he helps you out in everything; and that's as bad! But have you really and truly sold yourself to him? And for how long? What duration is your reign to have?
> Poor man! The contract *will* be out; and then what will be your fate! ...
> Well, but now I remember what I was going to say–It is for *your* good–not *mine*–for nothing can do me good now!–Oh thou villainous man! thou hated Lovelace!
> But Mrs Sinclair may be a good woman–If you love me–but that you don't.
> (Ross, p. 894)

Michaelis ist die Bedeutung des Registerwechsels nicht entgangen. In seiner Version des Briefwechsels zwischen Clarissa und Lovelace herrscht die "Sie"-Form vor, wird aber in Augenblicken emotionaler Erregung durchbrochen:

> O Lovelace, sie sind der Satan selbst: oder er hilft ihnen auch in allen Dingen; und das ist eben so arg.
> Aber haben sie sich ihm wirklich und in Wahrheit verkauft? Und seit wie lange? Wie lange soll ihr Reich dauren?
> Elender Mensch! Der Vergleich **wird** ein Ende nehmen: und wie wird es denn mit ihnen werden! ... Jedoch nun besinne ich mich, was ich sagen wollte = = Es ist zu **ihrem**, nicht zu **meinem** Besten = = Denn mir kann nun nichts mehr zum Besten gereichen! = = O du schändlicher Kerl! Du verhaßter Lovelace!
> Fr. Sinclair mag wohl eine gute Frau seyn = = Wo sie mich lieben = = Aber das können sie nicht thun. (Michaelis, V, 629)[118]

Clarissas Verwirrtheit und Verzweiflung werden an dieser Stelle eindrucksvoll unter Beweis gestellt. Durch den in der Antiklimax folgenden Rückgriff auf das förmliche "Sie" gewinnt die Abweichung an Stellenwert und steuert die Interpretation.[119]

Anredeformen zwischen Lovelace und seinen Freunden erfüllen eine andere Funktion. Innerhalb des Briefwechsels zwischen Lovelace und Belford findet sich das Pronomen *thou*, durch das ihre freundschaftliche Verbundenheit unterstrichen wird: "The adoption of the 'thou' form in *Clarissa* always marks a linguistic zone exempt from the proprieties of standard English."[120] Der einunddreißigste Brief läßt Lovelace erstmals zu Wort kommen und dient als Exposition der Figur. Zu Beginn des Briefes findet sich diese Fußnote:

> These gentlemen affected the Roman style, as they called it, in their letters: and it was an agreed rule with them to take in good part whatever freedoms they treated each other with, if the passages were written in that style. (Ross, p. 142)

Dieser "römische Stil" erlaubt dem Sprecher oder Schreiber Offenheit ohne Rücksicht auf die Folgen seiner Äußerungen. Soziale Konventionen sind nebensächlich, wenn die Herren sich im "römischen Stil" äußern, Restriktionen werden nicht vorgenommen.[121] Dieser "römische Stil" entspricht im Deutschen in

---

118 Sprechpausen werden im Original durch doppelte Tilden angezeigt, die hier wie auch im weiteren Verlauf der Darstellung durch Gleichheitszeichen wiedergegeben werden.

119 Die Übersetzung von "poor" durch "elend" ist als Bedeutungsvariante "paltry, mean, contemptible" bei Johnson, *Dictionary*, *s.v.* verzeichnet. Ein weiteres Beispiel für Registerwechsel in Gesprächen zwischen Clarissa und Lovelace findet sich etwa in Michaelis V, 497; Ross, p. 852.

120 Beebee, *Clarissa on the Continent*, p. 157.

121 Die zusätzliche Konnotation von "Roman style" als Maskerade ähnlich dem Karneval hält bereits ein zeitgenössischer Besucher der Insel schriftlich fest: "[T]here is an absolute Freedom of Speech, without the least Offence given thereby; which all appear better bred than to offer any Thing prophane, rude, or immodest; but Wit incessantly flashes about in repartee, Honour, and good Humour, and all kinds of Pleasantry;" *Gentleman's Magazine*, 15 February 1718; zitiert nach Terry Castle, *Masquerade and Civilization: The Carnivalesque in Eighteenth-Century English Literature and Fiction* (Stanford, VA, 1986), p. 25. Vgl. auch Beebee, *"Clarissa" on the Continent*, p. 158.

etwa dem vertrauten "Du" und bereitet einem Übersetzer keine Schwierigkeiten. Daher übernimmt Michaelis diese Unterscheidung. Bereits sein erster Satz enthält das Personalpronomen "du" als Anrede Belfords ("Umsonst umsonst quälst du mich mit deinen Brüdern,*) daß ich nach **London** reisen soll;" Michaelis, I, 323).[122]

Während Clarissa und ihre Geschwister sich überwiegend in der zweiten Person Plural anreden,[123] wird Clarissas inniges Verhältnis zur Mutter durch die Anrede herausgehoben:[124] Clarissa verwendet ihrer Mutter gegenüber das respektvolle "Sie," Lady Howe duzt die Tochter:

> Sie kehrte mir den Rücken zu, und rief mit Hefftigkeit: **wo nun hin/Clarissa Harlowe?**
> **Sie befohlen mir ja/auf meine Stube zu gehen.**
> **Ich finde dich sehr bereitwillig/da wegzugehen/wo ich bin. Geschieht es aus Trotz/oder aus Gehorsam? Du bist sehr willfährig/mich zu verlassen.**
> (Michaelis, I, 203; Fettdruck im Original)

• **Kosegarten**

In dieser Übersetzung werden die Anredepronomina auf unterschiedliche Weise eingesetzt. Zwischen Lovelace und seinen Freunden herrscht ebenfalls das vertraute "Du" vor ("Umsonst entbieten Du und Deine Spiesgesellen mich zur Stadt zurück, so lang' ich mit dieser stolzen Schöne mich noch unsicher sehe, wie ge-

---

[122] Michaelis überträgt auch die explikatorische Fußnote und erweist sich als dem Original treuer Übersetzer: "*) Diese Herren richteten ihre vertrauten Briefe nach der Römischen Schreibart ein: und nahmen sich einander keine Freyheit vor übel, wenn sie in diese Schreibart eingekleidet war" (Michaelis, I, 323).

[123] Clarissas Bruder setzt seine Schwester mit folgenden Worten über das Schreibverbot in Kenntnis: "Nein/gnädige Fräulein/ sagte er spöttisch, auch nicht einmahl an Fräulein Howe. Denn sie haben ja selbst gestanden/daß Lovelace der Liebling von der Fräulein Howe sey.
... Meinet ihr aber, Bruder, sagte ich, daß dis der rechte Weg sey?
Bekümmert ihr euch darum? Wisset! man wird eure Briefe auffangen, ich kans euch versichern. Mit diesen Worten lief er fort.
Meine Schwester kam bald darauf zu mir, und sagte: Nun **Klärchen**/ich höre ihr seyd auf guten Wegen. Man hat aber Verdacht auf einige Leute; daß sie euch in eurem Ungehorsam stärcken, und deswegen soll ich euch ankündigen, daß man gerne sehe, wenn ihr ein paar Wochen lang, bis auf weitere Erlaubniß, keinen Besuch gebt, und auch keinen annehmet" (Michaelis, I, 76; Fettdruck im Original).

[124] "So turning from me, she spoke with quickness, Whither now, Clary Harlowe? You commanded me, madam, to go to my chamber. I see you are very ready to go out of my presence. Is your compliance the effect of sullenness, or obedience?–You are very ready to leave me" (Ross, p. 103).

164

genwärtig;" Kosegarten, I, 322).[125] Kosegarten verzichtet indes auf den Hinweis
auf "römischen Stil" und übernimmt das Register kommentarlos.

Der Registerwechsel von "Sie" zu "du" fällt im Umgang der Geschwister
Harlowe untereinander auf.[126] Kosegarten übernimmt die Konvention; "Sie" und
"du" dient der Markierung:

> Wie soll ichs Ihnen sagen? Indes es muß seyn – Ich soll binnen Monatsfrist, und bis
> auf vorläufige Erlaubniß, mit keiner Seele, außerhalb Hauses, Briefe wechseln.
> Meine Tante hatte kaum Bericht abgestattet ..., als mein Bruder heraufstürmte, und in
> gebieterischen Ausdrücken mir das Verbot ankündigte.
> "Auch nicht an Fräulein Howe?" sagt' ich.
> "Auch nicht an Fräulein Howe', spöttelt' er. Sie werden wissen, Madame, daß Herr
> Lovelace dorten der Liebling ist. [sic]
> Sehn Sie, meine theure Anna!
> "Und meinst Du, Bruder, daß dis der Weg ist –"
> "Da siehe Du zu – Aber für Deine Briefe wird Rath werden, das versichr' ich Dich" –
> fort flog er. (Kosegarten, I, 75-76)

In seiner eingebildeten Autoritätsposition als Sohn des Hauses und künftiger
Erbe tritt Jakob Harlowe bestimmt auf und siezt seine Schwester. Die ironisie-

---

[125] "IN vain dost thou (a) and thy compeers press me to go to town, while I am in such an un-
certainty as I am in at present with this prout Beauty.
(a) These gentlemen affected what they called the Roman style (to wit, the *thee* and the
thou) in their Letters: And it was an agreed Rule with them, to take in good part whatever
freedoms they treated each other with, if the passages where written in hat [sic] style"
(Stuber, I, 195).
[126] "How can I tell it you? Yet I must. It is, my dear, that I must not for a month to come or till
licence obtained correspond with *any*body out of the house.
My brother, upon my aunt's report ..., brought me in authoritative terms the prohibition.
Not to Miss Howe? said I.
No, not to Miss Howe, *madam*, tauntingly: for have you not acknowledged that Love-
lace is a favourite there?
See, my dear Miss Howe!–
And do you think, brother, this is the way?–
Do *you* look to that–But your letters will be stopped, I can tell you–and away he flung"
(Ross, p. 63).

"How can I tell it you? Yet I must. It is, my dear, that I must not for a month to come, or
till licence obtained, correspond with *any*-body out of the house.
My Brother, upon my Aunt's report ... brought me, in authoritative terms, the prohib-
ition.
Not to Miss Howe? said I.
No, not to Miss Howe, *Madam*, tauntingly: For have you not acknowleged, that Love-
lace is a favourite there?
See, my dear Miss Howe!–
And do you think, Brother, this is the way–
Do *you* look to that.–But your Letters will be stopt, I can tell you.–And away he flung"
(Stuber, I, 46).

rende Anrede "Madame" unterstreicht den distanziert-förmlichen Charakter der Unterredung. Nachdem er Clarissa die Botschaft überbracht hat, fällt diese in das emotionale "Du" zurück. Der Appell, die Entscheidung nochmals zu überdenken, erhält somit eine andere Qualität. Diese Registerwechsel finden sich häufig im Umgang der Geschwister untereinander.[127]

Die Beziehung zwischen Mutter und Tochter unterliegt auch in dieser Übersetzung den Konventionen des Zeitalters. Clarissa siezt ihre Mutter, während Lady Harlowe die Tochter duzt:

> "Sie schien betroffen. Aber sie sollte zürnen. Rasch und abgewandt sagte sie – "Wo nun hin, Clarissa Harlowe?"
> "Sie hießen mich auf meine Stube gehen, gnädige Frau –"
> "Du bist sehr bereitwillig, seh' ich, mir aus den Augen zu gehn – Ist Deine Folgsamkeit Eigensinn, oder ist sie Gehorsam? – Du bist sehr schnell, mich zu verlassen –"
> (Kosegarten, I, 197-98)

Kosegarten übernimmt somit die Registermarkierungen des Originals und setzt sie zur Charakterisierung einzelner Figuren sowie ihrer Beziehungen untereinander ein.[128]

Auch Kosegarten erkennt die Bedeutung des Registerwechsels[129] im Gespräch zwischen Clarissa und Lovelace:

> O Lovelace, Sie sind der Satan selber, oder er hilft Ihnen in allen Stücken, und das ist voll so schlimm!

---

[127] Vgl. etwa Jakob Harlowe, Jr an Clarissa: "Ich weiß, deines unverschämten Geschreibsels wird kein Ende seyn, wofern ich nicht antworte" (Kosegarten, I, 310) sowie Arabella an Clarissa: "Ich bitte Dich, mein weises Schwesterchen, glaube nicht, daß andre Leute Deine Narren sind, und daß Du sie durch Dein winselndes Geblümel nach Herzenslust kannst nach deiner Pfeife tanzen machen" (Kosegarten, I, 316).

[128] Da der Text der dritten englischen Auflage lediglich eine geringfügige orthographische Abweichung aufzeigt, läßt sich die Frage nach der Vorlage nicht beantworten:
"So turning from me, she spoke with quickness, Whither now, Clary Harlowe?
You commanded me, Madam, to go to my chamber.
I see you are very ready to go out of my presence.–
Is your compliance the effect of sullenness, or obedience?–You are very ready to leave me" (Stuber, I, 122).

[129] Das folgende Beispiel unterläuft für die dritte Auflage ebenfalls eine orthographische Bearbeitung; der Wortlaut bleibt unverändert:
O Lovelace, you are Satan himself; or he helps you out in every-thing; and that's as bad!
But have you really and truly sold yourself to him? And for how long? What duration is your reign to have?
Poor man! The contract *will* be out: And then what will be your fate! ...
Well, but now I remember what I was going to say–It is for *your* good–not *mine*–For nothing can do me good now!–O thou villainous man! thou hated Lovelace!
But Mrs. Sinclair may be a good woman–If you love me–But that you don't–
(Stuber, V, 310).

166

Aber haben Sie sich ihm denn wirklich und in der That verkauft? Und auf wie lange?
Und wie lange wird **Ihre** Herrschaft dauren?
Armer Mann! der Kontrakt wird zu Ende gehn, und was wird dann Ihr Schicksal werden? ...
    Gut, aber eben itzt fällt mirs ein, was ich sagen wollte – Es ist zu Ihrem Besten – nicht
zu meinem – Was wäre zu meinem Besten auf der Welt noch wohl zu haben? – O Du
schändlicher Mensch! o du abscheulicher Lovelace!
    Aber Frau Sinclair mag ein ganz guter Schlag von Frauenzimmer seyn. – Wenn Sie
mich lieb haben – doch das haben Sie nicht.
(Kosegarten, V, 553-54; Hervorhebung im Original.)

An dieser Stelle fällt der Einsatz von Gedankenstrichen auf, um die Gedanken-
sprünge der Sprecherin und daraus resultierende Sprechpausen graphisch zum
Ausdruck zu bringen. Wie bereits Michaelis verwendet auch Kosegarten Gedankenstriche an den gleichen Stellen wie das Original und erweist sich in dieser
Hinsicht als treuer Übersetzer. Die Kursivierung erfolgt jedoch an anderer Stelle
und verlegt die Betonung von der zeitlichen Eingrenzung der Herrschaft ("The
contract *will* be out; and then what will be your fate!") auf die Betonung der
Herrschaft durch Lovelace ("Und wie lange wird **Ihre** Herrschaft dauren?"), so
daß das faustische Element der Figur im Vordergrund steht. Der Wechsel von
"Sie" zu "du" erfolgt an der korrekten Stelle und unterstreicht Clarissas emotionale Beteiligung.
    Auffällig ist die Veränderung eines Ausrufs in einen Fragesatz: Aus Claris-
sas verzweifeltem Ausruf "for nothing can do me good now!" wird die rhetorische Frage "Was wäre zu meinem Besten auf der Welt noch wohl zu haben?"
Durch diese Änderung ergibt sich zwar kein wesentlicher Eingriff in die Text-
aussage, es erfolgt aber eine Schwerpunktverschiebung: In der englischen Version wird Clarissas Verzweiflung in den Vordergrund gerückt, während die
deutsche Clarissa sich bereits in ihr Schicksal ergeben zu haben scheint.

• Schmid

Die Mannheimer Übersetzung übernimmt englische Anredeformen auffallend
häufig. So wird Clarissa oftmals als "Lady Klarisse" bezeichnet (etwa Schmid,
VI, 290; VII, 164) oder – mit ironischem Unterton – direkt mit diesem Attribut
angesprochen: "Soll ich Ihr Ladyship hinunter führen? indem sie mir den Arm
bot" (Schmid, II, 93). Anreden wie "Miß" ("Miß Kläry," Schmid, II, 139; "Miß
Howe," Schmid, X, 74) und "Mistreß" (Schmid, IX, 75) sind ebenso vertreten
wie "Madame" (Schmid, II, 270), "Mr." (beispielsweise Schmid, XV, 206) und
die phonetische Umschrift "Squeir" (Schmid, III, 43).
    Die Verwendung von Figurenanreden liefert Hinweise auf die mögliche
Textgrundlage der Übersetzung. Häufig werden Anreden wie "Tante Hervei"

(Schmid, II, 195), "meine Tante Hervey" (Schmid, IV, 193) oder "meine Tante Lawrence" (Schmid, VII, 162) verwendet, wie sie in der ersten englischen Auflage vorlagen und nach den späteren Textrevisionen getilgt wurden. Die Vermutung liegt nahe, daß dem Übersetzer zumindest einzelne Bände einer frühen englischen Auflage zur Verfügung standen, er also eventuell ein *mixed set* aus Bänden der ersten und der dritten oder einer späteren Auflage besaß.[130]

Das Gespräch zwischen Klarissa und ihrem Bruder wird hier gestrafft und auf die faktische Darstellung der Ereignisse beschränkt. Im Gegensatz zu den beiden früheren deutschen Fassungen behält dieser Übersetzer die Markierung durch "Sie" und " du" nicht bei:

> Auf meine Erklärung, daß ich schlechterdings unter keiner Bedingung mich zu dieser Heurath verstehen könne, wurde mir angekündigt, was mir durchs Herz geht – binnen eines Monats oder bis auf nähere Erlaubniß an keine Seele ausser dem Hause zu schreiben; diß geschah mit gestrenger Amtsmine durch meinen Bruder, so bald meine Tante den Erfolg ihrer Verhandlung so glimpflich als möglich, und selbst unter entfernten Hofnungen, wozu sie keinen Auftrag von mir hatte, hinterbrachte.
> Auch an Miß Howe nicht? fragt' ich: auch an Miß Howe nicht, sagte er mit bitterem Lächeln, haben Sie nicht selbst gestanden, daß L. ein Günstling vom Hause ist? – Hier haben Sie's, Miß Howe! –
> "Und meynen Sie, Bruder, daß diß der Weg ist? –
> Da sehen Sie zu! kurz, Ihre Briefe werden aufgefangen, das hat seine Richtigkeit. Und fort war er – (Schmid, I, 72-73)

Im Ergebnis enthält das Gespräch weder die verächtlich-förmliche Adressierung Klarissas durch den seine Autoritätsrolle auskostenden Bruder noch den Wechsel zum vertraut-vertraulichen "Du," nachdem die offizielle Mitteilung beendet ist.

Davon abgesehen wird der Wechsel von "Sie" zu "du" ähnlich wie in den vorherigen Übersetzungen gehandhabt: Clarissa und Lovelace reden sich in der distanzierten "Sie"-Form an, der Wechsel zum "Du" findet während Clarissas Delirium statt:

> O Lovelace, Sie sind selbst ein Satan, oder Satan steht Ihnen in allen Dingen bey, und das ist böse!
> Aber haben Sie mich wirklich und wahrhaftig an ihn verkauft? Und auf wie lange? Wie lang soll dann *Ihre* Herrschaft dauren? ...
> Doch nun besinnne ich mich, was ich sagen wollte. Es ist zu ihrem Besten – nicht zu *meinem*. Denn nichts kann jetzt zu meinem Besten gereichen! – O du boshafter Mann! O du verhaßter Lovelace!
> Aber die Frau Sinclair mag eine gute Frau seyn. – Wenn Sie mich lieben. – Doch das thun Sie nicht. (Schmid, X, 116-17)

---

130 Die Vorgehensweise findet sich auch in Le Tourneurs Übersetzung. Vgl. etwa "ma tante Harvey," (Le Tourneur, I, 153), "ma tante Hervey" (Le Tourneur, II, 88; VIII, 161) oder "mon oncle Harlove" (Le Tourneur, I, 176; 193).

Die Übersetzung enthält einen wichtigen Unterschied zum Original: Heißt es dort "have you really and truely sold yourself to him?" so liest man in dieser Übersetzung "Haben Sie mich wirklich und wahrhaftig an ihn verkauft?" Die in der deutschen Fassung widergespiegelte Lesart macht aus dem faustischen Lovelace, der seine Seele an den Teufel verkauft hat, einen Helfer des Teufels, der bestrebt ist, weitere Seelen in die Verdammnis zu schicken. Lovelaces Charakter erscheint schwärzer als im Original.

Auch im ersten Satz ist eine Änderung vorgenommen worden. Clarissa bezeichnet Lovelace als Satan oder mit ihm im Bunde Stehenden und verurteilt beide Situationen als ebenso schändlich ("and that's as bad!" Ross, p. 894). Die Mannheimer Übersetzung schwächt ihr Urteil ab und bewertet Lovelaces Verhalten lediglich als "böse" ("und das ist böse!"). Die Inkonsistenz legt die Vermutung nahe, daß der Mannheimer Übersetzer Lovelace demnach nicht bewußt schwärzer gezeichnet hat und die faustische Lesart unbeabsichtigt war.

Der Hinweis auf den "römischen Stil" innerhalb des ersten Briefs von Lovelace an Belford fehlt, die vertraute Anrede "du" wird kommentarlos beibehalten.[131]

Anredeformen innerhalb der Familie Harlowe variieren stärker als bei Michaelis und Richardson. Arabella und Klarissa siezen sich überwiegend und benutzen die Du-Form nur in seltenen Fällen, während James Harlowe seine Schwester überwiegend in der Sie-Form anredet.[132] Klarissa und ihre Mutter zeigen die üblichen Anredeformen ihrer Zeit:[133] dem töchterlichen Respekt der Mutter gegenüber wird durch Siezen Ausdruck verliehen, die Mutter duzt ihre Tochter und folgt damit der Vorlage:

> Ich verneigte mich wieder, im Begrif zu gehen, wie sie befohlen hatte. Sie schien betroffen und voll Unwillen! "Wohin nun, Cläry," (sich wegwendend und hastig) – Sagten Sie nicht, ich sollte auf mein Zimmer gehen? – "Du bist sehr bereitwillig, mich zu verlassen. Soll das Gehorsam seyn oder Truz?" (Schmid, I, 165-66)

---

[131] "Kann ich in die Stadt gehen, so lang ich meiner Sache mit dieser stolzen Schönheit nicht gewiß bin? Der Fuß, auf den ich jetzt mit ihr stehe, schreibt sich blos von der Angst her, die sie hat; ich möchte Kerln, die meinen Haß verdienen, die Hälse brechen ... Doch Du kennst ja die Kerls" (Schmid, I, 259).

[132] "Noch diesesmal schreib ich Ihnen, unbeugsame Schwester um Sie wissen zu lassen, daß Ihr Pfiff, mich zum Vehikel Ihrer pathetischen Winseleyen zu machen, mißlungen ist" (Schmid, II, 149). Siehe etwa auch Schmid, I, 199-200; 204-6; 245-55; III, 53-54.

[133] Vgl. beispielsweise Schmid, I, 134-47; 164-67; 212-17.

6.2.4 Fußnoten

- **Michaelis**

Wie bereits früher deutlich wurde, gibt Richardson seinen didaktischen Absichten in einer Anzahl von Fußnoten Ausdruck, in denen er seinem Lesepublikum Zusatzinformationen und Erläuterungen liefert oder Querverweise zwischen einzelnen Briefen herstellt. *Clarissa* wird auf diese Weise zu einem "wissenschaftlichen" Text, der zusätzlich zur Unterhaltung in den Dienst der Unterweisung gestellt wird.

In der Göttinger Übersetzung finden sich die aus der englischen Fassung übernommenen Fußnoten wieder. Zusätzlich greift der Übersetzer auf dieses Mittel zurück, um seiner Fassung eine Anzahl eigener Erläuterungen hinzuzufügen. Diese Fußnoten enthalten überwiegend Informationen zu Land und Leuten und englischen Institutionen, so etwa den *boarding schools*, Londoner Stadtteilen oder zu übernommenen Begriffen wie *square* und *tutor*, und dienen somit der Texterschließung. Das Wissen des Übersetzers um englische Einrichtungen und Gepflogenheiten erweist sich als fundiert. So bemerkt er etwa in einer Anmerkung zu *post* (Ross, p. 816):

> Die Stübner=Post ist in London diejenige, wodurch für einen Stübner auf alle Stunden des Tages Briefe und Päcklein, die nicht über ein Pfund wiegen, an alle Ecken der Stadt und Vorstadt, ja gar auf zehn englische Meilen in die Runde außerhalb London, wenn bey dem Empfange noch ein Stübner bezahlet wird, ordentlich bestellet werden. (Michaelis, V, 378n.)

Auch wenn man dem Übersetzer unterstellt, für Informationen dieser Art ein Lexikon, einen Reiseführer wie Chamberlaynes in zahlreichen Auflagen erschienene *Angliae Notitia* oder einen Muttersprachler zu Rate gezogen zu haben, so zeigt sich hier dennoch sein Bemühen um Authentizität sowie sein Verzicht auf "Einbürgerung" des fremden Werks.

Wenn Michaelis in den Text eingreift, so zeigt er dies seinen Lesern an. So enthält etwa ein Brief ein von Lovelace leicht verändertes Shakespeare-Zitat. Lovelace berichtet Belford von seinen Plänen, die er zur Durchführung der Vergewaltigung gefaßt hat, und verknüpft seine Ankündigung mit Hectors Rede an Achill in *Troilus and Cressida* (IV, v, 233-40):

> Henceforth, *oh watchful* fair one, guard thee well:
> For I'll not kill thee There! nor There! nor There!
> But, by the *zone that circles Venus' waist*,
> I'll kill thee Ev'ry-where; yea, o'er and o'er.
> Thou, wisest *Belford*, pardon me this brag:
> Her watchfulness draws folly from my lips:

> But I'll endeavour *deeds* to match the *words*,
> Or may I never – (Ross, p. 672)

Ein Vergleich mit dem Original zeigt den Grad der Veränderung durch Lovelace. Der Text lautet:

> I'd not believe thee. Henceforth guard thee well,
> For I'll kill not thee there, not there, nor there;
> But, by the forge that stithied Mars his helm,
> I'll kill thee everywhere, yea, o'er and o'er.
> (*Troilus and Cressida*, IV, v, 252-5) [134]

Für Lovelace ist dieses "Zitat" Warnung an Clarissa, vor ihm auf der Hut zu sein, und eine Vorankündigung der Vergewaltigung (und für Richardson durch das Element der "Indeterminiertheit" ("draws folly") ein zusätzliches Mittel zur Spannungssteigerung). Lovelace schreibt Shakespeare um und fügt die Interjektion "o watchful fair one" ein. Im Original wird der Kriegsgott Mars als Zeuge des Schwurs angerufen, bei Richardson nimmt der Gürtel der Venus diese Stelle ein. Der Anruf Belfords schließlich mit dem Versprechen, Taten den Worten folgen zu lassen, dient der Untermauerung seiner Aussage.

Wird das englische Original bereits auf die Sprecherintention umgeschrieben, so weist die deutsche Fassung einen weiteren Texteingriff auf. Bei Michaelis liest man:

> Von nun an hüte dich, mein allzu wachsam Kind,
> Ich will nicht da, nicht da, nicht da, nicht dort dich tödten.
> (*) = = = =
> = = = =
> So stirbt dir jedes Glied. Verzeihe mir mein Prahlen,
> **O Belford**, Weisester, den je ein Weib gebahr,
> Ich muß die Wachsamkeit mit Schelmerey bezahlen,
> Und was du Prahlen nennst, das macht der Ausgang wahr:
> Sonst will ich nimmermehr = =
> (Michaelis, IV, 312. Fettdruck im Original)

Die Erläuterung zur mit Sternchen angezeigten Auslassung enthält den Hinweis: "Hier stehen zwey Verse, welche der Übersetzer nicht gern in dem Deutschen mittheilen wollte" (Michaelis, IV, 312). Auf den ersten Blick erscheint unverständlich, daß ein Übersetzer die Vergewaltigung ohne Streichungen inkorporiert und auch an anderen "anstößigen" Stellen vor wörtlicher Übersetzung nicht zurückschreckt, innerhalb dieses Zitates jedoch Bedenken trägt, "the zone that circles Venus' waist" im Deutschen wiederzugeben. Durch die erläuternde Fuß-

---

[134] William Shakespeare, *Troilus and Cressida*, ed. Kenneth Palmer (New York, 1982).

note gibt er zwar die Auslassung bekannt, gleichzeitig wiegt sein Tadel am Original hierdurch jedoch besonders schwer.

Die untypische Zensur läßt jedoch eine weitere Erklärung zu: der Leser soll zu der Annahme geführt werden, daß, wenn der Übersetzer schwerwiegende Bedenken trägt, diese Stelle wortgetreu zu übertragen, das Original hochgradig anstößig und in seiner Darstellung verwerflicher als die Vergewaltigung sei. Es ist wichtig festzuhalten, daß die Bearbeitung der zensierten Shakespeare-Verse von Lovelace stammt. Dem Leser wird der Schluß nahegelegt, daß der Libertin im englischen Original eine pornographische Anspielung ergänzt hat. Dadurch daß der Übersetzer die Leerstelle einarbeitet, wiegt Lovelaces Drohung ungleich schwerer als im englischen Original, sein Charakter wird bösartiger gezeichnet, als er ist. Auf diese Weise unterstützt die bewußt eingefügte Leerstelle den Versuch, Lovelace zugunsten von Clarissa schwärzer zu zeichnen als im Original. Der Übersetzer nimmt somit an dieser Stelle eine Textänderung im Sinne der späteren Überarbeitungen Richardsons vor und liefert einen Vorgriff auf die spätere Autorintention.

• **Kosegarten**

Wie Kosegarten in seinem Vorwort anmerkt, hielt er Richardsons Fußnoten für überflüssig und verzichtet daher auf sie. An für ihn mit Mühe zu übersetzenden Textstellen fügt er jedoch gelegentlich eine erläuternde Fußnote ein. So bereitet ihm das Verbalsubstantiv "qualifying" Probleme, und er bemerkt dazu: "Hier hab' ich das rechte Wort nicht finden können, wofern es eins gibt. *Schonung, Milderung, Einräumung,* thuts ihm alles nicht" (Kosegarten, I, 183). Die Textstelle lautet im Original: "I own to you, Clary, although now I would not have it known, that I once thought a little qualifying among such violent spirits was not amiss" (Ross, p. 98). Kosegarten entscheidet sich für "Nachgeben" und übersetzt: "Ich gestehe Dir, Klärchen ..., daß ich einst glaubte, ein wenig Nachgeben unter so heftigen Gemüthern, könne nicht schaden" (Kosegarten, I, 182-83). Ähnlich verfährt er mit umgangssprachlichen Wendungen, für die er eine deutsche Entsprechung angibt, zum besseren Verständnis aber den Originalausdruck hinzufügt. So benutzt Anna Howe den Ausdruck *fibble-fabble,* um ihren Verehrer Hickman zu beschreiben. Kosegarten übersetzt: "Hikmann ist ein Fickfacker *), ein vielgeschäftiger Müßiggänger, der immer erschrecklich viel zu thun hat, und wenig oder nichts beschaft." Im Anschluß an "Fickfacker" fügt er in der Fußnote das Englische "Fibble-Fabble"[135] an (Kosegarten, II, 7). Für

---

[135] "Hickman is a sort of fiddling, busy, yet, to borrow a word from you, *unbusy* man" (Stuber, II, 7). Das Zitat stimmt demnach nicht vollständig mit der Vorlage überein.

umgangssprachliche Redewendungen greift Kosegarten bevorzugt auf mundart-
liche Ausdrücke zurück und erläutert diese in einer Fußnote. So findet sich bei-
pielsweise das Substantiv "Hild" mit folgender Fußnote erklärt: "Ein niedersäch-
sischer Provinzialism, der das englische *busy in talk* vortrefflich ausdrückt" (Kosegarten, II, 100).

Gelegentlich erweist sich Kosegarten auch als kritischer Beurteiler seiner
Arbeit. So übersetzt er "bushbeating" mit "im strauchklopfenden Gestotter" (Kosegarten, III, 183). Er scheint mit dieser Wahl aber nicht zufrieden gewesen zu
sein und vermerkt unter Hinweis auf eine Homer-Übersetzung: "Vielleicht hätt'
ich dieß eben so wenig buchstäblich übersetzen sollen, als Stollberg das Home-
rische" (Kosegarten, III, 183n.).[136]

Im Gegensatz dazu scheut Kosegarten sich nicht, Richardsons Neologismen
in einigen Fällen nachzuahmen. So übersetzt er "in the One-go-up-the-other-go-
down-picture-of-the-world-vehicle" als "in der fliegenden Birutsche, dem treffenden Gemälde der in gleichem Nu diesen hebenden, den andern wieder sen-
kenden Weltschaukel" (Kosegarten, IV, 180) und teilt seinem Leser die englische Phrase in einer Fußnote mit.[137]

Kosegarten betrachtet die Verwendung von Fußnoten in erster Linie als
Kommunikationsmittel des Übersetzers mit seinem Leser und macht nicht nur in
Fällen außergewöhnlicher Wortwahl davon Gebrauch. So übersetzt er Joseph
Lemans Brief an Lovelace, merkt dazu aber an: "Dem geneigten Leser zu lieb,
hab' ich Lemans Rechtschreibung in diesem Briefe berichtigt. Auch mit seinem
Styl mir diese Freiheit zu nehmen, fand ich zu vermessen" (Kosegarten, III,
395n.). Der anschließende Brief enthält die umständliche, verschachtelte Syntax
des Briefschreibers und ist wie angekündigt orthographisch bereinigt.[138] Dieser
Hinweis ist indes der einzige seiner Art und veranschaulicht Kosegartens Bemühen um Originaltreue.

---

[136] Michaelis entschied sich für die übertragene Übersetzung und hat: "In dem Gesicht, in
dem Ton, in dem listigen Zaudern eines Frauenzimmers, das etwas gerne sagen will und
nicht kann, sind tausend Schönheiten anzutreffen" (Michaelis, IV, 101). In der Mannheimer Version liest man: "Tausend Schönheiten herrschten in dem Gesicht, in der Stimme,
in den Umschweife suchenden Stocken eines Frauenzimmers, die im Eifer über eine Sache
ist, die sie gern einleiten möchte, ohne zu wissen wie" (Schmid, VI, 207).

[137] Michaelis hat "in dem an der einen Seite auf, an der andern niedergehenden Fahrzeuge,
einem Bilde der Welt, alle mit eben so weniger Furcht als Verstand, die ausweichende
Luft durchschneiden siehet, in die Versuchung geräth, sich hernach zuerst zu schaukeln"
(Michaelis, VI, 5-6). Die Mannheimer Version lautet: "... so daß der eine auf diesem Sinn-
bilde der Welt in die Höhe, und der andere hinunterfliegt, und das mit eben so wenig
Furcht, als Kunst, sie Lust bekäme, auch zu schaukeln" (Schmid, XI, 99-100).

[138] Vgl. Kosegarten, III, 395-403.

Neben Erläuterungen zu Übersetzungsproblemen fügt Kosegarten gelegentlich explikative Fußnoten ein, die britische Besonderheiten erläutern. Während Titel wie "esquire" sowie Straßennamen und architektonische Besonderheiten seiner Zielgruppe bekannt gewesen zu sein scheinen, sieht er die anglikanische Liturgie und einige wenige britische Besonderheiten als erklärungsbedürftig an. So übersetzt er Arabellas Worte "Come, my sullen, silent dear, speak one word to me–You must say *two* very soon to Mr. Solmes, I can tell you that" (Stuber, I, 306), mit denen sie Clarissa gegenüber auf deren bevorstehende Hochzeit mit Solmes anspielt, mit "Ein Wort nur, Liebchen - Bald wirst Du Herrn Solmes ihrer Zween sagen müssen." (Kosegarten, I, 517) Zu "Zween" findet sich die Anmerkung: "Zielt auf die englische Liturgie" (Kosegarten, I, 517). "Old=Bailey," "Holborns Hügel" und "Bedlam" läßt Kosegarten als Eigennamen stehen und erläutert jeweils als "[e]in hochnothpeinliches Halsgericht in London" (Kosegarten, IV, 171), das "Hochgericht" (Kosegarten, VII, 354) sowie "das große Tollhaus in London" (Kosegarten, V, 556).

Im Gegensatz zu Michaelis übersetzt Kosegarten das Shakespeare-Zitat ohne Auslassungen[139] und lenkt die Aufmerksamkeit des Publikums auf den Inhalt der Verse.

In wenigen Fällen übernimmt Kosegarten Fußnoten des Originals, so etwa den Hinweis auf das Wortspiel Love – Lovelace (Kosegarten, I, 328) und eine zusammenfassende Anmerkung des fiktiven Herausgebers (Ross, p. 516, Kosegarten, III, 481). Auch der Hinweis auf Dr Lewens Brief und der Grund, warum dieser der Familie Harlowe nicht zugestellt wurde, findet sich wieder, wenn auch in verkürzter Form (Ross, p. 1257 und Kosegarten VII, 459n.).[140]

In einem Fall erweist sich eine Anmerkung als aufschlußreicher Hinweis auf Kosegartens Arbeitsweise. So scheint er neben dem Original gelegentlich andere Übersetzungen konsultiert zu haben und merkt an einer Stelle an:

Bey dieser im Original recht bunten Stelle, find' ich in allen von mir verglichenen Übersetzungen ein höchst abentheuerliches Galimathias – selbst in der neuen Französischen

---

139 Hinfort, **o wache Schöne**, sieh Dich vor!
Denn morden will ich Dich nicht dort! noch dort!
Nein! bey dem **Gürtel, welcher Venus Leib**
Umzirkelt, morden will ich überall,
All überall Dich auf jedem Fleck.
Verzeih' dem Praler, **weiser Belford** – wiss'!
Es ist des holden Mädchens Wachsamkeit,
Die meinen Lippen solchen Durst entlockt –
Allein ich schwör' es, meinen Worten soll
Mein Thun entsprechen – – (Kosegarten, IV, 456)

140 Ein weiteres Beispiel ist der Hinweis auf Clarissas Geburtstag (Ross, p. 1114; Kosegarten, VI, 677).

174

von Le Tourneur. Paris 1786. – der leidlichsten von allen; wiewohl auch ihr größtes Verdienst in funfzehn Chodowiechyschen Kupfern besteht, die zu den unübertrefflichsten dieses Meisters gehören und in Deutschland wenig bekannt zu seyn scheinen. (Kosegarten, III, 74)

Kosegarten erweist sich indes als wenig frankophil und urteilt weiter: "Die fünf letzten, die gerade die interessantesten Situationen darstellen, hat leider irgend ein Franzmann hinzugesudelt, und sind wahrer Schund!" (Kosegarten, III, 74)

Leider beläßt es der Übersetzer bei dieser allgemeinen Aussage. Gleichwohl ist deshalb davon auszugehen, daß Kosegarten die Le Tourneur-Übersetzung in Zweifelsfragen zu Rate gezogen hat. Aus diesem Grunde ist ein Vergleich mit der französischen Übersetzung unumgänglich, will man die Frage nach Kosegartens Arbeits- und Übersetzungsweise abschließend zu beantworten versuchen.[141]

- **Schmid**

Schmid übernimmt einen Teil der Originalfußnoten, ohne daß sich eine Regelmäßigkeit erkennen ließe. Die Auswahl erfolgt anscheinend willkürlich. Insgesamt verwenden die Mannheimer Übersetzer Fußnoten wesentlich sparsamer als Michaelis und verzichten häufig auch auf die im Original vorhandenen Anmerkungen und Querverweise, ohne indes das Lesepublikum auf diese Auslassungen hinzuweisen. Die erste Fußnote findet sich erst im zweiten Band und erläutert die Bedeutung eines Virgil-Zitats. Zu *amor omnibus idem* liest man in der Fußnote "'Ein Liebestrieb bestellt sie alle?' Es ist vom thierischen Instinkt die Rede" (Schmid, II, 140). Die Vermutung liegt nahe, daß der Übersetzer es im Hinblick auf seine weibliche Leserschaft als notwendig erachtete, das Zitat zu erläutern und sich damit in den Dienst der Texterschließung zu stellen. Wenige Seiten später weist er auf die im Vergleich zum Deutschen erweiterte Bedeutung von *humanity* hin: "Humanität hat, außer dem Begrif, den wir damit verbinden, im Englischen auch die Bedeutung: Schöne Wissenschaften, aus den Quellen des Alterthums geschöpft: h u m a n i o r a" (Schmid, II, "144"). Im Anschluß daran wird kenntlich gemacht, daß es sich hier um eine Anmerkung des Übersetzers handelt.

Explikative Fußnoten zu englischen Einrichtungen und Gepflogenheiten werden nur in Ausnahmefällen eingesetzt. Der Begriff "Penny=Post" wird kommentarlos übernommen (Schmid, IX, 114), zu "City" liest man: "Das

---

141 Da er den Plural "Übersetzungen" benutzt und, wie in Kapitel 4.2.5 deutlich wird, in einem Fall der Göttinger Fassung folgt, läßt sich vermuten, daß Kosegarten mit beiden Versionen vertraut war und sie als Orientierungshilfe benutzt hat.

eigentliche London im Gegensatz von Westminster" (Schmid, IV, 293). Merk-
würdigerweise stuft der Übersetzer "Kapitain" als erklärungsbedürftig ein; pflegen doch die Engländer im Gegensatz zu den Deutschen "jeden, dessen Stand sie
nicht wissen, Kapitain zu nennen" (Schmid, IV, 72). Gleiches gilt für englische
Wörter, deren Kenntnis beim deutschen Lesepublikum nicht vorausgesetzt wird.
In diesem Fall liefert die Übersetzung neben dem englischen Original die deutsche Entsprechung:

> Er forderte mich auf, mich deutlicher zu erklären, mit einem Sir-r; das er so aussprach,
> als ob er zu erkennen geben wollte, daß eines der schimpflichsten Worte unsere [sic]
> Sprache*) ihm im Sinn lag.
> *)Sirrah, Schlingel (Schmid, XII, 29)

Der Übersetzer hat keine Schwierigkeiten, das von Lovelace umgeschriebene
Shakespeare-Zitat zu übertragen. So findet sich auch bei ihm der Hinweis auf
den Venusgürtel.[142] Der Verzicht auf die Versform, wie er in dieser Übersetzung
durchgängig vorliegt, kaschiert die intertextuellen Referenzen optisch und verleiht dem Text eine einheitliche Erscheinung.

6.2.5 Problemfälle

• **Michaelis**

Der Blick auf die Übertragungen von Problemfällen läßt Rückschlüsse auf die
fremdsprachliche Kompetenz eines Übersetzers zu. Im Falle Richardsons zeichnen sich seine Romane durch ungewöhnliche Wortschöpfungen und Phrasen
aus.[143] Michaelis ließ sich indes nicht davon abschrecken und beweist mehrfach
sein Sprachgefühl im Umgang mit Richardsons Einfällen. So benutzt Lovelace
anläßlich Clarissas Weigerung, einen Kuß entgegenzunehmen, den Ausdruck

---

142 "Von nun an, o du wachsame Schöne, sey wohl auf deiner Huth! Denn ich will dich nicht
da, noch da, noch da, noch da tödten! Sondern, bey dem Gürtel, der Venus Gewand um-
giebt, aller Orten, an allen Gliedern deines Leibes will ich dich tödten! Du, weisester
Belford, verzeihe mir diese Ruhmredigkeit. Ihre Wachsamkeit entlockt Thorheit meinen
Lippen, aber ich will mich bestreben, die Thaten den Worten gleich zu machen, oder ich
will nie – Nun stelle Dir vor, als wenn Du mir ins Wort fielest, um meinen Ungestüm zu
mäßigen, wie Ajax dem Achilles:
Erhitze dich nicht, Vetter! – und spare diese Drohungen, bis Zufall oder Vorsatz dich dahin bringen!" (Schmid, VII, 211)
143 Zu Richardsons Einfluß auf das Bild der englischen Sprache, wie es in Johnsons *Dictionary* vermittelt wird, vgl. William R. Keast, "The Two *Clarissas* in Johnson's *Dictionary*,"
Studies in Philology, 54 (1957), 429-39.

"struggled-away cheek" (Ross, p. 691). Im Deutschen werden daraus alliterie-rende "widerspenstige Wangen" (vgl. Michaelis, IV, 364).

Ein Charakteristikum der ersten englischen Auflage sind feminine Sub-stantivsuffixe wie "varletesses" (Ross, pp. 143, 658, 848) oder "traitress" (Ross, p. 736), die den Bearbeitungen der nachfolgenden englischen Auflagen zum Opfer fallen. Die Göttinger Übersetzung erweist sich im Fall von "varletess" als uneinheitlich: Michaelis übersetzt den Begriff im ersten Fall als "Betriegerin" (Michaelis, I, 327); im zweiten Fall geht er dem Problem aus dem Wege. Aus Lovelaces Interjektion "Oh thou lurking varletess CONSCIENCE!" wird "Das ist das verdammte Gewissen" (Michaelis, IV, 269); eine Version, die die Adres-sierung des personifizierten Gewissens streicht. Ähnlich verfährt die Überset-zung auch im letzten Beispiel; aus "thou intruding varletess" wird "Nichtswür-dige" (Michaelis, V, 484). "Traitress" hingegen findet sich als feminine "Betrie-gerinn" (Michaelis, V, 112) wieder.

Neologismen stellen grundsätzlich besondere Anforderungen an Überset-zer, vor allem dann, wenn sie lexikalisch noch nicht erfaßt sind. Lovelace be-nutzt einen Neologismus, um Belford die eigene, typisch weibliche Ungeduld zu verdeutlichen: "I, who, as to my impatience and so forth, am of the true *lady-make*!" (Ross, p. 648) Michaelis hat diese Wortschöpfung entweder nicht gefal-len oder er sah Schwierigkeiten bei der Übertragung ins Deutsche. Er entschei-det sich für die Umschreibung: "Ich bin so eigensinnig und so ungeduldig, als irgend ein Frauenzimmer seyn kann" (Michaelis, IV, 237-38). Die Gleichset-zung im Original wird hier zum Vergleich, so daß eine leichte Bedeutungsände-rung vorliegt, ohne den Sinn jedoch stark zu verändern.

Clarissas außergewöhnliches Wesen soll durch die Typisierung als "a Clarissa" ("Yet was a CLARISSA to be susceptible to provocations;" Ross, pp. 428. Vgl. auch Ross, pp. 734; 816) herausgestellt werden. Dieses Mittel behält der deutsche Text bei und bezeichnet die junge Frau als "eine Clarissa" (Micha-elis, III, 172; V, 105; 372).

Weiterhin fallen Komposita aus Adjektiven oder Adverbien mit Verben wie "coldly-received proposals" (Ross, p. 652) oder zweier Verben wie in "*try-to-blush* manner" (Ross, p. 806), "united in one common *compare-note* cause" (Ross, p. 817) sowie Verbindungen mehrerer Substantive wie "sister-toast" (Ross, p. 753) oder "troublesome bosom-visiter" (Ross, p. 658), schließlich aus Verben/Substantiven und Präpositionen wie "*Too-ready knees*" (Ross, p. 653), "*all-eyed* fair one" (Ross, p. 788), "un-*man*"[144] (Ross, p. 146) oder "out-

---

144 "To induce me to bear insults which un-*man* me to bear" (Ross, p. 146).

Norrised" (Ross, p. 691)[145] ins Auge. James Harlowe, Jr beschreibt die vermeintlich von Clarissa ausgehende Gefahr für sich und Arabella mit einem Neologismus: "This little siren is in a fair way to *out-uncle* as well as *out-grandfather* us both!" (Ross, p. 80) In ähnlicher Weise äußert er sich über Colonel Morden: "Nor would I advise, that you should go to *grandfather-up* your cousin Morden" (Ross, p. 198).

Michaelis bemüht sich nach Kräften um eine äquivalente Wiedergabe der Neologismen. Er operiert mit Neuschöpfungen wie "nachdem sie meinen Aufsatz kaltsinnig angenommen" (Michaelis, IV, 248) für "coldly-received proposals." Richardsons "*try-to-blush* manner" findet sich als "mit einem Versuche roth zu werden" (Michaelis, V, 341) wieder: Unter Verzicht auf das Substantiv "manner" und Beibehaltung des Gedankens wird das Verb substantiviert. Aus "*compare-note* cause" wird "in einer gemeinschaftlich **zu besprechenden** Sache" (Michaelis, V, 377). Zwar gibt die Phrase den Inhalt der Vorlage wieder, verliert aber ihre Konzision.

Im Bereich der Neologismen zieht sich Michaelis auffällig häufig auf eine Umschreibung zurück, um den Sinn unter Verzicht auf die Neuartigkeit des Ausdrucks zu erhalten. So verfährt er im Fall von "*out-uncle*," und "*out-grandfather*" und übersetzt: "**Diese Syrene wird uns unsers Vaters Brüder eben so gut als unsern Grosvater abspännstig machen**" (Michaelis, I, 129; Fettdruck im Original). Die Umschreibung der Onkel als "unsers Vaters Brüder" wirkt umständlich, doch gibt der Rückgriff auf das Verb "abspännstig machen" den Inhalt gelungen wieder. Das zweite Beispiel unterscheidet sich jedoch von seiner Vorlage. Hier fügt Michaelis einen ganzen Objektsatz ein und erläutert den inhaltlichen Zusammenhang durch den in keiner englischen – oder später auch französischen Fassung – hinzugefügten Aufenthaltsort Colonel Mordens: "Ich wollte auch nicht rathen, daß man euch nach Florenz schicken sollt, um es bey dem Vetter anzufangen, wo ihr es bey dem Gros=Vater gelassen habt" (Michaelis, I, 497). Michaelis geht bei Neologismen demnach uneinheitlich vor: er scheint sich von Fall zu Fall an der Verständlichkeit der Übertragung zu orientieren, gemäß dem Grundsatz, daß Verständlichkeit Priorität vor Kürze hat, und er scheut zu diesem Zweck auch nicht vor langen Schachtelsätzen zurück.

Im Fall von Substantivhäufungen wie "sister-toast" und "troublesome bosom-visitor" greift die Übersetzung entweder zur Konversion des ersten Sub-

145 Anna Howe hatte Clarissa einen Betrag von 50 Guineen zukommen lassen, um ihr die Flucht zu ermöglichen, und ihn in einem Exemplar von John Norris' *Miscellanies* versteckt. Lovelace, dem der anglikanische Neuplatonist unbekannt ist, vermutet hinter dem Namen einen potentiellen Nebenbuhler. Vgl. hierzu auch Margaret Anne Doody, *A Natural Passion: A Study in the Novels of Samuel Richardson* (Oxford, 1974), p. 156.

stantivs und ändert den Ausdruck in eine Kombination von Adjektiv und Substantiv ("herzlieben Schwesterchen;" Michaelis, V, 168) oder stellt eine Genitiv-
konstruktion her ("der ungebetene Gast meiner Brust;" Michaelis, IV, 269).
Einfacher scheint die Wiedergabe von Verben und Präpositionen: "Too-ready
knees" werden als "allzu beugsame Kniee" (Michaelis, IV, 251) in der Konstruktion erhalten, "out-Norrised" wird als "betrügen" verkürzt wiedergegeben (Michaelis, IV, 365). Größere Schwierigkeiten bereitete der Neologismus "un-*man*"
seinem Übersetzer. Er griff auf eine erweiterte Infinitivkonstruktion zurück, die
unter Verzicht auf die Prägnanz des Originals den Inhalt erhält ("aufhöre ein
Kerl zu seyn;" Michaelis, I, 335).[146] Im Fall des schwerfälligen "*all-eyed* fair
one" strebt der deutsche Text eine nahezu identische Wiedergabe an und wählt
die Partizipialkonstruktion "überall äugichte Schöne" (Michaelis, V, 283).

Beispiele für die Konversion von Substantiven in Verben sind ebenfalls
vorhanden. Clarissa beschreibt das Verhalten ihrer Geschwister gegenüber dem
ihr verhaßten Freier Solmes mit Hilfe von Neologismen: "my brother and sister
Mr *Solmes*'d him, and *sir*'d him up with high favour" (Ross, p. 61). Substantive
werden hier verbalisiert und durch das Suffix "-ed" in die Vergangenheit gesetzt.
Michaelis entscheidet sich für eine Umschreibung der Aussage und bleibt in seiner Wortwahl konventionell. Bei ihm heißt es: "In meines Bruders und meiner
Schwester Munde war nichts als **Herr Solmes: Herr Solmes** ward unaufhörlich
auf das freundlichste genannt" (Michaelis, I, 70; Fettdruck im Original). Auf
diese Weise bleibt der Inhalt erhalten, der Satz wirkt im Vergleich mit der Mimikry des Originals aber weniger einfallsreich.

Die verschiedenen Arten der Neologismen finden sich in einem Satz besonders anschaulich kombiniert. Zusätzlich zu den bereits bekannten Techniken
der Wortneuschöpfung rekurriert Richardson hier auf die Verwendung von
Fremdwörtern in der eigenen Sprache. Lovelace äußert sich Belford gegenüber
zu Anna Howes Rolle für das Gelingen seines Plans. Er ist sich bewußt, Annas
Einfluß gegenüber Vorsicht walten lassen zu müssen, sieht die junge Frau aber
nicht als ernsthafte Bedrohung und beendet seinen Bericht mit folgendem Hinweis:

> And should I be outwitted, with all my sententious, boasting conceit of my own
> *nostrum-mongership*—(I love to plague thee, who art a pretender to accuracy and a *sur-
> face-skimmer* in learning, with out-of-the-way words and phrases), I should certainly
> hang, drown, or shoot myself. (Ross, p. 448)

Die Übersetzung nimmt hier notgedrungen eine Veränderung der Syntax vor
und verändert die Satzstruktur:

---

[146] "Daß ich feindseelige Beschimpfungen erdulden soll, durch deren Erduldung ich aufhöre
ein Kerl zu seyn" (Michaelis, I, 335).

Erschiessen, erhängen oder ersäuffen will ich mich, wenn mich das Mädchen bey all meiner Einbildung und Ruhm von meiner **nostrum**-Krämerey (du bist eine Art von Pedanten, ein Kerl, der die Oberfläche der Gelehrsamkeit geschickt abzuschäumen weiß. Darum ärgere ich dich mit ungewöhnlichen Worten, bey denen du ein verdammtes Kunstrichter-Gesichte machen wirst. Noch einmahl ließ es) von meiner **nostrum**-Krämerey betrieget. (Michaelis, III, 230; Hervorhebung im Original)

Während er "sententious" nicht übersetzt, substantiviert Michaelis das Adjektiv "boasting" und stellt dadurch eine Parallelkonstruktion her. Die Sprachmischung von *nostrum-mongership* bleibt erhalten, so daß auch deutsche Leserinnen und Leser die Bedeutung dieses Ausdrucks selbst zu erschließen haben. Selbst im Druckbild legt der Übersetzer Wert auf die größtmögliche Annäherung an das Original und ersetzt die Kursivierung des englischen Texts durch Fettdruck. Als besonders gut gelungen hat die Übersetzung von "*surface-skimmer* in learning" zu gelten: "[E]in Kerl, der die Oberfläche der Gelehrsamkeit geschickt abzuschäumen weiß" ist zwar länger als das Original, behält jedoch die volle Bedeutung der Phrase bei. Wie im englischen Text erweckt "abschäumen" Konnotationen an das Abschäumen von Flüssigkeiten, durch das die wertvollsten Inhaltsstoffe herausgefiltert werden. Lovelaces Begründung für seine Vorliebe zu ungewöhnlichen Wortverbindungen wird im englischen Zitat als Relativsatz geliefert und erscheint im deutschen Text als Kausalsatz. Auf diese Weise wird der Begründungszusammenhang deutlicher herausgestellt und das Original in seiner Intention untermalt. "Out-of-the-way words" als "ungewöhnliche Worte" entspricht dieser Tendenz.

Lovelace wirft Belford vor, sprachliche Korrektheit lediglich vorzugeben ("a pretender to accuracy"): im deutschen Text wird der Gedanke übertragen, und Belford erhält ein "verdammtes Kunstrichter-Gesichte." Wie die Wahl der Metapher veranschaulicht, scheint dieser Berufszweig bereits im achtzehnten Jahrhundert ähnlichen Vorurteilen ausgesetzt gewesen zu sein wie heute. Die deutsche Fassung dieser Textstelle wird durch den eingeklammerten Einschub deutlich länger, so daß das Lesepublikum in Gefahr gerät, sich in der komplizierten Satzstruktur zu verlieren. Michaelis gibt ihm eine Lesehilfe an die Hand und wiederholt den Ausdruck "Nostrum-Krämerey" im Anschluß an den Einschub; der Fettdruck unterstreicht zusätzlich seine Bedeutung für die Interpretation.

Hier zeigt sich, wie geschickt Michaelis Richardsons unterschiedliche Formen des schöpferischen Umgangs mit Sprache ins Deutsche zu übertragen weiß. Daß diese Übernahme nicht in jedem Einzelfall gelingen kann, ist verständlich und liegt in der unterschiedlichen Struktur beider Sprachsysteme ebenso begründet wie in der Kürze der Bearbeitungszeit, sie schadet dem Gesamteindruck aber nicht.

Lovelace benötigt für die Pläne, Clarissa zu erobern, die Hilfe eines Komplizen und bedient sich eines Gehilfen namens Mennel. Dieser bekommt jedoch Gewissenbisse angesichts der Tugend Clarissas. Lovelace spielt auf diesen Umstand an und behauptet, ebenfalls Gewissenbisse Clarissa gegenüber zu haben. Der englische Text lautet "my concience *Mennelled* upon me" (Ross, p. 833); der Übersetzer zieht einen Vergleich zur Hilfe und überträgt "mein Gewissen spielte mit mir, wie des **Mennells** Gewissen mit ihm gespielt hatte" (Michaelis, V, 432).

Michaelis übersetzt Lovelaces Kosename für Clarissa, die er häufig als "my charmer" (etwa Ross, p. 682) beschreibt, als "die Fräulein" (Michaelis, IV, 339) oder auch als "mein Kind" (Michaelis, IV, 340). In diesem Ausdruck sind sowohl Clarissas kindliche Unschuld als auch ihr reizendes Wesen enthalten. Lady Harlowe und Arabella reden das jüngste Familienmitglied mit "Clary" an, eine Form, die zu "Clärchen" oder "Klärchen" wird.[147]

Richardson erweist sich als ungewöhnlich feinfühlig im Umgang mit Sprache. Neben Neologismen und femininen Substantivendungen erkennt er einen geschlechterspezifischen Sprachgebrauch und macht ihn sich zunutze. So läßt er Lovelace über Mrs Moore und die Bewohnerinnen ihres Hauses sagen:

These women think that all the business of the world must stand still for their *figaries* (a good female word, Jack!): the greatest triflers in the creation, to fancy themselves the most important beings in it ...
After all, methinks I want these *tostications* (thou seest how women, and women's words, fill my mind) to be over, *happily* over, that I might sit down quietly, and reflect upon the dangers I have passed through, and the troubles I have undergone. (Ross, p. 818)

Das *OED* führt weder ein Lemma für "figaries" noch für "tostications:" Johnson erklärt "figaries" als "A frolick; a wild prospect" und weist darauf hin, daß es sich um eine korrupte Form von *vagary* handelt,[148] Ross erläutert "tostications" als Ableitung von "intoxication" umschreibt ihn mit "Perplexities, distractions" (Ross, p. 1532). Hier handelt es sich um eine Form der Ironie, um umgangssprachliche vermeintliche Verbesserungen, die mangelnde weibliche Sprachkompetenz imitieren sollen und Ausdruck für Lovelaces insgeheime Misogynie sind.

Trotz dieser latenten Frauenfeindschaft bekennt sich Lovelace zu seiner Passion für Frauen. Er unterscheidet zwischen Frauen- und Männersprache und beweist seine Fähigkeit, sich in die weibliche Gedanken- und Gefühlswelt hin-

---

147 Vgl. etwa Michaelis, I, 76.
148 Johnson, *Dictionary*, *s.v.*; Ross hat für "figaries" "whims, eccentricities" (Ross, p. 1528).

einzuversetzen. Daß er hierin erfolgreich ist, veranschaulichen nicht zuletzt seine gefälschten Briefe der vermeintlichen Clarissa und Anna.

Der deutsche Text ringt um die Wiedergabe und verwendet dabei "typisch weibliche" Ausdrücke:

> Dergleichen Weibsleute bilden sich ein, daß alle Geschäffte in der Welt um ihrer **einge-bildeten Mutterbeschwerden** willen; "ein Wort das sich gut für die Weiber schickt, Bruder!" liegen bleiben müssen ... Wenn ich alles überlege: so deucht mich, es wäre wohl einmal für mich nöthig, daß diese **Wehen**; du siehst, wie voll mir der Kopf von Weibern und ihren Worten ist; vorüber, **glücklich** vorüber wären, damit ich in Ruhe sitzen, und der Gefahr, die ich ausgestanden und den Beschwerden, die ich erduldet habe, nachdenken könnte. (Michaelis, V,380-81; Hervorhebung im Original)

Mit "eingebildete Mutterbeschwerden" und "Wehen" hat die Übersetzung zwei dem weiblichen Umfeld entspringende Ausdrücke gewählt. Auch wenn die Assoziationsbereiche von denen des Originals abweichen, so scheint der Übersetzer die Bedeutung der Ausdrücke intuitiv erahnt zu haben. Offensichtlich konnotiert er mit "eingebildeten Mutterbeschwerden" Launenhaftigkeit, die später verwendeten "Wehen" sind dem einmal gewählten Wortfeld zugeordnet. Die in Klammern gesetzten Einschübe finden sich im ersten Fall als durch Gedankenstriche abgetrennte Parenthese wiedergegeben, im zweiten Fall wurde die Parenthese aufgelöst und in den Satz eingegliedert; die Kursivierung ist erneut durch Fettdruck ersetzt.

Idiome sind besondere Prüfsteine für die Qualität einer Übersetzung. Clarissas Ausbruchsversuche aus dem Haus Mrs Sinclairs werden anscheinend durch äußere Umstände vereitelt. Sie schreibt an Anna Howe: "Will is this moment returned–No coach to be got, *for love or money*" (Ross, p. 882). Im deutschen Text klagt sie ebenso idiomatisch: "Eben den Augenblick kommt Wilhelm wieder zu Hause – Es ist keine Kutsche für **Geld** oder gute **Worte** zu haben" (Michaelis, V, 592; Fettdruck im Original). Lovelace kommentiert in einem Brief an Belford seinen eigenen Schreibstil und bemerkt dazu: "I know thou likest this lively *present-tense* manner, as it is one of my peculiars" (Ross p. 882). Aus "this lively *present-tense* manner" wird "diese lebhafte Art die Sache als gegenwärtig vorzustellen" (Michaelis, IV, 592). Hier zeigen sich die Grenzen der Übertragbarkeit: Zwar trifft die deutsche Version den Punkt, doch wirkt sie durch ihre unterschiedliche Sprachstruktur zu lang.

In diesem Zusammenhang lohnt ein Blick auf die Übersetzung des zum festen Bestandteil der Gattung Briefroman gewordenen Diktums vom *writing to the moment*.[149] Diese neue Art und Weise des Schreibens stellte sowohl den

---

[149] Vgl. das Vorwort zu *Clarissa*: "[T]he letters on both sides are written while the hearts of the writers must be supposed to be wholly engaged in their subjects: the events at the time

zeitgenössischen englischen Leser als auch die Übersetzer vor die Aufgabe, einen bisher unbekannten Stil zu interpretieren und zu reproduzieren. Eine heutige Beschreibung des Diktums lautet: "[A] technique that transcribed emotional tensions instantly as they arose and not (to use a later phrase) when they were recollected in tranquility."[150]

Diese Technik erzeugt für Leserinnen und Leser die Illusion der Unmittelbarkeit des Beschriebenen; sie ist insofern eine Vorläuferin des später entwickelten Bewußtseinsstroms, der *stream-of-consciousness*-Technik, und trägt zur größtmöglichen Teilhabe mit der Figur bei. Entgegen den Erwartungen ist es bei Richardson jedoch nicht Clarissa, sondern Lovelace, der in einem Brief an Belford zu den eigenen Schreibgewohnheiten bemerkt: "I have time for a few lines preparative to what is to happen in an hour or two; and I love to write to the moment–" (Ross, p. 721). Im deutschen Text liest man: "Ich habe Zeit zu einigen wenigen Zeilen, als einer Vorbereitung zu dem, was in einer oder zwo Stunden vorgehen soll, und Lust bis an den Augenblick zu schreiben" (Michaelis, V, 66). Hier liegt offensichtlich ein Verständnisproblem vor: *Writing to the moment* wird als Prozeß angesehen, der bis zu einem konkreten Moment, in diesem Fall den Ereignissen in einigen Stunden, andauert und die Zeit bis dahin ausfüllt. Der englische Lovelace bezieht sich jedoch auf seine Gewohnheit, Ereignisse im Augenblick des Geschehens oder unmittelbar danach aufzuschreiben und dadurch die Stimmung des Augenblicks einzufangen. Aus heutiger Sicht liefert die idiomatisch unbefriedigende deutsche Übersetzung an dieser interpretatorisch bedeutsamen Stelle keine angemessene Lösung, man muß dem Übersetzer die Neuartigkeit des Gedankens jedoch zugute halten.

Ein weiteres Beispiel liefern die vielzitierten umgangssprachlichen Wendungen, die Richardson in weiteren Auflagen zum Teil überarbeitete. Clarissas Ausruf "How my heart then went *pit-a-pat*!" (Ross, p. 792) wird mit "Wie pochte und klopfte mir hiebey das Herze!" (Michaelis, V, 294) übersetzt. Der deutsche Text benötigt zwei Verben, um das Original zu erhalten, und verliert überdies an Bildhaftigkeit.

Ein interessanter Fall liegt in der Übersetzung von negativ besetzten Wörtern vor. So findet sich als Übersetzung von "romantic value" im deutschen Text "romanenmäßige[r] Werth" (Ross, p. 885; Michaelis, V, 603). An dieser Stelle wird die immer noch vorherrschende negative Verwendung des Begriffs "Ro-

---

generally dubious–so that they abound not only with critical situations, but with what may be called instantaneous descriptions and reflections;" Ross, p. 35.

[150] George Sherburn, "'Writing to the Moment': One Aspect," in *Restoration and Eighteenth-Century Literature: Essays in Honor of Alan Dugald McKillop*, ed. Carroll Camden (Chicago, IL, 1963), p. 201.

man" im Sinne von *romance* als sentimentaler Geschichte von geringem Wert deutlich und läßt das niedrige Ansehen des Romans ins Bewußtsein treten.[151]

Um ihre Vorbildfunktion deutlich herauszuheben, wird Clarissa häufig mit Adjektiven wie "angelic" beschrieben. So heißt es etwa in einem Brief von Lovelace an Clarissa vom 7. August:

> Your angelic purity, and my awakened conscience, are standing records of your exalted merit and of my detestable baseness: but your forgiveness will lay me under an eternal obligation to you–Forgive me then, my dearest life, my earthly good, the visible anchor of my future hope! (Ross, p. 1185)

Die deutsche Übersetzung übernimmt den parallelen Satzbau, liefert jedoch eine Übersetzungsvariante:

> Ihre englischreine Tugend und mein erwachtes Gewissen sind beständige Zeugnisse Ihrer erhabenen Verdienste und meiner abscheulichen Niederträchtigkeit: allein Ihre Vergebung wird mir eine ewige Verbindlichkeit gegen Sie auflegen = = Vergeben Sie mir denn, mein liebstes Leben, mein irdisches Gut und sichtbarer Anker meiner zukünftigen Hoffnung! (Michaelis, VI, 712)

In der Wahl des Adjektivs "englischrein" statt "angelic" zeigt sich eine Bedeutungsverschiebung vom eindeutigen zum mehrdeutigen Adjektiv: "Englisch" in der Bedeutung "engelhaft" als Wortspiel von Angli/angeli liegt bereits bei Gregor dem Großen und Beda vor und stellt für den zeitgenössischen Leser keine Neuigkeit dar. Clarissa wird als engelsgleich angesehen; für die Übersetzung des Adjektivs wählt die Übersetzung das Adjektivkompositum "englischrein," das im achtzehnten Jahrhundert sowohl "engelhaft rein" meint als auch – in übertragener Bedeutung – als Ableitung von "Engelland" verwendet wird. Liest man es in dieser Bedeutung, so ist Clarissa für den Übersetzer nicht nur engelsgleich, sondern der Inbegriff der Tugend: "Tugend" wiederum wird mit England assoziiert. Der Ausdruck illustriert auf eindrucksvolle Weise die Vorbildfunktion Englands für das Heilige Römische Reich: Das Inselreich ist nicht nur das Land der Freiheit, sondern auch Inbegriff tugendhaften Lebens. An dieser Stelle liefert die Übersetzung ein Beispiel für die Auswirkung von Konnotationen und Assoziationen eines Übersetzers auf sein Werk.[152] Darüber hinaus schafft das durch

---

[151] Zum schlechten Ruf von Romanen vgl. Johann Heinrich Zedler, "Romanen, Romainen, Romans," *Grosses Vollständiges Universal-Lexikon*, 64 (68) vols (Graz, 1961 [1732-54]), XXXII, cols 700-3. Zedler beschreibt Romane als "diejenigen Bücher, in welchen allerhand entweder gantz erdichtete oder doch mit erdichteten Umständen vorgebrachte Helden= und Liebes=Erzählungen enthalten sind" (col. 700).

[152] Die Vorliebe für das Adjektiv "englisch" im Sinne von "engelhaft" zeigt sich auch an anderer Stelle. So übersetzt Michaelis beispielsweise Ross, p. 693: "Never, I must needs say, did the angel so much *look* the angel" mit "Ich muß es gestehen: mein Engel hat mir nie so englisch ausgesehen, als damals" (Michaelis, IV, 419).

184

Konversion aus Adjektiv und Substantiv des Originals entstandene Adjektivkompositum dem Übersetzer zusätzlich Raum zur expliziten Nennung des Substantivs "Tugend" und führt dem Lesepublikum einmal mehr die didaktische
Ausrichtung des Romans vor Augen. In dieser Beziehung geht die Übersetzung
einen Schritt über das Original hinaus.

Clarissa hat besonders gegen Ende ihres Lebens große Mühe, Lovelaces
Besuche abzuwehren. Sie benötigt Abstand von ihm, um sich in Ruhe auf den
Tod vorzubereiten, und greift daher zu einem Mittel, das Lovelace für einige
Zeit von Besuchen abhält, ohne daß sie sich der Lüge schuldig macht. In einem
Brief an Lovelace schreibt sie:

> Sir,
> I HAVE good news to tell you. I am setting out with all diligence for my father's house. I
> am bid to hope that he will receive his poor penitent with a goodness peculiar to him-
> self; for I am overjoyed with the assurance of a thorough reconciliation through the in-
> terposition of a dear blessed friend, whom I always loved and honoured. I am so taken
> up with my preparation for this joyful and long-wished-for journey, that I cannot spare
> one moment for any other business, having several matters of the last importance to
> settle first. So, pray, sir, don't disturb or interrupt me–I beseech you don't–You may in
> time, possibly, see me at my father's, at least, if it be not your own fault.
> I will write a letter which shall be sent you when I am got thither and received: till
> when, I am, etc.
>
> CLARISSA HARLOWE
> (Ross, p. 1233)

Richardson benutzt hier eine mehrdeutige Diktion, die wörtlich wie figurativ
lesbar ist. Die übertragene Bedeutung erweckt christliche Vorstellungen vom
"Vater" Gott, der Clarissa in sein "Haus," die Ewigkeit, aufnimmt. Clarissa legt
Lovelace jedoch die wörtliche Lesart erfolgreich nahe, wie seine Reaktion verdeutlicht. Auch Belford und Colonel Morden zeigen sich blind gegenüber der
"wahren" Bedeutung des Briefs und bedürfen der Erläuterung.[153]

Clarissa erschwert die Interpretation mittels eines orthographischen
"Tricks," indem sie durchgehend die Kleinschreibung benutzt. Bezogen auf Gott
erwartet der Leser der Zeit die Verwendung von Großbuchstaben in Ausdrücken
wie "my father's house," "at my father's" und auch "dear blessed friend". Lovelace entgeht auf diese Weise die übertragene Bedeutung, und er bemerkt seinen
Irrtum erst nach Clarissas Tod. Clarissa hält alle in diesem Schreiben angekün-
digten Angaben ein, sie läßt ihm nach ihrem Tode einen Brief zukommen ("I
will write a letter which shall be sent to you when I am got thither and
received") und macht ein Wiedersehen in der Ewigkeit von ihm abhängig ("You

---

153 Clarissa erläutert die wahre Bedeutung des Briefs Belford gegenüber, der sie mit merkli-
chem Erstaunen Lovelace erklärt. Vgl. Ross, p. 1274.

may in time, possibly, see me at my father's, at least, if it be not your own fault"). Ein so mehrdeutiger Text stellt jeden Übersetzer vor Schwierigkeiten, soll die Aussage erhalten bleiben. Der Göttinger Text liefert diese Lösung:

> Mein Herr.
> Ich habe ihnen eine gute Zeitung zu melden. Ich bin mit allem Fleiße beschäfftiget, mich zu der Reise nach meines Vaters Hause anzuschicken. Mir ist Hoffnung gemacht, daß er, nach einer ihm besonders eignen Güte, sein armes und bußfertiges Kind aufnehmen wolle. Denn ich habe zu einer ausnehmenden Freude für mich die Versicherung bekommen, daß durch die Vermittelung eines werthen und preiswürdigen Freundes, den ich allezeit geliebet und geehret habe, eine gänzliche Aussöhnung zu erhalten sey. Ich habe mit meiner Zubereitung zu dieser freudigen und längest gewünschten Reise so viel zu thun, daß ich keinen Augenblick zu einem andern Geschäffte davon abbrechen kann: weil ich noch vorher verschiedne Dinge von der äußersten Wichtigkeit zu bestellen habe. Daher bitte ich Sie, mein Herr, beunruhigen oder stören sie mich nicht – – Ich bitte, thun Sie es nicht – – ... Sie können mich mit der Zeit vielleicht in meines Vaters Hause sehen: wenigstens, wofern Sie es nicht durch Ihre eigne Schuld hindern. Ich will einen Brief schreiben, der Ihnen zugeschickt werden soll, wenn ich dahin gekommen und daselbst aufgenommen bin. Bis auf die Zeit ich etc. Clarissa Harlowe.
> (Michaelis, VII, 35-36)

Die Übersetzung bemüht sich, Tempus und Wortwahl des Originals zu übernehmen: das im ersten Satz verwendete *present progressive* findet in der Übersetzung "ich bin ... beschäfftigt" eine adäquate Entsprechung; "meines Vaters Haus" schließt semantisch Clarissas leiblichen und himmlischen Vater ein und erhält die Ambiguität des englischen Ausdrucks. Groß- und Kleinschreibung folgen der üblichen deutschen Orthographie und halten sich auch hier an Richardsons Vorgabe. Kein Groß- oder Fettdruck hebt die christliche Lesart optisch hervor. Die Vermittlung durch einen "dear blessed friend" wird mit "eines werthen und preiswürdigen Freundes" wiedergegeben. In diesem Ausdruck kann "preiswürdig," wie auch in den *Hymn Books* als christlicher Sprachgebrauch verstanden werden, "werth" liegt im Neuhochdeutschen in der Verwendung "er ist mir lieb und wert" noch in der Bedeutung wie bei "eines werthen Freundes" vor.[154] "Poor penitent" findet sich als "armes und bußfertiges Kind" übersetzt. Das Hinzufügen des Substantives "Kind" unter gleichzeitigem Verzicht auf die Substantivierung von "penitent" scheint bewußter Texteingriff zu sein und der Untermauerung von Clarissas Jugend zu dienen. Gemeinsam mit dem Nomen "Vater" verdichtet es die christlich lesbaren Vorstellungen des Briefs.

---

154 Beebee erkennt diese Bedeutung der Worte "werth" und "preiswürdig" nicht und übersetzt sie mit "worthy" und "valuable". Dadurch mindert er die Übersetzungsleistung und resümiert: "Yet for all the preservation and even heightening of rhetoric, the polysemy of the original is almost totally l ost;" *"Clarissa" on the Continent*, p. 33).

186

Clarissas Bitte, "do not disturb or interrupt me" wird durch "beunruhigen oder stören sie mich nicht" wiedergegeben; die Übersetzung behält somit das im Original doppeldeutige Verb in seiner gesamten Bedeutung bei.[155]

Die formale Anrede "Sir" in der Übersetzung "Mein Herr" entspricht den Konventionen des achtzehnten Jahrhunderts. Die für Richardson charakteristische Wortschöpfung "long-wished-for journey" hat in der Partizipialkonstruktion "längest gewünschte Reise" eine gelungene Übertragung gefunden, innerhalb derer der deutsche Übersetzer durch die Verwendung des Superlativs Clarissas Wunsch noch heraushebt und somit dem Original eine eigene Lesart hinzufügt.

• **Kosegarten**

Im Bereich der Problemfälle zeigen sich Richardsons Eingriffe in späteren Auflagen besonders deutlich: viele Neologismen werden durch bekannte, konservative Formen ersetzt. So wird etwa aus "struggled-away cheek" der ersten Auflage (Ross, p. 691) "averted cheek" in der dritten.[156] Kosegarten folgt hier der späteren Version: "ihre weggewandte Wange" (Kosegarten, IV, 526).

Auch die feminine Form "varletess" erfährt in der dritten Auflage eine Veränderung.[157] Kosegarten übersetzt den Ausdruck mit "jener edlen Metze" (Kosegarten, I, 327) und folgt somit an dieser Stelle dem Text der ersten Auflage. Das Grimmsche Wörterbuch verzeichnet für "Metze" unter anderem die Bedeu-

---

155 Vgl. Johnsons *Dictionary, s.v.*: Das Lemma zu "disturb" lautet "To perplex; to disquiet; to deprive of tranquillity."

156 "And then, clasping my arms about her, I gave her averted cheek (her charming Lip designed) a fervent kiss" (Stuber, IV, 302-03).

157 "Thus far had my *Conscience* written with my pen; and see what a recreant she had made me!–I seized her by the throat–*There!–There*, said I, thou vile impertinent!–Take *that*, and *that*!–How often have I given thee warning!–And now, I hope, thou intruding varletess, have I done thy business!
Puleing, and low-voiced, rearing up thy detested head, in vain implorest thou *my* mercy, who, in *thy* day, hast shewed me so little!–Take *that*, for a rising blow!–And now will *thy* pain, and *my* pain from *thee*, soon be over.–Lie there!–Welter on!–Had I not given thee thy death's wound, thou wouldest have robbed me of all my joys. Thou couldest not have mended me, 'tis plain. Thou couldest only have thrown me into despair. Didst thou not see, that I had gone too far to recede?–Welter on, once more I bid thee!–Gasp on!–*That* thy last gasp, surely!–How hard diest thou!–
ADIEU!–Unhappy Man ! ADIEU!
'Tis kind in thee, however, to bid me *Adieu*!–
Adieu, Adieu, Adieu, to thee, O thou inflexible, and, till now, unconquerable bosom-intruder–Adieu to thee for ever! (Stuber, V, 224)
"This noble varletess," (Stuber, I, 198); "thou lurking varletess CONSCIENCE!" (Stuber, IV, 226).

tungen "einer unverheirateten, wie jungfrau oder dirne, ohne unehrbaren ne-
bensinn," "jungfrau, um die man wirbt, die zur ehe begehrt wird" und "ein
leichtfertiges weibsbild."[158] Vermutlich verwendet Kosegarten den Ausdruck
hier in der ersten oder zweiten Bedeutung. Im nächsten Fall wird das Substantiv
als "O du laurende Memme, Gewissen" (Kosegarten, IV, 394) übersetzt, im
letzten Beispiel variiert Kosegarten die Wortwahl zu "zudringlicher Spitzbube"
(Kosegarten, V, 400). Die feminine Form geht somit in einem Beispiel verloren.

Im Fall von "traitress" behält Richardson die feminine Form bei und ändert
den Ausdruck lediglich durch die Änderung des Präfixes von "inexperienced" zu
"unexperienced."[159] Kosegarten übersetzt mit "eine so geübte Verrätherinn"
(Kosegarten, V, 26) und verkehrt die englische Phrase durch den Verzicht auf
das Präfix in ihr Gegenteil. Ob es sich dabei um einen Druckfehler, ein Verständnisproblem oder einen beabsichtigten Texteingriff handelt, läßt sich nicht
entscheiden. Aus "of the true *lady-make*"[160] wird in dieser Übersetzung "Ich, der
im Punkte des Eigenwillens, der Ungeduld u.s.w., aus wahrem Weiberstoff ge-
formt bin" (Kosegarten, IV, 358). Die wörtliche Übertragung als alliterierender
"wahrer Weiberstoff" erhält das Wortspiel und erweist sich als ihrer Vorlage gerecht.

Desgleichen wird die Typisierung "a Clarissa"[161] in der Übersetzung beibehalten. Kosegarten übersetzt sie in zwei Fällen wörtlich (vgl. Kosegarten, III,
150 und V, 290), im dritten Fall läßt er den Ausdruck aus (vgl. hierzu Kosegarten, V, 19).

Neologismen wie "coldly-received proposals,"[162] "*try-to-blush* manner,"[163]
"united in one common *compare-note* cause,"[164] Komposita wie "sister-toast"[165]
oder "troublesome bosom-visiter"[166] und die Verbindungen von Verben und
Präpositionen wie "too-ready knees,"[167] "out-Norrised,"[168] "un-*man*"[169] oder

---

158 Grimm, *Deutsches Wörterbuch* (Leipzig, 1885), *s.v.*
159 "Such an unexperienced traitress" (Stuber, V, 17).
160 "Of the true *Lady-make*" (Stuber, IV, 206).
161 Die Textstellen sind identisch. Vgl. Stuber, II, 80; V, 13; 163.
162 Stuber, IV, 213.
163 Stuber, V, 145.
164 Der Text der dritten Auflage ist identisch, es finden sich aber Abweichungen in Interpunktion und Kursivierung: "But if Will. had *not* made amorous pretensions to the
   wenches, we all know, that Servants, united in one *common compare-note cause*, are inti-
   mate the moment they see one another" (Stuber, V, 165-66).
165 Der Ausdruck ist identisch. Stuber, V, 49.
166 Der Ausdruck ist identisch. Stuber, IV, 227.
167 "Rise, Sir, from your too-ready knees; and mock me not."
   Too-ready knees, thought I!" (Stuber, IV, 215) Der Text und die graphische Präsentation
   entsprechen der Form der ersten Auflage.

188

"[a]ll-eyed fair one"[170] sind, von Akzidenzien abgesehen, in der dritten englischen Auflage unverändert. Kosegarten umgeht die attributive Bestimmung und übersetzt "coldly-received proposals" mit "meine Vorschläge" (Kosegarten, IV, 370). Im Fall von "*try-to-blush* manner" liefert er in "mit der gesuchtesten Verschämtheit" (Kosegarten, V, 255) eine um den Bedeutungserhalt bemühte Übertragung. Das artifizielle Element des Errötens wird mit dem Partizip "gesucht" wiedergegeben. Die deutsche Sprache bietet für Komposita wie "*compare-note* cause" keine äquivalente Entsprechung, und so greift auch diese Übersetzung zu einer umständlichen attributiven Bestimmung: "durch eine gemeinschaftliche Angelegenheit verbunden" (Kosegarten, V, 295).

Die Übertragung von "sister-toast" als "Schwesterkröte" (Kosegarten, V, 83) liefert ein aufschlußreiches Beipiel für oftmals komische Effekte mangelnder Sprachkenntnis. Vermutlich lag hier auf seiten Kosegartens eine Verwechslung von "toast" mit "toad" vor, die zur dieser Übersetzung geführt hat. Eine geschickte Lösung findet er für "troublesome bosom-visiter:" Kosegarten löst das Kompositum auf, addiert ein Adjektiv und liefert mit "der zudringliche, der unruhige Insasse meines Busens" (Kosegarten, IV, 395) eine Erläuterung des englischen Adjektivs "troublesome." Die Übertragung von "too-ready knees" als "allzufertige[s] Knieen" (Kosegarten, IV, 373) zeigt eine weitere Übersetzungsvariante. Aus dem Substantiv "knees" des Originals wird bei Kosegarten das Verbalsubstantiv "das Knien."

Auch auf die Gefahr hin, daß sie ohne Erläuterung unverständlich bleiben, scheut Kosegarten vor Neuschöpfungen im Deutschen nicht zurück. So übersetzt er etwa "out-Norrised" wörtlich als "ich will von ein paar Neulingen mich nicht übernorrisen lassen" (Kosegarten, IV, 528) und liefert eine wörtliche deutsche Fassung des englischen Ausdrucks.

Richardson behält "my conscience *Mennelled* upon me" bei und ändert lediglich die Orthographie.[171] Kosegarten überträgt den Neologismus wörtlich als "mein Gewissen übermennelte mich" (Kosegarten, V, 348).

Ähnlich wie bereits Michaelis stößt Kosegarten bei der Übertragung von "un-*man*" auf Schwierigkeiten. Er entscheidet sich – nicht ungeschickt – für die Umschreibung durch einen Relativsatz: "Kränkungen zu dulden, die nur eine Memme dulden kann" (Kosegarten, I, 335). Weniger Probleme bereitet "all-eyed

---

[168] "But once more I swear, that I will not be *out-Norris'd* by a pair of novices. And yet I am very apprehensive at times, of the consequences of Miss Howe's Smuggling scheme" (Stuber, IV, 303).

[169] Die Änderung der dritten Auflage betrifft die Orthographie: "insults, which *un-man* me to bear?" (Stuber, I, 203)

[170] "*All-eyed* Fair-one" (Stuber, V, 113).

[171] "My conscience *Mennell'd* upon me" (Stuber, V, 195).

fair one" mit der wörtlichen Übertragung als "dieser alläugichten Schöne" (Kosegarten, V, 198).

Die Äußerungen des neiderfüllten James Harlowe erfahren eine Überarbeitung. In der dritten englischen Auflage heißt es: "This little Syren is in a fair way to *out-uncle*, as she has already *out-grandfather*'d us both!" (Stuber, I, 79) Kosegarten übersetzt aus dem veränderten Text, greift auf einen Neologismus zurück und läßt James Harlowe, Jr wie folgt über seine Schwester urteilen: "Diese kleine Sirene ist auf guten Wegen, uns eben so zu entonkeln, wie sie uns schon entgroßvatert hat" (Kosegarten, I, 128). Beide Neologismen, im Deutschen so ungebräuchlich wie im Englischen, erregen die Aufmerksamkeit des Lesepublikums und lenken den Blick auf das Geschehen. Das zweite Beispiel erfährt in späteren englischen Auflagen keine Überarbeitung.[172] Kosegarten entscheidet sich in diesem Fall für die Umschreibung und bietet als Lösung: "Auch wollt' ich nicht dazu rathen, daß man Dich nach Florenz schickte, um den Vetter die Rolle des Großvaters spielen zu lehren" (Kosegarten, I, 509). Der erneute Hinweis auf Florenz an dieser Stelle läßt aufmerken: Wie ausgeführt, enthielt bereits die Göttinger Übersetzung diesen Verweis. Weder der englische Text von der ersten bis zur dritten Auflage noch die französischen Übersetzungen von Prévost und Le Tourneur führen diese Besonderheit an. Der Schluß ist offenkundig: Kosegarten hat die Göttinger Übersetzung ebenfalls konsultiert. Dieser Fall läßt vermuten, daß Kosegarten zumindest in einigen Fällen andere Versionen zu Rate gezogen hat. Seine Übersetzung ist demnach als teilweise eklektisches Werk einzustufen. Da diese Stelle im ersten Band erscheint, in dessen Vorrede Kosegarten seine Schwierigkeiten bei der Übertragung erwähnt, ist die eigene Unsicherheit wohl als Grund für die Konsultation zu vermuten.

Gleichwohl bietet Kosegarten auch eigenständige Lösungen, die großes Geschick zu erkennen geben, wie im Fall von Richardsons *Solmes'd*:[173] Die Übersetzung greift zu einer sinngemäßen Wiedergabe, die den umgangssprachlichen Stil des Originals erhält:

Mein Bruder und meine Schwester wußten vor Höflichkeit und Zärtlichkeit sich kaum zu lassen. Das war nichts, als *Herr Solmes hier*, und *Herr Solmes* dort; *mein lieber Herr Solmes* hinten, und *mein guter Herr Solmes* vorn – Welche Unwürdigkeit – (Kosegarten, I, 70)

---

172 "Nor would I advise, that you should go to *grandfather-up* your Cousin Morden. Besides, that worthy gentleman might be involved in some fatal dispute, upon your account; and then be called the *aggressor*" (Stuber, I, 301).

173 "While my Brother and Sister Mr. *Solmes*'d him, and *Sirr*'d him up, at every word. So caressed, in short, by all; – yet such a wretch!" (Stuber, I, 43)

190

Das devot-kratzfüßige Benehmen der Geschwister wird dem Lesepublikum lebhaft demonstriert. Richardsons "nostrum-mongership" blieb unverändert;[174] Kosegarten überträgt die Vorlage mit Hilfe syntaktischer Veränderungen:

> Sollt' ich mit all meinem Großthun und Großsprechen, mit aller meiner Nostrumkrämerei – Dich zu ärgern, Pedant, schleudre ich Dir dann und wann so einem [sic] unverdaulichen Brocken in den Rachen – ich sage, sollt' ich mit dem allen von ihr übertölpelt werden, so wär' ich im Stande, mich zu erhenken, zu ersäufen, oder zu erschiessen. (Kosegarten, III, 214)

Kosegartens Lösung dieses syntaktischen Problems unterscheidet sich von der Göttinger Fassung durch den angestrebten Erhalt der Originalsyntax. Der Einschub wird hier statt in Klammern in Gedankenstriche gesetzt, das vorher benutzte Verb findet sich im Anschluß an die Parenthese. Mit "Nostrumkrämerei" für *Nostrum-mongership* ahmt der Text die Mischung von lateinischer und einheimischer Diktion nach. Da die Parenthese nicht ohne Änderungen ins Deutsche zu übertragen ist, ergänzt Kosegarten ein Verb und übersetzt sinngemäß. Bei dieser Praxis bleibt der Neologismus *surface-skimmer* unübersetzt. Mit der Wahl von "übertölpeln" für "outwit" erhält der Übersetzer die Konnotation des Originals.

Der Kosename "my charmer" findet mit "mein Liebchen" (Kosegarten, IV, 497) beziehungsweise "meine Geliebte" (Kosegarten, IV, 499) eine Übertragung, die bemüht ist, Clarissas Liebreiz semantisch zu erfassen.

Lovelaces Rückgriff auf den femininen Wortschatz bleibt in der dritten Auflage erhalten.[175] Im Fall der parodistischen Mimikry von "*figaries*" und "*tostications*" (Ross, p. 818) übersetzt Kosegarten mit "um ihrer **Scheererereyen** willen/ein feiner Weiberausdruck" und "Gefikfakke"[176] (beides Kosegarten, V, 298). Hier greift er zu von Frauen verwendeten Substantiven, die selbst die damit verbundenen Assoziationen teilweise beibehalten.

---

174 "And should I be outwitted, with all my sententious, boasting conceit of my own *nostrum-mongership–[I love to plague thee, who art a pretender to accuracy, and a* surface-skimmer *in learning, with* out-of-the-way *words and phrases*] I should certainly hang, drown, or shoot myself" (*Clarissa*, 3rd rd., III, 121).

175 "These women think, that all the business of the world must stand still for their *figaries* [A good female word, Jack!]: The greatest triflers in the creation, to fansy themselves the most important beings in it – ... After all, methinks I want these *tostications* [Thou seest how women, and womens words, fill my mind] to be over, *happily* over, that I may sit down quietly, and reflect upon the dangers I have passed thro', and the troubles I have undergone" (Stuber, V, 167-68).

176 Für dieses Nomen findet sich weder bei Adelung noch bei Heinsius ein Lemma. Vgl. Johann Christoph Adelung, *Grammatisch-kritisches Wörterbuch der hochdeutschen Mundart*, 2nd ed., 4 vols (Hildesheim, 1990 [1793]) sowie Theodor Heinsius, *Volksthümliches Wörterbuch der deutschen Sprache*, 4 vols (Hannover, 1818-22).

191

Das Idiom "No coach to be got, *for love and money*" liegt in der dritten Auflage in leicht veränderter Form vor.177 "Itzt eben kömmt Wilhelm wieder. Keine Kutsche ist zu haben, nicht für Geld, nicht für gute Worte" (Kosegarten, V, 516) lautet die deutsche Version. Die Syntax legt die Vermutung nahe, daß Kosegarten hier den Text der dritten Auflage zur Grundlage hatte.

Lovelaces Beschreibung seines Schreibstils erfährt im Englischen keine Änderung (Stuber, V, 289). Kosegarten übersetzt den Einschub nicht, behält aber die Absätze vor und nach der Beschreibung bei.178 Das Diktum vom *writing to the moment* erfährt in der dritten englischen Auflage durch die Kursivierung von "moment" (Stuber, IV, 362) eine graphische Veränderung, so daß die Betonung sich auf die zeitliche Komponente verlagert. Kosegartens Fassung setzt an dieser Stelle Fettdruck ein, um die Aufmerksamkeit des Lesepublikums auf das betonte Substantiv zu lenken:

> Ich habe noch Zeit, Dich in einigen einleitenden Zeilen zu dem, was binnen Einer, höchstens zwey Stunden geschehn wird, vorzubereiten, und ich lieb' es, **auf den Augenblick** zu schreiben. (Kosegarten, IV, 628; Hervorhebung im Original)

Auch dieser Übersetzer hat die Bedeutung des Ausdrucks nicht verstanden oder nicht zu übersetzen gewußt. "Auf den Augenblick" schreiben ist im Sinn von "bis an den Augenblick" zu verstehen und stellt daher keine angemessene Übertragung dar.

Das onomatopoetische "How my heart then went *pit-a-pat*" wird in der dritten englischen Auflage zu "How my heart then went *pit-a-pat*! to speak in the female dialect" (Stuber, V, 119). Mit der Übersetzung "Wie mein Herz hier wieder zu pickern begann!" (Kosegarten, V, 209) scheint Kosegarten der ersten Auflage zu folgen.

Der negative Konnotationen hervorrufende Ausdruck "romantic value" unterliegt Veränderungen im Bereich der Orthographie,179 erfährt aber in dieser Übersetzung als "romanhafte[r] Werth" (Kosegarten, V, 528) eine Behandlung wie bereits bei Michaelis. Auch bei Kosegarten findet sich die pejorative Verwendung des Ausdrucks. So schreibt Lovelace an Belford: "Lasest Du je von einem Romanhelden, Freund, der (Gefechte mit Riesen und mit Drachen ausgenommen) zu einem härtern Strauße aufgefodert ward?" (Kosegarten, I, 335) Die

---

177 "WILL. is this moment returned.–No coach to be got, either *for love or money*" (Stuber, V, 289).
178 "Zwölf, Ein, zwey, drey, vier – was es auch sey, wie viel es sey – Was kümmerts mich? – Wenn Sie mich in Ehren meinen, so lassen Sie mich dieß verhaßte Haus verlassen – " Hinein stürmte Frau Sinclair mit großem Grimm und Ärger (Kosegarten, V, 517).
179 "Only that they did not set such a romantic value upon what they call their *Honour*; that's all" (Stuber, V, 295).

192

Verbindung mit Drachen und Riesen verweist auf die Verwendung im Sinne von *romance*.

Richardson verändert "angelic purity"[180] bis zur dritten Auflage nicht, und auch Kosegarten verwendet "englisch" ebenfalls in der Bedeutung "engelhaft":

> Ihre englische Reinheit und mein erwachtes Gewissen sind unüberschreybare Zeugen Ihres erhabnen Verdienstes und meiner verabscheuungswürdigen Niederträchtigkeit. Ihre Verzeihung aber wird mich zu Ihrem ewigen Schuldner machen. Vergeben Sie mir dann, mein theures Leben, mein höchstes irdisches Gut, sichtbarer Anker meiner künftigen Hoffnung – (Kosegarten, VII, 220)

Die Opposition "exalted merit" – "detested baseness" bleibt in "erhaben" und "Niederträchtigkeit" erhalten. "Dear" in der ambigen Bedeutung "theuer" gibt den Superlativ nicht wieder; der zusätzlich zum Original verwendete Superlativ bei "earthly good" stellt jedoch einen Ausgleich dar.

Kosegartens Text enthält eine Anzahl weiterer Belege für diese Lesart. Im Moment der Flucht von Harlowe Place bezeichnet Lovelace seine Auserwählte als "my angel" (Ross, p. 375; Stuber, II, 324), Kosegarten übersetzt "angel" als "meine Englische" (Kosegarten, II, 551).[181]

Clarissas Versuch, Lovelaces Besuche abzuwehren, um die innere Ruhe für die Vorbereitung auf den Tod zu erhalten, erfährt in der dritten englischen Auflage Änderungen in Groß- und Kleinschreibung:

> Sir,
> I HAVE good news to tell you. I am setting out with all diligence for my Father's House. I am bid to hope that he will receive his poor penitent with a goodness peculiar to himself; for I am overjoyed with the assurance of a thorough Reconciliation, thro' the interposition of a dear blessed friend, whom I always loved and honoured. I am so taken up with my preparation for this joyful and long-wished-for journey, that I cannot spare one moment for any other business, having several matters of the last importance to settle first. So, pray, Sir, don't disturb or interrupt me–I beseech you don't. You may possibly in time see me at my Father's; at least, if it be not your own fault.
> I will write a Letter, which shall be sent you when I am got thither and received: Till when, I am, etc.
>
> CLARISSA HARLOWE.
> (Stuber, VII, 175)

Die Großbuchstaben bei interpretatorisch zentralen Begriffen wie "my Father's House" und "at my Father's" sowie die herausgehobene Stellung von "Reconcili-

---

[180] "Your angelic Purity, and my awakened Conscience, are standing records of your exalted merit, and of my detestable baseness: But your Forgiveness will lay me under an eternal obligation to you–Forgive me then, my dearest Life, my earthly Good, the visible Anchor of my future hope!" (*Clarissa*, 3rd ed, VII, 85)

[181] Diese Übersetzung wird häufig gewählt, so beispielsweise auch Kosegarten, V, 222 und V, 516.

ation" dienen jedem aufmerksamen Leser als Signale für die "wahre" Bedeutung des Briefes und die in Richardsons Augen "richtige" Lesart. Dadurch büßt Clarissas Brief jedoch seine dramaturgisch notwendige Ambiguität ein. Dieser Texteingriff ist ein anschauliches Beispiel für Eingriffe des Autors, die nicht seinem originären Wunsch entsprechen, sondern vermutlich auf der mangelnden Interpretationsfähigkeit seines Publikums beruhen.

Kosegarten übersetzt die Doppeldeutigkeit wie folgt:

> Sir,
> Ich habe Ihnen eine gute Zeitung zu melden. Ich bin im Begriff, in ersinnlicher Eil zu meines Vaters Hause zurückzukehren. Man heißt mich hoffen, daß er seine arme Clarissa mit jener, ihm eigenen, Güte wieder auf- und annehmen werde; und diese Zusicherung einer völligen Aussöhnung, die ich der Vermittelung eines theuren gesegneten Freundes, den ich allezeit liebte und ehrte, verdanke, überschüttet mich mit Freude ... Stöhren Sie mich daher nicht, Sir. Unterbrechen Sie mich nicht, ich bitte Sie dringend darum. Sie können mich ja einst in meines Vaters Hause sehn; es sey denn, daß Sie es aus eigener Schuld verderben.
> Ich will einen Brief schreiben, der Ihnen soll überantwortet werden, wenn ich an Ort und Stelle gelangt und wieder zu Gnaden angenommen seyn werde. Bis dahin bin ich u.s.w.
>
> Clarissa Harlowe. (Kosegarten, VII, 380-81)

Kosegarten scheint sich am Wortlaut der dritten Auflage zu orientieren, denn er übersetzt deren erweiterten Ausdruck "don't disturb or interrupt me" als Parallelkonstruktion und löst ihn in zwei Sätze auf. In den anderen Fällen behält Kosegarten die Syntax des Originals bei.

Die Kennzeichnung der mehrdeutigen Begriffe durch Großbuchstaben kann für den deutschen Text nicht übernommen werden. Auch in dieser Übersetzung findet sich der Ausdruck "meines Vaters Haus" in mehr als einer Bedeutung. So weist Anna Howe Clarissa beispielsweise darauf hin, es sei besser, "in Ihres Vaters Hause zu bleiben" (Kosegarten, II, 233). Verben wie "auf- und annehmen" und Nomen wie "Aussöhnung" oder "zu Gnaden angenommen" sind dem christlichen Vorstellungsbereich entnommen und unterstreichen die allegorische Lesart des Briefs. Dem deutschen Lesepublikum wird zwar das Verständnis der Ambiguität nicht durch graphische oder semantische Hinweise erleichtert, doch restituiert die Übersetzung ironischerweise Richardsons originäre und notwendige Intention.

- **Schmid**

Die Behandlung der Problemfälle weist Ähnlichkeit mit der Vorgehensweise bisheriger Übersetzer auf. Richardsons "struggled-away cheeks" (Ross, p. 691) finden sich als "ihre[r] sich sträubende[n] und abgewandte[n] Wange" (Schmid,

194

VII, 288). In diesem Ausdruck, der nach der ersten Auflage übersetzt zu sein scheint, sind beide Komponenten des Kompositums enthalten, die Verbindung durch die Konjunktion läßt ihn aber lang und unbeholfen wirken.

Die Verwendung femininer Formen erfolgt ohne erkennbares Prinzip: "Varletess" ist mit "wetterwendische[n] Hochnase" (Schmid, I, 262) und im zweiten Fall mit "du zudringlicher Bube" (Schmid, IX, 243) übersetzt, "traitress" bleibt als "Verrätherinn" (Schmid, VIII, 140) erhalten. Aus "of the true *lady-make*" macht der Übersetzer "eine wahre Frauenzimmernatur" (Schmid, VII, 109)[182] und erhält so die Semantik des Ausdrucks.

Clarissas Typisierung als "a Clarissa" wird nicht durchgängig beibehalten und bei den oben genannten Beispielen im ersten und dritten Fall als "eine Klarisse" übersetzt (Schmid, IV, 118; IX, 107).

Im Bereich der Komposita verfährt Kosegarten uneinheitlich. Richardsons "coldly-received proposals" werden zu "kaltsinnig aufgenommene[n] Vorschläge[n]" (Schmid, VII, 124) und behalten im Deutschen die grammatische Struktur des Originals bei. Größere Schwierigkeiten scheint dem Übersetzer der Ausdruck "*try-to-blush* manner" bereitet zu haben. Er übersetzt ihn umständlich als "in einem verschämten Ton, bey dem ich zu erröthen suchte" (Schmid, IX, 66-67). Aus "*compare-note* cause" wird durch Verwendung lediglich eines Adjektivs statt der beiden im Original verzeichneten "einer gemeinschaftlichen Sache, die Verabredung erfordert" (Schmid, IX, 113).

Für die Verbindung mehrerer Substantive wie "sister-toast" liefert die Übersetzung gute Lösungen. Der Übersetzer greift hier zu "Busenfreundinn" (Schmid, VIII, 213) und unterstreicht durch diese Wahl die enge Verbundenheit zwischen Anna Howe und Clarissa. Aus "troublesome bosom-visiter" wird – in Verbindung mit dem im Anschluß benutzten "intruder" – "der beschwerliche, der zudringliche Gast meines Herzens" (Schmid, VII, 152). Hier ist das Kompositum also in ein Substantiv mit Genitivattribut aufgelöst.

Kombinationen von Partizipien und Verben oder Substantiven werden nach Möglichkeit erhalten. Aus "Too-ready knees" werden wörtlich übersetzte "allzufertige[n] Knie" (Schmid, VII, 128). Die Übersetzung von "out-Norrised" fällt ebenfalls ins Auge. Im deutschen Text liest man "daß ich mich von einem Paar Neulingen von Frauenzimmern nicht be-Norrisen lassen" kann (Schmid, VII, 290). Der Übersetzer hat es offensichtlich als legitim angesehen, Richardsons Wortschöpfungen soweit wie möglich zu erhalten, um Lovelaces Charakter und seinen kreativen Umgang mit Sprache wiederzugeben, und behält diese Vorge-

---

[182] "Ich, der in Ansehung des Eigensinns, der Ungeduld und so weiter, eine wahre Frauenzimmernatur habe, und Zwang und Hindernisse so wenig ertragen kann, als irgend ein Mädchen!" (Schmid, VII, 109)

hensweise auch um den Preis bei, nicht verstanden zu werden. Für die Übersetzung von "my conscience Mennelled upon me" hat die Mannheimer Ausgabe "mein Gewissen erinnerte mich an Mennel" (Schmid, IX, 179). Da es sich hier nicht um einen ausgearbeiteten Vergleich handelt, bleibt der Inhalt lediglich teilweise erhalten.

In einigen Fällen wird von diesem Prinzip abgewichen. So liest man statt "un-*man*" "die ein Mann von Ehre nicht tragen darf" (Schmid, I, 267). Hier liegt ein Verzicht auf die Originalstruktur vor, der durch die Ergänzung "von Ehre" weitere Änderungen erfährt. Der Ausdruck klingt flüssiger als die Michaelissche Übersetzung, kommt dem Original aber nur bedingt nahe. Richardsons "all-eyed fair one" wiederum wird durch die Wiedergabe als "argusäugichte[n] Schöne" (Schmid, VIII, 355) auf interessante Weise gedeutet. Die "Argusaugen," wenngleich pejorativ markiert, beschreiben treffend Clarissas betont vorsichtiges Verhalten.

Manche Neologismen erweisen sich als schwieriger beizubehalten als andere. So ist für *Solmes'd* erneut eine Umschreibung gewählt, die große Ähnlichkeit mit der Leipziger Version hat: "Meine Geschwister Sir Solmes hin, Sir Solmes her, und so schmeichelten sie ihm alle, dem erbärmlichen Wicht" (Schmid, I, 67). Obwohl diese Version kürzer ist als das Original, wird der Ton beibehalten und durch die umgangssprachliche Wendung "Sir Solmes hin, Sir Solmes her" passend wiedergegeben.

An dieser Stelle fällt eine weitere Besonderheit ins Auge: Während Kosegarten die korrekte Anrede "Herr Solmes" verwendet, scheint der erste Übersetzer der Mannheimer Ausgabe mit den englischen Anredeformen nicht vertraut gewesen zu sein. So ist ihm nicht bewußt, daß die Anrede "Sir" als allgemeine Adressierung verwendet wird, nicht aber in Zusammenhang mit dem Nachnamen des Adressierten. "Sir Solmes" ist eine unidiomatische Übertragung, die weder im Englischen noch im Deutschen korrekt ist.

James Harlowe findet in dieser deutschen Fassung harte Worte, um das Verhalten seiner Schwester zu beschreiben:

> Sieh' mal, Bella, sagt' er zu meiner Schwester, wir müssen auf unsrer Hut seyn. Die kleine Hexe könnt uns eben so leicht **entonkeln**, als sie uns **entgrosvatert** hat.
> (Schmid, I, 114-15; Hervorhebung im Original)

Durch die Charakterisierung als "Hexe" diffamiert James seine Schwester und bringt sie mit unnatürlichen, unchristlichen Mächten in Verbindung – eine Assoziation, die Clarissas Wesen von Grund auf widerspricht. Eine solche Beschuldigung wiegt schwerer als im Original. Durch die Wahl der Neologismen "ent-

196

onkeln" und "entgroßvatern" zeigt sich der Übersetzer wieder einmal experimentierfreudig. Die auffällige Übersetzungsvariante "Florenz" der beiden vorhergehenden deutschen Fassungen findet sich in der Mannheimer Version nicht. Dort heißt es lediglich: "Auch wollt' ich Ihnen nicht rathen zu Vetter Morden zu gehen, um bei ihm da anzufangen, wo Sies bei dem Grosvater gelassen haben" (Schmid, II, 89). Die sinngemäße Übertragung liefert eine angemessene Lösung und scheint auf der Übertragung des Übersetzers selbst zu beruhen.

Im Fall von "nostrum-mongership" zeigt die Übersetzung ähnliche Tendenzen wie die Kosegartens:

> Und sollte ich bey aller meiner spruchreichen ruhmräthigen Einbildung von meiner eignen **Nostrum-Krämerey** (gar zu gern plage ich Dich, der Du so viel Anspruch auf Genauigkeit des Ausdrucks machst, und doch nur ein **Oberfläche-Schwimmer** in der Gelehrsamkeit bist, mit ungewöhnlichen Worten und Redensarten) von dem weiblichen Verstande überflügelt werden, in der That, dann erhänge, oder ersäufe, oder erschieße ich mich. (Schmid, IV, 203-4; Hervorhebung im Original)

Die deutsche Fassung behält Syntax und Parenthese des Originals bei. Auch hier wird der Ausdruck "Nostrum-Krämerey" gewählt, um den Effekt der englischen Version zu erhalten. Die wörtliche Wiedergabe von "surface-skimmer" als "Oberfläche-Schwimmer" erhält den Neologismus und unterstreicht Lovelaces kreativen Sprachgebrauch. Die Bedeutung von "pretender" ist statt in einem einzigen Ausdruck in der Satzsemantik enthalten ("Anspruch auf Genauigkeit ... machst, und doch nur"). Die Übersetzung von "outwit" mit "überflügeln" gibt die Konnotation wieder, ungewöhnlich ist der Zusatz "von dem weiblichen Verstande," der sich aus dem vorherigen Absatz ergibt. "[O]ut-of-the-way words" findet sich erneut mit "ungewöhnlichen Worten" übertragen.

Lovelaces Schmeichelei "my charmer" (Ross, p. 682) wird zu "meine Schöne" (z.B. Schmid, VII, 251; VII, 254). Die Anrede "Clary" findet sich als "Kläry" (etwa Schmid, II, 139).

Richardsons Verwendung frauenspezifischer Sprachregister ist beibehalten, der Übersetzer entscheidet sich für die Verwendung analoger Begriffe:

> Die Weibsleute denken, alle Geschäfte in der Welt müßten sich um ihrer Quackeleyen (Ist das nicht das rechte passende Wort, Jakob?) stehn und liegen bleiben. Sie, die ärgsten Kleinigkeitskrämerinnen unter der Sonne, bilden sich ein, als wenn sie die wichtigste [sic] Personen in der Schöpfung wären ... Bei dem allem [sic], dünkt mich, werden alle die **Alfanzereien** (du siehst, wie Weiber und Worte *generis foeminini* meinen Kopf angefüllt haben) bald glücklich vorüber seyn, daß ich mich also ruhig hinsetzen, und über die Gefahren, die ich ausgestanden, und die Beschwerden, die ich ertragen, nachdenken kann. (Schmid, IX, 117-18; Hervorhebung im Original)

Der Text bietet "Quackeleyen" und "Alfanzereyen" als typische Beispiele aus dem weiblichen Register. "Quackeln" wird definiert als "in seinen Entschließungen und Handlungen leichtsinnig und unbeständig seyn. Daher ist quackelhaftig eben daselbst wankelmüthig, unbeständig, und Quackler ein unbeständiger, leichtsinniger Mensch."[183] Heinsius beschreibt Alfanzerey als "albernes Geschwätz,"[184] Die deutschen Nomen erwecken Konnotationen vermeintlich weiblicher Eigenschaften wie Unbeständigkeit, Leichtsinnigkeit und Schwatzhaftigkeit und werden daher überwiegend in bezug auf Frauen verwendet. Schmid behält die Konnotationen des Originals bei. Beide Parenthesen sind erhalten, während die Wiederholung von "over" ausgelassen wurde. Die Ergänzung des lateinischen *generis foeminini* unterstreicht das Bewußtsein um ein weibliches Sprachregister. "Triflers" als "Kleinigkeitskrämerinnen" übersetzt stellt eine treffende Übertragung dar.

Wie die Konstruktion "weder-noch" nahelegt, liegt der Übersetzung des Idioms "*for love or money*" mit "Es ist kein Wagen zu haben, weder für Geld, noch gute Worte" (Schmid, X, 69) der Text der dritten Auflage zugrunde.

Lovelaces Charakterisierung seines Stils als *present-tense manner* lautet: "Ich weiß, Du liebst eine solche vergegenwärtigende Manier, so wie sie eine von meinen Eigenheiten ist" (Schmid, X, 70). Die Übersetzung durch das Partizip Präsens stellt eine gelungene Variante zu den bisherigen Übertragungen dar. Seine Bemerkung zum *writing to the moment* heißt hier: "Ehe sich das ereignet, was sich in einer oder einem Paar Stunden ereignen wird, kann ich noch ein Paar Zeilen schreiben, und ich schreibe gern bis zu dem Augenblick" (Schmid, VIII, 81). Der Übersetzer bezieht sich ebenfalls auf den konkreten Anlaß in einigen Stunden, bis zu dem Lovelace am Schreibpult verharren will, und versteht den Ausdruck nicht als allgemeine Beschreibung seines und Richardsons Schreibmodus.

Clarissas umgangssprachliche Interjektion "How my heart then went *pit-a-pat*! (Ross, p. 792) findet sich als "Wie pochte mir hier das Herz!" (Schmid, IX, 10) Auch wenn es sich bei diesem Ausdruck um den von Ludwigs *Dictionary English, German and French*[185] angegebenen Übersetzungsvorschlag handelt,[186] büßt er gegenüber dem Original an Spontaneität ein.

---

[183] Adelung, *Grammatisch-kritisches Wörterbuch, s.v.*

[184] Heinsius, *Volksthümliches Wörterbuch, s.v.* Adelung, *Grammatisch-kritisches Wörterbuch,* verzeichnet kein Lemma für dieses Nomen.

[185] Christian Ludwig, *A Dictionary English, German and French, Containing not only the English Words in Their Alphabetical Order, Together With Their Several Significations; but also Their Proper Accent, Phrases, Figurative Speeches, Idioms, and Proverbs, Taken from the Best New English Dictionaries.* 2nd ed. (Leipzig and Francfurt, 1736).

Das negativ besetzte Adjektiv "romantic" (Ross, p. 885) lautet in dieser Übersetzung "romanenhafte[r] Werth" (Schmid, X, 84). Erneut wird die negative Konnotation mit Romanen in ihrer Ausprägung als Romanzen geweckt, die sich als Konzept bis in das letzte Jahrzehnt des achtzehnten Jahrhunderts aufrechterhalten hat. Diese Konnotationen findet sich auch im zweiten Beispiel:

> Kein Romanheld, ausser er müßte mit Riesen und Drachen fechten, hielt härtere Proben aus, dann ich. Fast schäm' ich mich vor mir selber. Doch wie? – ists nicht Ruhm, Sie zu lieben, die jedem, der sie sieht, Ehrfurcht oder Liebe, oder beides einlöst?
> (Schmid, I, 268)

Die Übertragung von "angelic" mit "englisch" und die daraus resultierende Ambiguität liegen bei der Manheimer Übertragung erneut vor:

> Ihre englische Reinheit und mein erwachtes Gewissen sind bleibende Zeugnisse von ihren erhabnen Verdiensten und von meiner abscheulichen Niederträchtigkeit, aber Ihre Verzeihung wird mir eine ewige Verpflichtung gegen Sie auferlegen. – Verzeihen Sie mir also, mein theuerstes Leben, mein irdisches Glück, sichtbarer Anker meiner künftigen Hoffnung! (Schmid, XIII, 312-13)

Der Mannheimer Übersetzer entscheidet sich, die Syntax im wesentlichen beizubehalten, so daß der erste Satz auch im Deutschen hypotaktisch bleibt. Statt des Doppelpunktes findet sich nun ein Nebensatz, der die Wortwahl des Originals, "lay me under an eternal obligation to you," durch die Übertragung als "wird mir eine ewige Verpflichtung gegen Sie auferlegen" wiedergibt.

Clarissas mehrdeutiger Brief an Lovelace wird den Möglichkeiten der deutschen Sprache entsprechend umgesetzt, seine Deutbarkeit bleibt aber wegen der unterschiedlichen Orthographieregeln erneut gegenüber dem Original reduziert:

> Mein Her.
> Ich habe Ihnen angenehme Neuigkeiten zu melden. Ich rüste mich mit allem Eifer zu einer Reise nach meines Vaters Hause. Man macht mir Hoffnung, daß er sein armes reuiges Kind mit der ihm eignen Güte aufnehmen werde. Denn ich erhalte die Versicherung einer gänzlichen Aussöhnung durch die Vermittlung eines lieben geseegneten Freundes, den ich jederzeit liebte und ehrte. Ich bin mit meiner Zubereitung zu dieser erfreulichen und längst gewünschten Reise so beschäftigt, daß ich keinen Augenblick zu irgend einem andern Geschäft anwenden kann, indem ich vorher noch verschiedne Sachen von der äußersten Wichtigkeit zu besorgen habe. Ich bitte also, Sir, stören und unterbrechen Sie mich nicht. – Ich beschwöre Sie, es nicht zu thun – Sie können mich mit der Zeit vielleicht in meines Vaters Hause sehen, wenigstens in so fern es nicht Ihre eigne Schuld ist, daß es nicht geschieht.
> Ich will einen Brief schreiben, der Ihnen zugeschickt werden soll, wenn ich daheim abgegangen, und daselbst aufgenommen seyn werde. Bis dahin bin ich u.s.w.
> Klarisse Harlowe (Schmid, XIV, 103-4)

---

186 "My heart went pit-a-pat – ich zittere vor Furcht, mein Hertze klopft;" Ludwig, *Dictionary*, *s.v.*

Auch hier findet sich wiederum die biblische Bezeichnung "meines Vaters
Hause." Der zweite Satz erfährt durch den Hinweis auf die Reise eine Ergän-
zung gegenüber dem Original. Die Beschreibung Klarissas als "armes reuiges
Kind" entspricht dem religiösen Wortfeld der Textstelle ebenso wie die Übertra-
gung von "blessed" als "geseegnet." Erneut ist "long-wished-for-journey" als
Partizipialkonstruktion "längst gewünschte Reise" wiedergegeben. Für den letz-
ten Satz des ersten Paragraphen wurde mit der restriktiven Konjunktion und dem
Subjektsatz eine umständliche Formulierung gewählt.

In einem Fall läuft die Mannheimer Übersetzung jedoch der Intention des
Originals zuwider. Lovelace soll einen Brief erhalten, sobald Klarissa "daheim
abgegangen" ist. Die Entscheidung für "daheim" legt zunächst Harlowe Place als
Zielort ihrer Reise nahe. Wenn man sich an die kalte Atmosphäre im Hause
Harlowe erinnert, kann man die Todesassoziation des Ausdrucks (besonders in
Verbindungen wie "von uns gegangen") erahnen. Der Leser muß aber ein hohes
Maß an Aufmerksamkeit und Feingefühl an den Tag legen, soll er diesen Aus-
druck mit dem Reich Gottes assoziieren. So erschließt sich ihm die wahre Bedeutung wahrscheinlich erst im Nachhinein, und er teilt somit Lovelaces Schick-
sal.

Die Mannheimer Übersetzung bietet wegen ihrer abweichenden Wortwahl
ein gutes Beispiel für das veränderte Sprachbewußtsein sowie die Verwendung
von Schlüsselbegriffen der Epoche:

> Brauche, das sage ich Dir, nicht meine eigne selbstgestandne Empfindsamkeit gegen
> mich, eine Empfindsamkeit, die, so wie sie Deine Beschuldigung, als wenn Dein Freund
> ein Felsenherz hätte, widerlegt, Dir ganz unbekannt geblieben wäre, wenn ich Dir nicht
> davon geschrieben hätte. (Schmid, VI, 239)

Die Textstelle lautet im Original:

> Play not against me my own acknowledged sensibilities, I desire thee. Sensibilities
> which, at the same time that they contradict thy charge of an *adamantine heart* in thy
> friend, thou hadst known nothing of, had I not communicated them to thee.
> (Ross, p. 609)

"Sensibilities" wird mit dem "Modewort" der Epoche, "Empfindsamkeit," übersetzt. "Empfindsam" wird als Kategorie besonders für Clarissa benutzt, so beispielsweise, wenn Lovelace über sie sagt: "In Wahrheit, es ist eine sehr empfindsame Lady!" (Schmid, IX, 12); eine Übersetzung, die das weitere semantische Spektrum von "*sensible* lady" (Ross, p. 792) nicht umfassend trifft.[187] Ob-

---

[187] Das *OED* verzeichnet als Bedeutungsvarianten etwa "perceptible by the senses," "capable
of feeling or perceiving," "actually perceiving or feeling," und "endowed with good
sense;" *OED, s.v.*

wohl die Übersetzung zur gleichen Zeit entstand wie die Leipziger Ausgabe, unterscheiden sich die beiden Versionen in bezug auf die Verwendung von Modewörtern der Epoche. Kosegarten tendiert zu weniger auffälligen Begriffen:

> Komme mir nicht mit meinen eingestandenen Gefühlsanwandlungen, sag' ich Dir! Anwandlungen, die mit dem diamantnen Herzen, das Du mir zu Last legst, sich keineswegs vertragen, und von denen Du überall nichts wissen würdest, wenn ich sie Dir nicht selber mitgetheilt hätte. (Kosegarten, I, 212)

Als weiteres Schlagwort neigt die Übersetzung zu "Kabale," das sich an verschiedenen Stellen für englisch *plot* findet.[188] So beispielsweise: "Ich bin weit entfernt, die Intrique aus Grundsätzen zu hassen. Wenn aber alberne Kerls Kabalen spielen, und ihre Kabale zu Papier bringen" (Schmid, VI, 235). Im Original heißt es: "I am far from hating intrigue upon principle. But to have awkward fellows plot, and commit their plots to paper" (Ross, p. 608), die Lesart der dritten Auflage lautet "I am far from hating intrigue upon principle. But to have aukward fellows plot, and commit their plots to paper, destitute of the seasonings, of the *acumen*, which is thy talent, how extremely shocking must their Letters be!" (Stuber, IV, 123) Das Original setzt "Intrige" als verallgemeinernden Begriff, die Übersetzung bezieht sich stattdessen durch die Verwendung des bestimmten Artikels auf die vorliegende Situation.

An einigen Stellen setzt die Übersetzung englische und französische Bezeichnungen ein: Im medizinischen Bereich, und hier besonders bei humoralpathologischer Begrifflichkeit, werden fremdsprachliche Fachbegriffe verwendet:

> Was den Spleen und die Vapeurs betrift, so würde man von dergleichen Krankheiten gar nichts mehr wissen, noch hören. Die Zunft der Ärzte würde freylich darunter leiden, und die einzigen seyn, die darunter litten. (Schmid, X, 29-30)[189]

Lovelace wird im deutschen Text häufig mit dem Attribut eines "Freydenkers" (etwa Schmid, XII, letter 2) bedacht. Adelung hat für das Nomen "ein Nahme, welchen sich ... besonders die Gegner der positiven Religion gegeben haben,"[190] Heinsius verweist auf die mit dem Nomen verbundenen negativen Konnotationen.[191] Die Wortwahl der Übersetzung unterstützt also hier die kritische Figurenzeichnung.

---

188 Michaelis , IV, 133-34 hatte an dieser Stelle noch "Schelmerey" gewählt.
189 Vgl. auch Michaelis V, 565.
190 Adelung, *Grammatisch-kritisches Wörterbuch, s.v.*
191 "Oft mit einem negativen Nebenbegriff;" Heinsius, *Volksthümliches Wörterbuch, s.v.*

6.2.6 Stilistische Unterschiede

• **Michaelis**

Richardson benutzt die Briefstruktur seines Romans nicht zuletzt zur Figuren-charakterisierung. Die Briefe der Korrespondenzpartner zeichnen sich durch einen Individualstil aus, der als wichtiges Interpretationsmittel dient. Als Beispiel sei Clarissas Verehrer Solmes genannt. Clarissa schildert ihn als ungebildet, raffgierig, rüde und ohne Manieren. Seine Briefe bestätigen ihre Charakterisierung und erwecken Antipathie im Leser. Nachdem Solmes bei der Abfassung seines ersten Schreibens an Clarissa Hilfe durch James Harlowe erhielt, schreibt er am 26. März eigenständig einen Brief:

> Dearest madam,
> I THINK myself a most unhappy man, in that I have never yet been able to pay my respects to you with youre consent, for one halfe hour. I have something to communicate to you that concernes you much, if you be pleased to admit me to youre speech. Youre honour is concerned it [sic] itt, and the honour of all youre familly. Itt relates to the designes of one whom you are sed to valew more then he deserves; and to some of his reprobat actions; which I am reddie to give you convincing proofes of the truth of. I may appear to be interested in itt: but nevertthelesse, I am reddy to make oathe, that every tittle is true: and you will see what a man you are sed to favour. But I hope not so, for youre owne honour.
> Pray, madam, vouchsafe me a hearing, as you valew your honour and familly: which will oblidge, dearest miss,
>   Youre most humble and most faithfull servant,
>   ROGER SOLMES
> I waite below for the hope of admittance. (Ross, p. 250)

Solmes präsentiert sich in diesem Brief als Vertreter einer reichen, doch ungebildeten Mittelklasse. Die Verdoppelung von Konsonanten (wie in "itt" und "reddie") sowie die vom Standard der Zeit abweichende phonetische Orthographie ("sed" statt "said" und "valew" statt "value") zeigen auf anschauliche Weise, daß Solmes so schreibt, wie er spricht. Seine sprachliche Gleichgültigkeit zeigt sich im Auslassen, also "Verschlucken," ganzer Silben ("interessed" statt "interested") und in der archaischen Schreibweise von "youre" statt "your." Der Brief erweckt gleichwohl nicht den Eindruck, daß Solmes als Dialektsprecher vorgestellt werden soll. Einige Wörter lateinischer Herkunft wie "communicate" und "honour" werden wohl eher mit Glück als wissentlich korrekt geschrieben. Ihre Verwendung läßt ein gewisses Maß an Schulbildung erkennen, die Solmes Wörter eines höheren sprachlichen Registers verwenden läßt, ohne grundlegende Orthographiekenntnisse zu besitzen.

Seine Fehler beschränken sich jedoch nicht nur auf orthographische Abweichungen, sondern schlagen sich auch in Idiomatik und Syntax nieder. So benutzt er den Ausdruck "to admit me to youre speech" statt "to your presence," und der grammatische Bezug von "which I am reddie" zu "reprobat actions" evoziert ungewollt komische Züge.

Solmes präsentiert sich also als *country bumpkin*, als reicher "Analphabet" aus der Provinz, der sich seine äußere Erscheinung und die Vermehrung seines Vermögens angelegen sein läßt, dem seine geistige Verfassung aber gleichgültig ist. In seiner Selbstgerechtigkeit beschuldigt Solmes Clarissa in diesem Annäherungsversuch, sich durch die Verbindung zu Lovelace in schlechte Gesellschaft begeben zu haben. Die durch Clarissas Beschreibung bereits geweckte Kritk an ihrem Verehrer wird hier durch eigenes Zeugnis bestätigt und bestärkt.

Zur Entstehungszeit von *Clarissa* befand sich die englische Sprache noch im Prozeß der Standardisierung. Samuel Johnsons *Dictionary of the English Language*, das diese Entwicklung nach vorherigen Bestrebungen endgültig in Gang setzte, erschien erst sieben Jahre nach der Publikation des Romans. Korrektes Schreiben wurde jedoch vorher schon angestrebt und galt als Kennzeichen guter Schulbildung, Abweichungen von der "Hochsprache" indizierten besonders bei schriftlicher Verwendung mangelnde Ausbildung.[192] Wie Smollett in seinen *Expeditions of Humphry Clinker* (1771) setzt auch Richardson dieses Mittel zur Charakterzeichnung in *Clarissa* ein.

Im Heiligen Römischen Reich existierte zur gleichen Zeit ebenfalls kein orthographischer Standard. Wie in vielen anderen Bereichen setzte diese Entwicklung erst ein Jahrhundert später ein:

> Die sichere Kenntnis einer streng geregelten Rechtschreibung ist erst im 19. Jh. Gemeinbesitz der Deutschen geworden. Noch im 18. Jh. zeigen etwa die Briefe einer Lieselotte von der Pfalz, einer Frau Rat Goethe oder der Mutter des Freiherrn vom Stein die ganze Willkür, die damals auch bei Gebildeten in orthographischen Dingen bestand.[193]

Erste Ansätze zu einer Standardisierung finden sich etwa in Johann Bödikers *Grund-Sätze[n] der teutschen Sprache*.[194] Dieser Umstand macht es für jeden Übersetzer schwierig, Briefe im Stil eines Solmes in ihrer Aussagekraft für die Figurendarstellung ins Deutsche zu übertragen: Solange es keinen verbindlichen Standard gab, konnten Abweichungen nicht als eindeutige Indikatoren für man-

---

192 Vgl. hierzu N. F. Blake, *Non-Standard Language in English Literature* (London, 1981).
193 Adolf Bach, *Geschichte der deutschen Sprache* (Heidelberg, 1956), p. 229.
194 Bödikers Werk wurde vielfach aufgelegt und erschien zwischen 1690 und 1746 in überarbeiteten Auflagen. Zu Bödiker-Überarbeitungen siehe Eva Pauline Diedrichs, *Johann Bödikers Grund-Sätze der deutschen Sprache* (Heidelberg, 1983).

gelnde Bildung gelten. Der Übersetzer hatte demnach ein Äquivalent zu suchen, um die "Autorintention" (oder das, was er dafür hielt) beibehalten zu können. Michaelis überträgt den Brief auf deutsche Verhältnisse und verwendet Abweichungen im Bereich der Orthographie, die Abweichungen innerhalb von Grammatik und Aussprache spiegeln:

> Wehrteste Frölin,
> Ich halte mich für einen seer unglücklichen Mahn zu sein, daß ich noch niemahls so glücklich gewest bin, ihnen meine Aufwartung eine halbe Stunde lang zu machen. Ich haben Ihnen etwas zu sagen, daran ihnen viel gelegen ist, wenn sie mich nur vor sich lassen wollen. Es betrifft ihre Ehre, und die Ehre der gansen Familie. Es betrifft die Ansichten der Perschon, von der Sie mehr halten sollen, als sie wert ist, und es betrifft einige gottlose Streiche, die er gespielt hat, die ich zu erweisen bereit bin. Ich könnte interesirt scheinen dabey, aber ich bin bereid zu schwären, daß kein Buchstab davon falsch ist. Sie sollen sehen, was das vor ein Man ist, von dem sie was halten sollen. Aber ich hoffe aus Geneigtheit gegen Ihre Ehre, daß das Gerücht falsch ist. Ich bitte Sie, hören Sie mich nur, so lieb ihnen ihre Ehre und Familie seyn. Dadurch wird Ihnen verbunden werden
>
> Werteste Frölin
>
> Ihr gehorsamer und treier Diner
Roger Solmes.
>
> Ich warte unten auf Audientze. (Michaelis, II, 134-35)

Umständliche Schachtelsätze sind hier gepaart mit orthographischen Abweichungen (etwa "seer" und "betrift"). Da alleinige Verstöße gegen die "Rechtschreibung" mangels allgemeinen Standards jedoch nicht ausreichen, greift Michaelis zu drastischeren Mitteln und stellt Solmes als unartikulierten Sprecher dar: Das Einfügen eines "sch" in "Perschon" (statt "Person") sowie die Vokalveränderung von "Fräulein" zu "Frölin" zeigen seine Unfähigkeit, zwischen schriftlich zu benutzender Hochsprache und mündlichen Varianten zu unterscheiden.

Außer "Fehlern" in der Orthographie und Aussprachevarianten zeigt Solmes Schwächen im Umgang mit der Grammatik. Die Verwendung des Partizip Perfekts "gewest" statt "gewesen" ist zu diesem Zeitpunkt bereits rar und verstärkt die Distanz des Lesers gegenüber Solmes. Michaelis benötigt demnach eine Kombination dreier Abweichungen vom "Standard," um den von Richardson intendierten Effekt ins Deutsche herüberretten zu können. Dieses Beispiel verdeutlicht, daß Übersetzer literarischer Texte im Interesse der Autorintention unter Umständen keine Wahl haben, als zu Analogien zu greifen.

In anderen Fällen setzt Richardson nichtstandardisierte Formen im englischen Text ein, um Briefschreiber als Dienstboten und Dialektsprecher auszugeben. Dieses Mittel findet für Clarissas mütterliche Freundin Mrs Norton Ver-

204

wendung. Mrs Norton sucht im Konflikt zwischen Eltern und Tochter zu vermitteln und wird, als die Familie Harlowe von Clarissas schlechtem Gesund-
heitszustand hört, von dieser als "Vorbotin" nach London geschickt.[195]
Lovelaces Diener Will Summers ist den komischen Figuren zuzurechnen.[196] Ähnlich wie komische Szenen im Theater dienen seine Briefe nicht zuletzt der Erheiterung des Lesers und der kurzfristigen Spannungslösung im Geschehen. So teilt Summers seinem Herrn nach Clarissas Flucht ihren Aufenthaltsort mit und leitet dadurch die Rückführung in Mrs Sinclairs Haus ein. Er
berichtet wie folgt über seine Entdeckung:

> Honnored Sur,
> THIS is to sertifie your honner, as how I am heer at Hamestet, wher I have found out my
> lady to be in logins at one Mrs Moore's near upon Hamestet hethe. And I have so order-
> ed matters, that her ladiship cannot stur but I must have notice of her goins and comins.
> As I knowed I dursted not look into your Honner's fase, if I had not found out my lady,
> thoff she was gone off the prems's in a quartir off an hour, as a man may say; so I know-
> ed you would be glad at heart to know I had found her out: and so I send thiss Petur
> Partrick, who is to haf 5 shillins, it being now nere 12 of the clock at nite; for he would
> not stur without a hartie drinck too besides: and I was willing all shulde be snug like-
> wayes at the logins befoer I sent.
> I have munny of youre Honner's, but I thout as how if the man was payed by me
> beforend, he mought play trix; so left that to your Honner.
> My lady knows nothing of my being hereaway. But I thoute it best not to leve the
> plase, because she has tacken the logins but for a fue nites.
> If your Honner cum to the Upper flax, I will be in site all the day about the tapp-house
> or the Hethe; I have borroued an othir cote, instead off your Honner's liferie, and a
> blacke wigge; soe cannot be knoen by my lady, iff as howe she shuld see me: and have
> made as if I had the toothe-ake; so with my hancriffe at my mothe, the tethe which your
> Honner was plesed to bett out with your Honner's fyste, and my dam'd wide mothe, as
> youre Honner notifys it to be, cannot be knoen to be mine. ...
> I am, may it pless your Honner,
>
> Your Honner's most dutiful,
> and, wonce more, happy servant,
> WM. SUMMERS
> (Ross, p. 758)

Summers' sprachliche Unsicherheit spiegelt sich in der komplexen Syntax des
Schachtelsatzes wider, der aus zwei Hauptsätzen mit zwei eingeschlossenen
Kausalsätzen, jeweils einem konditionalem Gefüge, einem Konzessiv-, Konse-

---

[195] Vgl Ross, pp. 1364-65.
[196] Das bei Summers wie auch bei anderen komischen Figuren vorliegende Muster des Lä-
cherlichen nutzt den sprachlichen Normverstoß als Ausdruck (nicht nur) sprachlichen Un-
vermögens. Die sprachliche Äußerung veranlaßt den Leser dazu, nicht mit, sondern über
die Figur zu lachen; der komische Effekt betont also die Überlegenheit anderer Figuren
(und in einem zweiten Schritt diejenige des Rezipienten). Vgl. hierzu auch Andràs Horn,
Das Komische im Spiegel der Literatur (Würzburg, 1988).

kutiv- und Final- sowie einem Relativ- und Temporalsatz besteht. Auf diese Weise vermittelt sich dem Leser der Eindruck, es handele sich bei Summers um einen Schnellsprecher, der "ohne Punkt und Komma" rede.

Ähnlich wie Solmes verwendet Summers bei einer ganzen Anzahl an Wörtern phonetische Schreibweise ("Honner," "goins and comins"). Seine Orthographie wirkt in vieler Hinsicht altmodisch.[197] Geht man überdies davon aus, daß Summers' Orthographie ein Spiegel seiner Aussprache ist, so läßt sich etwa anhand von "tethe" oder "mothe" auf eine obsolete Aussprache schließen. In einigen Fällen (etwa bei "hancriffe") verschluckt Summers Silben oder läßt im Schriftbild in der Aussprache stumm bleibende Silbenteile wegfallen, die grammatische Funktionen erfüllen (etwa der Wegfall der Partizipialendung bei "dam'd").

Summers verfügt nur bedingt über grammatische Kenntnisse. So verwendet er etwa das Partizip Perfekt unregelmäßiger Verben in den meisten Fällen als regelmäßig gebildetes Partizip ("knowed," "dursted"). Er unterscheidet nicht zwischen der Kontraktion von Personalpronomen und Verb ("you're") und dem Possessivbegleiter ("your") und benutzt beide Formen willkürlich. Besonders das stimmhafte und stimmlose "S" bereiten Summers Schwierigkeiten ("sertifie" statt "certify" oder "fase" statt "face"), und auch das velare "N" ist nicht wiedergegeben. Summers benutzt jeweils die alveolare Variante in "goins" and "comins" und liefert mit seinem Brief ein genaues Abbild seines Sprachgebrauchs.

Die Göttinger *Clarissa* verwendet ähnliche Mittel, um einen vergleichbaren Effekt zu erreichen. Der Brief lautet dort:

Knädiger Her.

Dieses dient Ihre Knaden zu melden, wie ich hier in Hamestet bin, wo ich meine Freilein gefunden habe und daß sie bey eine Frau Moore in Hause ist, nahe an die Hamesteter Heide. Und ich habe das Dink so gemacht, daß die knädige Freilein sich nicht rühren kann, sondern ich muß ihr ein und ausgehen wüssen. Dieweil ich wuste, ich durfte Ihre Knaden nicht fürs Gesigt kommen, wenn ich meine Freilein nicht gefunden hatte, ob schon sie in eine Virtelstunde, so zu sagen, von dem vorigen Hause weggekommen wahr, so wußte ich, daß Ihre Knaden sich von Hertsen freien würden, zu vernähmen, daß ich sie gefunden hatte. Und dessenthalben sende ich dißen Peter Partrick, welcher fünf Schilling bekommen wird, weil es nun schon gegen zwölf in der Nacht ist. Denn er wollte nicht aus die Stelle gehen, ohne einen rechten Labedrunk noch oben ein, und ich wollte doch gern, daß alles im Hause vorher zu Ruhe sein sollte, ehe ich ihn schickte.

Ich habe noch Geld von Ihre Knaden, aber ich dachte, daß der Mann, wenn er voraus von mir bezahlet währe, zum Schelm zu werden mögte. So habe das Ihre Knaden überlassen.

---

[197] So finden sich etwa "fyste" oder "notifys" mit dem bereits überholt anmutenden "Y."

Meine knädige Freilein weis nichts davon, daß ich hier herum bin. Aber ich dachte, es
währe am besten, keinen Fus von hier zu setzen, weil sie die Loschies nur auf ein paar
Tage genommen hat ... Ich habe mir einen andern Rock geborcht, stat Ihre Knaden Lie-
ferey, und eine schwarze Parrucke, so kann ich von meine Freilein nicht gekant werden,
wenn sie mich ja sehen sollte, und habe es so gemacht, als wenn ich Zahnschmerzen
hätte, mit meinem Schnubtuch vor den Mund. So kann man die Zähn, welche mir Ihre
Knaden mit Ihre Knaden Hände auszuschlagen beliebet haben, und mein verdammt weit
Muhl, als Ihre Knaden es beschreiben, nicht erkennen ...
        Ich bin, wenn es Ihre Knaden vergönnen,
        Ihre Knaden gehorsamster und noch einmal glücklicher Knecht
        Wilhelm Summers. (Michaelis, V, 183-85)

Auch hier gibt sich Summers auf den ersten Blick als Unterschichtsprecher zu
erkennen, dabei greift die Übersetzung auf zusätzliche Mittel zurück. Summers
beherrscht die Grammatikregeln nur unvollständig: Er hat besonders im Bereich
der Kasuswahl Schwierigkeiten, verwendet statt des Dativs den Akkusativ ("bey
eine Frau Moore," "nahe an die Hamesteter Heide," "in eine Viertelstunde") und
zieht sich in Imitation des Originals auf die Verwendung verschachtelter Satz-
strukturen zurück. Im Gegensatz zum englischen Text löst der Übersetzer die
Hypotaxe in zwei Sätze auf und gestaltet sie etwas leserfreundlicher. Im ersten
Satz finden sich Konsekutiv-, Konditional-, Konzessiv- und Objektsätze, der
folgende Satz enthält Objekt-, Konditional- und Konzessivsätze. Auch wenn
durch die Spaltung in zwei Sätze die Länge der jeweiligen Hypotaxe eingeschränkt wird, wirkt Summers im Umgang mit Sprache ähnlich unbeholfen wie
sein englisches Pendant.

Auffällig sind weiterhin regionale Sprachfärbungen wie "Freilein" durch
Hebung des Diphtongs, $i>ü$ ("wüssen"), Vertauschungen von stimmhaften und
stimmlosen Plosiven wie $g>k$ im An- und Auslaut ("Knädiger," "Knaden,"
"Dink"), bei der die Auswirkungen der Auslautverhärtung im Deutschen zutage
treten, und die phonetische Schreibweise von Wörtern wie "Hertsen" oder
"dißen." Schreibweisen wie "geborcht" dienen als Indikator für nachlässige Aussprache und werden als Zeichen mangelnder Bildung eingesetzt.

Auch die Schreibweise von "Parrucke" und "Loschies" (für Logis) weisen
den Dienstboten als ungebildet aus. Aufgrund seiner Anstellung in Lovelaces
Diensten und ihrer Verwendung im täglichen Leben sind Summers die Wörter
zwar bekannt, ohne daß er aber mit ihrer korrekten französischen Schreibung
vertraut wäre. Stattdessen enthält seine Schreibweise Elemente der Volksety-
mologie.

Die umständlich-devote Ausdrucksweise, mit der Summers sein Aussehen
und die Umstände seines Zahnverlustes beschreibt, erhöhen den komischen Effekt des Briefes und verdeutlichen gleichzeitig Lovelaces aufbrausendes Wesen
gegenüber seinen Untergebenen.

• **Kosegarten**

Die dritte englische Auflage greift an wenigen Stellen in den Stil der Dialektsprecher ein und glättet die Syntax. So wird der Brief von Solmes an Clarissa überarbeitet und lautet in der neuen Fassung:

Dearest Madam,

I Think myself a most unhappy man, in that I have never yet been able to pay my respects to you with youre consent, for one halfe-hour. I have something to communicat to you that concernes you much, if you be pleased to admit me to youre speech. Youre honour is concerned in it, and the honour of all youre familly. It relates to the designes of one whom you are sed to valew more than he desarves [sic]; and to some of his reprobat actions; which I am reddie to give you convincing proofes of the truth of. I may appear to be interested in it: But nevertheless, I am reddie to make oathe, that every tittle is true: And you will see what a man you are sed to favour. But I hope not so, for youre owne honour.

Pray, Madam, vouchsafe me a hearing, as you valew your honour and familly: Which will oblidge, dearest Miss,

Your most humble and most faithful Servant,
ROGER SOLMES.
I waite below *for* the hope of admittance.
(Stuber, II, 85-86)

Es sind lediglich geringe Änderungen gegenüber der ersten Fassung, die die allgemein vorherrschende Tendenz zur Stilhebung veranschaulichen. Das Personalpronomen "itt," dessen phonetische Schreibweise Solmes als wenig gebildet charakterisiert, wird durch die korrekte Form ersetzt. Im Gegensatz dazu finden sich Änderungen, die dieser Tendenz widersprechen: So wird aus "communicate" das Solmes' Aussprache entsprechende "communicat," "deserves" findet sich in der dritten Auflage als "desarves" und spiegelt ebenfalls die Phonetik des Dialektsprechers. Im selben Satz glättet Richardson die Syntax, indem er die Präposition "to" erneut aufgreift. Dadurch nähert sich der Stil der Schriftsprache an. Die hier verwendeten Texteingriffe zeigen also keine einheitliche Tendenz auf.

Kosegarten bemüht sich, den Stil des Briefes als Mittel zur Charakterisierung einzusetzen. Seine Version lautet:

Theierste Freilein.
Ich schetze mich selbst für einen seer unglücklichen Mann zu seyn, das ich nicht im Stande gewesen bin, Ihnen mit Dero *Consenz* auf eine halbe Stunde aufzuwarten. Sonsten hätte ich Ihnen etwas zu eröfnen, was Ihnen sehr nahe angeht, wenn sie nämlich so gnädig seyn wollen, zu erlauben, das ich für Sie kommen darf. Es betrift dasselbe Dero Ehre, und die Ehre von Dero ganzen Familie. Es betrift die Absichten eines Menschen, welchen Sie meer *estimiren* sollen, sagt man, als derselbe würdig ist, und einige seiner Gottlosigkeiten, von deren Wahrhaftigkeit ich Dero zu jeder Zeit und Stunde überzeugende Proben geben kann. Es möchte scheinen, als thete ich solches so zu sagen aus

208

einer Art von Eigennitzigkeit. Allein, wie gesagt, ich will mit einem körperlichen Eit erhärten, daß jeder Tüttel wahr ist. Und Sie werden sehen, was das für ein Mann ist, den Sie *estimiren* sollen, sagt man. Aber aus Geneigtheit gegen Dero eigenen Ehre, will ich es nicht verhoffen. Als [sic] bitte ich Sie, gnädiges Freilein, mir ein gütiges Gehör zu verstatten, so liep Ihnen Ihre Ehre und Familie ist – Womit Sie höchlich *obligiren* werden

Ihren
demütigesten unterthänigsten
Diener
Roger Solmes.
Ich warte demüthigst auf Dero gütigen Bescheit.
(Kosegarten, II, 139-40)

Anders als Michaelis scheut Kosegarten vor einer drastischen Verunglimpfung der Figur zurück. Seine Hilfsmittel sind orthographische Abweichungen (etwa "schetze," "seer," "liep"), die aber nicht durchgängig verwendet werden und daher an Aussagekraft verlieren. Der erste Satz wird vollständig übersetzt und enthält den Hinweis auf "Dero *Consenz*," Solmes zu empfangen. Außer diesem Fremdwort benutzt Solmes Devotformen wie "estimiren" und "obligiren" und schlesisch-ostpreußisch regionale Färbungen ("Theierste Freilein," "Eigennitzigkeit," "thete"). Die häufige Verwendung von Schachtelsätzen sowie durch "nämlich" eingeleitete Einschübe und Wiederholungen ("Allein, wie gesagt") stellen Solmes als pedantisch und umständlich dar.

In der Verwendung der Personalpronomen ist Kosegarten ebenfalls inkonsequent: Zu Beginn und am Ende seines Schreibens versteckt sich Solmes hinter floskelhaften Formulierungen (etwa "aus Geneigtheit gegen Dero eigenen Ehre") und benutzt in diesem Kontext die ehrerbietige Form "Dero;" im Argumentationsverlauf macht er Clarissa aber stellenweise heftige Vorwürfe. Er fühlt sich Clarissas von ihm als "Scheintugend" bewerteter Tugendhaftigkeit überlegen und wechselt in diesem Zusammenhang zur "Sie"- Form ("Sonsten hätte ich Ihnen etwas zu eröfnen, was Ihnen sehr nahe geht"). Der zweite Satz erfährt durch den Moduswechsel zum Konjunktiv einen starken Eingriff und läßt Solmes zögernder erscheinen als im Original.

Durch den inkonsistenten Einsatz seiner Mittel bleibt Kosegarten hinter der Göttinger Variante zurück.

Desgleichen unterwarf Richardson den Brief von Summers an seinen Herrn einigen Änderungen:

Honnored Sur,

THIS is to sertifie your Honner, as how I am heer at Hamestet, wher I have found out my Lady to be in logins at one Mrs. Moore's, near upon Hamestet-Hethe. And I have so ordered matters, that her Ladiship cannot stur but I must have notice of her goins and comins. As I knowed I dursted not look into your Honner's fase, if I had not found out my Lady, thoff she was gone off the prems's in a quarter of an hour, as a man may say;

so I knowed you would be glad at heart to know I had found her out: And so I send thiss Petur Partrick, who is to have 5 shillins, it being now near 12 of the clock at nite; for he would not stur without a hearty drinck too-besides; And I was willing all shulde be snug likeaways at the logins before I sent.

I have munny of youre Honner's; but I thought as how if the man was payed by me beforend, he mought play trix; so left that to your Honner.

My Lady knows nothing of my being hereaway, But [sic] I thoute it best not to leve the plase, because she has tacken the logins but for a fue nites.

If your Honner come to the Upper Flax, I will be in site all the day about the Tapp-house or the Hethe. I have borroued another cote, instead of your Honner's liferie, and a blacke wigg; so cannot be knoen by my Lady, iff as howe she shuld see me: And have made as if I had the toothe-ake; so with my hancriffe at my mothe, the teth which your Honner was pleased to bett out with your Honner's fyste, and my dam'd wide mothe, as your Honner notifys it to be, cannot be knoen to be mine ...

I am, may it plese your Honner,

Your Honner's most dutiful,
and, wonce more, happy Sarvant,

WM. SUMMERS.

(Stuber, V, 57-58)

Wieder einmal findet sich die Großschreibung von Substantiven wie "Lady" und Eigennamen wie "Hamestet-Hethe." Interessante Änderungen liegen im Fall von "haf" zu "have," von "thout" zu "thought" sowie von "an othir" zu "another." Die orthographisch inkorrekten, phonetischen Schreibweisen der ersten Auflage tragen zum komischen Effekt des Briefes bei, unterstreichen Summers' Analphabetismus und weisen ihn als Unterschichtsprecher aus. Dieser Effekt geht in der dritten englischen Auflage nicht verloren, wird aber abgeschwächt.

Kosegarten übersetzt:

Gnediger Herr,

Gegenwärtiges dient Euer Gnaden zu benachrichtigen, wie das ich in Hampstet pin, und Lady wieder aufgefunden habe. Selbe loschiret bey einer gewissen Frau Mohre, in der Nege von Hampstedts Heide. Und habe es so gekardet, daß Lady sich nicht rüppeln können, ohne daß ich darum wissen thue, und um ihr aus und Eingehn. Wohlwissend, das ich ihre Gnaden, meines gnedigen Herrn Angesikt nicht wider sehen würde, schonstens die gnedige Frau in einem Umsehn, so zu sagen, **eklebsiret** war; als dachte, es würde Ew. Gnaden von Herzen lib und angenehm seyn, wen hochdiselben wissen, daß ich sie schon ausgespioniret hätte; schicke daher disen **Peter Patrick**, welcher zwo Gulden bekommen wird, sintemalen es schon nachtschlafende Zeit ist, und ich nicht gern schicken wollte, bis drüber in Ladis Loschi alles mäuschenstille wäre – Hole der Kukuk den Spitzbuben, den Peter Patrik. Er wollte nicht aus der Stelle, bis ich ihm ein tüchtiges Trinckgeld obendrein versprechen mußte.

Ich habe noch Geld von Ihro Gnaden, das ist wahr. Ich dachte aber, der Karl möchte Streiche machen, wen ich ihn vorher bezahle, überlasse solches dahero Ihrer Ganden!

Ladi weis gar nischt davon, daß ich hier bin. Aber ich hilt es in meiner Einfalt vor das Klügste, nicht vom Pflecke zu weichen, aldiweilen sie die Logis auf ein paar Tage gemiethet hat.

Wenn Ihro Gnaden auf den Anberg kommen, so will ich die ganse Zeit über um der Schenke oder die Heide herummer zu sehen seyn. Ich habe mir einen annern Rock geborget, anstatt Ihrer Gnaden Liverey, und eine schwartze Pricke. So kan Lady mich nich kennen thun, wen sie mich wo sehen thäte. Und habe gedahn, als hätt' ich Zahnwehtage, und halte ümmer den Schnuftug, mit Verlaub zu sagen, vor dem Rachen, so daß die Zehne, die Euer Gnaden die Gnade hatten, mit hocheignen Henden mir auszuschlagen, und mein verdammtes weides Maul, wie Euer Gnaden es zu nennen belieben, nich sollen für die Meinigen erkant werden können ...

    Ich bün mit Euer Gnaden Wolnähmen
        Euer Gnaden
        unterdähnigster und noch ehemal glücklicher Tiener,
        Wilhelm Summers. (Kosegarten, V, 98-101; Hervorhebung im Original)

Neben der verschachtelten, auf devoten Ausdruck bedachten Syntax (etwa bei "ihre Gnaden, meines gnedigen Herrn Angesikt"), umständlichen Formulierungen ("wissen thue," "kennen thun," "sehen thäte") und der Verwendung von regional gefärbten Ausdrücken ("rüppeln") zeigen sich im Bereich der Plosive uneinheitliche Änderungen von *b>p* ("pin") und *t>d* ("weides Maul," "unterdähnigst"), aber auch *d>t* ("Tiener"). Die Verschiebung von *Pf>p* und *p>pf* ("Schnuftuch," "Pflecke") erfolgt ebenfalls uneinheitlich.[198] Wörter wie "sintemalen" und "aldiweilen" galten bei Zeitgenossen als Indikatoren für die "oberdeutsche Mundart."[199] Die Senkung von Vokalen wie *e>a* ("Karl") und die Monophtongierung *ä>e* ("Zehne," "Henden") verstärkt den Eindruck.[200] Auch in "herummer" und "annern" findet Summers' mundartlich gefärbte Aussprache ihren orthographischen Niederschlag.

---

[198] Als "Verwechselung der harten Mitlaute mit den weichen und vorzügliche Neigung zu den ersten" beschreibt Adelung dieses Phänomen und nennt es als Kennzeichen der oberdeutschen, auch im Obersächsischen vorherrschenden Mundart. Vgl. Johann Christoph Adelung, *Über die Geschichte der Deutschen Sprache, über Deutsche Mundarten und Deutsche Sprachlehre* (Leipzig, 1781), p. 76.

[199] So unterteilt Adelung die deutsche Sprache in die oberdeutsche und niederdeutsche Mundart, die sich wiederum durch einzelne regionale Unterschiede auszeichnen. Aufgrund des fehlenden Fachvokabulars greift er auf eine anschauliche Beschreibung charakteristischer Eigenschaften der oberdeutschen Mundart zurück: "Die Oberdeutsche unterscheidet sich durch ihre hohe Sprache, durch ihren vollen Mund, durch ihren Hang zu hauchenden, blasenden und zischenden Mitlauten, zu den breiten und tiefen Selbstlauten und zu rauhen Doppellauten; durch ihre Härten, durch ein weitläufiges Wort= und Sylbengepränge, durch weitschweifige Ausdrücke, Überfüllungen und hohe Figuren." Als Beispiele für Überfüllungen nennt er unter anderem "*dieweilen, sämmtlicher, allfolglichen, einfolglichen* für folglich, *gnädiglichen, unwiedersprechlichen, seliglich.*" Gesagtes "gilt zunächst und in vollem Maße von ihr im engsten Verstande, das ist, von den südlichen, zwischen Franken und Italien gelegenen Provinzen Deutschlandes " (Adelung, *Über die Geschichte der Deutschen Sprache*, pp. 72-75).

[200] Vgl. V. M. Schirmunski, *Deutsche Mundartkunde: vergleichende Laut- und Formenlehre der deutschen Mundarten* (Berlin, 1962), p. 261.

• **Schmid**

Auch der Übersetzer der Mannheimer Ausgabe bedient sich einer Kombination von stilistischen Varianten, um Solmes darzustellen. Seine Fassung lautet:

> Weerteste Frölin.
> Ich halde mich vor einen sehr unglücklichen Man zu sein – daß ich noch niemalen bin so glüklich geweßt denenselben auf eine halbe Stunde meinen Respek bezaichen zu derfen. Ich habe etwas mit denenselben zu reden aus einer Sache – die vor dieselben von gröster Importanse is, wann es denenselben gefälligst wäre, mich vor Sich zu lassen. Es betrift die Eere von Sie und von die ganse Familge.
> Es betrift gewisse Proschekten von die Perschon, wo dieselben im Gerede sind mehr auf zu halden, als derjenige verdeent; und gewisse von seine ruchlose Straiche; von die Waarheit dererjenigen ich im Stand bin ohnumstößliche Bewaise zu füren. Ich könnte vielleicht dabey interessirt schainen; allaine, nichtsdestoweniger derohalben bin ich berait einen körberlichen Aid abzulegen, das alles die pure lautere Waarheit is: Und dieselben werden sehen, waß – das vor ein Mann is, wo man sagt, daß Sie ihme sollen hold seyn. Allaine, ich thue das um denenselben Ihre aigene Eere willen nich hoffen. Sein Sie doch so gütich, und tun Sie mir anhören, wann Ihnen die Eere von dieselben und Ihre Familge lieb is: Ein welches denenselben seer oblischiren wird.
>   Gnädiges Frölin.
>   Dero
>   Aller unterdänigsten und allergeträeuesten [sic]
>   Gschlaf. Roger Solmes.

P.S. Ich warte drunten auff güdichste Audienze. (Schmid, II, 206-8)

Die konsequente Wiedergabe von "ei" durch "ai" ("bezaichnen," "Straiche," "Bewaise," "schainen," "allaine," "Aid," "aigene") spiegelt neben mangelhaften Orthographiekenntnissen auch eine dialektale Färbung. Bei Plosiven liegt eine Änderung von stimmlosen zu stimmhaften Lauten vor: Ausprägungen wie *t>d* ("halde," "unterdänigsten," "güdichst") und *p>b* ("körberlichen"), aber auch der Ersatz stimmhafter Frikative durch stimmlose und umgekehrt ("ganse," "geweßt"), die Senkung *i>e* ("verdeent") und – im Bereich der Präfixe – *un >ohn* ("ohnumstößlich") vertiefen den Eindruck. Einzelne Buchstaben entfallen als Indikatoren für schlechte Aussprache ("Respek," "is," "nich"). Auch wenn die Merkmale nicht konsequent eingesetzt sind, zeigen sie eine pfälzisch-hessische Färbung auf.[201] Wie im Original ist Solmes nicht gänzlich ungebildet und benutzt einige aus dem Französischen entlehnte Begriffe der "Hochsprache," die in diesem Zusammenhang wie einem falschen Register zugehörig wirken ("importanse," "Proschekten," "oblischiren") und zur Komik des Briefes beitragen.

Zusätzlich zu diesen Charakterisierungen werden Abweichungen vom grammatischen Standard wie die Verwendung des falschen Kasus' ("die Eere

---

[201] Vgl. Schirmunski, *Mundartkunde*, pp. 595-600.

von Sie und von die ganse Familge," "Proschekten von die Perschon, wo dieselben im Gerede sind") als Untermalung der regionalen Färbung eingesetzt. Solmes wirkt devot-unterwürfig und macht diesen Eindruck durch seine förmlich-umständlichen Satzkonstruktionen deutlich ("Ich habe etwas mit denenselben zu reden," "Sein Sie doch so gütlich, und tun Sie mir anhören"). Regionale Färbung findet sich auch in Summers' Brief:

Huchgeertester Här,

Ich schreib dis, euer Knaden anzuzeigen, wie dos ich heer in Hamestet sey, wo ich habe kefunden Mülatti, die da loschiren thut bey einer Frau **Moore** kanz in der Höhe von Hamestet. Und ich habe meine Sachen so eingerichtet, daß Mülatti keinen Tritt thun kann, daß ich nicht Nagricht kriegen thue von ihrem Thun und Lassen. Da ich wußte, das ich mich nicht onderstehn durfte, euer Knaden vor tie Auchen zu kommen, wenn ich nicht ausmachen thäte die Mülatti, ob sie uns gleich dieser Tage, möchte ich sagen, in Zeit fon einer Feerdel-Stunte untwischt war, so wußte ich dann, daß Sie härtzlig fruh sein wurden, wenn Sie hurten, daß ich sie kefunden hätte, und drum schicke ich hier den Pedder Partick, der 5 Schilling zu kriegen hat, tenn es ist schier 12 Ohr in der Nacht, und er wollte nicht von der Stelle kehn, wenn er nit zufor einen duchdigen Drung kethan hätte, und mein Wille war, das erst alles miteinanter in den Vedern ligen sollte, ehe ich ihn apschicken thäte.
Ich habe Kält von euer Knaden, aber ich tochte, wenn ich den Mann zum foraus pezalen thät, so möcht er Deuvels-Streich machen, und so möchten es euer Knaden thun.
Mülatti weiß nikts davon, daß ich hier herum bin. Abber ich hielts vürs päst, ten Blatz nit zu verlassen, weil sie das Loschement nur auf wenig Nächte kenommen hat ...
Ich habe keborkt einen antern Rock, anstad euer Knaden Liffere und eine schwarzze Barrukke. So kann ich nit erkand werften von Milätti, wenn sie fun Unkevehr mich sähen thät. Und ich habe su kethan, als wenn ich Zanwi haben thät, und su mit meinem Schnopduch vor meinem Maul konn mich kein Mensch an den Zähnen, die euer Knaden belebet, mit euer Knaden Vaust mir einzuschlagen, und an meinem vertamten weiten Maule, wie euer Knaden es zu heißen belieben, erkennen thun ...
Ich bin, wenns euer Knaden knädigst erlauben thun,
euer Knaden
aller undertänichster
unt sunst hökst klückliger Tiener,
Wilhelm Summerl (Schmid, VIII, 232-35)

Der Ersatz stimmhafter Plosive durch stimmlose wie im Fall von *g>k* ("kanz," "kevunten," "kethan") sowie bei *b>p* ("Pezalen), aber auch der Austausch von stimmlosen und stimmhaften Plosiven wie etwa *p>b* ("Blatz"), *t>d* ("ten," "tochte") sowie die Verwendung von Dialektwörtern ("Auchen" statt Augen, "Feerdel-Stunte" statt "Viertelstunde, "Zanwi" und "Schnopduch") zeichnen Summers als pfälzisch-hessischen Dialektsprecher aus. Im Bereich der Vokale liegt ebenfalls eine Veränderung vor: Die Hebung der mittleren Vokale (*o>u* wie etwa in "su", "fun") und die Senkung der engen Vokale *u*, *i>o*, *e* vor *r* weisen

Kennzeichen des Oberhessischen auf.[202] Der deutsche Summers zeigt sich des Unterschieds zwischen gesprochener und geschriebener Sprache nicht bewußt oder weiß ihn nicht anzuwenden. Zusätzlich zeigt sich sein mangelndes sprachliches Bewußtsein an Ausdrücken wie "Mülatti" (für *mylady*), "Loschement" (für *Logement*) und "Liffere" (für *livrée*), die den komischen Effekt unterstreichen. Insgesamt wird der bei Richardson intendierte Effekt durch die Kombination stilistischer und orthographischer Mittel erfolgreich redupliziert.

6.2.7 Metaphorik und andere Auffälligkeiten

• **Michaelis**

Richardson gelingt die individuelle Kennzeichnung seiner Figuren mittels eines ihnen jeweils eigenen Briefstils. Besonders seine Figur Lovelace setzt die Gepflogenheiten der englischen Sprache unkonventionell ein, so etwa in seiner Metaphorik. Als er sich am Ziel seiner Träume wähnt, verfällt er in seiner Euphorie, Clarissa bald zu "besitzen," in phantastisch anmutende, hyperbelhafte Vorstellungen:

> I am taller by half a yard, in my imagination, than I was! I look *down* upon everybody now!–Last night I was still more extravagant. I took off my hat, as I walked, to see if the lace were not scorched, supposing it had brushed down a star; and, before I put it on again, in mere wantonness and heart's–ease, I was for buffeting the moon. In short, my whole soul is joy. When I go to bed, I laugh myself asleep: and I awake either laughing or singing. Yet nothing *nearly* in view, neither–For why?–*I am not yet reformed enough!* (Ross, p. 402)

Wie hier deutlich wird, ist Lovelace selbst in Augenblicken höchsten Glücks nicht vor kritischen Gedanken über die Natur seiner Beziehung zu Clarissa gefeit. So folgt den außergewöhnlichen Phantasien die Einschränkung durch *yet*, innerhalb derer er sich erneut die Realität vor Augen führt. Die Häufung von Ausrufezeichen und Bindestrichen ist typographischer Ausdruck seiner Gefühlslage; Kursivierungen dienen hier sowohl der Betonung als auch der (graphischen) Unterscheidung eigener Gedanken und antizipierter Einwände Clarissas. Auch ist denkbar, daß Lovelace auf diese Weise seine Haltung der Äußerung gegenüber ironisiert.[203]

---

[202] Vgl. Schirmunski, *Mundartkunde*, pp. 595-600.

[203] An dieser Stelle fällt Lovelaces Wortwahl ins Auge. Seine Bemerkung "*I am not yet reformed enough!*" erinnert an Richardsons Bemerkung aus dem Vorwort, ein reformierter Lebemann gebe – anders als in *Pamela* dargestellt – nicht den besten Ehemann ab: "To

Die Göttinger Fassung macht von den drucktechnischen Mitteln keinen Gebrauch, hält sich in der Wortwahl aber an die Vorlage:

> Ich bin jetzt in meinem Sinn eine halbe Elle grösser als vor diesem: auf alle andern Leute sehe ich jetzt aus der Höhe herab. Gestern Abend war ich noch mehr ausser mir. Ich nahm den Hut ab, um zu sehen ob die Tresse versenget wäre, denn ich bildete mir ein, ich hätte an einen Stern gestossen: und ehe ich ihn wieder mit lustigem Hertzen aufsetzte, war ich fast Sinnes, den Mond Maulschellen zu geben. Kurtz meine ganze Seele ist frölich. Ich lache mich in den Schlaaf, und ich wache entweder mit Lachen oder mit Singen auf: Und doch habe ich noch keine nahe Hoffnung, denn ich habe mich noch nicht genug gebessert. (Michaelis, III, 92)

Michaelis übersetzt *imagination* mit "Sinn" und entschließt sich in seinem Bemühen um einen leserfreundlichen Text, die englische Maßeinheit *yard* durch ein deutsches Äquivalent zu ersetzen. Im Fall von *extravagant*, "ausser mir," entscheidet er sich für eine wörtliche Übertragung.[204] Überdies läßt Michaelis einige Satzteile aus, ohne den Inhalt entscheidend zu verändern. So fehlt etwa der Zusatz "as I walked," der keine notwendigen Informationen enthält. Ähnlich scheint Michaelis den Ausdruck "in mere wantonness and heart's-ease" beurteilt zu haben, denn auch in diesem Fall verzichtet er auf die (scheinbar unnötige) Aussagehäufung und übersetzt als "mit lustigem Herzen."

Ohne die Sprunghaftigkeit des Originals zu erreichen, wird die Syntax deutschen Gewohnheiten angenähert und verliert dadurch ihre Funktion als Mittel der Figurencharakterisierung. Der Vergleich des letzten Satzes von Original und Übertragung macht Lovelaces kreativen Umgang mit Sprache besonders deutlich und veranschaulicht gleichzeitig, in welchen Fällen Michaelis sich gegen die getreue Übersetzung entscheidet. Der englische Satz besteht aus einer Ellipse, der eine eingeschobene Frage folgt, die ihrerseits durch die antizipierte Wiedergabe von Clarissas Antwort beantwortet wird. Kursivdruck setzt Clarissas Antwort im Original optisch ab und macht sie auf den ersten Blick als Fremdbeitrag kenntlich. Michaelis verzichtet auf Kursivierung und Frage, ersetzt das ursprüngliche Subjekt "nothing" durch ein hinzugefügtes "Ich" und verwandelt die berichtete Antwort in einen selbständigen, dem Subjekt zugeordneten Beitrag. Die Textänderung setzt Lovelace in die Rolle des Agierenden; die Konjunktion "denn" stellt sein Verhalten sowie die Entwicklung der Beziehung

---

caution ... children against preferring a man of pleasure to a man of probity, upon that dangerous but too commonly received notion, *that a reformed rake makes the best husband*" (Richardson, "Preface," Ross, p. 36). Die Unmöglichkeit einer Beziehung zwischen Lovelace und Clarissa wird einmal mehr zum Ausdruck gebracht.

204 Das *OED* verzeichnet für das Lemma *extravagant*: "That wanders out of bounds." Der Verweis auf den mittellateinischen Stamm legt die wörtliche Übertragung durch den Theologen nahe.

zu Clarissa in einen Kausalzusammenhang. Durch diesen Eingriff in die Syntax wird aus Lovelace dem Wartenden Lovelace der Handelnde, der die "fehlende Besserung" durch den Kausalnexus als Grund akzeptiert, Clarissa hingegen wird die Möglichkeit zum Handeln abgesprochen, sie ist zum Reagieren verurteilt.

Ähnlich hyperbelhafte Vorstellungen werden später aufgegriffen. Lovelace brüstet sich vor Belford mit seinen Ränken und erläutert ihm seine Pläne für die Unterbringung Clarissas bei der vermeintlichen Mrs Sinclair in London. Voller Stolz schreibt er:

> What a matchless plotter thy friend! Stand by and let me swell!–I am already as big as an elephant; and ten times wiser! mightier too by far! Have I not reason to snuff the moon with my proboscis?–Lord help thee for a poor, for a very poor creature!–Wonder not that I despise thee heartily–since the man who is disposed immoderately to exalt himself cannot do it but by despising everybody else in proportion. (Ross, p. 473)

Die große Anzahl an Interjektionszeichen in Verbindung mit Bindestrichen weist auf Lovelaces Selbstzufriedenheit hin: vor lauter Stolz ist er kaum in der Lage, seine Sätze zu beenden, und verbindet seine Aussagen daher optisch miteinander. Erneut illustriert Lovelace seine eingebildete geistige Größe als Fähigkeit, den Mond berühren zu können. Die Wahl des Elefanten als Metapher für Größe und Kraft unterstreicht Lovelaces herausragende, exotisch anmutende Persönlichkeit. Eigene Größe, so zeigt er sich bewußt, zieht seine Verachtung für weniger gut ausgestattete Personen nach, und so scheut er nicht zurück, seinen Freund und Vertrauten prahlerisch davon in Kenntnis zu setzen.

Michaelis übersetzt wie folgt:

> Was für ein Ober=Schelm ist dein Freund! komm **Belford**, siehe mir zu, ich will aufschwellen. Ich bin schon so groß als ein **Elephante**. Habe ich nicht Ursache, dem Monde einen Stoß mit meinen [sic] Rüssel zu geben? Gott erbarme sich seiner armseeligen Geschöpfe. Wundre dich nicht, wenn ich dich von Hertzen verachte; denn wer sich selbst recht erhöhen will, der muß andere nothwendig verachten. (Michaelis, III, 299)

Michaelis verzichtet auf den extensiven Einsatz von Interjektionen und Bindestrichen und bedient sich stattdessen überwiegend kurzer Sätze. Trotz der Treue zur Vorlage im allgemeinen fallen zwei weitere Änderungen auf. Michaelis läßt die anmaßenden Selbsteinschätzungen "ten times wiser" und "mightier too by far" aus und beschränkt sich auf den Selbstvergleich mit einem Elefant. Dadurch wirkt Lovelace weniger von sich selbst eingenommen, ja er wird vom Vorwurf der Prahlerei partiell freigesprochen. Der Singular "creature," mit dem Belford gemeint ist, ist in einen Plural verwandelt und dadurch allgemein formuliert. Dieser Texteingriff unterstützt die früher begonnene Tendenz, die Kanten in Lovelaces Charakter behutsam zu glätten.

216

Eine weitere Kürzung liegt in der Auslassung des doppelt verwendeten "poor" vor. Durch die Wiederholung und Steigerung in "very poor" wird Spontaneität des Schreibens suggeriert und der Eindruck von *writing to the moment* bezweckt. Die Auslassung bewirkt eine wenn auch minimale Stilhöhung, die dem geschriebenen Wort eher entspricht.

Als die vielschichtigste und schillerndste Figur des Romans verwendet Lovelace in seinen Briefen Neologismen und zeigt den kreativsten Umgang mit Sprache. So ficht er beispielsweise einen imaginären Kampf zwischen der personifizierten Liebe und dem eigenen Gewissen aus, bei dem das Gewissen verliert und entlassen wird:

> Thus far had my *conscience* written with my pen; and see what a recreant she had made me!–I seized her by the throat–*There!*-*There*, said I, thou vile impertinent!—Take *that*, and *that!*–How often have I given thee warning!–And now, I hope, thou intruding varletess, have I done thy business!
> Puling, and *in-voiced*, rearing up thy detested head, in vain implorest thou *my* mercy, who, in *thy* day, hast showed me so little!–Take *that*, for a rising blow!–And now will *thy* pain, and *my* pain from *thee*, soon be over!–Lie there!–Welter on!–Had I not given thee thy death's wound, thou wouldst have robbed me of all my joys. Thou couldst not have mended me, 'tis plain. Thou couldst only have thrown me into despair. Didst thou not see that I had gone too far to recede?–Welter on, once more I bid thee!–Gasp on!– *That* thy last gasp, surely!–How hard diest thou!– ADIEU!–'Tis kind in thee, however, to bid me *Adieu!*–Adieu, Adieu, Adieu, to thee, Oh thou inflexible and, till now, unconquerable bosom–intruder–Adieu to thee for ever! (Ross, p. 848)

Kursivierungen dienen hier zur Heraushebung einzelner sinntragender Wörter, werden andererseits aber auch – ähnlich wie in Dramen – zur Heraushebung der Handlung eingesetzt. Das Stakkato der Interjektionen *There!*-*There!*" und "Take *that*!" weisen auf die Stoßbewegung des Kampfes und die damit verbundene körperliche Anstrengung hin. Darüber hinaus imaginiert der Ausruf "Take *that*!" einen Stoß mit dem Degen. Ausrufezeichen wie auch der Rückgriff auf das lexikalisch markierte Personalpronomen "thee" zeigen erneut die emotionale Erregung des Schreibenden an. Die letzten Sätze schildern ein gedachtes rhetorisches Agon zwischen dem personifizierten Gewissen und Lovelace, in dessen Verlauf sich dieses von seinem einstigen "Herrn" verabschiedet. Drucktechnisch ist dieser Dialog nur bedingt leserfreundlich; wenngleich die Kapitälchen als Lesehilfe dienen, wird auf weitere graphische Absetzungen verzichtet.

Die Göttinger Version ist bemüht, diese Elemente zu erhalten, und zeigt sich bei der Suche nach adäquaten Entsprechungen erfolgreich:

> So weit hatte mein **Gewissen** mit meiner Feder geschrieben: und siehe, wie feige mich diese Feindinn gemacht hatte! = = Ich griff ihr an die Kehle = = **Da!** = **da**, sagte ich, du schändliche und unverschämte! = Nimm **das** und **das**! = = Wie oft habe ich dich gewar-

net! = Nun hoffe ich mit dir fertig zu seyn, Nichtswürdige, die sich mir immer zu unge-
legner Zeit aufdringen wollte!
Du thust kläglich und hebest mit gebrochner Stimme dein verfluchtes Haupt in die
Höhe. Vergebens flehest du **mich** um Barmherzigkeit an: da **du** mir in **deinem** Leben so
wenig erzeiget hast. = = Nimm **das**, als einen Gnaden=Stoß! = = Nun wird **deine** Pein
und **meine** Pein von **dir** bald vorüber seyn. = = Da liege! = = Wälze dich immerfort! =
= Hätte ich dir nicht den Todes=Stoß gegeben: so würdest du mich aller meiner Freude
beraubet haben. Du hättest mich nicht bessern können: das ist offenbar am Tage. Du
hättest mich nur in Verzweifelung stürzen können. Wälze dich immerfort, ich bitte dich
noch einmal! = = Schnappe immerhin nach Othem! = = Nun schnappest du gewiß zum
letztenmal. = = Wie schwer stirbst du! = = **Lebe wohl!** = = Es ist doch noch eine Höflichkeit von dir, daß du mir ein **Lebe wohl!** zurufest!= = Fahre wohl, fahre wohl, fahre
wohl auch du, o du unbiegsame und bis itzo unüberwindliche Feindinn, die sich eine mir
so ungelegne Herrschaft über meine Brust anzumaßen gesucht hat! = = Fahre du wohl
auf ewig! (Michaelis, V, 484-85)

Wie bei "Take *that*!" setzt die Kombination von Ausruf und Kursivierung die
Emotionalität der Situation ins Bild, die Wahl des vertrauten "Du" unterstreicht
den Eindruck. Die Bindestriche des Originals finden sich ebenso wieder wie die
Äußerung des Gewissens durch Fettdruck betont ist. Im ersten Satz ersetzt das
hinzugefügte Substantiv "Feindinn" das Personalpronomen und erleichtert damit
das Textverständnis. Das substantivierte Adjektiv "impertinent" findet sich
wörtlich übertragen als "Nichtswürdige" wieder. "Thou intruding varletess"
scheint dem Übersetzer als wörtliche Übertragung nicht zugesagt zu haben, und
so greift er auf ein Substantiv mit erläuterndem Relativsatz zurück. Der Nebensatz verlängert die Hypotaxe und erschwert das sofortige Verständnis.

Ähnlich geht der Übersetzer mit dem Neologismus um und löst "unconquerable bosom-intruder" in eine lange, unübersichtliche Relativsatzkonstruk-
tion auf: "unüberwindliche Feindinn, die sich eine mir so ungelegene Herrschaft
über meine Brust anzumaßen gesucht hat." Bei der Übersetzung des Abschiedsgrußes "adieu" entscheidet sich der Übersetzer, vermutlich der stilistischen Variation wegen, mit "lebe wohl" und "fahre wohl" für zwei Varianten. Damit geht
freilich der anaphorische Charakter der Syntax verloren, und durch "lebe
wohl"/"fahre wohl" auch das religiöse Kolorit von "adieu," "Gott befohlen."

In den anderen Fällen bemüht der Übersetzer sich jedoch, die Syntax des
Originals beizubehalten. Wie dieses Beispiel verdeutlicht, entstehen durch die
Entscheidung für eine wörtliche Übersetzung im Deutschen oftmals das Text-
verständnis erschwerende Schachtelsätze.

• **Kosegarten**

Der Text der dritten englischen Auflage bleibt unverändert, Richardson greift
indes in einer Weise in die Interpunktion ein, die sich für die Lesart dieser Phan-

tasien als bedeutsam herausstellt: Während die erste Auflage eine Anzahl von Ausrufezeichen einsetzt, um Lovelaces emotionale Beteiligung am Erzählten und seine Unruhe zum Ausdruck zu bringen, finden diese Mittel in der dritten Auflage nur noch sparsame Verwendung, so daß Lovelaces Gefühlsanteil an der Handlung verringert wird:

> I am taller by half a yard in my imagination than I was. I look *down* upon everybody now. Last night I was still more extravagant. I took off my hat, as I walked, to see if the Lace were not scorched, supposing it had brushed down a star; and, before I put it on again, in mere wantonness, and heart's-ease, I was for buffeting the moon.
> In short, my whole soul is joy. When I go to bed, I laugh myself asleep: And I awake either laughing or singing–Yet nothing *nearly* in view, neither–For why?–*I am not yet reformed enough!* (Stuber, III, 32)

Die Veränderungen im Bereich der Interpunktion finden sich in den ersten Sätzen des Zitats: Die ersten beiden Sätze werden in der ersten Auflage mit Ausrufezeichen abgeschlossen, zwei Bindestriche sorgen für die enge Verknüpfung der inhaltlich zusammengehörigen Sätze. In der dritten Auflage verzichtet Richardson dagegen auf dieses Mittel; der Text wirkt narrativer und läßt die emotionale Beteiligung lediglich erahnen. Die Kursivierung des letzten Satzes als Kennzeichen der antizipierten Äußerung Clarissas bleibt erhalten.

Kosegarten scheint sich am Text der dritten Auflage orientiert zu haben; seine Interpunktion ist ebenfalls sparsam:

> Ha! Wie es meinen Stolz empor schwellt, daß ich fähig gewesen bin, eine so wachsame Heldin zu überlisten. Mich dünkt, ich bin eine halbe Elle länger seit gestern. Ich seh alle Erdengröße unter mir. Gestern Abend begegnete mir noch etwas Ausschweifenderes. Indem ich so geh und sinne, glaub' ich einen Stern zu streifen, nehme den Hut ab, um zu sehn, ob die Borte auch versengt sey, und eh ich ihn wieder aufsetze, kriegt ich Lust, aus bloßem Mutwillen und in der Überfreude meines Herzens, ihn auf den Hörnern des Mondes zu spießen.
> Kurz, meine ganze Seele ist Freude. Wenn ich zu Bett geh, lach' ich mich in Schlaf, und lachend oder singend erwach' ich – dennoch ist das Ziel meiner Wünsche fern, gar fern, Bruder – Denn ich bin noch kein bekehrter Mann. (Kosegarten, III, 56)

Wie die Göttinger Übersetzung verwendet auch diese Version ein deutsches Längenmaß, um das Textverständnis zu erleichtern. Im ersten Satz ergänzt Kosegarten eine Zeitangabe ("seit gestern"), die für die Texterschließung nicht notwendig ist. Er bedient sich hier des historischen Präsens, um die Ereignisse der vergangenen Nacht zu überliefern. Auf diese Weise gestaltet Kosegarten die Erzählung lebhafter und anschaulicher und läßt sein Lesepublikum so unmittelbarer am Geschehen teilnehmen.

"I look down upon everybody" wird in dieser Fassung zu "alle Erdengröße" entpersonifiziert und schließt semantisch Personen, Institutionen und Gegenstände ein. Die Übersetzung des nächsten Satzes zeigt eine bemerkenswerte Veränderung auf: Für "I was ... extravagant" liest man im deutschen Text "begegnete mir noch etwas Ausschweifenderes." Durch die Entscheidung für das Verb "begegnen" wirkt der Satz passivisch und weist Lovelace die uncharakteristische Rolle des Reagierenden zu. Die Extravaganz des folgenden Berichts wird damit eingeschränkt. "Brush down," "streifen," trifft den Inhalt der Vorlage nur teilweise. Die Übertragung des letzten Satzes schließlich läßt nicht deutlich werden, daß es sich um die Wiederholung von Clarissas Aussage handelt; er wirkt hier wie eine Äußerung des Libertins. Unterstützt wird dieser Eindruck durch die direkte Anrede Belfords.

Der nächste Textauszug erfährt bis zur dritten englischen Auflage keine Veränderungen, erhält aber eine Anzahl von graphischen Zusätzen.[205] Die gehäuft verwendeten Bindestriche unterstreichen die Emotionalität der Handlung: Lovelaces Stolz wird veranschaulicht, die Illusion des *writing to the moment* bleibt erhalten.

Kosegarten überträgt die Textstelle wie folgt:

> Aus dem Wege, Pinsel, daß ich mich aufblasen kann – Schon bin ich so dick als ein Elephant – und zehnmal weiser – zehnmal gewaltiger dazu – Was sagst du, soll ich den Mond mit meinem Rüssel wegschnauben – (Kosegarten, III, 329)

Kosegarten behält die Bindestriche der Vorlage bei und verschafft Lovelaces sprunghaften Assoziationen durch die abgehackte Syntax angemessenen Ausdruck. Wie in der Vorlage hat der Leser den Eindruck, daß dem Schreibenden die Feder nicht schnell genug über das Papier gleitet. Lovelaces Überheblichkeit wird durch die Verwendung des pejorativen "Pinsel" für seinen Freund verdeutlicht und durch die Wiedergabe der folgenden Vergleiche verstärkt. Die Übersetzung von "to snuff" mit "wegschnauben" erhält die Konnotation und entstammt demselben Wortfeld wie "Elefant." "Have I not reason" bleibt unübertragen, so daß die rhetorische Frage des Originals hier in eine Aussage verwandelt ist.

In der dritten englischen Auflage entspricht der Kampf zwischen Lovelace und seinem Gewissen mit einer Ausnahme dem der *editio princeps*. Richardson verwendet verstärkt Interjektionszeichen, um die Emotionalität der Kampfesszene zu unterstreichen. Er ersetzt "*in-voiced*" durch "low-voiced" und nimmt

---

[205] "What a matchless plotter thy friend! – Stand by, and let me swell! – I am already as big as an elephant; and ten times wiser! – Mightier too by far! Have I not reason to snuff the moon with my proboscis? – Lord help thee for a poor, for a very poor creature! – Wonder not, that I despise thee heartily; since the man who is disposed immoderately to exalt himself, cannot do it but by despising every-body else in proportion" (Stuber, III, 185).

220

auf diese Weise sowohl die in der graphischen Untermalung liegende Betonungshilfe als auch den schöpferischen Umgang mit Worten zurück.

Richardsons graphische Unterteilung des Dialogs in Paragraphen erleichtert dem Leser das Verständnis der Szene, indem sie die einzelnen Dialogbeiträge zu unterscheiden hilft; die Änderung steht demnach im Dienst eines verbesserten Textzugangs. Das Gewissen verabschiedet sich von Lovelace nicht mehr nur mit "Adieu," sondern fügt die Apostrophe "unhappy man" hinzu. So wird (vorausblickend) deutlich, daß das Gewissen den Kampf zwar verloren hat, Lovelaces Sieg ihm jedoch kein dauerhaftes Glück verheißt.[206]

Kosegartens Fassung lautet:

So weit hatte mein **Gewissen** mit meiner Feder geschrieben, und sieh nun, welch eine Memme es aus mir gemacht hat – Ich packt' es bey der Kehle – **Da**! – **Da**, rief ich – Du Schurkisches, Unverschämtes – **Das** hab' – und **das** – und **dieses** – Wie oft hab' ich Dich gewarnt, und itzt, Du zudringlicher Spitzbube, hoff' ich, Dir den Rest gegeben zu haben.
Wimmernd und winselnd, und Dein verdammtes Haupt emporhebend, flehst Du mich itzt umsonst um Barmherzigkeit, Du, das bisher mir so wenige erwiesen hast – Nimm **das** zum Gnadenstoße! – Und nun wird Deine Qual vorüber seyn – und auch die meinige, die Du mir machtest – Lieg! – Wälze Dich – Hätt' ich Dir nicht den Garaus gemacht, so würdest Du mir alle meine Freuden gestohlen haben. – Gebessert haben würdest Du mich nicht, das ist klar. Bloß in Verzweiflung hättest Du mich stürzen können. Sah'st Du nicht, daß ich zu weit gegangen war, um zurückzutreten? Lieg, sag' ich, und wälze Dich – so lange Du willst – Jappe, so lange Du willst – dießmal sicherlich zum letztenmal – Wie schwer Du stirbst! –
– "Fahr wohl – unglücklicher Mann – Fahr wohl."
Nun ist es doch artig von Dir, mir noch Fahrwohl zu sagen!
Fahr wohl, fahr wohl, fahr wohl auch Du Unbeugsamer und bis itzund unbezwinglicher Busenfreund – Fahr wohl auf ewig! (Kosegarten, V, 400-1)

Kosegartens Einteilung in Paragraphen entspricht derjenigen der dritten englischen Auflage. Er setzt Fettdruck ein, um die Interjektionen innerhalb des

---

[206] "Thus far had my *Conscience* written with my pen; and see what a recreant she had made me!–I seized her by the throat–*There*!–*There*, said I, thou vile impertinent!—Take *that*, and *that*!–How often have I given thee warning!–And now, I hope, thou intruding varletess, have I done thy business!
Puleing, and low–voiced, rearing up thy detested head, in vain implorest thou *my* mercy, who, in *thy* day, hast shewed me so little!–Take *that*, for a rising blow!–And now will *thy* pain, and *my* pain from *thee*, soon be over. –Lie there!–Welter on!– Had I not given thee thy death's wound, thou wouldest have robbed me of all me joys. Thou couldest not have mended me, 'tis plain. Thou couldest only have thrown me into despair. Didst thou not see, that I had gone too far to recede?–Welter on, once more I bid thee!–Gasp on!–*That* thy last gasp, surely!–How hard diest thou!–
ADIEU!–Unhappy man! ADIEU!
'Tis kind in thee, however, to bid me *Adieu*!–
Adieu, Adieu, Adieu, to thee, O thou inflexible, and, till now, unconquerable bosom–intruder–Adieu to thee for ever!" (Stuber, V, 224)

Kampfes betonend herauszuheben. Die Bindestriche indizieren die Hektik des Kampfes und die daraus resultierenden Sprechpausen. Mit der Entscheidung für das Anredepronomen "du" werden die Anredepronomina der Vorlage verläßlich wiedergegeben.

Aus "Thou vile impertinent" wird "du Schurkisches, Unverschämtes." Kosegarten substantiviert beide Adjektive, die Entscheidung für das Neutrum bestätigt den Eindruck, er adressiere sein Gewissen. In Übereinstimmung damit setzt er im folgenden Satz das Relativpronomen ins Neutrum. "Intruding varletess" findet eine Übertragung in "zudringlicher Spitzbube." Die feminine Form des Originals fällt hier ebenfalls dem Umstand zum Opfer, daß das Substantiv "Gewissen" im Deutschen ein Neutrum ist.

Das obige Zitat erfährt eine leichte Aspektverschiebung. Kosegarten wählt für die Übersetzung des Englischen "in *thy* day" die Zeitangabe "bisher" und verzichtet somit auf die Schwerpunktlegung des Orignals: Für den englischen Lovelace sind die Tage, in denen sein Gewissen über ihn herrschte, bereits vorüber, der deutsche Lovelace sieht sich immer noch unter seinem Einfluß stehend. Die Interjektion "Fahr wohl – unglücklicher Mann" dient als weiterer Indikator für die dritte englische Auflage als hier vorliegende Textgrundlage. "Adieu" ist hier durchgängig mit "fahr wohl" übertragen.

•   **Schmid**

Die bereits für die früheren Übersetzungen festgestellten Tendenzen sind auch in der Mannheimer Ausgabe zu beobachten. Ihre Fassung des ersten Textbeispiels lautet:

> Ich dünke mich in meiner Einbildung eine ganze Elle größer, als vorher!–Ich sehe jetzt auf jedermann herab! – Ich nahm meinen Hut ab, wie ich spazieren gieng, um zu sehn, ob die Treße nicht versengt sey, weil ich glaubte, ich hätte einen Stern herabgestoßen, und, ehe ich ihn wieder aufsetzte, wollte ich, vor lauter Muthwillen und Herzensfröhlichkeit, dem Mond eins damit versetzen. Kurz, meine ganze Seele ist Freude. Wenn ich zu Bette gehe, lache ich mich selbst in Schlaf, und lachend oder singend wache ich wieder auf – Und doch habe ich noch keine nahen Aussichten! – Warum? – **Ich bin noch nicht bekehrt genug.** (Schmid, IV, 7)

Die Verwendung von Ausrufezeichen und Bindestrichen entspricht weitgehend der englischen *editio princeps* und unterstreicht Lovelaces Hochstimmung. Wie in der englischen Fassung ist der Text in einem Absatz gedruckt. Die Interpretationslenkung durch Fettdruck wird übernommen, so daß die Clarissa zugesprochene Aussage den Blick auf sich zieht. In dieser Fassung fehlt der die Zeitangabe enthaltende Satz. Die Übersetzung von "brush down" mit "herabstoßen" ist treffender als die Kosegartens.

Die Übersetzung von "joy" als "Herzensfröhlichkeit" gibt die Assoziationen des Übersetzers anschaulich wieder. Der Ausdruck geht über die Bedeutung der englischen Definition hinaus,[207] entspricht aber dem semantischen Kontext und ergänzt das Original somit um einen Aspekt.

Die Vorliebe für Modewörter der Epoche kommt im folgenden Zitat zum Ausdruck. Dort liest man:

> Ist nicht dein Freund ein Kabalenmacher ohne seines gleichen? Sieh einmal zu, wie ich aufschwelle! – Ich bin schon so dick, wie ein Elephant, und zehnmal gescheiter. Und ungleich mutiger! – Habe ich nicht Ursache, den Mond mit meinem Rüsssel zu beschnuffeln? – Hilf Himmel, was bist du für ein armseliges, für ein ganz armseliges Geschöpf! Wundre dich nicht, daß ich dich von Herzen verachte! – Denn ein Mensch, der da geneigt ist, sich selbst übermäßig zu erheben, kann nichts anders, als jedermann außer sich, in eben dem Verhältnissse verachten. (Schmid, V, 13)

Wie vorher benutzt der Übersetzer auch in diesem Fall das Modewort "Kabale" für das englische "plot." Die Illusion des emotional beteiligten, gehetzten Schreibens bleibt erhalten; auch hier dienen Interjektionen und Bindestriche diesem Zweck. Als einzige Textfassung behält die Mannheimer Übersetzung den Fragesatz des Originals bei. Die Übersetzung von "poor" durch "armselig" enthält die mit dem englischen Adjektiv konnotierte Verachtung Lovelaces für seine Mitmenschen. Die Version bemüht sich erfolgreich, der Syntax der Vorlage zu folgen.

Im Fall der folgenden Textstelle erlaubt sich der Mannheimer Übersetzer dagegen eine Anzahl interpretativer Texteingriffe und beeinflußt auf diese Weise die Lesart. Seine Version lautet:

> So weit hatte der innere Richter, das Gewissen, mit meiner Feder geschrieben, und siehe, zu was für einem Missethäter es mich gemacht hat! – Ich ergrif ihn bei der Kehle – Da – da, sagte ich, du Unverschämter – da nimm das – und das! – Wie oft habe ich dich gewarnt! – Und nun hoffe ich, du zudringlicher Bube, habe ich dir deinen Rest gegeben!
> Winselnd und schreiend richtest du dein abscheuliches Haupt empor. Aber vergebens flehest du um meine Gnade, der du zu deiner Zeit mir so wenig bewiesen hast! – Da hast du eins, daß du das Aufstehn vergißt! – Und nun wird deine Pein, und die Pein, die du mir verursachst, bald vorüber seyn! – Da liege du! – Wälze dich nur! – Hätte ich dir nicht eine tödtliche Wunde versetzt, so würdest du mir alle meine Freuden geraubt haben. Du hättest mich nicht bessern können, das ist klar. Du hättest mich blos in Verzweiflung bringen können. Sahest du denn nicht, daß ich zu weit gegangen war, um zurückzuziehn? – Wälze dich immerhin, sage ich noch einmal! – Schnappe nach Luft! Vermuthlich war dies dein letzter Odemzug! – Wie hart du stirbst! – Du rufst mir Lebewohl zu? – Das ist doch noch freundschaftlich von dir, daß du mir wohl zu leben

---

[207] "The passion produced by any happy accident; gladness; exultation" (Johnson, *Dictionary*, *s.v.*).

wünschest! – Nun dann, Adieu auch dir! Adieu, du unbiegsamer, und bis auf den letzten
Augenblick unbezwinglicher Herzensbeschleicher! Adieu auf ewig! –
(Schmid, IX, 243-44)

Das personifizierte Gewissen wird im ersten Satz als "der innere Richter" apo-
strophiert und im folgenden durchgängig so beschrieben. Dadurch wird die
Übersetzung der Textstelle im juristischen Kontext angesiedelt. Das Substantiv
"Missetäter" entstammt ebenfalls diesem Wortfeld. Beide maskulinen Ausdrücke
haben den Ersatz durch maskuline Bezugswörter zur Folge, so daß auch "varletess" als feminine Form verloren geht. Wie die vertraute Anrede "du" findet sich
eine Anzahl von Ausrufezeichen und Bindestrichen, um Emotionalität und Ab-
folge der Redebeiträge zu verdeutlichen. Auf Kursivierungen wird ganz verzichtet; die Kampfeshandlungen sind lediglich durch die Ausrufezeichen ausgewiesen. Aus "vile impertinent" wird unter Verzicht auf das Adjektiv "du Unver-
schämter."

Die letzten Sätze ("Das ist doch freundschaftlich von dir, daß du mir wohl
zu leben wünschest! – Nun dann, Adieu auch dir! ... Adieu auf ewig!") lassen
darauf schließen, daß dem Übersetzer eine Fassung der dritten oder einer späteren Auflage zugänglich war. Der Fragesatz "Du rufst mir Lebewohl zu?" jedoch
ist in keiner englischen Fassung enthalten und erweckt den Eindruck einer Ver-
abschiedung. Der freie Umgang mit den letzten Sätzen setzt sich im folgenden
fort. Die Dreifachnennung des Abschiedsgrußes "adieu" ist gestrichen, stattdessen setzt der Text eine freie Umschreibung ein. Die Wiedergabe von "now"
durch "bis auf den letzten Augenblick" intensiviert das zeitliche Element des
Originals.

6.2.8 Onomatopöie

• **Michaelis**

Der Charme der ersten Ausgabe besteht nicht zuletzt in der Verwendung laut-
malerischer Ausdrücke wie "How my heart then went *pit-a-pat*." Auch in solchen Fällen zeigt sich Richardsons außergewöhnliche sprachliche Kreativität; er
wird nicht müde, Gefühle durch onomatopoetische Ausdrücke zu untermalen.
Wieder ist es Lovelace, dem die auffälligsten Beipiele zugewiesen werden. So
beendet dieser etwa einen Brief an Belford mit den Worten:

> Good night to me!–It cannot be broad day till I am awake–Aw-w-w-w-haugh–Pox of this yawning!
> Is not thy uncle dead yet?
> What's come to mine, that he writes not to my last!–Hunting after more *wisdom of nations*, I suppose!–Yaw-Yaw-Yawning again!–Pen, begone! (Ross, p. 691)

Die Tageszeit wird durch den Ausruf "Good night to me" indirekt mitgeteilt, die anschließende Konsonantenfolge "malt" Lovelaces Gähnen. Um dem Leser die Bedeutung des Geschriebenen zu erschließen, wird eine Erläuterung nachgeliefert ("Pox of this yawning!"): Lovelace verläßt sich nicht auf die Interpretation durch Belford, sondern hilft dem Rezipienten mit ungewöhnlichen rhetorischen Mitteln "auf die Sprünge." Auf einer zweiten Ebene verdeutlicht sich neben der akustischen Veranschaulichung des programmatischen *writing to the moment* die didaktische Intention des Autors, der "seine" Lesart an sein Publikum vorzugeben bemüht ist.

Die Illusion von Realität zeigt sich auch im nächsten Absatz. Müdigkeit, so sieht man dort, äußert sich in mehrmaligem Gähnen, und so wird erneut ein onomatopoetisches "Yaw-Yaw-Yawning" eingesetzt. Die folgende scherzhafte "Verwünschung" des Schreibwerkzeugs erinnert an Dramenkonventionen und ist damit ein weiteres Beispiel für Genremischung innerhalb des Romans.

Michaelis erweist sich als sorgfältiger Übersetzer, der eine wort- und effektgetreue Fassung liefert:

> Gute Nacht, Herr Ich! ich werde aufwachen ehe mir die Sonne auf den Stuhl scheinet. A= A= A= A= Ha= Ja. Der Teufel! Wie hochjähne ich!
> Ist dein Onckle noch nicht todt?
> Was fehlt meinem Onckle, daß er mir noch nicht antwortet. Sucht er mehr **Weisheit der Nationen** auf? Das wird es seyn. A= A= Ja. Ich hochjähne noch einmal. Weg, Feder! (Michaelis, IV, 365; Fettdruck entstammt dem Original)

Als besonders gelungen muß die Phrase "Herr Ich" gelten. Hier folgt der Übersetzer dem Gestus der Richardson-Fassung und untermauert mit ähnlichen rhetorischen Mitteln – in diesem Fall durch Neologismus – die Intention Richardsons. Michaelis ändert die lakonische Aussage "Hunting after more *wisdom of nations*, I suppose" des Originals in eine Frage um und legt Lovelace die Antwort in den Mund. Onomatopöie findet sich in ähnlicher Weise wie im Original, auch die Schlußbemerkung bleibt als "Weg, Feder" in ihren Konnotationen erhalten. Dennoch bleibt dem deutschen Text das gesamte onomatopoetische Potential der Vorlage verwehrt: Richardsons "Yaw-Yaw-Yawning" bedient sich ausschließlich des Verbs "to yawn," um das Gähnen zum Ausdruck zu bringen, während Michaelis das Gähnen statt etwa mit "gähn-gähn-gähnen" mit "A= A= A= A" überträgt. Er entscheidet sich also für das beim Gähnen entstehende Geräusch.

In vielen Fällen zeichnen sich Lovelaces Briefschlüsse durch einen ähnlich sprachspielerischen Stil aus. Besonders wenn er müde oder guter Laune ist, läßt er sich zu lautmalerischen Ausbrüchen "verführen." So schreibt er beispielsweise am Ende seiner Ausführung eines weiteren Plans, Clarissa für sich zu gewinnen, voller Selbstzufriedenheit stellvertretend für alle seine Freunde an Belford: "Stand by, varlets–Tanta-ra-ra-ra!–Veil your bonnets, and confess your master!" (Ross, p. 539) Michaelis übersetzt den Ausruf auf eine kaum nachvollziehbare Weise. Zwar behält er das onomatopoetische Element bei, scheint aber Schwierigkeiten mit dem Vokabular zu haben: "Steht, Kerls! **Tantara = = ra = = ra**! Schwenckt die Fahnen. Fechtet vor euren König" (Michaelis, III, 487). Der Grund für die Übersetzung von "bonnet" mit "Fahnen" ist nicht eindeutig; aus dem Bekenntnis der Freunde ("varlets") zu Lovelace als ihrem Anführer wird ein Schlachtruf für den "König," den Anführer. Diese Änderung verschiebt den Akzent der Stelle jedoch nur unwesentlich und wirkt sich daher kaum auf die Interpretation aus.

- **Kosegarten**

In der dritten englischen Auflage erfährt die gleiche Textstelle mit der Umformulierung eines Aussagesatzes in eine Frage eine Veränderung.[208] Erneut nimmt Richardson einen Eingriff vor, den Michaelis in seiner Übersetzung vorwegnahm. Der englische Autor liefert somit einen weiteren Beweis für Michaelis' Leistung als kongenialer Übersetzer "seines" Richardson.
Kosegartens Version lautet im Vergleich:

Gute Nacht, Freund Lovelace! – Wahrhaftig, ich glaube, es wird heller, lichter Tag seyn, wenn ich aufwache – Ah - h - h - h – wha – Das heiß ich gegähnt! – –
Ist dein Onkel noch nicht todt? –
Was mag dem meinigen angekommen seyn, daß er gar nicht schreibt – Ich denke, er macht auf neue Völkerweisheit Jagd – ah – ah – aah – Gähnen und kein Ende – da liege, Feder! (Kosegarten, IV, 529-30)

Auch Kosegartens Lovelace wünscht sich selbst eine gute Nacht und bringt die eigene Müdigkeit aufs Papier. Er behält die Onomatopöie mit den auch bei Michaelis bereits sichtbaren Einschränkungen bei.[209]

---

[208] "Good night to me! – It cannot be broad day till I am awake. – Aw-w-w-w-haugh – Pox of this yawning!
Is not thy Uncle dead yet?
What's come to mine, that he writes not to my last? – Hunting after more *wisdom of nations*, I suppose! –Yaw-Yaw-Yawn-ing again! – Pen, begone" (Stuber, IV, 304).
[209] "What's come to mine" ist wörtlich übersetzt, der Einsatz von Satzzeichen entspricht dem der ersten Auflage, und das fehlende Fragezeichen ist ein weiterer Hinweis auf einen Band

226

Auch das zweite Beispiel bleibt in der Wortwahl der *editio princeps* erhalten.[210] Kosegarten ergänzt die Vorlage jedoch um einen Aspekt:

> Tobe nicht wider mich, Hans! Rebellire nicht wider Deinen Souverain! ... Hier hast Du eine flüchtige Skizze meines Plans. Auf den Posten, Schurken!
> Rückt Eure Mützen, und erkennt Euren Meister! (Kosegarten, III, 571-72)

Die Angst vor einer Rebellion der Freunde kommt Lovelace erst in dieser deutschen Textfassung. Die lautmalerische Wiedergabe der Fanfaren ist gestrichen und macht einer Adressierung Belfords Platz, die als kaum notwendiger Zusatz erscheint. "Erkennt euren Meister" weicht ebenfalls semantisch vom Original ab, in dem der Schwerpunkt nicht auf dem Erkennen, sondern dem Anerkennen, dem Bekenntnis zu Lovelace als (geistigem) Oberhaupt der Libertins, liegt.

• **Schmid**

Die Mannheimer Übersetzung übernimmt die onomatopoetischen Mittel des Originals und scheint dabei einem Exemplar der dritten oder einer späteren Auflage zu folgen:

> Nun so wünsche ich mir dann gute Nacht! Ehe es heller Tag wird, bin ich wieder wach A-a-a-ha-ja!– Der Teufel hohle das Gähnen!
> Ist Dein Onkel noch nicht todt?
> Was ist denn meinem widerfahren, daß er mir auf meinen lezten Brief nicht antwortet?
> – Vermuthlich jagd er wieder der Weisheit der Völker nach – A - a - ha! Ich gähne schon wieder! – Fort mit der Feder! (Schmid, VII, 290)

Der erste Satz entspricht zwar dem Text der Vorlage, zeigt aber im Gegensatz zur Göttinger Fassung keine kreative Veränderung im Sinn der Aussage. Wie in früheren Übersetzungen wird die Lautmalerei mit Einschränkungen erhalten; statt des Ausrufezeichens der ersten Auflage findet sich im Einleitungssatz des letzten Paragraphen erneut ein Fragezeichen.[211] Die direkte Ansprache der Feder als Anlehnung an Theaterkonventionen geht ebenfalls verloren.

---

der ersten Auflage als Übertragungsgrundlage. Da es sich bei den Änderungen im Original um Akzidentien handelt, kann diese Frage aber nicht zweifelsfrei beantwortet werden.
[210] "Stand by, varlets–Tanta–ra–ra–ra!–Veil your bonnets, and confess your master!" (Stuber, III, 323)
[211] Diese Abweichung könnte ein Indikator für eine spätere englische Auflage als Vorlage sein, ist aber – wie bereits bei Kosegarten – kein eindeutiger Beleg für diese Vermutung. Das Ausrufezeichen am Ende des letzten Satzes widerspricht dieser Annahme: Wo in der dritten Auflage ein Punkt zu finden ist, folgt der deutsche Text hier anscheinend der ersten Ausgabe.

Das zweite Beispiel weist keine Auffälligkeiten auf. Die Übersetzung lautet: "Steht mir bey, ihr Bursche! – Tanta - ra - ra - ra! – Thut eure Hüte ab, und bekennt, daß ich euer Herr und Meister bin!" (Schmid, V, 295) Hier folgt der Übersetzer in Interpunktion und Wortwahl seiner Vorlage und ergänzt lediglich im zweiten Satz ein Pronomen.

6.2.9 Tiermetaphorik

6.2.9.1 Clarissa: "The simile of a bird new-caught"

• **Michaelis**

Richardsons *Clarissa* zeichnet sich durch die häufige Verwendung intertextueller Referenzen in Form von Zitaten und Anspielungen auf Lyrik und Drama vor allem des siebzehnten Jahrhunderts aus. Ein weiteres Kennzeichen des Romans besteht im extensiven Einsatz von Metaphern, wie er etwa für lyrische und dramatische Dichtung typisch ist. In den Bildfeldern nimmt wiederum die Tiermetaphorik eine exponierte Stellung ein.

Clarissa und Mrs Sinclair sind herausragende Beispiele für diese Art der Präsentation. So beschreibt Lovelace Clarissa als einen kostbaren Vogel, den es zu fangen gilt. Er weiß um die Schwierigkeiten der Jagd sowie um die Notwendigkeit besonderer Geschicklichkeit:

> Now let me tell thee that I have known a bird actually starve itself, and die with grief, at its being caught and caged–But never did I meet with a lady who was so silly. Yet have I heard the dear souls most vehemently threaten their own lives on such an occasion. But it is saying nothing in a woman's favour, if we do not allow her to have more sense than a bird. And yet we must all own that it is more difficult to catch a bird than a lady. (Ross, p. 557)

Der Analogieschluß vom Verhalten bei der Vogeljagd auf die Vorgehensweise bei der Jagd auf Frauen setzt Clarissa einer Beute gleich. Wie selbstverständlich nimmt Lovelace jedoch an, daß seine Beute es dem Vogel nicht gleichtun wird und die Unterwerfung unter seinen Willen einem Tod in der Gefangenschaft vorzieht. Dem aufmerksamen Leser aber, dem Clarissas Reaktion auf die von ihrer Familie geplante Heirat mit Solmes ("I would rather die," Ross, p. 94) noch im Gedächtnis haftet und der seinen Wissensvorsprung damit bei der Interpretation der Textstelle einsetzt, wird Lovelaces "fatale" Fehleinschätzung sogleich bewußt. Der Informationsvorsprung des Lesepublikums vor der Romanfigur, bekanntlich eines der konstituierenden Elemente der Gattung Briefroman, ver-

228

setzt das Lesepublikum in die Lage, die Ausführung "I have known a bird actually starve itself, and die with grief, at its being caught and caged" (Ross, p.
557) als Hinweis auf den Ausgang des Romans zu deuten, der das Bild des sterbenden Vogels festschreibt.

Vor der Folie dieses Informationsvorsprungs wirkt Lovelaces siegesgewis-
ses Vorgehen tragisch; einmal mehr zeigt sich die moralische Einzigartigkeit
seiner "Beute:"

> And now, Belford, were I to go no further, how shall I know whether this sweet bird
> may not be brought to sing me a fine song, and in time to be as well contented with her
> condition as I have brought other birds to be; some of them very shy ones?
> (Ross, p. 557)

Im weiteren Verlauf greift Richardson wiederholt auf die Vogelmetaphorik zurück und benutzt sie unter anderem in der *fire scene* (Ross, p. 723). Lovelace
weckt die Assoziation mit dem "Vogel" Clarissa durch die Verwendung von
Wörtern wie "*flown down* to her chamber door" und "her dear heart *flutter, flutter, flutter*, against mine" (Ross, p. 723). Selbst in dieser Situation gelingt es
Clarissa jedoch, sich ihrem "Vogelfänger" zu entziehen.

Das deutsche "Gleichniß von einem gefangenen Vogel" (Michaelis, III,
538) behält die Metaphorik des Originals bei:

> Ich kann nicht leugnen, daß ich einmal einen Vogel gesehen habe, der sich zu Tode
> hungerte, und vor Kummer über seine Gefangenschaft starb. Allein ich habe nie ein
> Mädchen angetroffen, das so thöricht gewesen wäre. Drohungen genug habe ich gehört,
> welche die liebenswürdigen Kinder gegen ihr Leben ausstiessen. Man rühmt das schöne
> Geschlecht nicht allzu schmeichlerisch, wenn man ihnen mehr Verstand zuschreibt, als
> die Vögel besitzen: und dennoch müssen wir alle gestehen, daß es schwerer ist, Vögel
> als Mädchens zu fangen. (Michaelis, III, 539)

Die Übersetzung von "lady" mit "Mädchen" wird den Umständen der Beschreibung angepaßt, die Übersetzung von "dear souls" als "liebenswürdige[n] Kinder" erhält das Bild. In der deutschen Fassung wirkt Lovelaces Darstellung weniger beleidigend, wenn er jungen Mädchen mangelnden Widerstand gegenüber
den Attacken der Männerwelt unterstellt, da ein solches Verhalten mit ihrer Jugend entschuldigt werden könne. Für erwachsene Frauen gelte diese Ausflucht
jedoch nicht mehr. Gelungen ist die sorgfältige Übersetzung von "to die with
grief" als "vor Kummer gestorben." Wieder einmal zeigt sich die sprachliche
Kompetenz des Übersetzers, der zwischen "to die with grief" und "to die of
grief" zu unterscheiden weiß.

Auch im zweiten Fall wird die Metaphorik beibehalten:

Wenn ich keinen weitern Versuch anstelle, **Belford**, wie soll ich denn erfahren, ob dieses angenehme Vögelchen sich nicht endlich bewegen liesse, mich durch sein artiges Lied zu belustigen, und künftig mit seinen Umständen eben so zufrieden zu seyn, als die Vögel, so scheu sie auch sind, endlich ihr Gefängnis lieb gewinnen?
(Michaelis, III, 539)[212]

Michaelis verschiebt hier jedoch die Bedeutung der Aussage und verallgemeinert den zweiten Teil des Satzes: Statt wie das Original die Darstellung durch durchgängige Verwendung der Metaphorik auf andere Mädchen zu beziehen, die Lovelace bereits früher zu Willen waren ("[H]ow shall I know whether this sweet bird may not be brought to sing me a fine song ... as well contented with her condition as I have brought other birds to be;" Ross, p. 557), zieht Michaelis ausschließlich Parallelen zwischen den "echten" Vögeln und dem "Vögelchen" Clarissa. Ob diese Einschränkung bewußt ist oder ob sie aufgrund eines Mißverständnisses entstand, läßt sich nicht mit Sicherheit beantworten. Angesichts des Zeitdrucks, unter dem das Unternehmen von Anfang an stand, wäre ein Mißverständnis erklärbar.

• **Kosegarten**

Im Fall des ersten Textbeispiels folgt die dritte englische Auflage der Lesart der ersten, nimmt aber Änderungen im Bereich der Orthographie vor und lenkt überdies das Textverständnis durch hinzugefügte Kursivierungen, die dem Text eine größere Dringlichkeit verleihen. Der einmalige Ersatz von "lady" durch "woman" verdeutlicht Richardsons Bemühen, sich dem gesellschaftlichen Dekorum anzupassen und korrekte Adressierungen zu verwenden.[213]
　　Die Metaphorik im "Gleichniß von einem frischgefangenen Vogel" (Kosegarten, V, 19) wird im deutschen Text beibehalten. Auch Kosegarten orientiert

---

[212] Diese Textstelle ist ein Beispiel für die Unterschiede zwischen der siebenbändigen Göttinger Auflage von 1748-1753 und der achtbändigen Auflage von 1767–1770. In der späteren Version lautet der überarbeitete Text: "**Belford!** Sollte ich nunmehr bey meiner liebsten **Clarissa Harlowe** nicht weiter gehen, als ich gegangen bin, wie soll ich denn den Unterschied zwischen ihr und einem andern Vogel kennen lernen? ... Wie kann ich denn wissen, wenn ich es nicht versuche, ob ich sie nicht dahin bringen kann, mir ein artiges Lied zu pfeifen, und eben so vergnügt dabey zu seyn, wie andre Vögel, die ich auch so weit gebracht habe; ob gleich einige darunter ziemlich scheu waren" (*Clarissa*, Göttingen 1768, III, 623-24).

[213] "Now, let me tell thee, that I have known a Bird actually starve itself, and die with grief, at its being caught and caged. But never did I meet with a Woman, who was so silly. –Yet have I heard the dear souls most vehemently threaten their own lives on such an occasion. But it is saying nothing in a Woman's favour, if we do not allow her to have *more sense than a Bird*. And yet we must all own, that it is more difficult to catch a *Bird* than a *Lady*" (Stuber, IV, 14).

sich an der Analogie der Vorlage und verwendet sie zur Verdeutlichung von Lovelaces Intention:

> Nun kann ich Dir sagen, Hans, daß ich zwar wohl einen **Vogel** gekannt habe, der aus Verdruß gefangen und eingebauert zu seyn, sich wirklich zu Tode hungerte. Aber in meinem Leben hab' ich kein **Weib** gesehen, das so albern gewesen wäre ... Aber es ist nur ein armes Lob, Brüderchen, das wir diesen Weibern geben, wenn wir sagen, daß sie mehr Verstand als ein Vogel haben. Und doch müssen wir gestehen, daß ein Vogel schwerer zu fangen ist, als ein Mädchen. (Kosegarten, IV, 20-21)

An dieser Stelle zeigt sich die Nähe zum Text der dritten englischen Auflage. Kosegarten verwendet das Nomen "Weib" für das englische "woman." In der *editio princeps* liest man noch "lady," und es ist somit unwahrscheinlich, daß Kosegarten sich hier für die Übertragung "Weib" entschieden hätte.[214]

Das zweite Beispiel erfährt in der dritten englischen Auflage mehrere Ergänzungen, die Lovelaces Vorhaben detaillierter herausarbeiten. So fügt Richardson Clarissas Namen ein, um Fehlinterpretationen auszuschließen. Kursivierungen unterstützen diese Absicht, Zusätze dienen dazu, Lovelaces Charakter zu schwärzen. Die Ergänzung eines Vergleichs im ersten Satz, der folgende Ausruf und der Aufgriff der Frage aus dem ersten Satz des Zitats verdeutlichen dem Lesepublikum die Natur seiner Pläne:

> Now, Belford, were I to go no further than I have gone with my beloved Miss Harlowe, how shall I know the difference between *her* and *another* bird? To let her fly now, what a pretty jest would that be!–How do I know, except I try, whether she may not be brought to sing me a fine song, and to be as well contented as I have brought other birds to be, and very shy ones, too? (Stuber, IV, 15)

Kosegartens Übersetzung lautet wie folgt:

> Nun, Belford, soll ich mit meinem lieben Klärchen nicht weiter gehn, als ich bis jetzt mit ihr gegangen bin; wie soll ich dann den Unterschied zwischen ihr und einem andern Vogel merken? ... Wie soll ich's wissen, wofern ich nicht probire, ob sie nicht zu bewegen sey, mir ein hübsches Liedchen vorzuzwitschern, und eben so vergnügt zu seyn, als wohl andre und nicht minder scheue Vögel am Ende in meinem Bauer geworden sind? (Kosegarten, IV, 22)

Wie bereits der erste Satz verdeutlicht, orientiert sich Kosegarten zwar an dieser Textvorlage, nimmt aber gleichzeitig einige Bearbeitungen vor.

---

214 Der Gedankenstrich findet sich durch Auslassungspunkte ersetzt. Hierdurch ergibt sich eine minimale Bedeutungsverschiebung: Während der Gedankenstrich anzeigt, daß der Schreiber das Thema für beendet hält und zu einem anderen übergeht, suggerieren die Auslassungszeichen, daß er noch Weiteres zu diesem Thema zu sagen weiß, sich aber nicht länger dazu äußern kann und/oder möchte. Kosegarten eröffnet dem Leser Freiräume zur Spekulation, er regt ihn an, seine Phantasie zu benutzen.

Die Referenz "mein liebes Klärchen" wirkt vertrauter als das förmlichere "my beloved Miss Harlowe" und unterstreicht Lovelaces emotionale Nähe zu seinem Opfer. Kosegarten erweitert die Metaphorik durch den Verweis auf das Vogelbauer: Nicht nur auf metaphorischer, sondern auch auf wörtlicher Ebene werden von Lovelace begehrte Frauen wie kostbare Singvögel behandelt. Der aufmerksame Leser wird sich an die zahlreichen Beispiele erinnert fühlen, die Lovelace für seinen Umgang mit Geliebten und ehemaligen Geliebten nennt, und man braucht nur an die Bewohnerinnen des Londoner Bordells denken, um daran gewärtig zu werden, welches Schicksal diese "Vögel" erwartet. Die explizite Referenz auf diese Metaphorik in der Feuerszene ("Flattern, flattern, flattern, wie ein aufgescheuchtes Vögelchen, hört' ich ihr liebes Herz gegen das meinige;" Kosegarten, IV, 634-35) unterstreicht die Wirkung. Kosegarten erweitert also den Satzinhalt im Sinn der Intention um einen Aspekt und unterstützt hierdurch die Aussage des Ausgangstexts.

- **Schmid**

Im Gegensatz zu den beiden vorherigen Übersetzungen geht in Schmids Übertragung die Anspielung auf den gefangenen Vogel Clarissa in der Feuerszene verloren ("Wie ihr liebes Herz mir entgegenklopfte," Schmid, VIII, 90-91), so daß die Struktur der metaphorischen Komposition um eine Nuance ärmer wird.

Der Mannheimer Übersetzer scheint im Fall des ersten Textbeispiels erneut auf ein Exemplar der ersten Auflage zurückgegriffen zu haben:

> Nun muß ich Dir weiter sagen, ich habe wohl einmal gesehen, daß ein Vogel sich wirklich aushungerte, und vor Gram starb, da er gefangen und eingesperrt worden war, aber nie habe ich ein Mädchen gefunden, das so albern gewesen wäre, dies zu thun.
> (Schmid, VI, 15)

Die Metaphorik findet sich auch in dieser Übertragung wieder.[215] Das folgende Zitat enthält eine Anzahl aufschlußreicher Hinweise:

> Und nun, Belford, wenn ich nicht weiter gehen wollte, wie könnte ich wissen, ob das allerliebste Vögelchen nicht auch dahin gebracht werden kann, mir ein schönes Lied zu singen, und mit der Zeit mit ihrem Zustande eben so zufrieden zu seyn, als ich andre Vögelchen gemacht habe, worunter auch einige ziemlich scheu waren?
> (Schmid, VI, 15-16)

---

[215] Die Verwendung von "Mädchen" macht es an dieser Stelle unmöglich, die Textgrundlage zu bestimmen, handelt es sich hier doch um eine freie Übertragung. Die Orthographie gibt ebenfalls keine weiteren Hinweise auf mögliche Vorlagen. Im Fall des zweiten Textbeispiels ist die direkte Anrede zu Beginn des einleitenden Satzes wie in der ersten englischen Auflage enthalten, Clarissas später hinzugefügter Name fehlt, und die Wiedergabe in einem Satz entspricht der Kürze der ersten Fassung.

232

Die Übersetzung nimmt wenige geringfügige Änderungen vor: "Sweet bird" erfährt eine Steigerung und findet sich als Superlativ übersetzt. Das Diminutivum
"Vögelchen" unterstreicht neben Lovelaces Emotionalität Clarissas Jugend und
macht sie in seinen Augen reizender als im Original.

6.2.9.2 Sinclair: "The old dragon"

- **Michaelis**

Im Gegensatz zu Clarissa wird Mrs Sinclair mit mythologischen Ungeheuern in
Beziehung gesetzt, die in christlicher Sicht diabolisch konnotiert sind. Im Fall
von Clarissas vergeblichem nächtlichen Fluchtversuch stürmt Mrs Sinclair ins
Zimmer und wird dabei wie folgt beschrieben:

> The old dragon straddled up to her, with her arms kemboed again—her eyebrows erect,
> like the bristles upon a hog's back and, scowling over her shortened nose, more than
> half-hid her ferret eyes. Her mouth was distorted. She pouted out her blubber-lips, as if
> to bellows up wind and sputter into her horse-nostrils; and her chin was curdled, and
> more than usually prominent with passion. (Ross, p. 883)

Bilder wie "old dragon," "hog's back," "ferret eyes," "blubber-lips" und "horse-
nostrils," bei denen es sich zum überwiegenden Teil um Neologismen durch
Kombinationen zweier Substantive handelt, führen die Londoner "Bordellmutter" vor als Amalgam diabolischer Elemente[216]. Im Gegensatz dazu wird
Clarissa an dieser Stelle als Engel bezeichnet,[217] um durch die Opposition Dä-
mon-Engel die Sympathien des Publikums endgültig auf Clarissa zu lenken.

Die Göttinger Übersetzung hält sich überwiegend an die Metaphorik der
Vorlage. Sie lautet:

> Der alte Drache spreitzte sich inzwischen gegen sie und setzte ihre Hände wiederum
> frech in die Seite. Ihre Augenbrauen stunden in die Höhe, wie die Bürsten auf einem
> Schweinsrücken. Sie rümpfte ihre kurze Nase: und versteckte dadurch ihre durchfor-
> schenden Augen mehr, als auf die Hälfte. Ihr Mund war ungestaltet verzogen. Sie blieβ
> ihre dicken Lippen auf: als wenn sie mit Blasebälgen Wind und Lerm in ihren pferd-
> mäβigen Naselöchern machen wollte. Ihr Kinn war lang gezogen, und ragte bey ihrer
> Gemüthsbewegung weiter, als sonst ordentlich, hervor. (Michaelis, V, 593-94)

---

[216] Vgl. Ad deVries, *Dictionary of Symbols and Imagery*, 2nd ed. (Amsterdam and London,
1976), *s.v.* De Vries verweist auf die enge assoziative Nähe des Drachens zum Ungeheuer:
"the adversary in any form, e.g.: ... the primordial antagonist (later the devil)." Unter dem
Lemma "hog" liest man: "filth, impurity, voracity, slothfulness, stupidity;" zu "ferret" findet sich "bloodthirsty, fiery, mischievousness, cunning."
[217] "Oh my angel!" (Ross, p. 882)

Die Bildlichkeit von "to straddle" ist in "spreizen" enthalten, der Zusatz des Adverbs "frech" unterstützt ihre Unverschämtheit. Durch die Aufteilung in zwei Sätze verbessert der Übersetzer die Lesbarkeit. Die Teilung ruft jedoch einen Bezugsfehler hervor: Bezieht sich der Halbsatz "more than half-hid her ferret eyes" im Original auf "eyebrows," so hat die deutsche Fassung nun "ihre kurze Nase" als Bezugswort, die Übersetzung von "ferret" fehlt völlig und wird durch "durchforschend" lediglich unzureichend ersetzt.

Der Übersetzer scheint "blubber-lips" als Kombination von Verb und Substantiv und nicht als Kombination zweier Substantive ("blubber-lips," "Walfischfettlippen") verstanden zu haben. Johnson verzeichnet für Substantiv und Verb ein Lemma, der Eintrag für "to blubber" lautet: "To swell the cheeks with weeping."[218] In dieser Bedeutung liegt es in den "dicken Lippen" vor und unterbricht die metaphernreiche Aufzählung. "Horse-nostrils" erfährt eine Abschwächung von der Metapher zum Vergleich und ist mit "pferdmäßige Nasenlöcher" beschönigend übertragen.

Die Metaphorik wird im weiteren Verlauf des Romans beibehalten und kulminiert in der Todesszene. Hier zieht Richardson nochmals alle Register seines sprachlichen Könnens, um die sterbende Sinclair so abstoßend wie möglich zu beschreiben:

> The old wretch had once put her leg out by her rage and violence, and had been crying, scolding, cursing, ever since the preceding evening ... But nevertheless her apprehensions of death and her antipathy to the thoughts of dying were so strong, that their imposture had not the intended effect, and she was raving, crying, cursing, and even howling, more like a wolf than a human creature ... Dear *Madam* Sinclair, said she, forbear this noise! It is more like that of a bull than a woman! (Ross, p. 1387)

Die Tiermetaphorik wird aufrechterhalten; Sinclairs Verhalten gleicht eher dem eines Wolfs oder Stiers als dem eines menschlichen Wesens. Wie Clarissa wird auch sie der menschlichen Sphäre enthoben, im Gegensatz zur engelhaften Clarissa erfolgt für sie aber der Abstieg durch die Gleichsetzung mit animalischen Kreaturen. Innerhalb der Sterbeszene folgt eine weitere detaillierte Beschreibung, in der sie wiederholt mit Tieren parallelisiert wird. So hat sie "Salamanderaugen" ("her big eyes goggling and flaming-red as we may suppose those of a salamander," Ross, p. 1388), die (Höllen-)Feuer evozieren[219] und keinen

---

[218] Johnson, *Dictionary, s.v.*
[219] Vgl. de Vries, *Dictionary of Symbols and Imagery, s.v.* Zu "salamander" liefert das Lemma folgende Erläuterung: "It lives in fire, which it quenches with the extreme coldness of its body; ... related to the element of Fire...; it personifies the devil: it is the most wicked of venomous creatures, killing without remorse." De Vries verweist auf die Darstellung des Salamanders als eine Art Drachen, dem Flammen aus dem Maul lodern. Der bildliche Kreis zum "Drachen" Sinclair schließt sich hiermit.

Zweifel an Sinclairs Schicksal nach ihrem Tod aufkommen lassen.[220] Die im Leben und Tod beider Frauen verdeutlichte Opposition durchzieht die Schilderung als Leitmotiv und läßt die Todesszenen als logische Konsequenz erscheinen.

Der Übersetzer steht in seiner Version dem englischen Text an Eindrucksfülle kaum nach:

> Das alte Ungeheuer hatte einmal aus Wuth und heftiger Aufwallung ihren Fuß herausgesteckt, und beständig seit dem vorigen Abend ... geschrieen, gescholten, gefluchet: ... Nichts desto weniger war ihre Furcht vor dem Tode, und ihre Abneigung von den Todesgedanken so stark, daß ihre Teuscherey nicht die vermeynte Wirkung hatte: und sie lag und tobte, schrie, fluchte, ja heulte, als ich kam, mehr wie ein Wolf, als wie ein menschliches Geschöpfe ... Liebe **Frau** Sinclair, sprach sie, unterlassen sie doch dieß Lermen! Es ist mehr, wie von einem Ochsen, als von einer Frauensperson!
> (Michaelis, VII, 540-41; Hervorhebung im Original)

Die Übersetzung bemüht sich, die englische Syntax durch Synonymenfülle zu reproduzieren. Auf diese Weise entsteht die Illusion der unmittelbaren, raschen Aufeinanderfolge einzelner Segmente. Die Bezüge zur Tiermetaphorik bleiben erhalten; auch im deutschen Text erinnert Mrs Sinclairs Weinen an das Heulen eines Wolfes,[221] ihr Lärmen an einen (kastrierten) Stier.[222] Das Substantiv "Ungeheuer" rückt die Bordellbesitzerin erneut in die Nähe dämonischer Schreckensvisionen. Die hier dargestellte Sinclair stößt den Leser ebenso ab wie das englische Original und verhindert das Aufkommen möglicher Sympathien selbst im Angesicht ihres qualvollen Todes.

• Kosegarten

Der Text der dritten Auflage enthält an dieser Stelle keine auffälligen Eingriffe.[223] Die Passage lautet im Deutschen:

---

[220] Vgl. zur Darstellung der Todesszene Ross, pp. 1388-94. Zu den dort benutzten Verben und Substantiven zählen "to howl," "to roar," "to bellow," und "groans," Belford redet im Zusammenhang mit den Prostituierten von "every trembling devil" und bezeichnet Mrs Sinclairs Verhalten als "devil-like."

[221] De Vries, *Dictionary of Symbols and Imagery*, *s.v.*: "General evil as the chaotic, destructive element in the universe and man, with a possible triumph in the end."

[222] Laut de Vries werden "Ochse" und "Bulle" häufig synomyn verwendet. Vgl. de Vries, *Dictionary of Symbols and Imagery*, *s.v.*

[223] "The old dragon straddled up to her, with her arms kemboed again –Her eye-brows erect, like the bristles upon a hog's back, and, scouling over her shortened nose, more than halfhid her ferret eyes. Her mouth was distorted. She pouted her blubber-lips, as if to bellows up wind and sputter into her horse-nostrils; and her chin was curdled, and more than usually prominent with passion" (Stuber, V, 290).

Itzt wackelte der alte Drache zu ihr hinauf, ihre Arme noch immer in die Seite ge-
stemmt. Ihre Augenbrauen, in die Höhe starrend, wie die Borsten eines Schweinsrük-
kens, überschatteten ihre Stülpnase. Ihr Maul stand schief. Ihre plumpen Lippen quollen
empor, als wenn sie Wind und Speichel in ihre Pferdenüstern blasen wollten – und ihr
fürchterlich vorgedrängtes Kinn kräuselte sich in hundert Falten. (Kosegarten, V, 518)

Für die Übertragung von "old dragon," "hog's back," "ferret eyes," "blubber-
lips" und "horse-nostrils" greift Kosegarten in einem Fall auf einen Vergleich
zurück und erhält dadurch die Bildlichkeit der Darstellung auf Kosten der Satz-
länge. Auch er entscheidet sich für die Aufspaltung der Schachtelsyntax in zwei
Komponenten. Anders als der Göttinger Text behält er das Bezugswort korrekt
bei. Auf die wörtliche Wiedergabe von "blubber-lips" verzichtet Kosegarten und
überträgt den Ausdruck als "plumpe Lippen." Das letzte Kompositum dieses Ab-
schnittes, "horse-nostrils," findet sich wie im Original als "Pferdenüstern." Der
letzte Satz verdeutlicht indes erneut seinen zeitweise freien Umgang mit der
Vorlage; zur Untermalung des englischen Ausdrucks fügt er ein hyperbolisches
"in hundert Falten" hinzu und verzichtet gleichzeitig auf die Übersetzung von
"with passion."

Auch das folgende Textbeispiel unterläuft bis zur dritten englischen Auflage keine entscheidenden Veränderungen.[224] Kosegarten übersetzt:

Das alte Scheusal hatte durch Toben und Wüthen das Bein wieder aus dem Verbande
gerückt, und seit vorigen Abend ... nichts anderes gethan, als schelten, schreyen und flu-
chen ... Demohngeachtet aber war ihre Furcht vorm Tode und ihr Widerwille zu sterben
so stark, daß der Betrug die beabsichtigte Wirkung nicht hatte. Vielmehr schrie, raste,
fluchte und heulte sie bey meiner Ankunft, mehr wie ein Wolf, als wie eine menschliche
Kreatur ... Liebe Madam Sinclair, lassen Sie dieß Gebrüll! Es ist mehr Gebrüll eines
Bollen [sic], als eines Frauenzimmers. (Kosegarten, VIII, 255-56)

Tendenzen der ersten deutschen Übersetzung sind auch bei Kosegarten festzustellen: So bedient auch er sich wie die Göttinger Fassung der Verbhäufung und
verstärkt die rhetorische Wirkung durch das kontrastiv hinzugefügte "vielmehr."
In einem Fall liegt eine Ergänzung gegenüber dem Original vor: Heißt es dort
"had once put her leg out," so findet sich bei Kosegarten der Zusatz "das Bein
wieder aus dem Verbande gerückt." Es ist zu vermuten, daß der Übersetzer die
Textstelle als schwer verständlich einstufte und den Zusatz zur Verdeutlichung
der Situation hinzufügte.

---

224 "The old wretch had once put her leg out by her rage and violence, and had been crying,
scolding, cursing, ever since the preceding evening ... But, nevertheless, her apprehensions
of death, and her antipathy to the thoughts of dying, were so strong, that their imposture
had not the intended effect, and she was raving, crying, cursing, and even howling, more
like a wolf than a human creature ... Dear *Madam* Sinclair, said she, forbear this noise! It
is more like that of a bull than a woman!" (Stuber, VIII, 50)

236

Auch Kosegarten behält die Tiermetaphorik bei. Mrs Sinclair ähnelt mit ihrem Geheul erneut eher einem Wolf oder "Bollen" denn einem menschlichen Wesen. Die deutschen Übersetzer scheinen die Notwendigkeit abschreckender Beschreibungen für die Didaxe erkannt zu haben und schrecken folglich vor deren Übernahme nicht zurück.

• **Schmid**

Der Mannheimer Übersetzer nimmt sich die Freiheit, die Textstelle auszuschmücken. Seine Fassung lautet:

> Der alte Drache gieng mit voneinander gesperrten Beinen auf sie zu, die Arme wieder in die Seite gestellt. – Ihre Augbraunen standen in die Höhe, wie die Borsten auf dem Rücken eines Ebers, und, indem sie über ihre kürzer gewordne Nase heruntergezogen wurden, bedeckten sie mehr als halb ihre Iltisaugen. Ihr Mund war verzerrt. Sie streckte ihre dicken Lippen vor, als wenn sie sie zu Blasebälgen brauchen wollte, um Luft und Speichel in die Pferdenaselöcher hinaufzutreiben, und ihr Kinn war blau und roth gesprengt, und ragte vor Zorn mehr dann gewöhnlich hervor. (Schmid, X, 72)

Die Syntax des Originals wird imitiert,[225] die Metaphorik von "Pferdenaselöcher" beibehalten. Auch wenn in "Iltisaugen" keine eindeutige deutsche Entsprechung für "ferret" vorliegt, wird die Tiermetaphorik konsequent erhalten. Der Bezug auf "Augbraunen" ist korrekt hergestellt. Auch in dieser Fassung fehlt die direkte Übertragung von "blubber-lips." Es scheint, daß die Bedeutung des Wortes Kosegarten und Schmid nicht deutlich war oder daß sie aufgrund des unterstellten Unverständnisses ihrer Leserschaft bewußt auf eine wörtliche Übertragung verzichtet haben.

Das zweite Zitat wird konsequent übersetzt und erhält mit dem Hinweis auf einen Wolf oder Stier die Metaphorik der Darstellung:

> Die alte Furie hatte einst in der Heftigkeit ihrer Wuth ihren Fuß aus dem Bette herausgestreckt, und hatte in einem fortgeheult, gescholten, geflucht, seit dem vorigen Abend ... Dennoch war ihre Furcht vor dem Tode, und ihr Abscheu vor dem Gedanken zu sterben, so stark, daß jener Betrug die gewünschte Wirkung nicht hatte, und eben, als ich kam, tobte, schrie, fluchte, und heulte sie mehr wie ein Wolf, als wie ein menschliches Geschöpf ... Liebe Madam *Sinclair*, hören Sie doch auf, zu toben! Sie brüllen ja mehr wie ein Stier, als wie ein Weib! (Schmid, XV, 324-25)

Auch in dieser Version bemüht sich der Übersetzer um eine dem Original gerecht werdende Syntax in Form von Parallelstrukturen und Verbhäufungen.

---

[225] Der Bindestrich am Ende des ersten Satzes legt die Vermutung nahe, daß wiederum eine spätere Fassung als Vorlage gedient hat. Da sich die Fassungen lediglich in diesem Punkt unterscheiden, ist es schwierig, eine endgültige Aussage über die Vorlage zu liefern.

Auch dem Mannheimer Übersetzer scheint die moralische Unterweisung durch Abschreckung angelegen zu sein.

Wie in den anderen Fassungen sieht Belford auch in dieser Sterbeszene Sinclairs dicke[n] Augen vor dem Kopfe liegen, und rothe Flammen haben, wie man sich die Augen eines Salamanders denkt" (Schmid, XV, 331).

6.2.10 Eltern-Kind-Konflikte

Das vermutlich herausragendste Thema Richardsons in *Clarissa* ist die Frage nach Rechten und Pflichten einzelner Familienangehöriger. Schon die Titelseite des Romans stellt die Bedeutung der Eltern-Kind-Beziehung für die Gesamtkonzeption des Romans heraus: *Comprehending the Most Important Concerns of Private Life and Particularly Shewing the Distresses that May Attend the Misconduct Both of Parents and Children, in Relation to Marriage.* Damit rückt nicht nur die Frage einer standesgemäßen Heirat, vor allem von Töchtern, ausdrücklich in den Brennpunkt, sondern auch die Möglichkeit beider Parteien, sich in dieser Frage nicht richtig zu verhalten. Der Kontrast der gesellschaftlich üblichen Konvenienzehe, wie sie etwa in unzähligen Komödien der Zeit seit der Restauration thematisiert wird, mit dem neu aufkommenden Ideal der Liebesehe zieht sich als Klischee durch die literarische Produktion der Jahre zwischen 1660 und 1800.

Das siebzehnte Jahrhundert ist die Zeit eines Paradigmenwechsels im Inselreich: Bürgerkrieg, puritanische Schreckensherrschaft sowie die Restauration des Hauses Stuart hatten Konsequenzen für theologische, politische und philosophische Entwürfe, die eine Antwort auf die Frage nach der Legitimation von Macht und Herrschaft zu geben versuchten und die in ihren Erklärungen unterschiedliche Schwerpunkte setzten.

Hobbes beschreibt im *Leviathan* (1651) als erster Rechte und Pflichten des Souveräns und seiner Untertanen. Auch wenn der Souverän im Normalzustand uneingeschränkte, absolute Macht im Staat besitzt, also über den Gesetzen steht, so verbleibt dem Untertanen auch nach dem Eintritt in den Gesellschaftsvertrag doch in gewissen Situationen das Recht auf Widerstand:

And because, if the essential Rights of Sovraignty ... be taken away, the Commonwealth is thereby dissolved, and every man returneth into the condition, and calamity of a warre with every other man ...; it is the Office of the Sovraign, to maintain those

Rights entire; and consequently against his duty, First, to transferre to another, or to lay from himselfe any of them. For he that deserteth the Means, deserteth the Ends.[226]

In Analogie zu diesem Modell wird das Familienoberhaupt häufig mit dem Staatsoberhaupt gleichgesetzt. Der Familienvater hat eine dem Souverän vergleichbare Position inne, aus der ihm vergleichbare Rechte und Pflichten erwachsen. Die Untertanen übertragen dem Souverän eines Staats oder einer Familie Rechte, die dieser einzusetzen hat, um eine Aufgabe zu erfüllen; kommt er seiner vertraglichen Verpflichtung jedoch nicht nach, so erlöschen damit auch seine Privilegien.

Für Hobbes steht das Naturrecht als das Recht des einzelnen auf Selbsterhaltung höher als jedes Recht des Souveräns, erfolgte der Zusammenschluß der Individuen zu einem politischen Körper doch aus dem Grund der Selbsterhaltung:

> The Obligation of Subjects to the Soveraign, is understood to as long, and no longer, than the power lasteth, by which he is able to protect them. For the right men have by Nature to protect themselves, when none else can protect them, can by no Covenant be relinquished. The Soveraignty is the Soule of the Common-wealth; which once departed from the Body, the members doe no more receive their motion from it. The end of Obedience is Protection; which, wheresoever a man seeth it, either in his own, or in anothers sword, Nature applyeth his obedience to it, and his endeavour to maintaine it. And though Soveraignty, in the intention of them that make it, be immortall; yet is it in its own nature, not only subject to violent death, by forreign war; but also through the ignorance, and passions of men, it hath in it, from the very institution, many seeds of a naturall mortality, by Intestine Discord.[227]

Wie Hobbes in England propagierte etwa Defoe in der englischen Literatur das Recht auf Selbsterhaltung als nicht hintergehbares Prinzip:

> *The Laws of God*, as I can understand,
> Do never Laws of Nature countermand;
> Nature Commands, and 'tis Prescrib'd to sense,
> For all Men to adhere to *Self-defence*:
> *Self-Preservation* is the only Law,
>
> That does *Involuntary Duty* Draw;
> It serves for reason and Authority,
> And they'll defend themselves, *that know not why*.[228]

---

[226] Thomas Hobbes, *Leviathan*, ed. C[rawford] B[rough] Macpherson (Harmondsworth, Middlesex, 1968), pp. 376-77.

[227] Thomas Hobbes, *Leviathan*, ed. Macpherson, p. 272.

[228] Daniel Defoe, *Jure divino* (London, 1706), V, 18.

Defoe war in seiner Argumentation vermutlich vor allem Kontinentalphilosophen und Rechtsgelehrten wie Pufendorf und Grotius verpflichtet, doch brachte das ausgehende 17. Jahrhundert mit John Locke und Filmer auch englische "demokratische" Beiträge hervor.

Locke behandelte Locke Fragen der Pflichten und Rechte von Eltern und Kindern in den *Two Treatises of Government*[229] und plädierte hier für ein *gemeinschaftliches* Bestimmungsrecht *beider* Elternteile in den ihre Kinder betreffenden Fragen. Desgleichen stellte er kategorisch fest, daß die "Unterwerfung" der Kinder unter die elterliche Autorität nicht bedingungslos sei:

> '[P]aternal power' ... seems so to place the Power of Parents over their Children wholly in the *Father*, as if the *Mother* had no share in it; whereas if we consult Reason or Revelation, we shall find she hath an equal Title ... The Power, then, *that Parents have* over their Children, arises from that Duty which is incumbent on them, to take care of their Off-spring, during the imperfect state of Childhood. To inform the Mind, and govern the Actions of their yet ignorant Nonage, till Reason shall take its place, and ease them of that Trouble ... [T]his *power* so little belongs to the *Father* by any peculiar right of Nature, but only as he is Guardian of his Children, that when he quits his Care of them, he loses his power over them, which goes along with their Nourishment and Education, to which it is inseparably annexed ... But this is very far from giving Parents a power of command over their Children, or an Authority to make Laws and dispose as they please, of their Lives and Liberties. 'Tis one thing to owe honour, respect, gratitude and assistance; another to require an absolute obedience and submission.[230]

Selbst ein Verteidiger der absoluten Monarchie wie Sir Robert Filmer schränkte in seiner *Patriarcha: or, The natural Power of Kings* (1680) die königliche wie väterliche Autorität unter bestimmten Bedingungen ein, von einem Republikaner wie Algernon Sidney gar nicht erst zu reden:

> It is necessary also to inquire whether human laws have a superiority over Princes, because those that maintain the acquisition of royal jurisdiction from the people do subject the exercise of it to human positive laws. But in this they also err. For as Kingly power is by the law of God, so it hath no inferior law to limit it. The Father of a family governs by no other law than by his own will, not by the laws or wills of his sons or servants. There is no nation that allows children any action or remedy for being unjustly governed. And yet for all this every Father is bound by the law of nature to do his best for the preservation of his family.[231]

---

229 John Locke, *Two Treatises of Government*, ed. Peter Laslett (Oxford, 1960).
230 Locke, *Two Treatises*, ed. Laslett, pp. 321; 324; 328-30.
231 Sir Robert Filmer, *Patriarcha and other Political Works*, ed. Peter Laslett (Oxford, 1949), p. 96. Vgl. hierzu auch die Position Algernon Sidneys. In seinen *Discourses* schreibt er: "As the Right of *Noah* was divided amongst the Children he left, and when he was dead, no one of them depended on the other, because no one of them was Father of the other; and the Right of a Father can only belong to him that is so, the like must for ever attend

Die dem Menschen durch Geburt verliehenen natürlichen Rechte liegen demnach im Fall der Lebensbedrohung über den Rechten des Souveräns: das Recht
auf Selbsterhaltung gilt bedingungslos, und zwar für beide Gruppen.

Richardson integrierte diese Diskussion in seinen Roman: Fragen der Kin-
derpflichten gegenüber ihren Eltern sowie der Eltern gegenüber ihren Kindern
werden von Clarissa und Anna Howe thematisiert und erörtert. Beide Figuren
finden für die eigene Situation Lösungen, die sie jeweils gegenüber der Freundin
rechtfertigen. Richardson beläßt es jedoch nicht bei der Darstellung der Kon-
flikte innerhalb des Geschehens, sondern streicht die Bedeutung der Thematik
für das Verständnis des Romans ausdrücklich schon im Vorwort heraus:

> But it may not be amiss to add in particular that in the great variety of subjects which
> this collection contains, it is one of the principal views of the publication: to caution par-
> ents against the undue exertion of their natural authority over their children in the great
> article of marriage: and children against preferring a man of pleasure to a man of probi-
> ty, upon that dangerous but too commonly received notion, *that a reformed rake makes
> the best husband.* (Richardson, "Preface," Ross, p. 36)

An dieser Stelle weist Richardson die beteiligten Lager ausdrücklich auf ihre
jeweiligen Pflichten hin.

In Richardsons ausführlichem Briefwechsel findet sich eine Anzahl Hinweise auf diese Problematik. Der Autor erörterte diese Thematik besonders mit
seinen Korrespondentinnen ausführlich und vertrat die Meinung, die Gehor-
samspflicht der Kinder ihren Eltern gegenüber stehe in keinem Zusammenhang
mit der Güte der Eltern.[232] In einem Brief an Hester Mulso, die nach ihrer Heirat

---

every other Father in the World;" Algernon Sidney, *Dicourses Concerning Government*
(London, 1698), p. 22.

[232] Vgl. Eaves and Kimpel, *Samuel Richardson*, p. 345. Richardson schrieb am 26. November
1749 an Susanna Highmore: "Even this, you must know, my Miss Highmore, that the want
of duty on one part justifies not the non-performance of it on the other, where there is a re-
ciprocal duty. There can be no merit, strictly speaking, in performing a duty; but the performance of it on one side, when it is not performed on the other, gives something so like a
merit, that I am ready almost to worship the good mind that can do it.
You will be the less surprised, Madam, that these strict notions are mine, when you will
recollect, that, in the poor *ineffectual* History of Clarissa, the parents are made more cruel,
more implacable, more punishable in short, in order to inculcate this very doctrine, that the
want of duty on one side enhances the merit on the other, where it is performed. And you
see how Clarissa shines in her's; nor loses sight of her gratitude and love, cruel as they
were in the nineteenth year of her life, for their kindness and favour to her in the preceding
eighteen" ("Richardson to Susanna Highmore, 26 Nov. 1749," *Selected Letters*, ed.
Carroll, pp. 131-32). Für weitere Hinweise vgl. etwa *Selected Letters*, ed. Carroll, pp. 139-
41; 144-53; 201.

als Mrs Chapone zu einem gefeierten Blaustrumpf avancierte,[233] faßte der Autor seine Meinung wie folgt zusammen:

> Those will be found to be the most noble friendships which either flame between persons of the same sex; or where the dross of the passion is thrown out, and the ore purified by the union of minds in matrimony. And I am of the opinion that love is but the harbinger to such a friendship; and that friendship therefore is the perfection of love, and superior to love: it is love purified, exalted, proved by experience and a consent of mind ... Love is a blazing, crackling green-wood flame, as much smoke as flame; friendship, married friendship particularly, is a steady, intense, comfortable fire.[234]

Offenkundig liegt Richardsons Interesse nicht in einer Propagierung der Liebesehe als ausschließlicher Lebensform, sein Ideal besteht vielmehr in der Ehe als Vereinigung gleich gestimmter Seelen. So ist es etwa nicht die fehlende Liebe zu Solmes, die Clarissa als Hauptargument gegen die von ihrer Familie arrangierte Ehe ins Feld führt, sondern die Mängel seiner Persönlichkeit und geistigen Reife. Eine Heirat mit Solmes erscheint Clarissa sogar schlimmer als das Leben als unverheiratete Frau, ja es käme einer Bedrohung ihrer Lebensgrundlage gleich; Widerstand gegen den elterlichen Willen ist daher nicht nur angezeigt, sondern sogar aus Selbstschutz notwendig.

Überträgt man die moralphilosophischen Anschauungen des ausgehenden siebzehnten und frühen achtzehnten Jahrhunderts auf die vom Roman vorgestellte Situation, so wird Richardsons durch Clarissa vorgetragene Sicht der Dinge deutlich. Nach Auffassung aller Naturrechtsphilosophen der Zeit, der "Monarchen" in gleicher Weise wie der "Republikaner," macht sich Clarissas Vater als Oberhaupt der Harlowes eines fundamentalen Vergehens schuldig, indem er seine Rechte als Souverän ohne ersichtliche Notwendigkeit an seinen tyrannischen Sohn abtritt. Er handelt damit gegen jede Form von (Natur-) Recht und gibt Clarissa nicht nur die Möglichkeit, sondern sogar die Verpflichtung (gegenüber sich selbst) zum Handeln. Ein Blick in das Figurenverzeichnis unterstreicht diesen Eindruck. Zu James Harlowe finden sich mit den Adjektiven "despotic, absolute, and when offended not easily forgiving" Beschreibungen, die auf einen absoluten Herrscher zutreffen; von seinem Sohn heißt es unter anderem, daß er "unbeherrschbar" sei.[235]

Mit dem Erlöschen der souveränen Macht in der Familie Harlowe vergeht auch der Schutz seiner Untergebenen. Clarissa sieht sich durch die Entscheidung

233 Hester Mulso schrieb Richardson drei Briefe zum Thema elterlicher Autorität, die zusammen über einhundert Seiten umfaßten und die Komplexität der Themendiskussion veranschaulichen. Der Briefwechsel ist leider nicht vollständig erhalten. Vgl. Eaves and Kimpel, *Samuel Richardson*, pp. 343-45.
234 "Richardson to Hester Mulso, 3 Sept. 1751," *Correspondence*, ed. Barbauld, III, 188.
235 "Proud, fierce, uncontrollable and ambitious" (Ross, p. 37).

ihrer Familie zur Ehe mit dem ungeliebten Solmes gezwungen und nennt den Tod als einzige für sie hinnehmbare Alternative.[236] Dadurch gerät ihr Leben in Gefahr, und das (Natur-)Recht auf Selbstschutz tritt in Kraft. Clarissa handelt im folgenden demnach im Einklang mit dem Recht auf Selbsterhalt, wenn sie die Heirat unter diesen erzwungenen Bedingungen ablehnt.[237]

Auch wenn Clarissa sich in der Auseinandersetzung mit ihrer Familie nicht ausdrücklich auf ihr Widerstandsrecht beruft, ist die Debatte um Rechte und Pflichten der Kinder im Subtext des Romans ständig präsent. Im Gespräch mit ihrer Mutter gibt sie ihrer unüberwindbaren Abneigung gegen Solmes Ausdruck, bietet als Alternative zur Ehe ein Leben als unverheiratete Frau und erklärt in letzter Konsequenz ihre Bereitschaft zum Sterben, um dem Leben mit dem verabscheuten Mann zu entgehen. Clarissa erkennt den verheerenden Einfluß des Bruders hinter dem unerbittlichen Verhalten des Vaters und bestreitet dem Vater dadurch implizite dessen Rolle als Souverän der Familie.[238] Erst nachdem diese Argumente erfolglos bleiben und ihre Isolation sowohl innerhalb der Familie als auch gegenüber ihrer Umwelt immer rücksichtsloser betrieben wird, entschließt sie sich aus Gründen des Selbsterhalts zum Handeln. Clarissa erläutert ihrer Mutter die Beweggründe für ihr Verhalten ausführlich in einem Gespräch und hofft auf deren Unterstützung:

> But, why, dearest madam, why am I, the *youngest*, to be precipitated into a state that I am very far from wishing to enter into with anybody?
> You are going to question me, I suppose, why your sister is not thought of for Mr Solmes?
> I hope, madam, it will not displease you if I were?
> I might refer you for an answer to your *papa*–Mr Solmes has reasons for preferring *you*–
> And so have I, madam, for disliking *him*. And why am I–

---

236 Vgl. Ross, p. 94.

237 So spricht sich Richardson ausdrücklich für Clarissas Verhalten aus, betont aber die außergewöhnlich despotischen Familienverhältnisse der Harlowes als Berechtigung für ihren Widerstand: "I am sure I can feel that the ties of gratitude and love are stronger than those of mere parental authority and filial obedience, would ever have been." Sure! How sure! And without trying the difference. – And is this the pleasure? Is indulgence the measure of obedience? Is the girl to be the judge; and is she to dispense with the word and thig called duty, should her parents be less indulgent (if not quite unreasonable; if not absolute Harlowes) than she would have them to be? I would engage, I would wish to engage, the gratitude and love of my children; but that at my own option, and in cases that I thougt fit to oblige them in: but should be sorry if I could not make them sole judges of the fit and the unfit, that the duty should be wanting to entitle me both to their gratitude and their love for what I did indulge them in;" "Richardson to Miss Highmore, Nov 26, 1749," *Correspondence*, ed. Barbauld, II, 216.

238 Zur Frage der väterlichen Autorität vgl. auch Florian Stuber, "On Fathers and Authority in *Clarissa*," *SEL*, 25 (1995), 557-74.

This quickness upon me, interrupted my mamma, is not to be borne! I am gone, and your father comes, if *I* can do no good with you.

Madam, I would rather die, than–

She put her hand to my mouth–No peremptoriness, Clary Harlowe! Once you declare yourself inflexible, I have done.

I wept for vexation. This is all, all, my brother's doings–His grasping views–

No reflections upon your brother. He has entirely the honour of the family at heart.

I would no more dishonour my family, madam, than my brother would.

I believe it; but I hope you'll allow your papa and me and your uncles to judge what will do it honour, what dishonour!

I then offered to live single; never to marry at all; or never but with their full approbation.

If I meant to show my duty and obedience, I must show it in *their* way, not *my own*.

I said, I hoped I had so behaved myself hitherto that there was no need of such a trial of my obedience as this ...

Thus are my imputed good qualities to be made my punishment, and I am to be wedded to a *monster*–

Astonishing!–Can this, Clarissa, be from you?–

The man, madam, person and mind, is a monster in my eye–And that I may be induced to bear this treatment, I am to be complimented with being indifferent to all men. Yet, at other times, and to serve other purposes, I am to be thought prepossessed in favour of a man against whose moral character lie just objections–Confined, as if, like the giddiest of creatures, I would run away with this man, and disgrace my whole family!–Oh my dearest mamma! Who can be patient under such treatment? (Ross, pp. 94-96)

Clarissas Hinweis auf die für sie unannehmbare Lage und ihr Verweis auf den Tod ("I would rather die") verdeutlichen für Familie und Lesepublikum schon früh, daß sie sich in der Gemeinschaft nicht mehr geschützt fühlt, Widerstand folglich in einer solchen Situation geboten ist.

Der weitere Verlauf der Auseinandersetzung ist wichtig für Verständnis und Bewertung Clarissas. Sie läßt keinen Schritt unversucht, zeigt sich stets zu einer gütlichen Einigung bereit und bietet überdies Kompromisse. Clarissa verletzt ihre Tochterpflichten zu keinem Zeitpunkt, vielmehr verstößt ihre Familie gegen geltendes (Natur-) Recht. Insofern wird Clarissa ein unschuldiges Opfer der Willkür ihres tyrannischen Bruders, der den ebenso unnachgiebigen Vater beeinflußt.

• Michaelis

Verlauf und Schritte der Argumentation lassen dem englischen Leser keine andere Möglichkeit als Clarissa als schuldloses Opfer zu sehen. Diese Argumentation ist daher in allen Schritten zu erhalten, wenn der deutsche Leser identische Voraussetzungen für die Interpretation erhalten soll. Michaelis übersetzt wie folgt:

244

Allein warum liebste Mutter, warum stößt man die jüngere Schwester in einen Stand, in den ich überall zu treten nicht Lust habe."

"Ich glaube, du wilst mich fragen, warum man bey Herrn **Solmes** Antrag nicht auf deine Schwester dencke."

"Ja, das meyne ich auch, wenn mir erlaubt ist dis zu fragen.

"Die Antwort hierauf kanst du von deinem Vater erhalten. Herr **Solmes** hat seine Ursachen darum er dich ihr vorziehet."

"Und ich habe meine Ursachen, darum ich ihn nicht haben will. Warum soll ich = = Sie unterbrach mich: "die Hitze, mit der du mir antwortest, ist unerträglich. Ich will weggehen, dein Vater mag kommen, denn ich ich [sic] sehe, ich kan nichts bey dir ausrichtcn."

"Ich will lieber sterben, als = ="...

Ich weinte vor Kummer: "dis sind alle meine Bruders Anstalten. Das ist die Frucht seiner unersättlichen Absichten."

"Tadele deinen Bruder nicht: ihm liegt nichts am Hertzen, als die Ehre der Familie."

"Ich will meine Familie eben so wenig beschimpfen, als mein Bruder." "Das glaube ich gern: aber du wirst hoffentlich deinem Vater, mir, und deinen Onckles zutrauen, daß wir am besten wissen, was der Familie Ehre oder Schande macht."

Ich erbot mich abermals unverheyrathet zu bleiben, oder wenigstens nicht ohne aller völlige Bewilligung eine Parthey zu erwählen. Allein ich bekam zur Anewort [sic]: "wenn ich Proben meines Gehorsams geben wollte, so müsten sie und nicht ich selbst bestimmen, worin diese Proben bestehen sollten."

Ich antwortete: "ich hoffete, ich hätte mich stets so aufgeführet, daß eine solche Probe meines Gehorsams, als man mir jetzt auflegte, nicht nöthig wäre.

Ja, sagte sie, "du hast dich sehr wohl aufgeführet. Allein dein Gehorsam ist bisher noch nie auf die Probe gestellet worden, und ich hoffe, du wirst in dieser Probe gut bestehen wollen" ...

"Was nun Clärchen? = = Mädchen!

"Ich bitte nur um Gedult. Sie selbst beliebten ja zu sagen, sie wollten mich mit Gedult aushören. Das äusserliche **Ansehen** soll bey mir ein Nichts seyn, weil man mich für verständig hält! Mein Auge soll beleydiget, und mein Verstand nicht überzeuget werden!

"Mädchen! Mädchen!

"So will man mich durch die guten Eigenschafften straffen, deren man mich beschuldigt. Ich soll ein Ungeheuer heyrathen.

"Ich kommme ausser mir. Redest du noch **Clarissa Harlowe**?

"Meine liebe Mutter, in meinen Augen ist er ein Ungeheuer. = = Damit ich zu dieser Begegnung nicht sauer sehen möge, rühmt man mich einmal, daß mein Herz noch frey von Liebe sey ... Ich werde eingesperret, als wenn ich ein liederliches Mädchen wäre, und mit diesem Menschen davon lauffen, und die gantze Familie beschimpfen wollte. Wer kan Gedult behalten, wenn ihm so begegnet wird? (Michaelis, I, 177-83)

Im ersten Satz der Unterhaltung wird Clarissas ausdrücklicher Hinweis, zum augenblicklichen Zeitpunkt mit niemandem eine Ehe einzugehen, bei der Übersetzung ausgelassen. Der deutsche Text hat "überall" statt "anybody." Im folgenden Argument wird aus "Madam, I would rather die than–" "Ich will lieber sterben, als = =" Der interpretatorisch relevante Hinweis auf den Sterbenswunsch ist übersetzt, die Anrede wird jedoch ausgelassen. Auf diese Weise verliert der Appell an die Mutter an rhetorischer Dringlichkeit. Der Imperativ der Mutter, "Tadele deinen Bruder nicht," bleibt erhalten, die Satzstruktur wird geringfügig verändert. Der deutsche Text übersetzt "to dishonour," das Johnson als "to disgrace; to bring shame upon"[239] definiert, mit dem abschwächenden "beschimpfen." Im folgenden Satz greift Lady Harlowe diesen Gedanken in einem Parallelismus auf: "what will do it honour, what dishonour!" Hier benutzt der deutsche Text das Gegensatzpaar "Ehre-Schande."

Im folgenden wird "I then offered to live single" mit "Ich erbot mich abermahls unverheyrathet zu bleiben" wiedergegeben. Entweder hat Michaelis die Bedeutung der adverbialen Bestimmung im englischen Text nicht erkannt oder zum Zweck der Emphase "then" als "abermals" statt als "dann, darauf" lesen wollen. Das Original wechselt an dieser Stelle für die Ausssagen Lady Harlowes von wörtlicher in die indirekte Rede: Dieses stilistische Mittel verleiht den Aussagen Clarissas eine eindringlichere Wirkung, gegenüber der die "vermittelten" Argumente der Mutter abgeschwächt erscheinen. Clarissa hat ihre Darstellungsweise also zu Gunsten der eigenen Aussage verändert; der deutsche Übersetzer übernimmt dieses Mittel und bleibt so der Intention des Originals verpflichtet.

Clarissa argumentiert im folgenden mit dem Hinweis auf "PERSON in a man," was sich in der Übersetzung als "das äusserliche Ansehen" findet. "Person" wird hier im Sinne von "personable" verstanden und bezeichnet gemeinsam mit dem Hinweis auf das Auge als Mittel zur Wahrnehmung den Gegensatz zu "reason" als Bewertungskriterium innerer Qualitäten. Da es Solmes an beiden Eigenschaften fehlt, zieht Clarissa das Fazit: "I am to be wedded to a *monster–*" Dieser Gedankengang findet sich detailliert wiedergegeben, der Ausdruck "Ungeheuer" reproduziert die Metaphorik des Originals. In der Darstellung ihrer ambivalenten Situation bleibt der Text dem Original treu; der Ausdruck "indifferent to all men" findet in "mein Herz von Liebe frey" eine sinngemäße idiomatische Entsprechung.

Der abschließende Vergleich, "the giddiest of creatures," erfährt indes eine leichte Bedeutungsverschiebung. Für "giddy" verzeichnet Johnson "vertiginous; having in the head a whirl, or sensation of circular motion," die deutsche Übersetzung, "liederliches Mädchen," legt die Betonung jedoch auf moralische Unanständigkeit. Das Verb "to disgrace" als Synonym des an früherer Stelle gewählten "to dishonour" ist als "beschimpfen" wiedergegeben.

Die deutsche Übersetzung bemüht sich also erneut um eine originalgetreue Wiedergabe der Argumentation und ermöglicht so dem Leser, Clarissas Darstellung im Detail zu verfolgen. Die textliche Verarbeitung steht einer Interpretation ihres Verhaltens im Sinne des Originals nicht entgegen.

[239] Johnson, *Dictionary, s.v.*

- **Kosegarten**

Zu Beginn des Zitats stimmt die dritte englische Auflage mit Ausnahme einiger Unterschiede in der Groß- und Kleinschreibung mit der ersten Fassung überein. Wie an anderen Stellen des Romans ersetzt Richardson hier Clarissas gefühlsbetonte Bezeichnungen "mamma" und "papa" an unwesentlichen Stellen mehrfach durch ein distanzierteres "Mother" and "Father." Nachdem Clarissa ihre Entschlossenheit betont hat, lieber zu sterben als Solmes zu heiraten, findet sich eine Anzahl von Textänderungen:

> O Madam, I would rather die, than–
> She put her hand to my mouth.–No peremptoriness, Clary Harlowe: Once you declare yourself inflexible, I have done.
> I wept for vexation. This is all, all, my Brother's doings–His grasping views–
> No reflections upon your Brother: He has entirely the honour of the family at heart.
> I would no more dishonour my family, Madam, than my Brother would.
> I believe it: But I hope you will allow your Father, and Me, and your Uncles, to judge what will do it honour, what dishonour.
> I then offered to live single; never to marry at all; or never but with their full approbation.
> If you mean to shew your duty, and your obedience, Clary, you must shew it in *our* way, not in *your own.*
> I hope, Madam, that I have not so behaved hitherto, as to render such a trial of my obedience necessary.
> Yes, Clary, I cannot but say that you have hitherto behaved extremely well: But you have had no trials till now: And I hope, that now you are called to one, you will not fail in it. Parents, proceeded she, when children are young, are pleased with every–thing they do. You have been a good child upon the whole: But we have hitherto rather complied with you, than you with us. Now that you are grown up to marriageable years, is the test; especially as your Grandfather has made you independent, as we may say, in preference to those who had prior expectations upon that Estate ...
> How now, Clary!–Oh girl!–
> Your patience, my dearest Mamma:–You were pleased to *say*, you would hear me with patience.–PERSON in a man is nothing, because I am supposed to be prudent: So my eye is to be disgusted, and my reason not convinced–
> Girl, girl!
> Thus are my imputed good qualities to be made my punishment; and I am to be wedded to a *monster*–
> [Astonishing!–Can this, Clarissa, be from you?–
> The man, Madam, person and mind, is a monster in my eye.]–And that I may be induced to bear this treatment, I am to be complimented with being indifferent to all men: Yet, at other times, and to serve other purposes, be thought prepossessed in favour of a man against whose moral character lie *just* objections.–Confined, as if, like the giddiest of creatures, I would run away with this man, and disgrace my whole family!–Oh my dearest Mamma! who can be patient under such treatment? (Stuber, I, 106-8)

Die im ersten Satz hinzugefügte Interjektion "O" unterstreicht Clarissas emotionale Beteiligung am Gespräch und zeigt eine die gesamte englische Überarbeitung kennzeichnende Tendenz an. Die dritte Auflage bemüht sich deutlich um Herausstellung der inneren Vorgänge während dieses Gesprächs. Diese Emphase wird besonders durch Interjektionen verdeutlicht. Der Ersatz von "papa" und "mamma" durch "Father" und "Mother" erzeugt eine Mischung aus formal korrekter Ansprache und emotionalem Geschehen. Selbst in Augenblicken höchster seelischer Qual, so scheint es, verliert Clarissa ihre Fassung nicht in einem Maße, das sie die Regeln des Dekorum vergessen ließe. Im Anschluß an Clarissas Beteuerung, lieber unverheiratet zu bleiben als Solmes zu heiraten, wechselt der folgende Teil des Gesprächs in der *editio princeps* in die indirekte Rede. Dieses Mittel wird in der dritten Auflage aufgegeben, so daß die direkte Rede den Leser scheinbar unmittelbar und ungefiltert am Geschehen teilhaben läßt.

Clarissa ist sich der eigenen Beweggründe und der ihrer Familie gegen eine Heirat mit Lovelace bewußt, und sie zieht deshalb eine solche auch ausdrücklich nicht in Erwägung. Sie wehrt sich gegen jedwede Unterstellung mit dem Eingeständnis, die Vorbehalte gegenüber Lovelace seien berechtigt ("just objections"). Die Kursivierung des Adjektivs in der dritten Auflage unterstreicht ihr Wissen um Lovelaces Fehler und die Berechtigung der gegen ihn vorgebrachten Einwände.

Lady Harlowes Reaktion auf Clarissas Einwand, sie solle ein Monster heiraten, fällt in seiner optischen Präsentation aus dem Rahmen. Es wird nicht deutlich, warum Richardson sich entschlossen hat, an dieser Stelle eckige Klammern einzusetzen.

Kosegarten übersetzt wie folgt:

"Aber liebe, liebe Mutter, warum soll ich, die Jüngste, in einen Stand hinein gezwungen werden, zu dem ich nicht die geringste Neigung habe?"
"Du willst mich fragen wollen, vermuth' ich, warum man Deiner Schwester Herrn Solmes nicht vorschlägt –"
"Und würd' es Ihnen mißfallen, Madame, wenn ich so fragte?"
"Ich könnte Dich der Antwort halber an Deinen Vater verweisen – Herr Solmes hat Gründe, Dich vorzuziehn –"
"Und ich habe Gründe, ihn zu verwerfen – Warum soll ich denn –"
"Du bist unerträglich rasch, Mädchen – Ich gehe, und Dein Vater kömmt, wofern Du nicht gut thun willst – "
"O Madame, lieber will ich sterben, als – "
Sie hielt mir den Mund zu. "Nichts Entschiednes, Clarissa Harlowe – So bald Du Dich unbiegsam erklärst, so bin ich fertig."
Ich weinte vor Verdruß – "Das ist alles, alles, meines Bruders Anstiften – Seine Gierigkeit –"
"Keine Anmerkungen über Deinen Bruder; die Ehre der Familie liegt ihm am Herzen."
"Und mir nicht minder, Madame, als meinem Bruder – "
"Ich glaub' es. Nur wirst Du Deinem Vater, und mir, und Deinen Onkles gütigst erlauben, zu entscheiden, was der Familie Ehre mache oder nicht –"

248

"[sic] Ich erbot mich, ledig zu bleiben, überall nicht zu heirathen, oder nie ohne Ihre völllige Einwilligung – "[sic]
"Wenn Du eine Probe Deines Pflichtgefühls geben willst, Klärchen, so muß die Wahl unsre seyn, nicht Deine eigne – "
"Ich hoffe, Madame, mein bisheriges Betragen ist nicht so gewesen, daß es eine solche Probe nothwendig machen sollte –"
"Ja, Klärchen, Du hast Dich wirklich bisher recht gut betragen. Aber Proben hat man Dir noch nicht zugemuthet. Nun es geschieht, wirst Du Dir hoffentlich nicht selbst absprechen – So lange die Kinder noch jung sind, ergötzen wir Eltern uns an allem, was sie thun. Du bist im Ganzen ein recht gutes Kind gewesen. Aber Du hast auch allen Deinen Willen gehabt, mehr als wir unsrigen. Jetzt ist die Zeit der Prüfung, jetzt, da Du ein reifes Mädchen bist, jetzt hauptsächlich, da Dein Großvater Dich unabhängig gemacht hat, vorzugsweise, so zu sagen, vor denen, die auf seine Güter nähere Rechte hatten" ...
"Clare, – Mädchen –"
"Ihre Geduld, meine theuerste Mutter – Sie sagten ja, Sie wollten mich geduldig anhören – Gestalt ist nichts in dem Manne – ich bin ja ein verständiges Mädchen – Folglich muß mein Auge beleidigt, und meine Vernunft gefangen genommen werden –"
"Mädchen! Mädchen!"
"Meine vorgeblichen guten Eigenschaften werden wider mich gerichtet, und ich soll ein Ungeheuer heirathen –"
"Ists möglich, Klärchen, Du?––"
"Mir ist er ein Ungeheuer, an Leib und an Seele – – Und um eine solche Zumuthung zu rechtfertigen, rühmt man mir die Unbefangenheit meines Herzens. Zu andrer Zeit hingegen und zu andern Zwecken, beschuldigt man mich der Vorliebe für einen Mann, dessen sittlicher Karakter so sehr verstaltet sey. Man sperrt mich ein, als würd' ich, wie die leichtsinnigste Dirne, mit diesem Mann entlaufen, und die ganze Familie entehren – – Liebste, theuerste Mutter, wer sollte bey einer solchen Behandlung nicht die Geduld verlieren – –" (Kosegarten, I, 171-75)

Wie die Interjektion "O Madame" nahelegt, scheint Kosegarten eine der dritten englischen Auflage folgende Version des Textes vorgelegen zu haben. Lady Harlowes Ausruf "Ists möglich, Klärchen, Du?" kommt der Fassung dieser Auflage ebenfalls näher als der vorhergehenden. Die bis auf einen Satz ausschließlich in wörtlicher Rede abgefaßte Szene wirkt realitätsnah-authentisch und unterstreicht den Eindruck des *writing to the moment*: der Leser kann mitleiden und Clarissas Nöte teilen. Die auffallend häufige Verwendung von Gedankenstrichen verdeutlicht Sprechpausen sowie Unterbrechungen durch Einwände und macht den schriftlich fixierten Dialog zum realistischen Abbild des (fiktiven) gesprochenen.

Im Anschluß an Clarissas Hinweis auf ihre Bereitschaft, eher zu sterben als einen ungeliebten Mann zu heirathen, verzichtet Kosegarten auf die Koseform "Klärchen" und wählt stattdessen den vollen Namen. Die Emotionalität der Szene wird auf diese Weise gedämpft, Lady Harlowe erscheint distanzierter als im Original. Kosegarten übersetzt "vexation" mit "Verdruß," während die Göttinger Übersetzung an dieser Stelle "Kummer" bevorzugt. Die Wortwahl scheint

weniger glücklich als die der ersten Übersetzung. "Verdruß" erweckt die Konnotation eines jungen Mädchens aus gutem Hause, das es gewohnt ist, jeden
Wunsch erfüllt zu bekommen, "Kummer" ist emotional stärker und wirkt appell-
lativer. Die Wortwahl stellt Clarissa also negativer dar als im Original.

Diese Tendenz wird in den folgenden Sätzen der Passage fortgesetzt. Clarissas bisheriges Verhalten, so bestätigt die Mutter ihr, sei nicht zu beanstanden:
"I cannot but say that you have hitherto behaved extremely well." Kosegarten
schwächt dieses mütterliche Lob ab: "Du hast Dich wirklich bisher recht gut betragen." An einer interpretatorisch bedeutsamen Textstelle wie dieser wiegt ein
solcher Texteingriff besonders schwer.

"Marriageable years" ist mit "reifes Mädchen" übersetzt, so daß die Impli-
kation zwar erhalten, aber lediglich angedeutet wird. Kosegarten gibt "Person"
als "Gestalt ... in dem Manne" wieder, im zweiten Fall behält er die Opposition
"person and mind" des Originals als "an Leib und an Seele" bei. Die Anreden für
die Eltern lauten "Vater" und "Mutter" und sind weitere Indikatoren auf eine
spätere Textfassung als Übersetzungsgrundlage. Kosegarten scheut sich nicht,
"monster" als "Ungeheuer" zu übertragen und so die affektive Färbung des Originals zu erhalten.

• **Schmid**

Das Gespräch zwischen Mutter und Tochter fällt in die vom ersten Übersetzer
bearbeiteten Bände und ist daher vor Kürzungen und anderen Eingriffen nicht
gefeit. Die Mannheimer Fassung lautet:

> Ich weinte.
> Aber Mama, warum denn ich? die jüngste? – "Solmes wird seine Ursache haben, warum
> er dich vorzieht." – Und ich die Meinigen, warum ich ihn verabscheue. – "Mädchen,
> nicht so kurz! Wenn ich gehe, und dein Vater kommt, so gehts schief!"– O Mama, lieber
> sterben, als – Sie legte mir die Hand auf den Mund: "Nichts übereilt. So, wie du dich
> unbeugsam zeigst, sind wir geschieden." – Alles Werk meines Bruders, seiner unersätt-
> lichen Plane. – "Dein Bruder ist blos für die Ehre der Familie besorgt." – Als ob ich sie
> zu entehren suchte. – "Das nicht: aber dein Vater und Oheime und ich werden doch
> auch verstehen, was Ehre macht, oder Unehre." – So will ich dann gar nicht heuraten,
> wenigstens nicht ohne vollkommene Genehmigung. – "Nicht, was du willst, sondern
> was wir wollen, wenn du deinen Gehorsam zu erproben gedenkst." – Aber, womit hab'
> ich eine so harte Probe verdient? – "Du hast eigentlich bisher noch gar keine gehabt.
> Hoffentlich wirst du an der ersten nicht scheitern. Diß würdeum [sic] so mehr auffallen,
> da dein Grosvater zum Nachtheil andrer, die nähere Ansprüche drauf hatten, dich in eine
> Art von Unabhängigkeit sezte." ...
> "Mädchen, du gehst zu weit." – "Ich soll nicht aufs Äusere sehen, weil ich Verstand
> habe. Man beleidigt mein Aug' ohne meinen Verstand zu überzeugen. Man straft mich
> mit den Tugenden, die man an mir rühmt, und zwingt mich, ein Ungeheuer = = "Kla-
> risse, ists möglich." – Mir ein Ungeheuer, an Geist und Körper! das eine Mal macht man

mir das Kompliment, ich sei gegen alle Männer gleichgültig: das andre Mal muß ich an einem Menschen von sehr zweideutigem Charakter hangen.
Man sperrt mich ein, als ob ich, gleich der losesten Dirne, mit ihm durchgehen und die Familie beschimpfen wollte. O Mama, eine solche Behandlung erschöpft die Gedult! (Schmid, I, 149-51)

Der Übersetzer bemüht sich an dieser Schlüsselstelle zwar um die wortgetreue Übertragung wichtiger Aspekte, nimmt dennoch aber eine Reihe von Kürzungen vor. Zu Beginn des Abschnitts beschränkt er sich nach dem einleitenden "Ich weinte" auf die folgende wörtliche Rede und verzichtet auf Lady Harlowes Hinweis, sich bereits um eine Haushälterin gekümmert zu haben. Dieser Hinweis verdeutlicht im englischen Original die aus Clarissas Sicht ausweglose Lage, scheint man ihre Hochzeit mit Solmes doch als beschlossen anzusehen. Ähnlich wird im folgenden Satz verfahren; Clarissas Aussage bleibt im Kern erhalten, ihre Versicherung, zu diesem Zeitpunkt mit niemandem eine Ehe eingehen zu wollen, ist freilich nicht enthalten. Lady Harlowes Antwort, Clarissas Bemerkung zu Arabella als möglicher Braut für den ungeliebten Solmes und der einleitende Halbsatz der nächsten Äußerung der Mutter mit dem angedrohten Verweis an den Vater fehlen ebenfalls. Desgleichen werden Halbsätze wie "And so have I, madam, for disliking *him*. And why am I-," die dem Original die Illusion realitätsnaher Schilderung geben, werden ausgelassen. Dadurch wirkt der Text zwar straffer, verliert jedoch den Anschein von Authentizität.

Sowohl Clarissa als auch ihre Mutter ringen im deutschen Text nicht im gleichen Maß um Antworten wie in der Vorlage, und beide wirken weniger emotional. Mit Ausnahme des Einschubs nach Clarissas "lieber sterben, als" sind alle Zwischensätze gestrichen, so daß nonverbale Kommunikation wie Gestik und Mimik oder Clarissas Weinen als überflüssig gestrichen wird. Das Oppositionspaar "Ehre-Unehre" wird erhalten, "to dishonour" mit "entehren" treffend wiedergegeben. Clarissas Kompromißangebot, nicht oder nur im vollen Einverständnis ihrer Familie zu heiraten, und die Reaktion ihrer Mutter darauf erscheinen in wörtlicher Rede. Der im Original durch Einschub berichtete Vorschlag läßt seinem Leser Spielraum, sich die Szene samt Clarissas Wortwahl vorzustellen. Dieser Freiraum ist im deutschen Text genommen; der Satz wirkt sachlich und wird der Emotionalität der Szene nicht gerecht.

Dieser Eindruck verstärkt sich im weiteren Gesprächsverlauf. Bevor Clarissa sich im Original in aller Deutlichkeit zu Solmes äußert, bittet sie ihre Mutter um Geduld, sie anzuhören. Die emotionale, direkte Apostrophe, "my dearest mamma," mit der sich anschließenden Bitte ist ausgelassen, die einleitende These "PERSON in a man is nothing" fehlt ebenfalls. Der Einwand Lady Harlowes ist gestrichen, Clarissas zweifacher Redebeitrag im Original schmilzt auf einen abermals reduzierten einmaligen Beitrag zusammen. Konjunktionen wie "so" und "thus," die Begründungszusammenhänge herstellen, finden sich im deutschen Text in Satzreihen mit parallelem Aufbau wieder. Erneut bestätigt sich der Eindruck, daß diesem Übersetzer an der Vermittlung von Informationen statt an erläuternder, Zusammenhänge aufzeigender Darstellung gelegen ist.

Auslassungen an dieser bedeutungstragenden Stelle haben Konsequenzen für das Verständnis der Gesamtintention: Im Original macht Clarissa ihre Skepsis gegenüber Lovelaces Charakter deutlich und schließt für ihre Person emotionale Voreingenommenheit aus. Sie erscheint mithin als zur Reflexion fähige junge Frau, die ihre Lage erkennt und zu beurteilen vermag, und als eine Figur, der das Lesepublikum ihre folgenden Beteuerungen abnimmt. Im Gegensatz dazu spricht sich die deutsche Clarissa im Verlauf des Gesprächs nicht ausdrücklich gegen Lovelace aus. Sie äußert vergleichbare Gedanken, ohne sie in vergleichbarer logischer Konsequenz zu verknüpfen. Die Einschätzung der Situation ist zwar korrekt, kann jedoch weniger überzeugen, da ihr Ringen mit den Emotionen ausgelassen wird. Aus einer komplexen, differenzierenden Persönlichkeit wird eine kalt, eher altklug wirkende und verwöhnte junge Frau, deren Einwände gegen die Heirat den Eindruck jungmädchenhaften Zierens machen und folglich nicht ernstzunehmen sind.

6.2.11 "Explizite" Darstellungen

• **Michaelis**

Französische Übersetzer englischer Autoren zeigten sich im achtzehnten Jahrhundert dem Gebot des *bon goût* verpflichtet. Eine Verletzung der Regeln des guten Geschmacks ist folglich immer ein Grund für Streichungen in französischen Ausgaben. Dazu gehören in erster Linie "explizite" Darstellungen wie die Beschreibungen des angeblichen Feuers im Hause Sinclairs und mehr als alles andere die Vergewaltigungsszene, die bei zeitgenössischen Lesern größten Protest auslöste.[240] Eine erste potentiell anstößige Beschreibung findet sich schon

---

[240] So sah sich Richardson auf Drängen seiner Freunde veranlaßt, ein elfseitiges Pamphlet mit dem Titel *Answer to the Letter of a Very Reverend and Worthy Gentleman* zu veröffentlichen und die *fire scene* zu verteidigen. Das Pamphlet trägt das Datum vom 8. Juni 1749 und stellt demnach eine unmittelbare Reaktion auf die Vorwürfe dar. In seinem Briefwechsel mit Stinstra äußert er sich zu den Vorwürfen und legt seinem niederländischen Übersetzer ein Exemplar der Verteidigungsschrift bei. Vgl. "Richardson to Stinstra Dec. 6, 1752," *Richardson-Stinstra Correspondence*, ed. Slattery, p. 6. Fielding schreibt Richardson nach Lektüre des fünften Bandes über die Vergewaltigungsszene: "When Clarissa returns to her Lodgings at Sinclair's, the Alarm begins, and here my Heart begins its Narra-

vor der Feuerszene in einem Brief Lovelaces an Belford, in dem Lovelace über die Vorstellung von Clarissa als stillender Mutter von Zwillingen schreibt.

Die Diskussion um das Stillen und Wickeln von Babies fand zu Beginn des achtzehnten Jahrhunderts weite Verbreitung.[241] Der Auffassung, eine Mutter solle ihr neugeborenes Kind selbst stillen, stand die Ansicht gegenüber, Stillen sei einer Amme zu überlassen, und frische Muttermilch sei schädlich für das Kind. Vor allem William Cadogans *Essay upon Nursing and the Management of Children* von 1748, in dem er sich entschieden gegen das Wickeln aussprach, entfachte die Debatte erneut:

> The abandonment of the practice was underwritten by an equally ideological rhetoric, of sentimental libertarianism – for the newly important child, that is, not the mother. Cadogan's five-page diabtribe against swaddling plays off images of liberty and freedom against those of confinement and imprisonment, and gives priority to growth and robustness over protection and comfort ... Another such transformation was the gradual shift in the middle to upper classes from traditional wet–nursing to a newly fashionable maternal breastfeeding in the second half of the eighteenth century.[242]

Richardson zeigte sich an dieser Diskussion interessiert und verarbeitete sie mehrfach in seinen Romanen.[243]

Auch wenn Clarissas früher Tod ihre Mutterrolle verhindert, so findet sich in Lovelaces Brief an Belford ein Verweis auf diese Thematik. Seines Sieges über die tugendhafte Schöne gewiß, läßt sich Lovelace zu Phantasien über seine Zukunft mit Clarissa hinreißen und malt sich ihre Mutterschaft aus:

---

tive. I am shocked; my Terrors are raised, and I have the utmost Apprehensions for the poor betrayed Creature. But when I see her enter with a Letter in her Hand, ... clasping her Arms about the Knees of the Villain, ... I then melt into Compassion and find what is called an effeminate Relief for my Terror. So I continue to the End of the Scene.
When I read the next Letter I am Thunderstruck; nor can many Lines explain what I feel from Two ...
The Circumstance of the Fragments is great and terrible: But her Letter to Lovelace is beyond any thing I have ever read ... This Scene I have heard hath been objected to. It is well for the Critic that my heart is now writing, and not my Head." ("Richardson to Stinstra, June 2, 1753," *Richardson-Stinstra Correspondence*, ed. Slattery, p. 34).

[241] Vgl. hierzu Lois A. Chabor, "'This Affecting Subject': An 'Interested' Reading of Childbearing in Two Novels by Samuel Richardson," *ECF*, 8 (1996), 193-250.

[242] Chabor, "'This Affecting Subject,'" pp. 203-4.

[243] Die Frage des Stillens wurde bereits in den Fortsetzungsbänden zu *Pamela* erörtert. Mr B.s Standpunkt ist detailliert dargestellt, und weitere Meinungen werden ausführlich diskutiert. Sir Charles Grandisons Schwestern erleben ebenfalls Schwangerschaft und Geburt und werden als junge Mütter porträtiert. Zur Darstellung der Mutterrollen in *Pamela* und *Sir Charles Grandison* vor dem Hintergrund der medizinischen Debatte vgl. Chabor, "'This Affecting Subject,'" pp. 193-250.

Let me perish, Belford, if I would not forgo the brightest diadem in the world for the pleasure of seeing a twin Lovelace at each charming breast, drawing from it his first sustenance; the pious task continued for one month, and no more!
I now, methinks, behold this most charming of women in this sweet office, pressing with her fine fingers the generous flood into the purple mouths of each eager hunter by turns: her conscious eye now dropped on one, now on the other, with a sigh of maternal tenderness; and then raised up to my delighted eye, full of wishes, for the sake of the pretty varlets, and for her own sake, that I would deign to legitimate; that I would condescend to put on the nuptial fetters. (Ross, p. 706)

Michaelis erhält diese drastische Bildlichkeit ungeschmälert:

Ich will des Todes seyn, Belford, wenn ich nicht die glanzreichste Krone in der Welt fahren lassen wollte, um nur das Vergnügen zu haben, daß ich ein paar Zwillinge von Lovelace, an jeder ihrer schönen Brüste einen, die daraus ihre erste Nahrung in sich sögen, sehen möchte. Dieß Werk der mütterlichen Liebe sollte nur einen Monath und nicht länger dauern.
Mich deucht, ich sehe schon itzt die Schönste unter den Weibern in diesem angenehmen Dienste begriffen. Ich sehe, wie sie mit ihren zarten Fingern einem jeden der begierigen Säuglinge wechselsweise das edle Naß in den purpurrothen Mund drücket. Ich sehe, wie ihr sich bewußtes Auge mit einem Seufzer von mütterlicher Zärtlichkeit bald auf den einen, bald auf den andern fällt, und sich alsdenn zu meinem ergötzten Auge aufschläget, voll von Wünschen um der artigen Bübchen und ihrer selbst willen, daß ich sie doch würdigen möchte, sie zu rechtmäßigen Kindern zu machen, daß ich mir doch gefallen lassen möchte, die Fesseln des ehlichen Bundes auf mich zu nehmen. (Michaelis, V, 14-15)

Der Übersetzer teilt den ersten Satz und macht ihn dadurch lesbarer. Dieses Mittel verwendet er auch im nächsten Satz und macht sich dabei die parallele Satzstruktur zunutze.

Die Zahl "expliziter" Darstellungen nimmt in den folgenden Briefen zu und bereitet den Weg für die Vergewaltigungsszene. Ein wichtiger Schritt dahin ist die Feuerszene,[244] verdeutlicht sie doch sowohl Clarissa als auch dem Leser die von Lovelace ausgehende Gefahr für die junge Frau. Um die Gefahrensituation unmißverständlich zu veranschaulichen, spart Richardson nicht an Details:

When I had *flown down* to her chamber door, there I beheld the charmingest creature in the world ... with nothing on but an under-petticoat, her lovely bosom half-open, and her feet just slipped into her shoes... Oh Jack! how her sweet bosom, as I clasped her to mine, heaved and panted! I could even distinguish her dear heart flutter, flutter, flutter, against mine. (Ross, p. 723)

Der Übersetzer macht daraus:

---

[244] Hier kann nur ein Ausschnitt des Briefs besprochen werden. Die erotische Darstellung ist im gesamten Brief enthalten und wird ohne Auslassung übersetzt.

Da ich zu ihrer Kammer-Thür hernnter [sic] geflogen war: erblickte ich das liebenswür-
digste Geschöpfe von der Welt ... bloß mit einem Unterrocke bedeckt, ihre reizende
Brust halb entblößt und ihre Füße nur eben mit der Spitze in die Schuhe gesteckt ... O
Bruder! wie hob sich, wie bebte ihre anmuthsvolle Brust, als ich sie an meine drückte!
Ich konnte genau bemerken, wie ihr Herz gegen meines schlug. (Michaelis, V, 72-73)

Auffallend ist an dieser Stelle die Dreifachnennung von "flutter" im Original.
Verbwiederholungen wie diese markieren Clarissas lebhafte Schreibweise, fielen
aber in der dritten Auflage der Überarbeitung zum Opfer. Die deutsche Übersetzung verzichtet an dieser Stelle auf die Wiederholung des Verbs und ändert den
Ausdruck in "wie ihr Herz gegen meines schlug." Dadurch bleibt der Inhalt der
Textstelle erhalten, die bildliche Dichte des mit den Flügeln schlagenden einge-
sperrten Vogels geht jedoch verloren.

Eine weitere die Interpretation des Textes stützende Unterscheidung findet
sich im Ersatz der Interjektion "Oh Jack!" durch "O Bruder!" Geistige Nähe und
Zusammengehörigkeitsgefühl der Korrespondenten Lovelace und Belford werden in der deutschen Fassung durch die Verwandtschaftsbezeichnung "Bruder"
noch betont. Wenn die beiden Männer auch keine leiblichen Brüder sein mögen,
so machen Lebensführung und Denkungsart sie doch zu Brüdern im Geiste.

Auch die Vergewaltigungsszene wird von den Göttingern ohne Streichungen übersetzt. Wie an anderen Stellen benutzt Richardson in diesem Textab-
schnitt Tilden, um die Aufregung der Schreibenden, ihr Ringen um Worte und
das Stakkato des ständig unterbrochenen Schreibvorgangs anzudeuten. Dieses
Mittel wird vom Übersetzer aufgegriffen. Der Abschnitt lautet im Original:

> I remember, I pleaded for mercy–I remember that I said *I would be his–indeed I would
> be his–*to obtain his mercy–But no mercy found I!–My strength, my intellects, failed
> me!–And then such scenes followed–Oh my dear, such dreadful scenes!–fits upon fits
> (faintly indeed, and imperfectly remembered) procuring me no compassion–but death
> was withheld from me. That would have been too great a mercy! (Ross, p. 1011)

In der Übersetzung heißt es:

> Ich erinnere mich, daß ich um Barmherzigkeit flehete == Ich erinnere mich, daß ich
> sagte, **ich wollte die Seynige seyn** == **in Wahrheit, ich wollte die Seynige seyn** ==
> damit ich nur Barmherzigkeit erlangte == Allein ich fand keine Barmherzigkeit! ==
> Meine Kraft, mein Verstand, verließ mich! == Und dann folgten solche Aufzüge! == O
> meine Wertheste, solche schreckliche Aufzüge! == Ohnmachten über Ohnmachten,
> derer ich mich freylich nur schwach und unvollkommen erinnere, wirkten für mich kein
> Mitleiden == Aber der Tod ward mir nicht gewährt. Das würde eine allzu große Barm-
> herzigkeit für mich gewesen seyn. (Michaelis, VI, 139)

("Vermittelst eines falschen Feuerlärmes gelingt es Lovelacen die halbentkleidete Clarissa in ihrem Schlafgemach zu überraschen. Es folgt ein furchtbarer Kampf. Die Majestät der Unschuld siegt endlich;" "Eilftes Blatt," *Clarissens Schiksale dargestellt in vier und zwanzig Kupferblättern von Daniel Chodowiecki. Mit Erläuterungen des deutschen Übersetzers*, ed. Ludwig Theobul Kosegarten [Leipzig, 1796], n.p. Faksimile, vergrößert)

An dieser Stelle ist ein Eingriff auffällig: Das Streichen eines Possessivpronomens bewirkt eine leichte Bedeutungsänderung zugunsten der Betonung von Clarissas Leid: In der englischen Fassung bemüht sich Clarissa, Lovelaces Mitleid zu erregen, und sie unterstreicht ihr Bemühen durch das Possessivpronomen "his." Die deutsche Fassung hat "damit ich nur Barmherzigkeit erlangte" und verzichtet dadurch darauf, Lovelaces Handlungsalternative durch Gewaltverzicht herauszuheben. Wie diese Textstellen erneut unter Beweis stellen, galt das Bemühen des Übersetzers einer möglichst getreuen Wiedergabe des Werkes bei minimalen, für die Interpretation jedoch wichtigen Bedeutungsveränderungen des Originals.

In anderen Fällen finden sich Zusätze zur Vorlage. Als Beispiel sei die Szene genannt, in der Belford die Nachricht von Clarissas Vergewaltigung erhält. Er schreibt einen anklagenden Brief an Lovelace, in dem es heißt:

> Poor, poor lady! With such noble qualities as would have adorned the most exalted married life, to fall into the hands of the *only* man in the world who could have treated her as thou hast treated her!–And to let loose the old dragon, as thou properly callest her, upon the before-affrighted innocent, what a barbarity was *that!* What a *poor* piece of barbarity! in order to obtain by terror, what thou despairedst to do by love, though supported by stratagems the most insidious! (Ross, p. 884)

Auffällig ist die Anzahl der Interjektionen und die optische Absetzung bedeutungstragender Wörter durch Kursivierung. Außer diesen stilistischen Mitteln beanspruchen die Metapher "the old dragon" für Mrs Sinclair und der Neologismus "before-affrighted innocent" besondere Aufmerksamkeit.

Die deutsche Übersetzung lautet:

> Die arme, arme Fräulein! Wie hat sie mit solchen edlen Eigenschaften, welche die vortrefflichste Ehe geschmückt haben würden, in die Hände desjenigen Mannes fallen müssen, der **allein** in der ganzen Welt ihr so zu begegnen vermögend gewesen ist, als du mit ihr umgegangen bist! Was ist das für eine unmenschliche Grausamkeit gewesen, daß du den alten **Drachen**, wie du das Weib gar wohl nennest, auf die vorher in Schrecken gesetzte Unschuld losgelassen! Was für ein **elendes** Probestück unmenschlicher Grausamkeit! das bloß zu dem Ende abgeleget ist, damit du dasjenige durch Schrecken erhalten mögest, was du durch Liebe, ob sie gleich durch die hinterlistigsten Ränke unterstützet war, zu erhalten nicht die geringste Hoffnung hattest. (Michaelis, V, 599)

Im Dienst der Interpretationslenkung werden an dieser Stelle wenige minimale Änderungen vorgenommen. Die Tiermetaphorik wird beibehalten, scheint dem Übersetzer jedoch erläuterungsbedürftig, und so setzt er statt des Pronomens "her" die Erklärung "das Weib" ein.

Der Satzbau folgt zum überwiegenden Teil der englischen Vorlage; im ersten Satz scheint dem Übersetzer die *condemplicatio*, "treat," nicht zugesagt zu haben, so daß er mit "begegnen" und "umgehen" zwei Verben einsetzt. Im folgenden Satz legt er durch Umstellung der Satzteile die Betonung auf die Grausamkeit der Tat. Richardsons Wortschöpfung "the before-affrighted innocent" wird als "die vorher in Schrecken gesetzte Unschuld" übersetzt und behält trotz der Länge des Ausdrucks dessen Aussagekraft bei. "Grausamkeit" für "barbarity" steht dem Original an Deutlichkeit in nichts nach. "What a poor piece of barbarity" erfährt eine gedankliche Ausweitung durch "Was für ein elendes Probestück unmenschlicher Grausamkeit." Der Zusatz "unmenschlich" nennt die Tat inhuman, wenn nicht gar teuflisch, und greift einen in Zusammenhang mit Lovelace verschiedentlich benutzten Vergleich auf.

Es sind also kleine Zusätze, die die Lesart der Textstelle leicht verändern und Lovelaces Verhalten schwärzen. Lovelace wird deutlich Menschlichkeit abgesprochen, und er büßt als Konsequenz daraus den Anspruch ein, nach menschlichen Maßstäben beurteilt zu werden. Der Übersetzer stellt sich an dieser Stelle in den Dienst einer Interpretation zugunsten Clarissas, und er nimmt in kleinem Rahmen eben jene Art von Änderungen vorweg, die Richardson selbst als notwendig erkannte und für die dritte Auflage durchführte.

- **Kosegarten**

Kosegarten stand die Version einer Mutter Clarissa vor und nach der Überarbeitung durch Richardson zur Verfügung. Der Text der dritten Auflage dämpft die Erotik der Szene und enthält eine explikatorische Fußnote, die auf die zeitgenössische Kontroverse über das Stillen, wie sie sich schon in *Pamela* gespiegelt hatte, verweist:

> Let me perish, Belford, if I would not forego the brightest diadem in the world, for the pleasure of seeing a Twin Lovelace at each charming breast, drawing from it his first sustenance; the pious task, for physical reasons (*a*), continued for one month and no more!
>
> I now, methinks, behold this most charming of women in this sweet office: Her conscious eye now dropt on one, now on the other, with a sigh of maternal tenderness; and then raised up to my delighted eye, full of wishes, for the sake of the pretty varlets, and for her own sake, that I would deign to legitimate; that I would condescend to put on the nuptial fetters.
>
> (*a*) In Pamela, Vol. IV. Letter VI. these reasons are given, and are worthy of every Parent's consideration, as is the whole Letter, which contains the debate between Mr. B. and his Pamela, on the important subject of Mothers being nurses to their own children." (Stuber, IV, 334)

Kosegarten übersetzt:

> Umkommen müss' ich, Belford, wofern ich nicht das schimmerndste Diadem des Erdbodens für das Vergnügen hingeben wollte, an jeder ihrer reizenden Brüste einen klei-

258

nen Zwilling=Lovelace hangen, und aus ihr die erste Lebensnahrung saugen zu sehn –
süßes frommes Geschäft, das ich aus physischen Gründen ihr einen Monat und nicht
länger verstatten würde.
Mich dünkt, ich sehe dieses schönste aller Weiber in dieser holden Arbeit. Itzt auf diesen, itzt auf jenen der kleinen Lieblinge sinkt ihr schamumwölktes Auge mit Seufzern
mütterlicher Zärtlichkeit nieder. Dann hebt sie es zu meinem entzückten Auge flehend
empor, flehend um der holden Kleinen und um ihrer selbst willen, daß ich würdigen
möge, ihnen die Ebenbürtigkeit zu geben, daß ich mich herablassen möge, mich in die
ehlichen Fesseln zu schmiegen. (Kosegarten, IV, 578-79)

Die Erläuterung "aus physischen Gründen" läßt auf den Text der dritten Auflage
schließen. Deren Streichungen gelten dem "heiklen" Bild der stillenden Clarissa
("pressing with her fine fingers the generous flood into the purple mouths of
each hunter by turns"), das in Kosegartens Darstellung ebensowenig enthalten
ist wie die explikatorische Fußnote zu dieser Stelle.

Der Übersetzer nimmt gegenüber Michaelis eine bemerkenswerte Änderung vor. So gibt er "her conscious eye," mit der lateinischen Bedeutung von
conscius, "schuldbewußt," spielend, die im Englischen noch bis in das erste
Drittel des neunzehnten Jahrhunderts belegt ist (*OED, s.v.*), als "ihr schamumwölktes Auge" wieder und unterstellt Clarissa damit Schamgefühle über ihre un-
eheliche Mutterschaft. Dennoch ist Kosegartens Clarissa eine glückliche Mutter,
wenngleich ihr Mutterglück durch das Bewußtsein um ihre schwierige rechtlich-
soziale Stellung getrübt wird. Vermutlich meinte Kosegarten, sich mit dem Zusatz in den Dienst des Textes zu stellen und moralische Einwände der Leserschaft gegen eine glückliche, ledige Mutter im voraus zu entkräften.

Trotz der Proteste einiger Leser unterzog Richardson die Feuerszene keiner
textlichen Veränderung.[245] So berichtete Aaron Hill dem Autor in seinem Brief
vom 10. Juli 1749 von einem Priester, der sich gegen die Feuerszene ausgespro-
chen hatte. Richardson sah sich daraufhin zu einer Stellungnahme, *An Answer to
the Letter of a Very Reverend and Worthy Gentleman, Objecting to the Warmth
of a Particular Scene in the History of Clarissa,* veranlaßt.[246] In ihr verteidigt er

---

[245] Vgl. Stuber, IV, 364–75. Die hier zitierte Stelle lautet: "When I had *flown down* to her
chamber-door, there I beheld the most charming creature in the world ... with nothing on
but an under-petticoat, her lovely bosom half-open, and her feet just slipt into her shoes ...
Oh Jack! how her sweet bosom, as I clasped her to mine, heaved and panted! I could even
distinguish her dear heart flutter, flutter, flutter against mine" (Stuber, IV, 366-67). Die
Änderungen liegen in der Veränderung des Superlativs von "charmingest" zu "most
charming" sowie der Verbindung von "chamber-door" durch einen Bindestrich. Beide
bleiben ohne Auswirkung auf die Übersetzung.
[246] Das Exemplar der *Forster Collection* im *Victoria and Albert Musuem* trägt das hand-
schriftlich hinzugefügte Datum vom 8. Juni 1749. Diese Inkonsistenz kann entweder mit
der inkorreken nachträglichen Datierung im Manuskript oder der falschen Datierung durch
Hill erklärt werden. Das Pamphlet befindet sich im *Richardsoniana*–Band der *Forster
Collection* des Victoria and Albert Museums, South Kensington (F. 48. D. 44).

seine Darstellung und weist auf deren Bedeutung für die Bewertung der nachfolgenden Geschehnisse hin:

> Is not *Description* necessary to demonstrate as well the Danger, as the *Resistance*? And shall not a *Lovelace*, having the Object of his Attempt at such Disadvantage to herself, exalt the admirable Creature for a *personal* as well as for a mental Purity so *exemplary*? ... What is the Result of the Whole; but that *Clarissa* most gloriously proved what *Lovelace* wanted to bring to a Proof, and believed never could be given; "That there was a Woman whose Virtue no Stratagems, no Trials, no Temptations, *even from the Man she hated not*, could overpower; and that she was equally Proof against *Terror* and *Surprize*?[247]

Einmal mehr wird hier deutlich, welcher Mühen sich der Autor zu unterziehen hatte, um der Öffentlichkeit seine moralisch-didaktische Lesart zu erläutern. Diese Schwierigkeiten erklären auch sein ständiges Bemühen um einen eindeutigeren Text.

Kosegarten hält sich in der Substanz an die Darstellung der Feuerszene; er übersetzt:

> Als ich ihre Stubenthür erflogen hatte, sah ich das holdeste Gebilde des weiten Erdbodens ... – mit nichts bekleidet als einem Unterrock, den Busen halb entblößt, die Füße nährlich in die Schuhe geschlüpft ...
> Hans! Hans! Wie schwoll, wie flog ihr holder Busen, während ich sie an den meinigen preßte. Flattern, flattern, flattern, wie ein aufgescheuchtes Vögelchen, hört' ich ihr liebes Herz gegen das meinige. (Kosegarten, IV, 634-35)

Metaphorik und Dreifachnennung des Verbs bleiben erhalten. Durch den eingefügten Vergleich ("wie ein aufgescheuchtes Vögelchen") wird der Eindruck von Clarissa als gefangenem Vogel intensiviert.

Daneben findet sich eine Anzahl weiterer Einfügungen, die sämtlich jedoch eher akzidenzieller Natur sind: "the charmingest creature in the world" wird frei ergänzt und als "das holdeste Gebilde des weiten Erdbodens" übersetzt. Die im letzten Satz vorgenommene Inversion mit anschließendem Vergleich lenkt die Aufmerksamkeit des Lesers auf das dreifach genannte "flattern," das durch den hinzugefügten Vergleich "wie ein aufgeschrecktes Vögelchen" seine Auslegung erhält und dem Leser die Interpretation abnimmt.

Die Vergewaltigungsszene verfolgt andere Ziele. Kosegarten übersetzt sie in voller Länge, greift aber verändernd ein. An dieser Stelle zeigt sich die Schwierigkeit, Kosegartens Textgrundlage zu bestimmen, in besonderer Weise. Die dritte englische Auflage entspricht im Wortlaut bis auf wenige Details der ersten, setzt die Interpunktion aber weniger auffällig ein und zeigt insgesamt gegenüber der ersten Auflage ähnliche Veränderungen wie Kosegartens Text:

---

[247] Richardson, *An Answer to the Letter*, pp. 5; 11.

I remember, I pleaded for mercy. I remember that I said *I would be his–Indeed I would be his*–to obtain his mercy. But no mercy found I! My strength, my intellects, failed me–And then such scenes followed–O my dear, such dreadful scenes!–Fits upon Fits (faintly indeed and imperfectly remembred [sic]) procuring me no compassion–But death was withheld from me. That would have been too great a mercy! (Stuber, VI, 173-74)

Dazu die Fassung der ersten Auflage noch einmal im Vergleich:

I remember, I pleaded for mercy–I remember that I said *I would be his-indeed I would be his*–to obtain his mercy–But no mercy found I!–My strength, my intellects, failed me!–And then such scenes followed–Oh my dear, such dreadful scenes!–fits upon fits (faintly indeed, and imperfectly remembered) procuring me no compassion–but death was withheld from me. That would have been too great a mercy! (Ross p. 1011)

Der Verzicht auf die optische Heraushebung einzelner Wörter oder Phrasen sowie auf Interjektionszeichen in der dritten Auflage läßt diese trotz der verwendeten Bindestriche flüssiger erscheinen. Besonders im ersten Satz hat der Verzicht auf die Bindestriche Konsequenzen für die Wirkung der Aussage auf den Leser: Während in der *editio princeps* des englischen Texts der Bindestrich den Eindruck gehetzten Schreibens unter großer emotionaler Beteiligung erweckt, bei dem das Geschehen der einzelnen Sätze unmittelbar miteinander verknüpft ist, läßt die dritte Auflage ihre Leser bereits nach wenigen Worten Atem schöpfen. Der Punkt nimmt das Tempo aus dem Erzählten, der Bericht wirkt distanzierter und büßt die dem Briefroman eigene Unmittelbarkeit des Geschehens ein. Die nächsten Sätze der überarbeiteten Fassung enthalten Bindestriche, deren Effekt durch den in Klammern gesetzten, anscheinend wohlüberlegten Einschub teilweise wieder aufgehoben wird.

Die in der dritten Auflage präsentierte Clarissa leidet zwar ebenfalls, zeigt sich in ihrem Leid gleichwohl in der Lage, wohlgeformte Sätze zu schreiben, die vor allem die weibliche Leserschaft emotional nicht überfordern sollen, ist die Vergewaltigungsszene doch eine der delikatesten des Romans überhaupt.

Kosegartens Version lautet wie folgt:

Ich erinnere mich, daß ich um Erbarmen flehte. Ich erinnere mich, daß ich sagte, ich wolle die Seinige seyn, in der That ich wolle die Seynige seyn – nur um Erbarmen zu finden – Aber kein Erbarmen fand ich. Meine Kräfte, mein Verstand ermangelten mir – Und nun folgten solche Scenen – o meine Anne, solche gräßliche Scenen – Ohnmachten auf Ohnmachten (deren ich mich freylich nur schwach und unvollkommen erinnere) – vermochten nicht mir Mitleid zu verschaffen – Auch zu sterben vermocht' ich nicht. – Der Tod wär' eine so große Wohlthat für mich gewesen – (Kosegarten, VI, 314)

Der Verzicht auf die optische Heraushebung einzelner Wörter oder Phrasen sowie auf Interjektionszeichen stellt einen radikaleren Umgang mit der Vorlage dar, als er bereits in der dritten englischen Auflage vorliegt. Dieser Eindruck verstärkt sich noch im nächsten Satz. Zwar findet sich der Originaltext in wörtli-

cher Übersetzung, der Verzicht auf eine der Kursivierung entsprechende optische Untermalung beraubt Clarissas Flehen jedoch seiner Intensität. Auch die
eingesetzten Bindestriche können den dramatischen Effekt der Interjektionszeichen des Originals nicht erreichen: aus einem flehentlichen Ausruf wird ein
Aussagesatz.[248]

Der Wechsel von aktiver zu passiver Beschreibung im vorletzten Satz stellt
einen weiteren Eingriff in den Text dar. Kosegarten übersetzt "death was
withheld from me" als "zu sterben vermocht' ich nicht." Im englischen Text hat
Clarissa nicht nur die Vergewaltigung über sich ergehen zu lassen, sondern wird
durch die Verwendung des Passivs auch in bezug auf ihren eigenen herbeige-
wünschten Tod zum Objekt. So wird aus einer aktiven jungen Frau, die ihr Leben in die eigenen Hände zu nehmen versucht, eine zur Passivität Verurteilte,
der für ihren Körper jegliche Mitsprache verweigert und der darüber hinaus
durch den Drogeneinsatz ihrer Peiniger die Möglichkeit zur Verteidigung verwehrt wird. Die Textstelle verliert schließlich durch den Verzicht auf die Personifikation des Todes einen frühen Hinweis auf Clarissas immer vertrauter wer-
dendes Verhältnis zum eigenen Sterben, das ihr den Tod erleichtern wird. Der
Ersatz von "too great a mercy" durch "eine so große Wohlthat" nimmt der Übersetzung die Intensität des Originals.

Belfords Anklage unterscheidet sich in der dritten englischen Auflage nur
unwesentlich von der ersten. Die wenigen Änderungen liegen im Bereich der
Akzidenzien, während der Wortlaut identisch bleibt.[249]

Belfords mißbilligende Äußerung erscheint in der Kosegartenschen Übersetzung mit leichten Veränderungen:

> Armes, armes Fräulein! So herrlich von der Natur ausgestattet, so fähig, den erhaben-
> sten Stand des Erdbodens als Ehegattin zu schmücken – und dennoch in die Hände des
> einzigen Menschen in der Welt zu fallen, der sie so hätte behandeln können, wie du sie
> behandelt hast! – Und nun auch noch den alten Drachen, wie du sie sehr schicklich
> nennst, auf das schon vorhin todtbange Mädchen loszulassen, welche Barbarey war das!
> Und welch ein armseliges Stück Barbarey! – Alles, alles, um das durch Schrecken zu
> gewinnen, was du durch Liebe und durch die unergründlichsten Kunstgriffe zu gewin-
> nen verzweifeltest. (Kosegarten, V, 523)

---

248 Kosegartens Text enthält den in Klammern gefaßten Einschub der dritten Auflage, so daß
   man zumindest für diesen Band von der dritten englischen Ausgabe als Textgrundlage
   ausgehen kann.
249 "Poor, poor Lady! With such noble qualities as would have adorned the most exalted mar-
   ried life, to fall into the hands of the *only* man in the world, who could have treated her as
   thou hast treated her! – And to let loose the old dragon, as thou properly callest her, upon
   the before-affrighted innocent, what a barbarity was *that*! What a *poor* piece of barbarity!
   in order to obtain by Terror, what thou despairedst to gain by Love, tho' supported by
   stratagems the most insidious!" (Stuber, V, 293)

262

Kosegarten macht aus "before-affrighted innocent" "das schon vorhin todtbange Mädchen." Die Übersetzung von "affrighted" mit "todtbang" intensiviert die Aussage des Originals. "Barbarity" als "Barbarei" wiedergegeben, behält den englischen Ausdruck bei, auch die Metapher "der alte Drachen" für Mrs Sinclair ist kommentarlos übernommen.

• **Schmid**

Wie die ausführliche Darstellung des Stillens belegt, benutzt der Mannheimer Übersetzer für die Beschreibung Clarissas als Mutter den Text der ersten Auflage. Seine Version lautet:

> Der Henker hohle mich, Belford, wenn ich nicht das glänzendste Diadem dieser Welt für das Vergnügen hingeben wollte, einen kleinen Lovelace an jeder ihrer reitzenden Brüste seine erste Nahrung einsaugen zu sehen, wenn sie dies Werk der Liebe einen Monath fortsetzte – Doch nicht länger!
> Mich deucht, ich sehe jetzt dieses reitzendste aller Mädchen in diesem liebevollen Geschäfte mit ihren niedlichen Fingern die edle Feuchtigkeit in den Purpurmund von jedem der gierigen Säuglinge wechselweise drücken; Ihr, des Vergangnen sich erinnernder Blick wird unter einem Seufzer mütterlicher Zärtlichkeit bald auf den einen, bald auf den andern gerichtet, und dann nach meinem wonnevollen Auge hingewandt, voll des heißen Wunsches, sowohl um der artigen Buben, als um ihrer selbst willen, daß ich sie zu legitimiren würdigen, daß ich mich entschließen möchte, die ehelichen Bande anzulegen. (Schmid, VIII, 19-20)

Die Übersetzung verzichtet darauf, Lovelaces Kinder ausdrücklich als Zwillinge zu benennen, und weicht auf eine Umschreibung aus. "This most charming of women" findet sich als "reitzendste aller Mädchen" und betont dadurch Clarissas Jugend. "Her conscious eye" erfährt eine freie Behandlung, die Übersetzung als "ihr, des Vergangnen sich erinnernder Blick" ändert die Vorlage interpretatorisch, ohne jedoch wie Kosegarten mögliche moralische Einwände im voraus zu entkräften. Gleiches geschieht im folgenden Halbsatz, wenn Clarissa "voll des heißen Wunsches" nach der Vermählung mit Lovelace zu ihm hinübersieht. Aus den "nuptial fetters" des Originals werden beschönigende "eheliche Bande." Auch die Feuerszene läßt eine ähnliche Behandlungsweise durch Schmid erkennen:

> Als ich bis zu ihrer Thüre geflogen war, da sah ich das reitzendste Geschöpf von der Welt ... sie hatte nichts an, als einen Unterrock, ihr liebenswürdiger Busen war halb offen, und an den Füßen hatte sie nichts, als übergetretne Schuhe ...
> O, Jakob, wie ihr süßer Busen, da ich ihn an den meinigen drückte, sich hob und sank! Ich konnte es sogar fühlen, wie ihr liebes Herz mir entgegenklopfte, und einige Augenblicke fürchtete ich, sie möchte Konvulsionen bekommen. (Schmid, VIII, 90-91)

Der Übersetzer erhält die "explizite" Darstellung, verzichtet aber auf die Drei-fachnennung von "flutter" und überträgt es als "klopfen." Der Superlativ des Originals bleibt erhalten, die Anrede "Jakob" ist eine wörtliche Übersetzung der Vorlage.

Die Übertragung der Vergewaltigungsszene wirft demgegenüber eine An-zahl an Fragen auf:

> Ich erinnre mich, daß ich um Erbarmung bath – Ich erinnerte mich, daß ich sagte: Ich wollte die Seinige werden - in Wahrheit, ich wollte die Seinige werden – nur um Erbar-mung von ihm zu erhalten – Aber ich fand keine Erbarmung! – meine Kräfte, mein Ver-stand verließen mich – Und dann folgten solche Scenen – Ach meine Beßte, solche schreckliche Scenen! – Ohnmachten über Ohnmachten (deren ich mich nur schwach und unvollkommen erinnere) konnten mir kein Mitleid verschaffen – Nur Tod blieb fern von mir. Dieser wäre eine zu große Wohlthat gewesen! (Schmid, XI, 253)

Wie der Einschub zeigt, scheint der Mannheimer Übersetzung an dieser Stelle ebenfalls der Text der dritten englischen Auflage zugrunde zu liegen. Im Gegen-satz zu Kosegarten übernimmt der Übersetzer jedoch überwiegend die Inter-punktion und benutzt zwei Ausrufezeichen an den gleichen Stellen wie im Ori-ginal. Der erste Satz weist statt des Punktes der dritten den Bindestrich der er-sten Auflage auf. Clarissas Ausruf "my dear" findet sich als "meine Beßte" wie-der. Die Personifikation des Todes bleibt erhalten und wird aktivisch gestaltet, ohne daß dadurch der Effekt der Kosegarten-Übersetzung erreicht würde. Belfords anklagende Worte an seinen Freund greifen die Metaphorik des Origi-nals auf. In der Mannheimer Fassung liest man:

> Die arme, arme Lady! Mit solchen edeln Eigenschaften, die die angesehenste Ehe wür-den gezieret haben, in die Hände des einzigen Mannes in der Welt zu fallen, der sie so behandeln konnte, wie Du die behandelt hast! Und den alten Drachen, wie Du dieses Weib mit Recht genannt hast, gegen das vorher schon erschrockne unschuldige Mäd-chen loszulassen, was für eine Unmenschlichkeit war das! Was für eine a r m s e l i g e Unmenschlichkeit war dies, die blos zur Absicht hatte, dasjenige durch Schrecken zu erhalten, was Du durch Liebe zu erhalten hoftest, ob Du gleich die arglistigsten Kunst-griffe zu Hilfe genommen hattest! (Schmid, X, 78)

Im Einklang mit der bereits in früheren Zitaten festgestellten Tendenz über-nimmt der Mannheimer Übersetzer auch in diesem Fall "lady" für die deutsche Fassung. Wie die Göttinger Übersetzung sieht auch diese Version die Metapher für Mrs Sinclair als erklärungsbedürftig an und ersetzt das Possessivpronomen des Originals durch das Substantiv "Weib." Der letzte Satz stellt den Übersetzer erneut vor Schwierigkeiten bei der Übertragung der englischen Syntax. Er löst das Problem durch die Verbindung der letzten beiden englischen Sätze unter Hinzufügung eines Relativsatzes und macht den im Englischen elliptischen Text lesbarer.

6.2.12 Prostitution: erotische Beschreibung als Abschreckung

• **Michaelis**

"Explizite" Darstellungen dienen nicht nur der Abschreckung. Beschreibungen der tugendhaften, engelsgleichen Clarissa werden mit anzüglichen Darstellungen des Bordells kontrastiert. Mrs Sinclairs Todeskampf enthält die ausführlichste und zugleich abstoßendste Beschreibung der Prostituierten. Belford wird an das Krankenlager der Bordellbesitzerin gerufen und erhält wird Zeuge des jedem "Kunden" vorenthaltenem privaten Erscheinungsbild der Prostituierten: nicht länger sorgfältig herausgeputzt als optisches Lockmittel für die Freier, bieten sie ihm den seltenen Anblick der Realität hinter der Maske des schönen Scheins:

> There were no less than eight of her cursed daughters surrounding her bed when I enter-
> ed; one of her partners, Polly Horton, at her head; and now Sally, her other partner, and
> *Madam* Carter ... made the number ten: All in shocking dishabille and without stays ...
> The other seven seemed to have been but just up, risen perhaps from their customers in
> the fore-house, and their nocturnal orgies, with faces, three or four of them, that had run,
> the paint lying in streaky seams not half blowzed off, discovering coarse wrinkled skins
> ... They were all slipshod; stockingless some; only underpetticoated all; their gowns,
> made to cover straddling hoops, hanging trollopy, and tangling about their heels; but
> hastily wrapped round them as soon as I came upstairs. And half of them (unpadded,
> shoulder-bent, pallid-lipped, feeble-jointed wretches) appearing from a blooming nine-
> teen or twenty perhaps overnight, haggard well-worn strumpets of thirty-eight or forty.
> I am the more particular in describing to thee the appearance these creatures made in
> my eyes when I came into the room, because I believe thou never sawest any of them,
> much less a group of them, thus unprepared for being seen [a] ... If thou *hadst*, I believe
> thou wouldst hate a profligate woman as one of Swift's Yahoos, or Virgil's obscene
> Harpies squirting their ordure upon the Trojan trenchers; since the persons of such in
> their retirements are as filthy as their minds.
>
> [a] Whoever has seen Dean Swift's *Lady's Dressing Room* will think this description of
> Mr Belford not only more natural but more decent painting, as well as better justified by
> the design, and by the use that may be made of it. (Ross, pp. 1387-88)

Die hier gelieferte Ekphrasis ist ein invertierter *catalogue of beauties*, innerhalb dessen die einzelnen Körperteile der Verehrten nicht länger preiswürdig, sondern abschreckend sind. Die Prostituierten ähneln menschlichen Wesen nur wenig, und so bezeichnet Belford sie auch vielsagend als "Kreaturen."

Neben der abschreckenden Zeichnung erweckt die kommentierende Wortwahl Konnotationen des Diabolischen und Unmenschlichen: "Cursed daughters," "obscene Harpies" und "Yahoos" sind nur einige der Beschreibungen, mit denen dem Leser die abstoßende Szenerie nahegebracht wird. Auch der Verweis auf Swifts notorisch-skatologisches Gedicht steht im Dienst der Illustration des Beschriebenen. Richardson zeigt sich bemüht, die Phantasie des Lesers mit kon-

zentrierten Mitteln in die von ihm intendierte Richtung zu lenken: Darstellung
wie Fußnote unterstreichen die Bedeutsamkeit der Szene für die Didaxe des
Romans.

Der Grund für die schonungslose Drastik der Darstellung liegt ebenso in
der Kontrastierung mit Clarissas unschuldiger, unfreiwilliger Entblößung in der
Feuerszene wie in der moralischen Verurteilung der Prostituierten. Tugend des
Körpers und der Seele sind untrennbar; unsittliches Treiben, wie es die Prostituierten ausüben, hat zwangsläufig Folgen für ihr seelisches Befinden und endet
überdies im körperlichen Verfall. Für Belford heiligt daher der Zweck die Mittel: seine Darstellung ist wie die "Schocktherapie" Swifts in "The Lady's Dress-
ing Room."

Der Göttinger Übersetzer wagt eine detailgetreue Übertragung und behält
auch die Fußnote bei:

> Es waren nicht weniger, als achte von ihren verfluchten Töchtern, die ihr Bett besetzt
> hatten, als ich hineintrat. Die eine von denen, welche an ihrem Gewinn Theil nehmen,
> Maria Horton, war an ihrer aller Spitze: und nun machte Sarah, die andere, die mit dem
> alten Weibe in Gesellschaft stehet, mit der **Frau** Carterinn, wie sie dieselbe nennen; ...
> die Zahl von zehn voll. Alle waren auf eine ärgerliche Art entkleidet und ohne Schnür-
> brust ...
>
> Die andern sieben schienen nur eben erst aufgestanden zu seyn: vielleicht von ihren
> Kundleuten in dem Vörderhause und von dem nächtlichen Bachusfeste; mit Gesichtern,
> worauf bey dreyen oder vieren unter ihnen, die gelaufen hatten, die Schminke in strei-
> fichten Strichen, welche nicht halb abgewischt waren, annoch lag, und eine grobe runz-
> lichte Haut entdeckte ... Sie hatten alle nur die Spitzen von den Füßen in die Schuhe ge-
> steckt. Einige waren ohne Strümpfe: alle bloß in einem Unterrock. Ihre Oberröcke, die
> gemacht waren, weite Reiffen zu bedecken, hingen schlumpisch, und schlugen um ihre
> Fersen herum ... Die Hälfte von ihnen waren ungestalte, schiefe, elende Geschöpfe, mit
> blassen Lippen, hingen nur schwach zusammen, und schienen aus blühenden Schönhei-
> ten von neunzehn oder zwanzig Jahren vielleicht über Nacht zu scheuslichen und wohl-
> geübten Huren von acht und dreißig oder vierzig Jahren geworden zu seyn.
> Ich beschreibe dir das Ansehen, das diese Creaturen in meinen Augen machten, da ich
> in das Zimmer kam, um desto genauer, weil ich glaube, daß du niemals irgend eine von
> ihnen, viel weniger einen ganzen Haufen gesehen hast, wenn sie so wenig vorbereitet
> gewesen, sich sehen zu lassen (*) ... **Hättest** du es gethan: so würdest du, wie ich
> glaube, ein liederliches Weibsbild so, wie eine von des Swifts Yahoos, oder des Virgils
> unflätigen Harpyen, die ihren Unrath auf die Teller der Trojaner fallen ließen, hassen:
> indem solche Frauensleute in ihren Kammern eben so unsauber von Person, als von
> Gemüthe, sind = =
> (*) Wer des Dechant Swifts Putzstube der Frauenzimmer gesehen hat, wird diese Be-
> schreibung des Hrn. Belfords nicht allein für eine natürlichere, sondern auch geziemen-
> dere Abschilderung halten, die sich auch durch die Absicht und den Nutzen, wozu man
> sie anwenden kann, besser rechtfertigen läßt. (Michaelis, VII, 541-43)

Die Unterschiede zwischen deutscher Version und Original sind minimal. So
wird etwa "Partners" mit dem Relativsatz "die an ihrem Gewinn Theil nehmen"
etwas umständlich übersetzt statt eine Alternative wie "Teilhaberin" zu wählen.

266

("Wie gar ein andres Sterbebette zeigt sich uns in diesem Blatte! Es ist das Todbette jener schändlichen Sinclair ... Izt soll sie sterben, und will nicht ... Um das Bette schwärmet eine Anzahl Buhl-Dirnen, ausgemergelter überwachter Mezzen im ekelhaftesten Neglige;" "Zwei und zwanzigstes Blatt," *Clarissens Schiksale*, ed. Kosegarten, n.p. Faksimile, vergrößert.)

Was den Übersetzer dazu bewogen hat, den Vornamen der Horton von Polly zu Maria zu ändern, ist unbekannt. Die Phrase "in shocking dishabille" wird hingegen zu einem angemessenen "auf eine ärgerliche Art ent kleidet" aufgelöst, offenkundig, weil "in schockierender Entkleidung" im Deutschen unidiomatisch wirkt. "Nocturnal orgies" findet im metaphorischen "nächtlichen Bachusfeste" eine in etwa adäquate Entsprechung: der Übersetzer vermeidet das drastische Wort "Orgie," behält jedoch dessen Semantik bei. Besonders auffällig ist die Veränderung der Syntax im letzten zitierten Satz: "appearing from a blooming nineteen or twenty perhaps overnight, haggard well-worn strumpets of thirty-eight or forty" stellt einen Übersetzer durch den für das Englische typischen freien Umgang mit Konversionen vor eine Herausforderung. Hier adjektiviert er die substantivierten Zahlen unter Hinzufügung des Nomens "Jahren" und führt zusätzlich das Substantiv "Schönheit" ein. Auf diese Weise benötigt der Göttinger Übersetzer gegenüber dem Original zwei zusätzliche Substantive, kann jedoch eine unübersichtliche Adjektivhäufung wie "blühende, neunzehn- oder zwanzigjährige Schönheiten" umgehen. Schließlich findet auch die Passivkonstruktion "unprepared for being seen" in "so wenig vorbereitet ..., sich sehen zu lassen" ihre zeitgenössische Entsprechung.

- **Kosegarten**

Abgesehen von unbedeutenden Änderungen im Bereich der Akzidenzien (Groß- und Kleinschreibung, einiger weniger veränderter Partizipien sowie Partikel) sind die erste und dritte Auflage textidentisch.[250] Kosegarten übersetzt:

---

[250] "There were no less than Eight of her cursed daughters surrounding her bed when I entered; one of her partners, Polly Horton, at her head; and now Sally, her other partner, and *Madam* Carter ... made the number Ten: All in shocking dishabille, and without stays ...

The other Seven seemed to have been but just up, risen perhaps from their customers in the fore-house, and their nocturnal Orgies, with faces, three or four of them, that had run, the paint lying in streaky seams not half blowz'd off, discovering coarse wrinkled skins ... They were all slipshod; stockenless some; only under-petticoated all; their gowns, made to cover straddling hoops, hanging trolloppy, and tangling about their heels; but hastily wrapt round them, as soon as I came up-stairs. And half of them (unpadded, shoulder-bent, pallid-lipt, limber-jointed wretches) appearing, from a blooming Nineteen or Twenty perhaps over-night, haggard well-worn strumpets of Thirty-eight or Forty.

I am the more particular in describing to thee the appearance these creatures made in my eyes when I came into the room, because I believe thou never sawest any of them, much less a group of them, thus unprepared for being seen (*a*) ... If thou *hadst*, I believe thou wouldst hate a profligate woman, as one of Swift's Yahoos, or Virgil's obscene Harpyes, squirting their ordure upon the Trojan trenchers; since the persons of such in their retirements are as filthy as their minds ...

(*a*) Whoever has seen Dean Swift's Lady's Dressing-Room, will think this description of Mr. Belford not only more *natural*, but more *decent painting*, as well as better justified by the *design*, and by the *use* that may be made of it" (Stuber, VIII, 50-52).

268

Bei meinem Hereintreten fand ich nicht weniger denn acht ihrer abscheulichen **Töchter** um ihr Bette her versammelt, und ihre Genossin, **Marie Horton**, an deren Seite. Mit Sara Martin, ihrer zwoten Gehülfin, und der so genannten Madame Carter (denn anders als **Madame** nennt sich das Geschmeiß einander nicht) welche beide mit hereintraten, waren ihrer nun zehn. Alle ungeschnürt, und im ekelhaften Deshabillé ...
Die andern Sieben schienen erst eben aus den Federn gekommen zu seyn – aufgestanden vielleicht von ihren Buhlen in dem Vorderhause, und ihren erst halbverschlafenen Orgien. Scheuslich ekelhaft sahen sie aus. Einigen hatte der niedertraufende Schweiß in der dickaufliegenden Schminke einzelne Rinnen gegraben, durch welche sich dann eine grobe und runzliche Haut entdeckte ... Alle mit einander slarpten mit niedergetretenen Schuhen; einige waren noch ohne Strümpfe; die meisten in bloßen Unterröcken; andere aber schleiften die weiten, zur Bedeckung ungeheurer Hüftküssen geschnittenen Schlenter wüst und schlotterig um die Fersen herum, so behend sie sich auch um sich herumwickelten ... – die Hälfte des Geschmeißes (welke, krummschultrige, bleichlippige, gliederreiche Kreaturen) die die Nacht über blühende Schönheiten von neunzehn oder zwanzigen gespielt haben mochten, zeigten sich itzt als hagre abgenutzte Metzen von acht und dreißig bis vierzig.

Ich bin in Beschreibung dieses Aufzugs, darinn diese Kreaturen bey meinem Eintritt ins Zimmer mir ins Auge fielen, um so umständlicher, da ich glaube, daß Du nie eine einzelne derselben, weniger eine ganze Gruppe in einem so unvorbereiteten Zustande ertappt habest ... Hätte Dich der Zufall einst auf ähnliche Art begünstigt, so weiß ich, würde Dir ein liderliches Mensch eben so anekeln, als eine von Swifts Yahoos oder Virgils unflätigen Harpyien. (Kosegarten, VIII, 257-58)

In Kosegartens Fassung fällt zunächst die zusätzliche Heraushebung einzelner Namen auf. Ist in der englischen *Clarissa* lediglich die Anrede *Madam* für Mrs Carter kursiviert, so gilt dies im deutschen Text überdies für den Namen Mary Horton und das Substantiv "Töchter." In der Bezeichnung "Töchter" gibt Kosegarten einen ironisch-verächtlichen Unterton zu erkennen, eine Färbung, die auch in der Verwendung des pejorativen "Geschmeiß" auffällt, für das im Original ein Pronomen benutzt wurde. Wie bereits in der Göttinger Fassung fällt die Änderung des Vornamens von Polly zu Marie ins Auge. Eine Erklärung für diesen Wechsel liegt in Kosegartens Rückgriff auf die Göttinger Übersetzung an dieser syntaktisch anspruchsvollen Stelle. Da die französische Übersetzung des Abbé Prévost die Szene ausläßt und in Le Tourneurs Version die Prostituierte "Polly Horton" heißt (Le Tourneur, X, 35), kommen beide als Vorlage für den Namenswechsel nicht in Betracht.

Kosegarten behält französierende Begriffe wie "Deshabillé" bei und ändert die englische Anrede "Madam" in "Madame." Solche Details illustrieren in anschaulicher Weise den französischen Einfluß auf deutsches Leben im achtzehnten Jahrhundert. Überdies setzt das feminine Suffix in "Genossin" die bereits aufgezeigte Tendenz zur sprachlichen Differenzierung zwischen maskulinen und femininen Substantivendungen fort.

Eine interessante Variante gegenüber Original und Göttinger Übersetzung liegt in der Übertragung von "nocturnal orgies" als "halbverschlafene[n] Orgien" vor. Kosegarten ergänzt mit diesem Adjektiv Belfords visuellen Eindruck von den Prostituierten. Aufgrund ihres nächtlichen Gewerbes erscheinen sie ihm in halbwachem Zustand. Während Richardsons Belford diese Vermutung nicht ausspricht, legt seine Beschreibung ihres Äußeren die Annahme aber nahe. Die mit Hilfe von Schachtelsätzen gelieferte Darstellung der Prostituierten wird zugunsten zweier Satzgefüge aufgelöst, zwischen denen Kosegarten einen Satz einschiebt ("Scheuslich ekelhaft sahen sie aus"). Die vorangestellte Beurteilung des Folgenden gibt dem Leser einen Interpretationshinweis an die Hand und lenkt so dessen Aufnahme der Szene im Sinne der Übersetzerintention. Die semantische Erweiterung durch die freie Übertragung von "to see" mit "ertappen" gibt den verschämten Eindruck, den die Gruppe bei Belfords Eintritt macht, interpretierend wieder. Der Verweis auf Swifts Gedicht ist entgegen der Vorankündigung, Fußnoten nicht zu übernehmen, beibehalten, findet sich jedoch in den Fließtext inkorporiert.

• **Schmid**

Auch Schmid hält sich eng an die englische Vorlage und übersetzt ohne Auslassungen. Im Vergleich zu Kosegartens Fassung zeigen sich jedoch einige bemerkenswerte Abweichungen:

> Es waren nicht weniger, als acht ihrer verfluchten Töchter da, die ihr Bette umgaben, als ich hineintrat, die eine von ihren Kompagnoninnen, die Marie Horton, die oben ihr zu Kopfe stand, und dann die Sarah, ihre andre Kompagnoninnen, und Madam Carter ... machten die Anzahl von zehen voll. Alle waren in eckelhaften Nachtkleidern und ohne Reifröcke, die Sarah, die Carter, und die Marie ausgenommen ... Die andern sieben schienen erst aus den Bettern zu kommen, waren vielleicht von ihren Kunden im Vorderhause, und von ihren Nachtschwärmereien aufgestanden. Drey oder vier von ihnen hatten verdorbne Gesichter, auf denen die Schminke, nicht halb abgewischt, in streifigten Strichen lag, und eine grobe runzlichte Haut durchschimmern ließ ... Sie waren alle in übergetretnen Schuhen, einige ohne Strümpfe, alle blos in Unterröcken, ihre Kleider, die eigentlich bestimmt waren, spreitzende Reifen zu decken, hiengen schleppend herab, und schlugen ihnen um die Füsse, aber geschwind rafften sie sie zusammen, so bald sie mich heraufkommen hörten. Und die Hälfte von ihnen (hager, hochachslicht, mit bleichen Lippen, schwach gliedrigte elende Geschöpfe) schienen, anstatt blühender neunzehn oder zwanzig jähriger Mädchen, (das sie vielleicht erst gestern geworden waren) gräßliche abgenutzte Huren von acht und dreyßig oder vierzig Jahren zu seyn. Ich beschreibe Dir die Art, wie diese Kreaturen meinen Augen erschienen, als sie ins Zimmer kamen, desto ausführlicher, da ich glaube, daß Du nie eine von ihnen, noch viel weniger die ganze Gruppe, gesehn hast, daß sie so wenig vorbereitet waren, Dich zu sehn.*) ... Hättest Du sie so gesehn, so glaube ich, Du würdest ein lüderlich Weibsbild hassen, wie eins von Swift's Yahoos, oder wie eine von Virgil's garstigen Harpyen, die ihren Unrath auf die Speisen der Trojaner spritzen, indem die Körper solcher Personen, wenn sie für sich sind, eben so schmutzig zu seyn pflegen, als ihre Seelen. Du würdest sie eben so sehr hassen, als ich, ein wahrhaftig tugendhaftes Frauenzimmer bewundern, ja beinahe anbeten.

*) Wer Lady's Anziehzimmer von Swift gesehn hat, wird urtheilen, daß diese Be-
schreibung des Hrn. Belford nicht allein natürlicher, sondern auch mit mehr Anstand
ausgeführt, so wie auch mehr durch die Absicht, und durch den Gebrauch, der davon
gemacht wird, gerechtfertigt ist. (Schmid, XV, 325-28)

Auch diese Beschreibung behält die drastisch-eindringliche Bildhaftigkeit des
Originals bei. Das englische "orgy" wird indes zu "Nachtschwärmereien" abgeschwächt, der Verweis auf die "Kunden" der Prostituierten betont den wirtschaftlichen Charakter ihres Unternehmens. Wie bei Michaelis und Kosegarten
heißen Mrs Sinclairs "Kompagnoninnen" Marie und Sarah.

Der Übersetzer bemüht sich um Reproduktion der Syntax seiner Vorlage
und erhält neben den Hypotaxen auch den durch Klammern abgetrennten Einschub. Die Neologismen (etwa "shoulder-bent," "feeble-joined") des Originals
werden aufgelöst und in adverbiale Bestimmungen verwandelt ("hochachslicht,"
"schwach gliedrigt"). Daneben steht jedoch auch eine Änderung im letzten Satz
des ersten Paragraphen. Im Original verweist Belford durch die Verwendung
von "appearing" auf die Tatsache, daß in diesem "Gewerbe" blühende junge
Mädchen zu Schatten ihrer selbst werden, ihre Anziehungskraft verlieren und
doppelt so alt wirken wie sie in Wirklichkeit sind. Der Übersetzer stellt einen
anderen Zusammenhang her: "appearing from a blooming nineteen or twenty
perhaps overnight, haggard well-worn strumpets of thirty-eight or forty" überträgt er als "schienen, anstatt blühender neunzehn oder zwanzig jähriger Mädchen (das sie vielleicht erst gestern geworden waren) gräßliche abgenutzte Huren von acht und dreißig oder vierzig Jahren." Während Richardson auf die
eklatante Opposition zwischen äußerer Erscheinung und wahrem Alter hinweist,
legt der Übersetzer hingegen den Schwerpunkt auf das blutjunge Alter der Mädchen.

Die Fußnote ist ebenfalls übertragen und scheint dem Übersetzer – im Gegensatz zum überwiegenden Teil der Originalfußnoten – für Darstellung und
Interpretation wichtig zu sein. Vermutlich war fundierte Faktenvermittlung aus-
schlaggebend für die Entscheidung, den Verweis beizubehalten.

6.2.12.1 "Do not crop my Rosebud:" erotische Darstellung als Warnung

• **Michaelis**

Richardson setzt potentiell erotische Darstellungen auch als Warnung für den
(weiblichen) Leser ein. In seinem zweiten Brief etwa gibt Lovelace sich als
trinkfester Libertin mit losen Moralvorstellungen zu erkennen und fordert

Belford auf, ihm in der Abgeschiedenheit des Gasthofs nahe Harlowe Place Gesellschaft zu leisten. Seine Ortsbeschreibung enthält diese Beobachtung:

> Thou wilt find me at a little alehouse; they call it an inn; the White Hart; most terribly
> wounded (but by the weather only) the sign ... There is a pretty little smirking daughter,
> seventeen six days ago: I call her my Rosebud. Her grandmother (for there is no mother)
> ... has besought me to be merciful to her ... Many and many a pretty rogue had I spared,
> whom I did not spare, had my power been acknowledged and my mercy been in time
> implored. But the *debellare superbos* should be my motto, were I to have a new one ...
> But I charge thee, that thou do not (what I would not permit myself to do, for the world–
> I charge thee, that thou do not) crop my Rosebud ... Oh Jack! spare thou therefore ... my
> Rosebud! ... Unsuspicious of her danger, the lamb's throat will hardly shun thy knife!–
> Oh be not thou the butcher of my lambkin! (Ross, pp. 161-62)

Diese Exposition macht das Lesepublikum mit Lovelaces wichtigsten Wesens-
merkmalen vertraut. Lovelace zeigt sich seinem Briefpartner gegenüber unein-
geschränkt ehrlich: keine noch so vertrauliche Information erscheint ausgelas-
sen. Unterstrichen wird der intime Charakter der Beziehung durch die "thou"-
Form ebenso wie durch den Inhalt des Briefes. Lovelace präsentiert sich als
Frauenheld, der keine Gelegenheit zu einem Abenteuer ausläßt und sich seiner
Anziehungskraft auf Frauen bewußt ist ("had my power been acknowledged").
Er zögert deshalb auch nicht, in Rosebud ein neues Opfer zu sehen. Der erste
Schritt auf dem Weg zur Eroberung besteht in der Entwicklung eines Vertrau-
ensverhältnisses, wie es durch den Kosenamen "Rosebud" indiziert ist. Gleichwohl forciert er sein Unternehmen nicht. Lovelaces Beweggründe für solch ungewöhnliche Zurückhaltung dem jungen Mädchen gegenüber enthüllen sein
wahres Ich. Er ist ein eitler, stolzer Mann, der darauf besteht, daß seine Fähigkeiten anerkannt werden und der anscheinend immer aus Kalkül handelt. So ist
seine Schonung des Mädchens Teil des größeren Plans, Clarissa für sich zu gewinnen. Diesem Unterfangen müssen andere Absichten weichen, und zwar, wie
er Belford zu verstehen gibt, nicht nur seine eigenen, sondern auch die seines
Freundes ("spare thou therefore ... my Rosebud!"). Schon die ersten Briefe lassen ahnen, welche Aufgabe Clarissa zu bewältigen hätte, wollte sie ihn tatsächlich zum Ehemann nehmen und reformieren. Weiterhin legen sie Zeugnis davon
ab, in welche Gefahr Clarissa sich durch eine Verbindung mit Lovelace brächte.
Lovelaces schillernde Persönlichkeit ist dafür verantwortlich zu machen, wenn
Richardsons Bemühen um didaktische Unterweisung zumindest partiell scheitert. Wortwahl und Stil lassen bereits in diesem Brief Bildung, Esprit und Wortwitz durchscheinen. Insbesondere die wortspielerische Metaphorik ("the White
Hart; most terribly wounded (but by the weather only) the sign;" "crop my Rosebud," "the lamb's throat ...," "be thou not the butcher of my lambkin") stellt
jeden Übersetzer vor kaum lösbare Aufgaben.
Michaelis macht daraus:

Du wirst mich in einer kleinen **Bier=Schencke**, die die Leute ein **Wirths=Haus** nennen, antreffen. Das Zeichen ist zum weissen Hirsch. Dieser Hirsch ist sehr verwundet, doch nur durch das Wetter ... Es ist eine kleine freundliche Tochter im Hause, die vor sechs Tagen siebenzehn Jahr alt ward: ich nenne sie nur mein **Rosen=Knöspchen**. Sie hat keine Mutter am Leben: Die Gros=Mutter ... hat mich gebeten Mitleyden mit dem armen Mädchen zu haben, und es nicht zu verführen ... Manches kleinen schelmischen Mädchens würde ich geschont haben, wenn mein Vermögen es zu verführen erkannt, und ich früh genug um Barmhertzigkeit gebeten wäre. Mein Wahlspruch soll immer das *Depellare superbas* seyn, wenn ich mich wider in eine neue Liebe einlassen kann ... Allein ich warne dich zum voraus, daß du dich nicht unterstehst zu thun, was ich selbst für die gantze Welt nicht thun wollte, nehmlich, mein Rosen=Knöspchen abzubrechen ... Schone mir deshalb dieses Rosen–Knöspchen ... Ohne an die Gefahr zu dencken, wird dieses Lamm seinen Hals kaum vor deinem Messer zurück ziehen. Allein werde ja an meinem Lamm nicht zum Schlächter. (Michaelis, I, 384-88)

Michaelis zieht die Auflösung der verschachtelten Syntax des ersten Satzes in zwei Sätze vor. Der verkürzte Relativsatz "seventeen six days ago" widerspricht den deutschen Syntaxregeln und wird daher als vollständiger Relativsatz übersetzt. Aus "pretty little smirking daughter" wird "kleine freundliche Tochter." Damit geht ein pejorativer Unterton des Originals verloren. Unter dem Lemma "to smirk" findet sich bei Johnson "to look affectedly soft or kind," Rosebuds Freundlichkeit wirkt im Englischen also künstlich und aufgesetzt. Die Übersetzung macht aus "Rosebud" das Diminutiv "Rosenknöspchen," durch das die Jugend des Mädchens unterstrichen wird.

Lovelaces Bildung, Esprit und Wortwitz zeigen sich im geistreichen "Umschreiben" des Virgil-Zitats "debellare superbos" (Ross, p. 162),[251] das der deutsche Leser als "depellare superbas" vorfindet. Die erste Abweichung, "depellare," ist mit hoher Wahrscheinlichkeit auf einen Druckfehler zurückzuführen. Der Satz enthält jedoch einen Bedeutungsunterschied: "But the *debellare superbos* should be my motto, were I to have a new one" wird mit "mein Wahlspruch soll immer das *Depellare superbas* seyn, wenn ich mich wider in eine neue Liebe einlassen kann" übersetzt. Die Substitution von "superbos" durch die feminine Form "superbas" gestaltet den deutschen Text origineller: Lovelace bekämpft nun stolze Frauen und verlegt die "Kampfeshandlung" vom Schlachtfeld an die Stätte der Verführung. Michaelis bezieht die anschließende Partikel "one" auf eine neue Liebe und bleibt somit seiner Bildlichkeit treu.

Auf den weiteren Seiten des Briefs erläutert Lovelace seine Verführungskünste bei jungen Mädchen und Frauen. Für ihn ist Verführung ein Spiel, bei dem der Weg das Ziel ist, der Reiz also in der Verführung liegt; sobald er sein Ziel erreicht hat, verliert er jegliches Interesse an der Person. Clarissa ist aus diesem Grund eine besondere Herausforderung an Lovelaces Selbstwertgefühl, ist sie doch nicht nur die personifizierte Tugend, sondern auch Mitglied einer

---

251 Vergil, *Äneis*, VI, 853: "parcere subjectis et debellare superbos."

ihm verhaßten Familie. Die charakterlichen Differenzen zwischen Clarissa und Lovelace sind unüberbrückbar, und seine Motive beruhen nur zum Teil auf seinen Gefühlen ihr gegenüber. Eine Verbindung zwischen ihnen, so wird der Leserschaft bereits in der frühen Korrespondenz vor Augen geführt, könnte keinen glücklichen Ausgang nehmen.

Diese Beispiele verdeutlichen die Notwendigkeit erotischer und/oder mit sexuellen Andeutungen durchsetzter Szenen. Sie untergraben die moralisch-didaktische Intention des Romans keineswegs, sondern dienen vielmehr der Leserlenkung. Abschreckung durch deutliche Beschreibung des durchtriebenen Bordellpersonals, durch beispielhafte Darlegung eines Charakters wie Lovelace als Warnung vor den Praktiken dieses Männertyps und nicht zuletzt die expliziten Schilderungen der Feuer- und Vergewaltigungsszene dienen besonders den Leserinnen als Warnung.

Michaelis ist sich dieser Bedeutung bewußt und deshalb um möglichst originalgetreue Abschreckung durch die Drastik der sexuellen Vorgänge bemüht.

• **Kosegarten**

Die erste und dritte englische Auflage sind hier textidentisch, die dritte Auflage nimmt lediglich orthographische Änderungen vor,[252] so daß die Frage nach dem Grundtext hier unerheblich ist. Am auffälligsten ist die Schreibweise der jungen Rosebud in der dritten Auflage, die hier mit Hilfe eines Bindestrichs eine Konversion zum zusammengesetzten Substantiv unterläuft. Kosegarten übersetzt die Stellen wie folgt:

Du wirst mich in einem Wirthshause finden – in einem Kruge nennen sie es – im weissen Hirsche – Der arme Hirsch ist aber jämmerlich zugerichtet, doch nur durchs Wetter – ... Es ist eine kleine freundliche Dirn im Hause, Siebzehn seit acht Tagen. Ich nenne sie nur mein Rosenknöspchen. Ihre Großmutter – die Mutter lebt nicht mehr – hat mich gebeten, ihr Barmherzigkeit widerfahren zu lassen ... Viele und manche Spitzbübinnen hätt' ich geschont, die ich nicht geschont habe, hätten sie in meiner Allgewalt mich anerkannt und meine Barmherzigkeit bei Zeiten erfleht. Aber das *Debellare superbas* sollte mein Wahlspruch seyn, wenn ich mir einen neuen wählen wollte ... Aber ich gebiete Dir, daß Du nicht thuest, was ich um die ganze Welt nicht thun möchte, daß Du – mein Rosenknöspchen nicht pflückest ... Darum schone Hans, ich sage Dir, schone

---

252 "Thou wilt find me at a little Alehouse; they call it an Inn: The white Hart; most terribly wounded (but by the weather only) the Sign: ... Here is a pretty little smirking Daughter; Seventeen six days ago. I call her my Rose-bud. Her Grandmother (for there is no Mother) ... has besought me to be merciful to her ... Many and many a pretty rogue had I spared, whom I did *not* spare, had my power been acknowleged, and my mercy in time implored. But the *Debellare superbos* should be my motto, were I to have a new one ... But I charge thee, that thou do not (what I would not permit myself to do for the world–I charge thee, that thou would not) crop my Rose-bud ... O Jack! Spare thou therefore ... my Rose-bud!" (Stuber, I, 231-32)

274

mein Rosenknöspchen – ... Ohne Ahndung seiner Gefahr wird des Lämmchens Kehle
vielleicht nicht einmal deinem Messer ausweichen – Darum sey nicht der Schlächter
meines Lämmchens. (Kosegarten, I, 388-90)

Kosegartens Vorliebe für Gedankenstriche als Gliederungsmittel bei der Konstruktion elliptischer Sätze erweist sich an dieser Stelle als besonders geeignet
für die Imitation der Originalsyntax. Die Ellipse "[s]iebzehn seit acht Tagen"
könnte nicht "spiegelgetreuer" sein; aus welchem Grunde Kosegarten seit Rosebuds Geburtstag acht statt sechs Tage hat vergehen lassen, läßt sich nicht rekonstruieren. Wie bei Michaelis unterstreicht das Diminutiv "Rosenknöspchen" die
Jugend des Mädchens.

In manchen Fällen greift der deutsche Übersetzer auf die Verwendung
weiblicher Substantivendungen zurück. So überträgt er "rogue" mit "Spitzbübinn" und zeigt ähnlich wie Richardson Bewußtsein für feminine Substantivendungen.[253] Überdies zeigt sich Kosegarten bemüht, Stil als Hinweis auf Charakter zu nutzen. Der wortspielerisch-spöttische Tonfall des Originals wird in
Lovelaces Bemerkung "[d]er arme Hirsch ist jämmerlich zugerichtet, doch nur
durchs Wetter" vor allem durch das Adverb "jämmerlich" gut getroffen.

Lovelace brüstet sich seinem Freund gegenüber mit der Zahl seiner "Eroberungen." Kosegarten imitiert das Englische "many and many a pretty rogue," indem er mit "viele und manche Spitzbübinnen" ebenfalls eine Adjektivhäufung
verwendet. Lovelaces Macht ("power") den Frauen gegenüber übersetzt Kosegarten interpretierend als "Allgewalt." Gemeinsam mit dem folgenden "Barmherzigkeit erflehen" weckt die Wortwahl Assozationen an einen absoluten Herrscher von gottähnlicher Autorität.

• **Schmid**

Der erste Übersetzer der Mannheimer Fassung überträgt die Rosebud-Beschreibung mit wenigen Auslassungen:

> Du triffst mich in einem kleinen Bierhaus an, zum weißen Hirsch: der aber schröklich
> bleßirt ist: von Wind und Wetter, versteht sich– ... Auch ist ein kleines niedliches
> Töchterchen da, von etwa siebzehn Jahren. Ihre Grosmutter ... hat mich ersucht, Barm
> herzigkeit mit dem armen Kinde zu haben. Von dieser Seite muß man mir beikommen.
> Manches schelmische Ding würde ich geschont haben, wenn man meine Macht aner
> kannt, und bei Zeiten mich um Mitleid angefleht hätte. Aber das d e b e l l a r e s u p e r
> b o s soll immer mein Motto bleiben ... Aber ich beschwöre Dich, daß Du – was ich sel
> ber um alle Welt nicht thun würde – mein Rosenknöspchen nicht pflükest ... Noch ein
> mal, Jak, laß Dir mein Rosenknöspchen empfohlen seyn ... Von Widerstand, Mißtrauen

---

[253] Feminine Substantivendungen wie diese finden sich auch an anderer Stelle. So benutzt er für Clarissa
etwa den Ausdruck "Lieblinginn" (Kosegarten, IV, 119).

gegen dich, Selbstvertrauen und Wachsamkeit wird mein Rosenknöspchen nichts wissen. Kaum wird dein Messer der Kehle des ungewahrsamen Lamms schonen. Aber, du wirst mirs doch nicht hinschlachten! (Schmid, II, 6-9)

Während der Übersetzer die Metaphorik seiner Vorlage beibehält, fehlt im ersten Satz Lovelaces Hinweis auf die unzutreffende Bezeichnung seiner Unterkunft als "inn." Auch das Alter der kleinen Rosebud ist weniger exakt angegeben als in der Vorlage. Überdies verzichtet der Übersetzer auf Lovelaces Hinweis "many a pretty rogue had I spared, whom I did not spare" und macht daraus "[m]anches schelmische Ding würde ich geschont haben." Wenn durch die Auslassung auch keine wesentlichen Elemente verlorengehen, so unterstreicht der Hinweis doch Lovelaces Libertinismus und sein Verlangen, keine Gelegenheit auszulassen, die eigenen Verführungskünste unter Beweis zu stellen. Beim letzten Appell an den Freund geht die Übersetzung frei vor und liefert für "to spare" das euphemistische "empfehlen." Der letzte, ambivalente Satz ("Aber, du wirst mir's doch nicht hinschlachten!") erlaubt neben der wörtlichen eine ironische Lesart, durch die Lovelaces schillernder Charakter ansatzweise erkennbar wird.

6.2.12.2 "The Rape of the Howes"

Ein noch eindrucksvolleres Beispiel, in dem Sexualität eingesetzt wird, um den Charakter des Schurken Lovelace zu veranschaulichen, liefern seine Rachegelüste gegenüber Anna Howe und ihrer Mutter. Die beiden Frauen gefährden seine Pläne, Clarissa zu erobern und durch die Isolation innerhalb ihrer Familie zur Flucht mit ihm zu veranlassen. Aus diesem Grunde entwirft Lovelace einen detaillierten Racheplan, der die Entführung der Frauen auf ihrem Weg zur *Isle of Wight*, ihre Gefangenschaft und anschließende Vergewaltigung umfaßt. In der ersten Auflage des Romans weist Richardson lediglich in einer Fußnote auf diese Pläne hin.[254] In der dritten Auflage wird ein ausführlicher Brief hinzugefügt, um Lovelaces Charakter zu schwärzen. Neben detaillierten Plänen zur Entführung und Vergewaltigung enthält dieser Brief Lovelaces Phantasien über mögliche Konsequenzen seiner Tat wie etwa eine fiktive Gerichtsverhandlung.[255]

---

254 Vgl. Ross, p. 671: "*Mr Lovelace, to show the wantonness of his invention, in his next gives his friend an account of a scheme he had framed to be revenged on Miss Howe, when she set out for the Isle of Wight ... But as he does not intend to carry it into execution, it is omitted.*"

255 Vgl. Stuber, IV, 252-61.

276

Während die Göttinger Übersetzung den Hinweis des Originals[256] enthält, scheint Kosegarten ein Exemplar der dritten oder späteren Auflage als Vorlage gedient zu haben, übersetzt er doch den detaillierten Plan in aller Ausführlichkeit.[257] Die Mannheimer *Klarissa* wiederum verzeichnet an dieser Stelle die Anmerkung der *editio princeps*.[258]

6.2.13 Die Todesszenen

6.2.13.1 Belton

Die Darstellung der Todesszenen setzen wichtige interpretatorische Signale.[259] Richardsons moralische Botschaft manifestiert sich besonders in der Präsentationsweise der vier Tode: Unrechter Lebenswandel, so suggeriert der Roman, wird durch einen schrecklichen Todeskampf bestraft und gibt dem Sterbenden sowie den Zeugen seines Todes einen Vorgeschmack auf die zukünftigen Qualen. Ein tugendhaftes Leben dagegen wird durch einen "angenehmen" Tod belohnt und läßt auf himmlische Freuden hoffen.

Der Roman enthält vier symmetrisch konzipierte Todesszenen, in denen vier Figuren mit unterschiedlicher Lebensführung ihrem Ende entgegensehen. Ihr Verhalten zu Lebzeiten beeinflußt ihre Einstellung zum Tod sowie ihren Umgang mit dem eigenen Ableben. Auf Beltons Tod folgt Clarissas, Mrs Sinclair stirbt im Bewußtsein um die Mitschuld an Clarissas Tod. Den Abschluß der Todesdarstellungen bildet Lovelaces Sterben im Duell mit Colonel Morden.

Der Tod der Figuren wird durch die berichtenden Romanfiguren auf unterschiedliche Weise beurteilt und dem Leser mitfühlend, unbeteiligt oder abstoßend nahegebracht. In drei Fällen gerät Belford zum Zeugen der Szene und be-

[256] Vgl. Michaelis, IV, 310: "Herr **Lovelace** sucht in dem nächsten Briefe seinem Freunde ein Beyspiel von der Fruchtbarkeit seines Gehirns zu geben: deswegen meldet er ihm, wie er sich an der Fräulein **Howe** rächen könnte, wenn sie nach der Insul **Wight** reisete. Denn er hat vernommen, daß sie in Begleitung ihrer Mutter und des Herrn **Hickmanns** eine reiche Base auf dieser Insul besuchen will, welche sie und ihrem [sic] Bräutigam zu sehen verlanget, ehe sie einander heyrathen. Weil er aber diesen Vorschlag nicht in das Werck zu richten gedenket, so lassen wir den Brief aus. "
[257] Vgl. Kosegarten, IV, 441-54.
[258] Vgl. Schmid, VII, 203: "Herr Lovelace, um die Lebhaftigkeit seiner Erfindungskraft zu zeigen, gibt in seinem nächsten Brief seinem Freunde einen Plan, den er entworfen, sich an Miß Howe zu rächen, wenn sie nach der Insul Wight reiße ... Aber da er die Absicht nicht hat, dieses Projekt auszuführen, so haben wir den Brief ausgelassen."
[259] Der Zusammenhang zwischen den Todesszenen in *Clarissa* und Darstellungen innerhalb der religiösen Literatur des siebzehnten Jahrhunderts wurde von Doody ausführlich erarbeitet. Vgl. dazu Doody, "Holy and Unholy Dying: The Deathbed Theme in *Clarissa*," *A Natural Passion*, pp. 151-87.

richtet aus der Perspektive des reformierten Libertins; Lovelaces Tod im europäischen Ausland erfolgt fern der Heimat und ohne Beistand eines Freundes. Aus diesen Voraussetzungen resultieren die Unterschiede in Ton und Stil der Beschreibungen; zusammen ergänzen sie sich zu einem umfassenden Bild des Menschen im Angesicht des Todes.

- **Michaelis**

Den Anfang der Sterbeszenen bildet der Tod Beltons. Beltons Leben war das eines Libertins und Sünders, dessen Unfähigkeit zur Reue und Buße seine letzten Stunden prägt:

> Belton's deathbed is an *exemplum*, showing the state of the sinner who has put off repentance until his last days ... [Richardson] endeavours to make Belton's torment real by including homely detail, by describing every look and motion so as to make the scene strongly visual, and by using direct speech, even the utterances of terrified delirium.[260]

Also hat Belton für sein lasterhaftes Verhalten zu büßen; sein Todeskampf wird in seiner ganzen Qual "sichtbar" vergegenwärtigt und fungiert als Mittel ästhetischer Abschreckung. Im Bericht Belfords an Lovelace liest sie sich so:

> HE is now at the last gasp-rattles in the throat: has a new convulsion every minute almost. What horror is he in! His eyes look like breath-stained glass! They roll ghastly no more; are quite set: his face distorted and drawn out by his sinking jaws and erected staring eyebrows, with his lengthened furrowed forehead, to double its usual length as it seems. It is not, it cannot be, the face of Belton, thy Belton, and my Belton, ... comparing notes that might one day be brought against us, and make *us* groan, as they very lately did *him*–that is to say, while he had strength to groan; for now his voice is not to be heard; all inward, lost; not so much as speaking by his eyes: yet, strange! how can it be? the bed rocking under him like a cradle! (Ross, p. 1242)

Zusätzlich zur abschreckend "realistischen" Darstellung des Todeskampfes liefert Belford eine didaktische Anweisung, die Lovelace als vermeintlich erstem Leser (und danach dem Rezipienten) gilt. Die Kursivierung der Pronomina stellt eine Parallele zwischen Beltons grauenerregendem Tod und dem den anderen Libertins bevorstehenden Todeskampf dar.

Der Göttinger Text lautet:

> Itzo ist er in den letzten Zügen = = Er rächelt, und hat beynahe alle Augenblicke neue Zuckungen. In was für einem Schrecken schwebet er! Seine Augen sehen wie ein überhauchtes Glas aus. Sie gehen nicht mehr fürchterlich herum. Sie stehen ganz steif. Sein Gesicht ist verdreht, und durch seine sinkende Kinnbacken und starr aufgerichtete Augenlieder mit verlängerter und gerunzelter Stirn zweymal so lang als sonst, wie es scheinet, gezogen. Es ist nicht Beltons Gesicht, es kann nicht Beltons Gesicht seyn: deines Beltons und meines Beltons, ... mit dem wir Rathschläge gefasset haben, welche der-

---

260 Doody, *A Natural Passion*, pp. 157; 163.

278

einst uns zu einem Vorwurf dienen und **uns** zu winseln nöthigen können, wie sie **ihn**
noch vor gar kurzer Zeit dazu nöthigten = = nämlich so lange er noch Kraft genug hatte
zu winseln. Er kann nicht einmal mehr mit den Augen sprechen: ob gleich, etwas selt-
sames! wie kann es seyn? das Bette unter ihm wackelt, wie eine **Wiege.**
(Michaelis, VII, 65-66)

Das Druckbild gibt die Kursivierungen des Originals durch Fettdruck wieder
und setzt auch die Betonung identisch. Auffällig ist der Ausdruck "breath-
stained glass" für die "gebrochenen" Augen Beltons, eine Wortschöpfung
Richardsons, mit Hilfe derer eine Kombination von Atemhauch und verfärbtem
Glas, wie sie heute noch in "stained-glass window" vor liegt, eingegangen wird.
Die Übersetzung als "überhauchtes Glas" kommt dem Orignal sehr nahe und behält unter Verzicht auf das Beflecktsein des Glases das Bild des Atems bei. Eine
noch genauere deutsche Übersetzung hätte auf holprige Konstruktionen wie
"vom Atem beflecktes/überzogenes Glas" auszuweichen. Die Opposition "sink-
erect" des Originals wird durch "sinkende Kinnbacken" und "starr aufgerichtete
Augenlieder" erhalten. Das Adjektiv "furrowed" wird hier als "gerunzelte Stirn"
übersetzt und behält die Bildhaftigkeit des Originals bei.

Trotz dieser scheinbaren Treue zur englischen Vorlage wählt der Übersetzer in der Übertragung von "to groan" mit "winseln" einen Ausdruck, dessen
Konnotationen die Lesart beeinflussen. Das Verb, das im Deutschen das Verhalten von Hunden beschreibt, unter streicht Beltons Leiden und seine daraus resultierende Identifikation mit animalischem Verhalten. Ein Lebenswandel wie
der Beltons, so die moralisierende Aussage des Textes, führt zu einem men-
schenunwürdigen Tod. Einmal mehr erweist sich die Übersetzung als derart an
didaktischer Unterweisung im Sinne des Autors interessiert, daß sie bereit ist,
diese auch auszubauen, wenn sich eine Gelegenheit bietet.

• **Kosegarten**

In der Beschreibung des Todeskampfes Beltons ist der Text der dritten englischen Auflage unverändert, Eingriffe im Bereich der Orthographie liegen jedoch
vor. Um die Unmittelbar keit des Schreibprozesses zu unterstreichen und
Beltons eigene emotionale Betroffenheit verstärkt zum Ausdruck zu bringen,
greift Richardson zu einer erhöhten Anzahl an Binde strichen und Ausrufezeichen.[261] Kosegarten scheint eine derartige Textfassung vorgelegen zu haben;
seine Version enthält viele Ellipsen und Bindestriche:

[261] "HE is now at the last gasp-Rattles in the throat–Has a new convulsion every minute almost! What
horror he is in! His eyes look like breath-stained glass! They roll ghastly no more; are quite set: His
face distorted, and drawn out, by his sinking jaws, and erected staring eyebrows, with his lengthened
furrowed forehead, to double its usual length, as it seems ... for now his voice is not to be heard; all

Itzt liegt er in den letzten Zügen – Er röchelt – zuckt etwa alle Minuten noch einmal – In welchem grauenvollen Zustand ist er! – Seine Augen sehen aus, wie naßgehauchtes Glas. – Sie rollen nicht mehr. Sie starren steif und unbeweglich. Sein Gesicht verdreht, die Kinnbacken gesunken, die Augenbrauen in die Höhe gezogen, die gerunzelte Stirn verlängert, und das ganze Gesicht, wie es scheint, noch ein mal so lang, wie gewöhnlich! Es ist nicht, es **kann** nicht das Angesicht Beltons ... seyn, das wir mit so vielem Vergnügen über der gesellschaftlichen Flasche angeschaut haben, wenn wir Dinge mit einander verabredeten, die eines Tages wider uns zeugen, und uns werden stöhnen machen, wie sie ihn stöhnen ließen – so lang er nehmlich Kraft hatte zu stöhnen: denn itzt ist seine Stimme nicht mehr hörbar – sie ist einwärts, verlohren – auch seine Augen sprechen nicht mehr – Aber seltsam – unbegreiflich! Das Bett unter ihm kracht und schüttert. (Kosegarten, VII, 411)

Die Kursivierung der Vorlage wird lediglich in einem Fall beibehalten, offenbar soll die Darstellung durch die ihr eigene Eindringlichkeit wirken. Auch Kosegarten übernimmt die Ekphrasis des Originals: Er übersetzt "horror" mit "grauenvollem Zustand" und betont da durch den Beobachterstandpunkt im Gegensatz zur Quelle, die Beltons Leiderfahrung in den Vordergrund stellte. Beltons Augen "rollen" in dieser Fassung lediglich; das dazu gehörende Adverb "ghastly" ist gestrichen. Im Folgesatz wird ein Adjektiv hinzugefügt, so daß die Augen statt "quite set" wie im englischen Text nunmehr "steif und unbeweglich" starren. Auch wenn er sich ziemlich genau an die Vorgaben des Originals anlehnt, so ändert Kosegarten diese Ellipse doch und ergänzt das Verb "sein." Im letzten Satz fügt er erneut ein Verb ein und verzichtet auf den Vergleich zwischen Bett und Wiege.

• **Schmid**

Will man aufgrund der wenigen Änderungen der späteren Auflage, die vor allem die Groß- und Kleinschreibung betreffen, eine Aussage wagen, so legt die Verteilung der Interjektionen und Punkte nahe, daß dem Mannheimer Übersetzer eine Textfassung der *editio princeps* vorgelegen hat:

Er liegt nun in den letzten Zügen – röchelt auf der Brust, hat fast alle Augenblicke eine neue Verzuckung. In welcher fürchterlichen Angst er ist! Seine Augen sehen trübe aus, wie ein angehauchter Spiegel! Sie rollen nicht mehr wild umher, sondern stehn ganz fest. Sein Gesicht ist verzerrt, und die heruntersinkenden Wangen auseinander gezogen, seine Augenbraunen starren in die Höhe, eine durchfurchte Stirne ist so verlängert, daß sein Gesicht noch einmal so lang, als gewöhnlich, zu seyn scheint. Es ist nicht, es kann nicht das Gesicht des **Belton** seyn, deines **Belton**, und meines **Belton**, den wir mit so viel Vergnügen bey der gesellschaftlichen Flasche sahen, und mit dem wir gemeinschaftliche Anschläge faßten, die einst unser Gewissen beunruhigen, und uns eben so ächzen machen werden, als sie noch vor kurzen **ihn** zu ächzen nöthigten – das ist, so lange er noch Kraft hatte, zu ächzen: denn jetzt ist seine Stimme nicht mehr zu hören, er

inward, lost; not so much as speaking by his eyes: Yet, strange! how can it be? the bed rocking under him like a cradle" (Stuber, VII, 192-93).

spricht nur noch in sich und unvernehmlich. Nicht einmal mit seinen Augen kann er
mehr reden! – Und doch, sonderbar – wie es nur möglich ist! – schwankt das Bette unter
ihn [sic], als wie eine Wiege! (Schmid, XIV, 142-43)

Im Gegensatz zu den anderen deutschen Versionen, die "Schrecken" und in
übertragener Bedeutung "grauenvollen Zustand" für "horror" haben, scheint das
hier gewählte Substantiv "Angst" Beltons Befinden abzuschwächen. Anders als
seine Vorgänger versteht der Übersetzer "breath-stained glass" als "looking-
glass," wie "ein angehauchter Spiegel" beweist. In dieser Bedeutung fällt es
nicht schwer, den Neologismus wiederzugeben. Das Bild vom angehauchten,
durch Atem beschlagenen Spiegel produziert eine freie, aber überzeugende Alternative, die sich nicht zu weit von der Bildlichkeit der Vorgabe entfernt. Die
Ellipse erfährt eine stärkere Modifikation als bei Michaelis und Kosegarten. Wie
die Vorläufer ergänzt der Übersetzer das Verb "sein," greift es danach innerhalb
der Aufzählung aber erneut auf und beeinträchtigt dadurch die elliptische Wirkung. Die folgende Beschreibung des Gesichts gerät zum Konsekutivsatz und
wirkt der Ellipse entgegen. Gelungen ist dagegen die Übertragung "durchfurchte
Stirn" für "furrowed forehead." "Groan" findet sich als "ächzen" und unterscheidet sich nur geringfügig von Kosegartens "stöhnen." Der Vergleich von Bett und
Wiege ist beibehalten. Die graphischen Mittel der Mannheimer Fassung weichen
durch die Verwendung von Fettdruck bei lediglich einem Pronomen von der
Vorlage ab. Zwar wird die Parallele zwischen Beltons jetzigem Leid und den
zukünftigen Todesqualen der übrigen Libertins gezogen, doch der Schwerpunkt
der Darstellung liegt auf dem Jetzt.

6.2.13.2 Mrs Sinclair

• **Michaelis**

Mrs Sinclair büßt womöglich auf noch grauenhaftere Weise als Belton für ihre
schlechten Taten. Auch hier ist Belford Zeuge. Er bereitet seine Darstellung mit
diesen Worten vor: "A scene so shocking presented itself to me, that the death of
poor desponding Belton is not, I think, to be compared with it" (Ross,
p. 1387).[262] Die Bordellmutter wird im Todeskampf so abstoßend wie möglich
dargestellt;[263] ihr Todesszenario nimmt die Hölle auf Erden vorweg und läßt
keinen Raum für Zweifel an ihrem Schicksal nach dem Tod. Von ihren Dirnen

---

[262] "Hier stelte sich mir ein so schreckliches Trauerspiel dar, daß der Tod des armen Beltons in seiner
Verzweiflung, meinen Gedanken nach, damit nicht zu vergleichen ist" (Michaelis, VII, 540).

[263] Sinclair "lag und tobte, schrie, fluchte, ja heulte ... mehr wie ein Wolf, als wie ein menschliches
Geschöpfe" (Michaelis, VII, 540).

umgeben, leidet Mrs Sinclair unsägliche Qualen, bis sie sterben darf, und sie zeigt sich selbst im Angesicht des Todes reuelos. Ihr Leben bestand aus Bereicherung auf Kosten anderer. Clarissas Schicksal in ihrem Haus ist ein anschauliches Beispiel für Mrs Sinclairs Freude am Leid der von ihr Abhängigen und ihrem Gefallen an der Sünde. Damit der Leser trotz der abstoßenden Darstellung[264] nicht von der Lektüre abläßt, gibt Belford ihm eine Lektüreanweisung für diese Textstelle an die Hand. Er rät Lovelace:

> Hate them as much as I do; and as much as I admire and next to adore a truly virtuous and elegant woman: for to me it is evident that as a neat and clean woman must be an angel of a creature, so a sluttish one is the impurest animal in nature. (Ross, p. 1388)

Um dem Leser die "Botschaft der Tugend"[265] zu vermitteln, setzt Richardson Oppositionspaare ein – "truly virtuous and elegant woman" – "neat and clean woman" –"angel" einerseits sowie "a sluttish one" – "the impurest animal in nature" andererseits schildern, wie Tugend und Laster sich auf den Charakter auswirken. In übertragener Bedeutung gilt die Maxime *cleanliness is next to godliness*.

In der Göttinger Fassung heißt es:

> Hasse sie eben so sehr, als ich: und so sehr, als ich ein wahrhaftig tugendhaftes und sauberes Frauenzimmer bewundere und bis zur Anbetung verehre. Denn für mich ist es augenscheinlich, daß, wie ein nettes und reinliches Frauenzimmer ein Engel von einem Geschöpfe seyn muß, also ein unsauberes Weibsbild das unreinste Thier in der Natur ist. (Michaelis, VII, 543)

Die Übersetzung behält die moralische Botschaft bei. Der Analogieschluß von äußerer Reinheit und innerer Tugend wird übernommen; die Oppositionen "reinlich" – "unsauber" und "unrein" korrespondiert mit der Antithese "Engel" und "Thier."

Richardson gibt der Tiermetaphorik in der Todesszene ein besonderes Gewicht. So bezeichnet er Mrs Sinclair wiederholt als "Ungeheuer," dessen Augen denen eines Salamanders, des aus der Emblematik vertrauten Symbols der verdammten Seele,[266] gleichen:

> Her misfortune has not at all sunk but rather, as I thought, increased her flesh; rage and violence perhaps swelling her muscly features. Behold her then, spreading the whole tumbled bed with her huge quaggy carcase: her mill-post arms held up, her broad hands

264 So löste besonders Mrs Sinclairs Todeskampf aufgrund der abstoßenden Darstellung bei zeitgenössischen Lesern Widerspruch aus. Richardson verteidigte seine Darstellung mit dem Hinweis auf die intendierte abschreckende Wirkung der Szene. Vgl. etwa Eaves and Kimpel, *Biography*, p. 291.
265 Der Begriff ist Wolfgang Martens' gleichnamiger Publikation *Die Botschaft der Tugend: die Aufklärung im Spiegel der deutschen Moralischen Wochenschriften* (Stuttgart, 1971) entlehnt.
266 Vgl. Doody, *A Natural Passion*, p. 166.

clenched with violence; her big eyes goggling and flaming-red as we may suppose those of a salamander; her matted grizzly hair made irreverend by her wickedness (her clouted head-dress being half off) spread about her fat ears and brawny neck; her livid lips parched, and working violently; her broad chin in convulsive motion; her wide mouth by reason of the contraction of her forehead (which seemed to be half-lost in its own frightful furrows) splitting her face, as it were, into two parts; and her huge tongue hideously rolling in it; heaving, puffing as if for breath; her bellows-shaped and variouscoloured breasts ascending by turns to her chin, and descending out of sight with the violence of her gaspings. (Ross, p. 1388)

Die Beschreibung besteht aus einer einzigen Hypotaxe und erweckt den Eindruck stilistischer Einheit. Das durch Alliterationen, Anaphern und Parallelismus gegliederte Stakkato der Syntax sowie die durch die *enumeratio* markierte Detailfülle der Ekphrasis evozieren ein eindrucksvoll abschreckendes Bild der sterbenden Mrs Sinclair. Ihr Elend kulminiert in einem von Interjektionen durchsetzten Ausruf, der ihre Verzweiflung angesichts der zu Lebzeiten ungenutzten Gelegenheit zur Buße unterstreicht:

And here, said she–Heaven grant me patience! (clenching and unclenching her hands)– am I to die thus miserably!–of a broken leg in my old age!–snatched away by means of my own intemperance! Self-do! Self-undone!–No time for my affairs! No time to repent!–And in a few hours (Oh!–Oh!–with another long howling O-h!–U-gh-o! a kind of screaming key terminating it) who knows, who can tell *where* I shall be!–Oh! that indeed I never, never, had had a being! (Ross, p. 1389)

Der letzte Wunsch der Sünderin, nie gelebt zu haben, ist Ausdruck für die Qualen eines Lebens fern von Gott. Wer zu Lebzeiten keinen christlichen Lebenswandel führt, so sugge riert die Darstellung, wird es im Tode bereuen.

Wie zu erwarten, folgt die Göttinger Übersetzung in Wortwahl und Syntax im großen und ganzen dem Original. Dort liest man:

Ihr Unglück hatte ihr Fleisch gar nicht vermindert, sondern vielmehr, wie es mir vorkam, noch vermehret: indem vielleicht Wuth und Heftigkeit ihre Zügen von starcken Muskeln aufgetrieben hatte. Stelle sie dir denn vor, wie sie sich mit ihrem ungeheuren sumpfichten Körper über das ganze durchwühlte Bette ausbreitet; wie sie ihre dicke und Mühlpfosten ähnliche Arme in die Höhe hebet; wie sie ihre breiten Hände mit Gewalt zusammenschlägt, wie ihre großen Augen aufgesperrt und feuerroth sind, nicht anders als man sie an einem Salamander vermuthen mag, wie sie ihre verwirrten graulichten Haare, gegen die man ihrer Bosheit wegen keine Ehrerbietung hegen konnte, um ihre dicken Ohren und den bräunlichen Hals herumhängen, indem ihr geflickter Hauptschmuck halb heruntergefallen war; wie ihre schwarzgelben Lippen verbrannt scheinen und gewaltig arbeiten: wie ihr breites Kinn in zuckender Bewegung ist; wie ihr weites Maul, weil sie die Stirne, welche in ihren eignen schrecklichen Furchen, halb verlohren schien, zusammengezogen hatte, ihr Gesicht gleichsam in zwey Stücke zerspaltet; wie sie ihre ungeheure Zunge scheuslich darinn herumrollet; wie sie sich hebet, wie sie schnaubet, als wenn sie Athem suchte, indem ihre Brüste, die wie Blasebälge aussehen und von verschiedenen Farben sind, wechselsweise sich bis an ihr Kinn heben und wieder so weit herunter steigen, daß man sie nicht sehen kann, weil sie so heftig nach Luft schnappet. (Michaelis, VII, 546)

Die Opposition der Partizipien "sunk" – "increased" ist im Gegensatzpaar "vermindert" – "vermehret" erhalten. Auch im folgenden Satz ist der Parallelismus
als konstituierendes Merkmal beibehalten, die durch Klammern abgetrennten
Einschübe sind in den Satz integriert. Die Göttinger Fassung überträgt "carcass"
mit "Körper" und verzichtet – bewußt oder unbewußt – auf den im Englischen
konnotierten toten Tierkörper. Der Neologismus "mill-post arms" ist nicht als
Metapher, sondern als erweiterter Vergleich, "dicke und Mühlpfosten ähnliche
Arme," wiedergegeben. Die deutsche Fassung hat "bräunlichen Hals" für
"brawny neck,"[267] so daß die Vermutung naheliegt, daß eine Verwechslung mit
dem Farb adjektiv "brown" beziehungsweise "browny" vorliegt. Die Alliteration
"livid lips" geht verloren, "livid" ist mit "schwarzgelb" für das heutige Verständnis nicht adäquat getroffen.[268] Die Komposita "bellows-shaped and various-coloured breasts" bleiben im deutschen Text erhalten, erfahren jedoch eine
Konversion und sind als Vergleiche wiedergegeben. Auch hier bleibt die Opposition "ascend" – "descend" als "heben" – "heruntersteigen" erhalten.

Der zweite Teil der Darstellung behält das Elend der Mrs Sinclair bei:

> Gott verleihe mir Geduld! muß ich so jämmerlich sterben! = = an einem Beinbruch in
> meinen alten Tagen! = = durch meine eigne Unmäßigkeit hingerissen! = = Keine Zeit zu
> meinen Sachen! Keine Zeit zur Buße! = = Und in wenigen Stunden O! = O–! == nebst
> noch einem lange heulenden O ==! welches ein schreiender Husten beschloß = = wer
> weiß, wer kann sagen, **wo** ich seyn werde! == O wäre ich doch wirklich niemals, nie-
> mals da gewesen! (Michaelis, VII, 546-47)

Die Übersetzung konzentriert sich an dieser Stelle auf die wesentlichen Elemente. Wie im Original werden die Ausrufe sowohl graphisch als auch durch
Interpunktion kenntlich gemacht, die Kursivierung wird durch Fettdruck reproduziert. Visuelle Mittel drücken die Erregung der Sprecherin ebenso aus wie sie
Sprechpausen zwischen den Äußerungen wiedergeben. Mrs Sinclairs ganze Verzweiflung wird im folgenden Ausbruch deutlich:

> *Die*, did you say, sir?–*die*!–I *will not*, I *cannot* die!–I know not *how* to die!– *Die*, sir!
> And *must* I then die!–leave this world!–I cannot bear it!– ... I cannot, I will not leave
> this world. Let others die who wish for another! Who expect a better!–I have had my
> plagues in this; but would compound for all future hopes, so as I may be nothing after
> this! And then she howled and bellowed by turns. (Ross, p. 1389)

Mit dem konzentrierten Einsatz von Kursivdruck und Bindestrichen in Kombination mit Ausrufezeichen zieht Richardson das gesamte Register der graphischen Darstellung von Emotionen, so daß sein Werk als Kombination von Druck
und Text zu lesen ist.

---

267 "Musculous; fleshy. *Dryden*. Hard; unfeeling. *Mede*." Johnson, *Dictionary, s.v.* Vgl. auch *OED, s.v.*
268 Johnson hat für "livid" "Discoloured, as with a blow; black and blue" (Johnson, *Dictionary, s.v.*).

Der Übersetzer behält die graphische Herausstellung bedeutungstragender Worte bei und setzt erneut statt Kursivierung Fettdruck:

> **Sterben**, sagten sie, mein Herr? = = **Sterben**! = = Ich **will nicht, ich kann** nicht sterben! = = Ich weiß nicht, **wie** ich sterben soll! **Sterben**, mein Herr! = = Und muß ich dann sterben! = = diese Welt verlassen! = = Es ist mir unerträglich! = = ... Ich kann nicht, ich will diese Welt nicht verlassen. Es mögen andere sterben, die sich eine andere Welt wünschen! Die eine bessere erwarten! = = Ich habe meine Plagen in dieser Welt gehabt: allein ich wollte mich dennoch vergleichen, alle künftige Hoffnung hinzugeben, so daß ich nach dieser nichts seyn möge! Hierauf heulte und brüllte sie wechselweise. (Michaelis, VII, 548)

In ihrem würdelosen Sterben erinnert Mrs Sinclair an ein Tier. Die Wortwahl "bellowed" und "howled," in der Übersetzung als "heulte" und "brüllte" wiedergegeben, verdeutlicht diesen Eindruck.

• Kosegarten

Zusätzlich zu den üblichen Akzidenzien enthält die dritte Auflage eine Wort- und Sinnvariante: Aus "truly virtuous and elegant woman" wird "truly-virtuous,"[269] so daß das Adverb sich nunmehr allein auf das unmittelbar folgende Adjektiv "virtuous" bezieht. Der hieraus resultierende Bedeutungsunterschied ist minimal und im Deutschen nur schwierig wiederzugeben. So übersetzt Kosegarten:

> Hasse sie, Lovelace, so sehr als ich sie hasse, so sehr als ich ein wahrhaftig tugendhaftes und reines Frauenzimmer bis zur Anbetung verehre. Denn mir ists klar, daß, so wie ein reines und saubres Frauenzimmer einem Engel gleichen muß, so im Gegenteil ein schmuddeliges das unreinste Thier in der Natur seyn müsse – (Kosegarten, VIII, 258)

Seine Syntax läßt die Veränderung des Originals nicht erkennen, ist also kein ausreichender Hinweis auf ein Exemplar der ersten Auflage als Übersetzungsvorlage. Die Oppositionen bleiben mit "rein" – "sauber" und "schmuddelig" – "unsauber" erhalten.

Die zweite Textstelle unterläuft Bearbeitungen im Bereich der Akzidenzien, die für die Bestimmung der Textgrundlage wenig hilfreich sind.[270] So hat Kosegarten:

---

[269] "Hate them as much as I do; and as much as I admire, and next to adore a truly-virtuous and elegant woman: For to me it is evident, that as a neat and clean woman must be an angel of a creature, so a sluttish one is the impurest animal in nature" (Stuber, VIII, 52).

[270] "Her misfortune has not at all sunk, but rather, as I thought, increased her flesh; rage and violence perhaps swelling her muscular features. Behold her then, spreading the whole tumbled bed with her huge quaggy carcase: Her mill-post arms held up; her broad hands clenched with violence; her big eyes, goggling and flaming-red as we may suppose those of a salamander; her matted griesly hair, made irreverent by her wickedness (her clouted head-dress being half off) spread about her fat ears

Ihre Fleischmasse, statt durch ihren Unfall eingeschrumpft zu seyn, schien mir im Umfang noch gewonnen zu haben – wozu denn die Raserey, die alle ihre starken Züge schwellte, das ihrige beytragen mochte – Siehe sie dann, wie ihr ungeheuer quabbeliger Leichnam das ganze verstörte Bett überbreitet; wie sie emporwirft ihre baumstarken Arme; wie sie die knackenden Fäuste gewaltsam in einander flechtet; wie ihre salamanderähnlichen Augen feuerroth zu dem Kopfe hervorquellen; wie ihr zerzaustes, graues (wahrhaftig nicht **ehrwürdig** graues) Haar um ihre feisten Ohren und ihren sehnenstrotzenden Nacken herumhängt; ihre bleichen Lippen arbeiten gewaltsam; ihr breites Kinn zuckt convulsivisch; ihr weiter Rachen (durch das Zusammenziehn der Stirn, die in ihre eigne scheusliche Furchen halb verlohren schien, nur noch verweitet) spaltete das ganze Gesicht, so zu sagen, in zwo Hälften; scheuslich rollte die fleischigte Zunge in dem ungeheuern Schlunde; sie blies, sie pustete, schnappte, als ob die Luft ihr versage; und von der Heftigkeit ihres Jappens schwollen die schlauchähnlich ledernen und buntgefleckten Brüste itzt bis zum Kinn empor, itzt schrumpften sie wieder so tief zurück, daß das Auge ihr Daseyn nicht einmal zu ahnden vermochte. (Kosegarten, VIII, 259-60)

Die Syntax des ersten Satzes ist umgestellt, die dadurch entstandene Parenthese unterbricht den Lesefluß. "Misfortune" ist mit "Unfall" übersetzt und nimmt dem Originalausdruck die bedauernde Note. Ebenso fehlt der Wiedergabe des Hendiadyoins "rage and violence" durch einfache "Raserey" die bis in das Sterben wahrnehmbare Gewaltbereitschaft Sinclairs.

Offenbar erkannte auch Kosegarten die Notwendigkeit, die Schilderung der äußeren Erscheinung Sinclairs in all ihren abstoßenden Facetten syntaktisch zusammenzuhalten. Er übersetzt "quaggy carcase" mit "quabbelichter Leichnam." Es ist zu vermuten, daß Richardson "carcass" im Sinn von Kadaver verstanden wissen wollte.[271] Diese Bedeutung eines toten, zerfallenden Körpers bleibt im Deutschen erhalten. "[M]ill-post arms" findet sich als "baumstarke Arme" wieder und behält die Konnotation des Originals bei, ohne auf eine Neuschöpfung zurückzugreifen. Im Gegensatz dazu scheint Kosegarten auch Gefallen an ungewöhnlichen Wortvarianten gefunden zu haben, und übersetzt "eyes ... as we may suppose those of a salamander" sinngemäß als "salamanderähnliche Augen." Der Hinweis auf die verrutschte Nachthaube ist gestrichen, im Gegenzug fügt Kosegarten eine Anmerkung über die Natur der Haare hinzu ("wahrhaftig nicht **ehrwürdig** graues"). Die Übersetzung von "brawny" erfolgt hier nahezu korrekt als "sehnenstrotzend" und vervollständigt den kraftvoll-animalischen Eindruck einer wenig weiblichen Mrs Sinclair. "Livid lips" findet sich unter

---

and brawny neck; her livid lips parched, and working violently; her broad chin in convulsive motion; her wide mouth, by reason of the contraction of her forehead (which seemed to be half-lost in its own frightful furrows) splitting her face, as it were, into two parts; and her huge tongue hideously rolling in it; heaving, puffing, as if for breath; her bellows-shaped and various-coloured breasts ascending by turns to her chin, and descending out of sight, with the violence of her gaspings" (Stuber, VIII, 52-53).

271 Vgl. Johnson, *Dictionary*, *s.v.* Das Grimmsche Wörterbuch verzeichnet neben der heute vorherrschenden Bedeutung von Leichnam als Körper eines Toten auch die allgemeine Verwendung für "den lebenden menschenleib." Vgl. Grimm, *Deutsches Wörterbuch*, VI, 626.

286

teilweisem Verzicht auf das Kolorit als "bleiche Lippen," aus "bellows-shaped breasts" werden "schlauchähnlich lederne Brüste." "Schlauch" trifft die Bedeutung von "bellows" weniger präzise als der Göttinger Verweis auf die Blasebälge; Kosegarten schließt einen Hinweis auf das Material ein, um den abstoßenden Eindruck zu steigern.

Auch die weitere Darstellung erfährt nur Abweichungen im Bereich der Akzidenzien, Wort- und Sinnvarianten treten nicht auf.[272] Kosegarten fährt fort:

> "Und hier," sprach sie "Gott verleihe mir Geduld!" (indem sie ihre Hände dann faltete, dann wieder aus einander riß) "hier soll ich sterben so jämmerlich, an einem Beinbruch in meinen alten Tagen – weggerafft durch meine eigne Unmäßigkeit – aus eigner selbstmördrischer Schuld – Keine Zeit, mein Haus zu bestellen – Und binnen wenig Stunden – Oh! – Oh" – Und dann ein längeres, heulendes O-h (das in ein gräßliches Huh! hu-h erstarb) "wer weiß, wer kann mir sagen, wo ich hinkommen werde! – O daß ich nimmer wäre gebohren worden!" (Kosegarten, VIII, 262)

An diesem Beispiel wird der Unterschied zwischen Richardson und seinem Übersetzer vor Augen geführt. Richardson verzichtet mit Blick auf die Unmittelbarkeit der Handlung auf die Absetzung wörtlicher Rede und läßt sie unkommentiert in den Text einfließen, Kosegarten hingegen hält es für nötig, Mrs Sinclairs Figurenrede durch Anführungszeichen kenntlich zu machen. Die Interjektionszeichen sind zum Teil beibehalten, in vielen Fällen werden sie jedoch durch Bindestriche ersetzt, um die in Bruchstücken hervorgebrachte, durch vielfache Pausen unterbrochene Rede graphisch darzustellen. Demgegenüber verzichtet Kosegarten auf Fettdruck und streicht somit ein Mittel zur Interpretationslenkung. Statt des Himmels ruft Mrs Sinclair bei ihm Gott an, "Self-do" ist durch "aus eigner selbstmördrischer Schuld" umschrieben. Ihre Schreie sind dezimiert, der Ausdruck "a kind of screaming key" ist durch "gräßlich" verkürzt ersetzt.

Diese angsterfüllten Schreie, die Sinclair bei der Nachricht von dem ihr bevorstehenden Schicksal ausstößt,[273] werden in der dritten englischen Auflage einer wichtigen Änderung unterzogen. Die Interjektionen "And must I then die!"–Leave this world!" sind hier zu Fragen umformuliert, die Unglauben und Schrecken angesichts der Unabwendbarkeit des Todes ausdrücken.

---

[272] "And here, said she–Heaven grant me patience! [clenching and unclenching her hands] am I to die thus miserably!–of a broken leg in my old age!–snatch'd away by means of my own intemperance! Self-do! Self-undone!–No time for my affairs! No time to repent!–And in a few hours (Oh!–Oh!– with another long howling O- - -h!–U-gh-o! a kind of screaming key terminating it) who knows, who can tell *where* I shall be!–Oh! that indeed I never, never, had had a being!" (Stuber, VIII, 53)

[273] "*Die*, did you say, Sir?–*Die!*–I *will not*, I *cannot* die!–I know not *how* to die!–*Die*, Sir! And *must* I then die? –Leave this world?–I cannot bear it!– ... I cannot, I will not leave this world ... I have had my plagues in This; but would compound for all future hopes, so as I may be nothing after This! And then she howled and bellowed by turns" (Stuber, VIII, 54-55).

Kosegarten übernimmt die Änderung anscheinend in einem Fall und übersetzt:

> "**Sterben**?" brüllte sie mir entgegen – "**Sterben**, sagen Sie, Sir? Ich **will** nicht sterben!
> Ich **kann** nicht sterben – Ich weiß nicht, wie ich sterben **soll** – Sterben, Sir? – Und muß
> ich denn sterben? – muß diese Welt verlassen – Ich kann, ich kann's nicht tragen! ... Ich
> kann nicht, ich will nicht diese Welt verlassen – Die laß sterben, die eine andre wün-
> schen! die eine bessere erwarten – Ich hab' in dieser mein beschieden Theil gehabt; aber
> entsagen will ich allen künftigen Hofnungen, wenn ich nur nach diesem nichts, gar
> nichts seyn soll."
> Und nun heult' und brüllte sie wieder wechselsweise. (Kosegarten, VIII, 264)

Die Kursivierungen finden nur teilweise ein Analogon im Fettdruck, so daß der
Szene ein Teil des schockierenden Realismus genommen ist. Die Wiedergabe
von Interjektionen und Fragen folgt keiner der englischen Auflagen konsequent
und scheint nach eigenem Gutdün ken zu erfolgen.

- **Schmid**

Die Frage nach der Vorlage für diese Übertragung ist für das erste Beispiel nicht
zu entscheiden, da die Unterschiede zu gering sind. Die Mannheimer Fassung
lautet:

> Du würdest sie eben so sehr hassen, als ich, ein wahrhaftig tugendhaftes Frauenzimmer
> bewundern, ja beinahe anbeten. Denn ich bin überzeugt, daß, so wie eine nette und
> saubre Frauensperson ein Engel von einem Geschöpf, so eine unsaubre das unreinste
> Thier in der Natur seyn müsse. (Schmid, XV, 328-29)

Der Übersetzer ist bestrebt, auch auf Kosten der Idiomatik wörtlich zu übertragen. Diese Tendenz wird bei der Wiedergabe von "an angel of a creature" als
"ein Engel von einem Geschöpf" deutlich. Die Frage nach möglichen Alternati-
ven zu "truly virtuous and elegant woman" kann nicht beantwortet werden, da
die Fassung "wahrhaftig tugendhaftes Frauenzimmer" das zweite Adjektiv ausläßt. Im ersten Satz wurde ein Moduswechsel vorgenommen und der Imperativ
des Originals ("Hate them as much as I do") durch Konjunktiv ("Du würdest sie
eben so sehr hassen, als ich") ersetzt. Mit Hilfe dieser Änderung verliert die
Übersetzung den im Englischen gewonnenen Eindruck, Belford fühle sich
Lovelace gegen über moralisch überlegen und wolle ihm aus dieser Position
heraus Verhaltensvorschriften machen. Die neue Fassung klingt eher wie ein
gutgemeinter Ratschlag denn Belehrung. Die Opposition "nett" – "sauber" und
"unsauber" – "unrein" ist beibehalten.

Die nachfolgende Beschreibung bereitet dem Übersetzer ebenfalls keine
großen Schwierigkeiten:

Ihr Elend hatte ihr Fleisch gar nicht abgezehrt, sondern vielmehr, wie mir es vorkam, es vermehrt, indem vermuthlich Wuth und Heftigkeit ihre muskulösen Gesichtszüge aufgetrieben hatte. Denke Dir sie also, wie sie das ganze zerwühlte Bette mit ihrem diken [sic] schwammichten Leibe ausfüllt, wie sie ihre Arme, so dick, wie Mühlenstempfel, in die Höhe hält, ihre breiten Hände mit Ungestümm zusammenballt, ihre dicken Augen vor dem Kopfe liegen, und rothe Flammen haben, wie man sich die Augen eines Salamanders denkt, wie ihr zerzaustes graues Haar, das sein ehrwürdiges Ansehn durch ihre Bosheit verloren hatte, um ihre fette Ohren und dickfleischigten Hals verbreitet war, wie ihre blauen Lippen brannten, und mit Heftigkeit arbeiteten, wie ihr breites Kinn in einer konvulsivischen Bewegung war, wie ihr weiter Mund (da die Stirne zusammengezogen, und halb in ihre eigne fürchterliche Runzeln verloren war) ihr Gesicht gleichsam in zwey Theile spaltete, ihre ungeheure Zunge wälzte sich fürchterlich darinnen herum, ihre, wie Blasebälge gestaltete, und auf mancherley Art gefärbte Brüste stiegen schwellend abwechselnd bis zu ihrem Kinne, und fielen wieder, daß man nichts von ihnen sah, bey der Heftigkeit ihres Athemhohlens. (Schmid, XV, 330-31)

Die Vorgehensweise des Mannheimer Übersetzers gleicht in vielen Bereichen derjenigen seiner Vorgänger. Auch er versucht, die grundlegende Parallelstruktur zu kopieren, ohne je doch die Darstellung in jedem Einzelfall konsequent beizubehalten. Die Opposition des Originals ist im ersten Satz noch erkennbar, wird aber mit "abgezehrt" – "vermehrt" nicht direkt übernommen. "Muscly features" findet sich demgegenüber korrekt als "muskulöse Gesichtszüge" übersetzt. Der Körper der Sinclair wird als "schwammichter Leib" beschrieben. Die Phrase erhält den Eindruck eines aufgedunsenen Körpers, konnotiert jedoch nicht mehr den Tod. Im Fall von "mill-post arms" entscheidet sich der Übersetzer ebenfalls für einen Vergleich, übersetzt "brawny" korrekt, greift für "livid" als erster auf das Farbadjektiv "blau" zurück und kommt dem Original hiermit am nächsten. Auch für "bellows-shaped ... breasts" erscheint die Übertragung, "wie Blasebälge gestaltete ... Brüste," gelungen.

Mrs Sinclairs Klage über ihr bevorstehendes Schicksal erhält die Ausrufe der Vorlage und damit den Effekt des Originals:

Und nun (indem sie ihre Hände bald zu, bald aufmachte) sagte sie: Der Himmel verleihe mir Geduld! – Auf eine so jämmerliche Art soll ich sterben! – An einem gebrochnen Fusse in meinen alten Tagen! – Durch meine eigne Unmäßigkeit werde ich dahin gerafft! Ich selbst habe es gethan! Ich selbst habe mich unglücklich gemacht! – Ich habe keine Zeit zu meinen Angelegenheiten! Keine Zeit zur Reue! Und in wenig Stunden – o! o! (und dann noch einige heulende ach und o in einer Art von jammernden Tonleiter) – wer kann sagen, wo ich dann seyn werde? Ach, wahrhaftig, ich wünschte, ich wäre nie, nie gewesen! (Schmid, XV, 332-33)

Anders als Kosegarten verwendet Schmid ebenfalls keine Anführungszeichen zur Kennzeichnung der Figurenrede und folgt hierin Richardsons Praxis. Auch auf Kursivierungen verzichtet er. Mrs Sinclairs Ausruf "who can tell where I shall be!" ist in dieser Fassung eine Frage und verlagert damit die Ausdrucksintention von antizipierender Klage zu fragender Unsicherheit über das eigene

Schicksal. Als einzige hat die Mannheimer Version "key" mit "Tonleiter" angemessen wiedergegeben:

> *Sterben*, sagten Sie, Sir? – *Sterben*? – *Ich will nicht, ich kann nicht sterben*! – *Ich weiß
> nicht, wie ich sterben soll*! – *Sterben*, Sir? Und muß ich dann sterben? Diese Welt ver-
> lassen? – Ich kann den Gedanken nicht ertragen! – Und wer brachte Sie hieher, um mir
> zu sagen, daß ich sterben muß, Sir? – Ich kann, ich will die Welt nicht verlassen. Mögen
> andre sterben, die sich eine andre Welt wünschen, die eine beßre erwarten! – Ich habe
> meine Plage in dieser Welt gehabt, ich wollte aber auf alle künstliche Hofnungen Ver-
> zicht thun, wenn ich nach diesem Leben vernichtet werden könnte! Und nun heulte und
> brüllte sie wieder wechselsweise. (Schmid, XV, 335-36)

Einmal mehr fällt die sparsam verwendete graphische Unterstützung der Aussage auf. Schmidt behält die Tilden und den überwiegenden Teil der Kursivierungen bei, so daß eine gewisse Dringlichkeit zwar erkennbar ist, wenn auch bei
den reduzierten graphischen Mitteln der Eindruck vom Original letztlich unbe-
friedigend bleibt. Die Fragesätze lassen darauf schließen, daß ein der dritten
Auflage folgender Text als Vorlage diente.

Die Übertragung von "future hopes" als "künstliche Hofnungen" fällt ins
Auge. Ohne daß es mit letzter Gewißheit zu entscheiden ist, so steht doch angesichts der guten Übertragung zu vermuten, daß es sich hierbei um einen Druckfehler (für "künftige") handelt. Das in diesem Satz verwendete Verb "vernich-
ten" erscheint zunächst ungewöhnlich drastisch, doch fällt auf, daß Richardson
die Sinclair eine an epikurisch-lukrezische Vorstellungen erinnernde Diktion
verwenden läßt, nach der der Mensch am Ende seines Lebens wieder in die Ur-
partikel "zerfällt," aus denen er ursprünglich entstand.

6.2.13.3 Clarissa

• **Michaelis**

Als Musterbeispiel tugendhaften Lebens fällt Clarissa nicht nur durch ihre Vor-
bereitungen auf den Tod, sondern vor allem durch den Tod selbst aus dem Rahmen. Sie nutzt die Tage und Wochen vor ihrem Ableben, um sich gezielt mit
dem Tod auseinanderzusetzen und auf das Sterben vorzubereiten:

> Clarissa is an example of holy dying, not only in her last moments, but in the long
> process of true repentance which she undergoes ... Clarissa's repentance is complete; she
> takes responsibility for her own actions, and accepts the consequences ... Clarissa re-
> pents, not from fear of hell, but from desire of heaven.[274]

---

[274] Doody, *A Natural Passion*, pp. 169-71.

290

Der im voraus angefertigte und gelieferte Sarg, ihr "Haus," ist nur ein Indiz dieser Beschäftigung. Ihre tugendhaft-christliche Lebensführung läßt Clarissa im Vertrauen auf Gott sterben. So verwundert es nicht, daß ihr Tod sich radikal von den bisher geschilderten unterscheidet:

> What is dying but the common lot?–The mortal frame may *seem* to labour–but that is all!–It is not so hard to die, as I believed it to be!–The preparation is the difficulty–I bless God, I have had time for that–the rest is worse to beholders than to me!–I am all blessed hope–hope itself ... [A]nd she spoke faltering and inwardly: Bless–bless–bless–you all–and now–and now (holding up her almost lifeless hands for the last time)–come–Oh come–blessed Lord JESUS!
> And with these words, the last but half-pronounced, expired: such a smile, such a charming serenity over-spreading her sweet face at the instant as seemed to manifest her eternal happiness already begun. (Ross, pp. 1361-62)

Auch in dieser Szene setzt Richardson Bindestriche ein, um den langsamen Übergang vom Leben zum Tod und den damit verbundenen körperlichen Verfall zum Ausdruck zu bringen. Wiederholungen einzelner Satzteile unterstreichen das schwindende Leben sowie den Versuch, sich trotz Kräftemangels verständlich zu machen.

Mit dieser Darstellung suggeriert Richardson seinem Publikum ein sanftes, schmerzfreies Sterben als logische Konsequenz einer moralisch integren, religiösen Lebensführung, die mit Clarissa als *"Oh death! ... where is thy sting!"* (Ross, p. 1361)[275] zusammengefaßt werden kann. Wahre Tugend, moralische Lebensführung und bewußte Vorbereitung auf den Tod führen zu einem gelassenen, freudig erwarteten Sterben, das das Tor zum ewigen Leben öffnet. Der Kontrast zum Tod Beltons und vor allem Sinclairs könnte nicht größer sein.

Die Göttinger Übersetzung macht sich die Mittel des Originals zunutze. Dort liest man:

> Was ist der Tod anders, als das gemeine Looß? = = Der sterbliche Bau mag unter einer Last zu arbeiten **scheinen** = = Aber das ist auch alles! = = Es ist nicht so hart, zu sterben, als ich geglaubet habe! ... Ich bin voll seliger Hoffnung = = ja die Hoffnung selbst ... [S]ie sprach stotternd und einwärts = = Segne = = segne = = segne = = sie alle = = Und nun = = Und nun = = dabey hub sie ihre beynahe leblosen Hände zum letzten mal in die Höhe = = komm = = o komm = = Hochgelobter Herr = = *Jesu*!
> Mit diesen Worten verschied sie, als sie das letzte nur erst halb ausgesprochen hatte: und in dem Augenblick breitete sich ein solches Lächeln, eine so reizende Heiterkeit über ihr anmuthreiches Gesicht aus, daß es ein Zeichen ihrer schon angegangenen ewigen Glückseligkeit zu seyn schiene. (Michaelis, VII, 458-62)

Die Übersetzung folgt dem Original in Wortwahl und Graphik, ohne pathetisch zu werden. Lediglich der Einschub in Klammern ist erneut aufgelöst und mit Hilfe eines Modalsatzes in den Satzbau integriert.

---

[275] "O Tod, wo ist dein Stachel" (Michaelis, VII, 459).

• **Kosegarten**

Der Text der dritten englischen Auflage unterscheidet sich einzig in der Orthographie. Substantive werden verstärkt mit Großbuchstaben versehen; Bindestriche und Pausen sind erhalten. Wie in der *editio princeps* fällt der Name Jesu durch die Verwendung von Kapitälchen graphisch ins Auge.[276]
Kosegarten folgt der Vorlage in den meisten Fällen, nimmt aber auch einige bedeutungsrelevante Veränderungen vor:

> Was ist Sterben anders, als das gemeine Loos der Menschheit? Die sterbliche Hülle mag zu leiden scheinen – Aber dieß Scheinen ist auch Alles! – Es ist so schwer nicht, zu sterben, wie ich's mir vorgestellet habe – Die Zubereitung ist das Schwere – Und dazu, Gott sey Dank! dazu hab' ich Zeit gehabt – Das Übrige ist schwerer für die Zuschauer, als für mich – Ich bin lauter Hofnung – lauter selige, strahlende Hofnung – ...
> "Segen – Segen – Segen – Ihnen allen–" stammelte sie mit schon hinschwindender einwärtskehrender Stimme – "Und nun – nun–" Zum letztenmale hob sie ihre fast leblose Hand in die Höhe – "Komm – komm – Gesegneter Herr – Jesu." Und mit diesen Worten, deren letztes sie kaum halb hervorbrachte, verschied sie – Während ein solches Lächeln, eine solche strahlende Heiterkeit sich über ihr holdes Antlitz verbreitete, daß man sahe, ihr ewiges Heil habe schon begonnen – (Kosegarten, VIII, 170-75)

Die tote Clarissa wirkt engelhaft entrückt. Während Richardson die Vermutung zu läßt, sie sei ins ewige Leben übergegangen – die Wortwahl "seem" und der durch "as" eingeleitete Vergleich untermauern diese Vermutung – ist Kosegarten weniger vorsichtig und präsentiert die Spekulation durch die Verwendung eines Konsekutivgefüges ("eine solche Heiterkeit ..., daß man sahe, ihr ewiges Heil habe schon begonnen") als Faktum. Auf diese Weise bietet die deutsche Textfassung eine Lesart, die die Unbestimmtheit der Vorlage eliminiert und im Sinne einer christlichen Interpretation lenkend eingreift.

• **Schmid**

Die Mannheimer Version formuliert die Sterbeszene zwar vorsichtiger als Kosegarten, nimmt aber ebenfalls einige Änderungen vor. So liest man dort:

---

[276] "What is dying but the common lot?–The mortal frame may *seem* to labour–But that is all!–It is not so hard to die, as I believed it to be!–The Preparation is the difficulty–I bless God, I have had time for That–The rest is worse to beholders, than to me!–I am all blessed hope–Hope itself ... [A]nd she spoke faltering and inwardly, –Bless–bless–bless–you All–And now–And now–[holding up her almost lifeless hands for the last time]–Come–O come–Blessed Lord JESUS!
And with these words, the last but half pronounced, expired: Such a smile, such a charming serenity over-spreading her sweet face at the instant, as seemed to manifest her eternal happiness already begun" (Stuber, VIII, 5-7).

292

("Die sterbende Clarissa ... Clarissa tröstet die Traurenden – bestellt tausend Grüsse an die Ihrigen – betet für ihren Zerstörer – segnet jeden Anwesenden – und verscheidet lächelnd!" "Ein und zwanzigstes Blatt," *Clarissens Schiksale*, ed. Kosegarten, n.p. Faksimile, vergrößert.)

Was ist Sterben anders, als das allgemeine Schicksal? – Der sterbliche Leib scheint ein wenig dabey zu kämpfen. Aber das ist auch alles. Es ist nicht so schwer, zu sterben, als ich geglaubt hatte! – Die Vorbereitung ist das Schwere – Gott sey Dank, ich habe Zeit dazu gehabt – Das übrige ist schlimmer für die Zuschauer, als für mich! – Ich bin ganz selige Hofnung – die Hofnung selbst!
... Und nun sagte sie stammelnd und in sich: Seegen – Seegen – Seegen über euch alle! – Und nun – und nun – (indem sie ihre fast leblosen Hände zum letztenmal in die Höhe hielt) – Komm – ach komm – göttlicher Heiland – Herr Jesu!
Und mit diesen Worten, wovon sie die lezten nur halb aussprach, gab sie ihren Geist auf. In diesem Augenblick verbreitete sich ein solches Lächeln, eine so reizende Heiterkeit über ihr holdes Antlitz, welche zu beweisen schien, daß ihre ewige Glückseligkeit schon angefangen habe. (Schmid, XV, 216-22)

Schmid übernimmt einen Teil der Bindestriche und setzt in vielen weiteren Fällen Punkte ein. Dadurch wirkt der Text durchgängiger, aber auch künstlicher und weniger authentisch.

Die textlichen Eingriffe sind subtil und ändern die Intention nur unwesentlich. Statt "the mortal frame may *seem* to labour" liest man hier "der sterbliche Leib scheint ein wenig dabei zu kämpfen." Durch die Ergänzung "ein wenig" wirkt der Todeskampf weniger abschreckend. Ein tugendhaftes Leben wird mit einem wenig qualvollen Tod belohnt. Der Einschub vor dem Segen findet sich an der gleichen Stelle wie im Original. Schmid formuliert die Mutmaßung über ein Leben nach dem Tod so vorsichtig wie Richardson und behält den Unsicherheitsgrad durch "wie es schien" und den Konjunktiv "habe" bei.

6.2.13.4 Lovelace

- **Michaelis**

Als letzte der vier Figuren findet Lovelace den Tod. Er stirbt an seinen Verletzungen im Duell mit Colonel Morden. Lovelaces Tod bildet in vieler Hinsicht eine Ausnahme: er stirbt keines natürlichen Todes und erliegt seinen Wunden im Ausland. Überdies ist Belford in seiner Todesstunde nicht bei ihm, er hat sich ebenso wie der Leser auf den Bericht eines Fremden zu verlassen, dem die genauen Umstände der Lage unbekannt sind. Dadurch sieht Lovelace geographisch und physisch isoliert dem Tod entgegen, eine Situation, die als Strafe intendiert ist. Schließlich trifft der Tod Lovelace in geistiger und weltlicher Hinsicht unvorbereitet und verursacht den Anwesenden Schwierigkeiten. Weder weiß man, wie mit dem Leichnam zu verfahren ist, noch kann man den österreichischen Behörden eine befriedigende Erklärung für den Tod liefern, da Duelle dort verboten sind.
Der Bericht über Lovelaces letzte Stunden fällt weniger drastisch aus als die Darstellung von Beltons und Sinclairs Todeskampf:

The surgeons told him, that my chevalier could not live over the day.

When the colonel took leave of him, Mr Lovelace said in French, You have well revenged the dear creature.

I have, sir, said Mr Morden, in the same language: and perhaps shall be sorry that you called upon me to this work, while I was balancing whether to obey, or disobey, the dear angel.

There is a fate in it! replied my chevalier–a cursed fate!–or this could not have been!– But be ye all witnesses, that I have provoked my destiny, and acknowledge, that I fall by a man of honour.

Sir, said the colonel, with the piety of a confessor ..., snatch these few fleeting moments, and commend yourself to God ...

Contrary to all expectation, he lived over the night: but suffered much, as well from his impatience and disappointment, as from his wounds; for he seemed very unwilling to die.

He was delirious, at times, in the two last hours; and then several times cried out, Take her away! Take her away! but named nobody. And sometimes praised some lady (that Clarissa, I suppose, whom he had called upon when he received his death's wound) calling her, Sweet Excellence! Divine Creature! Fair Sufferer–And once he said, Look down, blessed Spirit, look down!–And there stopped–his lips however moving ...

His few last words I must not omit, as they show an ultimate composure; which may administer some consolation to his honourable friends.

Blessed-said he, addressing himself no doubt to Heaven; for his dying eyes were lifted up–a strong convulsion prevented him for a few moments saying more–But recovering, he again with great fervour (lifting up his eyes, and his spread hands) pronounced the word *Blessed*-Then, in a seeming ejaculation, he spoke inwardly so as not to be understood: at last, he distinctly pronounced these three words,

LET THIS EXPIATE!

And then, his head sinking on his pillow, he expired; at about half an hour after ten. (Ross, pp. 1487-88)

Die Unterschiede zu Beltons und Sinclairs Tod sowie die Anklänge an Clarissas Sterbeszene sind augenfällig: Auch wenn Lovelace zeit seines Lebens kein gläubiger Christ war und den Gottesdienst mit Clarissa aus Kalkül statt aus Überzeugung besuchte, ruft er in seiner letzten Stunde, so scheint es, den Himmel an:

Here Richardson moves farthest from the traditional deathbed scene in showing the dying sinner ... calling upon the spirit of the one whom he has most loved and most injured to intercede for him ... Lovelace's ruling passion is his love for Clarissa; he can see heaven only through her.[277]

Clarissa wird von Lovelace zur Heiligen erhoben, die er im Einklang mit der Litaneipraxis der Kirche anruft, Fürbitte für ihn zu leisten. Sein "Mörder," Colonel Morden, übernimmt die Rolle des Beichtvaters, der Lovelace auf die Möglichkeit zur Buße und Einkehr auf den Tod hinweist. Lovelaces Tod ist so in die christliche Tradition eingebettet, ohne daß Richardson auf psychologisch schwer zu begründende Sinneswandlungen im Sinne einer Saulus-Paulus-Bekehrung ausweicht. Das Vokabular spiegelt die christliche Einordnung der Szene:

---

[277] Doody, *A Natural Passion*, p. 181.

"angel," "confessor," "God," "praised," "divine," "blessed Spirit," "blessed," und "Heaven" finden sich überwiegend in Lovelaces Figurenrede. Es bleibt zwar dem Leser überlassen, eigene Schlüsse aus der Darstellung zu ziehen, doch legt die Präsentation den Schluß nahe, daß Lovelace zumindest um Buße bemüht ist.

Richardson bedient sich in dieser Todesszene erneut einer Anzahl von Gedankenstrichen, um Sprechpausen des Sterbenden graphisch zu spiegeln. Die Göttinger Übersetzung bemüht sich um eine getreue Wiedergabe des Textes. Die Szene lautet:

> Die Wundärzte sagten ihm, daß mein Cavallier den Tag nicht überleben könnte.
> Als der Obrist Abschied von ihm nahm, sagte Herr Lovelace in französischer Sprache: Sie haben die liebe Fräulein wohl gerächet.
> Das habe ich gethan, mein Her, versetzte Herr Morden in eben der Sprache: und vielleicht wird es mir leid seyn, daß sie mich zu diesem werk aufgefordert haben, da ich noch unschlüssig war, ob ich dem lieben Engel gehorsam, oder ungehorsam seyn sollte.
> Es ist ein Verhängniß dabey, antwortete mein Cavallier = = Ein verfluchtes Verhängnis! = = Sonst hätte dieß nicht seyn können! = = Allein seyd ihr alle Zeugen, da ich mein Schicksal wider mich aufgerufen habe, und erkenne, daß ich durch die Hand eines rechtschaffenen Mannes gefallen bin.
> Mein Herr, sagte der Obrist, so gottselig als ein Beichtvater; ... ergreiffen sie diese wenige und flüchtige Augenblicke und befehlen sich Gott ...
> Wider alles Vermuthen überlebte er noch die Nacht: stand aber so wohl von seiner Ungedult und seinem Misvergnügen, daß ihm seine Hoffnung fehlgeschlagen war, als von seinen Wunden vieles aus; denn er schien sehr ungern zu sterben.
> Er rasete bisweilen in den beyden letzten Stunden; und in der Raserey rief er zu verschiedenen malen: Nehmet sie weg! Nehmet sie weg! nannte aber niemand. Bisweilen erhob er eine Fräulein; die Clarissa, vermuthe ich, welche er anredete, als er seine tödtliche Wunde bekam; und nannte sie; Angenehmes Muster der Vollkommenheit! Göttliche Fräulein! Leidende Schöne! = = Einmal sagte er: Schaue herunter, seliger Geist, schaue herunter! = = Und damit hielte er inne: = = jedoch bewegten sich seine Lippen.
> Um neun des Morgens ward er von Zuckungen überfallen und fiel in Ohnmacht. Es währte eine Viertelstunde, ehe er sich daraus erhohlte.
> Seine wenigen lezten Worte muß ich nicht vergessen: da sie beweisen, daß er sich zuletzt gefasset habe; welches seinen geehrten Freunden zu einigem Troste gereichen mag.
> **Heiliger** = = sprach er; und wandte sich damit sonder Zweifel zum Himmel: denn seine sterbende Augen waren aufgehoben = = Eine starke Zuckung hinderte ihn auf einige Augenblicke mehr zu sagen = Als er sich aber wieder erhohlte, sprach er wieder mit großem Eifer, mit aufgehabenen Augen und ausgebreiteten Händen, das Wort **Heiliger** aus. = = Hierauf redete er, als wenn er andächtige Seufzer schickte, so einwärts, daß man es nicht verstehen konnte: und zuletzt sprach er deutlich diese drey Worte aus:
> **Laß dieß versöhnen!**
> Hiemit sank sein Haupt auf das Kopfküssen; und er verschied: eine halbe Stunde nach zehn. (Michaelis, VII, 873-75)

Wenn man von den syntaktischen Unterschieden absieht, so fällt auf, daß der Übersetzer es anscheinend für notwendig hält, Lovelaces Mißvergnügen näher zu erläutern, und deshalb einen erläuternden Nebensatz einfügt ("daß ihm seine Hofnung fehlgeschlagen war"). In die Adressierung greift er ebenfalls verändernd ein: aus "Sweet Excellence" wird ein umständlicheres "angenehmes Muster der Vollkommenheit." "Göttliche Fräulein" findet sich gar als deutsches

Pendant für "Divine Creature" und erfährt somit eine interpretatorische Veränderung. In der Interjektion "Fair Sufferer," "leidende Schöne" tauschen beide Wörter ihre Klassen, wodurch die Schönheit in den Mittelpunkt rückt und das Leiden als weniger wichtige Ergänzung gesehen wird. Lovelaces letzte Worte werden durch das im Original kursivierte und im deutschen Text fett gedruckte "Heiliger" eingeleitet. "Let this expiate!" ist ebenfalls fett unterlegt und wird wie im Original graphisch hervorgehoben, wenn auch in der Schriftgröße variiert.

- **Kosegarten**

Neben den üblichen Änderungen in der Orthographie fallen einige textliche Bearbeitungen für die dritte englische Auflage ins Gewicht.[278] So ist der Hinweis auf Französisch als Verständigungsmedium zwischen Lovelace und Colonel Morden gestrichen, und in der Beschreibung von Lovelaces Todeskampf findet sich eine Anzahl Kursivierungen. Lovelaces Ausrufe werden mit Hilfe eines Vergleichs charakterisiert ("as if he had seen some frightful Spectre"). In diesem Zusammenhang ändert Richardson das Verb "to call upon" in "to invoke" um, da

---

[278] "The Surgeons told him, that my Chevalier could not live over the day.

When the Colonel took leave of him, Mr. Lovelace said, You have well revenged the dear creature.

I have, Sir, said Mr. Morden: And perhaps shall be sorry that you called upon me to this work, while I was balancing whether to obey, or disobey, the dear angel.

There is a fate in it! replied my Chevalier–A cursed fate!–Or this could not have been!–But be ye all witnesses, that I have provoked my destiny, and acknowlege, that I fall by a Man of Honour.

Sir, said the Colonel, with the piety of a confessor, ... snatch these few fleeting moments, and commend yourself to God ...

Contrary to all expectation, he lived over the night: But *suffered much*, as well from his *impatience* and *disappointment*, as from his *wounds*; for he seemed *very unwilling to die*.

He was delirious, at times, in the two last hours; and then several times cried out, as if he had seen some frightful Spectre, Take her away! Take her away! but named nobody. And sometimes praised some Lady (that Clarissa, I suppose, whom he had invoked when he received his death's wound) calling her, Sweet Excellence! Divine Creature! Fair Sufferer!–And once he said, Look down, blessed Spirit, look down!–And there stopt;–his lips however moving ...

His few last words I must not omit, as they shew an ultimate composure; which may administer some consolation to his honourable friends.

Blessed–said he, addressing himself no doubt to Heaven; for his dying eyes were lifted up–A strong convulsion prevented him for a few moments saying more–But recovering, he again with great fervor (lifting up his eyes, and his spread hands) pronounced the word *Blessed*:–Then, in a seeming ejaculation, he spoke inwardly so as not to be understood: At last, he distinctly pronounced these three words,

LET THIS EXPIATE!

And then, his head sinking on his pillow, he expired; at about half an hour after ten" (Stuber, VIII, 248-49).

letzteres "spirits" konnotiert. Hiermit wird der Stil von umgangssprachlichen Formulierungen befreit und angehoben.

Kosegarten übersetzt:

> Die Wundärzte sagten ihm, mein Ritter könne den Tag nicht überleben.
> Als der Oberst von ihm Abschied nahm, sagte Herr Lovelace: "**Sie haben das theure Mädchen wohl gerochen!**
> "**Das hab' ich, Sir,**" sagte Herr Morden. "**Und vielleicht wird es mir einst leid seyn, daß Sie zu dieser That mich aufgefordert haben, während ich bey mir anstand, ob ich dem lieben Engel gehorsam oder ungehorsam seyn wollte.**"
> "**Es ist ein Schicksal,**" erwiederte mein Ritter, "**ein verwünschtes Schicksal. Es hätte sonst so nicht gehen können. Allein seyd Zeugen alle, daß ich mein Verhängniß aufgefordert habe, und daß ich erkenne, durch einen Mann von Ehre gefallen zu seyn.**"
> "**Sir,**" sagte der Oberste, mit der Frömmigkeit eines Beichtvaters, "**haschen Sie diese wenigen flüchtigen Augenblicke und befehlen Sie sich Gott.**"
> Wider alle Erwartung überlebte er die Nacht, litt aber sehr viel, sowohl von seiner Ungeduld und seinem Unmuthe, als von seinen Wunden.
> In den beiden letzten Stunden war er zu Zeiten außer sich. Als wenn ein gräßliches Gespenst ihm vor schwebe, schrie er mehr malen: "**Nehmt sie weg! Nehmt sie weg!**" nannte aber keinen. Bisweilen pries er ein gewisses Fräulein (jene **Clarissa** vermuthlich, die er anrief, dis er den Todesstoß empfing) **theure Vortrefliche!** nannt' er sie – **himmlisches Mädchen – holde Leidende** – Und einstens sagt' er: **Schau herab, schau herab, verklärte Seele** – – Inne hielt er, doch regten sich noch seine Lippen ...
> Seine letzten Worte darf ich nicht vergessen. Sie sind ein Beweis, daß er sich zuletzt gefaßt habe, und können den edlen Seinigen zu einigem Troste dienen.
> **Heiliger,** – sagt' er, an den Himmel ohne Zweifel sich wendend; denn seine brechenden Augen starrten aufwärts – Eine starke Zuckung hinderte ihn einige Augenblicke, mehr zu sagen – Allein er erholte sich, sprach noch einmal mit großer Anbrunst, die Augen aufhebend, und die Hände ausbreitend, das Wort: **Heiliger** – schien dann zu beten, allein so einwärts, daß man es nicht verstehen konnte – Zuletzt sprach er ganz vernehmlich folgende drey Worte aus:
> LASS DIES VERSÖHNEN!
> senkte das Haupt auf sein Kissen, und verschied. – Die Uhr, die auf seinem Tische lag, zeigte gerad' halb eins. (Kosegarten, VIII, 613-15; Hervorhebung im Original)

Der markante, Kosegarten zuzuschreibende Fettdruck innerhalb des letzten Gesprächs zwischen dem sterbenden Lovelace und Colonel Morden beansprucht Aufmerksamkeit noch vor dem Lesen. Ein derart hervorgehobener Text, so wird suggeriert, ist auch inhaltlich bedeutsam.

In Kosegartens Fassung unterhalten sich Lovelace und Colonel Morden nicht auf Französisch. Diese Auslassung weist auf die dritte englische Auflage als Textgrundlage hin. Diese Vermutung wird durch den Vergleich ("als wenn ein gräßliches Gespenst ihm vor schwebe") erhärtet.

Kosegarten folgt an dieser Stelle wie auch sonst im wesentlichen seiner Vorlage. Er streicht jedoch aus unersichtlichen Gründen einen Kausalsatz ("for he seemed very unwilling to die"), übersetzt "to invoke" mit "anrufen" und erhält hiermit die Konnotation des Originals. Auch läßt sich nicht eindeutig nachvollziehen, warum er die Todesstunde mittels zu sätzlichem Verweis auf eine

298

auf dem Tisch liegende Uhr von halb elf auf halb ein Uhr verlegt. Vermutlich versuchte Kosegarten, durch die Nähe zur Mittagsstunde, seit Miltons *Paradise Lost* die typologische Zeit der Versuchung, der Textstelle diese zusätzliche Lesart hinzuzufügen und Lovelace verstärkt mit dem Bösen in Verbindung zu bringen.[279] Die vor liegenden Hinweise legen ein deutliches Zeugnis für einen Band der dritten Auflage als Übersetzungsvorlage ab.

• **Schmid**

Der Mannheimer Übersetzer orientiert sich im Gegensatz zu Kosegarten wieder am Text der ersten Auflage und liefert folgende Version:

> Die Wundärzte sagten mir, daß mein Herr den Tag nicht überleben könnte.
> Als der Kolonel Abschied von ihm nahm, sagte Herr **Lovelace** auf Französisch zu ihm: Sie haben die theure Miß gut gerochen!
> Das habe ich, Sir, sagte Herr Morden in derselben Sprache, und vielleicht wird es mir leid thun, daß Sie mich zu diesem Geschäft aufgefodert [sic] haben, da ich noch ungewiß war, ob ich dem theuren Engel gehorchen sollte, oder nicht.
> Ein Verhängniß waltet dabey ob, erwiederte mein Chevalier – ein verdammtes Verhängniß – sonst hätte es nicht so kommen können! – Aber seyd ihr mir alle Zeugen, daß ich das Schicksal mir selbst zugezogen, und daß ich es bekenne, daß ich durch einen Mann von Ehre falle.
> Sir, sagte der Kolonel, mit der Frömmigkeit eines Beichtvaters (indem er die Hand des Herrn *Lovelace* drückte) ergreifen Sie noch diese wenigen schwachen Augenblicke, und empfehlen Sie sich Gott.
> Und nun ritt er fort ...
> Gegen alle Erwartung lebte er noch über die Nacht, muste [sic] aber viel leiden, so wohl durch seine Ungeduld und Verzweiflung, als durch seine Wunden; denn er schien ungern zu sterben.
> In den beiden letzten Stunden war er zu Zeiten Wahnsinnig [sic], und dann rufte er verschiednemal aus: Nehmt sie weg, nehmt sie weg! doch nannte er niemanden. Und zuweilen rühmte er eine gewisse Lady (vermuthlich jene Klarisse, deren Nahmen er ausrufte, als er seine tödtliche Wunde bekam) und nannte sie vortrefflich, göttlich, eine schöne Dulderinn. Und einst sagte er: Sieh herab, seeliger Geist, sieh herab! – Und hier hielt er inne, doch bewegten sich seine Lippen ...
> Seine wenigen letzten Worte darf ich nicht übergehn, da sie eine völlige Gelassenheit anzeigen, welches seinen geehrtesten Freunden zu einigem Troste gereichen kann.
> Gütiger – sagte er, indem er vermuthlich den Himmel anredete, denn seine sterbende Augen waren empor gehoben – eine starke Konvulsion hinderte ihn einige Augenblicke mehr zu sagen – als er aber wieder zu sich selbst kam, sprach er nochmals mit vieler Wärme, indem er die Augen und die gefalteten Hände aufhub, das Wort gütiger [sic] aus. Sodann sprach er mit scheinbarem Eifer einiges so in sich, daß er nicht verstanden werden konnte. Endlich sagte er ganz deutlich folgende vier Worte:
> *Laß dich dies versöhnen.*
> Drauf sank sein Kopf auf das Küssen, und er verschied halb eilf Uhr.
> (Schmid, XVI, 328-31)

Vgl. de Vries, *Dictionary, s.v.*

("Hier wird alle Gerechtigkeit erfüllet. Lovelace von Oberst Mordens Hand den Todesstoss *O meine geliebte Clarissa*, ruft er fallend aus, *nun bist du wohl gerochen* – ... Nach einer langen und schrecklichen Agonie haucht dieser seinen schuldigen Geist aus. Sein lezter Seufzer ist: Lass dies Versöhnen!" "Vier und zwanzigstes Blatt," *Clarissens Schiksale*, ed. Kosegarten, n.p. Faksimile, vergrößert.)

Die Version enthält den Hinweis der *editio princeps*, das Gespräch zwischen
Lovelace und Colonel Morden habe auf Französisch stattgefunden, und kennt
den Hinweis auf die Geistererscheinung nicht.

Graphische Mittel zur Untermauerung der moralisch-didaktischen Intention
finden nur eingeschränkt Verwendung, der Einschub in Klammern ist identisch
mit dem des Originals. Im Bereich der Pronomina wird die Unterscheidung zwischen "Sie" und "du" eingeführt, so daß die hierarchischen Unterschiede zwischen Colonel Morden und den umstehenden Helfern und Bediensteten herausgestellt werden.

Lovelaces letzte Worte fallen in der Mannheimer Übersetzung aus dem
Rahmen: Schmid übersetzt "let this expiate" nicht wörtlich, sondern liefert mit
der Interpretation "Laß dich dies versöhnen" eine neue Deutung der Textstelle.
Die Apostrophe wirft die Frage auf, an wen sich Lovelace mit seinen letzten
Worten wendet. Zwar liegt es nahe, Clarissa als Adressatin zu vermuten und
diese letzten Worte als an sie gerichtete Bitte um Vergebung zu verstehen. Gegen diese Lesart spricht jedoch zunächst die Wahl des Pronomens, haben sich
Clarissa und Lovelace doch in der Mannheimer Fassung zu Lebzeiten in der
"Sie"-Form angeredet. Ein Abweichen vom Standard ist angesichts der Emotionalität der Sterbesituation nicht auszuschließen. Ebenso ließe sich hinter der Anrede Gott vermuten und somit von einem wenn auch spät geäußerten Wunsch
nach göttlicher Vergebung ausgehen. Lovelace wäre demnach in seinen letzten
Stunden vom Saulus zum Paulus konvertiert und hätte Hoffnung, Clarissa in
"ihres Vaters Haus" wiederzusehen. Beide Lesarten sind möglich, weil sie im
englischen Original so angelegt wurden. Richardson aber trifft keine Entscheidung für die eine oder andere Lesart und läßt das Ende somit offen. Leserinnen
und Lesern ist somit im englischen Text die Wahl ihres favorisierten Endes
überlassen. Unterstellt man Schmid hier einen bewußten Texteingriff, so plädiert
man für eine Entscheidung im Sinne *einer* interpretierenden Lesart. Gerade dies
aber wird durch den englischen Text ausgeschlossen.

6.3 Weitere Auflagen der *Clarissa*-Übersetzungen

Die erste Übersetzung durch Michaelis und seinen Nachfolger erfreute sich großer Beliebtheit. Dieser Erfolg veranlaßte einen Verleger zur Herstellung eines
Nachdrucks mit dem (fiktiven?) Druckort "Frankfurt und Leipzig." Vandenhoeck war darum bemüht, den Nachdruck möglichst bald aus den Buchläden
entfernen zu lassen und erwirkte ein Druckprivileg. Zudem ist in den Archiven

des Verlags Vandenhoeck und Ruprecht ein Brief eines Leipziger Agenten vom 28. Januar 1749 erhalten, in dem dieser dem Verleger mitteilt, er habe sich "fleißig wegen des Nachdrucks von der Clarissa umgesehen, aber bey keiner [Buchhandlung] nichts angetroffen, inzwischen aber allerseits nochmahls verwarnet, den Nachdruck auf keine Weiße zu distrahiren," und die Buchhändler auf das existierende Privileg hingewiesen.[280] Der rasche Nachruck des Romans weist auf die Popularität des Werks unmittelbar nach seinem Erscheinungsbeginn hin.

Zusätzlich erfuhren die Bände I und II der Göttinger *Clarissa* noch im Erscheinungsjahr eine Neuauflage durch Vandenhoeck, eine Tatsache, die die Popularität des Romans in Deutschland ebenfalls unterstreicht. Diese zweite Auflage trägt das Druckdatum 1749 und enthält im ersten Band das Privileg durch Kaiser Franz. Das der "Vorrede des Übersetzers" vorangestellte Privileg trägt das Datum "11.2.1749," so daß die Auflage vermutlich pünktlich zur Ostermesse auf dem Markt war und zusammen mit den neu übersetzten Bänden III und IV angeboten wurde. Der Titel wurde leicht verändert und lautet: *Die Geschichte der Clarissa, eines vornehmen Frauenzimmers, herausgegeben von demjenigen, welcher die Geschichte der Pamela geliefert hat.*[281] Laut Price soll die zweite Auflage in den Jahren 1749-1768 publiziert worden sein,[282] doch sind Exemplare der Bände III-VIII bislang nicht nachgewiesen.

Nach Richardsons Tod im Jahre 1761 wuchs das Interesse an seinen Werken, und die Göttinger *Clarissa* wurde von 1768-1770 erneut herausgebracht. Der Titel dieser achtbändigen, von Vandenhoecks Witwe besorgten Ausgabe lautet: *Die Geschichte der Clarissa, eines vornehmen Frauenzimmers, herausgegeben von demjenigen, welcher die Geschichte der Pamela geliefert hat.* Das Werk stand unter dem Schutz einer ganzen Anzahl von Adelshäusern, wie man dem Titelblatt ("Mit Röm. Kayserl. Königl. Großbrit. und Churfürstl. Braunschw. wie auch Churfürstl. Sächs. Allergnädigsten Privilegiis") entnehmen kann.[283] Die "Vorrede des Übersetzers" aus der ersten Auflage ist dem Text unverändert vorangestellt, darauf folgen die ehemals im dritten Band verzeichnete "Vorrede des Englischen Herausgebers" sowie ein Verzeichnis der "Personen, welche in dieser Geschichte vorkommen, nebst ihrer Gemüths-Beschaffenheit."

---

[280] Brief vom 28. Januar 1749. Das Original befindet sich in den Archiven des Verlags. Zitat mit freundlicher Genehmigung des Verlags.
[281] *Aus dem Englischen übersetzt. Zweyte Auflage. Mit Königl. Pohln. und Churfürstl. Sächsischem allergnädigstem Privilegio* (Göttingen: verlegts Abram Vandenhoeck, 1749). Ein Exemplar der Bände I und II der zweiten Auflage befindet sich in der Universitätsbibliothek Düsseldorf, die Bände III-VIII dieses Satzes entsprechen denen der ersten Auflage.
[282] Vgl. Price, *English Literature*, p. 189.
[283] Das hier zugrunde liegende Exemplar befindet sich in der Universitätsbibliothek Essen.

Die Anzahl der Briefe in den Bänden I-III ist mit denen der ersten Auflage identisch. Anstelle des Supplementbands von 1753 sind die Änderungen in den Text integriert und zeigen besonders ab Band IV Auswirkungen auf die Reihenfolge der Briefe und den Umfang der einzelnen Bände: Band IV enthält 446 Seiten (von Clarissa an Anna Howe 7. Mai bis Lovelace an Belford 30. Mai),[284] Band V aus dem Jahr 1769 umfaßt 702 Seiten (von Lovelace an Belford 2. Juni bis Brief 48: Lovelace an Belford), Band VI trägt ebenfalls das Datum 1769 und umfaßt 92 Briefe (von Lovelace an Belford bis Clarissa an Anna Howe "Sonnabends den 23ten Jul."[285] in etwa die Briefe 268-359 der Ross-Ausgabe). Der siebte Band erschien ein Jahr später und verzeichnet auf 646 Seiten 94 Briefe (von Clarissa an Anna Howe 23. Juli bis Belford an Lovelace "Sonnabends, frühe 2ten September"). Band VIII erschien ebenfalls im Jahr 1770 und enthält auf 720 Seiten die restlichen Briefe sowie den "Beschluß." Nach Brief 470 der Ross-Ausgabe findet sich ein eingeschobener Brief "Von Herrn Brand an Herrn Johann Walton, Sonnabend Abends, den 2. Sept." (Göttingen 1768, VIII, 109-40), in dem wiederum ein ebenfalls mit dem Datum des 2. September versehener Brief "Von Herrn Brand an Herrn Johann Harlowe" (Göttingen 1768, VIII, 121-40) enthalten ist. Diese Briefe sind im achten Band der ersten Auflage enthalten und werden nun an die chronologisch korrekte Stelle geschoben (Göttingen 1768, VII, 235-67).

Aufgrund der Überarbeitung für die Neuauflage fallen einige Änderungen ins Auge. Michaelis' Verzicht auf eine Übersetzung der "Ode an die Weisheit" in den Auflagen von 1748 und 1749 beruhte auf seiner Geringschätzung der eigenen poetischen Fähigkeiten, und er vertröstete seine Leser mit dem Hinweis, er wolle die Ode einfügen, wenn er einen fähigen Übersetzer gewonnen habe. Dieses Vorhaben scheint mit der Gewinnung Johann Peter Uzens für die Übersetzung gelungen zu sein, und so liest man auf den Seiten 83-87 des zweiten Bands dessen Übersetzung mit einem Hinweis auf die Person des Verfassers.

Die Übersetzungen der neunziger Jahre erlebten keine Neuauflagen, ein Umstand, der das Desinteresse am Briefroman angesichts konkurrierender literarischer Entwicklungen im Anschluß an Sturm und Drang und Klassik spiegelt.

---

284 Der Einschub eines Briefes von Lovelace an Belford nach Brief 209 der Ross-Ausgabe macht bereits beim Vergleich des Inhalts darauf aufmerksam, daß es sich bei dieser Ausgabe um eine sorgsam aufbereitete, die Änderungen der dritten englischen Auflage berücksichtigende Ausgabe handelt.
285 Das Datum ist demnach doppelt vergeben und wird hier mit 'Sonnabend' angegeben, in den folgenden zwei Briefen des siebten Bandes jedoch als 'Sonntag.'

7 Zur Frage der Textgrundlage

Die Frage nach der Vorlage für die deutschen Übertragungen läßt sich im Fall der Göttinger Übersetzung aus den Jahren 1749-53 leicht beantworten. Da die *Lettres Angloises* des Abbé Prévost erst zwei Jahre nach Veröffentlichungsbeginn der deutschen *Clarissa* erschienen, scheiden sie als Quelle aus. Michaelis übersetzte alle Briefe vollständig. Er scheint es als seine Aufgabe angesehen zu haben, den Ausgangstext so vollständig und genau wie möglich zu übertragen, und orientierte sich ausschließlich an diesem.

Für die beiden späteren deutschen Übersetzungen fällt die Beantwortung der Frage nach dem ihnen zugrundeliegenden Text ungleich schwerer. Hier gilt es nicht nur zu entscheiden, ob sich die Übersetzer der direkten Übersetzungsmethode bedient haben oder ob sie eklektisch vorgegangen sind, sondern auch, welchen englischen Text sie zugrunde gelegt haben. Wie die Beipiele verdeutlichen, scheiden die französischen Übersetzungen durch Prévost und Le Tourneur als alleinige Vorlagen aus, und auch die hier untersuchten Textstellen geben keinen Anlaß, eine eklektische Übersetzungsweise zu vermuten. Zusätzlich ergeben sich für die Mannheimer Übersetzung infolge des Übersetzerwechsels und des damit verbundenen veränderten Verfahrens – von extensiven Streichungen innerhalb der ersten drei Bände zum getreuen Übertragen – Schwierigkeiten, die Textgrundlage der ersten drei Bände zu bestimmen. Nach dem Übersetzerwechsel finden sich die Briefe des Originals vollständig übersetzt und enthalten keine offensichtlichen Hinweise auf Konsultationen anderer Übersetzungen wie die Fassung Kosegartens. Der Einschluß später hinzugefügter Briefe zwischen Mrs Howe und Mr Hickman (Schmid, II, 270-78) läßt zumindest für Band II als Textgrundlage ein Exemplar einer späteren englischen Auflage vermuten.

Textänderungen im Original ermöglichen es in einigen Fällen, die Vorlage zu rekonstruieren. Die Aussagekraft von Wort- und Sinnvarianten ist für die Bestimmung der Textgrundlage im allgemeinen nur gering. Wichtige Texteingriffe wie von Richardson umgeschriebene oder ergänzte Briefe liefern hingegen eindeutige Beweise. Danach ist zusammenfassend festzustellen:

Michaelis und sein Nachfolger folgten dem Text der ersten englischen Auflage und übernahmen von Richardson vorgenommene gewichtige Änderungen wie hinzugefügte Briefe für die überarbeitete Fassung der sechziger Jahre, ohne ihm jedoch in jedem einzelnen Fall zu folgen, da dies eine vollständige Überarbeitung der Übersetzung nach sich gezogen hätte.

Im Bereich der Wort- und Sinnvarianten fällt eine Anzahl umgeschriebener Briefe ins Auge. Hierzu zählen der ausgearbeitete Plan zur Vergewaltigung der Howes ebenso wie seine Beschreibung der jungen Mutter Clarissa.

So zeigt sich am Beispiel der geplanten Vergewaltigung Annas und ihrer Mutter (Ross, p. 671 und Stuber, IV, 252-61), daß der Mannheimer Übersetzer sich hier (Schmid, VII, 208) wie Michaelis in der Erstübersetzung (Michaelis, IV, 310) an einem Exemplar der englischen *editio princeps* orientierte. Die revidierte Göttinger Übersetzung der sechziger Jahre jedoch enthält den in der dritten Auflage hinzugefügten Brief Lovelaces an Belford (Göttingen 1768, IV, 350-61) und hat diesen wahrscheinlich aus den *Letters and Passages Restored* übernommen. Kosegarten folgte dem Text einer dritten oder späteren englischen Auflage und übersetzte die detaillierte Schilderung der Entführung und Vergewaltigung (Kosegarten, IV, 442).

Die Stillszene (Ross, p. 706 und Stuber, IV, 334) erfährt bei Michaelis keine Überarbeitung und legt daher in allen Göttinger Ausgaben den Text der englischen Erstauflage zugrunde (Michaelis, V, 14-15 und Göttingen 1768, V, 14-15). Kosegartens Übersetzung enthält die später hinzugefügte Fußnote (Kosegarten, IV, 578-79), seine Vorlage bestand aus einem Band einer dritten oder späteren Auflage, während der Mannheimer Übersetzer der ersten Auflage folgte (Schmid, VIII, 19-20).

Kosegarten "verrät" dem aufmerksamen Leser Rückgriffe auf die Göttinger Übersetzung überdies an zwei der hier untersuchten Textstellen. Die Änderung des Vornamens Polly in Marie scheint auf Michaelis' Maria Horton zurückzugehen und ist weder in den englischen Auflagen noch bei Prévost oder Le Tourneur verzeichnet. Gleiches gilt für die Bearbeitung von "out-uncle," die ausschließlich in der Göttinger und der Leipziger Fassung über Florenz als Aufenthaltsort des Onkels informiert.

Weitere Hinweise, bei denen anhand späterer Texteingriffe Vermutungen über die Vorlage anzustellen sind, liegen etwa an diesen Stellen vor: Gegen Ende seines Briefs vom 2. Juni schreibt Lovelace an Belford: "We have held that women have no souls: I am a very Jew in this point, and willing to believe they have not" (Ross, p. 704). In der dritten Auflage vergleicht Lovelace sich an dieser Stelle mit einem Türken: "We have held, that women have no Souls. I am a very Turk in this point, and willing to believe they have not" (Stuber, IV, 330). Wie zu erwarten, übersetzt Michaelis die Stelle so: "Wir haben dafür gehalten, daß die Frauenzimmer keine Seele hätten. Ich bin ein ächter Jude in diesem Stücke" (Michaelis, V, 7). Diese Lesart wird auch in der späteren deutschen Auflage beibehalten. Kosegarten übersetzt dagegen: "Ich bin ein wahrer Türk in dieser Hinsicht, und äußerst geneigt, es zu glauben" (Kosegarten, IV, 571). Die Mannheimer Übersetzung hat: "Wir haben immer dafür gehalten, daß die Weiber keine Seele haben; ich bin ein wahrer Jude in diesem Stück, und geneigt zu glauben, daß sie keine haben" (Schmid, VIII, 112).

Änderungen innerhalb der Figurenanrede können unterstützend herangezogen werden. Personennamen wie "my aunt Lawrance," "Mrs Hervey" und "Dr. Lewin" treten bei Michaelis notwendig in der Orthographie der ersten Textfassung auf, Kosegarten benutzt die Schreibkonvention nicht durchgängig und liefert daher keine stützenden Hinweise auf seine Textgrundlage. Auch die Mannheimer Übersetzung zeigt wenig eindeutige Tendenzen auf. Scheint sie zunächst der Orthographie der englischen Erstauflage zu folgen, wird die Schreibweise bereits im zweiten Band uneinheitlich ("Lady Lawrence," Schmid, II, 239). Grund dieses inkonsequenten Verfahrens ist demnach nicht der Übersetzerwechsel, vielmehr scheint er in allen Übertragungen für die Personennamen entweder im nachlässigen Umgang mit der Vorlage oder in Nachlässigkeiten beim Setzen gelegen zu haben. Für die Frage der Textgrundlage bieten Eigennamen keine Hilfe.

Die zur Darstellung der Onomatopöie herangezogenen Beispiele liefern aufschlußreiche Hinweise auf die Textgrundlage. So läßt sich bei aller Vorsicht schließen, daß Kosegarten und Schmid für die Übersetzung des lautmalerischen Gähnens anscheinend die *editio princeps* als Textgrundlage vorlag, während sie bei der Wiedergabe des Kampfes zwischen Lovelace und seinem Gewissen beide der dritten englischen Auflage folgten.[1]

Lovelaces Sterbeszene eignet sich ebenfalls für Aussagen über die englische Vorlage. Kosegarten folgt der Bearbeitung der dritten Auflage, Schmid legt wie Michaelis die Erstauflage zugrunde.[2]

Neologismen und ungewöhnliche Verwendungen lassen sich unterstützend heranziehen. Wenn ihre Aussagekraft auch häufig nicht überbewertet werden darf, so zeigt sich dennoch für "struggled-away cheek" und "no coach to be got" in beiden späteren Übertragungen der Text der dritten und späteren englischen Auflagen.[3] Im Fall von "how my heart then went *pit-a-pat*" orientieren sich alle Übersetzer an der Wortwahl der *editio princeps*.[4]

Die mimetische Wiedergabe fremdsprachlicher Verse gibt Aufschluß über die den Übersetzer leitenden Prinzipien: Michaelis strich Carters "Ode to Wisdom" und gab die eigene Inkompetenz als Begründung an, verzichtete aber auf

---

1 Zur Wiedergabe des Gähnens vgl. Ross, p. 691; Stuber, IV, 304; Michaelis, IV, 365; Kosegarten, IV, 529-30; Schmid, VII, 290. Der Kampf zwischen Lovelace und seinem Gewissen findet sich bei Ross, p. 848; Stuber, V, 224; Michaelis, V, 484-85; Kosegarten, V, 400-1 sowie Schmid, IX, 243-44.
2 Vgl. Ross, pp. 1487-88; Stuber, VIII, 248-49; Michaelis, VII, 873-75; Göttingen 1768, VIII, 623-28; Kosegarten, VIII, 613-15; Schmid, XVI, 328-31.
3 Vgl. hierzu im ersten Fall Ross, p. 691; Stuber, IV, 302-03; Michaelis, IV, 364; Kosegarten, IV, 526 und Schmid, VII, 288; für "no coach to be got" siehe Ross, p. 882; Stuber, V, 289; Michaelis, V, 592; Kosegarten, V, 516; Schmid, X, 69.
4 Vgl. Ross, p. 792; Stuber, V, 119; Michaelis, V, 294; Kosegarten, V, 209; Schmid, IX, 10.

den Abdruck des Originals; Kosegarten als Poet dichtete die Ode im Deutschen nach und versah sie mit einer anderen Vertonung, die Mannheimer Fassung verweist auf die kompetente Version von Uz, ohne diese jedoch abzudrucken.[5] In anderen Fällen wie dem Shakespeare-Zitat übertragen Kosegarten und Michaelis die Originalzitate in Verse, die Mannheimer Übersetzer entscheiden sich für Prosafassungen der Zitate und verzichten somit auf intertextuelle Referenzen.[6]

Der Umgang mit den Fußnoten des Originals zeigt Unterschiede auf und erlaubt Rückschlüsse auf das vorherrschende Textverständnis der Übersetzer. Michaelis verwendet Fußnoten zweierlei Art: Er übernimmt die Hinweise des Originals und setzt eigene explikative Fußnoten hinzu, wenn er Worterklärungen gibt oder englische Gepflogenheiten erläutern zu müssen meint. Seine Kommentare sind nicht wertender Natur. Die akademische Übersetzung im Universitätsumfeld entstand mit dem Ziel, den Deutschen einen erstklassigen Roman zur Erbauung und Belehrung zur Verfügung zu stellen. Kosegarten streicht Anmerkungen des Originals und verkennt somit ihre Bedeutung für die "Intention" des Autors. Für ihn ist *Clarissa* in erster Linie ein unterhaltender Roman, also "Frauenzimmerlektüre." Er erkennt die didaktische Botschaft des Romans entweder nicht oder widerspricht ihr und leugnet damit den Anspruch der Gattung auf eine belehrende Wirkung. Kosegartens Schwerpunkt liegt auf der Unterhaltung durch ein "gutes Buch." Auch der Mannheimer Text enthält keine Anmerkungen und entspricht der bereits für Kosegarten festgestellten Richtung. Wenn gegen Ende des Jahrhunderts auf Erläuterungen einzelner englischer Wörter und Institutionen verzichtet werden konnte und sich dieses Vorgehen mit dem Hinweis auf den größeren Bekanntheitsgrad des Englischen begründen läßt, so bedeutet der Verzicht auf die Originalfußnoten dennoch einen erheblichen Texteingriff mit Konsequenzen für die Lesarten des Romans.

Die Mannheimer Übertragung fällt durch den häufigen Gebrauch von eingedeutschten französischen Wörtern (so beispielsweise "Intrique," Schmid, VI, 235; "Vapeurs," Schmid, X, 29) und Modewörtern der Zeit wie "Empfindsamkeit" (etwa Schmid, VI, 239) oder "Kabale" (etwa Schmid, VI, 235) ins Auge und unterstreicht den starken Einflußbereich des Französischen – zumindest in der Pfalz – noch gegen Ende des Jahrhunderts.

Vorreden geben in der Regel Hinweise auf die Einstellung der Übersetzer zu ihrem Text. Die Göttinger Fassung enthält neben Richardsons Vorwort eine "Vorrede des Übersetzers" mit erläuternden Hinweisen zur übersetzerischen

---

5 Vgl. Ross, pp. 231-34; Stuber, II, 51-54; Michaelis, II, 80; Kosegarten, II, 81-82; Schmid, II, 173.

6 Vgl. Ross, p. 672; Stuber, IV, 262; Michaelis, IV, 312; Kosegarten, IV, 456; Schmid, VII, 211.

Leistung. Diese Vorrede kommt einer Lobrede auf den Übersetzer gleich, steht also im Dienst des Verlegers. Ihr Ziel ist es, die Verkaufszahlen zu steigern. Kosegarten schließt sich dieser Praxis an. Seine Vorrede stellt nicht nur die eigene Bewunderung für den Autor heraus, sondern auch die eigenen sprachlichen Schwächen und Schwierigkeiten bei der Arbeit und dient so als im voraus geleistete Entschuldigung für die Qualität der Übertragung. Die Mannheimer Übersetzung verzichtet auf jeglichen Kommentar und übergibt das Werk dem Publikum zur Beurteilung. Die Streichung des Originalvorworts beschneidet den Roman jedoch erneut um wichtige interpretative Hinweise des Autors.

Der Textvergleich legt für die beiden Übersetzungen der neunziger Jahre den Rückgriff auf einen "gemischten Satz" als Übersetzungsgrundlage nahe, auf eine englische Ausgabe also, die aus Bänden unterschiedlicher Auflagen zusammengesetzt war. Kosegartens Textgrundlage bestand überwiegend aus Bänden einer dritten oder späteren Auflage, zeigt für den fünften Band aber Charakteristika der englischen Erstauflage. Die Übertragung durch Schmid weist auf das genaue Gegenteil: Er folgt in den meisten Fällen dem Text der ersten Auflage, verwendet aber auch Charakteristika der dritten englischen Auflage. Die Bewertung dieser Auffälligkeiten bereitet insofern Schwierigkeiten, als Schmid für "how my heart then went *pit-a-pat*," das sich ebenfalls im fünften englischen Band findet, den Zusatz der dritten englischen Auflage nicht übersetzte. Vermutlich hat er den Zusatz der dritten Auflage für unnötig gehalten und daher gestrichen, eine zweifelsfreie Beurteilung dieser Auffälligkeit ist jedoch nicht möglich. Wenn Schmid ein Band einer dritten oder späteren englischen Auflage vorgelegen haben sollte, so war es dieser Band.

Neben den Fragen zur Textgrundlage kann die Rekonstruktion der Arbeitsbedingungen der Übersetzer aufschlußreiche Hinweise auf das Verfahren bei der Übertragung und das Selbstverständnis des Übersetzers liefern. Kein deutscher Übersetzer pflegte Kontakt zu Richardson; allein Michaelis und sein Nachfolger nahmen nach der Fertigstellung Verbindung über einen Dritten auf: Haller wandte sich mit einem Geschenkexemplar der Göttinger *Clarissa* an Richardson und setzte ihn auf diese Weise von der vollendeten Übertragung in Kenntnis. Kosegarten und Schmid blieb die Möglichkeit zur Korrespondenz mit Richardson verwehrt, da sie ihre Arbeit beinahe dreißig Jahre nach dem Tod des Autors im Jahr 1761 aufnahmen. Für sie ist das Moment der zeitlichen Distanz zur Erstveröffentlichung von Bedeutung: Fünfzig Jahre nach der Publikation des Originals hatte sich nicht nur die Sprache weiterentwickelt, sondern auch das Lesepublikum war eine Generation später anders, kannte die Rezeption des Romans zur Zeit unmittelbar nach Erscheinen und ging daher mit anderen Erwartungen an die Lektüre als noch die Leser der ersten Göttinger Ausgabe, die ähnliche Erfahrungen wie der Übersetzer und das englische Lesepublikum machten, da niemand den Ausgang kannte.

Die Rahmenbedingungen der Übersetzungstätigkeit weisen gleichfalls Unterschiede auf. Der Termindruck auf Michaelis war beträchtlich. So beklagt er sich im Vorwort, daß die nächsten Messetermine nur wenig Zeit für eine sorgfältige Arbeit ließen. Überdies verdient Michaelis' Leistung eine besondere Würdigung, als sie am Beginn der Periode intensiver Übersetzungstätigkeit anzusiedeln ist und in ein literarisches Vakuum vorgenommen wird.

Kosegartens Ausgangsvoraussetzungen waren günstiger. Er entspricht dem Typ des "vornehmen Übersetzers," der die Arbeit aus Freude und Dienst an seinem Publikum aufnimmt, scheint unter keinerlei terminlichem Druck gestanden zu haben und konnte sich daher in Einzelfragen wie etwa der "Ode an die Weisheit" Zeit zur Lösung nehmen. Seine Übersetzung tendiert dazu, Anmerkungen zum Ausdruck eigener Belesenheit zu mißbrauchen. Darüber hinaus standen ihm neben der englischen Fassung die Göttinger Übersetzung sowie die französischen Versionen von Prévost und Le Tourneur zur Verfügung. Die Analyse zeigt, daß Kosegarten die Gelegenheit zur vergleichenden Betrachtung nutzte und mit der Göttinger Fassung und der Übertragung Le Tourneurs mindestens zwei Übersetzungen konsultierte.

Inwieweit Schmid für seine Übertragung äußeren Zwängen ausgesetzt war, ist bisher nicht bekannt. Die Umstände der Mannheimer *Klarissa* weisen auf eine Auftragsarbeit hin, deren Ziel in der Aufnahme in die Reihe der *Sammlung ausländischer schöner Geister* bestand. Terminliche Vorgaben von seiten des Herausgebers sind daher wahrscheinlich. Schmids Bearbeitungen des Originals wie der Verzicht auf die Originalfußnoten legen die Vermutung nahe, daß *Clarissa* dem Zielpublikum angepaßt werden und dem Anspruch an "Frauenzimmerlektüre" genügen sollte.

Da für eine endgültige Antwort auf die Frage nach der Abhängigkeit von anderen Übersetzungen eine Kollation des gesamten Textes erforderlich wäre, läßt sich für die Mannheimer Übersetzung an dieser Stelle mit aller gebotenen Vorsicht eine Abhängigkeit vorerst verneinen.

8 Rezeption

Die Rezeption eines englischen Autors in der zweiten Hälfte des achtzehnten Jahrhunderts wirft in der Regel mehr Fragen auf, als sie Antworten gibt, und ist aufgrund des rudimentären Beweismaterials lediglich in Ansätzen zu rekonstruieren. Zeugnisse wie Rezensionen in literarischen Zeitschriften, Aussagen von Leserinnen und Lesern, Bibliotheksverzeichnisse und Nachlaßkataloge zeigen bestenfalls Tendenzen auf und können kaum als Grundlage für verallgemeinernde Aussagen herangezogen werden. Bereits die Frage nach dem rezipierten Text bereitet Probleme: vermutlich teilten deutsche und französische Übersetzungen den Markt unter sich auf. Die Untersuchung der deutschen und französischen *Clarissa*-Übersetzungen hat in vielen Bereichen gravierende Unterschiede in der Bearbeitung des Originals aufgezeigt. So ist die Beurteilung Richardsons als Autor nicht zuletzt von der gelesenen Textfassung abhängig; der deutsche und der französische Richardson haben – etwa im Hinblick auf die Prévost-Übertragung – nur wenig gemeinsam.

Die Entwicklung der Richardson-Rezeption in Deutschland spiegelt die Etablierung des Romans als gesellschaftlich akzeptable Lektüre. "Lesesucht" und "Romanenfieber," wie sie besonders am Ende des Jahrhunderts immer wieder konstatiert wurden, bilden den Abschluß einer nicht zuletzt durch die frühen Übersetzungen eingeleiteten Wende zur Lektüre als Unterhaltung:

> [Dieser Wendung] gingen die Publikumserfolge von Ziglers Asiatischer Banise, von Schnabels Insel Felsenburg und von Serien von Robinsonaden voraus, und ihren unmittelbaren Auftakt bildete die weite Verbreitung von Romanen Richardsons und Gellerts, des hervorragendsten deutschen Nachahmers Richardsons, im bürgerlichen Publikum. Allerdings fielen diese Erfolge zum guten Teil erst in die Zeit des allgemeinen Aufschwungs der Romanlektüre und profitierten von einer Welle, die sie wohl ausgelöst, aber noch nicht hervorgebracht hatten. Mit anderen Worten: die früheren Romane erlangten erst durch die Popularität der späteren, die mehr als Nachahmungen waren, ihren vollen Publikumserfolg.[1]

Während es noch in den ersten Jahrzehnten des Jahrhunderts einen festen Kanon von Autoren gab, die gebildete Leser zu lesen hatten, wurde die Lektüre seit den siebziger Jahren des Jahrhunderts mehr und mehr zu einer Frage des individuellen Geschmacks: "Auf Klopstock und Gellert hatte man sich anfangs [d.h. in der Mitte des Jahrhunderts] so berufen, wie man sich früher auf die Bibel ... berufen hatte."[2] Gellerts *Schwedische Gräfin* (1746), in der Nachfolge Richardsons ver-

---

1 Engelsing, *Der Bürger als Leser*, p. 232.
2 Engelsing, *Der Bürger als Leser*, p. 195.

faßt, betonte wie dessen *Pamela* die Bedeutung von Tugend und Glauben. Einige Jahre später jedoch hatte sich das Bild bereits gewandelt:

> Neben Klopstock, Gellert und Richardson ... traten Schriftsteller mit einem zwar nicht notwendig spezialisierten, aber doch engeren Publikum. Die ebengenannten Schriftsteller eigneten sich für die allgemeine Lektüre und zwar nicht allein die bürgerliche, sondern auf die Dauer auch für die verbürgerlichte in Fürstenhäusern, z. B. in der Familie Friedrich Wilhelms III. von Preußen.[3]

Autoren wie Klopstock, Gellert und Richardson entwickelten sich dieser Darstellung zufolge von universal rezipierten zu einem interessierten Publikum vorbehaltenen Autoren, und so galt es bald nicht länger als Makel, diese *nicht* gelesen zu haben. Die drei Autoren scheinen ein "Publikum in der Mitte,"[4] zwischen Gelehrten sowie Leserinnen und Lesern reiner Trivialliteratur, angesprochen zu haben:

> In den achtziger und neunziger Jahren des 18. Jahrhunderts lasen die bremischen Bürgerfrauen außer Bibel, Gesangbuch und Erbauungsschriften ... Richardsons und Gellerts Veröffentlichungen, dazu vielfach Youngs' Nachtgedanken, Brockes' Irdisches Vergnügen in Gott, Klopstock, die Dichter des Hainbundes, Johann Jakob Engel, Herders Paramythien und Legenden, vereinzelt auch schon Schiller und Goethe.[5]

Die Popularität Richardsons als Frauenlektüre innerhalb des bürgerlichen Mittelstands, wie sie hier für Bremen konstatiert wird, ist vermutlich ein Grund für das Entstehen zweier gleichzeitiger Übersetzungen im späten achtzehnten Jahrhundert.

Bei deutschen Literaten war Richardson vielfach auf begeisterte Aufnahme gestoßen.[6] Gellert und Wieland, Hermes, Klopstock, der junge Goethe sowie

---

3 Engelsing, *Der Bürger als Leser*, p. 195.
4 Der Begriff stammt von Lessing. Vgl. Engelsing, *Der Bürger als Leser*, p. 195.
5 Engelsing, *Der Bürger als Leser*, p. 310.
6 Die Richardson-Rezeption in Deutschland liegt bisher in einer Reihe von Einzeluntersuchungen vor. Zum Einfluß auf Gellert, Wieland, Lessing, Herder und Musäus etwa vgl. Dieter Kimpel, *Der Roman der Aufklärung, 1670-1774*, 2nd ed. (Stuttgart, 1977), pp. 94-95; zu Sophie von La Roche vgl. Kuno Riderhoff, *Sophie von La Roche, die Schülerin Richardsons und Rousseaus* (Einbeck, 1895) sowie die unveröffentlichte Dissertation von Regina Umbach, *Richardson's "Clarissa" and Sophie von La Roche's "Geschichte des Fräuleins von Sternheim": A Case Study in Eighteenth-Century Anglo-German Literary Relations* (Diss., University of Oxford, 1998). Weiterhin siehe Erich Schmidt, *Richardson, Rousseau und Goethe: – ein Beitrag zur Geschichte des Romans im 18. Jahrhundert* (Jena, 1924 [1874]) und E. D. Guelich, *The Relationship between Goethe's "Werther" and S. Richardson's Novels* (Fordham University, 1948); Emil Kost, *Die Technik des deutschen Romans von Musäus bis Goethe, besonders in ihren Beziehungen zu den Romanen Fieldings und Smolletts* (Tübingen, 1923); Luise Schork, *Herders Bekanntschaft mit der englischen Literatur* (Diss., Gießen, 1928) sowie die Arbeiten von Price.

nicht zuletzt Sophie von La Roche äußerten sich teilweise euphorisch, lobten seinen Sprachgebrauch, seine Figurendarstellung und sahen in Richardsons Romanen Prototypen des Familienromans. Bereits 1753 bemühte sich Haller nach dem Erfolg von *Pamela* und *Clarissa* noch im Vorfeld der Publikation des Romans um die Erlaubnis, *Sir Charles Grandison* ins Deutsche übertragen zu lassen, Richardson lehnte jedoch aufgrund seiner Zweifel an der Qualität des Romans ab.[7] Die deutsche *Grandison*-Übersetzung aus den Jahren 1754-1755[8] wird unter anderem Gellert zugeschrieben und kam durch die Bemühungen des Leipziger Verlegers Reich zustande.[9] Reich besuchte den Autor 1756 in London und stand brieflich mit ihm in Kontakt.[10] In den siebziger Jahren wurde etwa ein Drittel der deutschen Romane im Stil Richardsons verfaßt,[11] auch Parodien wie Musäus' *Grandison der Zweite*[12] spiegeln das Interesse und die literarische Auseinandersetzung mit Themen und Formen des Briefromans. In *Wilhelm Meisters Lehrjahren* führt Goethe neben Fieldings *Tom Jones* und Goldsmiths *Vicar of Wakefield* die Zentralfiguren aus *Pamela*, *Clarissa* und *Sir Charles Grandison* als musterhafte Romangestalten an, die einer neuen Entwicklung innerhalb der deutschsprachigen Literatur den Weg ebneten.[13]

Besonders der Kreis um Klopstock[14] bemühte sich seit den fünfziger Jahren um Kontakt zum bewunderten Autor. Man beachtete Richardson nicht nur aufgrund seiner eigenen literarischen Produktion, sondern sah in ihm auch den Freund und Vertrauten des für seine *Night Thoughts* verehrten und gefeierten

7 "I am written to from ... several translators, to furnish them with sheets as printed, of my new piece; but, think you, Madam, that all these honours done to my Clarissa ... do not give me apprehensions for my new piece? indeed they do. A man of my time of life and infirmities should know when to give over" ("To Lady Bradshaigh, 1753," *Selected Letters*, ed. Carroll, p. 224).
8 *Die Geschichte des Herrn Carl Grandison: In Briefen entworfen von dem Verfasser der Pamela und der Clarissa. Aus dem Englischen übersetzt*, 7 vols (Leipzig, 1754-55). Die Übersetzung wurde 1759, 1764, 1770 und 1780 neu aufgelegt.
9 Vgl. *Selected Letters*, ed. Carroll, pp. 336-39.
10 Vgl. *Correspondence*, ed. Barbauld, I, clxv- lxx. Reich plante die Übersetzung und Herausgabe der Richardson-Korrespondenz.
11 Vgl. Kimpel, *Der Roman der Aufklärung*, p. 94.
12 Johann Karl August von Musäus, *Grandison der Zweite, oder Geschichte des Herrn von N.*, 3 vols (Eisenach, 1760).
13 Vgl. Goethe, *Wilhelm Meisters Lehrjahre*, V, Gedenkausgabe, ed. Beutler, VII, 330.
14 Klopstock lernte seine Frau Meta im März 1751 in Hamburg kennen und stand seitdem in engem brieflichen Kontakt mit ihr. Im Dezember des Jahres 1752 schreibt er an Bodmer: "O, in unaussprechlichen Stunden, in Stunden der vollen Glükseligkeit, ist sie: Mein Mädchen; meine Clary; meine Clarissa; meine Freundinn; mein Freund; meine Schwester; meine Braut! ... 'Clary' das will das alles, u noch vielmehr sagen, was es beym Richardson heißt" ("An Bodmer, Kopenhagen, 12. Dezember 1752; 24. März 1753;" Klopstock, *Briefe, 1753-1758*, eds Helmut Riege und Rainer Schmidt [Berlin und New York, 1988], pp. 3-4).

Edward Young. Young hatte die *Nachtgedanken* Richardson gewidmet und hierdurch seine Verbundenheit zum Ausdruck gebracht. Klopstock hatte *Clarissa* bis 1751 gelesen und zeigte sich von der Lektüre angetan. Die nach Richardsons Tod im Jahr 1761 von Diderot verfaßte *Eloge* an den Autor inspirierte Klopstock seinerseits zur Abfassung der Ode "Die todte Clarissa."[15] Entgegen der Ansicht vieler protestierender Leserinnen und Leser waren für Klopstock wie für Richardson Leben und Tod Clarissas eine notwendige Einheit. Im Jahr 1756 stattete Major Bernhard von Hohorst, ein Freund Klopstocks, Richardson einen Besuch ab und wurde von ihm mit einem Empfehlungsschreiben für einen Besuch bei Young ausgestattet. Hohorst berichtete dem Autor, "wie man seine 3 Werke als Systems [sic] der Moral gebrauchte und wie viele tugendhafte Persohnen solche bey uns [in Deutschland] gemacht hätten."[16] Richardson las Hohorst Auszüge aus seiner Korrespondenz mit englischen Bewunderinnen vor, denen Hohorst ergriffen lauschte.[17] Auch Klopstocks Ehefrau Meta war eine begeisterte Richardson-Anhängerin, die in ihrem Enthusiasmus dem bewunderten Romancier nach Hohorsts Rückkehr mehrere Briefe in holprigem, wenngleich anrührendem Englisch schrieb. Richardson zeigte Sympathie für die junge Frau, die ihm voller Bewunderung und mit unverborgener Liebe von "ihrem Klopstock" erzählte. Die Korrespondenz zwischen beiden nahm jedoch ein abruptes Ende: Richardson erfuhr über einen ihm unbekannten Dritten von Meta Klopstocks Tod im Kindbett.[18]

Insgesamt erstreckt sich die literarische Debatte um Richardson über einen Zeitraum von fünfzig Jahren, in denen die noch junge deutsche Literatursprache entscheidende Impulse erhielt. Die Aufklärung lobte die moralisch-didaktische Konzeption Richardsons und las seine Romane vornehmlich zur Belehrung, während sie den gleichzeitig entstandenen Romanen seines Antipoden Fielding kritischer gegenüberstand. An Richardson und Fielding ließ sich für viele die unterschiedliche Pragmatik der Literatur – hier Unterweisung, dort Unterhaltung – beispielhaft demonstrieren. So zeigte sich Haller in einer Rezension von der

---

15 Eine Übersetzung der *Eloge* war in den *Hamburgischen Unterhaltungen* (1, [1766], 118-29) erschienen und unter anderem von Herder, Klopstock und Gerstenberg rezipiert worden. Als Reaktion auf die Lektüre verfaßten sowohl Klopstock als auch Gerstenberg eine Ode, Gerstenberg schrieb zusätzlich eine Cantate. Vgl. Price, *English Literature*, p. 172.

16 "Von Hohorst, London, 29. Oktober 1756," Klopstock, *Briefe, 1753-1758*, eds Riege und Schmidt, p. 50.

17 "Waß waren das für schöne Briefe!" ("Von Hohorst, London, 29. Oktober 1756," Klopstock, *Briefe, 1753-1758*, eds Riege und Schmidt, p. 50).

18 Vgl. den Brief vom 21. Dezember 1758, *Correspondence*, ed. Barbauld, III, 158. Die Korrespondenz zwischen Meta Klopstock und Richardson ist bei Barbauld abgedruckt (*Correspondence*, ed. Barbauld, III, 139-58).

positiven Reaktion auf Fieldings *Tom Jones* im Inselreich wenig überrascht:
"Wir verwundern uns auch über dieses Glücke minder, wann wir betrachten, daß
die meisten Leser eine Belustigung suchen, die sie an der ernsthaften Clarissa
minder finden."[19]

8.1 Richardson im Spiegel der Zeitschriftenkritik

Viele literarische Zeitschriften in Deutschland verfolgten die Veröffentlichung
der *Clarissa*-Übersetzungen von Beginn an mit Aufmerksamkeit. So informierte
man das Lesepublikum nicht nur über den letzten Stand der Veröffentlichung,
sondern lieferte auch Werteinschätzungen dazu. Bereits im März 1748 besprachen die *Göttingischen Gelehrten Anzeigen*[20] unter der Direktion Hallers die ersten beiden Bände zustimmend. Als "Direktor" der *Göttingischen Gelehrten Anzeigen* von 1747 bis 1753 sollte Haller erheblichen Einfluß auf die Veröffentlichungen in dieser Zeitschrift ausüben, und nicht zuletzt seiner Begeisterung für
den Roman verdankt die *Clarissa*-Übersetzung ihre öffentliche Anerkennung.
Die detaillierte Besprechung in diesem zu den führenden und anspruchsvollsten
wissenschaftlichen Zeitschriften der Epoche zählenden Rezensionsorgan hob
Clarissa von Anbeginn an aus der Menge der Romane heraus, obwohl der belletristische Stoff nicht in das Profil der Zeitschrift zu passen schien: "Die Bücher, die in ihrer Art einen Vorzug haben, verdienen unserem Bedünken nach
allemahl eine Stelle in einer gelehrten Zeitung, wann schon der Vorwurf derselben nicht unmittelbar in die Wissenschaft einschlägt."[21] Haller zeigte sich bestrebt, *Clarissa* als "vermuthlichen Roman" von den mit der Gattung assoziierten
pejorativen Konnotationen zu befreien, und verwies dabei auf den didaktischen
Wert des Erzählten:

---

19 [Albrecht von Haller], "Rez. *Clarissa,*" *Göttingische Gelehrte Anzeigen*, 16. Stück (16. Februar
1750), 123.
20 Seit 1739 erschienen, wurde die Zeitschrift ab 1753 unter dem Titel *Göttingische Anzeigen von gelehrten Sachen unter der Aufsicht der Königlichen Gesellschaft der Wissenschaften* publiziert. Die
organisatorische und personelle Verknüpfung mit der Akademie der Wissenschaften trug wesentlich
zur Qualität und zum Ansehen der Zeitschrift bei. Zur Wahl des Kurztitels vgl. Kapitel 6.1.1.2, Fußnote 33.
21 [Albrecht von Haller], "Rez. *Clarissa,*" *Göttingische Gelehrte Anzeigen*, 35. Stück (28. März 1748),
274. Zu Indizien für Hallers Autorschaft für diese und die weiteren Rezensionen *Clarissas* vgl. Karl
S. Guthke, *Haller und die Literatur* (Göttingen, 1962), p. 51.

Die ganze Geschichte hat sonst zur Absicht zu zeigen, daß die Eltern ihre Kinder nicht leicht zu einer ihnen unangenehmen Heirat zwingen sollen; und daß hingegen ein Frauenzimmer sich vergeblich schmeichelt, wann sie die üppigen Ausschweiffungen eines unordentlichen Liebhabers in eine eingezogene Aufführung durch ihre eigne Verdienste und Liebesbezeugungen zu verbessern hoffet. In den zweyen ersten Theilen wird die erste Absicht erhalten, indem die hartnäckichte Entschliessung einer Familie eine tugendhafte Fräulein wieder alle ihre eigne Einsicht und Sittsamkeit zwingt, sich in die Arme eines hitzigen und wegen seiner Sitten übel angeschriebenen Liebhabers zu werfen. In den übrigen Theilen werden die unglüklichen Folgen dieses verzweifelten Entschlusses vorgestellt werden.[22]

Der sozial- wie erziehungsgeschichtlich bedeutsame Eltern-Kind-Konflikt mitsamt den daraus erwachsenden Konsequenzen für das Verhalten beider Parteien erscheint in dieser ersten Beurteilung als zentrales Thema. Der Meßkatalog der Michaelismesse von 1748 legte den Schwerpunkt ebenfalls auf diesen Aspekt und kündigte die Bände I und II unter entsprechend verändertem Titel an.[23] Die sensationsheischende Darstellung der Handlung als Variation der "verführten Unschuld"[24] mag überraschen, ist aber durch den zu diesem Zeitpunkt ungewissen Ausgang des Romans erklärbar.

Darüber hinaus verweist der Rezensent auf die der Gattung Briefroman erwachsenden Vorteile[25] und Schwierigkeiten für die glaubwürdige Darstellung der Handlung. Einem Hinweis auf die bereits bei der Veröffentlichung *Pamelas* lautgewordene Kritik an der Briefform ("wie nemlich bey einer beständigen Aussicht ihrer Verfolger das Frauenzimmer das Herz gehabt, und die Zeit gefunden, so viele, und so lange Briefe zu schreiben"[26]) folgt die Verteidigung, daß nur durch die detaillierte Darstellung Unmittelbarkeit und Wahrscheinlichkeit der Handlung gewährleistet seien.[27] Die in der Form gründenden Schwierigkeiten für die Glaubwürdigkeit der Darstellung sowie ihre Unverzichtbarkeit

---

22 [Haller], "Rez. *Clarissa*," *Göttingische Gelehrte Anzeigen*, 35. Stück (28. März 1748), 274-75.

23 *Clarissa, oder die Geschichte eines jungen vornehmen Frauenzimmers, welche die wichtigsten Angelegenheiten des Privat=Lebens begreift, und insonderheit das Unglück, welches aus den Fehlern der Eltern und Kinder in Ansehung der Heyrath entstehet, vorstellet, herausgegeben von dem Verfasser der Pamela aus dem Englischen übersetzt*, 1er und 2ter Th. (Göttingen, 1748), Michaelismesse 1748.

24 Der Begriff ist Hellmuth Petriconis *Die verführte Unschuld: Bemerkungen über ein literarisches Thema* (Hamburg, 1953) entlehnt.

25 Im Vergleich mit *Pamela* heißt es: "Die Charaktere sind noch zahlreicher, lebhaft abgemalt, vollkommen wohl erhalten, und durch der Personen eigene Reden witzig und dennoch natürlich ausgedrukt;" [Haller], "Rez. *Clarissa*," *Göttingische Gelehrte Anzeigen*, 35. Stück (28. März 1748), 274.

26 [Haller], "Rez. *Clarissa*," *Göttingische Gelehrte Anzeigen*, 35. Stück (28. März 1748), 274.

27 "Doch der Verfasser hat kein ander Mittel gewußt, die vielen besondern kleinen Begebenheiten und Unterredungen lebhaft und umständlich abzuschildern, welches freylich ganz unwahrscheinlich wäre, wann sie nich unmittelbar zu Papier gebracht würden;" [Haller], "Rez. *Clarissa*," *Göttingische Gelehrte Anzeigen*, 35. Stück (28. März 1748), 274.

für die didaktischen Absichten des Romans sind also bereits hier erkannt und
erläutert.

Die Veröffentlichung des dritten Teils der Übersetzung nahm Haller ein
Jahr später zum Anlaß, seine Leser über die nunmehr abgeschlossene Veröffentlichung der englischen Vorlage zu informieren. Er beschreibt *Clarissa* als "ein
Meisterstück in der Abschilderung der Sitten, der Art zu denken und sich natürlich, und dennoch witzig auszudrüken," das es verdiene, "auch in ernsthafter
Leute Büchersammlung einen Plaz" zu erhalten.[28] Hallers Urteil zufolge liegt
eine der Stärken des Romans im Realismus der Darstellung.[29] Auch spiegelt sich
hier das Bemühen, *Clarissa* von schlechten Romanen und nachlässigen Übersetzungsleistungen zu unterscheiden; der Verweis auf "ernsthafter Leute Büchersammlung" befreit den Roman ausdrücklich vom Makel der "Frauenzimmerlektüre." Die Leistung des Übersetzers wird ebenfalls mit lobenden Worten bedacht: "Der hiesige geschikte, lebhafte und fähige Übersetzer trägt alle mögliche
Sorge, daß in der Deutschen Schreibart alle die Schönheiten beybehalten werden
mogen, die man nur immer aus einer Sprache in die andre übertragen kan."[30]
Wer dem Rezensenten Parteilichkeit für eine örtliche Produktion vorwerfen
mag, wird gleichwohl anerkennen, daß Haller Argumente für seine Hochschät-
zung aufzuzeigen weiß.

Die *Göttingischen Gelehrten Anzeigen* porträtieren *Clarissa* als moralisch-
didaktisches Lehrwerk und kontern damit die in England aufgekommene Kritik
am Tod der Titelheldin.[31] Die Belohnung tugendhaften Verhaltens, so heißt es,
sei "auch an der Fräulein Howe, dem edelmütigen und vernünftigen Belford, und
selbst an der sterbenden Clarissa ohne romanenhafte Geschichte"[32] zu beobachten, "verführte Unschuld" und "belohnte Tugend" glichen einander aus. Haller
wird nicht müde, Clarissa im Licht dieser belehrenden Funktion zu porträtieren.
So nutzt er die Rezension des siebten Teils der Übersetzung zu dem Hinweis,
die Handlung könne zwar "eine Unzufriedenheit bey einem tugendhaften Leser,

---

28 [Albrecht von Haller], "Rez. *Clarissa*," *Göttingische Gelehrte Anzeigen*, 26. Stück (13. März 1749),
201-3.
29 Der Rückgriff auf Metaphorik aus dem Bereich der Malerei sticht ins Auge. Der Roman ist "lebhaft
abgemahlt," der vierte Teil "stärker an Gedanken, Ausdruck und Mahlerey," *Clarissa* stellt also ein
"Sittengemälde" dar. Die Metaphorik unterstreicht den realistischen Eindruck der Handlung.
30 [Haller], "Rez. *Clarissa*," *Göttingische Gelehrte Anzeigen*, 26. Stück (13. März 1749), 203.
31 Richardson berichtete Aaron Hill bereits im Mai 1748 über Einwände einiger Leser: "But I find, Sir,
by many Letters sent me, and by many Opinions given me, that some of the Vulgar, as well as the
less, had rather it had had what they call, an Happy Ending" ("To Aaron Hill, 10 May 1748," *Selected Letters*, ed. Carroll, p. 87).
32 [Haller], "Rez. *Clarissa*," *Göttingische Gelehrte Anzeigen*, 26. Stück (13. März 1749), 202.

316

aber keinen Zweifel an der Wahrscheinlichkeit erwecken."[33] Weiterhin stellt die Betonung poetischer Gerechtigkeit den Wert des Romans für die Leser heraus; im Sinne der Horazischen Forderung nach *prodesse et delectare*, aber auch in bezug auf die Verbindung von *utile dulci* übernimmt *Clarissa* eine Vorbildfunktion.

Richardsons Schwierigkeit, das tragische Ende zu rechtfertigen, spiegelt sich auch in der Beurteilung der *Göttingischen Gelehrten Anzeigen*. So war Haller angesichts der Veröffentlichung der Bände fünf und sechs daran gelegen, das tragische Ende als notwendig herauszustellen:

> Die Geschichte ist aber mit der Schwachheit der Fräulein, die sich einmahl von einem freydenkenden und freylebenden Jüngling entführen lassen, mit dem heftigen Gemühte des Lovelace, und mit dem nur alzuwahren Verderben, das in London regiert, so verknüpft, daß sie zwar eine Unzufriedenheit bey einem tugendhaften Leser, aber keinen Zweifel an der Wahrscheinlichkeit erwecken kan. Es ist überdies wie eine Dissonanz in einer künstlichen Music, die das nachfolgende vortrefliche erhöhet.[34]

Mit Clarissas (weiblicher) Schwäche, Lovelaces Libertinismus und der in einer Metropole wie London herrschenden Unmoral werden drei Gründe für die Wahrscheinlichkeit des Ausgangs ins Feld geführt. Anläßlich der Publikation des letzten Teils erhält das Gesamtwerk durch die Charakterisierung als "angenehm" und "nüzlich"[35] im Sinne Horazens eine erneute Rechtfertigung.

Die Rezensionen der Göttinger Übersetzung sind aufschlußreiche Indikatoren für die unmittelbare Richardson-Rezeption, insofern sie Zeugnis von deutschen *und* europäischen Reaktionen ablegen. *Clarissa* wird als europäisches Ereignis gefeiert: "Der allgemeine Beyfall von Europa hat den unsrigen gerechtfertigt, den wir der Clarissa gegeben haben."[36] Hallers französischsprachige Rezension in der *Bibliothèque raisonnée*,[37] einem Amsterdamer Rezensionsorgan,

---

33 [Albrecht von Haller], "Rez. *Clarissa*," *Göttingische Gelehrte Anzeigen*, 77. Stück (30. Juli 1750), 610.
34 [Haller], "Rez. *Clarissa*," *Göttingische Gelehrte Anzeigen*, 77. Stück (30. Juli 1750), 610.
35 [Albrecht von Haller], "Rez. *Clarissa*," *Göttingische Gelehrte Anzeigen*, 113. Stück (9. November 1750), 898.
36 [Albrecht von Haller], "Rez. *Clarissa*," *Göttingische Gelehrte Anzeigen*, 64. Stück (1. Juli 1751), 605.
37 *Bibliothèque raisonnée des ouvrages des savans de l'Europe*, 42, no 2 (1749), 324-36. Die Rezension findet sich in der *Sammlung kleiner Hallerischer Schriften* (Bern, 1756) erneut abgedruckt. Vgl. auch *Hallers Literaturkritik*, ed. Karl S. Guthke (Tübingen, 1970), pp. 57-60. Zu Indizien für Hallers Autorschaft vgl. Guthke, *Haller und die Literatur*, p. 51.

und ihre Übersetzung im *Gentleman's Magazine* von 1749[38] werden ebenso erwähnt wie die mit leichter Verwunderung konstatierten Änderungswünsche einiger englischer Leserinnen ("in Engelland haben so gar Frauenzimmer in ein
und andern Stücken eine Änderung gewünschet")[39]. Haller vergleicht *Clarissa*
mit *Pamela* und Marivaux' *Vie de Marianne*.[40] Aus ästhetischen Gründen, besonders unter Hinweis auf die realistische Handlungsdarstellung, gibt er *Clarissa* den Vorzug: "*Marianne amuses, Clarissa not only amuses, but instructs;
and the more effectually, as the writer paints nature, and nature alone.*"[41]

Die *Jenaischen gelehrten Zeitungen* berichteten ebenfalls fortlaufend über
die Teilveröffentlichungen der Übersetzungen, verfügten aber über geringere
Detailkenntnisse und lieferten daher teilweise oberflächliche Einschätzungen.
Ähnlich zustimmend wie das Göttinger Rezensionsorgan beurteilen sie die
Übersetzungsleistung von Michaelis: "Was die Ubersetzung betrift: so scheinet
sie sehr wohl gerathen zu seyn; weil der Verfasser beyder Sprachen mächtig
gewesen ist. Wie vielen Dank verdienet er bey Liebhabern von dergleichen
Schriften; da er zu der Verbesserung des Witzes und der Sitten einen so ansehn-
lichen Beytrag gethan hat."[42] Im Gegensatz zu Haller geben die *Jenaischen gelehrten Zeitungen* jedoch *Pamela* den Vorzug, vermissen sie doch in Richardsons zweitem Roman "das reizende Wesen und die Munterkeit, welche in den
ersten Theilen der lezteren durchgehends auf eine so einnehmende Art herr-
schet."[43] Sie zeigen sich aber willens, ihre Ansicht zu revidieren: "Die Zeit soll
es lehren, ob die nachfolgenden Theile der Clarissa ... die itzigen übertreffen und
der Pamela an Geist und Lebhaftigkeit gleich kommen."[44] Diese Einschätzung
änderte sich anläßlich der Rezension des letzten Bandes, für den die *Jenaische
gelehrte Zeitungen* nicht mit Lob sparten. Dort heißt es:

---

38 "Character of Clarissa by an Ingenious Foreigner," *Gentleman's Magazine*, XIX (June and August
1749), 245-46. Die anonym veröffentlichte, Richardson zugeschriebene Replik "Of the Character
and Style of Clarissa" findet sich auch dort. *Gentleman's Magazine*, 19 (1749), 345-49.

39 Anon., "Rez. *Clarissa*,"*Jenaische gelehrte Zeitungen*, 89. Stück (15. November 1752), 709.

40 Pierre Carlet de Chamblait de Marivaux, *La vie de Marianne, ou, les aventures de Madame la
Comtesse de ****, 2nd ed. (Paris and La Hague, 1736).

41 "Character of Clarissa by an Ingenious Foreigner," *Gentleman's Magazine*, 19 (1749), 246. Ähnlich
argumentiert der zweite Artikel in dieser Ausgabe: "We have not read any performance, in any language, that so much approaches to a competition; for here nature is represented with all its circum-
stances, and nature only can persuade and move" ("Of the Character and Style of Clarissa,"*Gentleman's Magazine*, 346).

42 Anon., "Rez. *Clarissa*," *Jenaische gelehrte Zeitungen*, 16. Stück (26. Februar 1749), 128.

43 Anon., "Rez. *Clarissa*," *Jenaische gelehrte Zeitungen*, 16. Stück (26. Februar 1749), 128.

44 Anon., "Rez. *Clarissa*," *Jenaische gelehrte Zeitungen*, 16. Stück (26. Februar 1749), 128.

318

Wir zweifeln, ob wir eine einzige Geschichte aufzuweisen haben, welche man der gegenwärtigen in Absicht auf die Charaktere, Affecten, und kurz in Absicht auf alles, was zu einer lehrreichen Geschichte gehört, vollkommen gleichschätzen könnte: und daher darf uns der allgemeine Beyfall nicht wunder nehmen, der fast durchgängig dieses Werk begleitet hat.[45]

Erneut verweist der Rezensent auf die moralisch-didaktische Funktion des Romans. *Clarissa* wird als Genre-Mutante des Heldengedichts ausgegeben,[46] und dem Vorwurf des tragischen Endes mit dem Hinweis auf poetische Gerechtigkeit, die bereits Richardson in seinem Nachwort ins Feld geführt hatte,[47] begegnet:

Dürften wir unsere Meinung eröffnen, so ist in den Umständen der Clarissa, ihr kein gröseres Glück möglich gewesen, als ein Tod, wie der, den sie erlitten hat; und dieses Glück eines solchen Todes, erheben die beygebrachten Exempel von dem strafenden Tode eines Beltons, Tomlisons, und Sinclair: das viele Unglück aber, in dem uns diese Heldinn gebildet wird, ist allerdings insofern eine Erweckung zur grösesten Tugend, wenn man siehet, wie natürlicher weise, ein so grausames Schicksal die Wirkung so geringer Vergehungen seyn kann, die auch einer Clarisse möglich, und von der Art sind, als ihr anfangs so unschuldiger Briefwechsel, und ihre gezwungene Flucht. Endlich so betrifft doch in gegenwärtiger Geschichte, das gröseste Unglück nicht die Tugend; sondern eine allzuhartgesinnte Familie.[48]

Neben der Verteidigung der poetischen Gerechtigkeit, wird auf die Mahnung an den Leser ("Erweckung zur grösesten Tugend") hingewiesen, der didaktische Zweck dieses "Exempels" rechtfertigt demnach die darstellerischen Mittel.

In Deutschland erfuhr der Roman auf seiten der Kritik überwiegend positive Zustimmung. Lediglich "in verschiedenen gelehrten Blättern" gab es "einige Einwürfe gegen den Verf[asser]."[49] Die Einwände gegen den tragischen Ausgang scheinen also als Kritik an Richardson verstanden worden zu sein. Dieser Kritik suchte Diderots *Eloge* des "würdigen Richardson"[50] zu begegnen, die auch in Deutschland zu einer erneuten Beschäftigung mit dem Original beitrug. So priesen die *Göttingischen Gelehrten Anzeigen* im Jahre 1765 die

unsichtbare Kunst, die Begebenheiten vorzubereiten, und es so zu lenken, daß die Tugend und die Vernunft selbst die verlassene Clarissa zu irrigen Schritten verleitet, das

45 Anon., "Rez. *Clarissa*," *Jenaische gelehrte Zeitungen*, 9. Stück (30. Januar 1751) 79.
46 "Sie lebt und stirbt im Unglück. Diß hält man den Regeln eines Heldengedichtes, davon diese Ausführung gewissermasen eine Gattung ist, zuwider;" anon., "Rez. *Clarissa*," *Jenaische gelehrte Zeitungen*, 9. Stück (30. Januar 1751), 79.
47 Vgl. Ross, pp. 1495-99.
48 Anon., "Rez. *Clarissa*," *Jenaische gelehrte Zeitungen*, 9. Stück (30. Januar 1751) 80.
49 Anon., "Rez. *Clarissa*," *Jenaische gelehrte Zeitungen*, 89. Stück (15. November 1752), 709.
50 [Haller], "Rez. *Clarissa*," *Göttingische Gelehrte Anzeigen*, 11. Stück (26. Januar 1765), 87.

zwingende rührende dieses Todes; die Geschicklichkeit, mit welcher ganz widrige Eigenschaften in einen Charakter vermischt sind, und doch natürlich zusammen fliessen.[51]

Kritik an der Göttinger Übersetzungsleistung wurde erst in den achtziger Jahren laut, als der Wunsch nach einer neuen Übertragung immer häufiger wurde. Archenholz begründete den Wunsch nach dieser neuen Übertragung mit dem Hinweis auf die "höchst elende" deutsche Übersetzung.[52] Ähnlich äußerte sich Schmid 1792 in seinem Artikel "Über die verschiednen Verdeutschungen von Richardson's Klarisse:"

> In der Vorrede ... wird gesagt, der Verleger habe die Übersetzung Herrn Michaelis vornemlich deswegen aufgetragen, weil er sich einige Zeit selbst in England aufgehalten. Dies ist ihm wirklich in solchen Stellen zu statten gekommen, wo eine nähere Bekanntschaft mit den englischen Sitten nöthig war, um richtig zu übersetzen, aber dies ist auch sein ganzes Verdienst. Nicht zu gedenken, daß viele einzelne Stellen ganz unrichtig übersetzt sind, so ist das Werk, das, nächst dem Zuschauer, in der englischen Sprache das zweite Werk von vollkommen classischer Zierlichkeit war, in dieser Übersetzung sehr verunstaltet worden.[53]

Fünfzig Jahre nach ihrer Veröffentlichung wirft Schmid der Göttinger Übertragung "Mattheit" und "Steife" vor und faßt seine Kritik plakativ-summarisch in der Formel zusammen, sie enthalte "alle Fehler der Gottschedischen Schule."[54] Es handelt sich bei seiner Kritik also um eine in der Auseinandersetzung zwischen Gottsched und den Schweizern gespiegelte, literarästhetisch unterschiedliche Auffassung von der Aufgabe des Übersetzers. Auf der anderen Seite mildern historisierende Hinweise auf die "damals noch zu wenig" ausgebildete Prosa und den wenig fixierten "guten Geschmack"[55] die Strenge der Beurteilung ab.

Die Bearbeitung des *Clarissa*-Stoffes durch Schulz veranlaßte Kosegarten 1790, sich an die neue, geforderte Übersetzung des Romans zu wagen. Die literarischen Organe der Zeit zeigten sich interessiert an Kosegartens Übersetzung. Ein Artikel in der *Allgemeinen Literatur Zeitung* aus dem Jahr 1790[56] rekon-

---

51 [Haller], "Rez. *Clarissa*," *Göttingische Gelehrte Anzeigen*, 11. Stück (26. Januar 1765), 87-88.

52 Archenholz, *England und Italien*, III, 64. Ähnliche Worte findet er in seiner *Minerva* und bezeichnet die Göttinger Übertragung als "höchst elende Verdolmetschung;" Archenholz, "Rez. Richardson, Clarissa Harlowe. Bd. 1-16. Leipzig: Gräff 1790-96. Kosegarten, L. G. (Übers.) (Original engl.), " *Minerva*, 4 (1796), 364.

53 [Schmid], "Über die verschiednen Verdeutschungen," p. 16.

54 [Schmid], "Über die verschiednen Verdeutschungen," p. 16.

55 [Schmid], "Über die verschiednen Verdeutschungen," p. 16.

56 Die Wortwahl des anonymen, mit "SC" gezeichneten Rezensenten erinnert an die Formulierungen in Schmids Artikel. Sein Schriftenverzeichnis führt den Artikel jedoch nicht auf. Es ist denkbar, daß Schmid entweder selbst der Verfasser ist oder aber sich bei der Abfassung seines Artikels für das *Journal von und für Deutschland* orientierte.

320

struiert die Umstände der erneuten Übertragung, weist auf die Subskriptions-
pläne für die in den achtziger Jahren geplante Mannheimer Übersetzung hin und
schreibt über Kosegartens gerade publizierte zwei Bände:

> Hr K[osegarten] hat nicht blos einzeln durch seine feurige Phantasie kräftige und tref-
> fende Ausdrücke erhascht, sondern auch auf das Ganze alle die Aufmerksamkeit und
> Sorgfalt verwandt, welche *Richardson*'s Feinheiten, verwickelte Perioden, häufiger
> Dialogismus, und die Nüanzen in der Schreibart seiner drey Hauptpersonen erfoderten,
> hie und da aber vermisst man die fortströmende Leichtigkeit und Ungezwungenheit,
> vereinigt mit abgemessener Präcision, die wesentlich zu der classischen Zierlichkeit des
> Originals gehört, zuweilen die buchstäbliche Treue, die man von einem Übersetzer er-
> wartet, der seinem Original auch nicht ein Haar zu krümmen versprach. Vergleichungen
> einiger einzelner Stellen mit dem Original werden dies vielleicht bestätigen.[57]

Dieser Einschätzung nach löst Kosegarten seine angekündigte Originaltreue
nicht durchgängig ein und verstößt somit gegen die eigenen Prinzipien. Dennoch
gibt der Rezensent dieser Übertragung den Vorzug vor der Göttinger Version
und nennt dabei die weiterentwickelte deutsche Literatursprache als Grund für
die verbesserte Leistung. Mit den Worten "Wie unendlich weit hat Hr K. die alte
Übersetzung übertroffen, (wo man Billigkeit halber auch nicht vergessen darf,
wie viel unsre indess fortgerückte Literatur Hn K. vorgearbeitet hat)"[58] leitet der
Rezensent die Synkrisis ein und bezeichnet die Göttinger Fassung als "matten,
platten, wäsrichten, schleppenden, ja auch hier und da unrichtigen"[59] Überset-
zungsversuch und schließt mit einem Verbesserungsvorschlag für die Version
Kosegartens:

> Schliesslich bemerken wir noch, dass es gut gewesen wäre, wenn Hr. *Kosegarten* dieje-
> nigen Worte, die im Original mit andern Lettern gedruckt sind, auch in seiner Überset-
> zung auf diese Art ausgezeichnet hätte, indem man in *Richardson*'s Stil oft nur *ein* Wort
> vernachlässigen darf, um die Feinheit einer ganzen Stelle zu übersehen.[60]

Mit dieser konstruktiven Kritik trifft er den Nagel auf den Kopf, sind doch ge-
rade die typographische Gestaltung einzelner Textstellen und ihre funktionale
Einbindung ein Hauptmerkmal des Romans. Diese Kritikpunkte werden bei der
Publikation des dritten Bands erneut vorgetragen.[61]

Auch Archenholz findet lobende Worte für die von ihm eingeforderte erneute *Clarissa*-Übersetzung durch Kosegarten. Er bezeichnet sie als "wohl-

[57] Anon., "Rez. *Clarissa*," *Allgemeine Literatur Zeitung*, III (21. September 1790), 765.
[58] Anon., "Rez. *Clarissa*," *Allgemeine Literatur Zeitung*, III (21. September 1790), 766.
[59] Anon., "Rez. *Clarissa*," *Allgemeine Literatur Zeitung*, III (21. September 1790), 763-64.
[60] anon., "Rez. *Clarissa*," *Allgemeine Literatur Zeitung*, III (21. September 1790), 767.
[61] Vgl. anon., "Rez. *Clarissa*," *Allgemeine Literatur Zeitung*, III, (10. September 1791), 533-35.

gerathene Übersetzung eines ausländischen Meisterwerks,"[62] ohne jedoch im einzelnen näher zu bestimmen, worin der Vorrang dieser Übertragung vor dem der Göttinger liegt. Das *Journal des Luxus und der Moden* von 1796 sekundiert Archenholz mit der Bemerkung, diese "mit inniger Aneignung und langem Studium gemachte Übersetzung" habe "Richardson's Meisterwerk ... allen, die des hohen Genusses entbehren, das vollendet Werk in der Originalsprache lesen zu können, zuerst wirklich genießbar gemacht."[63]

Das *Journal von und für Deutschland* berichtet nahezu zeitgleich über das Mannheimer Unternehmen. Schmid weist auf die fruchtbare Konkurrenz der Übertragungen hin und bedauert, daß die "Mannheimer, sehr wohlfeile, Übersetzung" "gar nicht im Meßcatalog angezeigt"[64] sei. Der Grund, so vermutet er, könne im Privileg der Leipziger Übertragung zu finden sein. Mit Blick auf die ungleich schlechter bewertete, jedoch mit Privileg versehene Übertragung durch Kosegarten merkt er ironisch an:

> Wollte man sagen, daß Herr Kosegarten bey der noch übrigen Hälfte seiner Übersetzung leichtere Arbeit haben werde, in so fern er nun die Mannheimer vor sich habe, so könnte er mit Recht antworten, daß sie ihm deswegen wenig helfen könne, weil er, wenn nicht eine abstechende Ungleichheit entstehen solle, bey seiner Manier (z.B. in Aufsuchung von Kraftworten, in Zertrennung der Perioden) bleiben müsse. Der Mannheimer Übersetzer, und Kosegarten hat jeder seine Eigenheiten, jeder Liebhaber wähle, was ihm am besten behagt![65]

Betrachtet man die Darstellungen innerhalb der hier porträtierten literarischen Zeitschriften des achtzehnten Jahrhunderts, so fällt im Kern eine Aspektverschiebung ins Auge: Erschien Haller und den *Göttingischen Gelehrten Anzeigen* die moralisch-didaktische Unterweisung vor allem lobenswert und stellte sie den Hauptgrund dar, auch Gebildeten die Lektüre *Clarissas* nahezulegen, so änderte sich diese Ansicht am Ende des Jahrhunderts, als der Roman vorwiegend als "Frauenzimmerlektüre" zur Unterhaltung angepriesen wurde. Die Rezensionen spiegeln nicht nur den veränderten literarischen Geschmack im Anschluß an Aufklärung sowie Sturm und Drang, sondern erweisen sich hier auch als Abbild der Übersetzungen, die für einen vorwiegend weiblichen Leserkreis konzipiert worden waren. Diese Verbindung von Übersetzung und Rezension läßt für die zweite Welle der Richardson-Rezeption in den siebziger bis neunziger Jahren auf ein an Unterhaltung interessiertes, vornehmlich aus Frauen bestehendes Pu-

---

62 Johann Wilhelm von Archenholz, "Rez. Richardson, Clarissa Harlowe," *Minerva*, 4 (1796), 364.

63 anon., "Kupfer zur Übersetzung der Clarissa von Herrn Kosegarten," *Journal des Luxus und der Moden*, 11 (1796), 362.

64 [Schmid], "Über die verschiednen Verdeutschungen," p. 35.

65 [Schmid], "Über die verschiednen Verdeutschungen," p. 35.

blikum schließen, wie es sich auch in den Leihbibliotheken des Jahrhunderts vertreten findet. Der durch den Wandel vom intensiven zum extensiven Lesen entstandene "Pluralismus der Lektüre"[66] sowie die Entwicklung *Clarissas* von der literarischen Innovation zur "Sammlung praktischer Lebensregeln für das weibliche Geschlecht" schlägt sich nicht zuletzt in den Rezensionen nieder, verlangt ein verschiedenen literarischen Neigungen frönendes Publikum doch nach unterschiedlicher Lektüre.

8.2 Richardson in Privatbibliotheken des achtzehnten Jahrhunderts

Änderungen im literarischen Geschmack spiegeln sich nicht zuletzt im Kaufverhalten der Leser. Privatbestände einzelner Buchkäufer sind aussagekräftiger für das Leseverhalten weiter Teile der literarisch interessierten Bevölkerung: "Ausbau und Öffnung von bedeutenden Bibliotheken im mittleren und späten achtzehnten Jahrhundert erfolgten vornehmlich und oft ausschließlich unter den Prämissen der Gelehrsamkeit."[67] Wie heute ist die Zusammensetzung privater Buchbestände eine Frage individueller Präferenzen und finanzieller Mittel. Verluste einzelner Bände sind ebenso denkbar wie die Lektüre unterhaltsamer Literatur durch Rückgriff auf öffentliche Bibliotheken oder Sammlungen im Freundeskreis. So besaß Goethe etwa kein Exemplar eines Richardson-Romans,[68] war aber mit Richardsons Romanen vertraut[69] und entlieh dessen *Grandison* in deutscher Übersetzung aus der Weimarer Bibliothek.[70] Wieland

---

66 Der Begriff stammt von Engelsing. Vgl. Engelsing, *Der Bürger als Leser*, p. 195.

67 Bernhard Fabian, "Bibliothek und Aufklärung," *Bibliotheken und Aufklärung*, eds Werner Arnold und Peter Vosodek (Wiesbaden, 1988), p. 16. Vgl. hierzu auch Paul Raabe, "Gelehrtenbibliotheken im Zeitalter der Aufklärung," *Bibliotheken und Aufklärung*, pp. 103-22.

68 Goethes Bibliotheksverzeichnis enthält keinen Eintrag zu Richardson. Vgl. Hans Ruppert, *Goethes Bibliothek: Katalog* (Weimar,1958).

69 Wie viele seiner Zeitgenossen scheint er Richardson der "Frauenzimmerlektüre" zugerechnet zu haben und belächelte seine Schwester angesichts ihrer *Grandison*-Schwärmerei, erlaubte ihr aber ausdrücklich die Lektüre. Vgl. seinen Briefwechsel mit Cornelia Goethe. Im Dezember 1765 schrieb er ihr aus Leipzig: "Du bist eine Närrin mit deinem Grandison ... Aber mercke dirs, du sollst keine Romanen mehr lesen, als die ich erlaube ... Aber laß dirs nicht Angst seyn Grand[ison] Cla[rissa] und Pam[ela] sollen vielleicht ausgenommen werden" ("An Cornelia Goethe, Leipzig d. 6. Dec 1765," Johann Wolfgang Goethe, *Goethes Briefe*, eds Karl Robert Mandelkow und Bodo Morawe [Hamburg, 1962], I, 18).

70 Es handelt sich hierbei um die mit Kupfern versehene *Geschichte Herrn Carl Grandison ... Von dem Verfassser der Pamela und des Grandison*, 4 vols (Leipzig, 1770). Goethe entlieh sie im Oktober 1795. Vgl. Elise von Keudell, *Goethe als Benutzer der Weimarer Bibliothek: Ein Verzeichnis der von ihm entliehenen Werke* (Weimar, 1931), p. 10.

nannte *Clarissa* in der vierten englischen Auflage, Kosegartens Übersetzung sowie *Sir Charles Grandison* in einer deutschen Auflage von 1770 sein eigen.[71]
Eine Untersuchung der Privatbibliotheken Tübinger Bürger zwischen 1750 und 1850 verzeichnet lediglich fünf englische Dichter, darunter Bunyan, *Robinson Crusoe*, Goldsmiths *Vicar of Wakefield* und Shakespeares *Othello* in italienischer Übersetzung.[72] Demgegenüber sind zwanzig französische Titel verzeichnet. Um die Mitte des achtzehnten Jahrhunderts bestand der überwiegende Teil des Inventars aus geistlichen Titeln, Gesangbüchern und Bibeln. Weltliche Bücher lagen vor allem in Form von Landrecht und Landordnung, Grammatiken und Fabeln vor. Die deutsche Literatur war mit Titeln wie Lohensteins *Arminius* und der *Durchleuchtigten Syrerin Aramena* des Herzogs Anton Ulrich von Braunschweig vertreten und veranschaulicht noch den barock geprägten Geschmack.[73]
Der moralisch-didaktische Grundton der Romane Richardsons macht eine Lektüre in den Kreisen religiöser Lesergruppen wahrscheinlich. Eine Untersuchung der katholisch geprägten Städte Köln, Aachen und Münster zeigt für den Zeitraum von 1700 bis 1840 das Resultat: an erster Stelle lag Shakespeare mit 19 Exemplaren, gefolgt von Pope mit 18 und Defoes *Robinson Crusoe* mit elf Exemplaren. Richardsons Romane waren neunmal vertreten, Fieldings Werke weisen ähnliche Zahlen auf.[74] Aus der Darstellung geht indes nicht hervor, ob es sich bei den vorhandenen Titeln um englische Originale oder um Übersetzungen handelt. Besonders der Adel scheint sich in diesen Städten durch die Lektüre fremdsprachiger Belletristik ausgezeichnet zu haben: Während die gebildeten nichtadeligen Schichten vorwiegend lateinische Klassiker rezipierten, wählte das Besitzbürgertum seine Lektüre ohne erkennbare Präferenzen aus.[75] So befanden sich in den Laienbibliotheken 1,4 Prozent europäischer Literatur zuzurechende Werke gegenüber 3,3 Prozent deutscher Literatur und 3,6 Prozent Unterhal-

71 *Verzeichniß der Bibliothek des verweigten Herrn Hofraths Wieland, welche den 3. April 1815 und die folgende Tage, gegen gleich baare Bezahlung, zu Weimar öffentlich versteigert werden soll* (Weimar, 1815), p. 72.
72 Vgl. Hildegard Neumann, *Der Bücherbesitz der Tübinger Bürger von 1750 bis 1850: ein Beitrag zur Geschichte des Kleinbürgertums* (München, 1978), p. 53.
73 Vgl. Neumann, *Der Bücherbesitz der Tübinger Bürger*, pp. 17-25; 53.
74 Vgl. Rudolf Schlögl, *Glaube und Religion in der Säkularisierung: die katholische Stadt: Köln, Aachen, Münster 1700-1840* (München und Wien, 1992), p. 102. Leider liefert Schlögl keine genaueren bibliographischen Daten, auch die Angabe zur Häufigkeit Fieldings kann dem Text nicht entnommen werden.
75 Vgl. Schlögl, *Glaube und Religion*, pp. 100-1.

tungslektüre, von denen der jeweils größte Prozentanteil in Bibliotheken der "Wirtschaftsbürger" und der "Funktionselite" vorzufinden war.[76] Ähnliches gilt für die Büchersammlungen Göttinger Professoren. Eine erste Auswertung des Materials[77] verzeichnet für acht Bibliotheken die erste Auflage *Clarissas* aus den Jahren 1747-48. *Sir Charles Grandison* war in dieser Personengruppe zehnmal vorhanden, *Pamela* wird mit vier Exemplaren geführt.[78] Göttingen stellt jedoch im Hinblick auf die Anglophilie weiter Kreise der Universitätsangehörigen und der Bevölkerung eine Ausnahme dar; die Zahlen zeigen jedoch, daß sich keine gesellschaftliche Schicht der Lektüre verschloß.

Erwartungsgemäß weisen Untersuchungen von Adelsbibliotheken ein anderes Bild auf. Hofbibliotheken wurden im achtzehnten Jahrhundert mehr und mehr einer eingeschränkten, meist aus Gelehrten bestehenden, breiteren Öffentlichkeit zugänglich gemacht. Aufgrund des repräsentativen Charakters der Hofbibliothek, die als Sammlung zum Ruhm des Fürsten und Wohl der (gelehrten) Öffentlichkeit angelegt war, ist der Besitz einzelner Bücher nicht zwangsläufig mit deren Lektüre gleichzusetzen. Bei aller Vorsicht in der Bewertung weisen diese Büchersammlungen Tendenzen auf. Neben den Schriften Lockes, Bayles, Mendelssohns, Voltaires und Christian Wolffs, den Gesetzessammlungen Josephs II, den staatswissenschaftlichen Traktaten eines Necker und Mirabeau findet sich mit der *Encyclopédie* von Diderot und d'Alembert ein Werk, das exemplarisch für das gesamte Zeitalter steht.[79] Auch die schöne Literatur ist vertreten: "Unter den Schriftstellern und Dichtern stehen zahlenmäßig französische Autoren des 18. Jahrhunderts an der Spitze, daneben wurde italienische Literatur und englische in französischer Übersetzung erworben."[80] Die Fürstenbibliothek

---

[76] Vgl. Schlögl, *Glaube und Religion*, p. 398.

[77] Gerhard Streich, "Die Büchersammlungen Göttinger Professoren im 18. Jahrhundert," *Öffentliche und private Bibliotheken*, pp. 241-99.

[78] Vgl. Streich, "Büchersammlungen," pp. 294, 295; 297. Die Tabelle gibt keine eindeutigen Hinweise auf die Art des in den Bibliotheken vertretenen Textes; anhand der Erscheinungsdaten läßt sich lediglich vermuten, daß es sich um englische Originalausgaben handelt.

[79] Vgl. Werner Arnold, "Der Fürst als Büchersammler: die Hofbibliotheken in der Zeit der Aufklärung," *Bibliotheken und Aufklärung*, p. 54.

[80] Arnold, "Der Fürst als Büchersammler," p. 54. Ein durchschossener Schreibkalender eines Homburger Hofangehörigen namens Armbruster verzeichnet ein für Hofbibliotheken übliches Bild: "Am auffälligsten an Armbrusters Notizen über entliehene Bücher ist jedoch, daß die dem Hof und der Herrschaft zugeordneten, gebildeten Stände bis etwa 1775 am häufigsten deutsche Barockbücher ausleihen: Opitz, Hofmannswaldau, *Simplicissimus* und – zahlenmäßig am häufigsten genannt, Lohensteins umfängliche Roman;" Jörg-Ulrich Fechner, "Armbrusters Lesefreuden: zur buchgeschichtlichen Auswertung der durchschossenen Schreibkalender 1739-1789 eines Homburger Hoffaktotums," *Buch und Sammler: private und öffentliche Bibliotheken im 18. Jahrhundert: Collo-*

unterschied sich von der gelehrten Privatbibliothek vor allem durch "den überwiegenden Anteil der französischen Sprache an allen Disziplinen, zu denen die
Fürsten Bücher sammelten, sowie die im Vergleich zu den Gelehrtenbibliotheken geringe Zahl an Veröffentlichungen, die thematisch und geographisch der
speziellen Forschungsliteratur zuzurechnen sind."[81] Diese Präsenz ausländischer
Literatur in französischer Übersetzung war bereits für höfisch geprägte Bibliotheken wie die Wolfenbütteler kennzeichnend. Es ist daher zu vermuten, daß ein
adeliges und/oder dem Hof angehöriges Publikum Richardson in seinem französischen Kleid kennenlernte.

Eine Ausnahme bildet der ehemalige ansbachische Minister Friedrich Carl
von Seckendorf. Bei seinem Tod im Jahre 1796 hinterließ er eine ansehnliche
Bibliothek, die zwar aufgrund seiner Tätigkeit schwerpunktmäßig juristische
und historische Werke verzeichnet, aber auch eine ungewöhnliche Anzahl englischer Autoren aufweist. Während Shakespare in einer zwanzigbändigen deutschen Ausgabe vertreten ist,[82] finden sich Fielding, Sterne und Goldsmith sowie
Milton, Swifts *Gulliver's Travels* und Ossian im englischen Original.[83] Eine
weibliche Angehörige des Hauses, die 1800 verstorbene Freifrau von Secken-
dorff, hinterließ eine Bibliothek von 139 Werken in 259 Bänden. Die schöngei-
stige Literatur überwiegend in französischer Übersetzung nimmt hier mit 29
Werken einen beachtlichen Raum ein. Bezeichnenderweise besaß die Freifrau
nicht nur Richardsons *Pamela* in französischer Übersetzung, sondern zog *Les
souffrages de jeune Werthre* (Erlangen, 1776), von dem auch eine deutsche
Ausgabe verzeichnet ist, zumindest zu einem Zeitpunkt dem deutschen Original
vor.[84] Diese exemplarische Aufzählung untermauert die zunehmende Verein-
nahmung Richardsons als unterhaltenden Romanautor, als "Frauenzimmerlektüre," die der immer noch stark französisch geprägte höfische Geschmack in dieser Sprache genoß.

quium der Arbeitsstelle 18. Jahrhundert Gesamthochschule Wuppertal – Universität Münster (Heidelberg, 1979), p. 164.
81 Arnold, "Der Fürst als Büchersammler," p. 55.
82 Es handelt sich hierbei um die Mannheimer Ausgabe von 1778, die ebenfalls von Klein herausgegeben wurde. Vgl. Eva Pleticha, *Adel und Buch: Studien zur Geisteswelt des fränkischen Adels am Beispiel seiner Bibliotheken vom 15. bis zum 18. Jahrhundert* (Neustadt/Aisch, 1983), p. 87.
83 Vgl. Pleticha, *Adel und Buch*, p. 87.
84 Vgl. Pleticha, *Adel und Buch*, p. 88.

326

8.3 Richardson in Leihbibliotheken des achtzehnten Jahrhunderts

Für die Rezeption fremdsprachiger Literatur ist die Bedeutung der Leihbibliotheken in Übersetzungen nicht zu unterschätzen:

> Die Leihbibliothek förderte zum ersten Mal auf breiter Massenbasis nicht nur eine erhebliche kulturelle Assimilierung innerhalb des deutschen Sprachraums, sondern durch die massive Verbreitung ausländischer Literatur – im Original und in Übersetzung – auch eine Assimilierung dieses Raumes mit den anderen Kulturnationen Europas.[85]

Kataloge zeitgenössischer Leihbibliotheken geben aufschlußreiche Hinweise auf das Leseverhalten ihres Kundenstammes, seine Lektürevorlieben und die Ausleihhäufigkeit einzelner Werke. Die Präsenz eines Autors in der Bibliothek sowie die Anzahl der Ausleihen stellen daher wichtige Indikatoren für dessen Popularität dar.[86]

Erwartungsgemäß ergeben die Informationen zum Leihbibliothekswesen in Deutschland[87] jedoch noch kein einheitliches Bild. Die Bibliothekskataloge der Herzog-August-Bibliothek Wolfenbüttel etwa dokumentieren ein von höfischem Geschmack geprägtes, überwiegend dem mittleren und gehobenen Bürgertum sowie dem Militär zugehöriges Lesepublikum mit einer Vorliebe für den höfisch-galanten Roman[88] und wenig Interesse an schöner Literatur im Original:

> Zwischen 1714 und 1799 entlehnten 49 Leser nur 53 Bücher auf Englisch! Auffallend ist außerdem, daß keiner der wenigen Leser, die englischsprachige Bücher entliehen haben, ein ausgesprochenes Interesse für Literatur in der englischen Sprache hatte.[89]

Unter diesen englischsprachigen Büchern befand sich keine *Clarissa*-Ausgabe, wohl aber besaß die Bibliothek eine französische *Pamela*,[90] die im untersuchten

---

85 Martino, *Leihbibliothek*, p. 661.
86 Die vorhandenen Quellen sind weder repräsentativ noch vollständig und eignen sich daher lediglich in beschränktem Maß zur Beantwortung der Frage nach Richardsons Einfluß auf das deutsche literarische Leben im achtzehnten Jahrhundert. Die Darstellung muß aufgrund des verfügbaren Materials und der dieser Arbeit zugrundeliegenden Fragestellung notwendig unvollständig bleiben und kann daher lediglich exemplarischen Charakter haben.
87 Vgl. etwa Martino, *Leihbibliothek*; Sirges, *Lesen in Marburg* sowie *Die Bedeutung der Leihbibliothek für die Lesekultur in Hessen-Kassel*.
88 Vgl. Martino, *Lektüre und Leser in Norddeutschland*, p. 10.
89 Martino, *Lektüre und Leser in Norddeutschland*, pp. 215-16.
90 Es handelt sich hierbei um die François Aubert de la Chesnays des Bois zugeschriebene Übersetzung, für die gelegentlich auch der Abbé Prévost genannt wird. "Samuel Richardson: Paméla, ou la vertu Récompensée. Traduit de l'anglais <par François-Alexandre Aubert de la Chesnay des Bois>. 1741. (1742. - 1743. - 1744. - 1768. - 1781.). [Pamela or Virtue Rewarded. 1741]. (17 Entl.);" Martino, *Lektüre und Leser in Norddeutschland*, p. 236.

Zeitraum insgesamt siebzehnmal entliehen wurde, und zwar unmittelbar nach
dem Erscheinen des Romans in den vierziger Jahren sowie jeweils einmal 1768
und 1781.[91]

Die Schöne Literatur fand nur zögernde Aufnahme in den Bestand öffentlicher Leihbibliotheken. Anscheinend wurde sie nicht regelmäßig angeschafft, sondern gelangte zum Teil durch Nachlaßaufkäufe dorthin. Sie war zumeist im Privatbesitz einzelner vorhanden, wurde von vielen Personen gelesen und war daher bald so zerlesen, daß nur wenige Exemplare erhalten blieben.[92] Die Deutsche Gesellschaft in Göttingen besaß ein Exemplar der Erstausgabe der Göttinger *Clarissa*, das als Geschenk des Juristen Johann Stephan Pütter in ihre Bibliothek gelangte und heute zum Bestand der Niedersächsischen Staats- und Universitätsbibliothek zählt.[93]

Einen anderen Eindruck vermittelt ein Blick in Kataloge kommerzieller Leihbibliotheken. Sie orientierten sich vornehmlich am Geschmack ihres zahlenden Publikums und richteten ihr Angebot danach aus. Einer der ältesten ausgewerteten Leihbibliothekskataloge, die *Zweyte Sammlung Neuer Bücher welche Jacob Wegelin französischer Prediger in St. Gallen dem Publico für das laufende 1756ste Jahr zu lesen anbietet*, verzeichnet 56 Werke, darunter eine deutsche Übersetzung von Youngs *The Universal Passion, Satyrische und ernsthafte Schrifften von Dr. Jonathan Schwifft* (1756), *Pamela oder die belohnte Tugend* (Leipzig, 1750) sowie *Clarissa* als Frankfurter Nachdruck (1749-50).[94] Vermutlich hat Richardsons moralische Botschaft den Geistlichen zur Aufnahme beider Titel in seine Bibliothek bewogen.

Der Katalog einer Göttinger Bibliothek verzeichnet für das Jahr 1769 bei einem Bestand von 442 Bänden 114 "Historische Bücher, im weiten Verstande." Darunter befinden sich neben vier Bänden Smollett 14 Bände Richardson; genauere bibliographische Angaben lassen sich der Darstellung jedoch nicht entnehmen.[95] Eine Blankenburger Leihbibliothek konnte für das Jahr 1803 einen

---

91 Ein ähnliches Schicksal ereilte Defoes *Moll Flanders* und *Robinson Crusoe*. Während *Moll Flanders* zweimal entliehen wurde, fand *Robinson Crusoe* 57 Entleiher in der Übersetzung. Vgl. Martino, *Lektüre und Leser in Norddeutschland*, p. 211; Raabe, *Leser und Lektüre*, III, 110-12.
92 Vgl. Marion Beaujean, "Das literarische Leben im 18. Jahrhundert," *Der Trivialroman im ausgehenden 18. Jahrhundert* (Bonn, 1964) sowie Breitenbruch, "Schmieder," col. 665.
93 Vgl. Hans-Joachim Müllenbrock und Theodor Wolpers, *Englische Literatur in der Göttinger Universitäsbibliothek des 18. Jahrhunderts* (Göttingen, 1988), pp. 72-73.
94 Vgl. Martino, *Leihbibliothek*, p. 108.
95 *Verzeichniß derjenigen Journalistischen, Moralischen, Historischen, Belleslettrischen und andern periodischen Bücher und neuesten deutschen Schriften, welche in der im hiesigen Intelligenz=Comptoir mit hoher und gnädigster Genehmigung Königlich hoher Landes=Regierung an-*

Bestand von 3960 Bänden nachweisen; mit 23 Bänden kam Richardson die Spitzenposition innerhalb der "Romane aus dem Englischen" zu.[96] Ähnliches gilt für eine Bibliothek in Altstätten, in der Richardson 1806 mit 21 Bänden vertreten ist.[97] In den zwanziger Jahren des neunzehnten Jahrhunderts wurden im Leihbibliotheksverzeichnis der Düsseldorfer Stahlschen Buch- und Kunsthandlung 2425 Bände geführt, von denen 1238 den Romanen zugerechnet werden. Der Spitzenreiter August Lafontaine[98] ist mit 86, Goethe mit 37 Bänden vertreten, Richardsons Werke umfassen 16 (wahrscheinlich deutschsprachige) Bände.[99]

Eine Unterform der Leihbibliotheken war auf französische Titel spezialisiert. Hier erfreute sich Richardson ebenfalls großer Beliebtheit. Ein Straßburger Katalog deutscher und französischer Werke enthält 1786 bei einem Gesamtbestand von 808 Bänden acht französische Richardson-Bände, während etwa Young, Pope und Shakespeare in deutschen Übersetzungen vorhanden sind;[100] ein Luzerner Katalog von 1823 verzeichnet bei einem Bestand von 1214 Romanbänden 23 Bände Richardson.[101] Der *Catalogue des livres françois, anglois et italiens du Cabinet de Lecture* des Leipzigers J. G. Beygang mit seinen 2010 Werken verzeichnet 80,34 Prozent (= 1615) französische und 14,67 Prozent (=

---

gelegten *öffentlichen und allgemeinen Leyhbibliothek ... ausgeliehen werden* (Göttingen, 1769). Zitiert nach Martino, *Leihbibliothek*, pp. 110-11.

Die Situation in Göttingen ist nicht zuletzt wegen der ansässigen Universität besser dokumentiert als die anderer Städte. So existieren Ende des achtzehnten Jahrhunderts drei auf Romane und Schauspiele spezialisierte Leihbibliotheken und veranlaßten den Zensor, Professor Reuß, zu der Aussage: "3 Leihbibliotheken von Romanen und Schauspielen scheinen für Göttingen zu viel und doch sieht man den Büchern, die nur eine Messe überlebt haben, es an, wie fleißig sie gelesen worden sind. Es ließt hier aber auch alles, bis auf die Krämerjungen und Mägde herab;" zitiert nach Stephan Füssel, "Leihbibliotheken und Leseinstitute in der Universitätsstadt Göttingen," *Die Leihbibliothek als Institution des literarischen Lebens im 18. und 19. Jahrhundert: Organisationsformen, Bestände und Publikum*, eds Georg Jäger und Jörg Schönert (Hamburg, 1980), p. 235.

[96] "[H. B. Lüddecke], *Neues systematisch geordnetes Verzeichniß einer Büchersammlung, welche zum öffentlichen Gebrauch bestimmt ist* (Blankenburg, 1803);" Martino, *Leihbibliothek*, pp. 122-23.

[97] Das Bibliotheksverzeichnis von 1806 verzeichnet in einem Bestand von 2551 Bänden 23 Titel des englischen Autors, ohne genaue bibliographische Angaben zu machen. Vgl. Martino, *Leihbibliothek*, p. 125.

[98] August Heinrich Lafontaine (1758-1831) verfaßte mehr als 120 Romane und Novellen, so etwa den vierbändigen Roman *Die Gewalt der Liebe* (1791) oder *Die Verwirrungen des menschlichen Herzens, oder so macht es die Liebe* (1792). Wie die Titel bereits ahnen lassen, handelt es sich um Unterhaltungsliteratur aus dem Bereich der "moralischen Familiengeschichten." Vgl. "Lafontaine, August Heinrich," *ADB*, XVII, 512-20.

[99] Vgl. Martino, *Leihbibliothek*, pp. 241-42.

[100] Vgl. Martino, *Leihbibliothek*, pp. 115-16.

[101] "*Catalogue des livres français et italiens du cabinet littéraire de Xavier Meyer à Lucerne* (1823);" Martino, *Leihbibliothek*, p. 223.

295) englische Bände, darunter Richardson.[102] Auch hier wird die Präferenz französischsprachiger Lektüre vor der Muttersprache, wie sie zumindest bei einem Teil des gehobenen Bürgertums zu Beginn des neunzehnten Jahrhunderts immer noch anzunehmen ist, erneut deutlich.

Auch wenn diese Darstellung nur exemplarisch sein kann, wird die Präsenz Richardsons in den kommerziellen, vom lesenden (bürgerlichen) Publikum frequentierten Büchereien deutlich. Von Haller als Lektüre auch für "ernsthafte Leute" angepriesen, von Kosegarten als "Frauenzimmerlektüre" angesehen und bearbeitet, von Schmid schließlich unter anderem durch den Wegfall von Fußnoten und typographischer Eigenheiten konsequent für ein weibliches Publikum aufbereitet, wurde die deutsche *Clarissa* in der zweiten Hälfte des Jahrhunderts scheinbar überwiegend von Frauen rezipiert.

Alle verfügbaren Daten stützen die These, die Richardson-Rezeption in Deutschland sei durch das bürgerliche, auf Unterhaltung bedachte und vorwiegend weibliche Publikum geprägt gewesen. Dies ist freilich nur die eine Seite der Einflußgeschichte Samuel Richardsons im Deutschland des achtzehnten Jahrhunderts, die eher passiv aufnehmende, lesende Aneignung seiner Romane. Daneben tritt als zweite Phase eine eher aktiv schaffende, vielfach kreativ tätige Anverwandlung der Gattung, als deren Gründungsvater Richardson vielen noch heute gilt. Mit dieser zweiten Phase verbinden sich Namen wie Sophie von La Roche, Wieland, Musäus, Gellert und nicht zuletzt Goethe, sämtlich Namen, die auf die ein oder andere Weise ein Kapitel in der Geschichte des deutschen Briefromans geschrieben haben, das genauer zu untersuchen lohnenswert wäre.

---

[102] Vgl. Martino, *Leihbibliothek*, p. 700.

9   Literaturverzeichnis

9.1   Quellen

anon. "Rezension *Albertine*." *Allgemeine deutsche Bibliothek*, 88 (1789), 162-68.

anon. "Rez. Carl Grandison, nach dem Englischen des Hn. Richardson in Vier Bänden. 1.Th. Dresden und Leipzig: Breitkopf, 1789." *Allgemeine Literatur Zeitung*, 2 (1790), 71-72.

anon. "Rez. *Clarissa*." *Allgemeine Literatur Zeitung*, 3 (10. September 1791), 533-35.

anon. "Rez. *Clarissa*." *Allgemeine Literatur Zeitung*, 3, No. 278 (21. September 1790), 763-65.

anon. "Rez. *Clarissa*." *Jenaische gelehrte Zeitungen*, 1, 16. Stück (26. Februar 1749), 127-28.

anon. "Rez. *Clarissa*." *Jenaische gelehrte Zeitungen*, 3, 9. Stück (30. Januar 1751), 79-80.

anon. "Rez. *Clarissa*." *Jenaische gelehrte Zeitungen*, 4, 89. Stück (15. November 1752), 708-9.

anon. "Lesegesellschaften." *Journal von und für Deutschland*, 6. Stück (1785), 543.

anon. "Kupfer zur Übersetzung der Clarissa von Herrn Kosegarten." *Journal des Luxus und der Moden*, 11 (1796), 362-65.

anon. [D.] "Rez. Clarissa. Neuverdeutscht und Ihro Majestät ... zugeeignet von Ludwig Theobul Kosegarten." *Neue Allgemeine Deutsche Biographie*, 14 (1795), 160-86.

anon. "Verlagsankündigung." *Pfalzbaierisches Museum*, 3, no 1 (1785-6), unpag., Verlegereinband.

anon. "Verlagsverzeichnis." *Pfalzbaierisches Museum*, 4 (1786-87), Sig.)(4v.

anon. "Anzeige." *Rheinische Beiträge zur Gelehrsamkeit*, 11 (1781), n.p., Verlegereinband.

Archenholz, Johann Wilhelm von. "Rez. Richardson, Clarissa Harlowe. Bd. 1-16. Leipzig: Gräff 1790-96. Kosegarten, L. G. (Übers.) (Original engl.)." *Minerva*, 4 (1776), 364-67.

Archenholz, Johann Wilhelm von. *Annalen der Brittischen Geschichte des Jahrs 1788 [usw.]: als eine Fortsetzung des Werks England und Italien*. Vol. 1 (Braunschweig, [1789]), vols 2 und 3 (Hamburg, 1790), vols 4 und 5 (Wien, 1791), vol. 6 (Mannheim, 1792), vol. 7 (Wien, 1793), vol. 8 (Mannheim, 1793), vols 9 und 10 (Mannheim, 1794), vol. 11 (Hamburg, 1795), vol. 12 (Tübingen, 1795), vol. 13 (Tübingen, 1796), vols 14 und 15 (Tübingen, 1797), vols 16 und 17 (Tübingen, 1798).

Archenholz, Johann Wilhelm von. *England und Italien*. 2 vols (Leipzig, 1785).

Blanckenburg, Friedrich von. *Versuch über den Roman: Faksimiledruck der Originalausgabe von 1774*, ed. Eberhard Lämmert. Stuttgart, 1965.

Breitinger, Johann Jacob. *Critische Dichtkunst*, ed. Wolfgang Bender. 2 vols (Stuttgart, 1966 [1740]).

Cadogan, William. *Essay upon Nursing and the Management of Children. s.l.*, 1748.

Defoe, Daniel. *Jure Divino*. London, 1706.

[Diderot, Denis]. "Eloge de Richardson." *Journal étranger*, 8 (1762), 5-38.

Emmel, Hildegard. "Roman." *Reallexikon der deutschen Literaturgeschichte*, eds Werner Kohlschmidt und Wolfgang Mohr. 2nd ed., 5 vols (Berlin und New York, 1977), III, 490-519.

[Fielding, Sarah]. *Remarks on "Clarissa"*, ed. Peter Sabor. Augustan Reprint Publications, nos 231-32 (Los Angeles, CA, 1985).

Filmer, Sir Robert. *Patriarcha and Other Political Works*, ed. Peter Laslett (Oxford, 1949).

332

Forster, Georg. *Ansichten vom Niederrhein, von Brabant, Flandern, Holland, England und Frankreich im April, Mai und Junius 1790.* 3 vols (Berlin, 1791-94).

Gellius, Johann Gottfried. *Anmerkungen zum Gebrauche deutscher Kunstrichter. Nebst einigen Wahrheiten. s.l.*, 1762.

Goethe, Johann Wolfgang. *Briefe,* eds Karl Robert Mandelkow und Bodo Morawe. 4 vols (Hamburg, 1962-67).

Goethe, Johann Wolfgang. *Gedenkausgabe der Werke, Briefe und Gespräche,* ed. Ernst Beutler. 24 vols (Zürich, 1948-77).

Gottsched, Luise Adelgunde Victorie, trans. *Herrn Alexander Popens Lockenraub: ein scherzhaftes Heldengedicht. Aus dem Englischen in Deutsche Verse gesetzt.* Leipzig, 1744.

Hagedorn, Friedrich von. *Briefe,* ed. Horst Gronemeyer. 2 vols (Berlin und New York, 1997).

[Haller, Albrecht von]. "Rez. *Clarissa.*" *Göttingische Gelehrte Anzeigen,* 35. Stück (28. März 1748), 274-75.

[Haller, Albrecht von]. "Rez. *Clarissa.*" *Göttingische Gelehrte Anzeigen,* 26. Stück (13. März 1749), 201-3.

[Haller, Albrecht von]. "Rez. *Clarissa.*" *Göttingische Gelehrte Anzeigen,* 72. Stück (13. Juni 1749), 570.

[Haller, Albrecht von]. "Rez. *Clarissa.*" *Göttingische Gelehrte Anzeigen,* 16. Stück (16. Februar 1750), 123.

[Haller, Albrecht von]. "Rez. *Clarissa.*" *Göttingische Gelehrte Anzeigen,* 77. Stück (30. Juli 1750), 610.

[Haller, Albrecht von]. "Rez. *Clarissa.*" *Göttingische Gelehrte Anzeigen,* 113. Stück (9. November 1750), 898.

[Haller, Albrecht von]. "Rez. *Clarissa.*" *Göttingische Gelehrte Anzeigen,* 64. Stück (1. Juli 1751), 605-6.

Haller, Albrecht von. "Richardson und Fielding." *Tagebuch seiner Beobachtungen über Schriftsteller und über sich selbst,* ed. J. G. Heinzmann (Bern, 1787), I, 59-62.

Haller, Albrecht von. *Albrecht Hallers Tagebuch seiner Studienreise nach London, Paris, Straßburg und Basel, 1727-1728,* ed. Erich Hintzsche. 2nd ed. (Bern und Stuttgart, 1968).

Haller, Albrecht von. *Albrecht Hallers Tagebücher seiner Reisen nach Deutschland, Holland und England 1723-1727,* ed. Erich Hintzsche. 2nd ed. (Bern, Stuttgart, Wien, 1971).

Haller, Albrecht von. "Rez. *Clarissa.*" *Bibliothèque raisonnée des ouvrages des savans de l'Europe,* 42, no 1 (1749), 324-36.

[Haller, Albrecht von]."Character of Clarissa by an Ingenious Foreigner." *Gentleman's Magazine,* 19 (1749), 245-46.

Herder, Johann Gottfried. *Über die deutsche Literatur: Fragmente.* Berlin und Weimar, 1985.

Herder, Johann Gottfried. *Sämtliche Werke,* ed. Bernhard Suphan. 33 vols (Hildesheim, 1978 [1877-1913]).

Hobbes, Thomas. *Leviathan,* ed. C[rawford] B[rough] Macpherson (Harmondsworth, Middlesex, 1968).

Klopstock, Gottlieb Heinrich. *Briefe, 1753-1758,* eds Helmut Riege und Rainer Schmidt (Berlin und New York, 1988).

Kosegarten, Johann Gottfried Ludwig. *(Ludwig Theobul) Kosegartens Leben.* Ludwig Theobul Kosegarten, Dichtungen. 5th ed., XII (Greifswald, 1824-27).

Kosegarten, Ludwig Theobul, ed. *Clarissens Schicksale, dargestellt in vier und zwanzig Kupferblättern von Daniel Chodowiecki. Mit Erläuterungen des deutschen Übersetzers.* Leipzig, 1796.

La Roche, Sophie von. *Tagebuch einer Reise durch Holland und England von der Verfasserin von Rosaliens Briefen.* Offenbach, 1788.

La Roche, Sophie von. *Geschichte des Fräuleins von Sternheim,* ed. Barbara Becker-Cantarino (Stuttgart, 1983).

La Roche, Sophie von. *Ich bin mehr Herz als Kopf – ein Lebensbild in Briefen,* ed. Michael Maurer (Stuttgart, 1983).

Lessing, Gotthold Ephraim. *Sämtliche Werke,* ed. Karl Lachmann und Franz Mucker. 17 vols (Berlin und New York, 1979 [1886-1924]).

Lichtenberg, Georg Christoph. *Schriften und Briefe,* ed. Wolfgang Promies. 5 vols (München, 1967).

Locke, John. *An Essay Concerning Human Understanding,* ed. Peter H. Nidditch (Oxford, 1979 [1975]).

Locke, John. *Two Treatises of Government,* ed. Peter Laslett (Oxford, 1960).

Maurer, Michael, ed. *O Britannia, von deiner Freiheit einen Hut voll: deutsche Reiseberichte des 18. Jahrhunderts.* München, 1992.

Michaelis, Johann David. *Lebensbeschreibung, von ihm selbst abgefaßt, mit Anmerkungen von Hassencamp, nebst Anmerkungen über dessen literarischen Character von Eichhorn, Schulz – und dem Elogium von Heyne. Mit dem Brustbilde des Seligen und einem vollständigen Verzeichnisse seiner Schriften.* Rinteln und Leipzig, 1793.

Moritz, Carl Philipp. *Reisen eines Deutschen in England im Jahre 1782,* ed. Otto zur Linde (Berlin, 1903).

Muralt, Beat Ludwig von. *Lettres sur les Anglais et les Français,* ed. Otto von Greyerz (Bern, 1897 [1725]).

Muralt, Beat Ludwig von. *Lettres sur les Anglois et les François sur les voiages,* ed. Charles Gould (Genève, 1974).

Nicolai, Friedrich. *Sebaldus Nothanker,* ed. Bernhard Witte (Stuttgart, 1991).

Nietzsche, Friedrich. *Die fröhliche Wissenschaft.* Nietzsches Werke: Kritische Gesamtausgabe, eds Giorgio Colli und Mazzino Montinari. 5. Abteilung, vol. 2 (Berlin, 1973).

Nolte, J. W. H. und L. Ideler. *Handbuch der englischen Sprache und Literatur, oder Auswahl interessanter chronologisch geordneter Stücke aus den klassischen Englischen Prosaisten und Dichtern nebst Nachrichten von den Verfassern und ihren Werken.* 3rd ed., 2 vols (Berlin, 1808).

Richardson, Samuel. "An Answer to the Letter of a Very Reverend and Worthy Gentleman, Objecting to the Warmth of a Particular Scene in the History of Clarissa (8.6.1749)." *Richardsoniana, Forster Collection, Victoria and Albert Museum.*

Richardson, Samuel. "Answer to the Remarks on the History of Clarissa." *Gentleman's Magazine,* 19 (1749), 347-49.

Richardson, Samuel. *Clarissa: or, The History of a Young Lady, Comprehending the most Important Concerns of Private Life, and Particularly Shewing, the Distresses that May Attend the Misconduct Both of Parents and Children, in Relation to Marriage. Published by the Editor of Pamela.* 7 vols (London, 1748 [1747-48]).

334

Richardson, Samuel. *Clarissa: or, The History of a Young Lady. The Third Edition. In which Many Passages and Some Letters are Restored from the Original Manuscripts And to Which is Added, an Ample Collection of Such of the Moral and Instructive Sentiments Interspersed Throughout the Work, as May be Presumed to be of General Use and Service*, ed. Florian Stuber. 8 vols (New York, 1990 [1751]).

Richardson, Samuel. *Clarissa: or, The History of a Young Lady*, ed. Angus Ross (Harmondsworth, Middlesex, 1985 [1747-48]).

Richardson, Samuel. *Letters and Passages Restored from the Original Manuscripts of the History of Clarissa: To Which is Subjourned, A Collection of Such of the Moral and Instructive Sentiments ... Contained in the History, as are Presumed to be of General Use and Service. Published for the Sake of Doing Justice to the Purchasers of the First Two Editions of that Work*. London, 1751.

[Richardson, Samuel]. "Of the Character and Style of Clarissa." *Gentleman's Magazine*, 19 (1749), 345-49.

Richardson, Samuel. *The History of Clarissa Harlowe: Abridged from the Works of Samuel Richardson, Esq. The Novelist: or, A Choice Selection of the Best Novels*, II, Containing Joseph Andrews, and Clarissa Harlowe, ed. J.-H. Emmert (Göttingen, 1793).

Richardson, Samuel. *Clarissa: die Geschichte eines vornehmen Frauenzimmers*. 8 vols (Göttingen, 1748-53).

Richardson, Samuel. *Clarissa: die Geschichte eines vornehmen Frauenzimmers. Aus dem Englischen übersetzt. Zweyte Auflage. Mit Königl. Pohln. und Churfürstl. Sächsischem allergnädigstem Privilegio*. Vols 1 und 2 (Göttingen, 1749).

Richardson, Samuel. *Clarissa: die Geschichte eines vornehmen Frauenzimmers, von demjenigen herausgegeben, welcher die Geschichte der Pamela geliefert hat*. 8 vols (Franckfurt und Leipzig, 1748-49).

Richardson, Samuel. *Die Geschichte der Clarissa, eines vornehmen Frauenzimmers, herausgegeben von demjenigen, welcher die Geschichte der Pamela geliefert hat. Aus dem Englischen übersetzt. Mit Röm. Kayserl. Königl. Großbrit. und Churfürstl. Braunschw. wie auch Churfürstl. Sächs. allergnädigsten Privilegiis*. 8 vols (Göttingen, 1768-70).

Richardson, Samuel. *Clarissa. Neuverdeutscht und Ihro Majestät der Königin von Grossbritannien zugeeignet von Theobul Kosegarten*. 8 vols (Leipzig, 1790-93).

Richardson, Samuel. *Klarissa, oder die Geschichte eines jungen Frauenzimmers* (Mannheim, 1790-91). 16 vols

Richardson, Samuel. *Gemeinnüzige Lehren der Tugend, u. der guten Sitten aus seinen gesammten Werken unter ihre gehörigen Haupttitel gebracht*. Leipzig, 1757.

Richardson, Samuel. *Ode an die Weisheit, aus dem Englischen der Clarissa. Übersetzt von J. P. Uz. Nebst dem Englischen Grundtext und der Musik*. Berlin, 1757.

Richardson, Samuel. *Clarisse Harlowe. Traduction nouvelle et seule compl. par M. Le Tourneur faite sur l'edition originale revue par Richardson*. 10 vols (Genève, 1785-86).

Richardson, Samuel. *Lettres angloises, ou Histoire de Miss Clarissa Harlove*. 5 vols (Dresde, 1751).

Richardson, Samuel. *Lettres angloises, ou Histoire de Miss Clarisse Harlove*. 14 vols (Paris, 1777).

Richardson, Samuel. *Selected Letters of Samuel Richardson*, ed. John Carroll (Oxford, 1964).

Richardson, Samuel. *The Correspondence of Samuel Richardson*, ed. Anna Laetitia Barbauld. 6 vols (New York, 1966 [1804]).

Richardson, Samuel. *The Richardson-Stinstra-Correspondence and Stinstra's Prefaces to "Clarissa"*, ed. William C. Slattery (Carbondale and Edwardsville, 1969).

Samuel Richardson's Introduction to Pamela, ed. Sheridan W. Baker, Jr. Augustan Reprint Publications, no 48 (Los Angeles, CA, 1954).

Saussure, César de. *A Foreign View of England in the Reign of George I & George II*, ed. Madame van Muyden (London, 1902).

Schlegel, August Wilhelm. *Vorlesungen über Schöne Literatur und Kunst, zweyter Teil, Geschichte der Klassischen Literatur*, ed. Bernhard Seuffert (Nendeln, 1968 [1884]).

[Schmid, Christian Heinrich]. "Über die verschiednen Verdeutschungen von Richardson's Klarisse." *Journal von und für Deutschland*, 9, no 1 (1792), 16-35.

Shakespeare, William. *Troilus and Cressida*, ed. Kenneth Palmer (New York, 1982).

Sidney, Algernon. *Discourses Concerning Government*. London, 1698.

Uffenbach, Zacharias Conrad von. *Merkwürdige Reisen durch Niedersachsen Holland und Engelland*. 3 vols (Ulm, 1753-54).

Voltaire. *Lettres philosophiques*, ed. Gustave Lanson. 2 vols (Paris, 1964).

[Waser, J. Heinrich], trans. "Schreiben des Herrn von Breitenfels an Herrn ***." Jonathan Swift, *Des Capitain Lemuel Gullivers Reisen. Satyrische und ernsthafte Schriften*, 8 vols (Hamburg und Leipzig, 1756-66), V, sigs)(2r-)(8v.

[Wendeborn, Gebhard Friedrich von]. *Beyträge zur Kentniß Grosbritanniens vom Jahr 1779. Aus der Handschrift eines Unbekannten herausgegeben von Georg Forster*. Lemgo, 1780.

W[ieland, Christoph Martin]. "Historischer Calender für Damen für das Jahr 1791. von Friedrich Schiller. Leipzig bey G. J. Göschen." *Der Teutsche Merkur*, 1. Quartal (1791), 197-211.

Wieland, Christoph Martin. *Wielands gesammelte Schriften*, ed. Ernst Stadler. 3 vols (Berlin, 1909-11).

Wrangham, Francis. *The British Plutarch: Containing the Lives of the Most Eminent Divines, Patriots, Statesmen, Warriors, Philosophers, Poets, and Artists, of Great Britain and Ireland, from the Accession of Henry VIII to the Present Time*. 6 vols (London, 1816).

Zedler, Johann Heinrich. "Romanen, Romainen, Romans." *Grosses Vollständiges Universal-Lexikon*. (Graz, 1961[1741]), cols 700-3.

9.2 Kritik

Aikins, Janet E. "Richardson's 'Speaking Pictures.'" *Samuel Richardson: Tercentenary Essays*, eds Margaret Anne Doody and Peter Sabor (Cambridge, 1989), pp. 146-66; 279-81.

Aix, Charles Joret. *La littérature allemande au XVIIIe siècle dans ses rapports avec la littérature française et avec la littérature anglaise*. Paris, 1876.

Allen, Don Cameron. "Early Eighteenth-Century Literary Relations between England and Germany." *Modern Language Notes*, 49 (1934), 99-101.

Altman, Janet Gurkin. *Epistolarity: Approaches to a Form*. Columbus, 1982.

Amos, F. R. *Early Theories of Translation*. Diss., New York, 1920.

anon. *Verzeichnis der Bibliothek des verewigten Herrn Hofraths Wieland, welche den 3. April 1815 und die folgende Tage, gegen gleich baare Bezahlung, zu Weimar öffentlich versteigert werden soll*. Weimar, 1814.

Anton, Annette C. *Authentizität als Fiktion: Briefkultur im 18. und 19. Jahrhundert*. Stuttgart und Weimar, 1995.

336

Apel, Friedmar. *Literarische Übersetzung.* Stuttgart, 1983.

Arnold, Werner. "Der Fürst als Büchersammler: die Hofbibliotheken in der Zeit der Aufklärung." *Bibliotheken und Aufklärung*, eds Werner Arnold und Peter Vosodek (Wiesbaden, 1988), pp. 41-59.

Bach, Adolf. *Geschichte der deutschen Sprache.* Heidelberg, 1956.

Ball, Donald L. *Samuel Richardson's Theory of Fiction.* The Hague, 1971.

Ballantyne, Archibald. *Voltaire's Visit to England, 1726-1729.* Genéve, 1970 [1893].

Barber, Giles. "J. J. Tourneisen of Basle and the Publication of English Books on the Continent c. 1800." *The Library*, 5th s., 15 (1960), 193-200.

Barber, Giles. "Who Were the Booksellers of the Enlightenment?" *Buch und Buchhandel in Europa im achtzehnten Jahrhundert*, eds Giles Barber und Bernhard Fabian (Hamburg, 1981), pp. 211-24.

Barnett, Pamela R. *Theodore Haak, F. R. S. (1605-1690): The First German Translator of "Paradise Lost."* 'S-Gravenhage, 1962.

Battestin, Martin. *The Moral Basis of Fielding's Art: A Study of "Joseph Andrews."* Middletown, CT, 1975 [1959].

Beaujean, Marion. *Der Trivialroman in der zweiten Hälfte des 18. Jahrhunderts.* Bonn, 1969.

Becker, Eva D. *Der deutsche Roman um 1780.* Stuttgart, 1963.

Becker, Eva D. und Manfred Dehn. *Literarisches Leben: eine Bibliographie.* Hamburg, 1968.

Becker-Cantarino, Barbara. *Der lange Weg zur Mündigkeit: Frauen und Literatur in Deutschland von 1500 bis 1800.* Stuttgart, 1987.

Beebee, Thomas O. *Clarissa Betrayed: Continental Translations of Richardson's Novel.* Ann Arbor, 1984.

Beebee, Thomas O. *Clarissa on the Continent: Translation and Seduction.* University Park and London, 1990.

Bender, Wolfgang F. "Johann Jacob Bodmers und Johann Miltons 'Verlohrnes Paradies'." *Schiller-Jahrbuch*, 11 (1967), 225-67.

Bender, Wolfgang F. *Johann Jakob Bodmer und Johann Jakob Breitinger.* Stuttgart, 1973.

Bergdolt, Wilhelm. "Mannheimer Verleger." *Badische Heimat*, 14 (1927), 174-80.

Blackall, Eric A. *The Emergence of German as a Literary Language, 1700-1775.* 2nd ed. (Ithaca and London, 1978).

Blaicher, Günther. "England als das 'klassische' Land des Selbstmords im 18. Jahrhundert." *Archiv für Kulturgeschichte*, 50 (1968), 276-88.

Blaicher, Günther. "Zur Entstehung und Verbreitung nationaler Stereotypen in und über England." *Deutsche Vierteljahrsschrift für Literaturwissenschaft und Geistesgeschichte*, 51 (1977), 549-74.

Blake, N. F. *Non-Standard Language in English Literature.* London, 1981.

Blassneck, Marce. *Frankreich als Vermittler englisch-deutscher Einflüsse im 17. und 18. Jahrhundert.* (London and New York, 1966 [Leipzig, 1934]).

Blinn, Hansjürgen, ed. *Shakespeare-Rezeption: die Diskussion um Shakespeare in Deutschland.* Berlin, 1989.

Boas, F. S. "Richardson's Novels and their Influence." *Essays and Studies*, 2 (1911), 37-70.

Bödecker, Hans Erich. "Reisen: Bedeutung und Funktion für die deutsche Aufklärungsgesellschaft." *Reisen im 18. Jahrhundert: neue Untersuchungen*, eds Wolfgang Griep und Hans-Wolf Jäger (Heidelberg, 1986), pp. 91-110.

Boone, Joseph Allen. *Tradition – Counter Tradition: Love and the Form of Fiction.* Chicago and London, 1987.

Borinski, Ludwig. *Der englische Roman des 18. Jahrhunderts.* Wiesbaden, 1978 (1968).

Boschung, Urs, ed. *Albrecht von Haller in Göttingen, 1736-1753.* Bern, 1994.

Bovenschen, Silvia. *Die imaginierte Weiblichkeit: exemplarische Untersuchungen zu kultur-geschichtlichen und literarischen Präsentationsformen des Weiblichen.* Frankfurt/M., 1979.

Boyd, James. *Goethe's Knowledge of English Literature.* Oxford, 1932.

Brandl, Alois. "Zur ersten Verdeutschung von Miltons 'Verlohrnem Paradies'." *Anglia,* 1 (1878), 460-63.

Braun, Hans-Joachim. *Technologische Beziehungen zwischen Deutschland und England von der Mitte des 17. bis zum Ausgang des 18. Jahrhunderts,* eds Géza Alfödy, Ferdinand Seibt und Albrecht Timm (Düsseldorf, 1974).

Bräuning-Oktavio, Hermann. "Der Katalog der Bibliothek des Landgrafen Ludwig IX von Hessen-Darmstadt (1790)." *Archiv für Geschichte des Buchwesens,* 11 (1971), cols 1673-1728.

Bräuning-Oktavio, Hermann. "Die Bibliothek der Großen Landgräfin Caroline von Hessen." *Archiv für Geschichte des Buchwesens,* 6 (1966), cols 681-876.

Bräuning-Oktavio, Hermann. "Zwei Privatbibliotheken des 18. Jahrhunderts: 1. Die Biblio-thek der Herzogin Caroline von Pfalz-Zweibrücken-Birkenfeld, Mutter der 'Großen Landgräfin,' (gestorben 1774), 2. Die Bibliothek des Freiherrn Louis von Schrautenbach (gestorben 1783)." *Archiv für Geschichte des Buchwesens,* 10 (1970), cols 685-836.

Breitenbruch, Bernd. "Der Karlsruher Buchhändler Christian Gottlieb Schmieder und der Nachdruck in Südwestdeutschland im letzten Viertel des 18. Jahrhunderts." *Archiv für Geschichte des Buchwesens,* 9 (1969), cols 643-731.

Brooks, Peter. *Reading for the Plot: Design and Intention in Narrative.* New York, 1984.

Brown, Harcourt. "The Composition of the *Letters Concerning the English Nation.*" *The Age of Enlightenment: Studies Presented to Theodore Bestermann,* eds W. H. Barber, J. H. Brumfitt *et al.* (Edinburgh and London, 1967), pp. 15-34.

Bruford, Walter Horace. *Germany in the Eighteenth Century.* Cambridge, 1935.

Brüggemann, Fritz, ed. *Der Anbruch der Gefühlskultur in den fünfziger Jahren.* Darmstadt, 1966.

Buch und Buchhandel in Europa im achtzehnten Jahrhundert – The Book and the Book Trade in Eighteenth-Century Europe: Fünftes Wolfenbütteler Symposium vom 1.- 3. November 1977, eds Giles Barber und Bernhard Fabian (Hamburg, 1981).

Bucholz, Eckart. *Großbritannische Reiseeindrücke deutscher und österreichischer Ärzte von 1750 bis 1810.* Diss., Frankfurt/M., 1960.

Bucholz, Joh[ann]. *J. T. Hermes' Beziehungen zur englischen Literatur.* Diss., Marburg, 1911.

Bueler, Lois E. *Clarissa's Plots.* Newark, London, Toronto, 1994.

Buhle, J. F., ed. *Literarischer Briefwechsel von Johann David Michaelis.* Leipzig, 1794.

Campe, Rüdiger. *Affekt und Ausdruck: zur Umwandlung der literarischen Rede.* Tübingen, 1990.

Carlsson, Annie. *Die deutsche Buchkritik von der Reformation bis zur Gegenwart.* Bern und München, 1969.

Carroll, J. "Richardson at Work: Revisions, Allusions, and Quotations in *Clarissa.*" *Studies in the Eighteenth Century, II,* ed. R. F. Brissenden (Canberra, 1973), pp. 53-71.

338

Carroll, John. "On Annotating *Clarissa*." *Editing Eighteenth Century Novels: Papers on Fielding, Lesage, Richardson, Sterne, and Smollett given at the Conference on Editorial Problems, University of Toronto, November 1973*, ed. G. E. Bentley, Jr. (Toronto, 1975), pp. 49-66.

Carson, James. "Narrative Cross-Dressing and the Critique of Authorship in the Novels of Richardson." *Writing the Female Voice: Essays on Epistolary Literature*, ed. Elizabeth C. Goldsmith (Boston, 1989), pp. 95-113.

Carswell, John. *The South Sea Bubble*. London, 1960.

Castle, Terry. *Clarissa's Ciphers: Meaning and Disruption in Richardson's "Clarissa."* Ithaca, NY, 1982.

Castle, Terry. *Masquerade and Civilization: The Carnivalesque in Eighteenth-Century English Culture and Fiction*. Stanford, VA, 1986.

Chabor, Lois A. "'This Affecting Subject': An 'Interested' Reading of Childbearing in Two Novels by Samuel Richardson." *Eighteenth-Century Fiction*, 8 (1996), 193-250.

Colshorn, Hermann. "Alte Leihbibliotheken Hamburgs." *Börsenblatt für den Deutschen Buchhandel, Frankfurter Ausgabe*, 16, no 23 (1959), pp. 383-84.

Cook, Elizabeth Heckendorn. "'My Father's House': Body Language and Authority in *Clarissa*." *Epistolary Bodies: Gender and Genre in the Eighteenth-Century Republic of Letters* (Stanford, VA, 1996), pp. 71-113.

Coseriu, Eugenio. *Falsche und richtige Fragestellungen in der Übersetzungstheorie*, ed. Wolfram Wills (Darmstadt, 1981), pp. 27-47.

Cressy, David. *Literacy and the Social Order: Reading and Writing in Tudor and Stuart England*. Oxford, 1980.

Crompton, Samuel. "Richardson's *Clarissa* Annotated." *Notes and Queries*, 5th s., 8 (1877), 101-3.

Crusius, Gabriele. "Georg Friedrich Brandes und seine Bibliothek." *Euphorion*, 80 (1986), 83-103.

Der "curieuse Passagier": deutsche Englandreisende des 18. Jahrhunderts als Vermittler kultureller und technologischer Anregungen. Colloquim der Arbeitsstelle 18. Jahrhundert Gesamthochschule Wuppertal – Universität Münster. Heidelberg, 1983.

Dahl, Svend. *Geschichte des Buches*. 2nd ed. (Leipzig, 1941).

Dann, Otto. "Die deutsche Aufklärung und ihre Lektüre: Bibliotheken und Lesegesellschaften des 18. Jahrhunderts." *Buch und Sammler: private und öffentliche Bibliotheken im 18. Jahrhundert. Colloquium der Arbeitsstelle 18. Jahrhundert Gesamthochschule Wuppertal – Universität Münster. Düsseldorf vom 26.-28. September 1977* (Heidelberg, 1979) pp. 187-99.

Dann, Otto. "Lesegesellschaften im 18. Jahrhundert: ein Forschungsüberblick." *Internationales Archiv für Sozialgeschichte der deutschen Literatur*, 14, no 2 (1989), 45-58.

Daphinoff, Dimiter. *Samuel Richardsons "Clarissa": Text, Rezeption und Interpretation*. Bern, 1986.

Day, Robert A. *Told in Letters: Epistolary Fiction before Richardson*. Ann Arbor, MI, 1966.

Dederius, Karl. *Vom Übersetzen: Theorie und Praxis*. Frankfurt/M., 1986.

DeRitter, Jones. "'So much Written about what Deserves not the Least Consideration': Performance and Physical Experience in *Clarissa*." *The Embodiment of Characters: The Representation of Physical Experience on Stage and in Print, 1728-1749* (Philadelphia, PA, 1994), pp. 94-117; 159-61.

Diedrichs, Eva Pauline. *Johann Bödikers Grund-Sätze der deutschen Sprache mit den Bearbeitungen von Johann Leonhard Frisch und Johann Jakob Wippel.* Heidelberg, 1983.

Dobson, Austin. *Samuel Richardson.* London, 1902.

Doederlein, Sue Warrick. "Forum: *Clarissa* in the Hands of the Critics." *Eighteenth-Century Studies,* 16 (1983), 401-14.

Doktor, Wolfgang. *Die Kritik der Empfindsamkeit.* Bern und Frankfurt/M., 1975.

Doody, Margaret Anne, and Florian Stuber. "*Clarissa* Censored." *Modern Language Studies,* 18 (1988), 74-88.

Doody, Margaret Anne. "Saying 'No,' Saying 'Yes': The Novels of Samuel Richardson." *The First English Novelists: Essays in Understanding,* ed. J. M. Armistead (Knoxville, TN, 1986), pp. 67-108.

Doody, Margaret Anne. *A Natural Passion: A Study in the Novels of Samuel Richardson.* Oxford, 1974.

Driedger, Otto. *Johann Königs (John King's) deutsch-englische Grammatiken und ihre späteren Bearbeitungen, 1706-1802: Versuch einer historischen Behandlung.* Marburg, 1907.

Dülmen, Richard van. *Die Gesellschaft der Aufklärer: zur bürgerlichen Emanzipation und aufklärerischen Kultur in Deutschland.* Frankfurt/M., 1986.

Durisin, Dionýz. *Vergleichende Literaturforschung: Versuch eines methodisch-theoretischen Grundrisses.* Berlin, 1972.

Dyserinck, H. *Komparatistik: eine Einführung.* Bonn, 1977.

Eagleton, Terry. *The Rape of Clarissa: Writing, Sexuality, and Class Struggle in Samuel Richardson.* Oxford, 1982.

Eaves, T. C. Duncan, and Ben D. Kimpel. "Richardson's Revisions of *Pamela.*" *Studies in Bibliography,* 20 (1967), 61-88.

Eaves, T. C. Duncan, and Ben D. Kimpel. "The Composition of *Clarissa* and its Revisions before Publication." *Publications of the Modern Language Association of America,* 83 (1968), 416-28.

Eaves, T. C. Duncan, and Ben D. Kimpel. *Samuel Richardson: A Biography.* Oxford, 1971.

Ebel, Wilhelm. *Memorabilia Gottingensia: elf Studien zur Sozialgeschichte der Universität.* Göttingen, 1969.

Eder, Irmgard. *Untersuchungen zur Geschichte des empfindsamen Romans in Deutschland.* Wien, 1953.

Ellwein, Thomas. *Die deutsche Universität: vom Mittelalter bis zur Gegenwart.* Königstein, 1985.

Elzel, Karl. *Die englische Sprache und Literatur in Deutschland.* Dresden, 1864.

Engelsing, Rolf. *Analphabetentum und Lektüre: zur Sozialgeschichte des Lesens in Deutschland zwischen feudaler und industrieller Gesellschaft.* Stuttgart, 1973.

Engelsing, Rolf. *Der Bürger als Leser: Lesergeschichte in Deutschland, 1500-1800.* Stuttgart, 1974.

Engelsing, Rolf. *Zur Sozialgeschichte deutscher Mittel- und Unterschichten.* 2nd ed. (Göttingen, 1978).

Erämetsä, Erik. "Der sprachliche Einfluß Richardsons auf Goethes Werther." *Neuphilologische Mitteilungen,* 57 (1956), 118-25.

Fabian, Bernhard. "Genie." *Historisches Wörterbuch der Philosophie,* ed. Joachim Ritter (Darmstadt, 1974), III, cols 282-86.

340

Fabian, Bernhard. "English Books and Their Eighteenth-Century German Readers." *The Widening Circle: Essays on the Circulation of Literature in Eighteenth-Century Europe*, ed. Paul Korshin (Philadelphia, PA, 1976).

Fabian, Bernhard. "Göttingen als Forschungsbibliothek im 18. Jahrhundert." *Öffentliche und Private Bibliotheken im 17. und 18. Jahrhundert: Raritätenkammern, Forschungsinstrumente oder Bildungsstätten?* ed. Paul Raabe (Bremen und Wolfenbüttel, 1977), pp. 209-39.

Fabian, Bernhard. "Vicesimus Knox *On Novel-Reading*." *Leser und Lesen im 18. Jahrhundert.Colloquium der Arbeitsstelle 18. Jahrhundert, Gesamthochschule Wuppertal – Universität Münster* (Heidelberg, 1977), pp. 16-23; 114-16.

Fabian, Bernhard. "The Correspondence between Edward Young and Johann Arnold Ebert." *Wolfenbütteler Beiträge*, 3 (1978), 129-31.

Fabian, Bernhard. "Die erste englische Buchhandlung auf dem Kontinent." *Festschrift für Rainer Gruenter*, ed. Bernhard Fabian (Heidelberg, 1978), pp. 122-44.

Fabian, Bernhard. "An Eighteenth-Century Research Collection: English Books at Göttingen University Library." *The Library*, 6th s., 1, no 3 (1979), 209-24.

Fabian, Bernhard. "Die erste Bibliographie der englischen Literatur des achtzehnten Jahrhunderts: Jeremias Reuß' *Gelehrtes England*." *Das Buch und sein Haus: Erlesenes aus der Welt des Buches*, ed. Bertram Haller (Wiesbaden, 1979), pp. 16-43.

Fabian, Bernhard. "Die Meßkataloge des achtzehnten Jahrhunderts." *Buch und Buchhandel in Europa im achtzehnten Jahrhundert. Fünftes Wolfenbütteler Symposium*, eds Giles Barber und Bernhard Fabian (Hamburg, 1981), pp. 321-42.

Fabian, Bernhard. "Die Meßkataloge und der Import englischer Bücher nach Deutschland im achtzehnten Jahrhundert." *Buchhandel und Literatur: Festschrift für Herbert Göpfert zum 75. Geburtstag*, eds Reinhard Wittmann und Bertold Hach (Wiesbaden, 1982), pp. 154-68.

Fabian, Bernhard. "The Beginnings of English-Language Publishing in Germany in the Eighteenth Century." *Books and Society in History*, ed. Kenneth Carpenter (New York and London, 1983), pp. 115-43.

Fabian, Bernhard. "Englisch als neue Fremdsprache des 18. Jahrhunderts." *Mehrsprachigkeit in der deutschen Aufklärung*, ed. Dieter Kimpel (Hamburg, 1985), pp. 178-96.

Fabian, Bernhard. "Bibliothek und Aufklärung." *Bibliotheken und Aufklärung*, eds Werner Arnold und Peter Vosodek (Wiesbaden, 1988), pp. 1-19.

Fabian, Bernhard. *The English Book in Eighteenth-Century Germany*. London, 1992.

Fabian, Ursula. "Deutsche Reisende des 18. Jahrhunderts in englischen Bibliotheken." *Öffentliche und Private Bibliotheken im 17. und 18. Jahrhundert: Raritätenkammern, Forschungsinstrumente oder Bildungsstätten?* ed. Paul Raabe (Bremen und Wolfenbüttel, 1977), pp. 91-117.

Facteau, Bernard. *Les romans de Richardson sur la scène française*. Paris, 1927.

Fambach, Oscar. *Die Mitarbeiter der Göttingischen Gelehrten Anzeigen 1769-1836 nach dem mit den Beischriften des Jeremias David Reuß versehenen Exemplar der Universitätsbibliothek Tübingen*. Tübingen, 1976.

Fechner, Jörg-Ulrich. "Armbrusters Lesefreuden: zur buchgeschichtlichen Auswertung der durchschossenen Schreibkalender 1739-1789 eines Homburger Hoffaktotums." *Buch und Sammler: private und öffentliche Bibliotheken im 18. Jahrhundert* (Heidelberg, 1977), pp. 159-66.

Fiedler, Leslie A. "Richardson und die Tragödie der Verführung." *Neue Rundschau*, 75 (1964), 441-51.

341

Finkenstaedt, Thomas. "Auf der Suche nach dem Göttinger Ordinarius des Englischen, John Tompson (1697-1768)." *Fremdsprachenunterricht, 1500-1800*, ed. Konrad Schröder (Wiesbaden, 1992), pp. 57-74.

Flynn, Carol Houlihan. *Samuel Richardson: A Man of Letters*. Princeton, NJ, 1982.

Foulet, Lucien. "Le voyage de Voltaire en Angleterre." *Revue d'histoire littéraire de la France*, 13 (1906), 1-15.

Frank, Armin Paul. "Literarische 'Unbestimmtheit' und sprachliche Anisomorphie: zum Thema Übersetzungskritik als Literaturkritik." *Kunstgriffe: Auskünfte zur Reichweite von Literaturtheorie und Literaturkritik. Festschrift für Herbert Mainusch*, eds Ulrich Horstmann und Wolfgang Zach (Frankfurt/M., Bern, New York, 1989), pp. 82-91.

Fränzel, Walter. *Geschichte des Übersetzens im achtzehnten Jahrhundert*. Leipzig, 1913.

Friedrich, Hugo. *Abbé Prévost in Deutschland: ein Beitrag zur Geschichte der Empfindsamkeit*. Heidelberg, 1929.

Fuchs, G. *Studien zur Übersetzungstheorie und -praxis des Gottsched-Kreises*. Diss., Freiburg/Schweiz, 1936.

Fulton, Gordon D. "Why Look at Clarissa?" *Eighteenth-Century Life*, 20, (1996), 21-32.

Fürst, Rudolf. *Die Vorläufer der modernen Novelle im 18. Jahrhundert*. Halle, 1897.

Gaskell, Philip. *From Writer to Reader: Studies in Editorial Method*. Oxford, 1978.

Gerhard, Hans-Jürgen. "Geld und Geldwert im 18. Jahrhundert." *Göttingen im 18. Jahrhundert: eine Stadt verändert ihr Gesicht: Text und Materialien zur Ausstellung im Städtischen Museum und im Stadtarchiv Göttingen, 26. April - 30. August 1987* (Göttingen, 1987), pp. 25-29.

Giese, Ursula. "Johann Thomas Edler von Trattner: seine Bedeutung als Buchdrucker, Buchhändler und Herausgeber." *Archiv für Geschichte des Buchwesens*, 3 (1961), cols 1013-1454.

Gillis, Christina Marsden. *The Paradox of Privacy: Epistolary Form in "Clarissa."* Gainesville, FL, 1984.

Golden, Morris. "Public Context and Imagining Self in *Clarissa*." *Studies in English Literature*, 25 (1985), 575-98.

Goldfriedrich, Johann. *Geschichte des deutschen Buchhandels vom Beginn der klassischen Litteraturperiode bis zum Beginn der Fremdherrschaft, 1740-1804*. Aalen, 1970 (Leipzig, 1909).

Goncourt, Edmond und Jules de. *Die Frau im 18. Jahrhundert*. München und Zürich, 1986.

Göpfert, Herbert G. "Lesegesellschaften im 18. Jahrhundert (1971)." *Vom Autor zum Leser: Beiträge zur Geschichte des Buchwesens* (München, 1977), pp. 76-85.

Götting, Franz."Die Bibliothek von Goethes Vater." *Nassauer Annalen*, 64 (1953), 23-69.

Gould, William, ed. "Samuel Richardson." *Lives of the Georgian Age, 1714-1837* (London, 1978), pp. 356-58.

Graeber, Wilhelm. "Eklektisches Übersetzen II: Georg Christian Wolfs 'Mährgen von der Tonne' zwischen Swifts englischem Orginal und van Effens französischer Übersetzung." *Die literarische Übersetzung: Fallstudien zu ihrer Kulturgeschichte*, ed. Brigitte Schultze (Berlin, 1987), pp. 63-79.

Graeber, Wilhelm. "German Translations of English Fiction and their French Mediators." *Interculturality and the Historical Study of Literary Translations*, eds Armin Paul Frank und Horst Kittel (Berlin, 1991), pp. 5-16.

Graeber, Wilhelm. *Der englische Roman in Frankreich, 1741-1763: Übersetzungsgeschichte als Beitrag zur französischen Literaturgeschichte*. Heidelberg, 1995.

342

Greiner, Martin. *Die Entstehung der modernen Unterhaltungsliteratur: Studien zum Trivial-roman.* Reinbek bei Hamburg, 1964.

Gruenter, Rainer, ed. *Leser und Lesen im 18. Jahrhundert.* Heidelberg, 1977.

Grundmann, G., ed. "Beziehungen zu England im Hamburger Kulturbereich." *Hamburg gestern und heute: gesammelte Vorträge und Ansprachen zur Architektur, Kunst und Kulturgeschichte der Hansestadt* (Hamburg, 1972), pp. 115-36.

Guelich, E. D. *The Relations Between Goethe's "Werther" and S. Richardson's Novels.* Diss., Fordham University, 1948.

Gumbert, Hans Ludwig. *Bibliotheca Lichtenbergiana: Katalog der Bibliothek G. C. Lichtenbergs.* Wiesbaden, 1982.

Gunny, Ahmad. "Voltaire and English Literature." *Studies on Voltaire and the Eighteenth Century,* 177 (1979), 244-71.

Guthke, Karl S. *Das Abenteuer der Literatur: Studien zum literarischen Leben der deutschsprachigen Länder von der Aufklärung bis zum Exil.* Bern und München, 1981.

Guthke, Karl S. *Haller und die Literatur.* Göttingen, 1962.

Guthke, Karl S, ed. *Hallers Literaturkritik.* Tübingen, 1970.

Guthke, Karl S. *Literarisches Leben im achtzehnten Jahrhundert in Deutschland und in der Schweiz.* Bern und München, 1975.

Haar, Karl-Heinz. "Die Bibliothek des Heidelberger Historikers Friedrich Christoph Schlosser (1776-1861): Entstehung, Inhalt und Geschichte einer Gelehrtenbibliothek." *Bibliothek und Wissenschaft,* 8 (1972), 1-92.

Habermas, Jürgen. *Strukturwandel der Öffentlichkeit: Untersuchungen zu einer Kategorie der bürgerlichen Gesellschaft.* 5th ed. (Frankfurt/M., 1996).

Hakemeyer, Ida. *Das Michaelis-Haus zu Göttingen.* Göttingen, 1947.

Hakemeyer, Ida. *Three Early Internationalists of Goettingen University Town: Johann David Michaelis, Caroline, Dorothea Schloezer.* Göttingen, 1956.

Harrisse, Henry. *L'Abbé Prévost: histoire de sa vie et de ses œuvres.* Paris, 1896.

Hartwieg, Ursula. *Nachdruck oder Aufklärung? Die Verbreitung englischer Literatur durch den Verlag Anton von Kleins am Ende des 18. Jahrhunderts,* Archiv für Geschichte des Buchwesens, 50 (1998).

Heidenreich, Bernd. *Sophie von La Roche – eine Werkbiographie.* Frankfurt/M., 1986.

Heidmann Vischer, Ute. *Die eigene Art zu sehen: zur Reisebeschreibung des späten achtzehnten Jahrhundrets am Beispiel von Karl Philipp Moritz und anderen Englandreisenden.* Bern, Frankfurt/M., New York, 1993.

Hennecke, H. *Schöpferischer Verrat: Übersetzung im Dienst der Weltliteratur.* Gütersloh, 1958.

Hennig, John. *Goethes Europakunde: Goethes Kenntnisse des nichtdeutschsprachigen Europas: Ausgewählte Aufsätze.* Amsterdam, 1987.

Hermans, Theo, ed. *The Manipulation of Literature: Studies in Literary Translation.* London and Sidney, 1985.

Herzog, Reinhart und Reinhart Koselleck, eds. *Epochenschwelle und Epochenbewußtsein.* München, 1987.

Hettner, H. *Geschichte der deutschen Literatur im 18. Jahrhundert.* 2nd ed. (Braunschweig, 1872).

Hillebrand, Bruno. *Theorie des Romans.* München, 1980.

Hilles, Frederick W. "The Plan of *Clarissa.*" *Philological Quarterly,* 45 (1966), 236-38.

343

Holmes, James S., ed. *The Nature of Translation: Essays on the Theory and Practice of Literary Translation*. Mouton, The Hague, Paris, 1970.

Holmes, James S., J. Lambert and R. van den Broeck, eds. *Literature and Translation: New Perspectives in Literary Studies*. Leuven, 1978.

Hook-Demarle, Marie-Claire. *Die Frauen der Goethezeit*. München, 1990.

Horn, Andràs. *Das Komische im Spiegel der Literatur*. Würzburg, 1988.

Horn, David Bayne. *Great Britain and Europe in the Eighteenth Century*. Oxford, 1967.

Huber, Thomas. *Studien zur Theorie des Übersetzens im Zeitalter der deutschen Aufklärung, 1730-1770*. Meisenheim, 1968.

Hughes, Helen Sard. "Notes on Eighteenth-Century Fictional Translations." *Modern Philology*, 17 (1919-20), 225-31.

Hughes, Helen Sard. "The Middle-Class Reader and the English Novels." *Journal of English and Germanic Philology*, 25 (1926), 326-78.

Hunter, J. Paul. *Before Novels: The Cultural Context of Eighteenth-Century English Fiction*. New York and London, 1990.

Hunter, Michael. *The Royal Society and its Fellows, 1660-1700: The Morphology of an Early Scientific Institution*. Chalfont St Giles, 1982.

Hynes, Samuel, ed. *English Literary Criticism: Restoration and Eighteenth Century*. New York, 1963.

Inbar, Eva Maria. "Zum Englischstudium im Deutschland des XVIII. Jahrhunderts." *Arcadia*, 15 (1980), 14-28.

Itkonen, Kiösti. *Die Shakespeare-Übersetzung Wielands (1762-1766): ein Beitrag zur Erforschung englisch-deutscher Lehnbeziehungen*. Jyväskylä, 1971.

Jäger, Georg und Jörg Schönert. *Die Leihbibliothek als Institution des literarischen Lebens im 18. und 19. Jahrhundert*. Hamburg, 1980.

Jäger, Georg. "Historische Leserforschung." *Die Erforschung der Buch- und Bibliotheksgeschichte in Deutschland*, eds Werner Arnold, Wolfgang Dittrich und Bernhard Zeller (Wiesbaden, 1987), pp. 485-507.

Jäger, Georg. *Empfindsamkeit und Roman: Wortgeschichte, Theorie und Kritik im 18. und frühen 19. Jahrhundert*. Stuttgart und Berlin, 1969.

Jantzen, H. "Zeugnisse für das Eindringen der englischen Literatur des 18. Jahrhunderts in Deutschland." *English Studies*, 46 (1931), 249-53.

Japp, Uwe. "Lesen und Schreiben im Drama des Sturm und Drang; insbesondere bei Goethe und Lenz." *Lesen und Schreiben im 17. und 18. Jahrhundert: Studien zu ihrer Bewertung in Deutschland, England, Frankreich*, ed. Paul Goetsch (Tübingen, 1994), pp. 265-76.

Jones, Vivien. "The Seductions of Conduct: Pleasure and Conduct Literature." *Pleasure in the Eighteenth Century*, eds Roy Porter and Marie Mulvey Roberts (Houndsmills, Basingstoke, and London, 1996), pp. 108-32.

Jost, François. "L'Abbé Prévost traducteur de Richardson." *Revue des langues vivantes*, 39 (1973), 346-59.

Kaiser, Gerhard. *Aufklärung, Empfindsamkeit, Sturm und Drang*. München, 1976.

Kappler, A. *Der literarische Vergleich: Beiträge zu einer Vorgeschichte der Komparatistik*. Bern und Frankfurt, 1976.

Keast, W. R. "The Two *Clarissas* in Johnson's *Dictionary*." *Studies in Philology*, 54 (1957), 429-39.

344

Kelly, John Alexander. *England and the Englishman in German Literature of the 18th Century.* New York, 1921.

Kelly, John Alexander. *German Visitors to English Theatres in the Eighteenth Century.* Princeton and London, 1936.

Keudell, Elise von. *Goethe als Benutzer der Weimarer Bibliothek: ein Verzeichnis der von ihm entliehenen Werke.* Weimar, 1931.

Keymer, Tom. "Clarissa's Death, *Clarissa*'s Sale, and the Text of the Second Edition." *Review of English Studies*, 45 (1994), 389-96.

Keymer, Tom. "Jane Collier, Reader of Richardson, and the Fire Scene in *Clarissa.*" *New Essays on Samuel Richardson*, ed. Albert J. Rivero (Houndmills, Basingstoke, and London, 1996), pp. 141-61.

Keymer, Tom. "Richardson's *Meditations*: Clarissa's *Clarissa.*" *Samuel Richardson: Tercentenary Essays*, ed. Margaret Anne Doody (Cambridge, 1989), pp. 89-109, 275-77.

Keymer, Tom. *Richardson's Clarissa and the Eighteenth-Century Reader.* Cambridge, 1992.

Kiernan, V. G. *The Duel in European History: Honour and Reign of Aristocracy.* Oxford, 1988.

Kiesel, Helmuth und Paul Münch. *Gesellschaft und Literatur im 18. Jahrhundert: Voraussetzungen und Entstehung des literarischen Markts in Deutschland.* München, 1977.

Kimpel, Dieter. *Entstehung und Formen des Briefromans in Deutschland: Interpretationen zur Geschichte einer epischen Gattung des 18. Jahrhunderts und zur Entstehung des modernen deutschen Romans.* Wien, 1961.

Kimpel, Dieter und Conrad Wiedemann, eds. *Theorie und Technik des Romans im siebzehnten und achtzehnten Jahrhundert.* Tübingen, 1970.

Kimpel, Dieter. *Der Roman der Aufklärung, 1670-1774.* 2nd ed. (Stuttgart, 1977).

Kimpel, Dieter, ed. *Mehrsprachigkeit in der deutschen Aufklärung.* Hamburg, 1985.

Kinkead-Weekes, Mark. "*Clarissa* Restored?" *Review of English Studies*, 10 (1959), 156-71.

Kirchner, Joachim. *Die Zeitschriften des deutschen Sprachgebietes von den Anfängen bis 1830.* Stuttgart, 1969.

Kittel, Harald, ed. *Die literarische Übersetzung: Stand und Perspektiven ihrer Erforschung.* Berlin, 1988.

Kittel, Harald. "Vicissitudes of Mediation: The Case of Benjamin Franklin's *Autobiography.*" *Interculturality and the Historical Study of Literary Translations*, eds Harald Kittel und Armin Paul Frank (Berlin, 1991), pp. 25-35.

Kleinert, Andreas. "Mathematik und anorganische Naturwissenschaften." *Wissenschaften im Zeitalter der Aufklärung*, ed. Rudolf Vierhaus (Göttingen, 1985), pp. 218-48.

Knabe, Peter-Eckhard. *Die Rezeption der französischen Aufklärung in den "Göttingischen Gelehrten Anzeigen", 1739-1779.* Frankfurt/M., 1978.

Knufmann, Helmut. "Das deutsche Übersetzungswesen des 18. Jahrhunderts im Spiegel von Übersetzungs- und Herausgebervorreden," *Börsenblatt des Deutschen Buchhandels*, 23 (1967), 2676-2716.

Koch, Max. *Über die Beziehungen der englischen Literatur zur deutschen im 18. Jahrhundert.* Leipzig, 1883.

Kopitzsch, Franklin. *Grundzüge einer Sozialgeschichte der Aufklärung in Hamburg und Altona.* 2 vols (Hamburg, 1982).

Korshin, Paul J. "Typology and the Novel." *Typology in England, 1650-1820.* Princeton, 1982.

Koselleck, Reinhart. *Kritik und Krise: eine Studie zur Pathogenese der bürgerlichen Welt.* Frankfurt/M., 1973.

Kost, Emil. *Die Technik des deutschen Romans von Musäus bis Goethe, besonders in ihren Beziehungen zu den Romanen Fieldings und Smolletts.* Diss., Tübingen, 1923.

Krauss, Werner. "Zur französischen Romantheorie des 18. Jahrhunderts." *Nachahmung und Illusion,* ed. Hans Robert Jauß (München, 1969), pp. 60-71.

Krauss, Werner. "Zur Theorie und Praxis des Übersetzens im Frankreich und Deutschland des 18. Jahrhunderts." *Weimarer Beiträge,* 23, no 2 (1977), 10-18.

Küpper, Peter. "Author ad Lectorem (Vorreden im 18. Jahrhundert: ein Forschungsvorschlag)." *Festschrift für Rainer Gruenter,* ed. Bernhard Fabian (Heidelberg, 1978), pp. 86-99.

Kurz, Gerhard. "'Aber lassen Sie doch hören, wie vernünftig diese Vernunft ...': Perspektiven der Aufklärung in Deutschland." *Europäische Aspekte der Aufklärung (Deutschland, England, Frankreich, Italien, Spanien),* eds Anselm Maler, Angel San Miguel und Richard Schwaderer (Frankfurt/M., Berlin, Bern, 1998), pp. 13-23.

Lefevere, André. *Translating Literature: The German Tradition: From Luther to Rosenzweig.* Assen and Amsterdam, 1977.

Lehmann, Christine. *Das Modell Clarissa: Liebe, Verführung, Sexualität und Tod der Romanheldinnen des 18. und 19. Jahrhunderts.* Stuttgart, 1991.

Lempicki, Sigmund von. *Geschichte der deutschen Literaturwissenschaft bis zum Ende des 18. Jahrhunderts.* 2nd ed. (Göttingen, 1968).

Levý, Jiri. *Die literarische Übersetzung: Theorie einer Kunstgattung.* Frankfurt/M., 1969.

Liebrand, Claudia. "Briefromane und ihre 'Lektüreanweisungen': Richardsons *Clarissa,* Goethes *Die Leiden des jungen Werthers,* Laclos' *Les liaisons dangereuses.*" *Arcadia,* 32, no 2 (1997), 342-64.

Lösel, Barbara. *Die Frau als Persönlichkeit im Buchwesen: dargestellt am Beispiel der Göttinger Verlegerin Anna Vandenhoeck (1709-1787).* Wiesbaden, 1991.

Ludwig, Christian. *Gründliche Anleitung zur englischen Sprache.* Leipzig, 1717.

Luhmann, Niklas. *Liebe als Passion: zur Codierung von Intimität.* 2nd ed. (Frankfurt/M., 1995).

Lutz, Bernd, ed. *Deutsches Bürgertum und literarische Intelligenz, 1750-1800.* Stuttgart, 1974.

Magon, Leopold. "Die drei ersten deutschen Versuche einer Übersetzung von Miltons 'Paradise Lost'." *Gedenkschrift für Ferdinand Josef Schneider (1879-1954),* ed. Karl Bischoff (Weimar, 1956), pp. 39-82.

Manguel, Alberto. "The Translator as Reader." *A History of Reading* (New York, 1996), pp. 261-77.

Martens, Wolfgang. "Leserezepte fürs Frauenzimmer: die Frauenzimmerbibliotheken der deutschen Moralischen Wochenschriften." *Archiv für Geschichte des Buchwesens,* 15 (1975), cols 1143-1200.

Martens, Wolfgang. *Die Botschaft der Tugend: die Aufklärung im Spiegel der deutschen Moralischen Wochenschriften.* Stuttgart, 1968.

Martens, Wolfgang. "Formen bürgerlichen Lesens im Spiegel der deutschen Moralischen Wochenschriften." *Lesegesellschaften und bürgerliche Emanzipation,* ed. Otto Dann (München, 1981), pp. 55-70.

346

Martino, Alberto. *Die deutsche Leihbibliothek: Geschichte einer literarischen Institution (1756-1914).* Mit einem gemeinsam mit Georg Jäger erstellten Verzeichnis der erhaltenen Leihbibliothekskataloge. Wiesbaden, 1990.

Martino, Alberto. *Lektüre und Leser in Norddeutschland im 18. Jahrhundert: zu der Veröffentlichung der Ausleihbücher der Herzog-August-Bibliothek Wolfenbüttel.* Amsterdam und Atlanta, GA, 1993.

Mattauch, H. *Die literarische Kritik der frühen französischen Zeitschriften (1685-1748).* München, 1968.

Maurer, Michael. "Europäische Kulturbeziehungen im Zeitalter der Aufklärung." *Das achtzehnte Jahrhundert,* 15, no 1 (1991), 35-61.

Maurer, Michael. *Aufklärung und Anglophilie in Deutschland.* Göttingen und Zürich, 1987.

McCarthy, John A. "Lektüre und Lesertypologie im 18. Jahrhundert (1730-1770): ein Beitrag zur Lesergeschichte am Beispiel Wolfenbüttels." *Internationales Archiv für Sozialgeschichte der deutschen Literatur,* 8 (1983), 35-82.

McKillop, Alan Dugald. "Richardson, Young, and the *Conjectures.*" *Modern Philology,* 22 (1915), 391-404.

McKillop, Alan Dugald. *Samuel Richardson: Printer and Novelist.* Chapel Hill, NC, 1936.

Meise, Jutta. *Lessings Anglophilie.* Frankfurt/M., Berlin, Bern, 1997.

Menz, Gerhard, ed. *Deutsche Buchhändler: vierundzwanzig Lebensbilder führender Männer des Buchhandels.* Leipzig, 1925.

Milch, Werner. *Sophie La Roche, die Großmutter der Brentanos.* Frankfurt/M., 1935.

Miller, Norbert, ed. *Romananfänge: Versuch zu einer Poetik des Romans.* Berlin, 1965.

Miller, Norbert. *Der empfindsame Erzähler: Untersuchungen an Romananfängen des 18. Jahrhunderts.* München, 1968.

Milton, John. *Johannes Miltons Gedichte von dem verlohrenen Paradiese: Faksimiledruck der Bodmerschen Übersetzung von 1742.* Mit einem Nachwort von W. Bender. Stuttgart, 1965.

Mog, Paul. *Ratio und Gefühlskultur.* Tübingen, 1976.

Müllenbrock, Heinz-Joachim und E. Späth. *Literatur des 18. Jahrhunderts.* Düsseldorf, Bern, München, 1977.

Müllenbrock, Heinz-Joachim und Theodor Wolpers, eds. *Englische Literatur in der Göttinger Universitätsbibliothek des 18. Jahrhunderts.* Göttingen, 1988.

Müller, Walther. "Theodor Arnolds englische Grammatiken und ihre späteren Bearbeitungen: ein kritischer Beitrag zur englischen Lautgeschichte." *Die Neueren Sprachen,* 17 (1909), 385-402; 461-79; 533-49.

Neal, Larry. *The Rise of Financial Capitalism: International Capital Markets in the Age of Reason.* Cambridge, 1990.

Nenon, Monika. *Autorschaft und Frauenbildung: das Beispiel Sophie von La Roche.* Würzburg, 1988.

Neumann, Hildegard. *Der Bücherbesitz der Tübinger Bürger von 1750 bis 1850: ein Beitrag zur Bildungsgeschichte des Kleinbürgertums.* München, 1978.

Newald, Richard. "Vom Schwulst zu den englischen Vorbildern." *Die deutsche Literatur vom Späthumanismus zur Empfindsamkeit, 1570-1750,* eds Helmut De Boor und Richard Newald. 6th ed. (München, 1967), pp. 460-67.

Newmark, Peter. *Approaches to Translation.* Oxford, 1981.

Nichols, John. *Biographical and Literary Anecdotes of William Bowyer, Printer, F.S.A.*, and *of Many of his Learned Friends: Containing an Incidental View of the Progress and Advancement of Literature in this Kingdom from the Beginning of the Present Century to the End of the Year MDCCLXXVII.* London, 1788.

Nicklas, Pascal. *The School of Affliction: Gewalt und Empfindsamkeit in Samuel Richardsons "Clarissa".* Hildesheim, Zürich, New York, 1996.

Novak, Maximilian E. *Defoe and the Nature of Man.* Oxford, 1963.

O'Flaherty, James C. "J. D. Michaelis: Rational Biblicist." *The Quarrel of Reason with Itself: Essays on Hamann, Michaelis, Lessing, Nietzsche* (Columbia, SC, 1988), pp. 163-74.

Oppel, Horst. *Englisch-deutsche Literaturbeziehungen.* 2 vols (Berlin, 1971).

Ostovich, Helen M. "'Our Views Must Now be Different': Imprisonment and Friendship in *Clarissa." Modern Language Quarterly*, 52 (1991), 153-69.

Petriconi, Hellmuth. *Die verführte Unschuld: Bemerkungen zu einem literarischen Thema.* Hamburg, 1953.

Pleticha, Eva. *Adel und Buch: Studien zur Geisteswelt des fränkischen Adels am Beispiel seiner Bibliotheken vom 15. bis zum 18. Jahrhundert.* Neustadt/Aisch, 1983.

Poetzsche, Erich. *Samuel Richardson's Belesenheit.* Kiel, 1908.

Poltermann, Andreas. "Die Erfindung des Originals: zur Geschichte der Übersetzungskonzeptionen in Deutschland im 18. Jahrhundert." *Die literarische Übersetzung: Fallstudien zu ihrer Kulturgeschichte,* ed. Brigitte Schultze (Berlin, 1987), pp. 14-52.

Poltermann, Andreas. "Literaturkanon - Medienereignis - Kultureller Text: Formen interkultureller Kommunikation und Übersetzung." *Literaturkanon - Medienereignis - Kultureller Text: Formen interkultureller Kommunikation und Übersetzung,* ed. Andreas Poltermann (Berlin, 1995), pp. 1-56.

Pomeau, René. "Les *Lettres philosophiques*: le projet de Voltaire." *Studies on Voltaire and the Eighteenth Century,* 179 (1979), 11-24.

Pomeau, René. "Les saisons anglaises de Voltaire: l'exil, le voyage, le témoignage." *Der "curieuse Passagier:" deutsche Englandreisende des achtzehnten Jahrhunderts als Vermittler kultureller und technologischer Anregungen* (Heidelberg, 1983), pp. 15-26.

Price, Lawrence Marsden. "English-German Literary Influences: Biography and Survey." *University of California Publications in Modern Philology,* 9, no 1 (1919), 1-111.

Price, Lawrence Marsden. *English-German Literary Influences: Bibliography and Survey, II.* Berkeley, CA, 1920.

Price, Lawrence Marsden. *The Reception of English Literature in Germany.* Berkeley, CA, 1932.

Price, Lawrence Marsden. "Holland as a Mediator of English-German Literary Influence in the 17th and 18th Centuries." *Modern Language Quarterly,* 2 (1941), 115-22.

Price, Lawrence Marsden. *The Publication of English Humaniora in Germany in the Eighteenth Century.* Berkeley, CA, 1955.

Price, Lawrence Marsden. "The English Domestic Novel in Germany, 1740-1799." *Libris et Litteris: Festschrift für Hermann Tiemann* (Hamburg, 1959), pp. 213-20.

Price, Lawrence Marsden und Mary Bell Marsden, *English Literature in Germany in the Eighteenth Century* Berkeley, CA, 1953.

Price, Lawrence Marsden. *English Literature in Germany.* Berkeley and Los Angeles, 1953.

Promies, Wolfgang. "Lichtenbergs London." *Rom – Paris – London: Erfahrung und Selbsterfahrung deutscher Schriftsteller und Künstler in den fremden Metropolen,* ed. Conrad Wiedemann (Stuttgart, 1988), pp. 560-70.

348

Prüsener, Marlies. "Lesegesellschaften im 18. Jahrhundert: ein Beitrag zur Lesegeschichte." *Börsenblatt für den Deutschen Buchhandel*, 28 (1972), 189-301.

Purdie, Edna. "Some Problems of Translation in the Eighteenth Century in Germany." *English Studies*, 30 (1949), 191-205.

Raabe, Mechthild. *Leser und Lektüre im 18. Jahrhundert: Die Ausleihbücher der Herzog-August-Bibliothek Wolfenbüttel, 1714-1799.* 4 vols (München, 1989).

Raabe, Paul. "Der Buchhändler im achtzehnten Jahrhundert in Deutschland." *Buch und Buchhandel in Europa im achtzehnten Jahrhundert – The Book and the Book Trade in Eighteenth-Century Europe: Fünftes Wolfenbütteler Symposium vom 1.-3. November 1977*, eds Giles Barber und Bernhard Fabian (Hamburg, 1981), pp. 271-91.

Raabe, Paul. "Gelehrte Nachschlagewerke im 18. Jahrhundert in Deutschland." *Gelehrte Bücher vom Humanismus bis zur Gegenwart*, eds Bernhard Fabian und Paul Raabe (Wiesbaden, 1983), pp. 97-117.

Raabe, Paul. "Gelehrtenbibliotheken im Zeitalter der Aufklärung." *Bibliotheken und Aufklärung*, eds Werner Arnold und Peter Vosodek (Wiesbaden, 1988), pp. 103-22.

Rau, Peter. *Speculum amoris: zur Liebeskonzeption des deutschen Romans im 17. und 18. Jahrhundert.* München, 1994.

Reifenberg, Bernd. *Lessing und die Bibliothek.* Wiesbaden, 1995.

Ridderhoff, Kuno. *Sophie von La Roche, Schülerin Richardsons und Rousseaus.* Diss., Göttingen, 1895.

Rivero, Albert C., ed. *New Essays on Samuel Richardson.* Houndmills, Basingstoke, and London, 1996.

Rivers, Isabel, ed. *Books and their Readers in Eighteenth-Century England.* Leicester, 1982.

Robson-Scott, W. D. *German Travellers in England, 1400-1800.* Oxford, 1953.

Roche, Geneviève. "The Persistence of French Mediation in Nonfiction Prose." *Interculturality and the Historical Study of Literary Translations*, eds Harald Kittel und Armin Paul Frank (Berlin, 1991), pp. 17-24.

Roddier, Henri. "L'Abbé Prévost et le problème de la traduction au XVIIIe siècle." *Les coutants internationaux de l'art français* (Paris, 1956), pp. 173-81.

Ronte, Heinz. *Richardson und Fielding: Geschichte ihres Ruhms.* Leipzig, 1935.

Rosenstrauch, Hazel. "Leipzig als 'Centralplatz' des deutschen Buchhandels." *Zentren der Aufklärung, III: Leipzig.* Aufklärung und Bürgerlichkeit, ed. Wolfgang Martens (Heidelberg, 1990), pp. 103-24.

Rosenstrauch, Hazel. *Buchhandelsmanufaktur und Aufklärung: die Reformen des Buchhändlers und Verlegers Ph. E. Reich (1717-1787).* Frankfurt/M., 1986.

Rössig, Wolfgang. *Literaturen der Welt in deutscher Übersetzung.* Stuttgart, 1997.

Rousseau, A.-M. "Naissance d'un livre et d'un texte: les *Letters Concerning the English Nation*." *Studies on Voltaire and the Eighteenth Century*, 179 (1979), 25-46.

Ruppert, Hans. *Goethes Bibliothek: Katalog.* Weimar, 1958.

Ruprecht, Wilhelm. *Väter und Söhne: zwei Jahrhunderte Buchhändler in einer deutschen Universitätsstadt.* Göttingen, 1935.

Sabor, Peter. "'Such Extraordinary Tokens': Samuel Richardson's Correspondence with Johannes Stinstra." *New Essays on Samuel Richardson*, ed. Albert J. Rivero (Houndmills, Basingstoke, and London, 1996), pp. 1-16.

Sale, William Merrit. *Samuel Richardson: Master Printer.* Ithaca, N.Y., 1950.

Satzke, M. *Wielands Jugendwerke unter dem Einfluß der englischen Schriftsteller*. Diss., Graz, 1921.

Sauder, Gerhard. *Empfindsamkeit, I: Voraussetzungen und Elemente*. Stuttgart, 1974.

Schenda, Rudolf. *Volk ohne Buch: Studien zur Sozialgeschichte der populären Lesestoffe, 1770-1910*. 3rd ed. (Frankfurt/M., 1988).

Schimpf, Wolfgang. *Die Rezensenten der Göttingischen Gelehrten Anzeigen, 1760-1768: nach den handschriftlichen Eintragungen des Exemplars der Göttinger Akademie der Wissenschaften*. Göttingen, 1982.

Schlögl, Rudolf. *Glaube und Religion in der Säkularisierung: Religiosität in der katholischen Stadt: Köln, Aachen, Münster, 1700-1840*. München und Wien, 1995.

Schlotter, Hans-Günther, ed. *Die Geschichte der Verfassung und der Fachbereiche der Georg-August-Universität zu Göttingen*. Göttingen, 1994.

Schmid, Alois. "Die Rolle der bayerischen Klosterbibliotheken im wissenschaftlichen Leben des 17. und 18. Jahrhunderts." *Öffentliche und private Bibliotheken im 17. und 18. Jahrhundert: Raritätenkammern, Forschungsinstrumente oder Bildungsstätten?* ed. Paul Raabe (Bremen und Wolfenbüttel, 1977), pp. 143-85.

Schmidt, Erich. *Richardson, Rousseau und Goethe: ein Beitrag zur Geschichte des Romans im 18. Jahrhundert*. Jena, 1875.

Schmidt, Rudolf. *Deutsche Buchhändler, deutsche Buchdrucker: Beiträge zu einer Firmengeschichte des deutschen Buchgewerbes*. Hildesheim und New York, 1979.

Schöffler, Herbert. *Protestantismus und Literatur: neue Wege zur englischen Literatur des 18. Jahrhunderts*. 2nd ed. (Göttingen, 1958 [Leipzig, 1922]).

Schön, Erich. *Der Verlust der Sinnlichkeit oder die Verwandlungen des Lesers: Mentalitätswandel um 1800*. Stuttgart, 1987.

Schönert, Jörg. *Roman und Satire im 18. Jahrhundert: ein Beitrag zur Poetik*. Stuttgart, 1969.

Schork, Luise. *Herders Bekanntschaft mit der englischen Literatur*. Diss., Gießen, 1928.

Schöwerling, Rainer. "Der englische Roman als 'Weltliteratur': europäische Literaturbeziehungen und die Corveyer Bibliothek, 1790-1829." *Fiktion und Geschichte in der anglo-amerikanischen Literatur: Festschrift für Heinz-Joachim Müllenbrock*, eds Rüdiger Ahrens und Fritz-Wilhelm Neumann (Heidelberg, 1998), pp. 161-84.

Schröder, Konrad. *Die Entwicklung des Englischunterrichts an den deutschsprachigen Universitäten bis zum Jahre 1850*. Ratingen, 1969.

Schulz, Dieter. *Studien zur Verführungsszene im englischen Roman (1660-1760)*. Diss., Marburg, 1968.

Sdun, Winfried. *Probleme und Theorien des Übersetzens in Deutschland vom 18. bis zum 20. Jahrhundert*. München, 1967.

Selle, Götz von. *Die Georg-August-Universität zu Göttingen*. Göttingen, 1937.

Selle, Götz von. *Universität Göttingen: Wesen und Geschichte*. Göttingen, 1953.

Selling, Andreas. *Deutsche Gelehrten-Reisen nach England, 1660-1714*. München, 1990.

Sherbo, Arthur. "Time and Place in Richardson's *Clarissa*." *Boston University Studies in English*, 3 (1957), 139-46.

Sherburn, George. "Writing to the Moment: One Aspect." *Restoration and Eighteenth-Century Literature: Essays in Honor of Alan Dugald McKillop*, ed. Carroll Camden (Chicago, IL, 1963), pp. 201-9.

Silbermann, Alphons und Albin Hänseroth. *Der Übersetzer: eine berufs- und literatursoziologische Untersuchung*. Wiesbaden, 1985.

350

Sirges, Thomas. *Die Bedeutung der Leihbibliotheken für die Lesekultur in Hessen-Kassel, 1753-1866.* Tübingen, 1994.

Sirges, Thomas. *Lesen in Marburg, 1758-1848: eine Studie zur Bedeutung von Lesegesellschaften und Leihbibliotheken.* Marburg, 1991.

Smend, Rudolf. *Festrede im Namen der Georg-Augustus-Universität zur akademischen Preisverleihung am VIII. Juni MDCCCXCVIII: Johann David Michaelis.* Göttingen, 1898.

Spieckermann, Marie-Luise. "Übersetzer und Übersetzertätigkeit im Bereich des Englischen in Deutschland im 18. Jahrhundert." *Fremdsprachenunterricht, 1500-1800,* ed. Konrad Schröder (Wiesbaden, 1992), pp. 191-203.

Spiegel, Marianne. *Der Roman und sein Publikum im frühen 18. Jahrhundert (1700-1767).* Bonn, 1967.

Sprat, Thomas. *The History of the Royal Society of London, for the Improving of Natural Knowledge,* eds Jackson I. Cope and Harold Whitmore (St Louis, 1959 [1667]).

Stackelberg, Jürgen von. "Der Briefroman und seine Epoche: Briefroman und Empfindsamkeit." *Romanistische Zeitschrift für Literaturgeschichte,* 1 (1977), 293-309.

Stackelberg, Jürgen von, ed. *Zur geistigen Situation der Zeit der Göttinger Universitätsgründung 1737: eine Vortragsreihe aus Anlaß des 250jährigen Bestehens der Georgia Augusta.* Göttingen, 1988.

Stackelberg, Jürgen von. "Blüte und Niedergang der 'Belles Infidèles.'" *Die literarische Übersetzung: Stand und Perspektiven ihrer Forschung,* ed. Harald Kittel (Berlin, 1988), pp. 16-29.

Stackelberg, Jürgen von. "Eklektisches Übersetzen, I: erläutert am Beispiel einer italienischen Übersetzung von Salomon Geßners *Idyllen.*" *Die literarische Übersetzung: Fallstudien zu ihrer Kulturgeschichte,* ed. Brigitte Schultze (Berlin, 1987), pp. 53-62.

Stackelberg, Jürgen von. *Literarische Rezeptionsformen: Übersetzung, Supplement, Parodie.* Frankfurt/M., 1972.

Stackelberg, Jürgen von. *Übersetzungen aus zweiter Hand: Rezeptionsvorgänge in der europäischen Literatur vom 14. bis zum 18. Jahrhundert.* Berlin und New York, 1984.

Stackelberg, Jürgen von. *Weltliteratur in deutscher Übersetzung: vergleichende Analysen.* München, 1978.

Stadler, Ernst. *Wielands Shakespeare.* Straßburg, 1910.

Steiger, Klaus Peter. *Die Geschichte der Shakespeare-Rezeption.* Stuttgart, 1987.

Stevenson, John Allen. "'Alien Spirits': The Unity of Lovelace and Clarissa." *New Essays on Samuel Richardson,* ed. Albert J. Rivero (Houndsmills, Basingstoke, and London, 1996), pp. 85-99.

Störig, Hans Joachim. *Das Problem des Übersetzens.* Darmstadt, 1963.

Streich, Gerhard. "Die Büchersammlungen Göttinger Professoren im 18. Jahrhundert." *Öffentliche und private Bibliotheken im 17. und 18. Jahrhundert: Raritätenkammern, Forschungsinstrumente oder Bildungsstätten?* ed. Paul Raabe (Bremen und Wolfenbüttel, 1977), pp. 241-99.

Stuber, Florian. "On Fathers and Authority in *Clarissa.*" *Studies in English Literature,* 25 (1985), 557-74.

Stuber, Florian. "On Original and Final Intentions, or Can There Be an Authoritative *Clarissa.*" *TEXT,* 2 (1985), 229-44.

Stückrath, Jörn. *Historische Rezeptionsforschung: ein kritischer Versuch zu ihrer Geschichte und Theorie.* Stuttgart, 1979.

351

Sudhof, Siegfried. "Die Privatbibliothek eines Philosophen und Literaten: der Buchbesitz Friedrich Heinrich Jacobis (1743-1819)." *Buch und Sammler: private und öffentliche Bibliotheken im 18. Jahrhundert* (Heidelberg, 1977), pp. 141-47.

Taylor, Gary. *Shakespeare – Wie er euch gefällt: eine Kulturgeschichte von der Restauration bis zur Gegenwart.* Reinbek bei Hamburg, 1994.

Teuteberg, Hans Jürgen. "Der Beitrag der Reiseliteratur zur Entstehung des deutschen Englandbildes zwischen Reformation und Aufklärung." *Reiseberichte als Quellen europäischer Kulturgeschichte: Aufgaben und Möglichkeiten der historischen Reiseforschung,* eds Antoni Maczak und Hans Jürgen Teuteberg (Wolfenbüttel, 1982), pp. 73-113.

Thomson, Clara Linklater. *Samuel Richardson: A Biographical and Critical Study.* London, 1900.

Turk, Horst. "Intertextualität als Form der Aneignung des Fremden." *Perspektiven und Verfahren interkultureller Germanistik,* ed. Alois Wierlacher (München, 1987), pp. 629-41.

Umbach, Regina. *Richardson's "Clarissa" and Sophie von La Roche's "Geschichte des Fräuleins von Sternheim": A Case Study in Eighteenth-Century Anglo-German Literary Relations.* Diss., University of Oxford, 1998.

Ungern-Sternberg, Wolfgang von. "Schriftsteller und literarischer Markt." *Hansers Sozialgeschichte der deutschen Literatur vom 16. Jahrhundert bis zur Gegenwart,* III, Teil 1, ed. Rolf Grimminger (München und Wien, 1980), pp. 133-85.

Van Marter, Shirley. "Richardson's Revisions of Clarissa in the Second Edition." *Studies in Bibliography,* 26 (1973), 107-32.

Van Marter, Shirley. "Richardson's Revisions of Clarissa in the Third and Fourth Editions." *Studies in Bibliography,* 28 (1975), 119-52.

van Tieghem, Philippe. *Les influences étrangères sur la littérature française.* Paris, 1970.

Venuti, Lawrence. *The Translator's Invisibility: A History of Translation.* London and New York, 1995.

Vierhaus, Rudolf. "Kultur und Gesellschaft im achtzehnten Jahrhundert." *Das achtzehnte Jahrhundert als Epoche,* ed. Bernhard Fabian (Nendeln, 1978), pp. 71-86.

Vierhaus, Rudolf. *Deutschland im 18. Jahrhundert: politische Verfassung, soziales Gefüge, geistige Bewegung.* Göttingen, 1987.

Voss, Ernst Theodor. *Erzählprobleme des Briefromans dargestellt an vier Beispielen des 18. Jahrhunderts.* Diss., Bonn, 1960.

Voßkamp, Wilhelm. "Probleme und Aufgaben einer sozialgeschichtlich orientierten Literaturgeschichte des achtzehnten Jahrhunderts." *Das achtzehnte Jahrhundert als Epoche,* ed. Bernhard Fabian (Nendeln, 1978), pp. 53-69.

Voßkamp, Wilhelm. *Romantheorie in Deutschland: von Martin Opitz bis Friedrich von Blanckenburg.* Stuttgart, 1973.

Vovelle, Michel, ed. *Der Mensch der Aufklärung.* Frankfurt/M. und New York, 1996.

Warde, William B., Jr. "Revisions in the Published Texts of Volume One of Richardson's Clarissa." *The Library Chronicle,* 45 (1981), 92-103.

Warner, William Beatty. "The Elevation of the Novel in England." *English Literary History,* 59 (1992), 577-96.

Warner, William Beatty. *Reading Clarissa: The Struggles of Interpretation.* New Haven, CT, 1979.

Warning, Rainer, ed. *Rezeptionsästhetik: Theorie und Praxis.* 2nd ed. (München, 1979).

Watt, Ian. "The Naming of Characters in Defoe, Richardson and Fielding." *Review of English Studies,* 25 (1949), 322-38.

352

Watt, Ian. *The Rise of the Novel: Studies in Defoe, Richardson and Fielding.* Berkeley and Los Angeles, CA, 1979.

Weber, Ernst. "Sortimentskataloge des 18. Jahrhunderts als literatur- und buchhandelsgeschichtliche Quellen." *Bücherkataloge als buchgeschichtliche Quellen in der frühen Neuzeit,* ed. Reinhard Wittmann (Wiesbaden, 1985), pp. 209-57.

Weiß, Helmut. *Universalgrammatiken aus der ersten Hälfte des 18. Jahrhunderts in Deutschland: eine historisch-systematische Untersuchung.* Münster, 1992.

Wellek, René. *Geschichte der Literaturkritik, I: 1750-1830.* Darmstadt, Berlin-Spandau, Neuwied am Rhein, 1959.

Wessenberg, J. H. von. *Über den sittlichen Einfluß der Romane.* Konstanz, 1826.

West, Constance B. "La théorie de la traduction au XVIIIe siècle." *Revue de la littérature comparée,* 12 (1932), 330-55.

Weymar, Ilse. *Der deutsche Briefroman: Versuch einer Darstellung der Wesens- und Typenformen.* Diss., Hamburg, 1942.

Wicke, Amelie. *Die Dichter des Göttinger Hains in ihrem Verhältnis zur englischen Literatur und Ästhetik.* Kassel, 1924.

Widmann, Hans. *Geschichte des Buchhandels vom Altertum bis zur Gegenwart, I: bis zur Erfindung des Buchdrucks sowie Geschichte des deutschen Buchhandels.* Wiesbaden, 1975 (1929).

Wihan, J. *J. J. Bode als Vermittler englischer Geisteswerke in Deutschland.* Prag, 1906.

Wilcox, Frank Howard. "Prévost's Translations of Richardson's Novels." *University of California Publications in Modern Philology,* 12, no 5 (1927), 341-411.

Wilke, Jürgen. *Literarische Zeitschriften des 18. Jahrhunderts (1688-1789).* Stuttgart, 1978.

Wilss, Wolfram, ed. *Übersetzungswissenschaft.* Darmstadt, 1981.

Wittmann, Reinhard. "Subskribenten- und Pränumerantenverzeichnisse als Quellen zur Lesergeschichte." *Buchmarkt und Lektüre im 18. und 19. Jahrhundert: Beiträge zum literarischen Leben, 1750-1880* (Tübingen, 1982), pp. 46-68.

Wittmann, Reinhard. *Buchmarkt und Lektüre im 18. und 19. Jahrhundert: Beiträge zum literarischen Leben, 1750-1880.* Tübingen, 1982.

Wittmann, Reinhard. *Geschichte des deutschen Buchhandels: ein Überblick.* München, 1991.

Wolff, Cynthia. *Samuel Richardson and the Eighteenth-Century Puritan Character.* New York, 1972.

W-s. "Tourneur (Pierre Le)." *Biographie universelle ancienne et moderne,* 42 (Graz, 1970 [1854-70]), pp. 51-52.

[Wrangham, Frances]. *Der Brittische Plutarch oder Lebensbeschreibung der größten Männer in England und Irrland, seit den Zeiten Heinrichs VIII. bis unter George I.* 6 vols (Leipzig und Züllichau, 1764-68).

Wuthenow, Ralph-Rainer. *Das erinnerte Ich: europäische Autobiographie und Selbstdarstellung im 18. Jahrhundert.* München, 1974.

Wuthenow, Ralph-Rainer. *Das fremde Kunstwerk: Aspekte der literarischen Übersetzung.* Göttingen, 1969.

Zach, Wolfgang. "Editionsprobleme bei den Romanen Samuel Richardsons." *Anglia,* 102 (1984), 60-79.

Zach, Wolfgang. *Poetic Justice: Theorie und Geschichte einer literarischen Doktrin: Begriff-Idee-Komödienkonzeption.* Tübingen, 1986.

Zeller, Bernhard, ed. *Weltliteratur – Die Lust am Übersetzen im Jahrhundert Goethes.* Marbach, 1982.

Zomchick, John P. *Family and the Law in Eighteenth-Century Fiction: The Public Conscience in the Private Sphere.* Cambridge, 1993.

9.3 Hilfsmittel

Adelung, Johann Christoph. *Grammatisch-kritisches Wörterbuch der Hochdeutschen Mundart mit beständiger Vergleichung der übrigen Mundarten, besonders aber der Oberdeutschen.* 2nd ed., 4 vols (Hildesheim, Zürich, New York, 1990 [1793-1801]).

Adelung, Johann Christoph. *Über die Geschichte der Deutschen Sprache, über Deutsche Mundarten und Deutsche Sprachlehre.* Leipzig, 1781.

Allgemeine Deutsche Biographie. 56 vols (Berlin, 1967-71 [1875-1912]).

Alston, R. C. *A Bibliography of the English Language from the Invention of Printing to the Year 1800, I: English Grammars and Dictionaries.* Leeds, 1965.

Alston, R. C. *A Bibliography of the English Language from the Invention of Printing to the Year 1800, II: Polyglot Dictionaries and Grammars.* Leeds, 1967.

Arnold, Theodor. *Grammatica Anglicana Concentrata: oder, Kurzgefaßte Englische Grammatik, worinnen die richtige Pronunciation, und alle zur Erlernung dieser Sprache unumgängliche nöthigen Grundsätze aufs deutlichste und leichteste abgehandelt sind. Verbessert von M. Johann Bartholomäus Rogler.* 9th ed. (Leipzig und Züllichau, 1797).

Codex nundinarius Germaniae literatae bisecularis: Meß-Jahrbücher des Deutschen Buchhandels von dem Erscheinen des ersten Meß-Katalogs im Jahre 1564 bis zu der Gründung des ersten Buchhändlervereins im Jahre 1765. Mit einer Einleitung von Gustav Schwetschke. Halle, 1850.

Codex nundinarius Germaniae literatae bisecularis der Meß-Jahrbücher des Deutschen Buchhandels: Fortsetzung die Jahre 1766 bis einschließlich 1846 umfassend. Mit einem Vorwort von Gustav Schwetschke. Halle, 1877.

Fabian, Bernhard, ed. *Deutsches Biographisches Archiv.* München, 1982.

Goedeke, Karl. *Grundrisz zur Geschichte der deutschen Literatur: aus den Quellen.* 3rd ed., 14 vols (Dresden, 1844-1959).

Graeber, Wilhelm und Geneviève Roche. *Englische Literatur des 17. und 18. Jahrhunderts in französischer Übersetzung und deutscher Weiterübersetzung: eine kommentierte Bibliographie,* ed. Jürgen von Stackelberg (Tübingen, 1988).

Grimm, Jacob und Wilhelm Grimm. *Deutsches Wörterbuch.* 32 vols (Leipzig, 1854-1961).

Hamberger, Georg Christoph und Johann Georg Meusel. *Das gelehrte Teutschland, oder: Lexikon der jetztlebenden teutschen Schriftsteller.* 5th ed., 23 vols (Hildesheim, 1965-66 [1796-1803]).

Hannaford, Richard Gordon. *Samuel Richardson: An Annotated Bibliography of Critical Studies.* New York and London, 1980.

Heinsius, Wilhelm. *Allgemeines Bücher-Lexikon.* 4 vols (Graz, 1969 [1812-13]).

Heinsius, Theodor. *Volksthümliches Wörterbuch der deutschen Sprache.* 4 vols (Hannover, 1818-22).

Jöcher, G. *Allgemeines Gelehrten-Lexicon.* 4 vols (Hildesheim, 1981 [1750- 51]).

Jördens, Karl Heinrich, ed. *Lexikon deutscher Dichter und Prosaisten.* 5 vols (Hildesheim und New York, 1970 [1806]).

Kayser, Christian Gottlieb. *Vollständiges Verzeichnis der von 1750 bis zum Ende des Jahres 1832 in Deutschland und in den angrenzenden Ländern gedruckten Romane und Schauspiele.* Leipzig und Pullach, 1972 [1836].

Kayser, Christoph Gottlob. *Vollständiges Verzeichnis der von 1750 bis zum Ende des Jahres 1882 in Deutschland und in den angrenzenden Ländern gedruckten Romanen und Schauspiele.* 2 vols (Leipzig und Pullach, 1972 [1836]).

Ludwig, Christian. *A Dictionary English, German and French, Containing not only the English Words in their Alphabetical Order, Together with their Several Significations, but also their Proper Accent, Phrases, Figurative Speeches, Idioms, and Proverbs, Taken from the Best New English Dictionaries.* 2nd ed. (Leipzig and Francfurt, 1736).

Meusel, Johann Georg. *Lexikon der vom Jahre 1750 bis 1800 verstorbenen teutschen Schriftsteller.* 15 vols (Leipzig, 1802-16).

Otto, G. F. *Lexikon der seit dem fünfzehnten Jahrhunderte verstorbenen ... oberlausitzischen Schriftsteller und Künstler.* 3 vols (Görlitz, 1800-3).

Paul, H. *Deutsche Grammatik.* 5 vols (Tübingen, 1968 [1916-20]).

Rochedieu, Charles Alfred. *Bibliography of French Translations of English Works, 1700-1800.* Chicago, IL, 1948.

Sale, William Merritt. *Samuel Richardson: A Bibliographical Record of His Literary Career, with Historical Notes.* New Haven, CT, 1936.

Schirmunski, V. M. *Deutsche Mundartkunde: vergleichende Laut- und Formenlehre der deutschen Mundarten.* Berlin, 1962.

Smith, Sarah W. R. *Samuel Richardson: A Reference Guide.* Boston, MA, 1984.

Streeter, Harold Wede. *The Eighteenth Century English Novel in French Translation: A Bibliographical Study.* New York, 1970 (1936).

Vries, Ad de. *Dictionary of Symbols and Imagery.* 2nd ed. (Amsterdam and London, 1976).

Weller, Emil. *Die falschen und fingierten Druckorte: Repertorium der seit Erfindung der Buchdruckerkunst unter falscher Firma erschienenen deutschen, lateinischen und französischen Schriften.* 2nd ed., 2 vols (Hildesheim, 1960-61 [1864]).

Zedler, Johann Heinrich. *Großes vollständiges Universallexikon aller Wissenschaften und Künste.* 64 (68) vols (Graz, 1961 [1732-54]).

Synopse ausgewählter Zitate

- ## Anredepronomina

Ross, p. 142	IN vain dost (*a*) thou and thy compeers press me to go to town, while I am in such an uncertainty as I am in at present with this proud Beauty. *a* These gentlemen affected the Roman style, as they called it, in their letters: and it was an agreed rule with them to take in good part whatever freedoms they treated each other with, if the passages were written in that style.
Stuber, I, 195	IN vain dost thou (*a*) and thy compeers press me to go to town, while I am in such an uncertainty as I am in at present with this proud Beauty. (*a*) These gentlemen affected what they called the Roman style (to wit, the *thee* and the *thou*) in their Letters: And it was an agreed Rule with them, to take in good part whatever freedoms they treated each other with, if the passages where written in hat [sic] style.
Michaelis, I, 323	Umsonst umsonst quälst du mich mit deinen Brüdern,*) daß ich nach **London** reisen soll. *) Diese Herren richteten ihre vertrauten Briefe nach der Römischen Schreibart ein: und nahmen sich einander keine Freyheit vor übel, wenn sie in diese Schreibart eingekleidet war.
Kosegarten, I, 322	Umsonst entbieten Du und Deine Spiesgesellen mich zur Stadt zurück, so lang' ich mit dieser stolzen Schöne mich noch unsicher sehe, wie gegenwärtig.
Schmid, I, 259	Kann ich in die Stadt gehen, so lang ich meiner Sache mit dieser stolzen Schönheit nicht gewiß bin? ... Doch Du kennst ja die Kerls.
Prévost, II, 124n.	L'auteur remarque que ces messieurs affectoient souvent de s'écrire en style romain, comme ils le nommoient entr'eux, et qu'ils etoient convenus de prendre en bonne part toutes sortes de libertés mutuelles, lorsque'elles étaient dans ce style. Il se trouve souvent dans leurs lettres des citations de leurs meilleurs poëtes, qu'on s'est contenté de traduire en prose, et qui ne demandent pas de l'être autrement.
Le Tourneur, I, 352-53	C'est en vain que tu (*) me presses, toi & tes camarades de retourner à la ville, tant que cette fière beauté me tiendra dans l'incertitude où je suis. (*) L'auteur remarque que ces Messieurs affectoient souvent de s'écrire en ce qu'ils nommoient style Romain (c'est-à-dire le *tu* & le *toi*) & qu'ils étoient convenus de prendre en bonne part toutes sortes de libertés mutuelles dès qu'elles seroient dans ce style. Il se trouve souvent dans leurs lettres des citations des meilleurs poëtes anglois.
Ross, p. 894	Oh Lovelace, you are Satan himself; or he helps you out in everything; and that's as bad! But have you really and truly sold yourself to him? And for how long? What

356

	duration is your reign to have? Poor man! The contract *will* be out; and then what will be your fate! ... Well, but now I remember what I was going to say–It is for *your* good–not *mine*–for nothing can do me good now!–Oh thou villainous man! thou hated Lovelace! But Mrs Sinclair may be a good woman–If you love me–but that you don't.
Stuber, V, 310	O Lovelace, you are Satan himself; or he helps you out in every-thing; and that's as bad! But have you really and truly sold yourself to him? And for how long? What duration is your reign to have? Poor man! The contract *will* be out: And then what will be your fate! ... Well, but now I remember what I was going to say–It is for *your* good–not *mine*–For nothing can do me good now!–O thou villainous man! thou hated Lovelace! But Mrs. Sinclair may be a good woman–If you love me–But that you don't–
Michaelis, V, 629	O Lovelace, sie sind der Satan selbst: oder er hilft ihnen auch in allen Dingen; und das ist eben so arg. Aber haben sie sich ihm wirklich und in Wahrheit verkauft? Und seit wie lange? Wie lange soll ihr Reich dauren? Elender Mensch! Der Vergleich **wird** ein Ende nehmen: und wie wird es denn mit ihnen werden! ... Jedoch nun besinne ich mich, was ich sagen wollte = = Es ist zu **ihrem**, nicht zu **meinem** Besten = = Denn mir kann nun nichts mehr zum Besten gereichen! = = O du schändlicher Kerl! Du verhaßter Lovelace! Fr. Sinclair mag wohl eine gute Frau seyn = = Wo sie mich lieben = = Aber das können sie nicht thun.
Kosegarten, V, 553-54	O Lovelace, Sie sind der Satan selber, oder er hilft Ihnen in allen Stücken, und das ist voll so schlimm! Aber haben Sie sich ihm denn wirklich und in der That verkauft? Und auf wie lange? Und wie lange wird **Ihre** Herrschaft dauren? Armer Mann! der Kontrakt wird zu Ende gehn, und was wird dann Ihr Schicksal werden? ... Gut, aber eben itzt fällt mirs ein, was ich sagen wollte – Es ist zu Ihrem Besten – nicht zu meinem – Was wäre zu meinem Besten auf der Welt noch wohl zu haben? – O Du schändlicher Mensch! o du abscheulicher Lovelace! Aber Frau Sinclair mag ein ganz guter Schlag von Frauenzimmer seyn. – Wenn Sie mich lieb haben – doch das haben Sie nicht.
Schmid, X, 116-17	O Lovelace, Sie sind selbst ein Satan, oder Satan steht Ihnen in allen Dingen bey, und das ist böse! Aber haben Sie mich wirklich und wahrhaftig an ihn verkauft? Und auf wie lange? Wie lang soll dann *Ihre* Herrschaft dauren? ... Doch nun besinnne ich mich, was ich sagen wollte. Es ist zu ihrem Besten – nicht zu *meinem*. Denn nichts kann jetzt zu meinem Besten gereichen! – O

	du boshafter Mann! O du verhaßter Lovelace! Aber die Frau Sinclair mag eine gute Frau seyn. – Wenn Sie mich lieben. – Doch das thun Sie nicht.
Prévost	nicht übersetzt
Le Tourneur, VI, 474-75	O Lovelace! vous êtes Satan en personne, ou du moins c'est lui qui vous aide dans tout ce que vous faites; & c'est la même chose. Mais vous êtes-vous réellement vendu à lui? pour combien de temps? Quelle durée votre règne doit-il avoir? Pauvre malheureux! le terme du contrat arrivera, & alors quel sera votre sort? ... C'est pour votre bien & non pour le mien; car il n'est plus de bien pour moi à présent. – O homme infâme! ô détestable Lovelace! Mais Mde. Sinclair pourroit être une bonne femme. – Si vous m'aimez – mais vous ne m'aimez pas.

- **Problemfälle**

Ross, p. 691	"struggled-away cheek"
Stuber, IV, 302	"averted cheek"
Michaelis, IV, 364	"widerspenstige Wangen"
Kosegarten, IV, 526	"ihre weggewandte Wange"
Schmid, VII, 288	"ihre sich sträubende und abgewandte Wange"
Prévost, IX, 161	"sur ses lèvres"
Le Tourneur, V, 332	"sa joue détournée"
Ross, p. 143	"varletess"
Stuber, I, 198	"this noble varletess"
Michaelis, I, 327	"Betriegerin"
Kosegarten, I, 327	"jener edlen Metze"
Schmid, I, 262	"wetterwendische Hochnase"

Prévost, II, 129	"ma coquette"
Le Tourneur, V, 196	"cette incommode hôtesse"
Ross, p. 736	"traitress"
Stuber, V, 17	"traitress"
Michaelis, V, 484	"Nichtswürdige"
Kosegarten, V, 26	"Verrätherinn"
Schmid, VIII, 140	"Verrätherinn"
Prévost, X, 49	"traîtresse"
Le Tourneur, V, 195	"traîtresse"
Ross, p. 146	"un-*man*"
Stuber, I, 203	"un-man"
Michaelis, I, 335	"aufhöre ein Kerl zu seyn"
Kosegarten, I, 335	"die nur eine Memme dulden kann"
Schmid, I, 267	"die ein Mann von Ehre nicht tragen darf"
Prévost, I, 137	"souffrir des insultes dont la seule idée me trouble le sang?"
Le Tourneur, I, 366	"souffrir des insultes dont la seule idée me trouble le sang?"
Ross, p. 788	"*all-eyed* fair one"
Stuber, V, 113	"*all-eyed* Fair-one"
Michaelis, V, 283	"überall äugichte Schöne"
Kosegarten, V, 198	"diese alläugichte Schöne"
Schmid, VIII, 355	"argusäugichte Schöne"

Prévost	nicht übersetzt
Le Tourneur, VI, 119	"ma belle *toute-yeux*"
Ross, p. 806	"try-to-blush manner"
Stuber, V, 145	"try-to-blush manner"
Michaelis, V, 341	"mit einem Versuche roth zu werden"
Kosegarten, V, 255	"mit der gesuchtesten Verschämtheit"
Schmid, IX, 66-67	"in einem verschämten Ton, bey dem ich zu erröthen suchte"
Prévost, X, 259	"d'un air embarassé"
Le Tourneur, VI, 177	"en haussant les épaules d'un air d'embarras; & cherchant à rougir"
Ross, p. 80	"This little siren is in a fair way to *out-uncle* as well as *out-grandfather* us both!"
Stuber, I, 79	"This little Syren is in a fair way to *out-uncle*, as she has already *out-grandfather*'d us both!"
Michaelis, I, 129	"Diese Syrene wird uns unsers Vaters Brüder eben so gut als unsern Grosvater abspännstig machen."
Kosegarten, I, 128	"Diese kleine Sirene ist auf guten Wegen, uns eben so zu entonkeln, wie sie uns schon entgroßvatert hat."
Schmid, I, 114-15	"Die kleine Hexe könnt uns eben so leicht **entonkeln**, als sie uns **entgrosvatert** hat."
Prévost, I, 198	"Cette petite sirene pourroit bien nous supplanter dans le cœur de nos oncles, comme dans celui de notre grand-pere."
Le Tourneur, I, 147	"Cette petite sirêne est en beau chemin pour nous supplanter tous deux dans le cœur de nos oncles, comme elle a déjà fait dans celui de notre grandpère."
Ross, p. 198	"Nor would I advise, that you should go to *grandfather-up* your cousin Morden."
Stuber, I, 301	"Nor would I advise, that you should go to *grandfather-up* your Cousin Morden."
Michaelis, I, 497	"Ich wollte auch nicht rathen, daß man euch nach Florenz schicken sollt, um es bey dem Vetter anzufangen, wo ihr es bey dem Gros=Vater gelassen habt."
Kosegarten, I, 509	"Auch wollt' ich nicht dazu rathen, daß man Dich nach Florenz schickte, um den Vetter die Rolle des Großvaters spielen zu lehren."

360

Schmid, II, 89	"Auch wollt' ich Ihnen nicht rathen zu Vetter Morden zu gehen, um bei ihm da anzufangen, wo Sies bei dem Grosvater gelassen haben."
Prévost, III, 27	"Je ne vous conseille pas non plus d'aller recommencer, auprès M. Morden, le rôle que vous avez joué chez votre grand-pere.""
Le Tourneur, II, 25	"Je ne vous conseille pas non plus d'aller recommencer, auprès de M. Morden, le rôle que vous avez joué chez votre grand-père."
Ross, p. 753	"sister-toast"
Stuber, V, 49	"sister-toast"
Michaelis, V, 168	"herzlieben Schwesterchen"
Kosegarten, V, 83	"Schwesterkröte"
Schmid, VIII, 213	"Busenfreundinn"
Prévost	nicht übersetzt
Le Tourneur, V, 544	"sa belle amie"
Ross, p. 61	"While my brother and sister Mr *Solmes*'d him, and *sir*'d him up with high favour."
Stuber, I, 43	"While my Brother and Sister Mr. *Solmes*'d him, and *Sirr*'d him up, at every word."
Michaelis, I, 70	"In meines Bruders und meiner Schwester Munde war nichts als **Herr Solmes**: **Herr Solmes** ward unaufhörlich auf das freundlichste genannt."
Kosegarten, I, 70	"Mein Bruder und meine Schwester wußten vor Höflichkeit und Zärtlichkeit sich kaum zu lassen. Das war nichts, als *Herr Solmes hier*, und *Herr Solmes dort*; *mein lieber Herr Solmes hinten*, und *mein guter Herr Solmes vorn* ~ Welche Unwürdigkeit -"
Schmid, I, 67	"Meine Geschwister Sir Solmes hin, Sir Solmes her, und so schmeichelten sie ihm alle, dem erbärmlichen Wicht."
Prévost, I, 133	"Pendant ce tems-là, mon frere & ma sœur l'accabloient de civilités. Tant de caresses & d'attentions pour un homme de cette espece."
Le Tourneur, I, 83	"Pendant ce tems-là, mon frère & ma sœur s'épuisoient en civilités: (¶) c'étoit sans cesse *M. Solmes, mon honoré Monsieur*, à chaque mot. (b)"
Ross, p. 448	And should I be outwitted, with all my sententious, boasting conceit of my own *nostrum-mongership*–(I love to plague thee, who art a pretender to accuracy and a *surface-skimmer* in learning, with out-of-the-way words and phrases), I should certainly hang, drown, or shoot myself.

Stuber, III, 121	And should I be outwitted, with all my sententious, boasting conceit of my own *nostrum-mongership–[I love to plague thee, who art a pretender to accuracy, and a* surface-skimmer *in learning, with* out-of-the-way *words and phrases*] I should certainly hang, drown, or shoot myself.
Michaelis, III, 230	Erschiessen, erhängen oder ersäuffen will ich mich, wenn mich das Mädchen bey all meiner Einbildung und Ruhm von meiner **nostrum**-Krämerey (du bist eine Art von Pedanten, ein Kerl, der die Oberfläche der Gelehrsamkeit geschickt abzuschäumen weiß. Darum ärgere ich dich mit ungewöhnlichen Worten, bey denen du ein verdammtes Kunstrichter=Gesichte machen wirst. Noch einmahl ließ es) von meiner **nostrum**-Krämerey betrieget.
Kosegarten, III, 214	Sollt' ich mit all meinem Großthun und Großsprechen, mit aller meiner Nostrumkrämerei – Dich zu ärgern, Pedant, schleudre ich Dir dann und wann so einem [sic] unverdaulichen Brocken in den Rachen – ich sage, sollt' ich mit dem allen von ihr übertölpelt werden, so wär' ich im Stande, mich zu erhenken, zu ersäufen, oder zu erschiessen.
Schmid, IV, 203-4	Und sollte ich bey aller meiner spruchreichen ruhmräthigen Einbildung von meiner eignen **Nostrum=Krämerey** (gar zu gern plage ich Dich, der Du so viel Anspruch auf Genauigkeit des Ausdrucks machst, und doch nur ein **Oberfläche=Schwimmer** in der Gelehrsamkeit bist, mit ungewöhnlichen Worten und Redensarten) von dem weiblichen Verstande überflügelt werden, in der That, dann erhänge, oder ersäufe, oder erschieße ich mich.
Prévost, VI, 57	Je redoute extrêmement cette *miss Howe*. Elle a de l'esprit comme un diable, & tourné à la malice, dont elle ne demande que l'occasion. S'il arrivoit qu'elle l'emportât sur moi, avec tous mes stratagemes & l'opinion que j'en ai, je serois homme à me pendre, à me noyer, ou à me casser la tête d'un coup de pistole.
Le Tourneur, III, 383-84	Je redoute extrêmement cette Miss Howe. Elle a de l'esprit en diable, & tourné à la malice, & qui ne cherche que l'occasion de s'exercer. S'il arrivoit qu'elle l'emportât sur moi, (¶) avec toutes mes belles maximes, & toutes mes *vanteries* des inventions de *notre propre manufacture*, (j'aime à te vexer, toi qui prétens au purisme, qui écumes la superficie de la science, en te jetant des termes & des phrases qui sortent de la route commune.) (b) je serois homme à me pendre, à me noyer, ou à me brûler la tête.
Ross, p. 818	These women think that all the business of the world must stand still for their *figaries* (a good female word, Jack!) ... After all, methinks I want these *tostications* (thou seest how women, and women's words, fill my mind) to be over.
Stuber, V, 167-68	These women think, that all the business of the world must stand still for their *figaries* [A good female word, Jack!]: The greatest triflers in the creation, to fansy themselves the most important beings in it – ... After all, methinks I want these *tostications* [Thou seest how women, and womens words, fill my mind] to be over, *happily* over.

Michaelis, V, 380-81	"um ihrer **eingebildeten Mutterbeschwerden** willen; "ein Wort das sich gut für die Weiber schickt, Bruder!" liegen bleiben;" "**Wehen**; du siehst, wie voll mir der Kopf von Weibern und ihren Worten ist."
Kosegarten, V, 298	"um ihrer **Scheerereyen** willen / ein feiner Weiberausdruck;" "Gefikfakke"
Schmid, IX, 117-18	"um ihrer Quackeleyen (Ist das nicht das rechte passsende Wort, Jakob?) stehn und liegen bleiben;" "**Alfanzereien** (du siehst, wie Weiber und Worte *generis foeminini* meinen Kopf angefüllt haben)."
Prévost, XI, 31	Après tout, Belford, j'ai besoin d'avoir l'esprit & le cœur agités par cette variété de scenes, pour goûter mieux, quelque jour, la douceur du repos.
Le Tourneur, VI, 219	Ces femmes s'imaginent que toutes les affaires de l'univers doivent rester là pour leurs *quintes*, (bonne expression femelle, Belford!) ... Apres tout, Belford, j'ai besoin, je crois, d'avoir l'esprit & le cœur agités, & de passer par ces *balotages* (tu vois, Belford, comme j'ai la tête remplie des femmes, & de leurs expressions).
Ross, p. 1233	Sir, I HAVE good news to tell you. I am setting out with all diligence for my father's house. I am bid to hope that he will receive his poor penitent with a goodness peculiar to himself; for I am overjoyed with the assurance of a thorough reconciliation through the interposition of a dear blessed friend, whom I always loved and honoured. I am so taken up with my preparation for this joyful and long-wished-for journey, that I cannot spare one moment for any other business, having several matters of the last importance to settle first. So, pray, sir, don't disturb or interrupt me–I beseech you don't–You may in time, possibly, see me at my father's, at least, if it be not your own fault. I will write a letter which shall be sent you when I am got thither and received: till when, I am, etc. Clarissa Harlowe.
Stuber, VII, 175	Sir, I HAVE good news to tell you. I am setting out with all diligence for my Father's House. I am bid to hope that he will receive his poor penitent with a goodness peculiar to himself; for I am overjoyed with the assurance of a thorough Reconciliation, thro' the interposition of a dear blessed friend, whom I always loved and honoured. I am so taken up with my preparation for this joyful and long-wished-for journey, that I cannot spare one moment for any other business, having several matters of the last importance to settle first. So, pray, Sir, don't disturb or interrupt me–I beseech you don't. You may possibly in time see me at my Father's; at least, if it be not your own fault.

	I will write a Letter, which shall be sent you when I am got thither and received: Till when, I am, etc. Clarissa Harlowe.
Michaelis, VII, 35-36	Mein Herr. Ich habe ihnen eine gute Zeitung zu melden. Ich bin mit allem Fleiße beschäfftiget, mich zu der Reise nach meines Vaters Hause anzuschicken. Mir ist Hoffnung gemacht, daß er, nach einer ihm besonders eignen Güte, sein armes und bußfertiges Kind aufnehmen wolle. Denn ich habe zu einer ausnehmenden Freude für mich die Versicherung bekommen, daß durch die Vermittelung eines werthen und preiswürdigen Freundes, den ich allezeit geliebet und geehret habe, eine gänzliche Aussöhnung zu erhalten sey. Ich habe mit meiner Zubereitung zu dieser freudigen und längest gewünschten Reise so viel zu thun, daß ich keinen Augenblick zu einem andern Geschäffte davon abbrechen kann: weil ich noch vorher verschiedne Dinge von der äußersten Wichtigkeit zu bestellen habe. Daher bitte ich Sie, mein Herr, beunruhigen oder stören sie mich nicht ~ ~ Ich bitte, thun Sie es nicht ~ ~ ... Sie können mich mit der Zeit vielleicht in meines Vaters Hause sehen: wenigstens, wofern Sie es nicht durch Ihre eigne Schuld hindern. Ich will einen Brief schreiben, der Ihnen zugeschickt werden soll, wenn ich dahin gekommen und daselbst aufgenommen bin. Bis auf die Zeit ich etc. Clarissa Harlowe.
Kosegarten, VII, 380-81	Sir, Ich habe Ihnen eine gute Zeitung zu melden. Ich bin im Begriff, in ersinnlicher Eil zu meines Vaters Hause zurückzukehren. Man heißt mich hoffen, daß er seine arme Clarissa mit jener, ihm eigenen, Güte wieder auf= und annehmen werde; und diese Zusicherung einer völligen Aussöhnung, die ich der Vermittelung eines theuren gesegneten Freundes, den ich allezeit liebte und ehrte, verdanke, überschüttet mich mit Freude ... Stöhren Sie mich daher nicht, Sir. Unterbrechen Sie mich nicht, ich bitte Sie dringend darum. Sie können mich ja einst in meines Vaters Hause sehn; es sey denn, daß Sie es aus eigener Schuld verderben. Ich will einen Brief schreiben, der Ihnen soll überantwortet werden, wenn ich an Ort und Stelle gelangt und wieder zu Gnaden angenommen seyn werde. Bis dahin bin ich u.s.w. Clarissa Harlowe.
Schmid, XIV, 103-4	Mein Her. Ich habe Ihnen angenehme Neuigkeiten zu melden. Ich rüste mich mit allem Eifer zu einer Reise nach meines Vaters Hause. Man macht mir Hoffnung, daß er sein armes reuiges Kind mit der ihm eignen Güte aufnehmen werde. Denn ich erhalte die Versicherung einer gänzlichen Aussöhnung durch die Vermittlung eines lieben geseegneten Freundes, den ich jederzeit liebte und ehrte. Ich bin mit meiner Zubereitung zu dieser erfreulichen und längst gewünschten Reise so beschäftigt, daß ich keinen Augenblick zu irgend einem andern Geschäft anwenden kann, indem ich vorher noch verschiedne

364

	Sachen von der äußersten Wichtigkeit zu besorgen habe. Ich bitte also, Sir, stören und unterbrechen Sie mich nicht. – Ich beschwöre Sie, es nicht zu thun – Sie können mich mit der Zeit vielleicht in meines Vaters Hause sehen, wenigstens, in so fern es nicht Ihre eigne Schuld ist, daß es nicht geschieht. Ich will einen Brief schreiben, der Ihnen zugeschickt werden soll, wenn ich daheim abgegangen, und daselbst aufgenommen seyn werde. Bis dahin bin ich u.s.w. Klarisse Harlowe.
Prévost, XIII, 141	Monsieur, J'ai d'heureuses nouvelles à vous communiquer. Je me dispose à partir pour la maison de mon pere. On me fait espérer qu'il recevra une fille pénitente, avec toute la bonté paternelle. Imaginez-vous quelle est ma joie de pouvoir obtenir une parfaite réconciliation, par l'entremise d'un cher ami pour lequel j'ai toujours eu du réspect & de la tendresse. Je suis si occupée de mes préparatifs pour un voyage si doux & si desiré, qu'ayant quelques affaires importantes à régler avant mon départ, je ne puis donner un moment à d'autres soins. Ainsi, monsieur, ne me causez pas de trouble ou d'interruption. Je vous le demande en grace. Lorsqu'il en sera tems, peut-être me verrez-vous chez mon pere; ou du moins ce seroit votre faute. Je vous promets une plus longue lettre, lorsque j'y serai arrivée, & qu'on m'aura fait la grace de m'y recevoir. Je suis, jusqu'à cet heureux jour, votre très-humble, &c. Cl. Harlove
Le Tourneur, IX, 11-12	MONSIEUR, J'AI d'heureuses nouvelles à vous communiquer. Je me dispose à partir sans délai pour la maison de mon père. On me fait espérer qu'il recevra sa pauvre pénitente avec toute la bonté paternelle qui lui est propre. Imaginez quelle est ma joie d'être assurée d'obtenir une parfaite réconciliation, par l'entremise d'un cher ami que j'ai toujours aimé & honoré. Je suis si occupée de mes préparatifs pour un voyage si joyeux & si désiré, qu'ayant quelques affaires de la dernière importance à régler avant mon départ, je ne puis donner un moment à d'autres soins. Ainsi, Monsieur, ne me causez pas de trouble ou d'interruption, je vous le demande en grâce. Un temps viendra où vous pourrez peut-être me voir chez mon père, du moins si vous n'y mettez point d'obstacles par votre faute. Je vous promets une plus longue lettre, lorsque j'y serai arrivée, & qu'on m'aura fait la grâce de m'y recevoir. Jusqu'à cet heureux jour, je suis votre très-humble, &c. <div align="center">Cl. HARLOWE.</div>
Ross, p. 882	"this lively *present-tense* manner, as it is one of my peculiars"
Stuber, V, 289	"this lively *present-tense* manner, as it is one of my peculiars"
Michaelis, IV, 592	"diese lebhafte Art die Sache als gegenwärtig vorzustellen"
Kosegarten	nicht übersetzt

Schmid, X, 70	"eine solche vergegenwärtigende Manier, so wie sie eine von meinen Eigenheiten ist"
Prévost, XI, 171	"J'aime cette manière vive de peindre les choses, & je sais que tu l'aimes aussi."
Le Tourneur, VI, 438	"J'aime cette manière vive de peindre les choses au temps présent, & je sais que tu l'aimes aussi."
Ross, p. 721	"I have time for a few lines preparative to what is to happen in an hour or two; and I love to write to the moment–"
Stuber, IV, 362	"I have time for a few lines preparative to what is to happen in an hour or two; and I love to write to the *moment*."
Michaelis, V, 66	"Ich habe Zeit zu einigen wenigen Zeilen, als einer Vorbereitung zu dem, was in einer oder zwo Stunden vorgehen soll, und Lust bis an den Augenblick zu schreiben."
Kosegarten, IV, 628	"Ich habe noch Zeit, Dich in einigen einleitenden Zeilen zu dem, was binnen Einer, höchstens zwey Stunden geschehn wird, vorzubereiten, und ich lieb' es, **auf den Augenblick** zu schreiben."
Schmid, VIII, 81	"Ehe sich das ereignet, was sich in einer oder einem Paar Stunden ereignen wird, kann ich noch ein Paar Zeilen schreiben, und ich schreibe gern bis zu dem Augenblick"
Prévost, IX, 246	"J'ai le tems de t'écrire quelques lignes, pour te préparer à ce qui doit arriver dans une heure ou deux."
Le Tourneur, V, 439	"J'ai le temps de t'écrire quelques lignes pour te préparer à ce qui doit arriver dans une heure ou deux, & je me plais à écrire jusqu'à l'instant décisif."
Ross, p. 882	"Will is this moment returned–No coach to be got, *for love or money*."
Stuber, V, 289	"WILL. is this moment returned.–No coach to be got, either *for love or money*."
Michaelis, V, 592	"Eben den Augenblick kommt Wilhelm wieder zu Hause ~ Es ist keine Kutsche für **Geld** oder gute **Worte** zu haben."
Kosegarten, V, 516	"Itzt eben kömmt Wilhelm wieder. Keine Kutsche ist zu haben, nicht für Geld, nicht für gute Worte."
Schmid, X, 69	"Es ist kein Wagen zu haben, weder für Geld, noch gute Worte."
Prévost, XI, 170	"Enfin mon laquois est arrivé. On ne trouve plus de carosse, à prix d'or ni d'argent."
Le Tourneur, VI, 438	"Enfin Will vient d'arriver. On ne trouve plus de carrosse, ni pour or, ni pour argent."

- **stilistische Unterschiede**

Ross, p. 250	Dearest madam,
	I THINK myself a most unhappy man, in that I have never yet been able to pay my respects to you with youre consent, for one halfe hour. I have something to communicate to you that concernes you much, if you be pleased to admit me to youre speech. Youre honour is concerned it [sic] itt, and the honour of all youre family. Itt relates to the designes of one whom you are sed to valew more then he deserves; and to some of his reprobat actions; which I am reddie to give you convincing proofes of the truth of. I may appear to be interessed in itt: but neverthelesse, I am reddy to make oathe, that every tittle is true: and you will see what a man you are sed to favour. But I hope not so, for youre owne honour.
	  Pray, madam, vouchsafe me a hearing, as you valew your honour and familly: which will oblidge, dearest miss,
	  Youre most humble and most faithfull servant,
	<div align="right">ROGER SOLMES</div>I waite below for the hope of admittance.

Stuber, II, 85-86	*Dearest Madam,* I Think myself a most unhappy man, in that I have never yet been able to pay my respects to you with youre consent, for one halfe-hour. I have something to communicat to you that concernes you much, if you be pleased to admit me to youre speech. Youre honour is concerned in it, and the honour of all youre family. It relates to the designes of one whom you are sed to valew more than he desarves [sic]; and to some of his reprobat actions; which I am reddie to give you convincing proofes of the truth of. I may appear to be interessed in it: But neverthelesse, I am reddie to make oathe, that every tittle is true: And you will see what a man you are sed to favour. But I hope not so, for youre owne honour. Pray, Madam, vouchsafe me a hearing, as you valew your honour and familly: Which will oblidge, dearest Miss, * Your most humble and most faithful Servant,* ROGER SOLMES. I waite below *for* the hope of admittance.
Michaelis, II, 134-35	Wehrteste Frölin, Ich halte mich für einen seer unglücklichen Mahn zu sein, daß ich noch niemahls so glücklich gewest bin, ihnen meine Aufwartung eine halbe Stunde lang zu machen. Ich haben Ihnen etwas zu sagen, daran ihnen viel gelegen ist, wenn sie mich nur vor sich lassen wollen. Es betrifft ihre Ehre, und die Ehre der gansen Familie. Es betrifft die Ansichten der Perschon, von der Sie mehr halten sollen, als sie wert ist, und es betrifft einige gottlose Streiche, die er gespielt hat, die ich zu erweisen bereid bin. Ich könnte interesirt scheinen dabey, aber ich bin bereid zu schwären, daß kein Buchstab davon falsch

	ist. Sie sollen sehen, was das vor ein Man ist, von dem sie was halten sollen. Aber ich hoffe aus Geneigtheit gegen Ihre Ehre, daß das Gerücht falsch ist. Ich bitte Sie, hören Sie mich nur, so lieb ihnen ihre Ehre und Familie seyn. Dadurch wird Ihnen verbunden werden Werteste Frölin Ihr gehorsamer und treier Diner Roger Solmes. Ich warte unten auf Audientze.
Kosegarten, II, 139-40	Theierste Freilein. Ich schetze mich selbst für einen seer unglücklichen Mann zu seyn, das ich nicht im Stande gewesen bin, Ihnen mit Dero *Consenz* auf eine halbe Stunde aufzuwarten. Sonsten hätte ich Ihnen etwas zu eröfnen, was Ihnen sehr nahe angeht, wenn sie nämlich so gnädig seyn wollen, zu erlauben, das ich für Sie kommen darf. Es betrift dasselbe Dero Ehre, und die Ehre von Dero ganzen Famillie. Es betrift die Absichten eines Menschen, welchen Sie meer *estimiren* sollen, sagt man, als derselbe würdig ist, und einige seiner Gottlosigkeiten, von deren Wahrhaftigkeit ich Dero zu jeder Zeit und Stunde überzeugende Proben geben kann. Es möchte scheinen, als thete ich solches so zu sagen aus einer Art von Eigennitzigkeit. Allein, wie gesagt, ich will mit einem körperlichen Eit erhärten, daß jeder Tüttel wahr ist. Und Sie werden sehen, was das für ein Mann ist, den Sie *estimiren* sollen, sagt man. Aber aus Geneigtheit gegen Dero eigenen Ehre, will ich es nicht verhoffen. Als [sic] bitte ich Sie, gnädiges Freilein, mir ein gütiges Gehör zu verstatten, so liep Ihnen Ihre Ehre und Familie ist – Womit Sie höchlich *obligiren* werden Ihren demütigesten unterthänigsten Diener Roger Solmes. Ich warte demüthigst auf Dero gütigen Bescheit.
Schmid, II, 206-8	Weerteste Frölin. Ich halde mich vor einen sehr unglücklichen Man zu sein – daß ich noch niemalen bin so glüklich geweßt denenselben auf eine halbe Stunde meinen Respek bezaichen zu derfen. Ich habe etwas mit denenselben zu reden aus einer Sache – die vor dieselben von gröster Importanse is, wann es denenselben gefälligst wäre, mich vor Sich zu lassen. Es betrift die Eere von Sie und von die ganse Familge. Es betrift gewisse Proschekten von die Perschon, wo dieselben im Gerede sind mehr auf zu halden, als derjenige verdeent; und gewisse von seine ruchlose Straiche; von die Waarheit dererjenigen ich im Stand bin ohnumstößliche Bewaise zu füren. Ich könnte vielleicht dabey interessirt schainen; allaine, nichtsdestoweniger derohalben bin ich berait einen körberlichen Aid abzulegen, das alles die pure lautere Waarheit is: Und dieselben werden seh-

en, waß – das vor ein Mann is, wo man sagt, daß Sie ihme sollen hold seyn. Allaine, ich thue das um denenselben Ihre aigene Eere willen nich hoffen. Sein Sie doch so gütich, und tun Sie mir anhören, wann Ihnen die Eere von dieselben und Ihre Familge lieb is: Ein welches denenselben seer oblischiren wird.

Gnädiges Frölin.

Dero

Aller unterdänigsten und allergeträeuesten [sic]

Gschlaf. Roger Solmes.

P.S. Ich warte drunten auff güdichste Audicnzc.

Prévost, III, 179-80	Ma Tres Cher Demoiselle,
	(*) Je m'estime le plus malheureux omme du monde, on ce que je n'ai pas ancore eu l'onneur de vous rendre mes respect de votre consantemant, l'espace seulemant d'une demie heure. Sependant j'ai quelque chose à vous communiquer qui vous conserne beaucoup, s'il vous plaît de m'admaittre à l'onneur de votre antretien.Votre reputation y est intéressée, aussi bien que l'onneur de toute votre famille, c'est à l'oquasion d'un omme qu'on dit que vous estimez plus qu'il ne merite, & par rappor a quelqu'unes de ses actions de reprouvé, dont je suis pret a vous donner des preuves convainquantes de la vérité. On pourroit croire que j'y suis intéressé. Mais je suis pret a faire sermant que s'est la verité pur; & vous verré quel est l'omme qu'on dit que vous favorisé. Mais je n'espere pas qu'il an soit ainsi, pour votre propre onneur.
	Je vous pris, mademoiselle, de degner macorder une odiance, pour votre onneur & celui de votre famille. Vous obligerés, tres cher miss,
	        Votre tres humble & tres fidele
	        serviteur ROGER SOLMES.
	J'attans an bas, *pour* l'onneur de vos ordre.
	
	(*) Il n'est pas besoin d'avertir que c'est l'orthographe & le style de M. Solmes.

Le Tourneur, II, 211-12	*Ma très-chère Demoiselle,* * Je m'estime le plus malheureux omme du monde, en ce que je n'ai pas ancore eu l'onneur de vous rendre mes respect de votre consantement, l'espace seulemant d'une demi-heure. Sependant, j'ai quelque chose à vous communiquer qui vous conserne beaucoup, s'il vous plaît de m'admettre à l'onneur de votre antretien. Votre réputation y est intéressée, aussi bien que l'onneur de toute votre famille: c'est à l'ocasion d'un omme qu'on dit que vous estimez plus qu'il ne mérite, & par rapport à quelqu'unes de ses actions de réprouvé, dont je suis prêt à vous donner des preuves convainqantes de la vérité. On pourroit croire que j'y suis intéressé; mais je suis prêt à faire sermant que s'est la vérité pure, & vous verrez quel est l'omme qu'on dit que vous favorisez. Mais je n'espère pas qu'il an soit ainsi pour votre propre onneur. Je vous prie, Mademoiselle, de degner m'accorder une odiance pour votre

	onneur & celui de votre famille. Vous obligerez, très-cher Miss, votre très umble & très fidèle serviteur, ROGER SOLMES. J'attans an bas pour l'onneur de vos ordres. (*) Il n'est pas besoin d'avertir que c'est l'orthographe & le style de M. Solmes.
Ross, p. 758	Honnored Sur, THIS is to sertifie your honner, as how I am heer at Hamestet, wher I have found out my lady to be in logins at one Mrs Moore's near upon Hamestet hethe. And I have so ordered matters, that her ladiship cannot stur but I must have notice of her goins and comins. As I knowed I dursted not look into your Honner's fase, if I had not found out my lady, thoff she was gone off the prems's in a quartir off an hour, as a man may say; so I knowed you would be glad at heart to know I had found her out: and so I send thiss Petur Partrick, who is to haf 5 shillins, it being now nere 12 of the clock at nite; for he would not stur without a hartie drinck too besides: and I was willing all shulde be snug likewayes at the logins befoer I sent. I have munny of youre Honner's, but I thout as how if the man was payed by me beforend, he mought play trix; so left that to youre Honner. My lady knows nothing of my being hereaway. But I thoute it best not to leve the plase, because she has tacken the logins but for a fue nites. If your Honner cum to the Upper flax, I will be in site all the day about the tapp-house or the Hethe; I have borroued an othir cote, instead off your Honner's liferie, and a blacke wigge; soe cannot be knoen by my lady, iff as howe she shuld see me: and have made as if I had the toothe-ake; so with my hancriffe at my mothe, the tethe which your Honner was plesed to bett out with your Honner's fyste, and my dam'd wide mothe, as youre Honner notifys it to be, cannot be knoen to be mine ... I am, may it pless your Honner, Your Honner's most dutiful, and, wonce more, happy servant, WM. SUMMERS
Stuber, V, 57-58	*Honnored Sur,* THIS is to sertifie your Honner, as how I am heer at Hamestet, wher I have found out my Lady to be in logins at one Mrs. Moore's, near upon Hamestet-Hethe. And I have so ordered matters, that her Ladiship cannot stur but I must have notice of her goins and comins. As I knowed I dursted not look into your Honner's fase, if I had not found out my Lady, thoff she was gone off the prems's in a quarter of an hour, as a man may say; so I knowed you would be glad at heart to know I had found her out: And so I send thiss Petur Partrick, who is to have 5 shillins, it being now near 12 of the clock at nite; for he would not stur without a hearty drinck too-besides; And I was willing all shulde be snug likeaways at the logins before I sent. I have munny of youre Honner's; but I thought as how if the man was payed

by me beforend, he mought play trix; so left that to your Honner.

My Lady knows nothing of my being hereaway, But [sic] I thoute it best not to leve the plase, because she has tacken the logins but for a fue nites.

If your Honner come to the Upper Flax, I will be in site all the day about the Tapp-house or the Hethe. I have borroued another cote, instead of your Honner's liferie, and a blacke wigg; so cannot be knoen by my Lady, iff as howe she shuld see me: And have made as if I had the toothe-ake; so with my hancriffe at my mothe, the teth which your Honner was pleased to bett out with your Honner's fyste, and my dam'd wide mothe, as your Honner notifys it to be, cannot be knoen to be mine ...

I am, may it plese your Honner,

Your Honner's most dutiful,

and, wonce more, happy Sarvant,

WM. SUMMERS.

Michaelis, V, 183-85	Knädiger Her. Dieses dient Ihre Knaden zu melden, wie ich hier in Hamestet bin, wo ich meine Freilein gefunden habe und daß sie bey eine Frau Moore in Hause ist, nahe an die Hamesteter Heide. Und ich habe das Dink so gemacht, daß die knädige Freilein sich nicht rühren kann, sondern ich muß ihr ein und ausgehen wüssen. Dieweil ich wuste, ich durfte Ihre Knaden nicht fürs Gesigt kommen, wenn ich meine Freilein nicht gefunden hatte, ob schon sie in eine Virtelstunde, so zu sagen, von dem vorigen Hause weggekommen wahr, so wußte ich, daß Ihre Knaden sich von Hertsen freien würden, zu vernähmen, daß ich sie gefunden hatte. Und dessenthalben sende ich dißen Peter Partrick, welcher fünf Schilling bekommen wird, weil es nun schon gegen zwölf in der Nacht ist. Denn er wollte nicht aus die Stelle gehen, ohne einen rechten Labedrunk noch oben ein, und ich wollte doch gern, daß alles im Hause vorher zu Ruhe sein sollte, ehe ich ihn schickte. Ich habe noch Geld von Ihre Knaden, aber ich dachte, daß der Mann, wenn er voraus von mir bezahlet währe, zum Schelm werden mögte. So habe das Ihre Knaden überlassen. Meine knädige Freilein weis nichts davon, daß ich hier herum bin. Aber ich dachte, es währe am besten, keinen Fus von hier zu setzen, weil sie die Loschies nur auf ein paar Tage genommen hat ... Ich habe mir einen andern Rock geborcht, stat Ihre Knaden Lieferey, und eine schwarze Parrucke, so kann ich von meine Freilein nicht gekant werden, wenn sie mich ja sehen sollte, und habe es so gemacht, als wenn ich Zahnschmerzen hätte, mit meinem Schnubtuch vor den Mund. So kann man die Zähn, welche mir Ihre Knaden mit Ihre Knaden Hände auszuschlagen beliebet haben, und mein verdammt weit Muhl, als Ihre Knaden es beschreiben, nicht erkennen ... Ich bin, wenn es Ihre Knaden vergönnen, Ihre Knaden gehorsamster und noch einmal glücklicher Knecht Wilhelm Summers.

Kosegarten,
V, 98-101
	Gnediger Herr,
	Gegenwärtiges dient Euer Gnaden zu benachrichtigen, wie das ich in Hampstet pin, und Lady wieder aufgefunden habe. Selbe loschiret bey einer gewissen Frau Mohre, in der Nege von Hampstedts Heide. Und habe es so gekardet, daß Lady sich nicht rüppeln können, ohne daß ich darum wissen thue, und um ihr aus und Eingehn. Wohlwissend, das ich ihre Gnaden, meines gnedigen Herrn Angesikt nicht wider sehen würde, schonstens die gnedige Frau in einem Umsehn, so zu sagen, **eklebsiret** war; als dachte, es würde Ew. Gnaden von Herzen lib und angenehm seyn, wen hochdiselben wissen, daß ich sie schon ausgespioniret hätte; schicke daher disen **Peter Patrick**, welcher zwo Gulden bekommen wird, sintemalen es schon nacht-schlafende Zeit ist, und ich nicht gern schicken wollte, bis drüber in Ladis Loschi alles mäuschenstille wäre – Hole der Kukuk den Spitzbuben, den Peter Patrik. Er wollte nicht aus der Stelle, bis ich ihm ein tüchtiges Trinck-geld obendrein versprechen mußte.
	Ich habe noch Geld von Ihro Gnaden, das ist wahr. Ich dachte aber, der Karl möchte Streiche machen, wen ich ihn vorher bezahle, überlasse solches dahero Ihrer Ganden!
	Ladi weis gar nischt davon, daß ich hier bin. Aber ich hilt es in meiner Ein-falt vor das Klügste, nicht vom Pflecke zu weichen, aldiweilen sie die Logis auf ein paar Tage gemiethet hat.
	Wenn Ihro Gnaden auf den Anberg kommen, so will ich die ganse Zeit über um der Schenke oder die Heide herummer zu sehen seyn. Ich habe mir einen annern Rock geborget, anstatt Ihrer Gnaden Liverey, und eine schwartze Pricke. So kan Lady mich nich kennen thun, wen sie mich wo sehen thäte. Und habe gedahn, als hätt' ich Zahnwehtage, und halte ümmer den Schnuf-tug, mit Verlaub zu sagen, vor dem Rachen, so daß die Zehne, die Euer Gna-den die Gnade hatten, mit hocheignen Henden mir auszuschlagen, und mein verdammtes weides Maul, wie Euer Gnaden es zu nennen belieben, nich sollen für die Meinigen erkant werden können ...
	Ich bün mit Euer Gnaden Wolnähmen
	               Euer Gnaden
	      unterdähnigster und noch ehemal glücklicher Tiener,
	            Wilhelm Summers.

Schmid, VIII, 232-35	Huchgeertester Här, Ich schreib dis, euer Knaden anzuzeigen, wie dos ich heer in Hamestet sey, wo ich habe kefunden Mülatti, die da loschiren thut bey einer Frau **Moore** kanz in der Höhe von Hamestet. Und ich habe meine Sachen so eingerichtet, daß Mülatti keinen Tritt thun kann, daß ich nicht Nagricht kriegen thue von ihrem Thun und Lassen. Da ich wußte, das ich mich nicht onderstehn durfte, euer Knaden vor tie Auchen zu kommen, wenn ich nicht ausmachen thäte die Mülatti, ob sie uns gleich dieser Tage, möchte ich sagen, in Zeit fon einer Feerdel-Stunte untwischt war, so wußte ich dann, daß Sie härtzlig fruh sein wurden, wenn Sie hurten, daß ich sie kefunden hätte, und drum schicke ich hier den Pedder Partick, der 5 Schilling zu kriegen hat, tenn es ist schier

12 Ohr in der Nacht, und er wollte nicht von der Stelle kehn, wenn er nit zufor einen duchdigen Drung kethan hätte, und mein Wille war, das erst alles miteinanter in den Vedern ligen sollte, ehe ich ihn apschicken thäte.

Ich habe Kält von euer Knaden, aber ich tochte, wenn ich den Mann zum foraus pezalen thät, so möcht er Deuvels=Streich machen, und so möchten es euer Knaden thun.

Mülatti weiß nikts davon, daß ich hier herum bin. Abber ich hielts vürs päst, ten Blatz nit zu verlassen, weil sie das Loschement nur auf wenig Nächte kenommen hat ...

Ich habe keborkt einen antern Rook, anstad euer Knaden Liffere und eine schwarzze Barrukke. So kann ich nit erkand werften von Milätti, wenn sie fun Unkevehr mich sähen thät. Und ich habe su kethan, als wenn ich Zanwi haben thät, und su mit meinem Schnopduch vor meinem Maul konn mich kein Mensch an den Zähnen, die euer Knaden belebet, mit euer Kanden Vaust mir einzuschlagen, und an meinem vertamten weiten Maule, wie euer Knaden es zu heißen belieben, erkennen thun ...

Ich bin, wenns euer Knaden knädigst erlauben thun,

euer Knaden

aller undertänichster

unt sunst hökst klückliger Tiener,

Wilhelm Summerl.

Prévost, X, 113-15

MONSIEUR, MON TRÈS-HONORÉ MAITRE,

(*) Celle-ci est pour vous certifier que je suis à Hamstead, où j'ai trouvé madame, logée chez la veuve Moore. J'ai pris de si bonnes mesures, qu'elle ne peut faire un pas dont je ne sois informé. Je n'aurois jamais osé regarder mon maître entre deux yeux, si j'avois manqué la trace, après avoir eu le malheur de perdre madame pendant mon absence, qui n'avoit pas duré néanmoins plus d'un quart-d'heure. Comme je suis certain que cette nouvelle vous fera beaucoup de plaisir, j'ai promis cinq schellings au parteur. Il n'a pas voulu partir à moins, parce qu'il est près de minuit; & quoiqu'il me reste une bonne partie de votre argent entre les mains, je n'ai pas jugé à propos de le payer d'avance, pour être plus sûr de sa fidelité. Ainsi, monsieur aura la bonté de le satisfaire.

Madame n'a aucune connoissance de ce qui se passe autour d'elle. Mais j'ai cru devoir faire la garde ici moi-même, parce qu'elle n'a pris son logement que pour quelques nuits.

Si monsieur vient demain, il me trouvera, pendant tout le jour, près de la grande boutique du mercier qui n'est pas loin du logement de madame. J'ai emprunté un habit, d'une couleur différente du mien, & j'ai pris une perruque noire; de sorte que madame ne me reconnoîtroit pas, quand le hasard feroit tomber ses yeux sur moi. Mais, pour me déguiser encore mieux, je me plains d'un mal de dents, qui m'oblige de tenir mon mouchoir à la bouche; & ce n'est pas blesser beaucoup la verité; car il me reste encore de la douleur de cette dent, que monsieur se souvient de m'avoir cassée d'un coup de poing.

Les incluses sont deux lettres que madame m'avoit ordonné de porter, avant

	qu'elle eût quitté la maison; l'une, chez M. Wilson, pour miss Howe; l'autre, pour monsieur. Mais je savois que monsieur n'étoit pas dans le lieu où la sienne étoit adressée; & la crainte de ce qui est arrivé, m'a fait prendre le parti de la garder. J'ai fait croire à madame que j'avois porté celle de miss Howe chez M. Wilson, & que je n'y avois rien trouvé pour elle, comme elle desiroit de le savoir. Sur quoi, je prends la liberté de me dire, monsieur & trés-honoré maître, votre très-humble, &c. Will Sommers. (*) "Le style de cette lettre est fort grossier dans l'omission: l'imitation seroit choquante en François."
Le Tourneur, VI, 19n.	"L'orthographe de cette lettre est grossièrement défectueuse: l'imitation seroit choquante & illisible en françois."

• Metaphorik, stilistische Auffälligkeiten

Ross, p. 402	I am taller by half a yard, in my imagination, than I was! I look *down* upon everybody now!–Last night I was still more extravagant. I took off my hat, as I walked, to see if the lace were not scorched, supposing it had brushed down a star; and, before I put it on again, in mere wantonness and heart's–ease, I was for buffeting the moon. In short, my whole soul is joy. When I go to bed, I laugh myself asleep: and I awake either laughing or singing. Yet nothing *nearly* in view, neither–For why?–*I am not yet reformed enough!*
Stuber, III, 32	I am taller by half a yard in my imagination than I was. I look *down* upon everybody now. Last night I was still more extravagant. I took off my hat, as I walked, to see if the Lace were not scorched, supposing it had brushed down a star; and, before I put it on again, in mere wantonness, and heart's-ease, I was for buffeting the moon. In short, my whole soul is joy. When I go to bed, I laugh myself asleep: And I awake either laughing or singing–Yet nothing *nearly* in view, neither– For why?–*I am not yet reformed enough*!
Michaelis, III, 92	Ich bin jetzt in meinem Sinn eine halbe Elle grösser als vor diesem: auf alle andern Leute sehe ich jetzt aus der Höhe herab. Gestern Abend war ich noch mehr ausser mir. Ich nahm den Hut ab, um zu sehen ob die Tresse versenget wäre, denn ich bildete mir ein, ich hätte an einen Stern gestossen: und ehe ich ihn wieder mit lustigem Hertzen aufsetzte, war ich fast Sinnes, den Mond Maulschellen zu geben. Kurtz meine ganze Seele ist frölich. Ich lache mich in den Schlaaf, und ich wache entweder mit Lachen oder mit Singen auf: Und doch habe ich noch keine nahe Hoffnung, denn ich habe mich noch nicht genug gebessert.

Kosegarten, III, 56	Ha! Wie es meinen Stolz empor schwellt, daß ich fähig gewesen bin, eine so wachsame Heldin zu überlisten. Mich dünkt, ich bin eine halbe Elle länger seit gestern. Ich seh alle Erdengröße unter mir. Gestern Abend begegnete mir noch etwas Ausschweifenderes. Indem ich so geh und sinne, glaub' ich einen Stern zu streifen, nehme den Hut ab, um zu sehn, ob die Borte auch versengt sey, und eh ich ihn wieder aufsetze, kriegt ich Lust, aus bloßem Mutwillen und in der Überfreude meines Herzens, ihn auf den Hörnern des Mondes zu spießen. Kurz, meine ganze Seele ist Freude. Wenn ich zu Bett geh, lach' ich mich in Schlaf, und lachend oder singend erwach' ich – dennoch ist das Ziel meiner Wünsche fern, gar fern, Bruder – Denn ich bin noch kein bekehrter Mann.
Schmid, IV, 7	Ich dünke mich in meiner Einbildung eine ganze Elle größer, als vorher!–Ich sehe jetzt auf jedermann herab! – Ich nahm meinen Hut ab, wie ich spatzieren gieng, um zu sehn, ob die Treße nicht versengt sey, weil ich glaubte, ich hätte einen Stern herabgestoßen, und, ehe ich ihn wieder aufsetzte, wollte ich, vor lauter Muthwillen und Herzensfröhlichkeit, dem Mond eins damit versetzen. Kurz, meine ganze Seele ist Freude. Wenn ich zu Bette gehe, lache ich mich selbst in Schlaf, und lachend oder singend wache ich wieder auf – Und doch habe ich noch keine nahen Aussichten! – Warum? – **Ich bin noch nicht bekehrt genug.**
Prévost, V, 138	J'en suis plus grand de la moitié, dans ma propre imagination. Je laisse tomber mes regards sur les autres hommes, du haut de ma grandeur et d'un air de supériorité sensible; ma vanité approche de l'extravagance. En un mot, toutes les facultés de mon ame sont noyées dans la joie. Lorsque je me mets au lit, je m'endors en riant. Je ris, je chante à mon réveil. Cependant je ne saurois dire que j'aie rien en vue de fort proche: & pourquoi? parce qu'on ne me trouve point encore assez réformé.
Le Tourneur, III, 221-22	Je me vois plus grand de la moitié dans ma propre imagination. Je regarde les autres hommes du haut de ma grandeur. (¶) La nuit dernière mon extravagance alla encore plus loin. Il me prit l'idée, en me promenant, d'ôter mon chapeau, & de voir si le bord n'en étoit pas brûlé, en frottant quelque étoile, & avant de le remettre sur ma tête, dans l'excès de ma vanité, & l'ivresse de mon cœur, j'aurois voulu insulter la lune sur le trône de sa sphère. (b) En un mot, mon ame nage dans la joie. Lorsque je me mets au lit, je m'endors en riant. Et à mon réveil, je ris ou je chante. Cependant je ne saurois dire que j'aie en vue aucun projet bien prochain: & pourquoi? c'est que *je ne suis pas encore assez réformé.*
Ross, p. 473	What a matchless plotter thy friend! Stand by and let me swell!–I am already as big as an elephant; and ten times wiser! mightier too by far! Have I not reason to snuff the moon with my proboscis?–Lord help thee for a poor, for a very poor creature!–Wonder not that I despise thee heartily–since the man who is disposed immoderately to exalt himself cannot do it but by despising everybody else in proportion.

Stuber, III, 185	What a matchless plotter thy friend! – Stand by, and let me swell! – I am already as big as an elephant; and ten times wiser! – Mightier too by far! Have I not reason to snuff the moon with my proboscis? – Lord help thee for a poor, for a very poor creature! – Wonder not, that I despise thee heartily; since the man who is disposed immoderately to exalt himself, cannot do it but by despising every–body else in proportion.
Michaelis, III, 329	Was für ein Ober=Schelm ist dein Freund! komm **Belford**, siehe mir zu, ich will aufschwellen. Ich bin schon so groß als ein **Elephante**. Habe ich nicht Ursache, dem Monde einen Stoß mit meinen [sic] Rüssel zu geben? Gott erbarme sich seiner armseeligen Geschöpfe. Wundre dich nicht, wenn ich dich von Hertzen verachte; denn wer sich selbst recht erhöhen will, der muß andere nothwendig verachten.
Kosegarten, III, 329	Aus dem Wege, Pinsel, daß ich mich aufblasen kann – Schon bin ich so dick als ein Elephant – und zehnmal weiser – zehnmal gewaltiger dazu – Was sagst du, soll ich den Mond mit meinem Rüssel wegschnauben –
Schmid, V, 13	Ist nicht dein Freund ein Kabalenmacher ohne seines gleichen? Sieh einmal zu, wie ich aufschwelle! – Ich bin schon so dick, wie ein Elephant, und zehnmal gescheiter. Und ungleich mutiger! – Habe ich nicht Ursache, den Mond mit meinem Rüsssel zu beschnuffeln? – Hilf Himmel, was bist du für ein armseliges, für ein ganz armseliges Geschöpf! Wundre dich nicht, daß ich dich von Herzen verachte! – Denn ein Mensch, der da geneigt ist, sich selbst übermäßig zu erheben, kann nichts anders, als jedermann außer sich, in eben dem Verhältnissse verachten.
Prévost, VI, 135	"Conviens que ton ami est un homme incomparable. Que je te trouve petit, du sommet de ma gloire et de mon excellence."
Le Tourneur, III, 497	Conviens que ton ami est un homme incomparable pour l'intrigue. – (¶) Range-toi, que je m'enfle de l'orgueil! j'ai déjà la grosseur d'un éléphant: & j'ai dix fois plus d'intelligence! & plus de puissance aussi! dis, ne me vois-tu pas toucher les astres de ma tête? Que le ciel ait pitié de toi! que je te vois petit, pauvre & chétive créature! (b) Ne t'étonne pas que je te méprise sincèrement; on ne peut avoir de soi-même une opinion si exaltée, sans mépriser à proportion tout le reste du genre-humain.
Ross, p. 848	Thus far had my *conscience* written with my pen; and see what a recreant she had made me!–I seized her by the throat–*There!*-*There*, said I, thou vile impertinent!—Take *that*, and *that!*–How often have I given thee warning!– And now, I hope, thou intruding varletess, have I done thy business! Puling, and *in-voiced*, rearing up thy detested head, in vain implorest thou *my* mercy, who, in *thy* day, hast showed me so little!–Take *that*, for a rising blow!–And now will *thy* pain, and *my* pain from *thee*, soon be over!–Lie there!–Welter on!–Had I not given thee thy death's wound, thou wouldst have robbed me of all my joys. Thou couldst not have mended me, 'tis plain. Thou couldst only have thrown me into despair. Didst thou not see that I had

	gone too far to recede?–Welter on, once more I bid thee!–Gasp on!–*That* thy last gasp, surely!–How hard diest thou!– ADIEU!–'Tis kind in thee, however, to bid me *Adieu*!–Adieu, Adieu, Adieu, to thee, Oh thou inflexible and, till now, unconquerable bosom–intruder–Adieu to thee for ever!)
Stuber, V, 224	Thus far had my *Conscience* written with my pen; and see what a recreant she had made me!–I seized her by the throat–*There*!–*There*, said I, thou vile impertinent!—Take *that*, and *that*!–How often have I given thee warning!– And now, I hope, thou intruding varletess, have I done thy business! Puleing, and low–voiced, rearing up thy detested head, in vain implorest thou *my* mercy, who, in *thy* day, hast shewed me so little!–Take *that*, for a rising blow!–And now will *thy* pain, and *my* pain from *thee*, soon be over. – Lie there!–Welter on!– Had I not given thee thy death's wound, thou wouldest have robbed me of all me joys. Thou couldest not have mended me, 'tis plain. Thou couldest only have thrown me into despair. Didst thou not see, that I had gone too far to recede?–Welter on, once more I bid thee!– Gasp on!–*That* thy last gasp, surely!–How hard diest thou!– ADIEU!–Unhappy man! ADIEU! 'Tis kind in thee, however, to bid me *Adieu*!– Adieu, Adieu, Adieu, to thee, O thou inflexible, and, till now, unconquerable bosom–intruder–Adieu to thee for ever!"
Michaelis, V, 484-85	So weit hatte mein **Gewissen** mit meiner Feder geschrieben: und siehe, wie feige mich diese Feindinn gemacht hatte! = = Ich griff ihr an die Kehle = = **Da!** = da, sagte ich, du schändliche und unverschämte! = Nimm **das** und **das**! = = Wie oft habe ich dich gewarnet! = Nun hoffe ich mit dir fertig zu seyn, Nichtswürdige, die sich mir immer zu ungelegner Zeit aufdringen wollte! Du thust kläglich und hebest mit gebrochner Stimme dein verfluchtes Haupt in die Höhe. Vergebens flehest du **mich** um Barmherzigkeit an: da **du** mir in **deinem** Leben so wenig erzeiget hast. = = Nimm **das**, als einen Gnaden=Stoß! = = Nun wird **deine** Pein und **meine** Pein von **dir** bald vor- über seyn. = = Da liege! = = Wälze dich immerfort! = = Hätte ich dir nicht den Todes=Stoß gegeben: so würdest du mich aller meiner Freude beraubet haben. Du hättest mich nicht bessern können: das ist offenbar am Tage. Du hättest mich nur in Verzweifelung stürzen können. Wälze dich immerfort, ich bitte dich noch einmal! = = Schnappe immerhin nach Othem! = = Nun schnappest du gewiß zum letztenmal. = = Wie schwer stirbst du! = = **Lebe wohl!** = = Es ist doch noch eine Höflichkeit von dir, daß du mir ein **Lebe wohl!** zurufest!= = Fahre wohl, fahre wohl, fahre wohl auch du, o du un- biegsame und bis itzo unüberwindliche Feindinn, die sich eine mir so unge- legne Herrschaft über meine Brust anzumaßen gesucht hat! = = Fahre du wohl auf ewig!
Kosegarten, V, 400-1	So weit hatte mein **Gewissen** mit meiner Feder geschrieben, und sieh nun, welch eine Memme es aus mir gemacht hat – Ich packt' es bey der Kehle – Da! – Da, rief ich – Du Schurkisches, Unverschämtes – **Das** hab' – und **das**

	– und **dieses** – Wie oft hab' ich Dich gewarnt, und itzt, Du zudringlicher Spitzbube, hoff' ich, Dir den Rest gegeben zu haben. Wimmernd und winselnd, und Dein verdammtes Haupt emporhebend, flehst Du mich itzt umsonst um Barmherzigkeit, Du, das bisher mir so wenige erwiesen hast – Nimm **das** zum Gnadenstoße! – Und nun wird Deine Qual vorüber seyn – und auch die meinige, die Du mir machtest – Lieg! – Wälze Dich – Hätt' ich Dir nicht den Garaus gemacht, so würdest Du mir alle meine Freuden gestohlen haben. – Gebessert haben würdest Du mich nicht, das ist klar. Bloß in Verzweiflung hättest Du mich stürzen können. Sah'st Du nicht, daß ich zu weit gegangen war, um zurückzutreten? Lieg, sag' ich, und wälze Dich – so lange Du willst – Jappe, so lange Du willst – dießmal sicherlich zum letztenmal – Wie schwer Du stirbst! – – "Far wohl – unglücklicher Mann – Fahr wohl." Nun ist es doch artig von Dir, mir noch Fahrwohl zu sagen! Fahr wohl, fahr wohl, fahr wohl auch Du Unbeugsamer und bis itzund unbezwinglicher Busenfreund – Fahr wohl auf ewig!
Schmid, IX, 243-44	So weit hatte der innere Richter, das Gewissen, mit meiner Feder geschrieben, und siehe, zu was für einem Missethäter es mich gemacht hat! – Ich ergrif ihn bei der Kehle – Da – da, sagte ich, du Unverschämter – da nimm das – und das! – Wie oft habe ich dich gewarnt! – Und nun hoffe ich, du zudringlicher Bube, habe ich dir deinen Rest gegeben! Winselnd und schreiend richtest du dein abscheuliches Haupt empor. Aber vergebens flehest du um meine Gnade, der du zu deiner Zeit mir so wenig bewiesen hast! – Da hast du eins, daß du das Aufstehn vergißt! – Und nun wird deine Pein, und die Pein, die du mir verursachst, bald vorüber seyn! – Da liege du! – Wälze dich nur! – Hätte ich dir nicht eine tödtliche Wunde versetzt, so würdest du mir alle meine Freuden geraubt haben. Du hättest mich nicht bessern können, das ist klar. Du hättest mich blos in Verzweiflung bringen können. Sahest du denn nicht, daß ich zu weit gegangen war, um zurückzugehn? – Wälze dich immerhin, sage ich noch einmal! – Schnappe nach Luft! Vermuthlich war dies dein letzter Odemzug! – Wie hart du stirbst! – Du rufst mir Lebewohl zu? – Das ist doch noch freundschaftlich von dir, daß du mir wohl zu leben wünschest! – Nun dann, Adieu auch dir! Adieu, du unbiegsamer, und bis auf den letzten Augenblick unbezwinglicher Herzensbeschleicher! Adieu auf ewig! –
Prévost	Passage gestrichen
Le Tourneur, VI, 321-22	Voilà ce que ma conscience avoit écrit avec ma propre plume. Et vois, Belford, quel lâche apostat elle avoit fait de moi! Je l'ai saisie à la gorge. Vile impertinente! meurs, meurs! Combien de fois t'ai-je avertie? Tiens encore, encore ... Alors, j'espère que me voilà défait de toi, & de tes importunes clameurs. Oh! tu as beau, dans ton agonie, soulever ta tête odieuse, & d'une voix éteinte implorer ma pitié, toi qui dans le jour de ton triomphe, en as montré si peu pour moi! Tiens, reçois encore ce coup de grâce: & voilà ta peine &

378

les miennes qui vont bientôt finir. Reste-là gisante & achève de mourir! Si je
ne t'eusse pas donné le coup de la mort, tu aurois détruit tous mes plaisirs. Il
est évident que tu n'aurois jamais pu me corriger. Tu aurois donc fait que me
jeter dans le désespoir. N'as-tu pas dû voir que j'ai été trop loin pour reculer?
Meurs donc, je le veux. Tu pousses un soupir! C'est sans doute le dernier!
Ah! que tu as de peine à mourir!
Adieu, homme infortuné. Adieu.

- **Onomatopöie**

Ross, p. 691	Good night to me!–It cannot be broad day till I am awake–Aw–w–w–w–haugh–Pox of this yawning! Is not thy uncle dead yet? What's come to mine, that he writes not to my last!–Hunting after more *wisdom of nations*, I suppose!–Yaw–Yaw–Yawning again!–Pen, begone!
Stuber, IV, 304	Good night to me! – It cannot be broad day till I am awake. – Aw–w–w–w–haugh – Pox of this yawning! Is not thy Uncle dead yet? What's come to mine, that he writes not to my last? – Hunting after more *wisdom of nations*, I suppose! – Yaw–Yaw–Yawn–ing again! – Pen, begone.
Michaelis, IV, 365	Gute Nacht, Herr Ich! ich werde aufwachen ehe mir die Sonne auf den Stuhl scheinet. A= A= A= A= Ha= Ja. Der Teufel! Wie hochjähne ich! Ist das Onckle noch nicht todt? Was fehlt meinem Onckle, daß er mir noch nicht antwortet. Sucht er mehr **Weisheit der Nationen** auf? Das wird es seyn. A= A= Ja. Ich hochjähne noch einmal. Weg, Feder!
Kosegarten, IV, 529-30	Gute Nacht, Freund Lovelace! – Wahrhaftig, ich glaube, es wird heller, lichter Tag seyn, wenn ich aufwache – Ah – h – h – h – h – wha – Das heiß ich gegähnt! – – Ist dein Onkel noch nicht todt? – Was mag dem meinigen angekommen seyn, daß er gar nicht schreibt – Ich denke, er macht auf neue Völkerweisheit Jagd – ah – ah – aah – Gähnen und kein Ende – da liege, Feder!
Schmid, VII, 290	Nun so wünsche ich mir dann gute Nacht! Ehe es heller Tag wird, bin ich wieder wach A–a–a–ha–ja!– Der Teufel hohle das Gähnen! Ist Dein Onkel noch nicht todt? Was ist denn meinem widerfahren, daß er mir auf meinen lezten Brief nicht antwortet? – Vermuthlich jagd er wieder der Weisheit der Völker nach – A – a – ha! Ich gähne schon wieder! – Fort mit der Feder!

Prévost, IX, 162	Bonne nuit, Lovelace. Je doute qu'il soit grand jour lorsque je m'éveillerai. A propos, ton oncle n'est-il pas mort?
Le Tourneur, V, 335	Bonne nuit, Lovelace. Je doute qu'il soit grand jour lorsque je m'éveillerai. (*Il exprime ici un bâillement.*) Malédiction sur ce bâillement! A propos ton oncle n'est-il pas encore mort? Qu'est-il arrivé au mien qui ne répond pas à ma dernière lettre? Je le suppose occupé à la chasse de nouvaux proverbes. – Quoi? Encore un bâillement! Adieu, ma plume. Je dors.
Ross, p. 539	"Stand by, varlets-Tanta-ra-ra-ra!– Veil your bonnets, and confess your master!"
Stuber, III, 323	"Stand by, varlets–Tanta–ra–ra–ra!–Veil your bonnets, and confess your master!"
Michaelis, III, 487	"Steht, Kerls! **Tantara** = = **ra** = = **ra**! Schwenckt die Fahnen. Fechtet vor euren König."
Kosegarten, III, 571-72	Tobe nicht wider mich, Hans! Rebellire nicht wider Deinen Souverain! ... Hier hast Du eine flüchtige Skizze meines Plans. Auf den Posten, Schurken! Rückt Eure Mützen, und erkennt Euren Meister!
Schmid, V, 295	"Steht mir bey, ihr Bursche [sic]! – Tanta – ra – ra – ra! – Thut eure Hüte ab, und bekennt, daß ich euer Herr und Meister bin!"
Prévost, VII, 128	"Voilà une foible esquisse de mon plan. Applaudisez-moi, esprits subalternes, & reconnoissez Lovelace pour votre maître."
Le Tourneur, IV, 235	"Voilà une foible esquisse de mon plan. Rangez-vous, esprits subalternes – ta ra, ra-ra-ra – Otez vos bonnets & saluez Lovelace pour votre maître!"
Ross, p. 792	"How my heart then went *pit-a-pat.*"
Stuber, V, 119	"How my heart went pit-a-pat – to speak in the female dialect!"
Michaelis, V, 294	"Wie pochte und klopfte mir hieby das Herze!"
Kosegarten, V, 209	"Wie mein Herz wieder zu pickern begann!"
Schmid, IX, 10	"Wie pochte mir hier das Herz!"
Prévost, X, 214	"Quelle émotion de cœur j'ai senti!"
Le Tourneur, VI, 130	"Comme mon cœur a fait *tic-tac*! pour m'exprimer dans le dialecte féminin."

- **Tiermetaphorik**

Ross, p. 557	Now let me tell thee that I have known a bird actually starve itself, and die with grief, at its being caught and caged–But never did I meet with a lady who was so silly. Yet have I heard the dear souls most vehemently threaten their own lives on such an occasion. But it is saying nothing in a woman's favour, if we do not allow her to have more sense than a bird. And yet we must all own that it is more difficult to catch a bird than a lady.
Stuber, IV, 14	Now, let me tell thee, that I have known a Bird actually starve itself, and die with grief, at its being caught and caged. But never did I meet with a Woman, who was so silly. -Yet have I heard the dear souls most vehemently threaten their own lives on such an occasion. But it is saying nothing in a Woman's favour, if we do not allow her to have *more sense than a Bird*. And yet we must all own, that it is more difficult to catch a *Bird* than a *Lady*.
Michaelis, III, 539	Ich kann nicht leugnen, daß ich einmal einen Vogel gesehen habe, der sich zu Tode hungerte, und vor Kummer über seine Gefangenschaft starb. Allein ich habe nie ein Mädchen angetroffen, das so thöricht gewesen wäre. Drohungen genug habe ich gehört, welche die liebenswürdigen Kinder gegen ihr Leben ausstiessen. Man rühmt das schöne Geschlecht nicht allzu schmeichlerisch, wenn man ihnen mehr Verstand zuschreibt, als die Vögel besitzen: und dennoch müssen wir alle gestehen, daß es schwerer ist, Vögel als Mädchens zu fangen.
Kosegarten, IV, 20-21	Nun kann ich Dir sagen, Hans, daß ich zwar wohl einen **Vogel** gekannt habe, der aus Verdruß gefangen und eingebauert zu seyn, sich wirklich zu Tode hungerte. Aber in meinem Leben hab' ich kein **Weib** gesehen, das so albern gewesen wäre ... Aber es ist nur ein armes Lob, Brüderchen, das wir diesen Weibern geben, wenn wir sagen, daß sie mehr Verstand als ein Vogel haben. Und doch müssen wir gestehen, daß ein Vogel schwerer zu fangen ist, als ein Mädchen.
Schmid, VI, 15	Nun muß ich Dir weiter sagen, ich habe wohl einmal gesehen, daß ein Vogel sich wirklich aushungerte, und vor Gram starb, da er gefangen und eingesperrt worden war, aber nie habe ich ein Mädchen gefunden, das so albern gewesen wäre, dies zu thun.
Prévost, VII, 185	J'ai vu des oiseaux refuser la nourriture, & se laisser mourir de chagrin d'avoir été pris & renfermés dans une cage; mais je n'ai point encore rencontré de femme si sotte. Cependant j'ai entendu dire que ces cheres ames font de furieuses menaces contre leur vie dans ces occasions. Mais ce n'est pas dire grand'chose en faveur d'une femme, que de lui accorder plus de sens qu'aux oiseaux. Cependant nous sommes obligés d'avouer tous qu'un oiseau est plus difficile à prendre qu'une femme.
Le Tourneur, IV, 299-300	A présent je te dirai que j'ai vu des oiseaux refuser la nourriture, & ce laisser mourir de chagrin d'avoir été pris & renfermés dans une cage; mais je n'ai point encore rencontré de femme si sotte. Cependant j'ai entendu dire que

	ces chères créatures menacent aussi furieusement leur propre vie dans ces occasions. Mais ce n'est pas beaucoup dire en faveur d'une femme, que de lui accorder plus de sens qu'aux oiseaux. Et pourtant nous sommes obligés d'avouer tous, qu'un oiseau est plus difficile à prendre qu'une femme.
Ross, p. 557	And now, Belford, were I to go no further, how shall I know whether this sweet bird may not be brought to sing me a fine song, and in time to be as well contented with her condition as I have brought other birds to be; some of them very shy ones?
Stuber, IV, 15	Now, Belford, were I to go no further than I have gone with my beloved Miss Harlowe, how shall I know the difference between *her* and *another* bird? To let her fly now, what a pretty jest would that be!–How do I know, except I try, whether she may not be brought to sing me a fine song, and to be as well contented as I have brought other birds to be, and very shy ones too?
Michaelis, III, 539	Wenn ich keinen weitern Versuch anstelle, **Belford**, wie soll ich denn erfahren, ob dieses angenehme Vögelchen sich nicht endlich bewegen liesse, mich durch sein artiges Lied zu belustigen, und künftig mit seinen Umständen eben so zufrieden zu seyn, als die Vögel, so scheu sie auch sind, endlich ihr Gefängnis lieb gewinnen?
Kosegarten, IV, 22	Nun, Belford, soll ich mit meinem lieben Klärchen nicht weiter gehn, als ich bis jetzt mit ihr gegangen bin; wie soll ich dann den Unterschied zwischen ihr und einem andern Vogel merken? ... Wie soll ich's wissen, wofern ich nicht probire, ob sie nicht zu bewegen sey, mir ein hübsches Liedchen vorzuzwitschern, und eben so vergnügt zu seyn, als wohl andre und nicht minder scheue Vögel am Ende in meinem Bauer geworden sind?
Schmid, VI, 15-16	Und nun, Belford, wenn ich nicht weiter gehen wollte, wie könnte ich wissen, ob das allerliebste Vögelchen nicht auch dahin gebracht werden kann, mir ein schönes Lied zu singen, und mit der Zeit mit ihrem Zustande eben so zufrieden zu seyn, als ich andre Vögelchen gemacht habe, worunter auch einige ziemlich scheu waren?
Prévost, VII, 186	Ainsi, Belford, sans aller plus loin, que sais-je si mon charmant oiseau ne se laissera point apprivoiser, & s'il ne parviendra point, avec le tems, à vivre aussi satisfait de sa condition qu'un grand nombre d'autres que j'ai conduits à ce point; & quelques uns, je t'assure, d'un naturel fort sauvage.
Le Tourneur, IV, 301-2	Ainsi, Belford, si je n'allois pas plus loin que le terme où j'en suis avec ma chère Miss Harlowe, comment saurois-je la différence qui est entre elle & un autre oiseau? ... Comment s'aurois-je autrement, que par l'épreuve, si je ne puis pas l'amener à me chanter un joli air, & à être aussi bien apprivoisée, que j'en ai apprivoisé d'autres, & qui étoient, je t'assure, d'un naturel fort sauvage?
Ross, p. 883	The old dragon straddled up to her, with her arms kemboed again–her eyebrows erect, like the bristles upon a hog's back and, scowling over her shortened nose, more than half–hid her ferret eyes. Her mouth was distorted.

382

	She pouted out her blubber–lips, as if to bellows up wind and sputter into her horse–nostrils; and her chin was curdled, and more than usually prominent with passion.
Stuber, V, 290	The old dragon straddled up to her, with her arms kemboed again –Her eyebrows erect, like the bristles upon a hog's back, and, scouling over her shortened nose, more than half-hid her ferret eyes. Her mouth was distorted. She pouted her blubber-lips, as if to bellows up wind and sputter into her horse-nostrils; and her chin was curdled, and more than usually prominent with passion.
Michaelis, V, 593-94	Der alte Drache spreitzte sich inzwischen gegen sie und setzte ihre Hände wiederum frech in die Seite. Ihre Augenbraunen stunden in die Höhe, wie die Bürsten auf einem Schweinsrücken. Sie rümpfte ihre kurze Nase: und versteckte dadurch ihre durchforschenden Augen mehr, als auf die Hälfte. Ihr Mund war ungestaltet verzogen. Sie bließ ihre dicken Lippen auf: als wenn sie mit Blasebälgen Wind und Lerm in ihren pferdmäßigen Naselöchern machen wollte. Ihr Kinn war lang gezogen, und ragte bey ihrer Gemüthsbewegung weiter, als sonst ordentlich, hervor.
Kosegarten, V, 518	Itzt wackelte der alte Drache zu ihr hinauf, ihre Arme noch immer in die Seite gestemmt. Ihre Augenbraunen, in die Höhe starrend, wie die Borsten eines Schweinsrückens, überschatteten ihre Stülpnase. Ihr Maul stand schief. Ihre plumpen Lippen quollen empor, als wenn sie Wind und Speichel in ihre Pferdenüstern blasen wollten – und ihr fürchterlich vorgedrängtes Kinn kräuselte sich in hundert Falten.
Schmid, X, 72	Der alte Drache gieng mit voneinander gesperrten Beinen auf sie zu, die Arme wieder in die Seite gestellt. – Ihre Augbrauen standen in die Höhe, wie die Borsten auf dem Rücken eines Ebers, und, indem sie über ihre kürzer gewordne Nase heruntergezogen wurden, bedeckten sie mehr als halb ihre Iltisaugen. Ihr Mund war verzerrt. Sie streckte ihre dicken Lippen vor, als wenn sie sie zu Blasebälgen brauchen wollte, um Luft und Speichel in die Pferdenaselöcher hinaufzutreiben, und ihr Kinn war blau und roth gesprengt, und ragte vor Zorn mehr dann gewöhnlich hervor.
Prévost, XI, 173	Le vieux dragon s'est avancé vers elle, les bras encore sur ses deux côtés, les sourcils hérissés, les yeux étincelans, la levre d'en-bas assez remontée sur l'autre pour souffler dans ses narines, le menton alongé & courbé par la violance de sa passion, & de deux *ho! madame*, prononcés avec le même air de furie.
Le Tourneur, VI, 440	Le vieux dragon s'est avancé d'une enjambée vers elle, les bras encore arqués sur ses deux hanches, (¶) les sourcils hérisses comme les piquans d'un porc-épic, ses yeux de furet à demi-fermés, la mine refrognée & le nez racourci, (b) la bouche torse par la fureur, la lèvre d'en-bas assez remontée sur l'autre pour mugir & souffler dans ses narines ouvertes, le menton alongé & boussi par la violence de son emportement.

Ross, p. 1387	The old wretch had once put her leg out by her rage and violence, and had been crying, scolding, cursing, ever since the preceding evening ... But nevertheless her apprehensions of death and her antipathy to the thoughts of dying were so strong, that their imposture had not the intended effect, and she was raving, crying, cursing, and even howling, more like a wolf than a human creature ... Dear *Madam* Sinclair, said she, forbear this noise! It is more like that of a bull than a woman!
Stuber, VIII, 50	The old wretch had once put her leg out by her rage and violence, and had been crying, scolding, cursing, ever since the preceding evening ... But, nevertheless, her apprehensions of death, and her antipathy to the thoughts of dying, were so strong, that their imposture had not the intended effect, and she was raving, crying, cursing, and even howling, more like a wolf than a human creature ... Dear *Madam* Sinclair, said she, forbear this noise! It is more like that of a bull than a woman!
Michaelis, VII, 540-41	Das alte Ungeheuer hatte einmal aus Wuth und heftiger Aufwallung ihren Fuß herausgesteckt, und beständig seit dem vorigen Abend ... geschrieen, gescholten, gefluchet: ... Nichts desto weniger war ihre Furcht vor dem To-de, und ihre Abneigung von den Todesgedanken so stark, daß ihre Teusche-rey nicht die vermeynte Wirkung hatte: und sie lag und tobte, schrie, fluch-te, ja heulte, als ich kam, mehr wie ein Wolf, als wie ein menschliches Ge-schöpfe ... Liebe **Frau** Sinclair, sprach sie, unterlassen sie doch dieß Lermen! Es ist mehr, wie von einem Ochsen, als von einer Frauensperson!
Kosegarten, VIII, 255-56	Das alte Scheusal hatte durch Toben und Wüthen das Bein wieder aus dem Verbande gerückt, und seit vorigen Abend ... nichts anderes gethan, als schelten, schreyen und fluchen ... Demohngeachtet aber war ihre Furcht vorm Tode und ihr Widerwille zu sterben so stark, daß der Betrug die beab-sichtigte Wirkung nicht hatte. Vielmehr schrie, raste, fluchte und heulte sie bey meiner Ankunft, mehr wie ein Wolf, als wie eine menschliche Kreatur ... Liebe Madam Sinclair, lassen Sie dieß Gebrüll! Es ist mehr Gebrüll eines Bollen [sic], als eines Frauenzimmers.
Schmid, XV, 324-25	Die alte Furie hatte einst in der Heftigkeit ihrer Wuth ihren Fuß aus dem Bette herausgestreckt, und hatte in einem fortgeheult, gescholten, geflucht, seit dem vorigen Abend ... Dennoch war ihre Furcht vor dem Tode, und ihr Abscheu vor dem Gedanken zu sterben, so stark, daß jener Betrug die ge-wünschte Wirkung nicht hatte, und eben, als ich kam, tobte, schrie, fluchte, und heulte sie mehr wie ein Wolf, als wie ein menschliches Geschöpf ... Liebe Madam *Sinclair*, hören Sie doch auf, zu toben! Sie brüllen ja mehr wie ein Stier, als wie ein Weib!
Prévost	Passage gestrichen
Le Tourneur, X, 35	Quand j'arrivai, elle crioit, juroit & poussoit des hurlemens plus semblables à ceux d'une bête féroce qu'à la voix d'une femme ... Ma chère Mde. Sinclair, lui dit-elle, ne criez pas si fort; ce ne sont pas là les cris d'une femme; voici M. Belford que je vous amène; vous ne ferez enfuir d'effroir, si vous beuglez de cette force.

384

- **Eltern-Kind-Konflikt**

Ross, pp. 94–96	But, why, dearest madam, why am I, the *youngest*, to be precipitated into a state that I am very far from wishing to enter into with anybody? You are going to question me, I suppose, why your sister is not thought of for Mr Solmes? I hope, madam, it will not displease you if I were? I might refer you for an answer to your *papa*–Mr Solmes has reasons for preferring *you*– And so have I, madam, for disliking *him*. And why am I– This quickness upon me, interrupted my mamma, is not to be borne! I am gone, and your father comes, if *I* can do no good with you. Madam, I would rather die, than– She put her hand to my mouth–No peremptoriness, Clary Harlowe! Once you declare yourself inflexible, I have done. I wept for vexation. This is all, all, my brother's doings–His grasping views– No reflections upon your brother. He has entirely the honour of the family at heart. I would no more dishonour my family, madam, than my brother would. I believe it; but I hope you'll allow your papa and me and your uncles to judge what will do it honour, what dishonour! I then offered to live single; never to marry at all; or never but with their full approbation. If I meant to show my duty and obedience, I must show it in *their* way, not *my own*. I said, I hoped I had so behaved myself hitherto that there was no need of such a trial of my obedience as this ... Thus are my imputed good qualities to be made my punishment, and I am to be wedded to a *monster*– Astonishing!–Can this, Clarissa, be from you?– The man, madam, person and mind, is a monster in my eye–And that I may be induced to bear this treatment, I am to be complimented with being indifferent to all men. Yet, at other times, and to serve other purposes, I am to be thought prepossessed in favour of a man against whose moral character lie just objections–Confined, as if, like the giddiest of creatures, I would run away with this man, and disgrace my whole family!–Oh my dearest mamma! Who can be patient under such treatment?
Stuber, I, 106–8	O Madam, I would rather die, than– She put her hand to my mouth.–No peremptoriness, Clary Harlowe: Once you declare yourself inflexible, I have done. I wept for vexation. This is all, all, my Brother's doings–His grasping views– No reflections upon your Brother: He has entirely the honour of the family at heart.

I would no more dishonour my family, Madam, than my Brother would.
I believe it: But I hope you will allow your Father, and Me, and your
Uncles, to judge what will do it honour, what dishonour.
I then offered to live single; never to marry at all; or never but with their
full approbation.
If you mean to shew your duty, and your obedience, Clary, you must shew it
in *our* way, not in *your own*.
I hope, Madam, that I have not so behaved hitherto, as to render such a trial
of my obedience necessary.

Yes, Clary, I cannot but say that you have hitherto behaved extremely well:
But you have had no trials till now: And I hope, that now you are called to
one, you will not fail in it. Parents, proceeded she, when children are young,
are pleased with every–thing they do. You have been a good child upon the
whole: But we have hitherto rather complied with you, than you with us.
Now that you are grown up to marriageable years, is the test; especially as
your Grandfather has made you independent, as we may say, in preference to
those who had prior expectations upon that Estate ...
How now, Clary!–Oh girl!–
Your patience, my dearest Mamma:–You were pleased to *say*, you would
hear me with patience.–PERSON in a man is nothing, because I am supposed
to be prudent: So my eye is to be disgusted, and my reason not convinced–
Girl, girl!
Thus are my imputed good qualities to be made my punishment; and I am to
be wedded to a *monster*–
[Astonishing!–Can this, Clarissa, be from you?–
The man, Madam, person and mind, is a monster in my eye.]–And that I may
be induced to bear this treatment, I am to be complimented with being
indifferent to all men: Yet, at other times, and to serve other purposes, be
thought prepossessed in favour of a man against whose moral character lie
just objections.–Confined, as if, like the giddiest of creatures, I would run
away with this man, and disgrace my whole family!–Oh my dearest
Mamma! who can be patient under such treatment?

Michaelis, I, 177-83	Allein warum liebste Mutter, warum stößt man die jüngere Schwester in einen Stand, in den ich überall zu treten nicht Lust habe." "Ich glaube, du wilst mich fragen, warum man bey Herrn **Solmes** Antrag nicht auf deine Schwester dencke." "Ja, das meyne ich auch, wenn mir erlaubt ist dis zu fragen. "Die Antwort hierauf kanst du von deinem Vater erhalten. Herr **Solmes** hat seine Ursachen darum er dich ihr vorziehet." "Und ich habe meine Ursachen, darum ich ihn nicht haben will. Warum soll ich = = Sie unterbrach mich: "die Hitze, mit der du mir antwortest, ist unerträglich. Ich will weggehen, dein Vater mag kommen, denn ich ich [sic] sehe, ich kan nichts bey dir ausrichten." "Ich will lieber sterben, als = ="

...
Ich weinte vor Kummer: "dis sind alle meine Bruders Anstalten. Das ist die Frucht seiner unersättlichen Absichten."
"Tadele deinen Bruder nicht: ihm liegt nichts am Hertzen, als die Ehre der Familie."
"Ich will meine Familie eben so wenig beschimpfen, als mein Bruder." "Das glaube ich gern: aber du wirst hoffentlich deinem Vater, mir, und deinen Onckles zutrauen, daß wir am besten wissen, was der Familie Ehre oder Schande macht."
Ich erbot mich abermals unverheyrathet zu bleiben, oder wenigstens nicht ohne aller völlige Bewilligung eine Parthey zu erwählen. Allein ich bekam zur Anewort [sic]: "wenn ich Proben meines Gehorsams geben wollte, so müsten sie und nicht ich selbst bestimmen, worin diese Proben bestehen sollten."
Ich antwortete: "ich hoffete, ich hätte mich stets so aufgeführet, daß eine solche Probe meines Gehorsams, als man mir jetzt auflegte, nicht nöthig wäre.
Ja, sagte sie, "du hast dich sehr wohl aufgeführet. Allein dein Gehorsam ist bisher noch nie auf die Probe gestellet worden, und ich hoffe, du wirst in dieser Probe gut bestehen wollen."
...
"Was nun Clärchen? = = Mädchen!
"Ich bitte nur um Gedult. Sie selbst beliebten ja zu sagen, sie wollten mich mit Gedult aushören. Das äusserliche **Ansehen** soll bey mir ein Nichts seyn, weil man mich für verständig hält! Mein Auge soll beleydiget, und mein Verstand nicht überzeuget werden!
"Mädchen! Mädchen!
"So will man mich durch die guten Eigenschafften straffen, deren man mich beschuldigt. Ich soll ein Ungeheuer heyrathen.
"Ich komme ausser mir. Redest du noch **Clarissa Harlowe**?
"Meine liebe Mutter, in meinen Augen ist er ein Ungeheuer. = = Damit ich zu dieser Begegnung nicht sauer sehen möge, rühmt man mich einmal, daß mein Herz noch frey von Liebe sey ... Ich werde eingesperret, als wenn ich ein liederliches Mädchen wäre, und mit diesem Menschen davon lauffen, und die gantze Familie beschimpfen wollte. Wer kan Gedult behalten, wenn ihm so begegnet wird?

Kosegarten, I, 171–75	"Aber liebe, liebe Mutter, warum soll ich, die Jüngste, in einen Stand hinein gezwungen werden, zu dem ich nicht die geringste Neigung habe?" "Du willst mich fragen wollen, vermuth' ich, warum man Deiner Schwester Herrn Solmes nicht vorschlägt –" "Und würd' es Ihnen mißfallen, Madame, wenn ich so fragte?" "Ich könnte Dich der Antwort halber an Deinen Vater verweisen – Herr Solmes hat Gründe, Dich vorzuziehn –" "Und ich habe Gründe, ihn zu verwerfen – Warum soll ich denn –" "Du bist unerträglich rasch, Mädchen – Ich gehe, und Dein Vater kömmt,

wofern Du nicht gut thun willst – "
"O Madame, lieber will ich sterben, als – "
Sie hielt mir den Mund zu. "Nichts Entschiednes, Clarissa Harlowe – So
bald Du Dich unbiegsam erklärst, so bin ich fertig."
Ich weinte vor Verdruß – "Das ist alles, alles, meines Bruders Anstiften –
Seine Gierigkeit –"
"Keine Anmerkungen über Deinen Bruder; die Ehre der Familie liegt ihm
am Herzen."
"Und mir nicht minder, Madame, als meinem Bruder – "
"Ich glaub' es. Nur wirst Du Deinem Vater, und mir, und Deinen Onkles
gütigst erlauben, zu entscheiden, was der Familie Ehre mache oder nicht –"
"[sic] Ich erbot mich, ledig zu bleiben, überall nicht zu heirathen, oder nie
ohne Ihre völllige Einwilligung – "[sic]
"Wenn Du eine Probe Deines Pflichtgefühls geben willst, Klärchen, so muß
die Wahl unsre seyn, nicht Deine eigne –"
"Ich hoffe, Madame, mein bisheriges Betragen ist nicht so gewesen, daß es
eine solche Probe nothwendig machen sollte –"
"Ja, Klärchen, Du hast Dich wirklich bisher recht gut betragen. Aber Proben
hat man Dir noch nicht zugemuthet. Nun es geschieht, wirst Du Dir
hoffentlich nicht selbst absprechen – So lange die Kinder noch jung sind,
ergötzen wir Eltern uns an allem, was sie thun. Du bist im Ganzen ein recht
gutes Kind gewesen. Aber Du hast auch allen Deinen Willen gehabt, mehr
als wir den unsrigen. Jetzt ist die Zeit der Prüfung, jetzt, da Du ein reifes
Mädchen bist, jetzt hauptsächlich, da Dein Großvater Dich unabhängig
gemacht hat, vorzugsweise, so zu sagen, vor denen, die auf seine Güter
nähere Rechte hatten."
...
"Clare, – Mädchen –"
"Ihre Geduld, meine theuerste Mutter – Sie sagten ja, Sie wollten mich
geduldig anhören – Gestalt ist nichts in dem Manne – ich bin ja ein
verständiges Mädchen – Folglich muß mein Auge beleidigt, und meine
Vernunft gefangen genommen werden –"
"Mädchen! Mädchen!"
"Meine vorgeblichen guten Eigenschaften werden wider mich gerichtet, und
ich soll ein Ungeheuer heirathen –"
"Ists möglich, Klärchen, Du?– –"
"Mir ist er ein Ungeheuer, an Leib und an Seele – – Und um eine solche
Zumuthung zu rechtfertigen, rühmt man mir die Unbefangenheit meines
Herzens. Zu andrer Zeit hingegen und zu andern Zwecken, beschuldigt man
mich der Vorliebe für einen Mann, dessen sittlicher Karakter so sehr
verstaltet sey. Man sperrt mich ein, als würd' ich, wie die leichtsinnigste
Dirne, mit diesem Mann entlaufen, und die ganze Familie entehren – –
Liebste, theuerste Mutter, wer sollte bey einer solchen Behandlung nicht die
Geduld verlieren – –"

388

Schmid, I, 149–51	Ich weinte. Aber Mama, warum denn ich? die jüngste? – "Solmes wird seine Ursache haben, warum er dich vorzieht." – Und ich die Meinigen, warum ich ihn verabscheue. – "Mädchen, nicht so kurz! Wenn ich gehe, und dein Vater kommt, so gehts schief!"– O Mama, lieber sterben, als – Sie legte mir die Hand auf den Mund: "Nichts übereilt. So, wie du dich unbeugsam zeigst, sind wir geschieden." – Alles Werk meines Bruders, seiner unersättlichen Plane. – "Dein Bruder ist blos für die Ehre der Familie besorgt." – Als ob ich sie zu entehren suchte. – "Das nicht: aber dein Vater und Oheime und ich werden doch auch verstehen, was Ehre macht, oder Unehre." So will ich dann gar nicht heuraten, wenigstens nicht ohne vollkommene Genehmigung. – "Nicht, was du willst, sondern was wir wollen, wenn du deinen Gehorsam zu erproben gedenkst." – Aber, womit hab' ich eine so harte Probe verdient? – "Du hast eigentlich bisher noch gar keine gehabt. Hoffentlich wirst du an der ersten nicht scheitern. Diß würdeum so mehr auffallen, da dein Grosvater zum Nachtheil andrer, die nähere Ansprüche drauf hatten, dich in eine Art von Unabhängigkeit sezte." ... "Mädchen, du gehst zu weit." – "Ich soll nicht aufs Äusere sehen, weil ich Verstand habe. Man beleidigt mein Aug' ohne meinen Verstand zu überzeugen. Man straft mich mit den Tugenden, die man an mir rühmt, und zwingt mich, ein Ungeheuer = = "Klarisse, ists möglich." – Mir ein Ungeheuer, an Geist und Körper! das eine Mal macht man mir ein Kompliment, ich sei gegen alle Männer gleichgültig: das andre Mal muß ich an einem Menschen von sehr zweideutigem Charakter hangen. Man sperrt mich ein, als ob ich, gleich der losesten Dirne, mit ihm durchgehen und die Familie beschimpfen wollte. O Mama, eine solche Behandlung erschöpft die Gedult!
Prévost, II, 250-51	Vous allez me demander, sans doute, pourquoi l'on n'a pas pensé à votre sœur pour M. Solmes. J'espere, madame, que vous ne vous offenseriez pas de cette question. Je pourrois vous renvoyer à votre pere, pour la réponse. M. Solmes a ses raisons pour vous préférer. Et j'ai les miennes aussi, madame, pour ne le pouvoir souffrir. Cette vivacité à m'interrompre n'est pas supportable. Je sors, & je vais envoyer votre pere, si je ne puis rien obtenir de vous. Madame, je préférois la mort ... Elle m'a pris la main sur la bouche. Clarisse, gardez-vous qu'il vous échappe rien de décisif. Si vous me persuadez une fois que vous êtes inflexible, j'ai fini. Mes larmes ont recommencé à couler de dépit. Voilà, voilà l'ouvrage de mon frere, l'effet de ses vues intéressées ... Point de réflexions sur votre frere. il n'a que l'honneur de la famille à cœur. Je ne suis pas plus capable que mon frere, de faire déshonneur à la famille.

J'en suis persuadée. Mais vous conviendrez que votre pere & vos oncles en doivent juger mieux que vous.

Je lui ai offert alors de vivre perpétuellement dans le célibat, ou de ne me marier jamais qu'avec la pleine approbation de tous mes proches.

Si je voulois marquer du respect & de l'obéissance, c'étoit en prenant leur volonté pour regle, & non la mienne.

J'ai répondu que je ne croyois pas avoir mérité, par ma conduite, que mon obéissance fût mise à des épreuves de cette nature.

...

Un peu de patience, ma très-chere mere; vous avez promis de m'entendre avec patience. La figure n'est rien dans un homme, parce qu'on me suppose de la raison. Ainsi je serai dégoûtée par les yeux, & je ne serai pas convaincue par la raison.

Petite fille!

Ainsi les bonnes qualités qu'on m'attribue seront ma punition, & je deviendrai la femme d'un monstre ...

Vous m'ètonnez, Clary! Est-ce vous qui tenez ce langage?

Cet homme, madame, est un monstre à mes yeux, ame & figure. Et, pour motif de souffrir ce traitement, on m'allegue que je suis indifférente pour tous les autres hommes! Dans d'autres tems néanmoins, & dans d'autres vues, on m'a cru de la prévention en faveur d'un homme contre les mœurs duquel il y a de justes objections. Je me trouve confinée, comme si l'on appréhendoit de la plus imprudente de toutes les créatures, qu'elle ne prît la fuite avec cet homme, & qu'elle ne couvrît sa famille de honte. O ma très-chere mere! quelle patience seroit à l'épreuve d'un tel traitement?

| Le Tourneur, I, 189-93 | Mais pourquoi, ma très-chère Madame, pourquoi, moi qui suis la plus jeune, faut-il me précipiter dans l'état du mariage, pour lequel je suis fort éloignée d'avoir la moindre inclination? |

Vouz allez me demander sans doute, pourquoi l'on n'a pas pensé à votre sœur pour M. Solmes?

J'espère, Madame, que vous ne vous offenseriez pas de cette question si je la faisois.

Je pourrois vous renvoyer à votre père pour la réponse. M. Solmes a ses raisons pour vous préférer.

Et j'ai mes raisons aussi, Madame, pour ne le pouvoir souffrir. Et pourquoi suis-je ...

Cette vivacité à m'interrompre n'est pas supportable. Je sors moi, & votre père vient, si je ne puis avoir raison de vous.

O Madame! j'aimerois mieux mourir que ...

Elle m'a mis la main sur la bouche. Point de ces obstinations décidées, Clary Harlowe. Si vous vous déclarez une fois inflexible, j'ai fini.

Mes larmes ont recommencé à couler de dépit. Voilà, voilà l'ouvrage de mon frère ... ses vues intéressées ...

Point de reflexions sur votre frère; il n'a que l'honneur de la famille à cœur.

Je ne suis pas plus capable que mon frère de faire déshonneur à la famille.

J'en suis persuadée; mais je me flatte que vous laisserez à votre père, à moi & à vos oncles le soin de ce qui doit lui faire honneur ou déshonneur.

Je lui ai offert alors de vivre dans le célibat, de ne jamais me marier, ou de ne le faire qu'avec la pleine approbation de tous mes proches.

Si vouz voulez montrer votre respect & votre obéissance, Clary, vous devez le faire à notre gré & non pas au vôtre.

Je ne crois pas m'être conduite jusqu'ici de manière à mériter la nécessité d'une pareille épreuve de mon obéissance.

Oui, Clary, je vous dois la justice de dire que vous vous êtes parfaitement bien conduite jusqu'à présent. Mais jusqu'à présent vous n'avez pas eu non plus d'épreuves à essuyer; & j'espère qu'aujourd'hui qu'il s'en présente une, vous ne commencerez pas à vous mal conduire. Les parents, continua-t-elle, tant que leurs enfants sont jeunes, trouvent bien tout ce qu'ils leur voient faire. Vouz avez été une digne enfant. Mais jusqu'à présent nous avons plutôt eu de la complaisance pour vous, que vous n'en avez eu pour nous. Maintenant l'âge nubile où vous êtes arrivée est le tems de l'epreuve, d'autant plus que votre grand-père vous a mise dans une sorte d'indépendance, en vous préférant à ceux qui avoient des droits avant vous sur la terre qu'il vous a laissée.

...

Votre patience, ma très-chère mère! Vous avez eu la bonté de me promettre de m'entendre avec patience. Les agrémens de la personne ne sont rien dans un homme, parce qu'on me suppose de la raison. Ainsi mes yeux seront dégoûtés, & ma raison ne sera pas convaincue.

Petite fille! petite fille!

Ainsi les bonnes qualités qu'on m'attribue seront ma punition; & il faut que je devienne la femme d'un monstre ...

Vous m'étonnez, Clary! est-ce bien vous qui tenez ce langage?

Cet homme, Madame, est un monstre à mes yeux, ame & figure. Et pour m'engager à souffrir ce traitement, on me fait compliment de mon indifférence pour tous les autres hommes! Et cependant, dans d'autres tems & dans d'autres vues, on m'a cru prévenue en faveur d'un homme dont les mœurs offrent de justes objections. Je me vois confinée comme la plus étourdie de toutes les créatures, & comme si l'on appréhendoit que je ne prisse la suite avec cet homme, & que je ne déshonorasse toute ma famille. O ma très-chère mère! quelle patience seroit à l'épreuve d'un tel traitement?

- **"Explizite" Darstellungen**

Ross, p. 706	Let me perish, Belford, if I would not forgo the brightest diadem in the world for the pleasure of seeing a twin Lovelace at each charming breast, drawing from it his first sustenance; the pious task continued for one month, and no more! I now, methinks, behold this most charming of women in this sweet office, pressing with her fine fingers the generous flood into the purple mouths of each eager hunter by turns: her conscious eye now dropped on one, now on the other, with a sigh of maternal tenderness; and then raised up to my delighted eye, full of wishes, for the sake of the pretty varlets, and for her own sake, that I would deign to legitimate; that I would condescend to put on the nuptial fetters.
Stuber, IV, 334	Let me perish, Belford, if I would not forego the brightest diadem in the world, for the pleasure of seeing a Twin Lovelace at each charming breast, drawing from it his first sustenance; the pious task, for physical reasons (*a*), continued for one month and no more! I now, methinks, behold this most charming of women in this sweet office: Her conscious eye now dropt on one, now on the other, with a sigh of maternal tenderness; and then raised up to my delighted eye, full of wishes, for the sake of the pretty varlets, and for her own sake, that I would deign to legitimate; that I would condescend to put on the nuptial fetters. (*a*) In Pamela, Vol. IV. Letter VI. these reasons are given, and are worthy of every Parent's consideration, as is the whole Letter, which contains the debate between Mr. B. and his Pamela, on the important subject of Mothers being nurses to their own children."
Michaelis, V, 14-15	Ich will des Todes seyn, Belford, wenn ich nicht die glanzreichste Krone in der Welt fahren lassen wollte, um nur das Vergnügen zu haben, daß ich ein paar Zwillinge von Lovelace, an jeder ihrer schönen Brüste einen, die daraus ihre erste Nahrung in sich sögen, sehen möchte. Dieß Werk der mütterlichen Liebe sollte nur einen Monath und nicht länger dauren. Mich deucht, ich sehe schon itzt die Schönste unter den Weibern in diesem angenehmen Dienste begriffen. Ich sehe, wie sie mit ihren zarten Fingern einem jeden der begierigen Säuglinge wechselsweise das edle Naß in den purpurrothen Mund drücket. Ich sehe, wie ihr sich bewußtes Auge mit einem Seufzer von mütterlicher Zärtlichkeit bald auf den einen, bald auf den andern fällt, und sich alsdenn zu meinem ergötzten Auge aufschläget, voll von Wünschen um die artigen Bübchen und ihrer selbst willen, daß ich sie doch würdigen möchte, sie zu rechtmäßigen Kindern zu machen, daß ich mir doch gefallen lassen möchte, die Fesseln des ehlichen Bundes auf mich zu nehmen.
Kosegarten, IV, 578-79	Umkommen müss' ich, Belford, wofern ich nicht das schimmerndste Diadem des Erdbodens für das Vergnügen hingeben wollte, an jeder ihrer reizenden Brüste einen kleinen Zwilling=Lovelace hangen, und aus ihr die

	erste Lebensnahrung saugen zu sehn – süßes frommes Geschäft, das ich aus physischen Gründen ihr einen Monat und nicht länger verstatten würde. Mich dünkt, ich sehe dieses schönste aller Weiber in dieser holden Arbeit. Itzt auf diesen, itzt auf jenen der kleinen Lieblinge sinkt ihr schamumwölktes Auge mit Seufzern mütterlicher Zärtlichkeit nieder. Dann hebt sie es zu meinem entzückten Auge flehend empor, flehend um der holden Kleinen und um ihrer selbst willen, daß ich würdigen möge, ihnen die Ebenbürtigkeit zu geben, daß ich mich herablassen möge, mich in die ehlichen Fesseln zu schmiegen.
Schmid, VIII, 19-20	Der Henker hohle mich, Belford, wenn ich nicht das glänzendste Diadem dieser Welt für das Vergnügen hingeben wollte, einen kleinen Lovelace an jeder ihrer reitzenden Brüste seine erste Nahrung einsaugen zu sehen, wenn sie dies Werk der Liebe einen Monath fortsetzte – Doch nicht länger! Mich deucht, ich sehe jetzt dieses reitzendste aller Mädchen in diesem liebevollen Geschäfte mit ihren niedlichen Fingern die edle Feuchtigkeit in den Purpurmund von jedem der gierigen Säuglinge wechselweise drücken; Ihr, des Vergangnen sich erinnernder Blick wird unter einem Seufzer mütterlicher Zärtlichkeit bald auf den einen, bald auf den andern gerichtet, und dann nach meinem wonnevollen Auge hingewandt, voll des heißen Wunsches, sowohl um der artigen Buben, als um ihrer selbst willen, daß ich sie zu legitimiren würdigen, daß ich mich entschließen möchte, die ehelichen Bande anzulegen.
Prévost, IX, 206-7	Que je périsse, Belford, si je ne préférois au plus brillant diadème du monde le plaisir de voir deux petits Lovelaces pendans de chaque côté au sein de ma charmante, pour en tirer leur premiere subsistance; à condition, néanmoins, que ce pieux office ne durât pas plus de quinze jours. Je me représente cette chere personne, pressant de ses beaux doigts les deux sources d'une noble liqueur, pour en faire couler des ruisseaux dans la bouche vermeille du petit couple altéré; ses yeux baissés alternativement sur l'un & sur l'autre avec un mélange de confusion & de tendresse maternelle; se levant ensuite vers moi, avec une langueur touchante, & me suppliant, dans ce doux langage, pour ces petits malheureux, pour elle-même, de daigner légitimer les fruits de notre amour, & condescendre à me charger de la chaîne conjugale.
Le Tourneur, V, 387-88	Que je périsse, Belford, si je ne préférois au plus brillant diadème du monde, le plaisir de voir deux petits Lovelaces pendans de chaque côté au sein de ma charmante, pour en tirer leur première subsistance; à condition néanmoins, & pour des raisons physiques, (*) que ce pieux office ne durât pas plus de quinze jours. Je me représente cette belle, la plus belle des femmes, remplissant ce doux devoir, & ces yeux expressifs se baissant alternativement tantôt sur l'un, tantôt sur l'autre, avec un soupir de tendresse maternelle; élevant ensuite ses regards sur mes yeux enchantés, & m'exprimant son ardent désir, pour ses petits innocens, pour elle-même, que je daigne légitimer les fruits de notre amour, & condescendre à me charger

de la chaîne conjugale.
* (¶) On a donné ces raisons dans Pamela, Tome IV, Lettre VI. Elles méritent l'attention des père & mère, ainsi que la lettre entière, qui renferme une discussion entre M. B. & sa Pamela sur l'importante question: *si les mères doivent être les nourrices de leurs enfans*? [b]

Ross, p. 723	When I had *flown down* to her chamber door, there I beheld the charmingest creature in the world ... with nothing on but an under-petticoat, her lovely bosom half-open, and her feet just slipped into her shoes... Oh Jack! how her sweet bosom, as I clasped her to mine, heaved and panted! I could even distinguish her dear heart flutter, flutter, flutter, against mine.
Stuber, IV, 366-67	When I had *flown down* to her chamber-door, there I beheld the most charming creature in the world ... with nothing on but an under-petticoat, her lovely bosom half-open, and her feet just slipt into her shoes ... Oh Jack! how her sweet bosom, as I clasped her to mine, heaved and panted! I could even distinguish her dear heart flutter, flutter, flutter against mine.
Michaelis, V, 72–73	Da ich zu ihrer Kammer-Thür hernnter [sic] geflogen war: erblickte ich das liebenswürdigste Geschöpfe von der Welt ... bloß mit einem Unterrocke bedeckt, ihre reizende Brust halb entblößt und ihre Füße nur eben mit der Spitze in die Schuhe gesteckt ... O Bruder! wie hob sich, wie bebte ihre anmuthsvolle Brust, als ich sie an meine drückte! Ich konnte genau bemerken, wie ihr Herz gegen meines schlug.
Kosegarten, IV, 634–35	Als ich ihre Stubenthür erflogen hatte, sah ich das holdeste Gebilde des weiten Erdbodens ... – mit nichts bekleidet als einem Unterrock, den Busen halb entblößt, die Füße nährlich in die Schuhe geschlüpft ... Hans! Hans! Wie schwoll, wie flog ihr holder Busen, während ich sie an den meinigen preßte. Flattern, flattern, flattern, wie ein aufgescheuchtes Vögelchen, hört' ich ihr liebes Herz gegen das meinige.
Schmid, VIII, 90-91	Als ich bis zu ihrer Thüre geflogen war, da sah ich das reitzendste Geschöpf von der Welt ... sie hatte nichts an, als einen Unterrock, ihr liebenswürdiger Busen war halb offen, und an den Füßen hatte sie nichts, als übergetretne Schuhe ... O, Jakob, wie ihr süßer Busen, da ich ihn an den meinigen drückte, sich hob und sank! Ich konnte es sogar fühlen, wie ihr liebes Herz mir entgegenklopfte, und einige Augenblicke fürchtete ich, sie möchte Konvulsionen bekommen.
Prévost, X, 9	En arrivant à la porte de la chambre, j'y ai trouvé la plus charmante de toutes les femmes ... n'ayant sur elle qu'un petit jupon, le sein à demi découvert, & les pieds nus dans ses mules. Ah! Belford! quels charmes dans le mouvement de son sein, tandis que je la tenois serrée contre le mien! Je distinguois jusqu'au battement de son cœur; & pendant quelques minutes, j'ai continué d'appréhender pour elle une attaque de convulsions.

Le Tourneur, V, 445-46	En me précipitant à la porte de sa chambre, mes yeux ont vu la plus belle de toutes les femmes, appuyée sur le bras de Dorcas, ... n'ayant sur elle qu'un petit jupon, son sein charmant à demi découvert, & les pieds nuds glissés dans ses mules. – ... Ah! Belford! quels charmes dans les mouvemens de son sein palpitant, pendant que je la tenois serrée contre le mien! Je distinguois son cœur qui battoit, battoit contre le mien; & durant quelques minutes, j'ai continué d'appréhender pour elle une attaque de convulsions.
Ross, p. 1011	I remember, I pleaded for mercy–I remember that I said *I would be his*–indeed *I would be his*–to obtain his mercy–But no mercy found I!–My strength, my intellects, failed me!–And then such scenes followed–Oh my dear, such dreadful scenes!–fits upon fits (faintly indeed, and imperfectly remembered) procuring me no compassion–but death was withheld from me. That would have been too great a mercy!
Stuber, VI, 173-74	I remember, I pleaded for mercy. I remember that I said *I would be his*–Indeed *I would be his*–to obtain his mercy. But no mercy found I! My strength, my intellects, failed me–And then such scenes followed–O my dear, such dreadful scenes!–Fits upon Fits (faintly indeed and imperfectly remembred [sic]) procuring me no compassion–But death was with-held from me. That would have been too great a mercy!
Michaelis, VI, 139	Ich erinnere mich, daß ich um Barmherzigkeit flehete == Ich erinnere mich, daß ich sagte, **ich wollte die Seynige seyn** == **in Wahrheit, ich wollte die Seynige seyn** == damit ich nur Barmherzigkeit erlangte == Allein ich fand keine Barmherzigkeit! == Meine Kraft, mein Verstand, verließ mich! == Und dann folgten solche Aufzüge! == O meine Wertheste, solche schreckliche Aufzüge! == Ohnmachten über Ohnmachten, derer ich mich freylich nur schwach und unvollkommen erinnere, wirkten für mich kein Mitleiden == Aber der Tod ward mir nicht gewähret. Das würde eine allzu große Barmherzigkeit für mich gewesen seyn.
Kosegarten, VI, 314	Ich erinnere mich, daß ich um Erbarmen flehte. Ich erinnere mich, daß ich sagte, ich wolle die Seinige seyn, in der That ich wolle die Seynige seyn – nur um Erbarmen zu finden – Aber kein Erbarmen fand ich. Meine Kräfte, mein Verstand ermangelten mir – Und nun folgten solche Scenen – o meine Anne, solche gräßliche Scenen – Ohnmachten auf Ohnmachten (deren ich mich freylich nur schwach und unvollkommen erinnere) – vermochten nicht mir Mitleid zu verschaffen – Auch zu sterben vermocht' ich nicht. – Der Tod wär' eine so große Wohlthat für mich gewesen – –
Schmid, XI, 253	Ich erinnre mich, daß ich um Erbarmung bath – Ich erinnerte mich, daß ich sagte: Ich wollte die Seinige werden - in Wahrheit, ich wollte die Seinige werden – nur um Erbarmung von ihm zu erhalten – Aber ich fand keine Erbarmung! – meine Kräfte, mein Verstand verließen mich – Und dann folgten solche Scenen – Ach meine Beßte, solche schreckliche Scenen! – Ohnmachten über Ohnmachten (deren ich mich nur schwach und unvollkommen erinnere) konnten mir kein Mitleid verschaffen – Nur Tod blieb fern von mir. Dieser wäre eine zu große Wohlthat gewesen!

Prévost, XII, 57	– Passage gestrichen: "Ce détail qui est fort long dans les trois lettres, ne diffère de ce qu'on a déjà lu, dans celles de M. Lovelace, que par quelques circonstances qui n'ajoutent rien à la partie historique, & par la peinture des sentiments de Miss Clarisse."
Le Tourneur, VII, 333	Je me souviens que je demandai miséricorde. Je me souviens que je dis, que je consentois à être à lui: oui, je consentois à être à lui ... pour obtenir sa pitié! Mais je ne trouvai point de pitié! Ma force, ma raison m'abandonnèrent ... Et alors suivirent des scènes ...ô ma chère, des scènes si terribles! foiblesses sur foiblesses: car je m'en souviens, quoiqu'imparfaitement, qui ne me procurèrent aucune compassion. – Mais la mort me fut refusée. C'eût été pour moi une trop grande grâce.
Ross, p. 884	Poor, poor lady! With such noble qualities as would have adorned the most exalted married life, to fall into the hands of the *only* man in the world who could have treated her as thou hast treated her!–And to let loose the old dragon, as thou properly callest her, upon the before-affrighted innocent, what a barbarity was *that!* What a *poor* piece of barbarity! in order to obtain by terror, what thou despairedst to do by love, though supported by stratagems the most insidious!
Stuber, V, 293	Poor, poor Lady! With such noble qualities as would have adorned the most exalted married life, to fall into the hands of the *only* man in the world, who could have treated her as thou hast treated her! – And to let loose the old dragon, as thou properly callest her, upon the before-affrighted innocent, what a barbarity was *that!* What a *poor* piece of barbarity! in order to obtain by Terror, what thou despairedst to gain by Love, tho' supported by stratagems the most insidious!
Michaelis, V, 599	Die arme, arme Fräulein! Wie hat sie mit solchen edlen Eigenschaften, wel-che die vortrefflichste Ehe geschmückt haben würden, in die Hände desjeni-gen Mannes fallen müssen, der **allein** in der ganzen Welt ihr so zu begegnen vermögend gewesen ist, als du mit ihr umgegangen bist! Was ist das für eine unmenschliche Grausamkeit gewesen, daß du den alten **Drachen**, wie du das Weib gar wohl nennest, auf die vorher in Schrecken gesetzte Unschuld los-gelassen! Was für ein **elendes** Probestück unmenschlicher Grausamkeit! das bloß zu dem Ende abgeleget ist, damit du dasjenige durch Schrecken erhalten mögest, was du durch Liebe, ob sie gleich durch die hinterlistigsten Ränke unterstützet war, zu erhalten nicht die geringste Hoffnung hattest.
Kosegarten, V, 523	Armes, armes Fräulein! So herrlich von der Natur ausgestattet, so fähig, den erhabensten Stand des Erdbodens als Ehegattin zu schmücken – und den-noch in die Hände des einzigen Menschen in der Welt zu fallen, der sie so hätte behandeln können, wie du sie behandelt hast! – Und nun auch noch den alten Drachen, wie du sie sehr schicklich nennst, auf das schon vorhin todtbange Mädchen loszulassen, welche Barbarey war das! Und welch ein armseliges Stück Barbarey! – Alles, alles, um das durch Schrecken zu ge-winnen, was du durch Liebe und durch die unergründlichsten Kunstgriffe zu gewinnen verzweifeltest.

Schmid, X, 78	Die arme, arme Lady! Mit solchen edeln Eigenschaften, die die angesehenste Ehe würden gezieret haben, in die Hände des einzigen Mannes in der Welt zu fallen, der sie so behandeln konnte, wie Du die behandelt hast! Und den alten Drachen, wie Du dieses Weib mit Recht genannt hast, gegen das vorher schon erschrockne unschuldige Mädchen loszulassen, was für eine Unmenschlichkeit war das! Was für eine a r m s e l i g e Unmenschlichkeit war dies, die blos zur Absicht hatte, dasjenige durch Schrecken zu erhalten, was Du durch Liebe zu erhalten hoftest, ob Du gleich die arglistigsten Kunstgriffe zu Hilfe genommen hattest!
Prévost	Passage gestrichen
Le Tourneur, VI, 445	(¶) Fille infortunée! Avec tant de sublimes qualités qui auroient orné le nœud du mariage le plus illustre, tomber dans les mains du seul homme au monde qui fût capable de la traiter comme tu l'as traitée! – Et déchaîner encore ce vieux dragon, comme tu la nommes si bien, sur cette innocente beauté déjà éperdue de terreurs: quelle barbarie à toi! quelle méprisable ressource! Dans la vue de surprendre par la frayeur, ce que tu désespérois d'obtenir, quoique sécondé des stratagêmes les plus insidieux! (b)

- **Prostitution: Erotische Beschreibung als Abschreckung**

Ross, pp. 1387-88	There were no less than eight of her cursed daughters surrounding her bed when I entered; one of her partners, Polly Horton, at her head; and now Sally, her other partner, and *Madam* Carter ... made the number ten: All in shocking dishabille and without stays ... The other seven seemed to have been but just up, risen perhaps from their customers in the fore-house, and their nocturnal orgies, with faces, three or four of them, that had run, the paint lying in streaky seams not half blowzed off, discovering coarse wrinkled skins ... They were all slipshod; stockingless some; only underpetticoated all; their gowns, made to cover straddling hoops, hanging trollopy, and tangling about their heels; but hastily wrapped round them as soon as I came upstairs. And half of them (unpadded, shoulder-bent, pallid-lipped, feeble-jointed wretches) appearing from a blooming nineteen or twenty perhaps overnight, haggard well-worn strumpets of thirty-eight or forty. I am the more particular in describing to thee the appearance these creatures made in my eyes when I came into the room, because I believe thou never sawest any of them, much less a group of them, thus unprepared for being seen [a] ... If thou *hadst*, I believe thou wouldst hate a profligate woman as one of Swift's Yahoos, or Virgil's obscene Harpies squirting their ordure upon the Trojan trenchers; since the persons of such in their retirements are as filthy as their minds.

	a Whoever has seen Dean Swift's *Lady's Dressing Room* will think this description of Mr Belford not only more natural but more decent painting, as well as better justified by the design, and by the use that may be made of it.
Stuber, VIII, 50-52	There were no less than Eight of her cursed daughters surrounding her bed when I entered; one of her partners, Polly Horton, at her head; and now Sally, her other partner, and *Madam* Carter ... made the number Ten: All in shocking dishabille, and without stays ...
	The other Seven seemed to have been but just up, risen perhaps from their customers in the fore-house, and their nocturnal Orgies, with faces, three or four of them, that had run, the paint lying in streaky seams not half blowz'd off, discovering coarse wrinkled skins ... They were all slipshoed; stockenless some; only under-petticoated all; their gowns, made to cover straddling hoops, hanging trolloppy, and tangling about their heels; but hastily wrapt round them, as soon as I came up-stairs. And half of them (unpadded, shoulder-bent, pallid-lipt, limber-jointed wretches) appearing, from a blooming Nineteen or Twenty perhaps over-night, haggard well-worn strumpets of Thirty-eight or Forty.
	I am the more particular in describing to thee the appearance these creatures made in my eyes when I came into the room, because I believe thou never sawest any of them, much less a group of them, thus unprepared for being seen (*a*) ... If thou *hadst*, I believe thou wouldst hate a profligate woman, as one of Swift's Yahoos, or Virgil's obscene Harpyes, squirting their ordure upon the Trojan trenchers; since the persons of such in their retirements are as filthy as their minds ...
	(*a*) Whoever has seen Dean Swift's Lady's Dressing-Room, will think this description of Mr. Belford not only more *natural,* but more *decent painting,* as well as better justified by the *design,* and by the *use* that may be made of it.
Michaelis, VII, 541-43	Es waren nicht weniger, als achte von ihren verfluchten Töchtern, die ihr Bett besetzt hatten, als ich hineintrat. Die eine von denen, welche an ihrem Gewinn Theil nehmen, Maria Horton, war an ihrer aller Spitze: und nun machte Sarah, die andere, die mit dem alten Weibe in Gesellschaft stehet, mit der **Frau** Carterinn, wie sie dieselbe nennen; ... die Zahl von zehn voll. Alle waren auf eine ärgerliche Art entkleidet und ohne Schnürbrust; ...
	Die andern sieben schienen nur eben erst aufgestanden zu seyn: vielleicht von ihren Kundleuten in dem Vörderhause und von dem nächtlichen Bachusfeste; mit Gesichtern, worauf bey dreyen oder vieren unter ihnen, die gelaufen hatten, die Schminke in streifichten Strichen, welche nicht halb abgewischt waren, annoch lag, und eine grobe runzlichte Haut entdeckte ... Sie hatten alle nur die Spitzen von den Füßen in die Schuhe gesteckt. Einige waren ohne Strümpfe: alle bloß in einem Unterrock. Ihre Oberröcke, die gemacht waren, weite Reiffen zu bedecken, hingen schlumpisch, und schlugen um ihre Fersen herum ... Die Hälfte von ihnen waren ungestalte, schiefe, elende Geschöpfe, mit blassen Lippen, hingen nur schwach zusammen, und

398

schienen aus blühenden Schönheiten von neunzehn oder zwanzig Jahren vielleicht über Nacht zu scheuslichen und wohlgeübten Huren von acht und dreißig oder vierzig Jahren geworden zu seyn.

Ich beschreibe dir das Ansehen, das diese Creaturen in meinen Augen machten, da ich in das Zimmer kam, um desto genauer, weil ich glaube, daß du niemals irgend eine von ihnen, viel weniger einen ganzen Haufen gesehen hast, wenn sie so wenig vorbereitet gewesen, sich sehen zu lassen (*) ...

Hättest du es gethan: so würdest du, wie ich glaube, ein liederliches Weibsbild so, wie eine von des Swifts Yahoos, oder des Virgils unflätigen Harpyen, die ihren Unrath auf die Teller der Trojaner fallen ließen, hassen: indem solche Frauensleute in ihren Kammern eben so unsauber von Person, als von Gemüthe, sind = =

(*) Wer des Dechant Swifts Putzstube der Frauenzimmer gesehen hat, wird diese Beschreibung des Hrn. Belfords nicht allein für eine natürlichere, sondern auch geziemendere Abschilderung halten, die sich auch durch die Absicht und den Nutzen, wozu man sie anwenden kann, besser rechtfertigen läßt.

Kosegarten, VIII, 257-58	Bei meinem Hereintreten fand ich nicht weniger denn acht ihrer abscheulichen **Töchter** um ihr Bette her versammelt, und ihre Genossin, **Marie Horton**, an deren Seite. Mit Sara Martin, ihrer zwoten Gehülfin, und der so genannten Madame Carter (denn anders als **Madame** nennt sich das Geschmeiß einander nicht) welche beide mit hereintraten, waren ihrer nun zehn. Alle ungeschnürt, und im ekelhaften Deshabillé ... Die andern Sieben schienen erst eben aus den Federn gekommen zu seyn – aufgestanden vielleicht von ihren Buhlen in dem Vorderhause, und ihren erst erst halbverschlafenen Orgien. Scheuslich ekelhaft sahen sie aus. Einigen hatte der niedertraufende Schweiß in der dickaufliegenden Schminke einzelne Rinnen gegraben, durch welche sich dann eine grobe und runzliche Haut entdeckte ... Alle mit einander slarpten mit niedergetretenen Schuhen; einige waren noch ohne Strümpfe; die meisten in bloßen Unterröcken; andere aber schleiften die weiten, zur Bedeckung ungeheurer Hüftküssen geschnittenen Schlenter wüst und schlotterig um die Fersen herum, so behend sie sich auch um sich herumwickelten ... – die Hälfte des Geschmeißes (welke, krummschultrige, bleichlippige, gliederreiche Kreaturen) die die Nacht über blühende Schönheiten von neunzehn oder zwanzigen gespielt haben mochten, zeigten sich itzt als hagre abgenutzte Metzen von acht und dreißig bis vierzig. Ich bin in Beschreibung dieses Aufzugs, darinn diese Kreaturen bey meinem Eintritt ins Zimmer mir ins Auge fielen, um so umständlicher, da ich glaube, daß Du nie eine einzelne derselben, weniger eine ganze Gruppe in einem so unvorbereiteten Zustande ertappt habest ... Hätte Dich der Zufall einst auf ähnliche Art begünstigt, so weiß ich, würde Dir ein liderliches Mensch eben so anekeln, als eine von Swifts Yahoos oder Virgils unflätigen Harpyien.
Schmid, XV, 325-29	Es waren nicht weniger, als acht ihrer verfluchten Töchter da, die ihr Bette umgaben, als ich hineintrat, die eine von ihren Kompagnoninnen, die Marie

Horton, die oben ihr zu Kopfe stand, und dann die Sarah, ihre andre Kompagnoninnen, und Madam Carter ... machten die Anzahl von zehen voll. Alle waren in eckelhaften Nachtkleidern und ohne Reifröcke, die Sarah, die Carter, und die Marie ausgenommen ... Die andern sieben schienen erst aus den Bettern zu kommen, waren vielleicht von ihren Kunden im Vorderhause, und von ihren Nachtschwärmereien aufgestanden. Drey oder vier von ihnen hatten verdorbne Gesichter, auf denen die Schminke, nicht halb abgewischt, in streifigten Strichen lag, und eine grobe runzlichte Haut durchschimmern ließ ... Sie waren alle in übergetretnen Schuhen, einige ohne Strümpfe, alle blos in Unterröcken, ihre Kleider, die eigentlich bestimmt waren, spreitzende Reifen zu decken, hiengen schleppend herab, und schlugen ihnen um die Füsse, aber geschwind rafften sie sie zusammen, so bald sie mich heraufkommen hörten. Und die Hälfte von ihnen (hager, hochachslicht, mit bleichen Lippen, schwach gliedrigte elende Geschöpfe) schienen, anstatt blühender neunzehn oder zwanzig jähriger Mädchen, (das sie vielleicht erst gestern geworden waren) gräßliche abgenutzte Huren von acht und dreyßig oder vierzig Jahren zu seyn.
Ich beschreibe Dir die Art, wie diese Kreaturen meinen Augen erschienen, als sie ins Zimmer kamen, desto ausführlicher, da ich glaube, daß Du nie eine von ihnen, noch viel weniger die ganze Gruppe, gesehn hast, daß sie so wenig vorbereitet waren, Dich zu sehn.*) ... Hättest Du sie so gesehn, so glaube ich, Du würdest ein lüderlich Weibsbild hassen, wie eins von Swift's Yahoos, oder wie eine von Virgil's garstigen Harpyen, die ihren Unrath auf die Speisen der Trojaner spritzten, indem die Körper solcher Personen, wenn sie für sich sind, eben so schmutzig zu seyn pflegen, als ihre Seelen. Du würdest sie eben so sehr hassen, als ich, ein wahrhaftig tugendhaftes Frauenzimmer bewundern, ja beinahe anbeten.

*) Wer Lady's Anziehzimmer von Swift gesehn hat, wird urtheilen, daß diese Beschreibung des Hrn. Belford nicht allein natürlicher, sondern auch mit mehr Anstand ausgeführt, so wie auch mehr durch die Absicht, und durch den Gebrauch, der davon gemacht wird, gerechtfertigt ist.

Denn ich bin überzeugt, daß, so wie eine nette und saubre Frauensperson ein Engel von einem Geschöpf, so eine unsaubre das unreinste Thier in der Natur seyn müsse.

Prévost, XIV, 58	Passage gestrichen, Kommentar: *Les lettres suivantes contiennent 1°. le récit que M. Belford fait à M. Lovelace, de l'épouvantable mort de la Sinclair. Ce tableau est purement anglois; C'est-à-dire, revêtu de couleurs si fortes, & malheureusement si contraires au goût de notre nation, que tous mes adoucissemens ne le rendroient pas supportable en françois. Il suffit d'ajouter que l'*infame & le terrible *composent le fond de cette étrange peinture.*
Le Tourneur, X, 35-38	Il n'y avoit pas moins que huit de ses malheureuses filles qui environnoient son lit lorsque j'entrai. Elles avoient à leur tête Polly Horton, une de ses associées en chef. Sally, qui est l'autre, & qui venoit d'entrer, & *Mde.* Carter,

(car elles sont toutes *Madame* l'une pour l'autre,) complétoient le nombre de dix. Toutes étoient dans un déshabillé révoltant, sans lacets & sans nœuds ... Les sept autres avoient l'air de ne faire que de se lever, sortant peut-être des bras de leurs galans attitrés & de leurs orgies nocturnes; trois ou quatre d'entr'elles avec des visages où la sueur avoit coulé, & bigarrés de fard qui enlevé par places découvroit une peau grossière & flétrie ... Quelques-unes étoient plâtrées de poudre & d'essences, l'essence dominant ... Dès que j'entrai, aussitôt comme saisies d'un même mouvement, je les vis fourrant des deux mains leurs boucles de cheveux pendantes sous leurs coëffes, bonnets ronds, baigneuses, dont il n'y en avoit pas une qui ne fût de travers. Toutes étoient en pantoufles, quelques-unes sans bas, n'ayant toutes qu'un jupon de dessous, & leurs robes faites pour couvrir de vastes paniers, pendantes malproprement & ridiculement traînantes derrière les talons. Elle les avoient passées à la hâte dès qu'elles m'entendirent monter l'escalier. La moitié des sept, décharnées, les épaules voutées, les lèvres pâles, & toutes les jointures brisées, paroissoient, à l'âge peut-être de dix-neuf ou vingt ans, des femmes de trente-quatre à quarante, usées & enlaidies par la débauche.

Je te fais une peinture détaillée de l'état où ces créatures ont paru à mes yeux lorsque je suis entré dans l'appartement, parce que je crois que tu n'en as jamais vu une, encore moins un groupe de plusieurs à-la-fois si peu préparées à recevoir visite ... Si tu avois été à ma place, je pense que tu aurois éprouvé autant d'aversion pour une fille débauchée qu'en inspirent les *Yahoos* de Swift (*), ou les harpies de Virgile, souillant les tables des Troyens, ames & corps, tout étoit impur & dégoûtant.

* "Do not crop my Rosebud:" erotische Darstellung als Warnung

| Ross, p. 161-62 | Thou wilt find me at a little alehouse; they call it an inn; the White Hart; most terribly wounded (but by the weather only) the sign ... There is a pretty little smirking daughter, seventeen six days ago: I call her my Rosebud. Her grandmother (for there is no mother) ... has besought me to be merciful to her ... Many and many a pretty rogue had I spared, whom I did not spare, had my power been acknowledged and my mercy been in time implored. But the *debellare superbos* should be my motto, were I to have a new one ... But I charge thee, that thou do not (what I would not permit myself to do, for the world–I charge thee, that thou do not) crop my Rosebud ... Oh Jack! spare thou therefore ... my Rosebud! ... Unsuspicious of her danger, the lamb's throat will hardly shun thy knife!–Oh be not thou the butcher of my lambkin! |
| Stuber, I, 231-32 | Thou wilt find me at a little Alehouse; they call it an Inn: The white Hart; most terribly wounded (but by the weather only) the Sign: ... Here is a pretty little smirking Daughter; Seventeen six days ago. I call her my Rose-bud. |

	Her Grandmother (for there is no Mother) ... has besought me to be merciful to her ... Many and many a pretty rogue had I spared, whom I did *not* spare, had my power been acknowleged, and my mercy in time implored. But the *Debellare superbos* should be my motto, were I to have a new one ... But I charge thee, that thou do not (what I would not permit myself to do for the world–I charge thee, that thou would not) crop my Rose-bud ... O Jack! Spare thou therefore ... my Rose-bud!
Michaelis, I, 384-88	Du wirst mich in einer kleinen **Bier=Schencke**, die die Leute ein **Wirths=Haus** nennen, antreffen. Das Zeichen ist zum weissen Hirsch. Dieser Hirsch ist sehr verwundet, doch nur durch das Wetter ... Es ist eine kleine freundliche Tochter im Hause, die vor sechs Tagen siebenzehn Jahr alt ward: ich nenne sie nur mein **Rosen=Knöspchen**. Sie hat keine Mutteram [sic] Leben: Die Gros=Mutter ... hat mich gebeten Mitleyden mit dem armen Mädchen zu haben, und es nicht zu verführen ... Manches kleinen schelmischen Mädchens würde ich geschont haben, wenn mein Vermögen es zu verführen erkannt, und ich früh genug um Barmhertzigkeit gebeten wäre. Mein Wahlspruch soll immer das *Depellare superbas* seyn, wenn ich mich wider in eine neue Liebe einlassen kann ... Allein ich warne dich zum voraus, daß du dich nicht unterstehst zu thun, was ich selbst für die gantze Welt nicht thun wollte, nehmlich, mein Rosen=Knöspchen abzubrechen ... Schone mir deshalb dieses Rosen=Knöspchen ... Ohne an die Gefahr zu dencken, wird dieses Lamm seinen Hals kaum vor deinem Messer zurück ziehen. Allein werde ja an meinem Lamm nicht zum Schlächter.
Kosegarten, I, 388-90	Du wirst mich in einem Wirthshause finden – in einem Kruge nennen sie es – im weissen Hirsche – Der arme Hirsch ist aber jämmerlich zugerichtet, doch nur durchs Wetter – ... Es ist eine kleine freundliche Dirn im Hause, Siebzehn seit acht Tagen. Ich nenne sie nur mein Rosenknöspchen. Ihre Großmutter – die Mutter lebt nicht mehr – hat mich gebeten, ihr Barmherzigkeit widerfahren zu lassen ... Viele und manche Spitzbübinnen hätt' ich geschont, die ich nicht geschont habe, hätten sie in meiner Allgewalt mich anerkannt und meine Barmherzigkeit bei Zeiten erfleht. Aber das *Debellare superbas* sollte mein Wahlspruch seyn, wenn ich mir einen neuen wählen wollte ... Aber ich gebiete Dir, daß Du nicht thuest, was ich um die ganze Welt nicht thun möchte, daß Du – mein Rosenknöspchen nicht pflückest ... Darum schone Hans, ich sage Dir, schone mein Rosenknöspchen – ... Ohne Ahndung seiner Gefahr wird des Lämmchens Kehle vielleicht nicht einmal deinem Messer ausweichen – Darum sey nicht der Schlächter meines Lämmchens.
Schmid, II, 6-9	Du trifft mich in einem kleinen Bierhaus an, zum weißen Hirsch: der aber schröklich bleßirt ist: von Wind und Wetter, versteht sich– ... Auch ist ein kleines niedliches Töchterchen da, von etwa siebzehn Jahren. Ihre Grosmutter ... hat mich ersucht, Barmherzigkeit mit dem armen Kinde zu haben. Von dieser Seite muß man mir beikommen. Manches schelmische

	Ding würde ich geschont haben, wenn man meine Macht anerkannt, und bei Zeiten mich um Mitleid angefleht hätte. Aber das d e b e l l a r e s u p e r b o s soll immer mein Motto bleiben ... Aber ich beschwöre Dich, daß Du – was ich selber um alle Welt nicht thun würde – mein Rosenknöspchen nicht pflükest ... Noch einmal, Jak, laß Dir mein Rosenknöspchen empfohlen seyn ... Von Widerstand, Mißtrauen gegen dich, Selbstvertrauen und Wachsamkeit wird mein Rosenknöspchen nichts wissen. Kaum wird dein Messer der [sic] Kehle des ungewahrsamen Lamms schonen. Aber, du wirst mirs doch nicht hinschlachten!
Prévost, I, 189-92	Tu me trouveras dans un petit cabinet à biere, qui n'en porte pas moins ici le titre d'auberge, à l'enseigne du *Cerf blanc* ... Toute leur famille consite dans une vive & jolie petite créature, qui a ses dix-sept ans depuis six jours. Je l'appelle mon *Bouton de Rose*. Sa grand'mere (car elle n'a pas de mere) ... m'a prié fort humblement d'être pitoyable pour sa petite-fille ... Combien de jolies petites créatures me sont passées par les mains, auxquelles j'aurois fait scrupule de penser, si l'on eût reconnu mon pouvoir, & commencé par implorer ma clémence! Mais le *Debellare superbos* seroit ma devise, si j'en avois une nouvelle 'a choisir ... Mais je te charge (& tu n'y amnqueras pas, si tu sens combien il te conviendroit peu d'entreprendre ce que je renonce à faire moi-même), je te charge, dis-je, de respecter mon Bouton de Rose. Belford! je te le répète, épargne mon Bouton de Rose ... La gorge d'un agneau sans défiance ne se détourne pas pour éviter le couteau. Belford! garde-toi d'être le boucher de mon agneau.
Le Tourneur, I, 419-20	Il y a dans la maison une vive & jolie petite créature, qui a ses dix-sept ans depuis six jours. Je l'appelle mon bouton de rose. Sa grand-mère (car elle n'a plus de mère) est une bonne vieille femme ... qui m'a prié fort humblement d'être pitoyable pour sa petite fille. Voilà comme il faut s'y prendre avec moi. Combien de jolies petites créatures me sont passées par les mains, que j'aurois épargnées, si l'on eût reconnu mon pouvoir, & imploré à tems ma clémence! Mais le *debellare superbos* (*) seroit ma devise, si j'en avois une nouvelle à choisir. (*) *Dompter les rebelles*, vers de Virgile.

- **Die Todesszenen: Belton**

Ross, p. 1242	HE is now at the last gasp-rattles in the throat: has a new convulsion every minute almost. What horror is he in! His eyes look like breath-stained glass! They roll ghastly no more; are quite set: his face distorted and drawn out by his sinking jaws and erected staring eyebrows, with his lengthened furrowed forehead, to double its usual length as it seems. It is not, it cannot be, the face of Belton, thy Belton, and my Belton, ... comparing notes that might one day be brought against us, and make *us* groan, as they very lately did

	him-that is to say, while he had strength to groan; for now his voice is not to be heard; all inward, lost; not so much as speaking by his eyes: yet, strange! how can it be? the bed rocking under him like a cradle!
Stuber, VII, 192-93	HE is now at the last gasp-Rattles in the throat–Has a new convulsion every minute almost! What horror he is in! His eyes look like breath-stained glass! They roll ghastly no more; are quite set: His face distorted, and drawn out, by his sinking jaws, and erected staring eyebrows, with his lengthened furrowed forehead, to double its usual length, as it seems … for now his voice is not to be heard; all inward, lost; not so much as speaking by his eyes: Yet, strange! how can it be? the bed rocking under him like a cradle.
Michaelis, VII, 65-6	Itzo ist er in den letzten Zügen = = Er rächelt, und hat beynahe alle Augenblicke neue Zuckungen. In was für einem Schrecken schwebet er! Seine Augen sehen wie ein überhauchtes Glas aus. Sie gehen nicht mehr fürchterlich herum. Sie stehen ganz steif. Sein Gesicht ist verdrehet, und durch seine sinkende Kinnbacken und starr aufgerichtete Augenlieder mit verlängerter und gerunzelter Stirn zweymal so lang als sonst, wie es scheinet, gezogen. Es ist nicht Beltons Gesicht, es kann nicht Beltons Gesicht seyn: deines Beltons und meines Beltons, … mit dem wir Rathschläge gefasset haben, welche dereinst uns zu einem Vorwurf dienen und **uns** zu winseln nöthigen können, wie sie **ihn** noch vor gar kurzer Zeit dazu nöthigten = = nämlich so lange er noch Kraft genug hatte zu winseln. Er kann nicht einmal mehr mit den Augen sprechen: ob gleich, etwas seltsames! wie kann es seyn? das Bette unter ihm wackelt, wie eine **Wiege**.
Kosegarten, VII, 411	Itzt liegt er in den letzten Zügen – Er röchelt – zuckt etwa alle Minuten noch einmal – In welchem grauenvollen Zustand ist er! – Seine Augen sehen aus, wie naßgehauchtes Glas. –Sie rollen nicht mehr. Sie starren steif und unbeweglich. Sein Gesicht verdreht, die Kinnbacken gesunken, die Augenbraunen in die Höhe gezogen, die gerunzelte Stirn verlängert, und das ganze Gesicht, wie es scheint, noch einmal so lang, wie gewöhnlich! Es ist nicht, es **kann** nicht das Angesicht Beltons … seyn, das wir mit so vielem Vergnügen über der gesellschaftlichen Flasche angeschaut haben, wenn wir Dinge mit einander verabredeten, die eines Tages wider uns zeugen, und uns werden stöhnen machen, wie sie ihn stöhnen ließen – so lang er nehmlich Kraft hatte zu stöhnen: denn itzt ist seine Stimme nicht mehr hörbar – sie ist einwärts, verlohren – auch seine Augen sprechen nicht mehr – Aber seltsam – unbegreiflich! Das Bett unter ihm kracht und schüttert.
Schmid, XIV, 142-43	Er liegt nun in den letzten Zügen – röchelt auf der Brust, hat fast alle Augenblicke eine neue Verzuckung. In welcher fürchterlichen Angst er ist! Seine Augen sehen trübe aus, wie ein angehauchter Spiegel! Sie rollen nicht mehr wild umher, sondern stehn ganz fest. Sein Gesicht ist verzerrt, und die heruntersinkenden Wangen auseinander gezogen, seine Augenbrauen starren in die Höhe, und seine durchfurchte Stirne ist so verlängert, daß sein Gesicht noch einmal so lang, als gewöhnlich, zu seyn scheint. Es ist nicht, es kann nicht das Gesicht des **Belton** seyn, deines **Belton**, und meines **Belton**,

404

	den wir mit so viel Vergnügen bey der gesellschaftlichen Flasche sahen, und mit dem wir gemeinschaftliche Anschläge faßten, die einst unser Gewissen beunruhigen, und uns eben so ächzen machen werden, als sie noch vor kurzen **ihn** zu ächzen nöthigten – das ist, so lange er noch Kraft hatte, zu ächzen: denn jetzt ist seine Stimme nicht mehr zu hören, er spricht nur noch in sich und unvernehmlich. Nicht einmal mit seinen Augen kann er mehr reden! – Und doch, sonderbar – wie es nur möglich ist! – schwankt das Bette unter ihn [sic], als wie eine Wiege!
Prévost	Passage gestrichen
Le Tourneur, IX, 42-43	Il est maintenant à son dernier soupir. – Le râle dans la gorge! des convulsions presqu'à chaque minute. Dans quelle horreur est tout son être! Ses yeux sont obscurs comme une glace ternie; ils ne roulent plus dans l'égarement! ils sont immobiles & fixes; son visage est en contraction & défiguré; ses joues pendantes, ses sourcils droits & hérissés, son front sillonné de rides, & sa face paroît avoir le double de sa longueur! ... [C]omment se fait-il que son lit tremble & s'agite sous lui, comme le berceau d'un enfant?

- **Die Todesszenen: Mrs Sinclair**

Ross, p. 1388	Her misfortune has not at all sunk but rather, as I thought, increased her flesh; rage and violence perhaps swelling her muscly features. Behold her then, spreading the whole tumbled bed with her huge quaggy carcase: her mill-post arms held up, her broad hands clenched with violence; her big eyes goggling and flaming-red as we may suppose those of a salamander; her matted grizzly hair made irreverend by her wickedness (her clouted head-dress being half off) spread about her fat ears and brawny neck; her livid lips parched, and working violently; her broad chin in convulsive motion; her wide mouth by reason of the contraction of her forehead (which seemed to be half-lost in its own frightful furrows) splitting her face, as it were, into two parts; and her huge tongue hideously rolling in it; heaving, puffing as if for breath; her bellows-shaped and various-coloured breasts ascending by turns to her chin, and descending out of sight with the violence of her gaspings.
Stuber, VIII, 52-53	Her misfortune has not at all sunk, but rather, as I thought, increased her flesh; rage and violence perhaps swelling her muscular features. Behold her then, spreading the whole tumbled bed with her huge quaggy carcase: Her mill-post arms held up; her broad hands clenched with violence; her big eyes, goggling and flaming-red as we may suppose those of a salamander; her matted griesly hair, made irreverend by her wickedness (her clouted head-dress being half off) spread about her fat ears and brawny neck; her

	livid lips parched, and working violently; her broad chin in convulsive motion; her wide mouth, by reason of the contraction of her forehead (which seemed to be half-lost in its own frightful furrows) splitting her face, as it were, into two parts; and her huge tongue hideously rolling in it; heaving, puffing, as if for breath; her bellows-shaped and various-coloured breasts ascending by turns to her chin, and descending out of sight, with the violence of her gaspings.
Michaelis, VII, 546	Ihr Unglück hatte ihr Fleisch gar nicht vermindert, sondern vielmehr, wie es mir vorkam, noch vermehret: indem vielleicht Wuth und Heftigkeit ihre Zügen von starcken Muskeln aufgetrieben hatte. Stelle sie dir denn vor, wie sie sich mit ihrem ungeheuren sumpfichten Körper über das ganze durchwühlte Bette ausbreitet; wie sie ihre dicke und Mühlpfosten ähnliche Arme in die Höhe hebet; wie sie ihre breiten Hände mit Gewalt zusammenschlägt, wie ihre großen Augen aufgesperrt und feuerroth sind, nicht anders als man sie an einem Salamander vermuthen mag, wie sie ihre verwirrten graulichten Haare, gegen die man ihrer Bosheit wegen keine Ehrerbietung hegen konnte, um ihre dicken Ohren und den bräunlichen Hals herumhängen, indem ihr geflickter Hauptschmuck halb heruntergefallen war; wie ihre schwarzgelben Lippen verbrannt scheinen und gewaltig arbeiten: wie ihr breites Kinn in zuckender Bewegung ist; wie ihr weites Maul, weil sie die Stirne, welche in ihren eignen schrecklichen Furchen, halb verlohren schien, zusammengezogen hatte, ihr Gesicht gleichsam in zwey Stücke zerspaltet; wie sie ihre ungeheure Zunge scheuslich darinn herumrollet; wie sie sich hebet, wie sie schnaubet, als wenn sie Athem suchte, indem ihre Brüste, die wie Blasebälge aussehen und von verschiedenen Farben sind, wechselsweise sich bis an ihr Kinn heben und wieder so weit herunter steigen, daß man sie nicht sehen kann, weil sie so heftig nach Luft schnappet.
Kosegarten, VIII, 259-60	Ihre Fleischmasse, statt durch ihren Unfall eingeschrumpft zu seyn, schien mir im Umfang noch gewonnen zu haben - wozu denn die Raserey, die alle ihre starken Züge schwellte, das ihrige beytragen mochte - Siehe sie dann, wie ihr ungeheuer quabbeliger Leichnam das ganze verstörte Bett überbreitet; wie sie emporwirft ihre baumstarken Arme; wie sie die knackenden Fäuste gewaltsam in einander flechtet; wie ihre salamanderähnlichen Augen feuerroth zu dem Kopfe hervorquellen; wie ihr zerzaustes, graues (wahrhaftig nicht **ehrwürdig** graues) Haar um ihre feisten Ohren und ihren sehnenstrotzenden Nacken herumhängt; ihre bleichen Lippen arbeiten gewaltsam; ihr breites Kinn zuckt convulsivisch; ihr weiter Rachen (durch das Zusammenziehn der Stirn, die in ihre eigne scheusliche Furchen halb verlohren schien, nur noch verweitet) spaltete das ganze Gesicht, so zu sagen, in zwo Hälften; scheuslich rollte die fleischigte Zunge in dem ungeheuern Schlunde; sie blies, sie pustete, schnappte, als ob die Luft ihr versage; und von der Heftigkeit ihres Jappens schwollen die schlauchähnlich ledernen und buntgefleckten Brüste itzt bis zum Kinn empor, itzt schrumpften sie wieder so tief zurück, daß das Auge ihr Daseyn nicht einmal zu ahnden vermochte.

Schmid, XV, 330-31	Ihr Elend hatte ihr Fleisch gar nicht abgezehrt, sondern vielmehr, wie mir es vorkam, es vermehrt, indem vermuthlich Wuth und Heftigkeit ihre muskulösen Gesichtszüge aufgetrieben hatte. Denke Dir sie also, wie sie das ganze zerwühlte Bette mit ihrem diken [sic] schwammichten Leibe ausfüllt, wie sie ihre Arme, so dick, wie Mühlenstempfel [sic], in die Höhe hält, ihre breiten Hände mit Ungestümm zusammenballt, ihre dicken Augen vor dem Kopfe liegen, und rothe Flammen haben, wie man sich die Augen eines Salamanders denkt, wie ihr zerzaustes graues Haar, das sein ehrwürdiges Ansehn durch ihre Bosheit verloren hatte, um ihre fette Ohren und dickfleischigten Hals verbreitet war, wie ihre blauen Lippen brannten, und mit Heftigkeit arbeiteten, wie ihr breites Kinn in einer konvulsivischen Bewegung war, wie ihr weiter Mund (da die Stirne zusammengezogen, und halb in ihre eigne fürchterliche Runzeln verloren war) ihr Gesicht gleichsam in zwey Theile spaltete, ihre ungeheure Zunge wälzte sich fürchterlich darinnen herum, ichre, wie Blasebälge gestaltete, und auf mancherley Art gefärbte Brüste stiegen schwellend abwechselnd bis zu ihrem Kinne, und fielen wieder, daß man nichts von ihnen sah, bey der Heftigkeit ihres Athemhohlens.
Prévost, XIV, 58	Passage gestrichen, Kommentar: *Les lettres suivantes contiennent 1°. le récit que M. Belford fait à M. Lovelace, de l'épouvantable mort de la Sinclair. Ce tableau est purement anglois; C'est-à-dire, revêtu de couleurs si fortes, & malheureusement si contraires au goût de notre nation, que tous mes adoucissemens ne le rendroient pas supportable en françois. Il suffit d'ajouter que l'infame & le terrible composent le fond de cette étrange peinture.*
Le Tourneur, X, 39-40	Son accident ne l'avoit point amaigrie; il me sembla même qu'elle en avoit acquis un embonpoint encore plus monstrueux, peut-être parce que la rage & ses emportements enfloient tous ses muscles, & grossissoient encore ses traits grossiers. Voyez-la donc remplissant de son corps la largeur de son lit en désordre, ses gros bras levés en l'air, ses larges mains violemment jointes ensemble, ses yeux de bœuf d'un rouge enflammé, comme ceux d'une salamandre; sa chevelure grise, à laquelle le vice n'avoit rien laissé de vénérable, sous une vieille cornette à demi-sortie de sa tête, toute mêlée & tombant sur ses oreilles, & son cou charnu; ses lèvres livides, desséchées & agitées de spasmes, son large menton remué par des mouvements convulsifs; sa grande bouche, qui sous son front en contraction & à demi-caché dans des rides affreuses, fendoit, pour ainsi dire, son visage en deux parties; sa langue épaisse hideusement roulante dans sa bouche, haletant, soufflant comme pour retrouver la respiration; & dans ses alternatifs efforts, son énorme sein bigarré de mille couleurs, tantôt s'élevant jusqu'à son menton, & tantôt s'affaissant jusqu'à disparoître de la vue.
Ross, p. 1388	Hate them as much as I do; and as much as I admire and next to adore a truly virtuous and elegant woman: for to me it is evident that as a neat and clean woman must be an angel of a creature, so a sluttish one is the impurest animal in nature.

Stuber, VIII, 52	Hate them as much as I do; and as much as I admire, and next to adore a truly-virtuous and elegant woman: For to me it is evident, that as a neat and clean woman must be an angel of a creature, so a sluttish one is the impurest animal in nature.
Michaelis, VII, 543	Hasse sie eben so sehr, als ich: und so sehr, als ich ein wahrhaftig tugendhaftes und sauberes Frauenzimmer bewundere und bis zur Anbetung verehre. Denn für mich ist es augenscheinlich, daß, wie ein nettes und reinliches Frauenzimmer ein Engel von einem Geschöpfe seyn muß, also ein unsauberes Weibsbild das unreinste Thier in der Natur ist.
Kosegarten, VIII, 258	Hasse sie, Lovelace, so sehr als ich sie hasse, so sehr als ich ein wahrhaftig tugendhaftes und reines Frauenzimmer bis zur Anbetung verehre. Denn mir ists klar, daß, so wie ein reines und saubres Frauenzimmer einem Engel gleichen muß, so im Gegenteil ein schmuddeliges das unreinste Thier in der Natur seyn müsse –
Schmid, XV, 328-29	Du würdest sie eben so sehr hassen, als ich, ein wahrhaftig tugendhaftes Frauenzimmer bewundern, ja beinahe anbeten. Denn ich bin überzeugt, daß, so wie eine nette und saubre Frauensperson ein Engel von einem Geschöpf, so eine unsaubre das unreinste Thier in der Natur seyn müsse.
Prévost	Passage gestrichen
Le Tourneur, X, 38-39	Haïs-les autant que je les haïs, autant que j'admire, j'ai presque dit autant que j'adore une femme vraiment élégante & vertueuse. Pour moi, il me semble qu'une femme honnête & décemment parée, est un ange sur la terre; & qu'une femme maussade, comme celles que je te dépeins, est ce qui respire de plus impure dans la nature.
Ross, p. 1389	And here, said she–Heaven grant me patience! (clenching and unclenching her hands)–am I to die thus miserably!–of a broken leg in my old age!– snatched away by means of my own intemperance! Self-do! Self-undone!– No time for my affairs! No time to repent!–And in a few hours (Oh!–Oh!– with another long howling O-h!–U-gh-o! a kind of screaming key terminating it) who knows, who can tell *where* I shall be!–Oh! that indeed I never, never, had had a being!
Stuber, VIII, 53	And here, said she–Heaven grant me patience! [clenching and unclenching her hands] am I to die thus miserably!–of a broken leg in my old age!– snatch'd away by means of my own intemperance! Self-do! Self-undone!– No time for my affairs! No time to repent!–And in a few hours (Oh!–Oh!– with another long howling O- - -h!–U-gh-o! a kind of screaming key terminating it) who knows, who can tell *where* I shall be!–Oh! that indeed I never, never, had had a being!
Michaelis, VII, 546-47	Gott verleihe mir Gedult! muß ich so jämmerlich sterben! = = an einem Beinbruch in meinen alten Tagen! = = durch meine eigne Unmäßigkeit hingerissen! = = Keine Zeit zu meinen Sachen! Keine Zeit zur Buße! = = Und in wenigen Stunden O! = O–! == nebst noch einem lange heulenden O ==! welches ein schreiender Husten beschloß = = wer weiß, wer kann sagen,

	wo ich seyn werde! == O wäre ich doch wirklich niemals, niemals da gewesen!
Kosegarten, VIII, 262	"Und hier," sprach sie – "Gott verleihe mir Geduld!" (indem sie ihre Hände dann faltete, dann wieder aus einander riß) "hier soll ich sterben so jämmerlich, an einem Beinbruch in meinen alten Tagen – weggerafft durch meine eigne Unmäßigkeit – aus eigner selbstmördrischer Schuld – Keine Zeit, mein Haus zu bestellen – Und binnen wenig Stunden – Oh! – Oh" – Und dann ein längeres, heulendes O-h (das in ein gräßliches Huh! hu-h erstarb) "wer weiß, wer kann mir sagen, wo ich hinkommen werde! – O daß ich nimmer wäre gebohren worden!"
Schmid, XV, 332-33	Und nun (indem sie ihre Hände bald zu, bald aufmachte) sagte sie: Der Himmel verleihe mir Geduld! – Auf eine so jämmerliche Art soll ich sterben! – An einem gebrochnen Fusse in meinen alten Tagen! – Durch meine eigne Unmäßigkeit werde ich dahin gerafft! Ich selbst habe es gethan! Ich selbst habe mich unglücklich gemacht! – Ich habe keine Zeit zu meinen Angelegenheiten! Keine Zeit zur Reue! Und in wenig Stunden – o! o! (und dann noch einige heulende ach und o in einer Art von jammernden Tonleiter) – wer kann sagen, wo ich dann seyn werde? Ach, wahrhaftig, ich wünschte, ich wäre nie, nie gewesen!
Prévost	Passage gestrichen
Le Tourneur, X, 42	Eh! que le ciel, dit-elle, me donne la patience, joignant & détachant ses mains alternativement: dois-je mourir si misérablement! ... d'une jambe fracassée; à mon âge ... périssant du fruit de mes débauches, par ma faute; m'étant tuée moi-même ...! Point de temps pour mes affaires! point de temps pour me repentir! ... Et dans quelques heures (avec un long hurlement qui finit par un éclat déchirant,) qui sait, qui peut dire où je serai? Oh! que je ne fusse jamais, non, jamais, née!
Ross, p. 1389	*Die*, did you say, sir?–*die*!–I *will not*, I *cannot* die!–I know not *how* to die!–*Die*, sir! And *must* I then die!–leave this world!–I cannot bear it!– ... I cannot, I will not leave this world. Let others die who wish for another! Who expect a better!–I have had my plagues in this; but would compound for all future hopes, so as I may be nothing after this! And then she howled and bellowed by turns.
Stuber, VIII, 54-55	*Die*, did you say, Sir?–*Die*!–I *will not*, I *cannot* die!–I know not *how* to die!–*Die*, Sir! And *must* I then die? –Leave this world?–I cannot bear it!– ... I cannot, I will not leave this world ... I have had my plagues in This; but would compound for all future hopes, so as I may be nothing after This! And then she howled and bellowed by turns.
Michaelis, VII, 548	**Sterben**, sagten sie, mein Herr? == **Sterben!** == Ich **will nicht, ich kann** nicht sterben! == Ich weiß nicht, **wie** ich sterben soll! **Sterben**, mein Herr! == Und muß ich dann sterben! == diese Welt verlassen! == Es ist mir unerträglich! == ... Ich kann nicht, ich will diese Welt nicht verlassen. Es mögen andere sterben, die sich eine andere Welt wünschen! Die eine bessere

	erwarten! = = Ich habe meine Plagen in dieser Welt gehabt: allein ich wollte mich dennoch vergleichen, alle künftige Hoffnung hinzugeben, so daß ich nach dieser nichts seyn möge! Hierauf heulte und brüllte sie wechselweise.
Kosegarten, VIII, 264	Sterben?" brüllte sie mir entgegen – "Sterben, sagen Sie, Sir? Ich will nicht sterben! Ich kann nicht sterben – Ich weiß nicht, wie ich sterben soll – Sterben, Sir? – Und muß ich denn sterben? – muß diese Welt verlassen – Ich kann, ich kann's nicht tragen! ... Ich kann nicht, ich will nicht diese Welt verlassen – Die laß sterben, die eine andre wünschen! die eine bessere erwarten – Ich hab' in dieser mein beschieden Theil gehabt; aber entsagen will ich allen künftigen Hofnungen, wenn ich nur nach diesem nichts, gar nichts seyn soll." Und nun heult' und brüllte sie wieder wechselsweise.
Schmid, XV, 335-36	*Sterben, sagten Sie, Sir? – Sterben? – Ich will nicht, ich kann nicht sterben! – Ich weiß nicht, wie ich sterben soll! – Sterben,* Sir? Und muß ich dann sterben? Diese Welt verlassen? – Ich kann den Gedanken nicht ertragen! – Und wer brachte Sie hieher, um mir zu sagen, daß ich sterben muß, Sir? – Ich kann, ich will die Welt nicht verlassen. Mögen andre sterben, die sich eine andre Welt wünschen, die eine beßre erwarten! – Ich habe meine Plage in dieser Welt gehabt, ich wollte aber auf alle künstliche Hofnungen Verzicht thun, wenn ich nach diesem Leben vernichtet werden könnte! Und nun heulte und brüllte sie wieder wechselsweise.
Prévost	Passage gestrichen
Le Tourneur, X, 44	Mourir, avez-vous dit, Monsieur! mourir, je ne veux pas; je ne peux pas mourir. Je ne sais pas comment mourir! Mourir, Monsieur! Et faut-il donc que je meure? Ah ne prononcez jamais ce mot. Je ne peux le supposer. Et qui vous a amené ici ... Je ne peux pas, je ne veux pas quitter ce monde; que ceux-là meurent qui en désirent un autre, qui en espèrent un meilleur. J'ai eu bien des tourmens dans celui-ci; mais je donnerois bien toutes mes espérances à venir pour être anéantie en sortant de cette vie! & elle se mit à crier & à meugler de nouveau.

- **Die Todesszenen: Clarissa**

Ross, pp. 1361-62	What is dying but the common lot?–The mortal frame may *seem* to labour– but that is all!–It is not so hard to die, as I believed it to be!–The preparation is the difficulty–I bless God, I have had time for that–the rest is worse to be-holders than to me!–I am all blessed hope–hope itself ... [A]nd she spoke faltering and inwardly: Bless–bless–bless–you all–and now–and now (hold-ing up her almost lifeless hands for the last time)–come–Oh come–blessed Lord JESUS! And with these words, the last but half-pronounced, expired: such a smile,

	such a charming serenity over-spreading her sweet face at the instant as seemed to manifest her eternal happiness already begun.
Stuber, VIII, 5-7	What is dying but the common lot?–The mortal frame may *seem* to labour– But that is all!–It is not so hard to die, as I believed it to be!–The Preparation is the difficulty–I bless God, I have had time for That–The rest is worse to beholders, than to me!–I am all blessed hope–Hope itself ... [A]nd she spoke faltering and inwardly, –Bless–bless–bless–you All–And now–And now– [holding up her almost lifeless hands for the last time]–Come–O come– Blessed Lord JESUS! And with these words, the last but half pronounced, expired: Such a smile, such a charming serenity over-spreading her sweet face at the instant, as seemed to manifest her eternal happiness already begun.
Michaelis, VII, 458-62	Was ist der Tod anders, als das gemeine Looß? = = Der sterbliche Bau mag unter einer Last zu arbeiten **scheinen** = = Aber das ist auch alles! = = Es ist nicht so hart, zu sterben, als ich geglaubet habe! ... Ich bin voll seliger Hoff-nung = = ja die Hoffnung selbst ... [S]ie sprach stotternd und einwärts = = Segne = = segne = = segne = = sie alle = = Und nun = = Und nun = = dabey hub sie ihre beynahe leblosen Hände zum letzten mal in die Höhe = = komm = = o komm = = Hochgelobter Herr = = *Jesu*! Mit diesen Worten verschied sie, als sie das letzte nur erst halb ausgespro-chen hatte: und in dem Augenblick breitete sich ein solches Lächeln, eine so reizende Heiterkeit über ihr anmuthreiches Gesicht aus, daß es ein Zeichen ihrer schon angegangenen ewigen Glückseligkeit zu seyn schiene.
Kosegarten, VIII, 170-75	Was ist Sterben anders, als das gemeine Loos der Menschheit? Die sterb-liche Hülle mag zu leiden scheinen – Aber dieß Scheinen ist auch Alles! – Es ist so schwer nicht, zu sterben, wie ich's mir vorgestellet habe – Die Zu-bereitung ist das Schwere – Und dazu, Gott sey Dank! dazu hab' ich Zeit gehabt – Das Übrige ist schwerer für die Zuschauer, als für mich – Ich bin lauter Hofnung – lauter selige, strahlende Hofnung – ... "Segen – Segen – Segen – Ihnen allen–" stammelte sie mit schon hinschwin-dender einwärtskehrender Stimme – "Und nun – nun–" Zum letztenmale hob sie ihre fast leblose Hand in die Höhe – "Komm – komm – Gesegneter Herr– Jesu." Und mit diesen Worten, deren letztes sie kaum halb hervorbra-chte, verschied sie – Während ein solches Lächeln, eine solche strahlende Heiterkeit sich über ihr holdes Antlitz verbreitete, daß man sahe, ihr ewiges Heil habe schon begonnen –
Schmid, XV, 216-22	Was ist Sterben anders, als das allgemeine Schicksal? – Der sterbliche Leib scheint ein wenig dabey zu kämpfen. Aber das ist auch alles. Es ist nicht so schwer, zu sterben, als ich geglaubt hatte! – Die Vorbereitung ist das Schwere – Gott sey Dank, ich habe Zeit dazu gehabt – Das übrige ist schlim-mer für die Zuschauer, als für mich! – Ich bin ganz selige Hofnung – die Hofnung selbst! ... Und nun sagte sie stammelnd und in sich: Seegen – Seegen – Seegen über euch alle! – Und nun – und nun – (indem sie ihre fast leblosen Hände zum

	letztenmal in die Höhe hielt) – Komm – ach komm – göttlicher Heiland – Herr Jesu! Und mit diesen Worten, wovon sie die lezten nur halb aussprach, gab sie ihren Geist auf. In diesem Augenblick verbreitete sich ein solches Lächeln, eine so reizende Heiterkeit über ihr holdes Antlitz, welche zu beweisen schien, daß ihre ewige Glückseligkeit schon angefangen habe.
Prévost, XIV, 9-14	La mort n'est-elle pas notre partage commun? Le corps peut paroître un peu abbatu; c'est tout. Il n'est pas si pénible de mourir que je l'avois cru. La difficulté consiste dans les preparations: mais, graces au ciel, le tems ne m'a pas manqué. Le reste, je le vois bien, est plus fâcheux pour les spectateurs que pour moi. L'avenir, auquel je touche, ne me présente rien que d'agréable ... Enfin, levant les mains à demis, & prononçant d'une voix confuse: Ciel! reçois une ame qui n'aspire qu'à toi, elle a rendu le dernier soupir ... Elle est partie ... quatre minutes précises après six heures.
Le Tourneur, IX, 473-74	La mort n'est-elle pas notre commun partage? Ce corps mortel peut paroître souffrir; mais c'est tout. Il n'est pas aussi pénible de mourir que je l'avois cru. La difficulté consiste dans la préparation; mais, grâce au ciel, le temps ne m'a pas manqué. Le reste, je le vois, est plus fâcheux pour les spectateurs que pour moi. Je suis toute espérance ... de bonheur ... l'espérance même. ... Enfin, prononçant d'une voix éteinte: que Dieu vous bénisse! – vous bénisse – tous! Et maintenant, (levant pour la dernière fois ses mains presqu'inanimées,) viens, viens, ô mon Dieu! – Jesus! C'est avec ces mots, dont elle n'a pu prononcer le dernier qu'à demi, qu'elle a expiré. – Un sourire, une douce & céleste sérénité, qui s'est en ce moment répandue sur son visage, sembloient manifester que son bonheur éternel avoit déjà commencé.

- **Die Todesszenen: Lovelace**

Ross, pp. 1487-88	The surgeons told him, that my chevalier could not live over the day. When the colonel took leave of him, Mr Lovelace said in French, You have well revenged the dear creature. I have, sir, said Mr Morden, in the same language: and perhaps shall be sorry that you called upon me to this work, while I was balancing whether to obey, or disobey, the dear angel. There is a fate in it! replied my chevalier–a cursed fate!–or this could not have been!–But be ye all witnesses, that I have provoked my destiny, and acknowledge, that I fall by a man of honour. Sir, said the colonel, with the piety of a confessor ..., snatch these few fleeting moments, and commend yourself to God ... Contrary to all expectation, he lived over the night: but suffered much, as well from his impatience and disappointment, as from his wounds; for he

seemed very unwilling to die.
He was delirious, at times, in the two last hours; and then several times cried out, Take her away! Take her away! but named nobody. And sometimes praised some lady (that Clarissa, I suppose, whom he had called upon when he received his death's wound) calling her, Sweet Excellence! Divine Creature! Fair Sufferer!–And once he said, Look down, blessed Spirit, look down!–And there stopped–his lips however moving ...
His few last words I must not omit, as they show an ultimate composure; which may administer some consolation to his honourable friends.
Blessed–said he, addressing himself no doubt to Heaven; for his dying eyes were lifted up–a strong convulsion prevented him for a few moments saying more–But recovering, he again with great fervour (lifting up his eyes, and his spread hands) pronounced the word *Blessed*–Then, in a seeming ejaculation, he spoke inwardly so as not to be understood: at last, he distinctly pronounced these three words,

LET THIS EXPIATE!

And then, his head sinking on his pillow, he expired; at about half an hour after ten.

Stuber, VIII, 248-49	The Surgeons told him, that my Chevalier could not live over the day.

When the Colonel took leave of him, Mr. Lovelace said, You have well revenged the dear creature.
I have, Sir, said Mr. Morden: And perhaps shall be sorry that you called upon me to this work, while I was balancing whether to obey, or disobey, the dear angel.
There is a fate in it! replied my Chevalier–A cursed fate!–Or this could not have been!–But be ye all witnesses, that I have provoked my destiny, and acknowlege, that I fall by a Man of Honour.
Sir, said the Colonel, with the piety of a confessor, ... snatch these few fleeting moments, and commend yourself to God ...
Contrary to all expectation, he lived over the night: But *suffered much*, as well from his *impatience* and *disappointment*, as from his *wounds*; for he seemed *very unwilling to die.*
He was delirious, at times, in the two last hours; and then several times cried out, as if he had seen some frightful Spectre, Take her away! Take her away! but named nobody. And sometimes praised some Lady (that Clarissa, I suppose, whom he had invoked when he received his death's wound) calling her, Sweet Excellence! Divine Creature! Fair Sufferer!–And once he said, Look down, blessed Spirit, look down!–And there stopt;–his lips however moving ...
His few last words I must not omit, as they shew an ultimate composure; which may administer some consolation to his honourable friends.
Blessed–said he, addressing himself no doubt to Heaven; for his dying eyes were lifted up–A strong convulsion prevented him for a few moments saying more–But recovering, he again with great fervor (lifting up his eyes, and his

spread hands) pronounced the word *Blessed:*–Then, in a seeming ejaculation, he spoke inwardly so as not to be understood: At last, he distinctly pronounced these three words,

LET THIS EXPIATE!

And then, his head sinking on his pillow, he expired; at about half an hour after ten.

Michaelis,
VII, 873-75

Die Wundärzte sagten ihm, daß mein Cavallier den Tag nicht überleben könnte.

Als der Obrist Abschied von ihm nahm, sagte Herr Lovelace in französischer Sprache: Sie haben die liebe Fräulein wohl gerächet.

Das habe ich gethan, mein Her, versetzte Herr Morden in eben der Sprache: und vielleicht wird es mir leid seyn, daß sie mich zu diesem werk aufgefordert haben, da ich noch unschlüssig war, ob ich dem lieben Engel gehorsam, oder ungehorsam seyn sollte.

Es ist ein Verhängniß dabey, antwortete mein Cavallier = = Ein verfluchtes Verhängnis! = = Sonst hätte dieß nicht seyn können! = = Allein seyd ihr alle Zeugen, da ich mein Schicksal wider mich aufgerufen habe, und erkenne, daß ich durch die Hand eines rechtschaffenen Mannes gefallen bin.

Mein Herr, sagte der Obrist, so gottselig als ein Beichtvater; ... ergreiffen sie diese wenige und flüchtige Augenblicke und befehlen sich Gott ...

Wider alles Vermuthen überlebte er noch die Nacht: stand aber so wohl von seiner Ungedult und seinem Misvergnügen, daß ihm seine Hoffnung fehlgeschlagen war, als von seinen Wunden vieles aus; denn er schien sehr ungern zu sterben.

Er rasete bisweilen in den beyden letzten Stunden; und in der Raserey rief er zu verschiedenen malen: Nehmet sie weg! Nehmet sie weg! nannte aber niemand. Bisweilen erhob er eine Fräulein; die Clarissa, vermuthe ich, welche er anredete, als er seine tödtliche Wunde bekam; und nannte sie; Angenehmes Muster der Vollkommenheit! Göttliche Fräulein! Leidende Schöne! = = Einmal sagte er: Schaue herunter, seliger Geist, schaue herunter! = = Und damit hielte er inne: = = jedoch bewegten sich seine Lippen.

Um neun des Morgens ward er von Zuckungen überfallen und fiel in Ohnmacht. Es währte eine Viertelstunde, ehe er sich daraus erhohlte.

Seine wenigen lezten Worte muß ich nicht vergessen: da sie beweisen, daß er sich zuletzt gefasset habe; welches seinen geehrten Freunden zu einigem Troste gereichen mag.

Heiliger = = sprach er; und wandte sich damit sonder Zweifel zum Himmel: denn seine sterbende Augen waren aufgehoben = = Eine starke Zuckung hinderte ihn auf einige Augenblicke mehr zu sagen = Als er sich aber wieder erhohlte, sprach er wieder mit großem Eifer, mit aufgehabenen Augen und ausgebreiteten Händen, das Wort **Heiliger** aus. = = Hierauf redete er, als wenn er **andächtige** Seufzer schickte, so einwärts, daß man es nicht verstehen konnte: und zuletzt sprach er deutlich diese drey Worte aus:
Laß dieß versöhnen!

414

	Hiemit sank sein Haupt auf das Kopfküssen; und er verschied: eine halbe Stunde nach zehn.
Kosegarten, VIII, 613-15	Die Wundärzte sagten ihm, mein Ritter könne den Tag nicht überleben. Als der Oberst von ihm Abschied nahm, sagte Herr Lovelace: "**Sie haben das theure Mädchen wohl gerochen!** "**Das hab' ich, Sir,**" sagte Herr Morden. "**Und vielleicht wird es mir einst leid seyn, daß Sie zu dieser That mich aufgefordert haben, während ich bey mir anstand, ob ich dem lieben Engel gehorsam oder ungehorsam seyn wollte.**" "**Es ist ein Schicksal,**" erwiederte mein Ritter, "**ein verwünschtes Schicksal. Es hätte sonst so nicht gehen können. Allein seyd Zeugen alle, daß ich mein Verhängniß aufgefordert habe, und daß ich erkenne, durch einen Mann von Ehre gefallen zu seyn.** "**Sir,**" sagte der Oberste, mit der Frömmigkeit eines Beichtvaters, "**haschen Sie diese wenigen flüchtigen Augenblicke und befehlen Sie sich Gott.**" Wider alle Erwartung überlebte er die Nacht, litt aber sehr viel, sowohl von seiner Ungeduld und seinem Unmuthe, als von seinen Wunden. In den beiden letzten Stunden war er zu Zeiten außer sich. Als wenn ein gräßliches Gespenst ihm vorschwebe, schrie er mehr malen: "**Nehmt sie weg! Nehmt sie weg!**" nannte aber keinen. Bisweilen pries er ein gewisses Fräulein (jene **Clarissa** vermuthlich, die er anrief, dis er den Todesstoß empfing) **theure Vortrefliche!** nannt' er sie – **himmlisches Mädchen – holde Leidende** – Und einstens sagt' er: **Schau herab, schau herab, verklärte Seele** – – Inne hielt er, doch regten sich noch seine Lippen ... Seine letzten Worte darf ich nicht vergessen. Sie sind ein Beweis, daß er sich zuletzt gefaßt habe, und können den edlen Seinigen zu einigem Troste dienen. **Heiliger,** – sagt' er, an den Himmel ohne Zweifel sich wendend; denn seine brechenden Augen starrten aufwärts – Eine starke Zuckung hinderte ihn einige Augenblicke, mehr zu sagen – Allein er erholte sich, sprach noch einmal mit großer Anbrunst, die Augen aufhebend, und die Hände ausbreitend, das Wort: **Heiliger** – schien dann zu beten, allein so einwärts, daß man es nicht verstehen konnte – Zuletzt sprach er ganz vernehmlich folgende drey Worte aus: LASS DIES VERSÖHNEN! senkte das Haupt auf sein Kissen, und verschied. – Die Uhr, die auf seinem Tische lag, zeigte gerad' halb eins.
Schmid, XVI, 328-31	Die Wundärzte sagten mir, daß mein Herr den Tag nicht überleben könnte. Als der Kolonel Abschied von ihm nahm, sagte Herr **Lovelace** auf Französisch zu ihm: Sie haben die theure Miß gut gerochen! Das habe ich, Sir, sagte Herr Morden in derselben Sprache, und vielleicht wird es mir leid thun, daß Sie mich zu diesem Geschäft aufgefodert [sic] haben, da ich noch ungewiß war, ob ich dem theuren Engel gehorchen sollte, oder nicht.

Ein Verhängniß waltet dabey ob, erwiederte mein Chevalier – ein verdammtes Verhängniß – sonst hätte es nicht so kommen können! – Aber seyd ihr mir alle Zeugen, daß ich das Schicksal mir selbst zugezogen, und daß ich es bekenne, daß ich durch einen Mann von Ehre falle.

Sir, sagte der Kolonel, mit der Frömmigkeit eines Beichtvaters (indem er die Hand des Herrn *Lovelace* drückte) ergreifen Sie noch diese wenigen schwachen Augenblicke, und empfehlen Sie sich Gott.

Und nun ritt er fort ...

Gegen alle Erwartung lebte er noch über die Nacht, muste [sic] aber viel leiden, so wohl durch seine Ungeduld und Verzweiflung, als durch seine Wunden; denn er schien ungern zu sterben.

In den beiden letzten Stunden war er zu Zeiten Wahnsinnig [sic], und dann rufte er verschiednemal aus: Nehmt sie weg, nehmt sie weg! doch nannte er niemanden. Und zuweilen rühmte er eine gewisse Lady (vermuthlich jene Klarisse, deren Nahmen er ausrufte, als er seine tödtliche Wunde bekam) und nannte sie vortrefflich, göttlich, eine schöne Dulderinn. Und einst sagte er: Sieh herab, seeliger Geist, sieh herab! – Und hier hielt er inne, doch bewegten sich seine Lippen ...

Seine wenigen letzten Worte darf ich nicht übergehn, da sie eine völlige Gelassenheit anzeigen, welches seinen geehrtesten Freunden zu einigem Troste gereichen kann.

Gütiger – sagte er, indem er vermuthlich den Himmel anredete, denn seine sterbende Augen waren empor gehoben – eine starke Konvulsion hinderte ihn einige Augenblicke mehr zu sagen – als er aber wieder zu sich selbst kam, sprach er nochmals mit vieler Wärme, indem er die Augen und die gefalteten Hände aufhub, das Wort gütiger [sic] aus. Sodann sprach er mit scheinbarem Eifer einiges so in sich, daß er nicht verstanden werden konnte. Endlich sagte er ganz deutlich folgende vier Worte:

Laß dich dies versöhnen.

Drauf sank sein Kopf auf das Küssen, und er verschied halb eilf Uhr.

| Prévost, XIV, 139-42 | Le chirurgien l'assura que M. le chevalier ne pouvoit vivre jusqu'à la fin du jour. Lorsqu'il fut prêt à partit, M. Lovelace lui dit en françois: Vous avez bien vengé, ma chere Clarisse! J'en conviens, répondit le colonel dans la même langue; & peut-être gémirai-je toute ma vie de n'avoir pu résister à vos offres, lorsque je balançois sur l'obéissance que je croyois devoir à cet ange. Attribuez votre victoire au destin, repliqua mon maître, à l'ascendant d'un cruel destin; sans quoi, ce qui vient d'arriver étoit impossible. Mais vous, reprit-il, en s'adressant au chirurgien, à M. Margate & à moi, soyez témoins tous trois, que je me suis attiré mon sort, & que je péris par la main d'un homme d'honneur.

Monsieur! monsieur! lui dit le colonel, avec la pieté d'un confesseur, & lui serrant affectueusement la main, profitez de ces précieux momens, & recommandez-vous au ciel ...

Contre toute attente, il vécut jusqu'au jour suivant. Mais il souffrit beaucoup, de son impatience & de ses regrets, autant que de la douleur de ses |

blessures; car il ne pouvoit se résoudre à quitter la vie. La raison paroissoit quelquefois l'abandonner, sur-tout pendant les deux dernieres heures de sa vie. Il s'écriroit par intervalles: Eloignez-la de mes yeux, éloignez-la de mes yeux; mais il ne nommoit personne. Quelquefois il adressoit des expressions fort tendres à quelque femme, qui étoit apparemment la même Clarisse qu'il avoit nommée en recevant le coup mortel. Il l'appeloit: Fille excellente! divine creature! malheureuse innocente! Je lui entendis répéter particulièrement: Jetez les yeux sur moi, bienheureux esprit! daignez jeter les yeux sur moi. Il s'arrêtoit après ces quatre mots; mais il continuoit de remuer les levres ... (je ne dois pas oublier ses dernieres paroles, qui semblent marquer un esprit plus composé, & qui peuvent être, par conséquent, de quelque consolation pour ses amis: Quelles graces, je dois ... prononça-t-il distinctement, en s'adressant sans doute au ciel, car il y tenoit les yeux levés: mais une forte convulsion ne lui permit pas d'achever. Ensuite, revenant à lui, il recommença les mêmes mots avec beaucoup de ferveur, les yeux levés encore; & les deux mains étendues. Ils furent suivis de quelque apparence de prieres, prononcées d'une voix intérieure, qui ne laissoit rien entendre de distinct. Enfin, j'entendis clairement ces trois mots, qui furent les derniers: Reçois cette expiation. Alors, sa tête s'étant enforcée dans son oreiller, il expira vers dix heures & demie.

Le Tourneur, X, 391-93	Le chirurgien l'assura que M. le chevalier ne pouvoit vivre jusqu'à la fin du jour. Lorsqu'il fut prêt à partir, M. Lovelace lui dit: *vous avez bien vengé ma chère Clarisse! J'en conviens*, repondit le Colonel dans la même langue; *& peut-être regretterai-je que vous m'ayiez appelé à cette œuvre, lorsque je restois incertain si je devois obéir ou désobéir à ce cher ange.– Attribuez votre victoire au destin*, répliqua mon maître, *à l'ascendant d'un cruel destin; sans quoi ce qui vient d'arriver étoit impossible.* – Mais vous, replit-il, en s'adresssant au chirurgien, à M. Margate & à moi, *soyez témoins tous trois, que je me suis attiré mon sort & que je reconnois que je péris par la main d'un homme d'honneur.*

"Monsieur! Monsieur! lui dit le Colonel, avec la pitié d'un confesseur, & lui serrant affectueusement la main, profitez de ces precieux momens, & recommandez-vous à Dieu." Il s'éloigna aussitôt.

Contre toute attente, il vécut jusqu'au jour suivante. Mais il suffrit cruellement de son impatience, & de voir son espérance trompée, autant que de la douleur de ses blessures; car il paroissoit quitter la vie bien malgré lui. La raison l'abandonna quelquefois, surtout pendant les deux dernières heures de sa vie, & dans son délire, il s'écrioit par intervalles, comme s'il eût vu quelque spectre effrayant: "Eloignez-la de mes yeux, eloignez-la"; mais il ne nommoit personne. Quelquefois il adressoit des expressions fort tendres à une femme, apparemment la même Clarisse qu'il avoit invoqué en recevant le coup mortel. Il l'appeloit fille sublime! divine créature! beauté malheureuse! Je lui entendis répéter particulièrement: "jetez les yeux sur moi, bienheureux esprit! doignez jeter les yeux sur moi." Il s'arrêtoit après ces quatre mots; mais il continuoit de remuer les lèvres.

A neuf heures du matin, il fut baisi de convulsions violentes; & perdant tout-à-fait connoissance, il demeura dans cet état plus d'un quart d'heure. Lorsqu'il revint a lui (je ne dois pas oublier ses dernières paroles qui semblent marquer un esprit plus calme, & qui peuvent être par conséquent de quelque consolation pour ses amis): *quelles grâces je dois* ... prononça-t-il distinctement, en s'adressant sans doute au ciel, car il y tenoit les yeux levés: mais une forte convulsion ne lui permit pas d'achever. Ensuite, revenant à lui, il recommença à dire, *quelles graces* ... ... avec beaucoup de ferveur, les yeux levés encore, & les deux mains étendues: ces mots furent suivis de quelque apparence de prières, prononcées d'une voix intérieure, qui ne laissoit rien entendre de distinct. Enfin j'entendis clairement ces trois mots, qui furent les derniers: *Reçois cette expiation.* Alors sa tête s'étant enforcée dans son oreiller, il expira vers dix heurs & demie.

MÜNSTERANER MONOGRAPHIEN ZUR ENGLISCHEN LITERATUR /
MÜNSTER MONOGRAPHS ON ENGLISH LITERATURE

Herausgegeben von Bernfried Nugel und Hermann Josef Real

Band   1   Johannes Bohmann: "No ideas but in things": Untersuchungen zu William Carlos Williams' Lyrik und Poetik vor dem Hintergrund von Imagismus und Objektivismus.1989.

Band   2   Ute Mohr: Melancholie und Melancholiekritik im England des 18. Jahrhunderts.1990.

Band   3   Andreas Selling: Deutsche Gelehrten-Reisen nach England 1660-1714. 1990.

Band   4   Sabine Ulrike Bückmann-de Villegas López: Erfahrungen der Rache im englischen und spanischen Drama der Blütezeit. 1991.

Band   5   Theodor Dopheide: "Satyr the true Medicine": die Komödien Thomas Shadwells. 1991.

Band   6   Georg Heinemann: "An All-Disastrous Fight": Empörung und Resignation im Werk James Thomsons (B.V.). 1991.

Band   7   Ralf Stender: "There is no Room for Choice": die Tragödien Nicholas Rowes. 1992.

Band   8   Josef W. Pesch: Wilde, About Joyce: zur Umsetzung ästhetizistischer Kunsttheorie in der literarischen Praxis der Moderne. 1992.

Band   9   Annegret Pago: "Behold, He Comes with Clouds": Untersuchungen zur eschatologischen Dichtung in der englischen Literaturgeschichte des 17. und 18. Jahrhunderts. 1992.

Band 10   Andreas Oehlke: Irland und die Iren in deutschen Reisebeschreibungen des 18. und 19. Jahrhunderts. 1992.

Band 11   Ursula Mühle-Moldon: "Every Prediction is a Twin": säkulare Prophetien im England des 17. Jahrhunderts. 1993.

Band 12   Michael Hiltscher: Shakespeares Text in Deutschland: Textkritik und Kanonfrage von den Anfängen bis zur Mitte des neunzehnten Jahrhunderts. 1993.

Band 13   Christiane Berger: Altenglische Paarformeln und ihre Varianten. 1993.

Band 14   Inglinde Padberg: "A Crocodile before the Chrysalis": die Rolle der *Buffalo Notebooks* für die Genese des lyrischen Frühwerks von Dylan Thomas. 1994.

Band 15   Uwe Pauschert: Joseph Glanvill und die Neue Wissenschaft des 17. Jahrhunderts. 1994.

Band 16   Gabriele Sieweke: Der Romancier als Historiker: Untersuchungen zum Verhältnis von Literatur und Geschichte in der englischen Historiographie des 19. Jahrhunderts. 1994.

Band 17   Martin Kämper: Sir William Temples Essays *Upon Ancient and Modern Learning* und *Of Poetry*: eine historisch-kritische Ausgabe mit Einleitung und Kommentar. 1995.

Band 18   Heike Wagner: Frauendarstellung und Erzählstruktur im Romanwerk Dorothy Richardsons. 1996.

Band 19   Dorit Grugel-Pannier: *Luxus*: eine begriffs- und ideengeschichtliche Untersuchung unter besonderer Berücksichtigung von Bernard Mandeville. 1996.

Band 20   Joachim Frenk: *Myriads of Fantastic Forms*: Formen und Funktionen des Phantastischen in englischen Sozialmärchen des 19. Jahrhunderts. 1998.

Band 21   Paul Hartle: Hunting the Letter: Middle English Alliterative Verse and the Formulaic Theory. 1999.

Band 22   Michael M. Repetzki: John Evelyn's Translation of Titus Lucretius Carus, *De rerum natura*: An Old-Spelling Critical Edition. 2000.

Band 23   Astrid Krake: "How art produces art". Samuel Richardsons *Clarissa* im Spiegel ihrer deutschen Übersetzungen. 2000.